사함의 책, 레위기 주석

김 호 관 지음

희생의 마을로 가라

지은이 김호관
초판발행 2016. 5. 10.

펴낸이 배용하
책임편집 이상희
등록 제258호
펴낸곳 **엘도론 www.eldoron.com**
대전광역시 동구 우암로 75-21
전화 (042) 673-7424 전송 (042) 623-1424
도서분류 성서연구 | 레위기

ISBN 978-89-92257-71-8 03230

값 18,000원

나는 너희의 하나님이 되려고

너희를 이집트 땅에서 인도하여 낸

여호와라

내가 거룩하니

너희도 거룩 하라.

(레11:45)

차례

3부 · 개인적 정함과 부정함의 결례법

4부 · 가정과 공동체의 성결법과 부록

| 지은이의 글 |

레위기는 아주 정교한 책이다

레위기는 제사와 거룩한 삶을 다루고 있다. 다시 말하면 예배와 삶의 책이다.

주석을 쓰면서 개인적으로 세 번의 구별된 느낌이 있었다. 첫 번째는 제사에 관한 정교성이고, 둘째는 25장의 절기법이었다. 복잡성이 컸다. 세 번째는 26장의 축복과 저주였다. 담겨진 내용의 깊이와 넓이에 많은 감동을 받았다.

레위기에서 가장 애통해하시는 하나님의 마음을 축복과 저주에서 읽을 수 있었다. 그것은 언약이라는 하나님의 작품 속에 들어있었기 때문에 더욱 감격스러웠다. 언약을 만드신 분이 그것이 인간 편에 의해 위험에 처하게 될 때 그 언약을 지탱시키기 위해 행동하신다는 것이다. 그것이 언약적인 저주라는 이해였다.

레위기는 언약의 관점에서, 제사도 언약의 관점에서 다시 심각하게 투영해서 읽어야 함을 깨달았다. 그리고 언약의 축복과 저주는 아주 무서운 것이구나 하는, 하나님의 어떤 살아계신 그 분의 손을 본 듯하다. 언약의 하나님이시기 때문에 주님이 오시고, 지금도 우리 속에 계시며 활동하시구나 하는 확인이 새삼 들었다.

레위기 전체를 살펴볼 수 있는 기회를 주신 하나님께 감사를 드린다. 지금 원고를 마치는 이 순간에는 레위기는 오경 속의 한 권이라는 생각이다.

확실히 레위기는 매우 정교하게 쓰여졌다. 살펴가는 과정에서 가졌던 감동과 깨달음으로 많은 기쁨이 있었다.

저주받은 레위인창49:7이 어떻게 복을 받았을까? 레위인이 하나님의 기업이 되었기 때문이다. 레위인은 곧 예수 그리스도를 예표한다. 우리도 저주 받은 자들이었다. 그러나 예수님 안에서 우리는 하나님의 기업이 되었다.

서론

1. 저자와 책과 저작시기

1) 저자와 책

레위기의 저자는 모세다. 하나님이 모세에게 말씀하셨다는 구절이 이 책 안에 56번 등장한다. 모세는 이것들을 기록하였다.참조. 4:1; 6:1; 8:1; 11:1; 12:1 예수 그리스도는 역시 이 책의 저자가 모세임을 증명하였다.막1:44, 참조. 13:49

이 책의 제목은 구약의 헬라어 역본으로부터 유래되었다. "레위인들에 관련되다"pertaining to the Leviticus라는 의미에서 책의 제목이 정해졌다. 이 책이 레위지파의 제사장들을 위한 지침서manual라고 하여도, 율법의 많은 부분이 모든 이스라엘 백성들에게 주어지고 있다. 히브리어 성경의 명칭은 레위기 1:1절의 '와이크라'וַיִּקְרָא이다. "그리고 하나님이 불렀다"and He called라는 뜻이다. "와이"는 와우연속법waw consecutive 미완료로 해석은 "그리고 그가"3인칭 남성 단수이다. "크라"는 "부르다"라는 동사로 여기에서는 와우연속법 미완료 때문에 "불렀다"로 해석한다. 이것은 책의 첫 구절에서 유래한 것이다. 히브리 성경에 이러한 제목이 붙은 것은 거룩함을 명하신 하나님에 대한 주제를 강조하기 위해서다.참조. 레11:45

레위기라는 말은 본서에 잘 어울린다. 영어표기 "Leviticus"는 '책'이라는 뜻의 'Liver'와 '레위인과 관련되어'라는 뜻의 'Levitici'가 합쳐서 된 것으로 라틴 벌게이트 역에서 유래되었다. 라틴어 성경의 제목은 모세 오경의 초기 헬라어 번역본인 70인 역에서 차용한 것이다. 즉 헬라어성경에서 라틴어성경으로, 라틴어에서 영어성경으로, 영어에서 한글성경으로 제목이 차례로 전해진 것이다.

이 책은 희생제사에 대한 어휘들로 가득하다. 희생제사에 관련된 어휘들이 주제와 주제단어를 이루고 있다. 이 단어들 가운데 "희생제사"sacrifice가 42번 나타난다. 그리고 "제사장"priest이 189번 발견된다. "피"blood는 86번, "거룩"holy은 87번, "속죄"atonement는 45번 쓰여 졌다. 각종 규례들은 영혼과 마찬가지로 육체의 거룩함을 강조하고 있다.[1] 한편 신약에서는 레위기의 내용을 90번을 인용하고 있다.

레위기는 논리적 배열이 잘 이루어진 책이다.[2] 내용을 개략적으로 훑어보면 이 점을 쉽게 알 수 있다. 그리고 레위기의 율법들에게 우리가 간과할 수 없는 한 가지 현저한 특징이 있다. 거의 모든 장의 서두에서, 그리고 때로는 같은 장 내에서도 여러 차례 "여호와께서 모세에게 일러 가라사대"라는 구절이 등장한다는 사실이다. 다시 말해 모든 율법이 내러티브narrative 구조 속에 놓여 있는 것이다. 레위기에는 실질적인 내러티브의 분량이 매우 적다. 각장의 도입 관용구들을 제외하면 내러티브는 8-10장과 24장에 국한 되어 있다. 그럼에도 레위기의 배열을 바르게 파악하기 위해서는 모든 율법이 이런 역사적 구조 안에 있음을 인식하는 것이 필수적이다.

율법은 레위기에서 많이 다루지고 있다. 오경에서 율법의 절반가량이 레위기에 있다. 이는 제사법이 율법의 근간을 이룸을 의미한다. 구약성경에는 오경에만 613가지의 계명이 있다. 이 가운데 '하'라는 실행명령은 248가지이며, 하지 말라는 금지명령은 365가지이다. 레위기는 246가지의 계

1) Charles Caldwell Ryrie, *The Ryrie Study Bible*, New American Standard Translation (Chicago: Moody Press, 1976), 157.

2) Gordon J. Wenham, *The Book of Leviticus*, NICOT (Grand Rapids, Michigan: W. B. Eerdmans Publishing Company, 1979), 3-6.

명이 있다. 대부분이 '해서는 안 된다'는 금지명령을 담고 있다. 이는 부정不淨을 방지하기 위함이다. 레위기의 율법 목록은 전체 율법의 40%정도를 차지한다. 그러므로 레위기에 대한 이해는 율법에 대한 이해를 익숙하게 한다.

2) 저작시기

본서의 기록 장소와 기간을 보면 레위기 1:1절에는 여호와께서 모세를 회막에서 부르시고 말씀하셨다. 그리고 레위기 끝장과 끝 절인 27:34절에는 "여호와께서 시내산에서 이스라엘 자손을 위하여 모세에게 명하신 계명"이라고 기록되어 있다. 그리고 중간에 3번[7:38; 25:1; 26:46]에 걸쳐 시내산에서 말씀하신 것으로 나타난다. 이 성막 규례는 광야로 떠나기 전 시내산에서 머물고 있을 때 주어졌다. 따라서 레위기의 규례는 바란 광야로 떠나기 전[민10:11] 한 달 22일 정도 걸쳐 시내산에서 기록되었다. 따라서 레위기는 비교적 짧은 기간에 하나님께서 시내산에서[레위기작성 장소근거] 이스라엘 자손을 위하여 모세에게 명하신 제사법과 성결법에 대한 계명이다.[레27:34] 그리고 민수기 전체 기록에서 30%정도가 제사법이 추가되거나 세부적으로 명시된 것을 보면 제사규례가 주어진 것은 레위기[시내산]에서 끝난 것이 아니라 광야에서도 이어졌다.

2. 역사적 배경

레위기의 역사적 배경은 이 책의 기록기간과 같다. 기록기간이 짧기 때문에 역사적 배경도 짧을 수밖에 없다. 역사적 배경을 보면 출애굽 해의 첫 달 14일 밤에 이스라엘 백성들은 모세의 지도하에 라암셋에서 출발하였다.[출12:5,37] 50일 정도 걸려 3월에 시내 광야에 도착한다.[출19:1] 그곳에서 10개월 정도 머무는 동안 다음해 1월 1일에 성막을 완성한다.[출40:17] 이집트를 떠나서 성막 완성까지의 실제 날 수는 만 1년이 좀 안 된다. 왜냐하면 1월 14일에 떠났기 때문에 일 년에서 보름 정도가 모자란다. 성막을 완성한 후 1개월 21일이 지나 2월 1일에 1차 인구조사를 한다.[민1:1] 그리고 2월 21일에 시내 광야에서 출발하여 바란 광야로 떠난다.[민10:11] 그래서 레위기의 역사적 배경은 시내산 구릉에서 머물던 1년 남짓 밖에 되지 않는다.

3. 구조

레위기는 오경의 중심을 이룬다. 오경의 원역사를 제외하고 전체를 연대기적인 시간의 틀 속에서만 본다면 오경은 창세기 12장의 아브라함의 부르심으로부터 신명기 34장의 모세 죽음에 관한 기록으로 끝나고 있다. 창세기는 약 1,860년의 역사를 담고 있다. 출애굽기부터 민수기 14장까지는 약 1년간의 시내광야 사건을 다루고 있다. 민수기의 나머지 내용은 광야생활 중 가데스 바네아부터 에돔과 모압 국영을 따라 흐르는 강으로 알려진 세렛 시내[민21:12]를 건너기까지 38년을 중심으로 기록되었다. 신명기는 모세 생애의 마지막 시기에 초점을 맞추고 있다.

이런 구조 속에서 레위기는 오경의 중심부분을 차지한다. 물론 배열이 중앙에 있기는 하지만 내용상 그렇다. 오경을 나눠보면 쉽게 파악이 된다. 오경을 크게 둘로 나눈다면 창세기와 나머지[출애굽기-레위기-민수기-신명기]로 나눌 것이다. 왜 그럴까? 그것은 모세가 경험하여 쓴 책들[출애굽기, 레위기, 민수기, 신명기]과 경험하지 않고 쓴 창세기의 족보[톨레도트] 때문이다. 이 창세기를 둘로 나눈다면 원역사[1-11장]와 구속역사[족장사, 12-50장]다. 그러면 모세의 경험 속에 쓰여 진 출애굽기와 레위기, 민수기, 신명기를 합쳐서 둘로 나눈다면 어떤가? 내용상 시내산[출애굽 여정 포함]과 광야생활이다. 시내산과 광야생활, 이 두 가지를 잇는 것이 성막이다. 레위기는 이 성막을 중심으로 쓰여 졌다. 그래서 레위기는 오경의 중심부분을 차지한다.

그러나 레위기는 모세오경의 일부분이다. 레위기 앞에는 출애굽기가 있고 뒤에는 민수기가 나온다. 그러므로 레위기만을 따로 떼어놓고 생각할 수 없다. 레위기는 구조적으로 출애굽기의 속편 역할을 하고 있다. 왜냐하면 출애굽기에서 성막이 지어지고 이 성막에서 무엇을 해야 하는지를 가르치는 것이 레위기이기 때문이다. 출애굽기는 출애굽기사와 성막기사로 크게 나뉘어 진다. 출애굽 기사는 1-24장까지, 성막 기사는 25-40장까지다. 성막건립의 계시 때문에 레위기의 제사제도 연구는 출애굽기 25장부터 시작된다. 출애굽기는 전반부[1-24장]에서 하나님께서 이스라엘을 이집트에서 구원해 내심과 시내산에서 이스라엘과 언약을 맺으신 사건에 대해 말한다. 그리고 후반부[25-40장]에서는 성막의 건축 완료와 성막 안에 하나님의 영광이 현현하는 광경으로 끝난다.[출40:34-38] 건립된 성막에 하나님의 임재는 물론 봉사와 사역도 필요하였다. 그러므로 출애굽기의 후속편은 성막의 예배에 관한 기술로[레1-17장]시작되는 것이 당연하다. 이어지는 장들도 모세오경의 역사적 구조 내에서 적절한 위치를 차지하고 있다.

언약의 관점에서 레위기를 보아도 출애굽기의 속편이라는 구조는 비슷하다. 예를 들어 출애굽기가 기술하고 있는 시내산 언약 체결과 성막 건축은 레위기 신학의 근본 바탕을 이루고 있다. 이런 바탕은 언약에서 찾아볼 수 있다. 출애굽기의 핵심에는 시내산 언약이 있다.[출19장 이하] 출애굽기에서 그 이후에 나오는 모든 내용은 언약의 이행에 관한 것이다. 출애굽기 32장에는 이스라엘이 금송아지를 예배함으로써 언약을 파기한 최초의 사례가 실려 있다. 33장 이하는 언약의 회복에 관해 기술한다. 하나님께서 자기 백성가운데 거하신다는 언약의 약속이 실현될 수 있도록 율법이 두 번째로 기록되고 성막이 건축된다.

레위기는 이러한 언약적 예배를 어떻게 수행해야 하는 가를 설명하고,[1-17장] 다음에는 언약의 백성이 어떻게 행동해야 하는지를 진술하며,[18-25장]

언약 문서에 아주 잘 어울리는 축복과 저주의 단락으로 종결된다.26장 사실 26장의 마지막 절은 선행하는 모든 내용을 언약이 체결된 시내산과 연결하고 있다. "이상은 여호와께서 시내산에서 자기와 이스라엘 자손 사이에 모세로 세우신 규례와 법도와 율법이니라."레26:46라는 구절이 언약관계를 요약한다. 이런 점에서 레위기를 출애굽기의 속편으로 보는 신학적 작업은 자연스럽다.

특별히 레위기 8장은 출애굽기 29장의 지침을 그대로 시행한다. 레위기 8장에서 제사장 위임식을 할 때 "모세에게 명하심과 같이 행하였다"라는 말이 6번 나온다. 이는 레위기가 출애굽기에 이어지는 제사법이라는 것을 드러낸다. 또 민수기 내용 중 약 30%가 제사법에 관한 새 규례와 시행규칙들을 기록하였다는 것은 레위기와의 관련성을 나타낸다. 레위기는 오경에서 가장 짧지만 중앙에 위치해 있으므로 오경의 중심 책이라고 말한다. 서두에서 언급한 것처럼 이는 배열의 위치를 말하는 것이 아니라 구속사의 핵심인 대속의 원리를 담고 있기 때문이다. 그래서 레위기를 오경의 모판苗板이라고도 한다.

레위기를 구조적으로 보면 3부로 되어있다. 3부로 보는 일차적인 근거는 레위기 26:46절이다. 여기에 보면 "이것은 여호와께서 시내산에서 자기와 이스라엘 자손 사이에 모세를 통하여 세우신 규례호크, חק와 법도미쉬파트, משפט와 율법토라, תורה이니라"고 명시하였다. 이는 기록된 흐름의 큰 단락이 끝났음을 의미한다. 그리고 이차적인 근거는 레위기 마지막인 27:14절이다. "이것은 여호와께서 시내산에서 이스라엘 자손을 위하여 모세에게 명령하신 계명미쯔바, מצוה이니라"고 레위기 전체의 말씀을 마쳤다. 이 두 가지가 가지는 글의 마감 형태로 보아 일단 여기서 레위기는 2부 구조로 나뉘어 진다. 즉 전체 내용과 부록이다. 여기서 굳이 한 가지 더 나눈다면 레위기 16장이다. 이 장은 대속죄일로 모든 제사의 절정이자 종결제사이기 때문에 여기서 끊는다면, 1–16장까지는 제사법이 된다. 그리고 그 이후부터는 각종 성결에 관한 법이기 때문에 이어지는 17–26장까지를 성결법으로 부를 수 있다. 마지막 27장은 부록 역할을 하므로 레위기는 제사법, 성결법, 부록의 3부 구조를 갖는 셈이다.

A. 제사법

1–7장	제사법의 계시
8–9장	위임식과 첫 제사
10장	제사 사건
11–15장	각종 정화법
16장	대속죄일

B. 성결법

17–22장	각종 규례
23장	절기
24–26장	각종 규례

C. 부록

27장	서원의 맹세

레위기를 제사법과 성결법으로 나누는 근거는 내용에 있지만, 보다 근원적인 것은 언약의 약속에 있다. 즉 출애굽기 19:5–6절의 시내산 언약의 약속이다.[3] 하나님은 시내산에서 이스라엘 백성들에게 세 가지 언약의 약속을 하셨다. 첫째는 "내 소유"가 될 것이며, 둘째는 "제사장 나라"가 될 것이며, 세 번째는 "거룩한 백성"이 될 것이라는 축복의 약속이었다. 레위기는 이 세 가지 약속에 따라 실천적인 규례를 지시 받았다. 첫 번째의 "내

3) Lawrence O. Richards, "Leviticus, The Way of Holiness", *The Word Bible Handbook*, (1982), 93–106.

소유"는 거룩하라는 말이다. "하나님이 거룩하니 너희도 거룩하라"레11:45 고 하셨다. 그래서 하나님은 이스라엘 백성들을 자신의 소유를 삼으시려고 구별하여 거룩하게 만들었다레20:26는 것이다. 하나님의 소유는 거룩해야 한다. 그렇지 않으면 거룩하신 하나님의 소유가 성립되지 않는다. 이것이 레위기가 목표하는 가장 큰 핵심이다. 이 거룩함을 유지하기 위해 필요한 것이 제사법과 성결법이다. 즉 예배와 삶인 것이다. 이 제사법이 "제사장 나라"의 실행규칙이며, 성결법은 "거룩한 백성"이 되는 규례다. 레위기법은 시내산 언약을 위한 시행규칙인 셈이다.

레위기 구조를 평면적으로 놓고 내용적으로 섞어서 다시 분류한다면 세 가지 상호보충적인 방법으로 구성된 것 같다. 첫째는 하나님의 거룩하심과 그 거룩하신 하나님과 인간과의 관계에 대한 필요조건에 대해, 그러므로 둘째는 인간이 가지고 있는 죄를 들춰내며, 셋째는 죄인이 하나님에게 접근할 때 필수규정이 되는 속죄에 대해 언급하고 있다. 이것은 하나님께 나아가는 길과 하나님과 교제하는 방식을 보여주고 있다.

레위기의 구조 연구를 위해 학계에서는 세 가지 방법을 사용하고 있다. 첫 번째는 '제사법전'과 '거룩법전'의 구조를 전제로 한 입장이다. 역사비평 방법을 가지고 본문을 본다. 이른바 P문서제사법전다. 이 방법은 이 책의 역사적 배경을 포로기 이후 시대로 재구성하여 본문을 해석한다. 그러나 클로스터만A. Klostermann이 P문서 안에 H문서거룩법전, 레17-26장가 있다고 보므로 레위기를 H와 P로 구성된 책으로 이해한다.[4] 이 두 법전에 대한 형성 시기에 대해서는 학자들의 견해가 다르다.

두 번째는 '제사법전'과 '거룩법전'의 구조를 전제하지 않은 입장이다. 이는 모세의 저작권을 부정하지 않으며 단락구분을 통해 본문에 나타난 문학적 구조를 이해하는 것이다. 예를 들면 레위기 전체가 19장을 중심적

---

4) A. Klostermann, *Ezechiel und das Heiligkeit sgesetzes in Der Pentateuch: Beiträge zu seinem Verst ändnis und seiner Entstehungsgeschichte* (Leipzig, ABD, 1893).

인 전환점으로 하여 앞뒤 부분이 고리구조를 이루고 있다는 견해다.

세 번째는 출애굽기로부터 민수기까지 연결구조속에 위치한 책으로서 레위기를 연구하는 것이다. 이는 레위기 전후에 위치한 책들과 밀접한 연결구조속에서 레위기를 파악하려한다. 예를 들면 레위기의 시내산 성막과 제의규정들이 그 앞의 출애굽기의 내용과 긴밀하게 연결되어 있다. 또 민수기와도 연결성을 가지고 있다. 레위기가 출애굽기 19:1절에서부터 민수기 10:10절의 단락 속에 속한 제사장적 이야기 문맥의 일부라고 말하기도 한다. 또 레위기의 시간적인 요소를 강조한 특징들[7:37–38; 9:1]도 출애굽기와 민수기의 제사장직 이야기 단락구조와 연결점을 보여주는 중요한 사항으로 해석한다.[5)]

오경을 성경신학적인 측면에서 보면 창세기는 창조와 타락을 다룬다. 여기에는 인간의 실패와 아브라함을 통해 구속사의 시작이 전개된다. 출애굽기는 출애굽 사건과 율법수여로 인간의 재창조가 이루어진다. 레위기는 예배와 삶을 강조한다. 이는 대속의 원리로 재창조된 인간이 어떻게 살 것인가를 다룬다. 민수기는 재창조된 인간도 이 땅에 사는 동안 여전히 문제가 있음을 보여준다. 그래서 반성과 훈련이 광야에서 이루어진다. 이러한 과정을 통해 신명기에서는 율법을 통해 하나님을 사랑하고 계명을 지키도록 재강조 된다. 여기에는 섬김과 순종이 이루어지도록 명령하고 권면한다.

4. 주제

1) 내용

구약의 제사제도는 모세가 시내산에서 율법을 받으면서 광야의 성막을 통해 정착되었다. 이 가운데 소제와 번제와 화목제는 이미 모세 율법 이전

5) 김진명, "오경연구사에 있어서 레위기의 최근 연구동향", 『성서마당』 가을호(87), 2008, 76–84.

시대에도 있었다.창4:3; 8:20; 출20:24; 29:41 번제와 화목제는 히브리인들과 가나안 사람들이 흔히 행하던 의식이다. 그러나 다른 지역에서와는 달리 이스라엘의 희생제사는 죄 사함의 대한 의미가 강했다. 그리고 속죄제출29:14와 속건제레5:6는 모세 율법 수여와 함께 나타난 제사제도이다. "소제"라고 지칭한 단어는 율법과 함께 출애굽기 29:41절에 처음 나타난다. 레위기 1-7장에 나타난 제사의 순서는 1-5장까지는 번제, 소제, 화목제, 속죄제, 속건제로 드려지고, 실제적인 제사에는 속죄제, 소제와 함께 드린 번제, 화목제 순서로 드려진다.레9:15-22; 민6:16-17

2) 신학

제사제도는 일종의 대체원리代替原理이다. 이것은 참 인간, 참 대속자를 기다리게 한다. 그가 나 자신을 대신하여 죽는 것이다. 제사의 궁극적인 목표는 하나님의 아들이 제물이 되어 나를 대신하여 죽는 것이다. 그 이전에 동물이 인간들을 대신 해서 죽었고, 이 마지막 희생제물이 그리스도의 십자가 죽음이다.

이 대체원리는 구체적으로 유월절로부터 시작되었다. 제사에 관련하여 구체적인 방법을 설명한 것은 유월절이 처음이기 때문이다. 유월절 의식출12:1-11에는 흠이 없는 일 년 된 수컷, 양과 염소, 피 바름, 누룩을 넣지 않는 빵, 제물을 불에 굽기, 사용한 제물은 남겨두지 말고 불에 태움 등이 나타난다. 물론 이 이전에 창세기 15장의 횃불언약에서 제물의 종류와 잡는 방법 등이 나오기는 하지만 유월절만큼 제사의 모습이 구체적이지는 않다.

유월절의 목적은 유월절의 양이신 그리스도를 나타내는 모형에 있다. 급박했던 출애굽의 밤, 그날에 있었던, 어린양을 잡아 절기를 지키게 되는 유월절은 "내가 피를 볼 때에 너희를 넘어가리니 재앙이 너희에게 내려 멸하지 아니하리라"출12:13는 것이 그 목적에 해당된다. 이 피가 시내산 언약식에서 "언약의 피"[출24:8]로 새롭게 약속되고 십자가에서 그 "언약의 피"가 성취되었다.[마26:28] 신약에서 "우리의 유월절 양 곧 그리스도께서 희생이 되셨느니라"[고전5:7]고 말함으로 유월절은 메시아에 대한 근본적이고 구속적인 속죄의 모형이 된다.[참고. 벧전1:18-19; 계5:11-12] 성경에는 16권의 유월절 기록 중 8번의 유명한 유월절 기사가 나온다.[출12; 민 9; 수5:10; 대하30; 대하35; 스6:19; 마26:17-20; 눅22:15] 주님은 니산월유대교 종교력 1월 14일 목요일 저물 때에 유월절 준비와 식사를 하셨다.[마26:17-20; 눅22:7-13] 그리고 그 날 밤에 스스로 유월절 양이 되셨다. 이로써 제의적인 유월절은 끝나고 주의 만찬이 그 자리를 대신하게 되었다. 교회의 성만찬은 "유월절"절기가 이어진 것이다.[눅22:14-20]

이 대체원리는 모형을 통해 잘 설명된다. 모형이란 존재하는 물체들, 사건들, 사람들 그리고 제도들이 다른 물체들, 사건들, 사람들, 그리고 제도들과 부합되는 관계가 역사 안에 실제로 존재하는 것을 말한다. 유월절의 피 바름이 그리스도 십자가 죽음을 상징한다면, 유월절 자체는 그리스도의 죽음과 성육신을 예표 한다. 예표는 예언과 같이 예고적이지만 예언보다는 덜 구체적인 예고이다. 예언은 언어적인 예언과 예표적모형적인 예언으로 나누어진다. 그리고 상징과 예표는 원형antitype에 대해 모형type에 속한다. 상징은 추상적인 개념을 시각적인 수단으로 표현해주는 것으로, 나중에 그것이 상징하는 실재의 것에 의해서 대체되는 수가 있으며, 이 때 그 상징은 모형이 되고 실재의 것은 원형이 된다. 이것은 다음과 같은 그림으로 표현할 수 있다.

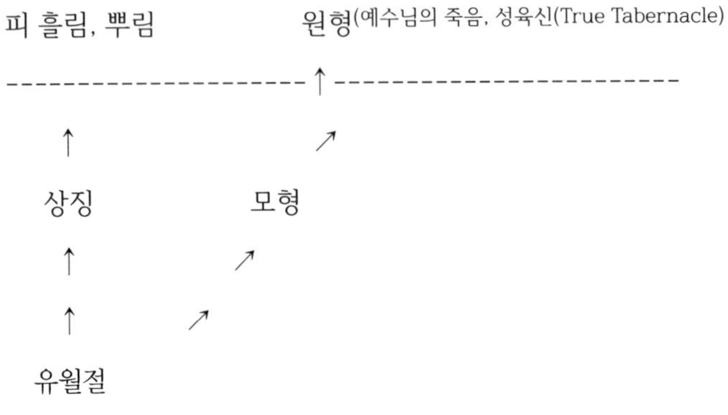

〈유월절 상징과 모형 도표 1〉

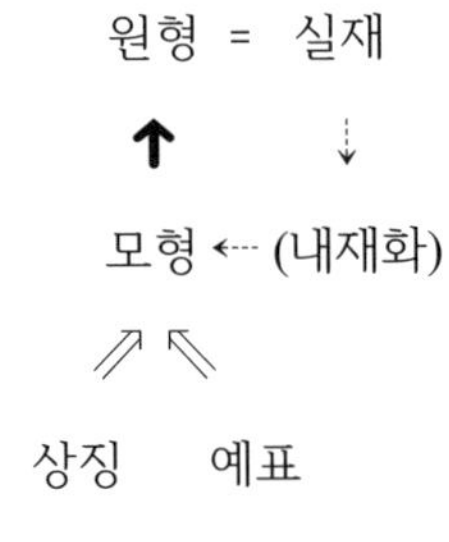

〈유월절 상징과 모형 도표 2〉

구약은 구원사의 큰 흐름 속에서 예언적, 모형적, 상징적 의미를 가지고 있다. 그렇지 않다면 우리는 모두 이스라엘 사람이 되어야 하고 이스라엘 땅으로 할 것이다. 만약 구약의 제사제도가 없었다면 어떻게 예수 그리스도를 통하여 하나님께 나아갈 수 있음을 쉽게 이해할 수 있을까? 이런 점에서 제사는 모형적이다. 아울러 레위기의 제사를 이해하기 위해 기본적인 개념들이 있다. 이것은 성막, 거룩함과 속됨, 정결, 제사와 언약, 속죄, 5대 제사에 나타난 그리스도, 제사의 주체 등이다.

성막

제사자헌제자가 제물을 가지고 어디로 가야 하는가? 제사장은 어디서 제물을 가지고 제사를 드려야 하는가? 이것을 효과적으로 해결한 곳이 성막이다. 성막은 왜 주셨을까? 성막을 주신 이유는 세 가지다. 첫째, 성막은 인간을 만나고 말씀하시는 곳출25:22이다. 둘째, 성막은 예배를 받으시는 곳레1:1-9이다. 셋째, 성막은 인간의 죄를 용서하시는 곳레4:20,26이다. 이것들이 그리스도를 통하여 성취된다. 하나님은 그리스도를 통하여 인간을 만나고 말씀하시고,요1:14 그리스도를 통하여 예배를 받으시고,요4:23 그리스도를 통하여 인간의 죄를 용서하신다.요14:6 그래서 예수 그리스도는 성막성전이 되신다. 이런 점에서 제물과 제사장과 성막은 예수 그리스도의 대속의 원리를 나타내는 모형들이다. 이런 모형들을 총칭해서 제사제도라고 한다. 따라서 제사제도는 예수 그리스도의 예시豫示적인 속죄행위다.

거룩함과 속됨

왜 레위기에 거룩과 정결과 성결 문제가 대두되는가? 거룩은 하나님 인격의 완전한 모습이다. 그렇기 때문에 그 분과의 교제를 갖는 인간은 거룩해야 한다. 율법은 인간의 육체적 순결을 촉구한다. 그 이유는 성막에 하나님 자신이 임재하기 때문이다. 임재는 거룩한 하나님의 나타나심이다. 그래서 "내가 거룩하니 너희도 몸을 구별하여 거룩하게 하라"레11:44고 하셨다. 인간이 거룩하게 되려면 우선 제사를 통해 정결하게 되고, 제사 후에는 삶을 통해 성결한 상태를 유지해야 한다. 성결한 삶이 개인의 도덕적인 상태를 나타내는 의미를 가지게 된 것은 선지서에 이르러서 이지만, 이런 점에서 레위기가 제사법1-16장과 성결법17-27장으로 나누는 것은 논리적이다.

부정한 자가 거룩한 것과 접촉하면 심판을 받는다.레7:20 이 사실에 따라 부정은 거룩한 것과의 정 반대의 개념으로 구분된다. 부정은 죄다. 그러나 죄sin와 부정impurity 사이의 관계를 명확히 규정하는 것은 어려운 일이다. 그것은 다르지만 중복되는 개념이다. 부정은 의식상의 문제이지 도덕적으로 악하다는 의미는 아니다. 왜냐하면 사체와의 접촉레5:2; 11:39이나 출산레12장이 도덕적으로 악하다고 말할 수 없기 때문이다. 원인적인 면에서 본다면 부정은 자연적 원인에 치우치는 반면, 죄는 하나님의 명령을 직접으로 어긴 행위에서 나온다고 볼 수 있다. 한편 부정uncleanness을 죄와 분리하지 않고 죄의 본성이나 죄의 낮은 등급으로 파악하는 견해도 있다. 부정은 죄를 제의적으로 표현한 것이고 정결은 죄가 용서된 것을 말하고. 부정은 신체적, 제의적 혹은 도덕적으로 정결하지 못함으로 인해 오염됨을 뜻한다. 정함과 부정은 사람, 음식, 장소, 물건에 적용된다. 부정과 가증可憎을 비교할 때 가증은 더 심한 부정의 상태를 말한다. 가증은 히브리어로 세 가지다. 하나는 "토예바"תּוֹעֵבָה, abomination로 남자끼리 교합의 경우,레18:22 또 한 가지는 "굴"פִּגּוּל, foul thing로 제사규례를 어겼을 경우,레7:18 마지막 한 가지는 "쉐케츠"שֶׁקֶץ", detestation로 지느러미와 비늘이 없는 수중생물의 경우레11:12에 사용된다.

레위기에서 거룩한 것과 속된 것, 부정하고 정한 것을 분별하도록 지시하고 있는 곳은 레위기 10:10절이다. 내용을 분류하면 "거룩한 것"은 "코데쉬"קֹדֶשׁ이며, 속된 것은 "홀"חֹל이며, 부정한 것은 "타마"טָמֵא이며, 정한 것은 "타홀"טָהוֹר이다. 이것은 네 가지의 영역이 아니라 크게 두 가지이다. 즉 거룩한 것과 속된 두 가지이다. 거룩하지 않으면 모든 것은 속된 것이다. 속된 것은 다시 정결한 것과 부정한 것으로 나누어진다. 도표를 만들면 다음과 같다.

<table>
<tr><td rowspan="2">거룩함</td><td rowspan="2">속 됨</td><td>(정결한 것)</td></tr>
<tr><td>(부정한 것)</td></tr>
</table>

이것을 다시 거룩함으로 이동하는 과정으로 그려보면 이렇게 된다.

거룩함	속 됨	
	⟵⋯⋯⋯⋯정결	⟵⋯⋯⋯⋯부정

이 개념은 웬함의 레위기 주석 서론도표에도 나타난다.[6)]

⇐ 제사 ⇐

⇐ 거룩하게 하다 ⇐ 정하게 하다

거룩함 정결함 부정함

속화하다 ⇒ 더럽히다 ⇒

⇒ 죄, 연약함 ⇒

부정에는 오염의 측면에서 큰 부정과 작은 부정이 있다고 볼 수 있다. 예를 들면 오염되는 큰 부정은 출산,레12:6,8 피부병,14:19,22,31 유출병,15:15,30 시체와의 접촉민6:11; 19:1-22으로부터 생긴다. 보통 큰 부정은 7일간의 정결 기간과 의식을 행해야 한다. 그러나 작은 부정은 사람이나 물건에 전염되지 않는다. 단지 물로 정결케 한 후 같은 날 저녁까지 기다리면 된다. 라이트David P. Wright는 이러한 용납될 수 있는 부정permitted impurity과 용납될 수 없는 부정prohibited impurity으로 나눈다.[7)] 묵인되는 부정은 불가피한 상황에서 죽음과 관련한 인간의 시체와 동물의 시체와의 접촉, 성적인 부정, 질병과 관련된 부정, 제의적 부정이 이에 속한다. 금지된 부정은 통제할 수 있

6) Wenham, *The Book of Leviticus*, 26.

7) David. P. Wright, *The Disposal of Impurity: Elimination Rites in the Bible and in Hittite and Mesopotamian*. SBLDS 101 (Atlanta, Georgia: Society for Biblical Theology, 1987), 143 ff.

는 상황에서 정결의식의 지연, 나실인이 시체와의 접촉으로 인한 오염, 제사장들의 시체와의 접촉으로 인한 오염, 속죄일에 속죄제에 대한 불완전한 집행, 성적인 범죄, 우상숭배로 인한 부정, 살인, 신성한 것에 대한 오염 등이다. 한편 젠슨Philip Peter Jenson이 제시하는 부정함과 정결함과 거룩함의 삼중구분은 고대 이스라엘의 세계관을 이해하는데 도움을 준다.[8)]

상태	거룩함	정결함	부정함
사람	제사장	이스라엘 백성	이방인
장소	회막거주	진에 거주	진 바깥에 거주
장소	지성소	성소	회막 뜰

부정을 제거해야하는 이유는 하나님의 거룩성 때문이다. 하나님 보시기에 어긋난 것은 모두 부정한 것이다. 이스라엘 백성들은 음식법을 통해 몸을 구별하므로 거룩한 상태가 무엇인지를 배운다. 또 여호와께서 임재해 계시는 진은 반드시 거룩한 상태로 유지되어야 한다.신23:14 유출병으로 부정하게 된 자들도 정결의식의 속죄를 통해 진을 거룩하게 유지해야 한다. 그래서 부정제거를 통한 속죄의 목적은 거룩함을 유지하는데 있고, 유지의 목적은 하나님의 존재양식인 그 분의 거룩한 영광에 있다. 다음과 같이 나타낼 수 있다.

8) Philip Peter Jenson, *Graded Holiness: A Key to the Priestly Conception of the World*, Sheffield: JSOTSup 106 (England: Sheffield Academic Press, 1992), 89-208.

하나님의 거룩

⇓⇑

하나님의 임재

⇓⇑

제의 공동체

⇑

각종제사를 통한 죄의 처리

⇑

정결의식을 통한 부정제거

정결성별

정결 개념을 이해하기 위해서는 '정결'도 '정화'도 아닌 일종의 '성별'을 이해할 필요가 있다. 레위기 16:6절에 이에 대한 내용이 기록되어 있다. 이것은 속죄제를 드리는 과정에서 엿볼 수 있다. 아론이 대속죄일의 속죄의식을 집전하면서 먼저 자기 자신과 권속들을 위해 속죄제를 드리는 절차가 있다. 이때를 성별의식을 행한다고 말할 수 있다. 정결의식처럼 어떤 매개체를 사용하는 것이 아니라 제사를 중심해서 볼 때 속죄제 자체가 곧 성별의식이 되는 것이다. 속죄의식의 단계에서 보면 다음과 같다.

부정(죄)			거룩(교제)	
부정 →	정결의식 →	(성별)	정화 →	성화

도표에서 보는 것처럼 정화와 성화의 과정은 정결의식을 거쳐 부정이 거룩한 쪽으로 성별되므로 이루어진다. 제사장 위임식도 칠일동안 거행되는 것은 거룩함의 과정이 서서히 이루어져 감을 알 수 있다. 피부병과 유출병도 마찬가지이다. 그래서 거룩함에 이르는 단계의 그림은 다음과 같다.

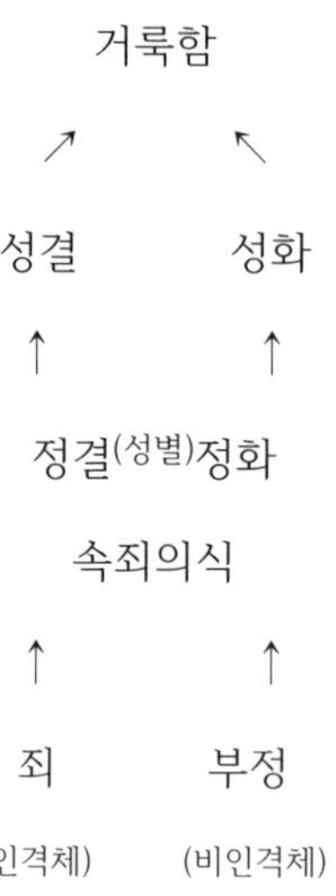

여기서 인격체는 사람이고 비인격체는 성소나 제의 기구 같은 물체를 말한다. 속죄대상이 비인격체 일 경우에는 "부정"이 "정화"가 되고 "죄"일 경우에는 "속죄"가 된다. 구약에서 단 한 번의 의식으로 영원한 정결함을 가져다주는 제사는 없다. 그래서 성경에서 부정과 오염, 정결과 성결, 정화와 성화의 단계를 명확하게 구분 짓기가 쉽지 않다. 성결은 정상 상태의 본질에 속한다. 그 이유는 그 변화가 눈에 보이는 것이 아니라 하나님의 영역에서만 다루어지는 개념이기 때문이다. 이러한 단계는 선을 긋듯이 명확하게 구분하기는 어렵다. 개념과 의식적으로는 설명이 될 수 있지만 마치 방안의 찬 공기는 바닥으로 내려앉고 더운 공기는 천상으로 올라가는 것과 같이 구별선이 선명하지는 않다.

제사와 언약

제사와 언약은 어떤 관계가 있는가? 출애굽기 29:43-46절에서 그 관계를 찾아 볼 수 있다. 이 구절들에 의하면 하나님은 성막 안에 가시적이고도 생생한 모습으로 임재 하신다. 이것은 언약을 설명하는 포괄적이고 내재적인 모습이다. 하나님은 회막 문에서 이스라엘 자손들을 만날 것을 약속하셨다. 만나기 위해 임재하시는 모습이 영광카보드, כָּבוֹד 그 자체가 되기 때문에 회막이 거룩하게 된다. 그 거룩한 회막 안에 있는 제단들이 결과적으로 거룩해지고, 제사장들이 거룩한 직분을 행하게 된다. 그 결과 하나님이 이스라엘 자손 중에 거하시게 됨으로 그들의 하나님이 되시는 것이다. 이스라엘 백성들은 하나님이 자기들의 하나님이 되시려고 이집트에서 자신들을 인도하여 내신 줄을 알게 되었다.[창17:7; 출6:7] 이에 따라 거룩하신 하나님과 이스라엘 백성 간에 언약관계가 성립되었다.[신14:2] 다시 말하면 언약은 체결 이후부터는 쌍무적인 관계이므로, 하나님의 거룩함이 이스라엘에게 최종적인 목표로 요구되었다. 그러므로 이스라엘 백성이 언약을 통해 거룩한 하나님처럼 되는 것이 언약을 맺는 이유이다.

언약이 없이는 거룩한 요구가 성립되지 않는다. 언약관계 때문에 거룩함이 요구되는 것이다. 이 절대적 거룩성은 언약의 목표가 된다. 모든 율법은 이 점을 지향하고 있다. 그래서 백성들에게는 거룩한 하나님의 임재와 그 임재의 자리를 위해 백성은 각자에게 거룩함이 요구되었다. 이것은 한 걸음 더 나아가서 이 이유는 하나님에 대한 영원한 기억을 갖도록 하고 있다. 하나님의 거룩을 회복하고 유지하는 방법이 제사제도다. 언약의 율법을 범과했을 때 드리는 속죄제가 하나님 임재와 거룩을 유지하는 직접적인 수단이 되는 것이다. 거룩과 언약과 성막과 제사의 관계를 도표로 정리하면 다음과 같다.

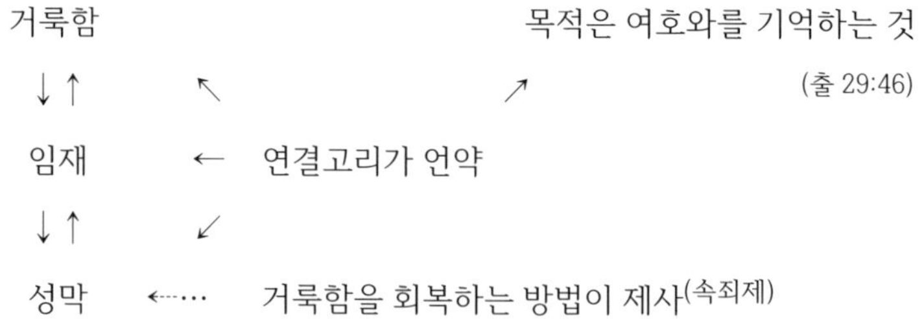

이같이 여호와를 영원히 기억하게 만드는 것이 언약의 목표이다. 이 목표의 시작은 제사, 특히 속죄제이다.

속죄

로마서 8:3절에 의하면 하나님은 죄를 속하여 주시려고 자기의 아들을 죄를 가진 육신의 모습으로 보내셔서 그 육체를 죽임으로써 이 세상의 죄를 없이 하셨다고 기록한다. 여기에 그 육체를 죽이는 것이 '개역성경'의 "육신에 죄를 정定하사"라는 표현이다. 이때 "죄"라는 "하마르티아스" ἁμαρτίας는 전치사 "페리"περί와 함께 쓰일 때는 종종 "속죄제"로 번역된다. 따라서 로마서 8:3절에서 '개역성경'은 "죄"라고 번역했지만 NIV는 "속죄제"sin offering이라고 번역하였다. 문맥상으로도 그리스도의 육체를 죽이는 것이 타당하게 보인다. 속죄제는 예수 그리스도의 육체제물를 죽이심으로써 이 세상의 죄를 없애는 것제사이다. 그러므로 속죄제핫타트, חַטָּתא는 죄샤가, שְׁגָה가 제사핫타트, חַטָּתא를 통해 정결키페르, כִּפֶּר하게 되고, 그 성결함이 제사장을 통해 사함살라흐, סָלַח을 받을 때레4:20 완성된다.

제물과 제사장

이스라엘 백성이 하나님께 나아올 때 직접적으로 두 가지가 필요하다.

하나는 제물이고 다른 하나는 제사장이다. 예수 그리스도는 제물이시다. 그 분은 속건제물사53:10이시며, 화목제물롬3:26; 요일2:2이시다. 또 그 분은 속죄제롬8:3이시며, 화목제요일3:10이시다. 그 분은 또 대제사장히2:17이시다. 제사장은 크게 대제사장, 일반 제사장, 레위인 제사장신17:9 등 세 집단으로 나눌 수 있다. 신약에는 제사장이라는 단어가 세 종류로 사용된다. 첫째는 구약의 제사장을 가리킬 때 사용되고, 둘째는 하나님의 집을 다스리는 큰 제사장히10:21이신 예수 그리스도를 가리킬 때 사용된다. 세 번째는 예수 그리스도께서 하나님 아버지를 위하여 제사장계1:6; 5:10으로 삼으신 모든 그리스도인을 가리킬 때 사용된다.

5대 제사에 나타난 그리스도

번제를 통해 첫째로 언급된 의미가 속죄다.레1:4 제물이 타서 그 연기가 여호와께 향기로운 냄새레1:9,13,17가 되므로 인간의 영역에서 신의 영역으로 넘어감을 뜻한다. 이는 그리스도의 십자가 제사의 온전함과 완전함을 나타낸다.

소제는 피를 흘린 다른 제물위에 불사르도록 되어 있다.레5:11-12 이런 의미에서 피 없는 제사는 없다.히9:21-11 소제는 고운가루의 상징을 통해 그리스도의 자기비움하을 나타낸다.빌2:6-8

화목제는 제사의 최종단계이다. 완성제라고도 할 수 있다. 성도는 이 땅에서 그리스도를 통해 하나님과 화목해야 한다. 예수 그리스도는 화목제물이시다.롬3:25

속죄제를 그리스도에게 적용시키면 십자가는 제단이며 그리스도의 몸은 제물이다.롬8:3 제사 없는 속죄의 경우도 있지만 이는 속죄에는 중보자가 꼭 필요하다는 점을 강조한 것이다.출32:30; 민16:45-50

속건제는 보상제라고도 하며, 속죄제 안에 포함된다.레7:7 속죄제가 형사적 보상이라면 속건제는 금전적 보상이다. 이사야서에서 메시아를 속건제물사53:10로 묘사한 것은 인간의 죗값을 고난으로 하나님께 보상하기 때문이다.

속죄의 주체

제사는 속죄를 통한 구원의 모형이다. 그러나 제사 그 자체는 속죄의 능동적인 수단이 될 수는 없다. 왜냐하면 하나님 자신이 모든 죄 사함의 원천이시기 때문이다. 죄 사함은 그 제사를 받으시는열납하시는 하나님의 "헤세드"חֶסֶד에 초점이 맞춰져 있다. 하나님의 주권적 의지가 죄 사함의 최종적이고 궁극적인 효력을 발생하는 것이다. 우리는 구속자가 최종적인 시여자라는 관점에서 속죄의 개념을 이해하여야한다. 이런 점에서 구약에 나타나는 제사제도와 정결의식과 구속적인 사회제도와 관련된 본문들을 읽을 때들을 때 우리는 주체자로 말씀하시는 여호와의 모습에 항상 주목해야 한다.

속죄는 수단이며, 속죄는 하나님의 주관적인 은혜와 긍휼이다. 이렇게 볼 때 속죄는 죄를 사한다는 사법적 의미보다 죄의 결과인 죽음을 되살리는 시혜적 의미가 더 나은 표현이 될 것이다. 속죄는 죄를 없애는 것 보다 목숨을 살리는 것이다. 이렇게 말하는 이유는 하나님께서 죗값의 형벌과 죗값의 보상을 동시에 그리스도의 피를 통해 화해조건으로 받아드리셨기 때문이다. 구약의 "속죄" 개념은 창조주가 죄로 인해 잃어버린 원래 '자기 소유'[9]인 피조물을 피 값인 속전을 내고 도로 찾으시는 본의적本意的인 '여호와 사상'[10]에 근착根着한다. 이것은 벌코프Louis Berkhof가 말한 "속죄의 필

9) 유월절 이후 이스라엘의 맏아들은 하나님의 소유가 되었다(출 4:22; 13:1-2). 따라서 유월절 어린양의 피 흘림은 하나님의 소유가 되는 과정이다.

10) "여호와 사상"이라고 말할 때 "사상"은 인간들의 관념 속에서 여호와의 존재가 인식됨으로 곧 야훼의 존재, 그 자체를 뜻한다. "여호와 사상"에 대한 함축적 의미는 '제사제도의 궁극적 목적 혹은 주체적 목적은 하나님 자신으로부터 시작해서 하나님 자신에게 그 최종적이고 궁극적인 의미가 있음'을 말한다. 이 주권적인 의지는 곧 하나님의 자비(헤세드,חֶסֶד)와 동의어로 사용할 수 있다.

요성이 하나님의 본성으로부터 유래되었다"[11]는 말과 통한다. 그렇기 때문에 우리의 구약의 속죄개념 이해는 항상 "여호와께서"라는 그 언저리를 떠날 수 없다. 이 주체적인 인칭에 집중해야하는 이유는 것은 속죄의 희생이 되신 하나님의 아들이 바로 하나님 자신이기 때문에 하나님께서 우리의 속죄자가 되지 아니하시면 다른 속죄자가 없음을 뜻한다. 하나님 자신만이 유일한, 자격 있는 속죄자가 되시기 때문에 속죄의 주체는 하나님이시다. 그러므로 제사는 속죄이며, 속죄는 하나님의 행위이다.

11) Louis Berkhof, *Systematic Theology* (Grand Rapids, Michigan: WM. B. Eerdmans Publishing Co, 1981), 370.

1부·주요 제사들의 계시

(1:1-7:38)

- 레위기 1장 _ 하나님께 드리는 번제
- 레위기 2장 _ 땅의 곡식을 드리는 소제
- 레위기 3장 _ 마음을 드리는 화목의 희생
- 레위기 4장 _ 살길을 만든 속죄제
- 레위기 5장 _ 특별규정의 속죄제와 하나님에 대한 속건제
- 레위기 6장 _ 이웃에 대한 속건제와 제사장의 제사규례 세 가지
- 레위기 7장 _ 제사장의 두 가지 제사 규례와 부록

레위기 1장

하나님께 드리는 번제

A. 모세의 부르심과 예물을 드리는 자와 제물의 규정1:1-2

I. 본문의 개요

레위기 1장의 번제에 대한 규례는 여호와께서 회막에서 모세를 부르심으로 시작된다. 번제는 성막이 완성된 제 2년 1월에 모세가 회막에서 지시받은 제사규례 가운데 첫 번째 제사법이다. 번제의 참여자는 제사자예배자와 제사장중보자이다. 제사를 집행하는 자는 제사장이다. 사람은 누구든지 중보자제사장 없이 하나님 앞에 접근할 수 없다. 우리의 중보자는 예수그리스도이시다. 번제는 피 뿌림과 태움의 과정으로 진행된다. 번제는 자원제이며 화제이다. 번제는 속죄가 되며, 여호와께 향기로운 냄새가 된다. 1-2절에서 먼저 모세의 부르심과 예물을 드리는 자와 제물의 규정을 밝힌다. 이스라엘 자손 남녀 중에 누구든지 라는 규정은 이방인은 제외 되며, 이 제사는 자원자에 의해서라는 뜻을 담고 있다. 그리고 예물을 드리되 가축생축인 소와 양으로 드리라고 한정한다.

Ⅱ. 본문의 구조

1. 모세를 회막에서 부르심[1:1]
2. 이스라엘 자손에게 예물에 관해 말씀하심[1:2상]
   1) 예물
   2) 자원제[드리려거든]
3. 가축으로 제물을 삼을 것[1:2하]

Ⅲ. 본문 주해

1. 모세를 회막에서 부르심[1:1]

여호와께서 회막에서 모세를 부르셨다. 성경에서 가장 기본적이며 본질적인 특징 중의 하나는 하나님께서 이름이 있다는 사실이다. 즉 인격적 존재이다.[출3:14] 레위기 서두는 "여호와께서 모세에게 말씀하여 이르시되"라는 담화소개양식[introductory speech formula]으로 시작하고 있다. "여호와께서 모세에게 말씀하여 이르시되"라는 말은 레위기 전체 27장중에서 모두 16장이 이 양식으로 시작된다.[1:1; 4:1; 6:1; 8:1; 12:1; 14:1; 16:1; 17:1; 18:1; 19:1; 20:1; 22:1; 23:1; 24:1; 25:1; 27:1] 동일한 양식이지만 레위기에서 "여호와께서 이르시되"로 시작하는 표현은 한번 있다.[21:1] 그리고 모세와 아론을 함께 부르신 경우는 3번,[11:1; 13:1; 15:1] 모세만 부르신 경우는 11번,[5:14; 6:8,24; 7:22; 21:16; 22:17; 22:16; 23:9,23,26,33] 아론만 부르신 경우는 한번[10:8]나타난다. 여호와께서 모세를 회막에서 부르신 후 말씀하시는 담화양식문구가 레위기 1:1절에 처음에 등장하고 4:1절에 다시 나타난다. 그러므로 번제, 소제, 화목제와 속죄제를 시간과 형태와 성격적으로 분리할 수 있는 단락을 제공한다. 단락을 좀 더 세분하면 첫 번째 그룹의 제사는 1:1-3:17, 두 번째 그룹의 제사는 4:1-

6:7, 제사의 보충설명은 6:8–7:38절까지다.

그런데 하나님께서 모세를 부르신 이 회막은 제사를 지내는 회막이 아니라 모세가 하나님을 만날 때 사용하는 장막일 가능성이 있다는 주장이 있다. 출애굽기 33장7–11절에 의하면 모세는 항상 진과 멀리 떠나 장막을 쳤다. 그것을 회막이라고 불렀다. 여호와를 간절히 찾는 백성들은 진 바깥에 있는 회막으로 갔다. 거기서 모세가 하나님을 만나는 모습을 지켜보았다. 하나님과의 대면이 끝나면 모세는 다시 진으로 돌아오고 여호수아는 그 회막을 지켰다. 민수기 2:17절에 의하면 회막은 진 중앙에 위치해 있다. 모세의 진 바깥 회막 사용은 금송아지 사건출32장 직후에 기록된 것이다. 이는 금송아지 사건으로 인해 하나님께서 취하신 어떤 일시적인 조치내침?의 결과일 수 있다. 말텐스E. A. Martens는 출애굽기 33장의 회막은 임시로 사용한 것이며 한편으로는 또 다른 회막이 제작 중에 있을 수도 있음을 시사했다.[1] 레만C. K. Lehman도 출애굽기 33:7절의 회막이 이스라엘 진 밖에 세워졌을 때는 성막은 아직 건축되지 않았다고 보았다.[2] 이러한 이유 때문에 레위기 1:1절의 언급된 회막의 장소가 어느 쪽인지 불명확하다는 주장이 제기된다. 그러나 레위기 1:1절은 '와우 접속사 연계형 미완료 동사'로 시작하고 있음으로 이는 성막이 완성되고 여호와의 영광이 충만한 상태출40:34–35의 완료형과 연결되는 것이 자연스럽다. 즉 레위기는 출애굽기의 속편이라는 연결 구조를 갖는다.

성막은 출애굽 한 지 일 년이 채 되기 전에 완성되었다.출40:17 완성된 성막에서 하나님은 모세를 부르셨다. 그런데 성막보다는 회막이라는 말을 더 많이

1) Elmer A. Martens, *God's Design: A Focus on Old Testament Theology* (N. Richland Hills, Texas: BIBAL Press, 1998), 98.

2) Chester K. Lehman, *Biblical Theology Old Testament* (Vol.1, Scottdale, Pennsylvania/ Kitchener, Ontario: Herald Press, 1971), 167.

사용하는 것은 하나님과 백성들의 만남이 그곳에서 늘 이루어지기 때문에 그렇게 부르는 것이다. 성막에 대한 표현은 어떤 특징에 따라 다양하게 부르지만 모두 같은 것이다. 우리는 성막의 이름에 대해 미리 정리해둘 필요성이 있다.

오헬 모예드אֹהֶל מוֹעֵד라는 성막의 이름은 다양하게 사용되고 있다. 그 이유는 성막에 대한 이해의 각도에 따라 다르게 부르기 때문이다. 우선 가장 많이 불리는 이름이 오헬אֹהֶל이라는 장막the tabernacle or dwelling place, 레8:10이다. 장막은 인간의 장막과 하나님의 장막으로 나누어지지만 성경에서는 대부분 하나님의 장막을 가리킨다. 그 다음이 회막the Tent of Meeting, 출40:2이다. 회막으로 부르는 이유는 하나님과 인간 사이, 인간과 인간 사이의 만남과 모임이 이루어지는 곳이기 때문이다. 회막은 하나님 임재만남의 상징적인 장소 때문에 붙여진 이름이다. 다음으로는 성막the tabernacle, 출40:2이다. 장막이지만 하나님이 임재하시는 거룩한 곳이기 때문에 성막이라고 부른다. 몇 군데에서는 성막을 증거막the tabernacle of the Testimony, 민9:15으로 표현한다. 이유는 성막에 두 돌 판을 넣은 증거궤가 있기 때문이다.출40:3 히브리어성경은 오헬 모예드를 "만남의 막"幕을 뜻하는 "the tent of meeting－회막"으로 부르지만, 칠십인경은 "the tent of testimony－언약을 나타내는 증거막"τής σκηνής του μαρτυρίου으로 번역하였다. 어떤 한 곳에서는 성막을 법막the Tent of the Testimony, 대하24:6으로 부른다. 이유는 증거궤를 법궤라고도 하기 때문이다.출40:3 이외에도 "여호와의 집"라는 명칭을 사용한다.출34:26

이름	히브리어	영어	횟수	구절	의미
성막	미쉬칸(מִשְׁכָּן)	the tabernacle	82	출 40:2	거룩한 막
장막	미쉬칸(מִשְׁכָּן)	the tabernacle	229	레 8:10	거하는 막

회막	오헬 모에드 (אהל מועד)	the Tent of Meeting	146	출 40:2	만나는 막
증거막	오헬 에두트 (אהל עדות)	the tabernacle of the Testimony	5	민 9:15	증거궤의 막
법막	오헬 에두트 (אהל עדות)	the tabernacle of the Testimony	1	대하 24:6	법궤의 막

여호와께서 회막에서 모세를 부르시는 것은 바로 앞 장인 출애굽기 40장을 떠올리게 한다. 왜냐하면 성막이 완성되고 난 직후에는 구름이 회막에 덮이고 하나님의 영광이 성막에 충만하였기 때문에 모세조차도 회막에 들어갈 수 없었다.[출40:35] 그런데 그 곳으로 이제 모세를 부르신 것이다.

교훈과 적용

1. 우리는 회막에서 모세를 부르시는 하나님의 음성에서 구원을 향한 은혜와 사랑을 느낄 수 있다. 출애굽을 통하여 장엄하게 구속의 장을 여셨다면 이제 제사를 통해 율법을 지속시키기 위해서 용서의 장을 여시는 것이다. 이 용서는 그리스도가 오시기까지 이어졌다. 예레미야애가의 저자는 슬픔 속에서도 이렇게 노래했다. "여호와의 자비와 긍휼이 무궁하시므로 우리가 진멸되지 아니함이니이다. 이것이 아침마다 새로우니 주의 성실이 크도소이다".[애3:22-23]
2. 하나님이 모세를 부르시는 모습은 말씀이 주어지는 계시의 장면이기도 하다. 구약에 나타난 제사 제도와 선지자 제도는 모두 신적기원을 갖는다. 구약의 제도들이 계시의 말씀으로 이루어졌다는 사실은 하나님에 대한 무한한 신뢰를 갖게 한다.
3. 성막은 하나님이 인간을 만나고 말씀하시는 곳[출25:22]이며, 예배를 받으시는 곳[레1:1-9]이며, 인간의 죄를 용서하시는 곳[레4:20,26]이 되었다. 나중에 성

전이 되신 그리스도를 통하여 이 세 가지가 다 적용되었다. 그것은 그리스도를 통하여 인간을 만나고 말씀하심으로,[요1:14] 그리스도를 통하여 예배를 받으심으로,[요4:23] 그리스도를 통하여 인간의 죄를 용서하심으로[요14:6] 이동성막과 돌 성전이 참된 성소가 된 것이다. 참 성소에서는 영과 진리로 섬겨야 한다.[요4:23]

2. 이스라엘 자손에게 예물에 관해 말씀하심[1:2상]

제사는 인간이 하나님께 나아가는 것이요, 나아갈 때 반드시 있어야 할 것이 예물이다. 예물은 불완전한 인간이 완전한 하나님께 나아갈 때 그 요건을 성립시켜주는 일종의 약속 같은 것이다. 하나님이 인간의 제사를 받으시는 조건, 그것은 피가 있는 제물이다.

1) 예물

2절의 시작은 이스라엘 자손에게 고하라고 것이다. 레위기 6:8절에 아론과 그 자손에게 명하라는 것과 대조된다. 그래서 평신도와 제사장 지침으로 제사법이 나눠진다. 예물이란 무엇인가? 레위기 1:2절의 예물[an offering]은 카르반[קָרְבָּן]이다. 카르반은 동물[조류]과 곡식, 그리고 금패물[돈]등을 포함한다. 카르반은 '가져다 바치다, 가져가다'라는 하커리브[הִקְרִיב]라는 능동태 사역형에서 파생된 명사이며, 동사는 카라브[קָרַב]로서 '가까이 가다, 접근하다'는 뜻으로서 군사적인 문맥[신2;19]나 성적인 관계[신22:14]도 포함한다. 그러나 카르반은 제의적인 전문용어로 예물, 혹은 선물이나 조공을 뜻을 가진다.[3)] 그래서 "접근하다"와 "제물을 가져오다"라는 뜻의 이 단어는 레위기에 총 89회 쓰임으로 제사와 관련된 용어가 되었다. 그래서 예물이란 하나님께 가까이 나아감을 상징하는 것이다.

---

3) Walter C. Kaiser, Jr., *The Book of Leviticus* (NIB, Vol.1, Nashille: Abingdon Press, 1994), 989.

그리스도는 영원한 제사를 위해 한 제물이 되셨다.히10:12-14 희생 제물은 공의를 만족시키기 위한 것이다. 예물을 드리는 것은 죄인이 거룩하신 하나님께 나아간다는 것을 의미한다. 성경에 사용되는 제물은 피가 있는 동물과 피가 없는 곡물로 나눌 수 있다. 제물은 전체적으로나 부분적으로 태우거나 소멸시킨다. 드보de Vaux는 "한번 바쳐진 제물은 취소되지 않는다. 그리고 보이지 않는 하나님의 영역으로 넘어간다"고 말한다.[4] 이는 제사가 인간의 행위가 포함되지만 엄밀히 말하면 제사의 객체이자 주체는 하나님 자신이며, 제사는 처음부터 끝까지 하나님의 영역임을 나타내는 것으로 해석된다. 한편 예물에 속하는 제물은 핫타트חַטָּאת로 하나님께 드리는 예물이다. 이 핫타트는 제물도 되고 속죄제의 의미로도 쓰인다.

2) 자원제드리려거든

레위기 1-3장까지의 번제, 소제, 화목제는 평신도가 드리는 자원제로서의 지침을 밝힌다. 예물을 드리는 대상들을 말할 때 "누구든지"는 '사람, 인간, 남자'를 뜻하는 아담אדם으로 자원제를 말한다. 아담으로 표기한 것은 타락한 존재가 하나님께 나아옴을 의미할 것이다. 레위기는 특별히 낙헌제를 "자원의 예물"이라고 말하는데7:16 자원하여 드리는 제사라는 점이 강조된다. 이것은 의무적인 규례가 아니라 그야말로 자원해서 드리는 예물이다.

이 제사법이 자원제로서 평신도의 지침이라면 한 가지 질문은 평신도는 언제 성소에 갈 것인지를 묻게 된다. 여기에는 두 가지의 경우가 있다. 첫째는 번제처럼 자원해서 가는 경우다. "너희 중에 누구든지 여호와께 예물을 드리려거든"레1:2-이것은 번제의 경우다. "누구든지 소제의 예물을 드리려거든"레2:1-소제의 경우다. "사람이 만일 화목제의 희생을 예물로 드리되

4) de Vaux, *Ancient Israel: Its Life and Institutions* (Grand Rapids, Michigan: W. B. Eerdmans Publishing Company and Livonia, Michigan: Dove Booksellers, 1997), 433.

소로 드리려거든"레3:1–화목제의 경우다. 그래서 번제와 소제와 화목제는 자원제이다. 두 번째는 의무적으로 가는 경우다. "누구든지…하였으면…할찌니"레4:2–3; 레위기 5:14–속죄제와 속건제의 경우다. 그래서 속죄제와 속건제는 의무제이다. 이렇게 레위기의 5대 제사는 자원제와 의무제로 나뉘어 진다.

평신도 지침으로서 두 번째 질문은 평신도가 성소에 갈 때 무엇을 갖고 갈 것 인가? 이것은 제사의 목적에 따라 제물의 내용이 다르기 때문이다. 생활의 형편과 신분의 차이와 범죄 한 대상에 따라 제물이 달라지기 때문에 평신도가 성소에 갈 때 무엇을 가지고 가야 하는지에 대해 레위기는 구체적으로 설명하고 있다. 그렇기 때문에 레위기는 단순히 제사장용 편람便覽으로만 봐서는 안 될 것이다. 대부분의 율법은 이스라엘 백성 전체에 적용된다고 볼 때 레위기는 성도가 꼼꼼히 읽어봐야 할 책이기도 하다. 참고로 1장부터 7장까지의 제사법에서 평신도 지침은 레위기 1:1–6:7절까지이고, 제사장 지침은 6:8–7:38절까지이다.

교훈과 적용

1. 하나님께 나아갈 때는 반드시 예물을 가지고 가야 한다. 예물은 하나님 섬김을 나타내는 외적 증표다. 신약 시대에는 반드시 그리스도의 이름으로 하나님께 나아가야 함을 보여준다. 하나님과 죄인은 우리들은 반드시 예물그리스도을 통해서만 나아갈 수 있음을 상기시킨다. "예수께서 가라사대 내가 곧 길이요 진리요 생명이니 나로 말미암지 않고는 아버지께로 올 자가 없느니라".요14:6
2. 예물이 되신 그리스도는 영원한 제사를 위해 한 제물이 되셨다.히10:12–14 레위기의 제사법은 십자가에서 제물이 되신 그 분을 복음의 눈으로 보아

야 한다.

3. 우리는 하나님께 자원하는 심령으로 무엇이든지 드려야한다. 이스라엘 백성들이 성막을 지을 때 가져온 예물도,[출35:21] 낙헌제를 드릴 때도,[레7:16] 칠칠절의 절기를 지킬 때 드리는 예물도,[신16:10] 여호와의 전에 드리는 예물도,[왕하12:4] 인구정책으로 예루살렘에 이주하여 거할 때도,[느11:2] 구제의 연보를 할 때도,[고후8:3] 하나님의 양 무리를 칠 때도[벧전5:2] 자원하는 심령으로 하였다. 하나님은 이런 자들에게 복을 주시고 붙드신다.[느11:2; 시51:12] 하나님의 일은 부득이함으로 해서는 안 되고 오직 하나님의 뜻을 좇아 자원함으로 하며 오직 즐거운 뜻으로 하여야 한다.[벧전5:2]

3. 가축으로 제물을 삼을 것[1:2하]

예물은 가축[생축] 중에서 드려야 한다. 성경에서 육축, 생축, 가축은 같은 베헤마[בְּהֵמָה]이다. 이는 자신의 소유[재산]인 가축 중에서 드리는 것이며, 야생동물은 제외된다. 이유는 값을 지불하기 위해 자기 소유 중에 드려야 되며, 포획하거나 사냥해서 잡은 동물은 안 됨을 말한다. 집에서 기르는 가축은 출애굽 때 하나님을 섬기는 제물로써 함께 나왔다.[출10:24-26] 이는 이스라엘 백성이나 생축도 모두 유월절 피로 구속받은 하나님의 소유임을 뜻한다. 어린양 되시는 그리스도가 생축으로 드려졌다는 사실[엡5:2]은 생축 중에 제물을 드려야한다는 점을 미리 제시하고 있다. 성경에서 이 네발 가진 짐승인 베헤마를 형상화하거나,[신4:17] 성적교합을 하거나,[출22:19; 레18:23] 식용[부정한 동물, 신14:4-8]으로 사용하는 것을 금지하고 있다.

교훈과 적용

1. 제물을 드리되 가축으로 드려야 하는 것은 소유한 재산의 일부를 드리는 것이다. 모든 것이 하나님의 소유이지만 우리에게 주신 것 중에 일부를 드리는 것은 전부를 드리는 것이며, 이는 하나님의 주권을 인정하는 행위이다. 십일조나 헌금도 이와 같은 이치이다.
2. 집에서 기르는 가축은 출애굽 때 하나님을 섬기는 제물로써 함께 나왔다는 사실에서 우리는 이스라엘 백성이나 생축도 모두 유월절 피로 구속받은 하나님의 소유임을 나타낸다. 그래서 시내산 언약의 첫 번째가 이스라엘 백성은 하나님의 소유가 된 것이다.출19:5 우리를 자신의 소유로 삼으신 하나님의 은혜를 감사하며 살아야 한다.
3. "그리스도는 우리를 위하여 자신을 버리사 향기로운 제물과 희생제물생축로 하나님께 드리셨느니라".엡5:2 어린양 되시는 그리스도가 가축생축으로 드려졌다는 사실은 유월절 제사와 모든 제사의 중심에 그가 제물이라는 사실을 보여준다. 구약의 제사가 주님 자신이 십자가에서 온전한 제물로 바쳐지면서롬3:25; 히10:14; 요일2:2 모든 제사는 주님의 이름으로, 주님을 통해 드려지게 되었다. 그리스도의 육체가 찢어지시면서 이제는 동물의 피가 아닌, 십자가의 피에 의해 담대하게 하나님의 보좌 앞으로 나아 갈 수 있도록 예배의 새롭고 산 길히10:20이 열렸다.

B. 번제물의 종류와 지침1:3-17

Ⅰ. 본문의 개요

번제의 종류로 소와 양과 염소, 새가 언급되었다. 소는 큰 가축이며 양은 작은 가축이다. 그리고 이 제물들을 어떻게 잡으며, 어디서 잡으며, 어떻게 처리하며, 어떻게 드려야 함을 구체적으로 밝히고 있다. 나아가서는 이렇게 드려진 제물이 하나님께 어떤 결과를 가져오는지를 밝혀준다. 특히 소의 번제에서 나타난 모든 순서와 의미는 희생제사의 의미를 총괄적으로 밝히는 첫 설명이기도 하다. 세 종류의 번제물은 제물의 등급이기도 하지만 가난한 자들이라도 하나님께 나아올 때는 빈손으로 나와서는 안 된다는 점을 강조한 것이기도 하다. 하나님께서 받으시는 제물은 하나님의 지시대로 드릴 때이며, 제물은 하나님이 계시하시는 대로 드려야 받으신다. 제물을 지정하신 자체가 하나님이 우리를 제사를 받으시려는 은혜이다. 제물의 요건과 자격은 완전한 제사와 완전한 제물이 되신 그리스도의 인격과 성품을 암시하는 것이다.

Ⅱ. 본문의 구조

1. 소의 번제[1:3–9]
    1) 번제의 의미[1:3상]
    2) 흠이 없는 제물[1:3중]
    3) 기쁘게 받으시도록[1:3하]
    4) 안수[1:4상]
    5) 속죄[1:4하]
    6) 여호와 앞에서[1:5상]
    7) 피 뿌림[1:5하]
    8) 제물 태우기[1:6–9상]
    9) 화제[1:9중]
    10) 향기로운 냄새[1:9하]

2. 양과 염소의 번제1:10-13

3. 새의 번제1:14-17

Ⅲ. 본문 주해

1. 소의 번제1:3-9

1) 번제의 의미1:3상

3절에 처음으로 레위기의 번제가 나타난다. 번제는 올라עֹלָה라고 한다. 희생제물이 아닌 소제를 온전히 불사를 때는 칼릴כָּלִיל이라고 한다.레6:22 번제는 올라 타믿עֹלַת תָּמִיד이라는 상번제twice-daily sacrifices가 있다. 상번제는 개인의 번제와는 달리 제사장들이 회막문에서 아침저녁으로 늘 드리는 공식적인 번제이다.출29:42; 민28:3,6 5) 번제는 번제단에서 제물이 타서 하늘로 연기가 올라간다go up, ascend, 단순 능동태는 의미를 지니고 있다. 우연이겠지만 원어의 올라와 한글의 '올라'가 음도 의미도 비슷해 기억하기가 좋다. 한문의 번제燔祭도 구을 '번', 제사 '제'로서 태우는 제사를 뜻한다. 번제가 속죄가 된다4절는 사실을 초두에 바로 목격할 수 있기 때문에, 번제와 속죄, 또는 제사와 속죄의 관계는 밀접하다는 것을 느낄 수 있다. 이 점은 제사제도를 이해하는 주요 모티브이다. 시내산에서 율법을 수여 받기 이전의 번제의 역사를 간략하게 살펴보면 노아홍수사건 직후창8장와 모리아 산의 번제 사건,창22장 그리고 자녀들을 대신한 욥의 제사욥1장가 있다. 노아는 진노의 완화를, 아브라함은 순종과 헌신을, 욥은 자녀들의 속죄를 위해 번제를 드렸다고 볼 수 있다.

---

5) Derek Kidner, "Sacrifice-Metaphors and Meaning" *Tyn.B.* 33 (1982), 131. 장미자, "언약의 규정들(토라), 안식일 계명",『Hermeneia Today』Vol. 33.1. Winter(서울: 한국신학정보연구소, 2006), 94. 이 상번제의 목적은 국가적인 차원에서 이스라엘 백성 전체의 속죄를 목적으로 드리는 제사로서 이스라엘이 하나님과 온전한 관계를 유지하도록 하는 것이다.

2) 흠이 없는 제물1:3중

소를 번제로 드릴 때 흠 없는 어린 수송아지이어야 한다. 어린 수컷은 "점 없고 흠 없는 어린 양"벧전1:19에 대한 모형이다. 수컷은 자칼זָכָר로 할례에 참여하는 남자를 지칭할 때도 쓰인다. 흠이 없는 제물이 강조되는 것은 흠이 없는 제사장과 같은 이치이다.레21:17-23 그리스도는 흠이 없는 완전한 제사장이며 완전한 제물히7:26-27; 벧전1:19이심을 미리 밝혀준다. 소의 제물은 회막문에서 잡는다. 구체적으로 회막문the doorway of the tent of meeting은 어디인가? 이는 번제단에 가까운 앞마당, 즉 제단 사방을 가리킨다. 성막 바깥뜰의 문은 항상 동쪽에 위치해 있다. 사람이 속죄를 받기 전에는 하나님 계신 곳에 들어갈 수 없다. 먼저 문 앞에서 그를 대신하여 희생되는 자가 있어야 한다. 주의 전용문인 동쪽문에 대한 성경신학적 의미는 창세기3:24로부터 성막의 문을 거쳐 에스겔43:2까지 연결되어 있다. 흠 없는 수컷으로 회막문에서 드리되 여호와 앞에 기쁘게 받으시도록 드려야 한다. 그런데 여기서 중요하다면 아주 중요한 질문이 생긴다. 언제어떻게 여호와께서 제물을 기쁘게 받으시는가열납하시는가하는 것이다.

3) 기쁘게 받으시도록1:3하

"여호와 앞에 기쁘게 받으시도록"열납하시도록이라는 문구는 구약성경 전체에 유일하게 여기 한 곳에만 기록되어 있다. 레위기는 물론 오경, 나아가서 구약 전체에 동일표현이 없기 때문에 유일성을 지닌다. 이 소유접미사 형태인 "기쁘게 받으시도록"이라는 문구의 리르초노לִרְצֹנוֹ는 그의 호의goodwill, favour를 위하여, 그의 받으심acceptance을 위하여, 그의 뜻will을 위하여 등으로 해석된다. 수천 마리의 소와 양을 바쳐도 하나님께서 받으셔야 그것이 제사가 되는 것이다. 이것은 계시된 제사법대로 행할 때 제사가 성립된다는 뜻이다. 따라서 기쁘게 받으시는 분이 계시자이자 행동의 주체가 되셔야 이 일은 성사되는 것으로 해석해야 한다. 인간의 노력으로 이 자격을 획득할 수 없는 것이다. 그런 점에서 앞에서 밝힌 것처럼 제사의 주체는 궁극적으로 하나님이시며 그 제사를 기쁘게 받으시는 분도 하나님이시므로 제사는 하나님의 주관적 행동이심을 신학적으로 묵상해야한다. 그래서 제물은 단지 자동적으로 받쳐지는 가축이 아니라, 제물 드리는 사람 자신을 대신하여 가축이 받쳐지고 있음을 알아야 한다. 여기서도 우리는 다시 한 번 완전한 제물이신 그리스도[히9:14]만이 하나님이 기쁘게 받으시는 제물이심을 바라보게 된다. 이 점에서 구약의 제사는 영원한 제사[히10:12]의 제물되시는 메시아를 기다리는 반복행위이었으며, 신약 이후로 정착된 예배는 예수 그리스도를 기억하고, 기념하는 반복 행위[눅22:16-20]로 표현할 수 있다.

4) 안수[1:4상]

제물을 바치되 안수는 왜 하는 것일까? 제물에 안수하여 하나님께서 그 제물을 기쁘게 받으시면 제사자는 속죄가 이루어진다고 4절 하절에서 밝힌다. 물론 이 때의 안수는 제사자가 하는 것이다. 여기서 안수는 제사자가 '한 손으로' 했을 것으로 추측된다. 왜냐하면 "두 손으로" 하였다는 표현은 레위기 16:21절에 따로 표현되기 때문이다. 일반적으로 수송아지 머리에 안수하는 샤마크[סמך, 레1:4]는 '동일시'의 의미를 담고 있다. 왜냐하면 이 단어는 단지 '올려놓는다'는 것보다 '누르다'[lay]라는 의미를 담고 있기 때문에 제사자와 희생동물의 동일시되는 연합과 일치를 나타내고 있는 것이다. 이렇게 안수의 의미는 '동일시'[웬함]를 포함하여 '죄의 전가'[누르체] '제물의 소유권'[드보] 등이 주장되고 있다.

레위기에서 안수(례)에 대한 언급은 모두 14곳이다.[레1:4; 3:2,8,13; 4:4,15,24,29,33; 8:14,18,22; 16:21; 24:14] 안수할 때 공통적인 특징은 통상적으로 모두 "머리에 안

수"하는 것이다. 이 가운데 13곳은 동물에게 안수하는 것이며, 한번 사람의 머리에 안수함이 나타난다.[레24:14] 이 사람은 여호와의 이름을 빙자하여 남을 저주한 죄로 돌로 처형을 당하기 전에 무리가 그의 머리에 안수하였다. 그 외는 모두 희생제물의 안수이다. 대속죄일에 광야로 보내는 염소의 안수는 두 손으로 한다. 이는 이스라엘 자손의 모든 불의와 그 범한 모든 죄를 고하고 그 죄를 염소의 머리에 둔다고 안수의 목적을 밝히고 있다.[레16:21] 이때는 죄의 전가[轉嫁, imputation]의 의미로 해석된다. 백성들의 집합적인 허물을 제물[염소]에게 덮어씌우는 것이다. 안수는 그리스도의 대신속죄를 예표 한다.

5) 속죄[1:4하]

레위기에서 안수하는 장면 14곳 가운데 안수가 속죄가 된다는 것을 직접적으로 밝히는 곳은 레위기 1:4절뿐이지만 우리는 안수와 제물과 속죄를 하나의 연결적인 속죄행위로 봐야 한다.[6] 안수는 제사자[네페쉬, 레4:2]와 제물[네페쉬, 창2:19]이 연합하여 하나가 되는 의미를 깨닫게 해 주므로 우리는 그리스도의 죽음과 부활을 통해 그리스도와 연합한 자들[롬6:5; 엡2:5-6]이라는 사실을 알게 된다.

앞에 언급된 안수의 의미는 사람이 자신을 제물로 죽을 수 없기 때문에 대용물로 사용하는 것이다. 그러나 궁극적인 목적은 제물이 사람이 되어야 참 된 제사가 된다. 그것도 유월절 규례에서 이미 나타났듯이[출12:5] 흠 없는 수컷이라야 된다면, 그 의미를 충족시킬 분은 예수 그리스도 밖에 없다. 그리스도의 몸과 죽음이 이를 이루는 매체가 될 수밖에 없다. 제사자의 정당한 준비와 절차로서의 안수가 이루어지면 하나님은 그 제사자를 위해 그

6) 핫타트(חַטָּאת)가 '죄'도 되고 '속죄제'도 됨으로 헬라어 사용자들은 이 두 용어를 사용하는데 있어 구분하기가 어려움을 발견했다. John William Wevers, *Notes on the Greek Text of Leviticus, Septuagint and Cognate Studies 44* (Atlanta, Georgia: Society of Biblical Literature Scholars Press, 1997), 38.

의 제물과 제사를 기쁘게 받으신다. 이 때 이루어지는 것이 속죄다. 번제가 자원제라고 해도 제사 자체가 속죄의 기능을 담고 있기 때문에 속죄가 발생하는 것이다. 우리는 여기서 한 가지 묵상해할 점이 있다. 과연 번제가 어떻게 속죄 기능을 가지고 있느냐 하는 것이다.

번제를 드릴 때 어떻게 속죄가 발생할까? 번제는 죄로 인해 드리는 제사가 아니다. 그럼에도 불구하고 레위기 1:4절은 번제를 드림으로 속죄가 된다고 말하고 있다. 이것은 근본적으로 죄 된 인간이 거룩한 하나님이 임재하시는 회막에 제물을 들고 나아갈 때 닥쳐올 수 있는 하나님의 진노죽음를 막기 때문에 이것 자체가 속죄의 길이 열렸다고 말 할 수 있다. 번제와 속죄의 관련성을 말할 때 속죄를 담당하는 속죄제와 속건제가 별도로 있기 때문에 번제는 속죄보다는 하나님에 대한 진노해소창8:20-21나 복종과 헌신창22장이나 감사의 행동출18:11-12으로 보려는 경향이 많다. 제사의 이론에는 희생의 제물이 인간의 죄를 속죄한다는 속죄이론이 주류를 이룬다. 그러나 하나님의 "진노를 누그러뜨린다"propitiation는 측면의 간구이론을 주장하는 학자들도 있다.

노트Noth는 메소포타미아의 제의력祭儀歷에도 신들을 위한 "마음을 진정시키는 날"이 있음을 주장하였다.[7] 이에 대해 라솔Lasor 등이 공저한 책에서는 번제가 "진노를 누그러뜨림"이란 개념을 지지해 주는 증거를 찾기란 극히 어렵다고 보았다. 이 개념은 주로 비교문헌적인 연구comparative studies들을 통해서 지지를 받고 있으며 이스라엘 밖의 종교들에서 자주 나타남을 주장한다.[8] 이 간구이론은 출애굽기 32:30절과 민수기 16:41절 이하에 희생제물 없는 속죄개념으로 나타나기 때문에 지지를 받기도 한다. 그래서 케일

7) M. Noth, *Leviticus*, OTL (Bloomsbury Street, London: SCM Press Ltd, 1962), 24.

8) Lasor, William Sanford and Hubbard, David Allan and Bush, Frederic WM., *Old Testament Survey: The Message, Form, and Background of the Old Testament* (Grand Rapids, Michigan: William B. Eerdmans Publishing Company, 1992), 156.

C. F. Keil은 번제의 목적을 "완전한 복종이나 결단"으로 보았다.[9] 또한 드보는 "예물에 의한 존경의 표시"라고 말했다.[10] 그러나 레위기 1:4절에 의하면 "그를 위하여 속죄가 될 것이다"라는 속죄의 주동사인 키페르כִּפֶּר를 사용하고 있기 때문에 본질적인 면에서는 번제가 죄의 용서에 있다는 것을 간과할 수 없다. 또한 대속죄일에서도 대제사장 자신을 위한 번제와 백성의 번제를 드려 자기와 백성을 위하여 "키페르"하라[레16:24]고 말하고 있기 때문에 번제의 속죄기능을 제쳐 놓을 수 없다. 그래서 모든 제사에서 속죄를 통한 구속사적 메시지는 필수적이고 필연적이라는 사실을 염두에 두고 레위기를 읽어야 한다. 레위기에 언급된 제사를 통해 퍼져있는 구속의 메시지는 궁극적으로 그리스도의 속죄에 집중되어 있다. 그리스도의 속죄사상은 신약에서 희생,[고전5:7] 화목,[롬3:25] 대속[마20:28]의 의미로 나타난다.

6) 여호와 앞에서[1:5상]

"여호와 앞에서"[coram Domino-Vulgata]는 무엇을 의미하는가? 이것은 "하나님의 면전"[리프네 야웨, לִפְנֵי יְהוָה]을 말한다. "여호와 앞에서"는 회막 안에 제물을 잡는, 정해진 거룩한 장소를 가리키는 표현이다. 이 구절은 제사의 제물을 잡는 장소가 이미 지정되어 있음을 의미한다. 이 문구는 법궤의 그룹 사이에 임재를 약속한 하나님의 존재[출25:22]를 확인하는 것이기도 하다. 이런 점에서 모든 제사는 여호와의 임재로부터 효력을 발생한다. 제사자는 하나님이 지정하신 규례에 따라 수송아지를 잡는다. 제물을 드리는 자는 지정된 그 장소에서 스스로 그가 가지고 온 제물을 잡는 것이다. 한편 제사자가 번제물을 직접 잡는 문제와 관련하여 역대하 29:23,34절을 보면, 히스기야의 성전정화운동의 일환으로 속죄 제사를 드릴 때 제사장이 번제의 짐승을 잡고, 제사장이 부족하여 그 모든 짐승을 가죽을 다 벗기지 못해 레위

9) C. F. Keil, *Manual of Biblical Archaeology* 1 (Edinburgh: Clark, 1887-1888), 317.
10) de Vaux, *Studies in OT Sacrifice* (Cardiff: University of Wales Press, 1964), 37.

사람이 돕는 장면이 기록되어있다. 이것은 1:4절의 예물을 드리는 평신도 개인이 직접 소를 잡아야 한다는 규정이 제사의 발전에 의해 변화가 있었으며, 레위기 1장의 제사제도가 초기의 것임을 알려준다.

7) 피 뿌림[1:5하]

이렇게 제물을 잡을 때 발생하는 피는 곧 아론의 자손 제사장들[중보자]이 가져다가 회막 문 앞 제단 사방에 뿌린다. 이 피 뿌림은 우선 제단 자체도 속죄함을 받아야 한다는 것이며, 궁극적으로는 피를 제단에 뿌리는 것은 제사의 목적이 피 뿌림에 있음을 암시한다. 이런 점에서 번제의 절차는 피 뿌림과 태움으로 나눌 수 있다. 매번 제사를 드릴 때마다 뿌려지고 붓는 피로 인해 제단은 온통 피로 얼룩져 그야말로 '피단'이라고 느껴질 수 있을 것이다.

피는 생명을 상징한다.[레17:11] 피 뿌림은 제사의 대속적 행위이며,[벧전1:2] 태움은 육체의 죽음을 의미한다고 볼 수 있다. 결국 피의 문제가 제사의 핵심이다. 구약에는 인간의 피,[삼하20:12] 동물의 피,[창37:31] 새의 피[레14:6] 등 세 종류의 피가 나타난다. 그리고 이 피는 '생명이 머무는 곳',[창9:4] '생명이 담겨있는 곳',[레17:11,14] '영혼이 거하는 곳'[신12:23]으로 묘사된다. 구약제사의 피와 관련한 신약의 해석은 두 가지가 대표적이다. 하나는 히브리서 9:22절 말씀[피 흘림이 없이는 사함이 없다]이며, 다른 하나는 에베소서 1:7절의 말씀[그리스도의 피로 말미암아 속량 곧 죄 사함을 받았다]이다. 즉 그리스도의 피가 죄를 용서한다[죄인을 구원한다]는 선언이다. 이렇게 피를 뿌린 후 제물을 태운다.

8) 제물 태우기[1:6-9상]

제물 태우기의 절차는 다음과 같이 진행된다. 제사자가 회막문 안 번제단 북쪽[11절]에서 수송아지를 직접 잡는다. 번제단은 번제를 드릴 때는 그렇게 부를 수 있지만 제사용어로는 그냥 제단이라고 부르는 것이 적합할 것이다. 제단이 십자가라면 예수 그리스도의 죽음은 십자가 제단의 제물이 되는 것이다. 제사자는 번제물의 가죽을 벗긴다. 이 가죽은 레위기 7:8절에 의하면 제사를 진행하는 제사장의 몫이다. 그리고 조각조각 자르는 형태로 뼈를 중심으로 살의 각脚을 뜬다. 각을 뜨는 이유는 몸 전체를 잘 태우기 위해서다. 제사장들은 제단 위에 불을 붙이고 불 위에 나무를 벌여 놓는다. 제사장은 뜬 각과 머리와 기름을 불 위에 있는 나무에 벌여 놓는다. 제사장이 제물을 태울 나무를 미리 제단 위에 가지런히 벌여 놓는 이유도 아마도 각을 뜨는 것처럼 그 위에 올려질 제물들을 완전하게 잘 태우기 위해서일 것이다. 제물 자체는 씻지 않지만 제사자는 내장과 정강이는 소화되지 않는 음식물과 분비물, 더럽기 때문에 물로 씻어야 한다. 제사장들은 그것을 받아 전부를 불사른다. 이 불사름은 태워 없애는 '사라프'가 아니라 불에 태워 향기를 올리는 '카다르'이다. 수송아지 한 마리를 태우는 소요시간은 얼마나 될 찌 모르지만 성막에는 늘 고기타는 냄새가 끊이지 않았을 것이다.

한편 출애굽 당시 유월절 규례를 보면 흠 없고 일 년 된 수컷의 어린양을 구워먹되 머리와 정강이와 내장까지도 다 불에 구워먹도록 하였다.[출 12:9] 전부 태우는 번제나 전부 구워먹는 유월절 양은 같은 의미이다. 그래서 유월절 어린양은 그때부터 희생의 제물이 되어 성막에서 번제로 타고 있는 것이다.

9) 화제[1:9중]

번제는 화제이며, 여호와께 향기로운 냄새가 된다. 화제火祭는 살라 바치는 제사이다. 화제는 제사 종류의 명칭이 아니라 방법의 명칭이다. 동물제사 가운데 다 태우는 번제가 있고 화목제, 속죄제, 속건제는 제물의 기름을 다 불사른다. 그러나 소제에는 기름이 없기 때문에 대신 예물위에 기름을 붓고 유향을 놓아서 불사르게 한다. 이렇게 볼 때 구약의 5대 제사는 모두 기름을 태우는 화제가 되는 셈이다.레1:13; 2:16; 3:16; 4:10,21,26,31,35; 7:5 이 태우는 화제는 성경에 나타난 제사의 목적을 이루는 것으로, 하나님과의 상호교통communication with God을 의미한다고 말한다.[11] 성경에서는 이 화제를 "여호와께 드리는 음식"이라고 표현한다.레3:11 이는 하나님이 음식을 드신다는 이론이 아니라 화제가 하나님의 음식처럼 드려지기 때문에 마치 드리는 자가 여호와 앞의 거룩한 상태에서 드려야 함을 강조한 것이다.

10) 여호와께 향기로운 냄새1:9하

그리고 이 화제는 "여호와께 향기로운 냄새"가 된다. 하나님의 진노가 만족함이 되어서 안정된 상태를 일컫는, 신인동형론적 표현일 것이다.참조. 창8:21; 삼상26:19 레위기 1장에서 "여호와께 향기로운 냄새"라는 표현이 제물의 종류마다 각각 3차례 반복적으로 언급된다.9,13,17절 이 표현은 한계가 있는 인간의 제사를 받으시고 흠향하시는 하나님의 은혜를 부각시킨다. 화제를 통하여 하나님과 인간간의 화목과 교통과 교제의 상태가 이루어짐을 느끼게 한다. 그래서 신약에서는 그리스도를 "향기로운 제물"이라고 말했을 것이다.엡5:2 한편 번제뿐만 아니라 소제와 화목제도 같은 화제이기 때문에 각각 향기로운 냄새레2:2,9; 3:5라고 말한다. 이는 제사의 종결상태를 일컫는 공식문구일 수 있다.

---

11) Christian A. Eberhart, "A Neglected Feature of Sacrifice in the Hebrew Bible: Remarks on the Burning Rite on the Altar, *HTR* 97 (2004), 485.

교훈과 적용

1. 제사예배는 하나님 앞에 기쁘게 받으시도록 드려야 한다. 번제도 여호와 앞에서 기쁘게 받으시도록 드리지 않으면 효력이 없듯이 말씀의 순종이 영적예배인 산 제물의 효력을 발생시키는 것이다. 그리스도는 당신의 죽으심으로 다양하고 복잡한 구약의 제사제도를 하나로 만드셨다. 그 때부터 예배는 주님의 이름이 기념되는 모든 곳에서 드려지고 있다. 예배는 항상 주님의 이름으로, 주님의 이름이 기념되어야 할 것이다.
2. 헌신을 나타내는 번제도 속죄의 의미가 우선인 것처럼 예배생활도 항상 속죄의 은혜가 강조되어야 한다. 친교를 목적으로 드리는 화목제도 제물의 피를 제단 사면에 뿌린다. 제사는 어떤 종류이든지, 피가 기본적으로 드려져야 한다. 이 피가 곧 속죄이다. 그렇기 때문에 십자가의 죽음은 우리가 영원히 묵상해야 할 은혜인 것이다.
3. 산 제물이 영적예배가 되는 이치는 번제의 안수에서 보듯이 제물과 제사자가 동일하게 일치하고 연합한 것과 같다. 제사를 드린다는 것은 단지 제물만을 드리는 것이 아니라, 그 제물을 통해 자신을 죽이는드리는 것이다. 제물이 온전히 타듯이 완전히 자신을 그리스도 안에서 태우는 것이다. 하나님은 우리가 이렇게 그리스도 안에서 자신을 죽여 산 제물로 하나님께 바칠 때, 주님과 연합하여 영적예배자로 살 때 성령 안에서의 교통과 교제가 이루어진다.

2. 양과 염소의 번제1:10-13

"만일"을 나타내는 임אם, but if-NASB의 문법적 의미는 무엇인가? 이것은 제사자가 예물을 가져오는 능력의 조건condition capable of fulfillment을 나타내는 접속사다. 그래서 이것은 예물을 바칠 때 경제적 능력을 고려하여 수송아지를 바칠 수가 없어 양이나 염소를 바칠 경우를 말한다.

드리는 예물이 가축 떼의 양이나 염소이면 그것도 흠이 없는 수컷을 드려야 한다. 여기서 그냥 양이나 염소라고 하지 않고 "가축 떼"라고 한 것은 기르는 가축 중에 드려야 한다는 것을 명시한 것이다. 산양이나 들 염소는 아니라는 말이다. 가축 중에 드리는 예물이 흠이 없어야 하는데 조건은 무엇인가? 실제적으로 어떤 것이 흠이 있는 제물인가? 그것은 눈먼 것, 상한 것, 지체에 베임을 당한 것, 종기 있는 것, 습진 있는 것, 비루먹은 것 헐고 털 빠지는 병 등이다.[레22:22] 한편 흠이 있는 제물 중에 아주 구체적인 부분의 상태를 묘사한 것도 있다. 예를 들면 불알이다.[레22:24] 불알에 해당하는 단어는 이 본문에 없지만 상황묘사가 이것을 지칭하는 것으로 보기 때문에 NRS, NIV는 불알들[고환들]에 해당하는 "testicles"로 번역한다. 드리는 수컷의 제물 중에 "불알이 상하였거나,[마우크] 치었거나,[카투트] 터졌거나,[나투크] 베임을 당한 것[카루트]은 여호와께 드리지 말라"라고 명령한다. "불알"에 해당하는 히브리어 에세크[אשך]는 레위기 20:20절에서 제사장 자격을 논할 때 한 번 나온다. 상한 "불알"의 문제는 생식의 씨가 없으므로 제물[생명]이 되지 못함을 의미하는 것 같다.

양과 염소를 잡는 방법도 수송아지와 동일하다. 제사자는 양이나 염소를 제단 북쪽에서 잡는다. 동쪽으로 나 있는 성막 입구로 들어서면 오른 쪽이다. 수송아지를 잡을 때와 동일하게 제사장들은 제물의 피를 제단 사방에 뿌린다. 각을 뜨고 머리와 기름은 조각조각 자르고 내장과 정강이는 씻는다. 제사장은 그 전부를 제단 위에 불살라 번제로 드린다. 여기서는 제사장들[5,7]이 아니고 앞의 9절과 같이 단수 제사장이다. 복수와 단수의 사용 차이는 제사의 구조나 양에 따른 것 같다.

수송아지보다 작은 크기의 양과 염소에 대한 규례가 비교적 짧게 설명되어 있다. 짧지만 번제를 드릴 때와 차이는 있다. 우선 기록의 생략이다. 예물에 안수하는 규정과 가죽을 벗기는 것에 대해 생략되어 있다. 그리고 제물을 잡는 곳을 수송아지의 경우는 여호와 앞에서 잡도록 만 규정되어 있으나 양과 염소는 제단 북쪽이라고 규정하고 있다. 둘 다 장소는 동일하지만 하나는 의미를, 다른 하나는 실제적인 장소를 지칭한 것이다. 이런 생략과 차이점 때문에 소를 번제로 드릴 때와 다른가 여길 수 있지만 차이점은 없다. 소의 번제 때와 가죽을 벗기거나 안수하는 것도 동일할 것이다. 동일하기 때문에 설명을 생략하거나 간략하게 기술할 수 있다. 다만 차이점이 있다면 제사자의 경제적 능력을 감안하여 제물의 종류를 달리 선택하게 한 것뿐이다.

교훈과 적용

1. 하나님께서 가난한 자도 제사를 드릴 수 있도록 경제적 배려를 한 것처럼 교회에서도 교인들의 경제적 형편을 살펴 주는 것이 바람직하다. 제사자의 경제적 능력을 감안하여 제물의 종류를 달리 선택하게 한 것처럼 헌금생활도 최선의 범위 내에서 적절한 안내를 해주어야 할 것이다.
2. 흠이 없는 제물을 바치라는 것은 제물의 온전성wholeness을 말한다. 이것은 "오직 흠 없고 점 없는 어린 양 같은 그리스도"벧전1:19를 바라본다. 번제는 십자가의 죽음으로 그리스도가 온전히 내어 주신바 되었으며 하나님께 온전히 드린바 되었다.
3. 흠이 있는 불알은 생식의 씨가 없으므로 바칠 수 없는 사실을 통해 생명이 생명을 구한다는 교훈을 받는다. 생명은 피에 있으므로레17:11 흠 없는 제물의 피 흘림이 구원을 이룬다는 사실을 다시 깨닫는다.

3. 새의 번제1:14–17

새의 번제도 역시 경제적인 능력을 고려한 제물이다. 새의 제물은 성별

구별이 없다. 새는 날 짐승 중에 산비둘기dove나 집비둘기pigeon 새끼로 드린다.참조. 창15:9 산비둘기라 불리는 토르תור는 산의 비둘기가 아니라 원래는 이주하는 철새인지는 모르나 언제부터인가 집에서 기르는 새가 되었을 것이다. 값에 따라 언급하는 제물의 등급성을 볼 때 집비둘기 보다 값이 더 나갈 것이다. 비둘기는 고대 이스라엘인들이 집에서 기르던 새였다.참조. 왕하6:25[12]

새의 피는 왜 제단 곁에 흘리는가? 제사장은 먼저 제사자에게 새의 제물을 받아 제단으로 가져간다. 제사장은 숙달된 솜씨로 새의 머리를 손으로 비틀어 끊는다. "비틀어 끊는다"말라크는 한 동작으로 기술적으로 거의 잘라낸다는 말이다. 이 때 목에서 나는 피는 제단 곁에 흘린다. 이것은 그 피의 양이 적기 때문일 것이다. 제사자는 목이 없어진 새를 다시 받아 새의 배를 찢어 모이주머니또는 깃털와 새 몸속에 있는 더러운 것은 제거하여 제단 동쪽 재 버리는 곳에 던진다. 재 버리는 곳이 지정된 것은 바쳐진 제물은 거룩하기 때문에 거룩한 것을 유지하는 의미일 것이다. 제사자는 두 날개를 잡고, 그 새의 몸을 찢어서, 두 동강이 나지 않을 정도로 벌려 놓으면, 제사장은 그것을 가져다가, 제단에서 불타는 장작 위에 얹어서 불사른다.

교훈과 적용

1. 이렇게 새의 번제를 통해서도 피 흘림과 태움이라는 번제의 의미를 다시 느낀다. 소, 양과 염소, 그리고 새까지도 번제로 드릴 때는 전부를 태워 드리기 때문에 온전한 제물이 된다. 그러므로 번제의 유순한 제물과 형태를 통해 온전한 제물이 되신 그리스도의 인격과 성품을 만나게 된다.
2. 우리가 지금은 제사를 드리지 않지만 그 의미를 오늘날 찾는다면 우리는

12) A. Noordtzij, *Leviticus*, BSC, trans., Raymond Togtman (Grand Rapids: Zondervan Publishing House, Regency Reference Library, 1982), 40-41.

거룩한 산 제물로 살아야 한다. 죽어 있는, 죽는 제물이 아니라 살아있는, 산 제물이 되어 사는 것이 곧 영적예배의 생활이다.롬12:1

3. 예배를 통해 이미 온전한 제물이 되신 그리스도 안에서 우리 자신을 죽이고 우리의 가죽과 같은 인간의 모습을 벗기고 자신을 조각조각 내는 것은 그리스도 연합된 성령의 생활이다. 그리스도는 모든 제사의 완성이시다. 그리스도 안에서 제사의 의미는 기념되고 반복된다. 복잡한 체계의 제사법을 몰라도 이제는 누구든지 그리스도의 이름을 부르는 자는 구원을 얻는다행2:21는 사실은 하나님의 큰 은혜이다.

레위기 2장

땅의 곡식을 드리는 소제

A. 굽지 않는 곡식으로 드릴 때[2:1-3]

Ⅰ. 본문의 개요

소제는 희생제물을 가지고 가지 않고 고운 가루를 가지고 하나님께 나아간다. 번제를 통해 죄의 용서를 받고 이에 대한 보응으로 곡식을 들고 가서 구원자이시며 언약의 왕이신 하나님께 감사와 헌신의 표시를 하는 것이다. 이것은 감사의 표시일 뿐 아니라 언약을 지키겠다는 순종과 자원의 표현이다. 소제는 번제처럼 속죄가 된다는 말씀이 없다. 그래서 속죄보다는 화목의 개념을 지닌다. 소제는 제사장 직분 위임식의 준비물로 사전에 소개되었다.[출29:2] 소제는 두 가지 측면이 있다. 하나는 땅에 난 곡식[채소는 제외]을 드리는 제사이며, 또 하나는 가난한 자들이 드릴 수 있도록 배려한 점이다. 어떤 경우라도 빈손으로 하나님께 나오는 일이 없도록 한 것이다. 이것은 제물 없이는 제사가 성립되지 않는다는 점을 말해준다. 소제는 굽지 않는 곡식으로 드리는 것[고운 가루]과 구운 곡식으로 드리는 것[화덕, 철판, 냄비]과 처음 익은 곡식을 볶아 찧은 것으로 드리는 세 종류가 있다.

소제 그 자체는 피 가 없는 제사이지만 번제와 화목제 같은 피 흘리는 제사와 함께 드려지기 때문에레7:12-14 하나님께 나아갈 때는 반드시 피 흘림으로만 가능하다는 사실을 보여준다.히9:22 예외가 있다면 의심의 소제민5:15나 극빈자의 속죄제레5:11-13의 경우는 독립적으로 드린다.

Ⅱ. 본문의 구조

1. 고운 가루의 소제2:1-3
   1) 소제를 드리는 방법과 제사자의 지침2:1-2상
   2) 제사장의 역할2:2하
   3) 제사자의 지침2:3

Ⅲ. 본문 주해

1. 고운 가루의 소제2:1-3

첫 번째 소제는 굽지 않은 곡식인 고운 밀가루로 드린다. 여기에 기름과 소금을 섞고 유향을 놓아 기념물로 불사른다. 소제 역시 불사르는 화제다.

굽지 않는 곡식으로 드리는 가장 주된 예물은 보리나 밀을 고운 가루로 만들어서 바치는 것이다. 물론 이 고운 가루는 그냥 드리는 것이 아니라 기름과 유향을 얹어 드린다. 드리는 방법은 제사장이 제사자로부터 준비된 예물을 받아 그 중에서 일부를 태우는 방식으로 진행된다. 나머지는 제사장 몫으로 돌려져 생계의 수단이 된다. 레위인들은 십일조에 의존하지만 제사장들은 제사 예물, 특히 소제물에 의존한다. 제사장 몫은 곧 하나님의 몫이며, 이는 거룩한 예물이 되었다는 증거이기도 하다. 그래서 예물도 거룩하고, 그것을 먹는 제사장도 거룩한 자가 되는 것이다. 제사장은 하나님의 대행자이며, 제사자의 중보자이기도 하다. 소제는 땅의 소산으로 드리는 제사인 만큼 감사의 마음을 빼 놓을 수 없다. 고운 가루의 형태는 순종의 결과이며 은혜에 대한 보답이기도 하다.

1) 소제를 드리는 방법과 제사자의 지침2:1-2상

2장이 시작되는 첫 절에 "누구든지"는 1장의 번제처럼 이스라엘 자손 중에서 자원해서 드리는 제사를 일컫는 문구이다. 여기에 나타난 "누구든지"는 번제에서 나타난 아담a man, when he이 아니라 네페쉬,a soulliving being when he이다.[1] 네페쉬는 타락한 인류의 아담보다 창조 때 만들어진 생령의 본래 상태를 일컫는 단어이기 때문에 번제의 속죄 이후 좀 하나님께 가까워진 관계를 의미할 수 있다.

소제는 민하מִנְחָה라고 한다. 민하는 원래 '빌려주다'라는 마나흐מנח에서 유래하였다면, 땅의 소산을 본래의 소유주에게 돌려준다는 말이 된다. 민하는 선물, 제물, 예물, 공물로 번역한다. 민하는 마치 종주국의 왕에게 바치는 공물처럼 신실한 예배자가 섬기는 신에게 바치는 조공과도 같은 것이다.[2] KJV이 처음 출판되었을 때1611년 소제를 '고기 제사'meat offering라고 했다. 왜냐하면 이 당시에 곡식을 포함한 모든 음식을 고기라고 불렀기 때문이다.[3] 한문으로 소제素祭의 소素는 "흴 소"이다. 즉 "흰" 제사다. 이유는 소제물 위에 얹는 고체유향 조각이 흰 색깔이 나기 때문이다. 유향을 레보나לְבוֹנָה라고 하는데, 이 레보나는 '희다'라는 뜻을 지진 라반לָבָן에서 유래되었다. 인도, 아라비아와 소말리아산의 보스웰리아 카르테리Boswellia Carterii라는 유향 나무의 진gum에서 나는 향기로운 향을 의미한다. 그 황갈색의 진이 건조되었을 때, 흰 분말은 유향의 방울을 형성한다. 이때의 모습이 젖꼭

---

1) 이 "נֶפֶשׁ"에 대한 개념이해를 위해서는 다음의 책을 참고하라. Hans Walter Wolff, 『舊約聖書의 人間學』(*Anthropologie des Alten Testaments*, Chr. Kaiser Verlag, M nchen, 문희석 옮김, 분도출판사, 1976〔1973〕), 28-56.

2) Wenham, *The Book of Leviticus*, 69.

3) Philip H. Eveson, *The Beauty of Holiness* (Evangelical Press, 2007), 41.

지인 유두乳頭를 닮았다고 해서 유향乳香이라고 부른다.

소제는 곡물제사, 혹은 곡식제사로 부르며, 생명이 있는 희생제물 대신 열매를 드린다. 생명은 여호와의 것삼상2:6이지만 창세기 1:29절에 의하면 열매는 인간의 것이다. 인간에게 주어진 열매를 도로 드리는 의미가 있다. 랍비 학자들 중에는 소제가 자주 번제와 함께 드려지기 때문에 극빈자가 번제를 소제로 대신 드렸다고 주장하나, 소제의 방법과 의미 등이 구체적이므로 독립적인 제사로 보아야 한다.[4] 소제에는 부속 소제와 독립 소제가 있다. 부속 소제는 번제나 화목제를 드리고 소제를 드릴 때이다. 독립 소제는 가정 형편이 어려울 경우에 동물 대신 드리는 때이다. 속죄제의 경우에 양이나, 형편이 어려우면 새를 속죄제로 드리고 그것도 어려우면 속죄제를 소제로 드리도록 규정하고 있다.레5:11 이때는 기름과 유향을 사용하지 않아도 된다. 그리고 보리 가루로 드리는 "의심의 소제"를 드릴 때도 단독으로 드리고 역시 기름과 유향을 사용하지 않는다.민5:15

소제라는 불리는 '민하'는 어떻게 5대 제사에 자리 잡게 되었는가? 성경의 제물은 피가 있는 동물과 피가 없는 곡물로 나눌 수 있다. 총칭해서 "예물" 즉 카르반קָרְבָּן레1:2, an offering이라 부른다. 피 있는 동물은 제바흐זֶבַח, 민 6:17, sacrifice이며, 피 없는 곡물은 민하창4:3, gift tribute, offering이다. 민하는 예물이나 제사, 그리고 제물로 번역되나, 주로 곡물 제사인 소제레6:14, the grain offering를 뜻하고 있다. 신약에서는 유대인에 사용되는 제물을 뒤시아θυσία로 번역하였다.

제사의 역사를 보면 창세기 4장의 가인이 땅의 소산으로 제물을 드린 것도 민하이고, 아벨이 드린 동물제사도 민하이다. 레위기 2장에서의 민하는 소제로 밀가루와 기름과 유향으로 된 곡물제사이다. 제사사祭祀史에서 민하는

4) Eveson, *The Beauty of Holiness*, 41–42.

짐승의 제물이건 곡물이든 제물 전체를 민하라고 불렀고, 사람끼리의 선물도 민하로 이해했다.[창32:18; 43:11] 그리고 민하는 속죄제의 속죄제물로도 사용되었고,[레5:11] 아내의 부정과 관련하여서는 "의심의 소제" 혹은 "생각하게 하는 소제"로 특별히 취급되기도 하였다. 이처럼 다양한 민하가 어떻게 레위기 5대제사에서는 곡물제사로 자리를 잡게 되었을까하는 의문이 생긴다. 민하의 이런 다양한 성경의 흔적은 두 가지 단계로 해석된다. 첫째는 모든 제사의 예물은 본래 민하의 개념이며, 둘째는 민하가 곡물제사로 자리 잡게 된 이유는 번제, 화목제, 속죄제, 속건제는 모두 희생제물을 바치기 때문에 곡식제사는 그냥 민하로 남겨졌을 가능성이다. 제물은 민하에 예속된 부속적 개념이기 때문에 제물제사가 아니면 당연히 본래의 이름인 민하로 남게 되었다고 말할 수 있다.

이렇게 자리 잡은 소제는 상번제를 드릴 때 함께,[민28:1-8] 절기 제사 때,[초실절-레23:12-13, 안식일-민28:9-10, 월삭-민28:11-12] 온 회중이 부지중에 범죄 했을 때 속죄제와 함께,[민15:24] 나실인 서원 기간이 끝났을 때,[민6:14-17] 감사제를 드릴 때,[레7:11-14] 제사장 위임식 때,[레8:26-18] 속죄제 때,[레5:11] 의심의 소제 때[민5:15]에 드린다.

제사자는 고운 가루를 예물로 삼는데 쏘레트סלת로 불리는 고운[가는] 가루[창18:6; 출29:2; 민6:15; 왕상4:22]는 맷돌로 먼저 갈고 굵은 채로 치고 다시 가늘게 만드는 맷돌에 갈고 고운 채로 쳐서 만든다. 굵은 채에 빠져나간 보통[굵은] 밀가루는 케마흐קמח이다.[왕상4:22] 소제에는 밀가루[레2:1; 대상21:23; 겔42:13]와 보리 가루[겔13:19]를 사용한다. 성경에 소제를 드리는 경우가 13번 나타나는데, 11번은 밀이고 2번이 보리다. 소제에는 주로 밀가루가 사용됨을 알 수 있다.

제사자는 고운 가루를 준비하여 그 위에 기름을 붓고 유향을 놓는다. 고운 가루 그 자체는 예물이 될 수 없을 것이다. 소를 번제로 드릴 때도 피를 뿌려야 제물이 되듯이 고운 가루도 그 위에 제사의 의미가 부여되는 기름과 유향이 더해져야 예물이 될 것이다. 고운 가루는 만들어지는 과정이 교육적이다. 부수지고 갈려져서 가루가 되는 그 자체가 예배자의 의식을 겸손하게 만든다. 또 낟알들이 함께 갈아지는 것을 보면서 공동체 의식을 가질 수 있을 것이다. 가루위에 붓는 기름은 세멘שֶׁמֶן이라 하는데 대개 올리브 기름이다. 올리브는 감람나무의 열매로 푸른빛이 나는 타원형 핵과核果로, 맛이 좀 쓰고 떫다. 먹을 수 있으며 기름도 짠다.감람유 기름은 성령삼상10:1이나 기쁨,사61:3 즐거움잠27:9을 상징한다.

기름과 함께 가루위에 얹는 레보나לְבֹנָה라는 유향은 향료나무에 흠집을 낸 후 액체 향이 흘러나와 굳어진 쌀알처럼 작은 고체 덩어리들이다. 극빈자가 소제로 속죄제를 드릴 때 기름과 유향을 얹지 못하도록 한다.레5:11 왜 그럴까? 속죄제는 죄의 용서를 구하기 때문에 그렇다. 이런 점에서 기름은 성령을, 유향은 하나님을 찬양하는 의미를 지닌다.[5] 예수가 태어날 때 동방박사들이 황금과 유향과 몰약을 예물로 가져왔다.마2:11 유향은 그리스도의 향내 나는 아름다운 생활을 연상시킨다.엡5:2 소제에 쓰이는 가루와 기름과 향의 양은 정해져 있다. 대략 계산하면 가루는 달걀 사십 한개 정도의 분량이고, 기름은 여섯 개, 향은 한개 정도의 분량이 된다. 이렇게 제사자는 고운 가루에다 기름과 유향을 얹어 제사장에게 가져온다.

2) 제사장의 역할2:2하

제사자로부터 준비된 소제 예물을 받은 제사장은 기름을 붓은 밀가루에서는 가루 한 줌을 걷고 유향은 다 거두어서 기념물로 제단 위에 올려놓고 불사른다. 아즈카라אַזְכָּרָה라는 기념물은 자카르זָכַר, 기억하다에서 유래되었

5) Wenham, *The Book of Leviticus*, 70.

다. 이는 바치는 자가 하나님께 자신의 봉헌을 기억해달라는 간구를 담고 있다. 이 단어는 하나님의 몫으로 불사른, 곡식 제물의 그 부분을 지칭하는 전문 용어로 쓰인다. 한편 아즈카라를 시편 38, 70편의 제목과 관련하여 제사를 드리는 동안 여호와의 이름을 소리 내어 부르는 것으로 이해하기도 한다.[6] 기념물을 불사름은 하나님께 바친다는 뜻이다. 남은 것을 아론과 그 자손에게 돌린다. 이는 제사장들의 생계를 유지하는 것이 되므로 제사를 드리는 하나님의 백성이 하나님의 은혜에 참여함을 말한다. 남은 반죽은 제사장이 먹을 수 있지만 유향은 먹을 수 없기 때문에 다 불태운다. 이렇게 드린 고운 가루는 화제로 여호와께 향기로운 냄새가 된다.레1:9 참조

3) 제사자의 지침2:3

제사자는 제사장에게 바친 소제 예물의 남은 것은 아론과 그 자손인 제사장에게 바친다. 이렇게 제사장 몫으로 바쳐진 남은 소제물은 여호와의 화제 중에 "지극히 거룩한 것"코데쉬 코다쉼, קֹדֶשׁ קֳדָשִׁים이 된다. 이 표현은 히브리어 비교급에서 같은 단어를 속격복수와 결합한 형태다. 이것은 성막에서 먹어야 하며, 집에 가져가서 가족에게 줄 수 없다.레6:16 왜 이것이 지극히 거룩한 것이 될까? 화목제의 제물 중에서도 제사장에게 돌아가는 것이 있으나 그것을 지극히 거룩한 것이라고 말하지 않는다. 소제에만 적용되는 제사장 몫을 지극히 거룩하다는 이유는 소제와 제사장의 생활과 연관되기 때문이다. 시내산 언약에서 이스라엘은 제사장 나라가 되었다.출19:6 레위기는 제사장 나라를 대표하는 제사장의 역할에 중점을 두고 있다. 따라서 제사장은 곧 이스라엘 나라의 정체성을 나타내는 근간이다. 그들을 통해 제사제도가 유지되는 것은 제사장 나라에서 거룩한 일들이다. 소제를 통해 제사장들이 존속하는 것은 곧 제사장 나라를 이루는 것이기 때문에 그

---

6) A. Noordtzij, *Leviticus*, 44.

들에게 돌아가는 제사음식의 몫은 제사 제도의 존속적인 차원에서 지극히 거룩할 수밖에 없다. 또한 남은 것을 제사장에게 돌리는 것은 여호와의 화제로써 거룩한 것이기 때문에 거룩한 자들인 아론과 그 자손들이 먹을 수밖에 없다.

교훈과 적용

1. 소제는 그리스도께서 그의 모든 노력을 하나님께 바치신데 대한 예표이다. 신자들도 그리스도 안에서 모든 노력을 하나님께 바칠 때 그것이 소제가 된다. 부수지고 갈려져서 가루가 되는 그 자체가 예배자의 의식을 겸손하게 만든다. 또 낟알들이 함께 갈아지는 것을 보면서 공동체 의식을 가질 수 있을 것이다. 곡식의 알맹이와 껍질이 갈아지는 과정을 통해 하나의 공동체를 이룬다면 우리는 그리스도의 순종과 연합된 성도로서의 성품을 가져야 할 것이다.
2. 고운 가루가 되려면 낟알이 으깨지고 부서지고 빻아지고 골라지는 과정이 있어야 한다. 고운가루는 거친 가루와 대조된다. 고운가루가 정미한 순종의 노력을 강조한다면 거친 가루는 그 반대다. 고운 가루를 통해 그리스도의 고통과 진통의 과정을 느낀다[막9:19; 15:21] 고운 가루를 통해 거친 것이 하나 없는 순결하고 깨끗하고 죄 없으신 그리스도의 모습을 발견한다.[히4:15]
3. 고운 가루는 기름과 유향을 통해 예물이 되게 한다. 기름과 유향은 그리스도의 중보와 중재로 볼 수도 있다. 기름은 새 언약의 중보이신 예수[히12:24]를, 향은 어린 양에 엎드려 드리는 기도를 각각 상징한다.[계5:8] 기름은 성령의 사역으로 해석된다.[행13:8] 유향은 그리스도의 향내 나는 아름다운 생활을 연상시킨다.[엡5:2] 아름다운 생활이란 경건과 기도의 생활이기도 하다.

B. 구운 곡식으로 드릴 때2:4-10

Ⅰ. 본문의 개요

굽지 않는 곡식으로 드릴 때와는 달리 이제 구운 곡식으로 드리는 방식을 취한다. 굽지 않은 곡식은 이 곡식을 가지고 제사장 가족이 원하는 음식을 만들어 먹을 수 있다. 그리고 구은 곡식으로 드릴 때는 음식을 만들어 바치는 것이기 때문에 제사장과 가족들이 바로 먹을 수 있는 이점이 있다.

Ⅱ. 본문의 구조

1. 구운 곡식으로 드리는 세 종류와 기념물2:4-10
   1) 화덕,오븐 철판,그릴 냄비팬2:4-7
   2) 기념물2:8-10

Ⅲ. 본문 주해

1. 구운 곡식으로 드리는 세 종류의 소제와 지침2:4-10

구운 곡식으로 드리는 세 종류의 소제는 화덕에 구워서, 철판에 구워서, 냄비에 구워서 바친다. 이렇게 나누어서 굽고, 바치는 것은 음식의 종류가 다르기 때문이다. 따라서 제사장에게 다양한 음식을 제공하기도 한다.

1) 화덕, 철판, 냄비에 굽는 소제2:4-7

비교적 작고 때로는 운반할 수 있는 화덕오븐에 구워서 바칠 때는 고운 밀가루에 기름을 넣어서 반죽한다. 이때는 누룩을 넣지 않고 무교병둥근 과

자을 만든다. 똑같이 누룩을 넣지 않고 기름만 발라서 무교전병얇고 넓적한 과자을 만든다. 무교병은 기름을 섞은 것이고, 무교전병은 기름을 바른 것이다.레7:12 한국의 가마 솥 뚜껑을 뒤 짚어 놓은 것처럼 생긴 철판그릴에 구워서 바칠 때는 고운 밀가루에 기름을 넣어 반죽을 만든다. 누룩을 넣지 않는다. 여러 조각10개으로 나눠 그 위에 기름을 붓는다. 쇠로 만든 냄비팬에 구워서 바칠 때는 고운 밀가루에 기름을 넣어서 만든다. 이렇게 세 가지의 굽는 도구를 사용하는 것은 먹는 음식의 종류 때문일 것이다. 예를 들면 가루떡,빵 가루전부침, 가루튀김 같은 것을 다르게 만든 것이다.

2. 기념물2:8-10

이렇게 곡식 제물이 준비되면, 제사장에게 가져가고, 제사장은 제단으로 가져간다. 제사장은 그 곡식제물에서 정성의 표시로 기념물을 조금 떼어서, 제단 위에 놓고 불사른다.조금 떼어서 바치면 모두 바쳤다는 표시로 삼는다 곡식제물 가운데서 살라 바치고 남은 것은 제사장들의 몫이 된다.

교훈과 적용

1. 소제에 있었어도 제사를 집행하는 자는 제사장이다. 사람은 누구든지 중보자제사장 없이 하나님 앞에 접근할 수 없다. 예수 그리스도는 새 언약의 중보이시다.히9:15 그리고 신자는 하나님 앞에서 누룩이 들지 않는 무교병과 같은 존재가 되어야 한다. 그리스도가 구원에 이르게 하기 위하여 죄와 상관없이 나타나신 것처럼 우리도 하나님 앞에서 죄와 상관없이 살도록 힘써야 된다.히9:28
2. 소제는 하나님의 백성의 노력을 바침에 대한 상징이다. 이것은 그들이 하나님께 노력을 바쳐 의로운 행위에 풍부해야 될 것을 의미한다. 또 이 제

사의 제물이 식물성에 속한 것은 땅을 힘들게 경작하며 재배하며 생산한 것을 바쳤음을 말한다. 그리고 곡식을 곱게 갈아서 가루를 만든 것도 인간의 희생적 노력을 비유할 수 있다. 따라서 우리를 부르시고 택하신 하나님을 힘써 섬겨야 한다는 교훈을 얻는다.벧후1:10

3. 구운 곡식으로 드리는 제물이 일용할 음식물로 된 것을 보면, 그 바침이 되는 노력의 종류가 영적 사업에 국한되지 않고 일반적인 사업과도 관련되어 있다는 것을 알게 된다. 그러므로 신자는 모든 활동과 노력을 주님의 영광을 위해 해야 한다.고전10:31; 빌4:20

C. 소제물 드릴 때의 세 가지 규정2:11-13

Ⅰ. 본문의 개요

소제 예물을 드릴 때 세 가지의 규정이 있다. 하지 말라는 두 가지와 하라는 한 가지다. 금지된 두 가지는 누룩과 꿀을 소제물에 넣지 말 것과 처음 익은 것은 소제물로 제단에 바치지 말라는 것이다. 그리고 소제물에는 소금을 치라고 명령한다. 이는 소제물을 통한 제사자의 인식과 자세를 교훈하기 위한 것으로 보인다.

Ⅱ. 본문의 구조

1. 누룩과 꿀을 넣지 말라2:11-12
    1) 누룩2:11상
    2) 꿀2:11하

2. 처음 익은 것은 여호와께 드리나 제단에는 바치지 말라2:12

3. 소금을 치라2:13

1) 소금2:13상

2) 언약의 소금12:13하

Ⅲ. 본문 주해

1. 누룩과 꿀을 넣지 말라2:11-12

누룩과 꿀은 소제물에 넣지 못한다. 누룩과 꿀 그 자체는 부정한 음식은 아니다. 그러나 제사의 정신에서 볼 때 누룩과 꿀이 인간사회에서 작용하는 의미하는 부정적인 측면의 이미지를 갖고 있기 때문에 소제물에 넣는 것은 금물이다. 누룩은 부패케 하는 죄악을 비유하며, 꿀도 이와 같다.

1) 누룩2:11상

본 절에서 누룩은 두 개의 단어를 사용한다. 하나는 하메츠חמץ이며, 다른 하나는 세오르שאר이다. 구별하기가 쉽지 않지만 굳이 따진다면, 하메츠는 누룩이 들어가지 않는 곡식제물을 말하고 세오르는 누룩 그 자체를 말한다. 누룩은 유월절 때 시간 지체 때문에 사용하지 못하도록 하였다.출12:15; 13:3 소제에 누룩을 넣지 않음으로 유월절을 기억했을 것이다. 그리고 희생제사에도 사용하지 못하도록 금하였다.출23:18; 34:25 누룩은 발효성fermentation과 전염성 때문에 부정적 측면에서 세속적이고 물질적인 사상에 물든 '부패'를 의미할 수 있다.[7] 소량의 누룩이 반죽 전체를 발효시킨다. 예수님께서도 바리새인과 사두개인들의 누룩을 주의하라고 하셨다.마16:6 외식적인 행위와 가르침을 경계하라는 말씀이다. 그러나 하나님 나라에 대한

7) C. F. Keil and F. Delitzsch, *The Pentateuch*, Vol Ⅱ, "Exodus", "Leviticus", BCOT (Grand Rapids, Michigan: WM. B. Eerdmans Publishing Company, 1959), 295.

확장을 나타내는 누룩의 비유[마13:33]에서는 긍정적인 예로 들었다. 한편 제사장 몫으로 주게 될 예물의 경우에는 먹을 음식이기 때문에 누룩을 넣기도 한다.[레7:13; 23:17]

2) 꿀[2:11하]

벌꿀인 데바쉬דְּבַשׁ는 부정적인 측면에서 달기 때문에 유혹과 죄의 속성을 상징할 수 있다. 팔레스타인에는 꿀이 많다.[신8:8] 꿀은 팔레스타인의 수출품이기도 하다.[겔27:17] 꿀은 과식하면 토한다.[잠25:16] 꿀은 달기 때문에 자꾸 먹을 수 있어 이는 죄의 유혹을 경계하는 말이다.

2. 처음 익은 것은 여호와께 드리나 제단에는 바치지 말라[2:12]

처음 익은 것은 과일 같은 첫 열매를 뜻하는 것 같다. 왜냐하면 첫 이삭의 소제는 따로 지침이 주어졌기 때문이다.[레2:14] 12절의 "처음" 익은 것과 14절의 "첫" 이삭의 "첫"은 다르다. 12절의 "처음"은 레쉬트רֵאשִׁית이다. 시간적인 처음과 최상의 것을 의미한다. 처음으로 딴 최상의 열매는 제사장에게 가져옴으로 여호와께 드려야 한다.[출23:19] 그러나 이것을 소제로 드리지는 못한다. 이유는 처음 익은 것은 제사장의 몫으로 바쳐야하기 때문이다. 그러나 14절의 "첫"은 비쿠르בִּכּוּר이다. 첫 이삭은 항상 남성복수[비쿠림]로만 사용된다. 이 점을 감안할 때 이 단어는 출애굽 때 하나님의 소유가 된 초태생과 같은 의미로 쓰인다. 첫 이삭도 제사장들의 생계를 위해 여호와께 바쳐야 했던 몫을 가리킨다는 점은 처음 익은 것과 같다. 다만 처음 익은 것은 소제로는 드리지 못한다는 점이다. 과일 등을 태우기도 적당하지 않지만 첫 열매는 제사장 몫이 되기 때문에 태워서 없앨 수 없고, 제사장들의 식용[음식]으로 공급된다는 점이다. 여기서 우리는 제사장 몫은 제사장의 삶이며, 제사장의 삶은 곧 제사의 존속으로 이어진다는 원리를 가르친다. 고린도전서 9:13-14절에도 "성전의 일을 하는 이들은 성전에서 나는 것을 먹으며 제단에서 섬기는 이들은 제단과 함께 나누는 것처럼 복음 전하는 자들은 복음과 함께 산다"는 점을 강조한다.

3. 소금을 치라2:13

소제물에 첨가하는 것 가운데 누룩과 꿀은 넣어서는 안 되지만 소금은 항상 치도록 명령한다. 누룩과 꿀이 진리를 변질시키는 속성을 지녔다면 소금은 반대로 변질을 방지하는 속성을 지녔다. 그런 변하지 않는 속성 때문에 언약의 성격을 나타날 때 사용된다. 특별히 소제를 통해 소금을 언약에 직접적으로 비유한 것은 처음이다.

1) 소금2:13상

모든 소제물에는 소금을 쳐야 한다. 본문은 이 점을 강조하기 위해 언약을 상징하는 소금을 빼지 못한다고 재차 말한다. 소금인 메라흐מלח는 누룩과 꿀의 반대 개념일 수 있다. 소금은 부패를 방지하고, 변하지 않는 속성을 가지고 있다. 소제물에 소금을 치는 것은 양념이나 방부제의 역할을 하겠지만 뒤에 나오는 "언약의 소금"이라는 표현을 볼 때 언약을 나타내기 위한 상징물로 보는 것이 맞을 것 같다. 소금은 향단용 향에 넣어 성결하게 하는 매체로 사용되었다.출30:35

2) 언약의 소금12:13하

언약의 소금the salt of the covenant은 언약의 속성이 소금의 속성처럼 변하지 않는다는 뜻을 비유적으로 표현한 말이다. 하나님의 언약은 이스라엘 열조에게 맹세하신 것신4:31이기 때문에 변하지 않는다. 소금도 변하지 않기 때문에 언약을 소금언약이라고 칭하기도 한다.민18:19 모든 예물에 소금을 드리라는 명령은 예물이 변하지 않는 언약을 기념하는 것이기 때문이다. 변하지 않는 언약의 소금은 영구성과 불변성 그리고 연대감과 결속력을 가진다.대하13:5 [8] 이는 협정의 영속성을 뜻한다.[9]

교훈과 적용

1. 누룩은 죄악 된 생활을 가리킨다. 그래서 악하고 악의에 찬 묵은 누룩을 내 버리라고 권고한다.고전5:7-8 또 누룩은 외식을 말한다.눅12:1 외식이란 입술로는 언제나 하나님을 말하면서, 마음으로는 하나님으로부터 멀리 떠나 있는 자이다.사29:13; 막7:6 죄악 된 생활과 종교적 위선은 모든 형태의 권력주의, 세속과 물질주의 등을 부추긴다. 누룩의 교훈을 통해 스스로를 돌아보고 자정自淨의 능력을 키워야 한다.
2. 꿀의 부정적 측면은 욕심과 나쁜 교훈을 따라가는 유혹과 죄의 상징이다. 마땅히 경계해야 할 신앙의 방해요소이다. 그러나 긍정적인 측면에서는 하나님의 말씀을 사모하며 좇아갈 때 말씀은 꿀과 송이 꿀보다 더 달다.시19:10 꿀이 인간중심으로 사용될 때와 하나님 중심으로 사용될 때 다르듯이 우리의 행위가 무엇을 추구하는가에 따라 방향과 목적이 다름을 알고 항상 하나님을 먼저 생각하는 성도가 되어야 한다.
3. 소금은 하나님께 대한 순결성부패의 반대을 상징하고, 소금과 같은 신앙 인격은 언제나 신앙을 지켜 변함이 없어야 한다. 에베소서 6:24절에 "우리 주 예수 그리스도를 변함없이 사랑하는 모든 자"는 소금과 같은 성도이다. 하나님이 먼저 우리를 변함없이 사랑하신 것처럼 우리도 변함없이 하나님을 사랑하여야 한다. 신하가 "궁의 소금을 먹는다"스4:14는 말은 궁정

8) Roy Gane, *The NIV Application Commentary* (Grand Rapids, Michigan: Zondervan, 2004), 81.
9) Herbert Wolf, *An Introduction to the Old Testament Pentateuch* (Chicago: Moody Press, 1991), 40.

에 대한 책임이 있다는 말인 동시에 우정을 간직한다는 뜻을 가진다. 헬라나 아랍의 세계는 조약을 마무리 할 때 함께 소금을 먹었다.[10] 이는 불변의 관계를 말한다. 소제에 소금을 꼭 치라는 명령을 통해 하나님과 우리와의 변함없는 관계를 다시 한 번 되새겨야 할 것이다. 변하지 않는 하나님의 언약은 성도의 견인과도 관계된다. 변질과 부패의 세상에서 성도들은 이 땅에서 소금과 빛으로 살아야 한다.마5:13-16

D. 첫 이삭을 볶아 찧어 드릴 때2:14-16

Ⅰ. 본문의 개요

첫 이삭은 고운 가루처럼 드리거나 구워서 드리는 소제물과 달리 볶아서 찧어 드려야 한다. 이유는 고운 가루를 만드는 시간과 과정이 충분치 못하기 때문이다. 이 첫 이삭은 출애굽 때의 초태생과 같은 의미민8:17; 출22:29로 쓰였으며, 하나님의 소유이기 때문에 하나님을 대리한 제사장에게 바치는 것이다. 하나님은 땅의 주인이시며 이스라엘은 오로지 경작자에 불과하니 더욱 그렇다.

Ⅱ. 본문의 구조

1. 제사자 지침2:14-15
2. 제사장 지침2:16

---

10) Wenham, *The Book of Leviticus*, 71.

Ⅲ. 본문 주해

1. 제사자 지침2:14-15

제사자가 첫 이삭보리나 밀의 소제를 여호와께 드릴 때는 볶은 다음 찧어서분쇄함, 으깸 드려야 한다. 첫 이삭을 볶아 찧어서 드리는 것은 첫 이삭을 완전히 말려서 드릴 수 있는 시간상 여유가 없고, 또 완전히 익은 곡식이 아니기 때문에 고운가루를 만들기 어려울 수 있다. 고운가루는 아닐지 몰라도 볶아서 찧으면 역시 가루가 된다. 그 위에 기름을 붓고 그 위에 유향을 얹는 것은 고운가루를 드릴 때와 동일한 방법이다. 이 본문은 첫 이삭의 소제를 드리는 것을 구약에서 처음으로 언급하였다.

2. 제사장 지침2:16

제사장은 첫 이삭의 볶아 찧어 만든 가루의 일부와 그 위에 부어진 기름의 일부와 유향은 모두 거둬 기념물로 불사른다. 그렇게 되면 여호와께 드리는 화제가 된다. 소제는 화제이며, 여호와께 드려 향기로운 냄새가 되게 해야 한다.참고. 레6.21 여기까지 살펴볼 때 번제와 소제는 화제로 드려지며, 이는 여호와께 드려 향기로운 냄새가 되게 하는 것이고, 여호와께서는 그 향기를 흠향歆饗, 바친 제물을 받으심 하시는 것으로 제사가 성립된다.창8:21 [11]

교훈과 적용

1. 첫 이삭을 볶아 찧는 것은 고운 가루와 마찬가지로 그리스도의 수난을 상징한다. 예수님은 로마 군병들에게 채찍질을 당하고 십자가에 못 박혀 죽었다.막15:15 "그가 상함은 우리의 죄악 때문이다.사53:5 ESV는 "그의 상함"

11) 신약에서의 신자들을 하나님 앞에서 "그리스도의 향기"가 된다(고후 2:15).

을 '눌러서 뭉개졌다'crushed고 표현한다. 첫 이삭은 하나님의 아들이며 장자인 이스라엘출4:22을 대표하는 그리스도를 상징한다.갈3:16 그가 하나님께 십자가에 바쳐진 것처럼 첫 이삭은 장자의 이미지로 바쳐지는 것이다. 볶아지고 찧어져서 된 가루처럼 수난의 과정을 통해 하나님께 제물이 되신 것이다. 주님은 수난의 과정을 통해 죽음에서 부활하심으로 첫 열매고전15:20가 되시고 우리를 새로운 피조물로 만드셨다.고후5:17

2. 우리는 자기부인을 통해 종으로 오신 그리스도를 닮아야 한다.마16:24 이 같은 생활은 그리스도께서 소제물이 되어주신 사실을 믿는데서 반영된다. 예수님은 친히 아버지를 순종하시는 노력으로 소제물이 되셨다. 그리스도가 생명의 떡이 되신 것이 이를 말한다.요6:35 이 떡은 영적인 양식이라는 의미를 담고 있지만 하나님과 연합을 상징하는 제물과 헌신을 나타낸다.[12)]

3. 소제는 감사의 제사이다. 소제물에서 제사장이 고운 기름가루 한줌을 드릴 때 그의 소유의 일부를 바침으로 성립되나 그것은 전부를 바친다는 것을 의미한다. "주신자도 취하신 자도 여호와이시다"욥1:21라는 욥의 고백처럼 원래 우리의 소유는 없다. 모든 것이 하나님으로부터 온 것임을 알아야 한다. 땅의 소산을 일부 드림으로 전부를 드리는 마음으로 우리는 온전히 감사해야 한다. 성막과 성전에 늘 비치되었던 진설병도 실상 소제물과 동일한 원리이다. 그것은 이스라엘 백성 전체가 드린 예물을 의미한다. 하나님 앞에 드려야 할 그들의 노력의 열매를 비유한 것이다. 이것은 신약시대의 신자들이 하나님께 바쳐야 할 모든 의로운 노력을 예표 한다. 우리가 잘 아는 열 명의 문둥병자의 이야기에서 나음을 감사하여 혼자 돌아와서 예수님의 발아래 엎드려 사례한 사마리아인은 정상적인 소제물을 가져와 제사장에게 바친 자와 같다.눅17:11-14 소제는 감사의 제사임을 다시 느낀다.

12) Mark F. Rooker, *Leviticus*, NIV-NAC (Nashville, Tennessee: Broadman & Holdman Publishers, 2000), 100.

레위기 3장

마음을 드리는 화목의 희생

A. 소를 바치는 화목제3:1–5

Ⅰ. 본문의 개요

화목제는 레위기에서 크게 두 가지로 나눠진다. 하나는 평신도 지침으로서의 3장이며, 여기에는 의식의 규례인 제사의 방법만을 기술한다. 특별히 레위기 3장에서 강조점은 "여호와 앞"1,3,12과 "여호와께"3,5,6,9,11,14,16라는 문구다. 이는 제사자의 심적인 태도와 자세를 나타내는 것으로 레위기 17:4–5절에 나타난 "들에서 잡던 희생"우상숭배과 관련이 있기 때문이다. 또 한 가지는 제사장 지침으로서 7장11–27절이며, 여기에서는 먹는 문제를 거론한다. 키우치N. Kiuchi는 화목제의 주된 본문은 희생의 고기를 먹는 것레 7:15 [1]이라고 말할 만큼 화목제의 공동식사는 중요한 의미를 갖는다.

화목제는 생활의 형편에 따라 자유롭게 세 종류의 예물이 허락되었다. 첫 번째가 흠 없는 암소 혹은 수소이며,3:15 두 번째가 흠 없는 암양, 수양이며,3:6–11 세 번째가 염소이다.3:12–17 이렇게 화목제의 경우에는 암컷도 허락된 것은 하나님과의 화목을 위한 감사제에는 제물의 규정이 제한적이지

1) N. Kiuchi, "spirituality in Offering a Peace Offering", *TynB*, 50, no1 (1999), 23–31.

않으며, 이는 백성 중 누구나 참여할 수 있도록 섭리하신 하나님의 은혜로 볼 수 있다. 화목제의 첫 번째가 값비싼 소를 바치는 경우다.

Ⅱ. 본문의 구조

1. 화목제의 희생3:1상
2. 소의 수컷이나 암컷으로 흠 없는 것3:1하
3. 피의 처리3:2
4. 화제로써의 기름과 콩팥을 태움3:3-5
   1) 화목제의 화제3:3상
   2) 기름3:3하
   2) 콩팥과 처리3:4-5

Ⅲ. 본문 주해

1. 화목제의 희생3:1상

화목제의 희생은 히브리어로 제바흐 셸라밈זֶבַח שְׁלָמִים이다. 명사 제바흐는 '희생제물로 도살하다'는 자바흐זָבַח동사에서 비롯된 '희생'sacrifice이란 뜻이다. 셸라밈은 '친교나 연합을 위한 희생, 혹은 평화제'라는 뜻을 지닌 셸렘שֶׁלֶם의 복수형이다. 복수형을 쓰는 이유는 공동의 친교식사라는 부차적인 목적의 특징 때문에 붙여진 것 같다. 그래서 화목제는 '화목제의 희생'을 줄여서 셸라밈이라고 한다. 이 제사가 보통 제사 목록의 마지막에 온다는 사실레7:11로 인해그러나 레위기 1-5장의 기술에서는 그렇지 않음 몇몇 학자들은 이것이 '완결적 희생제사'concluding sacrifice라고 주장하기도 한다.

화목제는 세 가지의 종류가 있다. 감사제, 서원제, 낙헌제이다. 대부분이 감사제로 드리며, 특별한 경우에 서원제나 낙헌제를 드린다. 감사제는 은혜를 갚는다는 뜻으로 수은제酬恩祭라고도 하며,암4:5 서원제는 과거의 서원한 사실이 성취되었을 때 드리는 것신12:17으로 보아 서원할 때는 제사를 드리지 않은 것 같다. 낙헌제는 자원하는 마음의 제사로 "자원하는 예물",레7:16 혹은 자원제[2]라고도 한다. 이 낙헌제는 흠 있는 예물의 제사도 받는다.레22:23 화목제는 언제든지 자원해서 드릴 수 있으나,레19:15 오순절에는 의무적으로 드리도록 명시되어 있다.레23:19-20 화목제의 세 가지는 다음과 같다.

종류	표기	성경구절	드리는 경우
감사제	토다 thank offering	레 7:15 12회 언급	구원과 축복에 대하여 감사할 때(창 31:54) 기쁜 일이 있을 때(삼상 11:15) 은혜에 응답할 때(왕상 8:64) 대적(병), 곤경서 구원을 원할 때(삿 20:26; 21:4) 하나님의 뜻대로 살고자 결심할 때(시 56:12)
서원제	네데르 votive offering	레 7:16 4회 언급	과거의 서원한 사실이 성취되었을 때(신 12:17; 삼상 1:21)
낙헌제[3]	네다바 free will offering	레 7:16 6회 언급	무조건 즐거움 마음으로 드릴 때(출 35:29), 자발적으로 드릴 때(시 54:6) 추수를 끝내고 자원하는 예물을 드릴 때(신 16:10)

키우치는 세 가지의 화목제에 대해 히브리어 토다가 죄를 고백하는 "confessional"의 뜻이 있음을 지적한다.수7:19; 스10:11 그리고 '서원함'이 '자원함'과 어떻게 그 의미가 연결될 수 있는지를 고민하면서 서원은 조건적conditional self-dedication이고, 자원은 비조건적unconditional self-dedication인 것으로

2) 번제, 소제, 화목제를 '자원제'라고 하는 것과 감사제의 낙헌제를 '자원제'라고 하는 것은 같은 용어를 사용하지만 분류가 다른 이름이다.

3) LXX는 화목제를 "구원제"라고 번역한다. 화목은 구원을 통해 이루어지기 때문에 그런 것 같다. Noordtzij, *Leviticus*, 47-48.

구별한다.[4)]

화목제의 희생 제물을 드릴 때 각자의 몫이 있다. 하나님께 화제로 여러 부위의 기름, 콩팥소, 양과 기름진 꼬리 부분양을 드린다. 제사장의 몫으로는 요제로 드려진 가슴, 거제로 드려진 우편 뒷다리 부분레7:30-34이다. 이 양은 전체 제물의 1/4정도가 된다. 나머지 부분은 예배자와 그 가족들이 성막 뜰에서 먹을 수 있다.레7:15; 신12:17-18 감사제는 당일에만 먹을 수 있고, 서원제나 낙헌제로 드린 경우는 이튿날까지 먹을 수 있다.레7:16-18 따라서 제물에 따라 고기의 양이 다르므로, 참여자도의 숫자도 달라져야 할 것이다. 왜냐하면 서원제나 낙헌제는 그 다음 날까지 먹을 수 있으나 감사제는 당일에만 먹을 수 있기 때문이다. 특이한 것은 번제에서 소, 양, 염소를 드릴 수 없는 사람을 위하여 예외 규정으로 산비둘기나 집비둘기 새끼를 가져오도록 한 반면, 화목제에서는 그 예외 규정이 없다. 이는 공동식사가 부차적인 목적이기 때문에 새는 나눠먹지 못하기 때문이다.

특별한 시기에 드리는 화목제는 국가적인 경축일,삼하6:15-19; 왕상8:63-64 칠칠절,레23:15-19 제사장의 성별식,레9:18-22 나실인의 서원식민6:13-20이었다. 화목제에 담겨진 신학적 의미는 무엇일까?

> 하나님은 우리 죄를 위하여 화목제로 그리스도를 보내셨다.요일4:10 그는 화목 제물이 되신 것이다.롬3:25 특히 로마서 3:21-26의 내용은 대속죄일의 바탕으로 쓰여 진 바울의 '십자가 화목사상'으로 주장된다.[5)] 화목제는 유월절 제사의 재연이며, 완성제이다. 이런 점에서 화목은 모든 제사의 완결적 의미를 갖는다. 화목제사의 성경신학적 의미는 그리스도의 사역을 이해하는 중요한 관점이다. 우선 유월절 제사와 화목제 규례의 유사성을 살펴보자.

---

4) Kiuchi, "spirituality in Offering a Peace Offering", 23, 25-27.

5) Gregory J. Polan, "The Rituals of Leviticus 16 and 23", *BT* 36 (1998), 9.

유월절(출 12:5–10)	화목제(레 3:1–17)
흠 없고 일 년 된 수컷 어린양	흠 없는 소, 양, 염소
염소	암컷이나 수컷
피를 설주와 인방에 바름	피를 제단에 뿌림
고기를 불에 구워 먹음	불살라 바침
머리, 정강이, 내장 불에 구워 먹음	내장, 콩팥기름등 사름
아침까지 고기 남기지 말 것	그 날에 먹음(레 7:15)
남은 고기는 불에 태움	3일내에는 태움(레 7:17)

유월절 제사의 "제사"와 화목제 희생의 "희생"이라는 단어가 동일하다. 즉 제바흐 페사זֶבַח-פֶּסַח, 출12:27와 제바흐 셸라밈זֶבַח שְׁלָמִים, 레3:1로 부른다. 레위기 1–7장까지 나타난 다른 번제나 소제나 속죄제나 속건제는 "희생"을 뜻하는 이 제바흐를 사용하지 않는다. 화목제에만 제바흐이라는 단어를 함께 사용함으로써 유월절 제사의 공동 식사를 재연하고 하고 있음을 나타낸다. 그래서 이스라엘 백성들이 야훼께 드리는 제사의 시초는 유월절출12:27이며, 유월절의 제사는 화목제와 동질성을 갖고 있다. 그러므로 구약의 모든 제사는 유월절의 어린양을 기념하기 위한 화목제가 근간을 이루고 있음을 볼 수 있다. 이 화목의 제물을 통해 인간은 하나님과의 조화로운 관계를 맺는다.출24:9–11 이런 점에서 화목제를 제사의 완성제completion offering라고 부르기도 한다. 이처럼 화목제가 화목제물이 되신 유월절 어린양을 기념하는 '십자가의 제사'로 하나님과의 영원한 화목을 내다보게 된다.

교훈과 적용

1. 화목제는 예수 그리스도를 통한 성도와 하나님 사이의 친밀한 평화[화목]를 나타낸다.[골1:20] 그리스도는 십자가의 피로 화목 제물이 되셔서[롬3:25] 화평을 이루셨다. 그래서 만물 곧 땅에 있는 것들이나 하늘에 있는 것들을 그리스도로 말미암아 자신이신 하나님과 화목케 되기를 기뻐하셨다. 중요한 것은 화목은 그리스도의 십자가 피로 이루어졌지만 화목하기를 바라시는 주체는 하나님이라는 사실이다.[롬3:25] 하나님이 화목을 원하셔서 아들을 화목 제물로 내어 놓으셨다. 하나님의 전적인 은혜는 우리가 감사해야 할 영원한 찬송이다.
2. 신약성경에서 그리스도를 우리의 화평으로 언급한 것[엡2:14]은 그는 우리를 위한 궁극적 희생제물이 되셨기 때문이다. 그리스도의 제사는 다시 드릴 필요가 없는 단 한 번에 드려진[히7:27; 9:28] "영원한 제사"이다.[히10:12] 화평은 그냥 이루어 진 것이 아니라 바로 속죄를 이룬 십자가의 제사가 있었기 때문에 생겼다. 그런 점에서 우리가 누리는 평화와 화평은 십자가의 은혜로 주어진 결과임을 기억해야 할 것이다.
3. 화목의 제사는 그리스도로 말미암아 성취된 평강의 열매[롬5:1]를 예표 한다. 평강의 왕은 메시아의 이름이다.[사9:6] 평강인 샬롬[שלום]은 하나님의 언약적인 행위의 결과이며, 의의 결과이며,[사32:17] 안식의 선물이다. 평강의 왕은 이 땅위에 완성과 의를 가져오신다. 그래서 바울은 에베소서 2장 14절에서 그리스도는 우리의 화평이시라고 말한다. 그는 화평을 주시는 메시아이자 왕이시다. 그가 화평의 왕이 되신 것은 그가 하나님의 마지막 말씀으로 오셔서 인류에게 구속을 가져온 "종결짓는 희생제물"이 되셨기 때문이다. 우리는 이러한 사실을 늘 기념해야 한다.

2. 소의 수컷이나 암컷으로 흠 없는 것3:1하

화목제는 번제와 소제와 함께 자원제다. 소를 드리되 수컷이나 암컷이나 흠 없는 것을 드린다. 번제는 오직 수컷만 드리도록 되어 있으나 화목제는 수컷과 암컷 구별이 없다. 여기에는 "교통"의 의미가 있다. 하나님과의 교통에는 남녀의 구별이 없다는 것을 말한다. 하나님과의 교통은 "교제"와 "화평"을 이룬다. 이는 십자가상에서 이루어진 결과다. 요한1서 1:3절에 언급된 "사귐"코이노니아, κοινωνία은 이러한 교통과 교제의 상태를 말할 것이다.

화목제는 번제에 비하여 횟수가 잦을 수가 있다. 첫 번째는 먹는 문제가 있고, 두 번째는 번제에 비해 용이한 제사라는 점 때문이다. 예배자의 가정에서 '흠 없는 수컷'을 준비하기가 어려웠을 것이다. 더욱이 각 가정에 '흠 없는 수컷'이 흔하지 않다는 점과 이미 번제에서 '흠 없는 수컷'이 사용되었을 가능성이 많다. 그래서 화목제에서는 '흠 없는 암컷'을 드릴 가능성이 크다. 수컷의 잦은 소비는 짐승의 번식을 끊는 결과를 가져올 수 있다.

교훈과 적용

1. 화목제는 암수의 구별 없이 제물을 받는다는 측면에서 예배자와 하나님 사이의 평화와 친교를 이룬다. 레위기 7장의 제사장 지침에서 화목제의 식사 문제가 다뤄지지만 제사를 드린 후에 공동의 식사는 이런 의미를 나타낸다. 번제 때는 소, 양, 염소의 수컷만 요구하였다. 특히 흠 없는 수컷은 경제적인 측면과 번식의 문제가 있기 때문에 그렇게 흔하게 드릴 수 없었을 것이다. 그러나 화목제는 암수의 구별을 두지 않았기 때문에 번제보다는 손쉬울 수 있다. 그리고 암수의 구별을 두지 않는다는 그 자체는 남녀의 차별을 넘어선 하나님과 인간 사이의 화해와 교통을 의미한다. 실제로 십자가의 화목제를 통해 남녀노소, 빈부의 차이 없는 모든 이들에게 평강이 허락되었다.

2. 그리스도를 화목 제물로 세우신 궁극적 목적은 예수 그리스도의 의로우심을 나타내며 따라서 우리를 의롭게 하기 위해서 이다.[롬3:25] 그래서 "그러므로 우리가 믿음으로 의롭다 하심을 얻었은즉 예수 그리스도로 말미암아 하나님과 더불어 화평을 누리자"[롬5:1]고 말한다. 그리스도의 피는 의로움과 화평을 가져왔다. 이 일을 기념하는 것이 성만찬이다. 이를 통해 화목 제물을 기념하고 기억하는 것이다.
3. 화목제를 감사제라고 부르는 것은 특별히 구원에 대한 감사이다. 하나님 앞에서 사죄 받은 자가 기뻐서 드리는 감사의 제사가 화목제이다. 우리가 누리는 은혜와 축복은 사죄의 은총에서부터 비롯된다. 신자는 무엇보다도 사죄 받은 것을 기뻐할 줄 알아야 한다. 우리가 누리는 평화는 죄 사함으로부터 온 것이다.[눅7:37-50]

3. 피의 처리[3:2]

화목제에서 피를 제단 사면에 뿌리는 이유는 무엇인가? 뿌리는 행위의 자라크זרק는 두 가지 종교적 의식에서 사용되었다. 하나는 하나님과 인간 사이의 결속 의식을 행할 때에 뿌린다.[출24:6-8] 또 하나는 정결 의식이다.[출29:20; 레1:5] 화목제에서 피를 뿌리는 것은 제사자의 일반적인 죄를 제거하여 하나님께 나아갈 수 있는 자격을 갖기 위해서다.[참조. 출19:12; 20:19 6)] 즉 정결 의식을 위해서다. 화목제가 비록 속죄제는 아니라 할지라도 죄 있는 인간이 하나님 앞에 나아가기 위해서는 역시 죄를 속해야 한다. 사람의 죄를 속하는 것은 오직 피였다. 그러므로 제사를 드리더라도 반드시 속죄의 피가 제단에 뿌려져야 한다. 이것은 예수 그리스도의 보혈의 공로로 인간이 하나님께 나아갈 수 있다는 사실을 예표 한 것이다. 감사의 제사에도 회개의 고백이 있어야 한다.

---

6) Kiuchi, "Spirituality in Offering a Peace Offering", 27-28.

성경에 나타난 피의 개념은 생명과 속죄다. 피는 생명이다.레17:11.14 피는 하나님이 주신 생명을 담는 그릇인 셈이다. 피는 생명이므로 하나님께서 주신 피를 흘릴 경우 하나님의 복수를 일으킨다는 보복적 개념이 있다.민35:31-34 또 한 가지는 죽음이다. 이는 피 흘림죽음을 통한 속죄 개념이다. 피 흘림이 없으면 죄 사함이 없다.히9:22 생명이 피에 있으므로 피가 죄를 속한다. 그래서 십자가는 죄 없는 피를 흘리게 했으므로 보복적 심판이 발생하는 동시에 그 죽음의 피가 속죄의 구원을 이루는 것이다.

교훈과 적용

1. 주님은 우리들에게 십자가에서 흘린 피의 효력에 동참하기 위해 그 피를 마셔야만 한다고 말씀하셨다.요6:53-56 화목제의 피 뿌리는 행위와 요한복음 6:53-56에 나타난 피를 마시는 것과의 관계는 다소 애매하지만, 화목제의 피 뿌림은 하나님께 나아가는, 열려진 길임을 확증하는 것이며, 피를 마시라는 요한복음 6장의 구절들은 피로 이루어질 새 언약을 기념하라는 언약의 갱신을 말할 것이다.고전11:25 주님의 재림까지 십자가의 피는 항상 기억되고 기념되어야 한다.
2. 피의 개념은 제사를 통해 더욱 확대, 발전하여 그리스도의 대속 사역의 중심에 이른다.롬3:24-25 그리스도께서 죽으심으로 그 피는 하나님과 인간 사이에 화목케 하는 제물이 되었으며,골1:20 우리를 영원히 온전케 하였다.히10:14 이제 다시 제사를 죄를 위하여 구약의 희생 제사를 드릴 필요가 없다. 우리는 이제 예수의 피를 힘입어 성소에 들어갈 담력을 얻었다. 그 길은 새로운 살길이다.히10:18-20 이처럼 성경에 나타난 피의 개념은 그리스도의 사역을 정점으로 하여 전개 된다.히9:22 우리는 피를 중심으로 구속 사역의 메시지를 찾아야 할 것이다.

3. 화목제의 정신은 신약에도 나타난다. 특히 오순절에 성령이 임하여 교회가 탄생하면서 화목을 도모하는 형태가 사도행전 2:46절에 묘사되어 있다. 서로가 한 마음이 되어서 날마다 열심히 성전에 모였으며 집집마다 돌아가며 빵을 나누고 순수한 마음으로 기쁘게 음식을 함께 먹었다. 원인은 예수 그리스도가 하나님과 우리들을 화해하게 해 주셨기 때문에 주의 영이신 성령이 우리 안에 들어오니까 그 덕분에 하나님을 섬기는 기쁨이 커서 서로 화목과 평화를 나누게 된 것이다.[롬5:11] 우리는 성령 안에 거할 때 화평의 열매를 맺는다.[갈5:22]

4. 화제로써의 기름과 콩팥을 태움[3:3-5]

1) 화목제의 화제[3:3상]

화목제도 제물의 피 뿌림과 불사름으로 진행된다. 그래서 이 제사도 불사르는 화제다. 피 뿌림으로 제물을 정결하게 하고, 정결한 제물을 불살라 여호와께 향기로운 냄새로 드린다. 즉 피 뿌리는 정결한 의식을 거쳐서 불태우는 거룩한 의식을 행하는 것이다. 번제는 전부를 불사르고, 소제는 한 줌의 가루를 불사르지만 화목제는 어떤 부분을 불사르는가? 살라 바치는 부분을 제사자는 떼어 내어야 한다. 모두 네 부분이다. 내장 전체를 덮고 있는 기름기, 내장 각 부분에 붙어 있는 모든 기름기, 두 콩팥과 거기에 덮여 있는 허리께의 기름기, 콩팥을 떼어 낼 때에 함께 떼어 낸, 간을 덮고 있는 껍질이다. 사람에게는 익숙하지 않은 식용부분이다.

고대 히브리인들은 제단에서 매일 아침과 저녁 두 번에 걸쳐 각각 한 마리의 양을 번제물로 여호와께 드렸다.[민28:3] 이렇게 하여 하루 종일 번제물이 제단에서 타고 있었다. 이것은 이스라엘의 계속적인 충성과 헌신을 나타내기 위한 것이었다. 매일 드리는 번제물이 타고 있는 그 제단 위에 화목제물인 기름 부분을 올려놓으면 함께 잘 타게 된다.

2) 기름[3:3하]

피를 먹지 못함과 같이[레7:26] 기름도 먹지 못하게 했다.[레7:24] 먹지 못한다는 의미에는 기름도 피와 같이 역시 짐승의 생명과 직결되어 있음을 나타낸다. 피는 뿌렸지만 먹지 못하게 하고 기름도 태우지만 역시 못 먹게 한다. 단 스스로 죽은 짐승이나 다른 짐승에게 찢긴 것의 기름은 필요에 따라 사용할 수 있으나 먹지는 못한다.[레7:24] 피와 기름을 먹지 못하게 하므로 짐승의 제물을 통해 하나님의 것에 대한 소유개념을 드러낸다.

3) 콩팥[3:4-5]

킬야כִּלְיָה라는 콩팥은 신장으로 허리 아래 부분에 한 쌍으로 위치해 있다. 혈액의 불순물을 걸러내는 구실을 한다. 콩팥은 모여든 음식의 노폐물을 처리하고 다시 흡수할 것과 밖으로 방뇨할 것을 구분하여 처리한다. 킬야는 인간의 내면적인 것을 비유할 때는 마음, 심장, 생각, 감정, 폐부 등으로 쓰인다.[시7:9; 16:7; 73:21; 렘11:20; 12:2; 17:10; 20:12]

이렇게 내장의 기름과 콩팥과 간의 위에 꺼풀을 떼어내 단위에서 불사르는 것[출29:13,22, 레3:4,10,15; 레4:9; 레7:4; 레8:16,25; 레9:10,19]에 대한 이유는 성경에서 분명히 밝히지 않으나 다음과 같은 설명들이 있다. 기름은 하나님을 위해 예비 된 특별한 진미[참고. 창45:18]이며, 그 콩팥은 보통 기름으로 싸여 있었기 때문에 그분께 속한 것이다. 아마 콩팥은 그 농도와 색깔을 보아 피와 가장 밀접하게 연관된 것 같다. 더욱이 콩팥이 피를 청결케 하는 것과 매우 중요한 연관성을 지닌다는 이해가 있었던 것 같다. 기름과 콩팥은 모든 장기들의 기능을 원활하게 하여 생명을 보호하고 보존하는 기능을 한다. 이렇게 히브리인들이 기름과 함께 콩팥을 드림으로 생명 전체를 드린다는 의미를 가졌을 것이다.

교훈과 적용

1. 화목제의 제물도 제사를 드리는 자가 준비하지만 그것을 제단 위에 올려 놓을 수 있는 사람은 역시 하나님과 백성 사이의 중재자인 제사장만이 할 수 있다. 이것은 예수 그리스도를 통해서만 구원받을 수 있다는 사실을 상징한다.[요14:6] 제사는 예배이며, 예배는 그리스도의 이름으로 드려지기 때문에 항상 십자가만이 교통의 매개체임을 주지하여야 한다.
2. 우리가 전에는 그리스도 밖에 있었고 이스라엘 나라 밖에 사람들이었다. 약속의 언약들에 대하여 상관없는 자들이었고 세상에서 소망이 없고 하나님도 없는 자들이었다. 그러나 이제는 그리스도 예수 안에서 그리스도의 피로 가까워 진 자들이 되었다.[엡2:11-19] 화목제에서 행해진 피 뿌림은 우리들을 정결케 하여 하나님과의 화목을 이루는 것을 보여준다. 그래서 우리를 아버지께 나아감을 얻게 하시기 위해 그리스도는 화평이 되셨다.[엡2:14]
3. 화목제에 바쳐진 여러 가지 기름은 제물의 여러 부위 중 가장 좋은 부분을 가리킨다.[시63:5] 생축 속에 있는 모든 좋은 것을 가리키는 비유다. 이는 그리스도께서 하나님께 바치신 감사와 순종을 나타낸다. 궁극적으로 그리스도가 그렇게 바치셨다는 것이다. 제사자가 기름과 콩팥을 하나님께 드린 것처럼 그리스도를 통해 우리도 깊은 마음의 순종과 헌신을 하나님께 드려야 한다.

B. 양을 바치는 화목제3:6-11

Ⅰ. 본문의 개요

화목제를 드리는 두 번째의 제물은 양에 대한 것이다. 양은 앞에서 언급된 소와 동일한 절차를 갖는다. 역시 암수의 흠 없는 것이어야 하고, 안수하고, 피를 단에 뿌리고, 기름을 떼 내어 화제로 드린다. 한 가지 다른 점이 있다면 어린 양일 경우에 기름진 꼬리를 불태우라는 것이다. 양을 화목 제물로 드릴 경우에는 다른 화목 제물에 비해 꼬리 부분을 더 드리는 것이 특징이다. 그리고 소의 경우는 화제가 "여호와께 향기로운 냄새"가 되었지만, 양의 경우는 화제가 "여호와께 드리는 식물"이 된다는 표현이 다르게 묘사되었다.

Ⅱ. 본문의 구조

1. 양의 조건3:6-11
    1) 어린 양의 경우3:6-8
    2) 미골에서 벤 기름진 꼬리3:9-10
2. 여호와께 드리는 음식3:11

Ⅲ. 본문 주해

1. 양의 조건[3:6-11]

1) 어린 양의 경우[3:6-8]

양은 대게 순결과 겸손을 나타낸다. 화목제의 제물로서의 양[6절]은 일반적으로 양떼를 뜻하는 춘[צאן]을 사용한다. 그러나 화목제의 양은 양떼가 아니라 어린 양을 가리킨다. 그래서 7절의 양은 케세브[כבש]라는 어린 양이다. 이 어린 양은 상번제때 드려졌다.[민28:3-4] 어린 양은 재산[창30:32-40]으로 간주되었으며, 제사의 희생제물,[레3:7; 4:35; 22:19,27; 민18:17] 생활의 식용[레7:23]으로 사용되었다.

2) 미골에서 벤 기름진 꼬리[3:9-10]

양을 화목제물로 드리는 경우에 소처럼 내장과 콩팥에 덮인 기름을 콩팥과 함께 떼어 내어 드리는 것은 같다. 한 가지 다른 점은 미골[혹은 미려골 尾閭骨]에서 잘라 낸 기름진 꼬리 부분을 드리는 것이다. 미골은 항문의 뒤쪽에 있는 엉치뼈로서 꼬리에 달린 등뼈의 마지막 부분을 말한다. 이 양은 꼬리에 기름을 보존하는 몇 개의 꼬리뼈를 가지고 있다. 몸무게는 약 22-27kg다. 꼬리만 7kg 이상 나간다. 길이 45cm 정도의 이 꼬리는 에너지 축적기관으로서 별미다. 그래서 사람들이 이륜차를 달아 꼬리를 보존한다. 주로 북 아프리카, 이집트, 남 아리비아, 시리아에 분포해 있으며[7], 팔레스타인 양의 주품종으로 알려져 있다.

---

7) C. F. Keil and F. Delitzsch, *The Pentateuch*, Vol Ⅱ, "Leviticus", 301.

2. 여호와께 드리는 음식[3:11]

지금까지 레위기에서 번제, 소제, 화목제를 다루면서 화제로 태워서 바쳐진 제물이나 예물이나 제물의 부분은 "여호와께 향기로운 냄새"가 되었다.[레1:9,13,17; 2:2,9; 3:5] 그러나 3:11에서는 "여호와께 드리는 음식"으로 달리 표현되었다. 즉 "냄새"가 "음식"이 된 것이다. 여기에 나오는 "음식"[식물]이라는 레헴לחם은 떡이나 빵을 의미하지만 전체적인 음식[창3:19]이나, 고기를 뜻하기도 한다.[삿13:15–16] 여호와께 드리는 음식이란 비유다. 실제로 하나님이 식사를 하시는 것이 아니기 때문이다. 이 표현은 하나님을 기쁘시게 하기 위한 제물이란 뜻이다.[민28:2,24] 화제에서 강조했던 "여호와께 향기로운 냄새"가 화목제의 양에 이르러 "여호와께 드리는 음식"으로 표현된 것은 하나님의 소유권을 나타냄과 동시에 음식[식사]에 담겨진 화목을 상징하는 것으로 보여 진다. 기름과 콩팥은 생명의 기운을 나타낸다.[as a life–giving quality] 생명의 기운이 하나님께 향기로운 냄새이고 음식이 되는 것은 생명이 여호와의 것이라는 소유와 주권을 말한다. 그리고 대개 음식을 함께 먹으면서 화목을 도모하기도 하고 화목을 위해서 공동식사를 하기도 한다. 즉 화목제가 식사를 나누는 교제의 측면에서 본다면 태워진 기름은 하나님을 위한 음식이 되는 것이다.[8)]

교훈과 적용

1. 화목제에서 화제로 드리는 양의 기름과 콩팥이 여호와께 음식이 될 뿐 아니라, 제사자와 가족은 물론 제사장들에게도 제물의 가슴과 뒷다리가 제공되었다.[레7:15; 신12:17–18; 레7:34] 이는 하나님과 제사장과 백성들이 함께 먹

---

8) Philip P. Jenson, "The Levitical Sacrificial System", *Sacrifice In the Bible* edited by Beckwith, Roger T. and Selman, Martin J., (Carlisle United Kingdom: Paternoster Press and Grand Rapids, Michigan: Baker Book House, 1995), 30–31.

는 것이다. 먹는 문제는 신약교회의 성찬식을 예표한다. 유월절에 음식을 먹는 것도 이와 같다. 성도들이 하나님 앞에서 음식을 먹듯이 신약 성도들은 그리스도를 심령 속에 받아 들여야 한다. 예수님도 신자들이 음식물을 먹고 마시듯이 믿어야 할 것을 가르치셨다.[요6:53-58] 예수님의 몸이 진짜 음식이고, 피가 진짜 음료수라는 것이다. 이 뜻은 자신이 직접 그리스도와 관계를 맺고 살아가는, 영적 교통을 이룸을 말한다.[계3:20]

2. 공동의 식사가 화목을 가져온다면, 우리는 화목을 통해 하나가 되어야 한다. 그 이유는 그리스도가 십자가를 통해 하나님과의 화목을 이루셨기 때문이다. 주님은 우리의 범죄 함을 위하여 하나님께 내어줌이 되셨다.[롬4:25] 그래서 우리는 예수 안에서 하나님의 아들이 되었다. 이제 우리는 유대인이나 헬라인이나 종이나 저주 받은 자나 남자나 여자나 모두가 예수 그리스도 안에서 하나가 된 것 같이[갈3:28] 하나 됨[all one]에 힘써야 한다. 이것이 하나님 나라이다.

3. 로마서 3:23-27절에 의하면 그리스도가 "화목 제물 되신 이유"는 하나님이 우리의 죄를 눈감아[passed over] 주시기 위해서이다. 번제가 그리스도의 온전한 헌신을, 소제가 비하와 자기 비움을 통해 절대적인 순종을 나타낸다면, 화목제는 예수 그리스도 사역의 완성을 나타낸다고 말 할 수 있다. 왜냐하면 궁극적으로 우리를 대신하여 하나님과의 화목을 이루셨기 때문이다. 화목제를 '완성제'라고 부르는 이유도 이와 같다. 성도는 이 땅에서 하나님과 화목하고 가야한다. 본질상 진노의 자녀[엡2:3]인 우리가 하나님과 화목하고 가는 것이 성도의 최종 단계라고 볼 때, 그리스도가 "화목 제물 되신 이유"를 잊지 않고 늘 묵상해야 한다.

C. 염소를 바치는 화목제3:12-16상

Ⅰ. 본문의 개요

예물로 염소를 바칠 때는 지금까지 소, 양을 바칠 때처럼 동일한 방법으로 진행된다. 소를 바칠 때와는 달리 양의 "기름진 꼬리"라든지 "여호와께 드리는 음식"이라든지 하는, 특이성이 없다. 염소가 화목제의 제물로 세 번째 언급된 것은 아마도 값의 등차 때문에 마지막에 언급되었을 것이다. 레위기의 제물은 등급성이 있으며, 이는 최고의 제물이 무엇인지를 미리 생각하게 하는 장치와도 같다.

Ⅱ. 본문의 구조

1. 염소의 예물 조건과 방법3:12-16상
    1) 조건이 없음3:12상
    2) 제사 방법은 다른 제물과 동일3:12하-16상

Ⅲ. 본문 주해

1. 염소의 예물 조건과 방법3:12-16상

1) 조건이 없음3:12상

염소는 소나 양처럼 수컷이나 암컷이라는 조건을 명시하지 않는다. 명시는 되어 있지 않지만 속죄제에서도 암 염소 허용하는 것을 보면민15:27 암소나 암양을 드려도 되는 화목제의 특성상 허락되었을 것이다. 그리고 흠 없는 것을 드려야한다는 말도 없다. 이것은 앞에서 언급된 소나 양의 조건에 준하되 다소 흠이 있는 것도 무방하다는 여지를 남겨두는 것 같다. 왜냐하면 화목제의 낙헌제자원제에서는 흠이 있는 예물을 허용하는 것을 볼 때 그렇다.레22:23 한편 숫염소는 이스라엘 백성들이 섬기던 우상이기도 하다.레17:7 또 염소는 성경에서 불의한 자를 비유하기도 한다.마25:32-33 그러나 이스라엘의 해방과 구원을 기념하는 가장 큰 명절인 유월절에 숫양이나 숫염소를 취하도록 한 것은 염소에 대한 부정적인 면만을 가지고 있지 않다. 그리고 레위기 16장에 나타난 "아사셀"이 배척과 멸시와 버림당한 그리스도로 해석된다면, 그리스도의 희생을 상징하는 동물이기도 하다. 염소도 소나 양처럼 비교적 온순한 가축으로서 맹수와 반대되는 동물이다. 새끼 염소들은 때때로 음식으로 사용되었고,창27:9 가죽은 가죽 제품으로, 털은 옷으로 이용되었다.출25:4; 26:7; 35:6

2) 제사 방법은 다른 제물과 동일3:12하-16상

일단 회막으로 제물을 끌어온다. 회막으로 끌어온다는 말은 여호와 앞으로 제물을 가져온다는 말이다. 들에서 희생 제물을 잡아 제사를 지내는 일은 금지되었다. 왜냐하면 들에서 숫염소를 섬기는 일이 있었기 때문이다.레17:5-7 제물의 머리에 제사자가 안수하고 회막 뜰에서 제물을 잡는다. 제사장은 제물의 피를 번제단 사면에 뿌린다. 그러고는 제물의 일부를 취하여 여호와께 화제로 드린다. 이 때 태우는 부분은 내장의 기름, 두 콩팥, 콩팥 주위와 간에 덮인 꺼풀이다. 이렇게 드리는 화제는 여호와께 드리는 음식이 되고, 향기로운 냄새가 된다. 음식과 냄새는 실제가 아니라 비유다.

교훈과 적용

1. 화목제에서 소, 양, 염소를 드릴 때 제사의 절차와 방법은 동일한 내용이라도 다시 반복하여 언급한다. 그만큼 제물마다 제사의 절차와 방법이 중요하다는 의미를 담는다. 그 이유는 소도 중요하고 염소도 중요하다는 말이다. 제물의 값에 따라 제사의 의미가 달라지는 것이 아니라, 모든 제물은 제사자의 거룩한 행위를 담고 있기 때문에 하나님은 제물 값에 차별 없이 제사자의 마음을 받으신다. 차별 없이 제사를 받으시기 때문에 예배의 마음가짐도 언제나 동일해야 할 것이다.
2. 화목제의 염소처럼 성경에서 비유라는 것은 어떤 때에 매우 상반성과 융통성이 있다. 성경에서 사자를 메시아로 비유하지만[창49:9] 역시 마귀를 비유하기도 한다.[벧전5:8] 구원의 뿔[삼하22:3]도 있고 악인의 뿔[시75:10]도 있다. 이런 상식은 성경 해석의 문제이기는 하지만 사람관계에서도 적용된다. 사람의 눈과 하나님의 눈이 다르기 때문에 섣불리 선악을 판단하고 정죄하는 것은 오류를 범할 수 있다. 매사에 하나님께 맡겨두는 자세는 선입관에 의한 성급한 오판을 예방한다.
3. 오늘날 그리스도인들은 그리스도 안에서 하나님과의 화목을 이룬 자들이다. 하나님과 관계처럼 성도 개개인 사이에서도 서로 화목하며 용서하고 사랑해야 할 것을 의미한다. 화목은 하나님의 나라를 이 땅에 실현하는 첩경이다. 그래서 진정한 화목은 하나님과의 관계가 회복되는 것이며, 이 회복된 힘으로 서로 사랑하고, 서로 돌아보아 사랑과 선행을 격려하고, 서로 원망하지 말고, 서로 겸손으로 섬기는 것이다.[살후1:3; 히10:24; 약5:9; 벧전5:5] 성도는 이런 소망으로 살아야 한다.

D. 선언적 명령 세 가지3:16하-17

Ⅰ. 본문의 개요

평신도들이 어떻게 화목제를 지내야하는지에 대한 지침을 마치면서 세 가지의 주요한 사실을 상기시키고, 이를 실천하도록 당부하였다. 그것은 기름은 여호와의 것이며, 그렇기 때문에 피를 먹지 못하는 것처럼 기름도 먹지 말라는 명령을 하였다. 이 기름과 피의 식용금지 규례는 한시적인 것이 아니라 영원히 지켜져야 할 규례임을 명시하였다.

Ⅱ. 본문의 구조

1. 모든 기름은 여호와의 것3:16하
2. 기름과 피를 먹지 말라3:17상
3. 영원한 규례3:17하

Ⅲ. 본문 주해

1. 모든 기름은 여호와의 것3:16하

모든 기름이 여호와의 것이라는 말은 이 기름이 여호와의 소유를 나타낼만한 이유가 있을 때 수긍이 간다. 피는 생명을 담는 그릇창9:5이기 때문에 생명의 주인이신 하나님의 것이라는 말이 쉽게 받아드려 진다. 기름도 피와 같이 여호와 것이 되려면 기름이 갖는 특성이 있어야 할 것이다. 즉 기름이 콩팥과 내장을 감싸고 있다.레3:3-4 그렇기 때문에 기름도 피와 같이 생명과 연관성을 갖는다. 기름도 피처럼 여호와의 주권임을 드러내는 것이다. 히브리어 헬레브חלב는 짐승의 내장을 감싸고 있는 기름을 말한다. 기름은 내장을 보호하는 기능을 가지고 있다. 기름은 생명의 기운을 감싸고 있다.

2. 기름과 피를 먹지 말라[3:17상]

기름과 피를 먹지 못하게 하신 이유는 여호와 것으로 구분하기 위해서다. 피는 생명의 근원이다. 그래서 고의적인 살인을 방지하고 창조 질서를 지킨다.[창9:4-6] 그리고 기름은 생명을 유지하는 힘의 근원으로 간주한다.[9] 따라서 생물의 근원적인 생명은 오직 하나님께만 속하므로 피와 기름은 먹을 수 없다. 특히 신명기에는 피는 생명이기 때문에 고기와 함께 먹지 말 것을 강조한다.[신12:16,23; 15:23] 고기를 피 있는 채로 먹으면 범죄 하는 것이다.[삼상14:32-33] 이교들은 그들이 드리는 희생제물의 피를 마셨다.[시16:4] 이런 행위는 잔인성과 포학성이 내포되어 있다. 한편 기름의 경우는 식용의 금지가 모든 동물 지방에 적용되는지 아니면 특정 부분에만 제한되는지는 불확실하다. 한편 자연적으로 죽었거나 다른 동물에 의하여 찢기어 죽은 동물의 기름은 어떤 용도[윤활유]로 사용할 수 있도록 하였다.[레7:24]

3. 영원한 규례[3:17하]

기름은 모두 여호와께 바쳐야 할 것과 기름과 피를 먹지 말라는 명령은 일시적인 조치가 아니라 대대로 영원히 지켜야 할 절대적인 규정이다. 이 규례는 그들이 가나안 정착 이후에도 계속 지켜야 한다.[레7:26; 19:26] 누구든지 피를 마시는 자는 이스라엘 백성 중에 제외될 만큼 엄격하게 금지하고 있다.[레17:10] 이 "영원한 규례"[후캇 올람, חקת עולם]은 레위기에 17회 나타나는데, 여기 3:17절에 처음 등장한다. 영원한 규례는 시간적인 개념이라기보다 언

9) Noordtzij, *Leviticus*, 52.

약의 영속성창17:7 개념으로 보아야 할 것이다. 왜냐하면 규례는 언약 안에 포함되어 있으며 언약은 그리스도 안에서 영속성을 가지기 때문이다.

교훈과 적용

1. 오늘날에도 유대인들은 고기를 먹을 때 피를 먹지 않기 위해서 며칠 동안 살코기를 매달아 놓고 피가 빠지기를 기다린다고 한다. 식사문화를 문자적으로 지키려고 할 때 해석과 실행에 어려움이 따른다. 구약의 규례는 오늘날 그리스도 안에서 그 의미의 영속성을 찾아 지켜야 한다. 그런 점에서 피를 먹지 말라는 명령은 생명을 사랑하고 이웃을 아끼는 진정한 사랑에 그 의의를 둘 수 있다.
2. 화목제를 통해 그리스도의 십자가와의 관계를 다시 조명해야 한다. 십자가를 통한 구속의 의미는 하나님과 인간과의 관계를 회복한 것이다. 이를 상징하는 제사가 화목제이다. 그리스도 안에서 유대인과 이방인이 한 몸이 된 것은 이러한 사실을 단적으로 보여주는 증표다.엡2:18 하나님과 백성 사이의 화목과 평화는 중간에 막힌 담을 허시고 원수 된 것을 소멸한 십자가 때문이다. 십자가는 그리스도를 이해하는 것이며, 그리스도는 십자가를 통해 이해되어져야 한다. 십자가는 화목제사이다.
3. 모든 생명이 예수 그리스도를 말미암지 않고는 이루어진 것이 없다. 예수 그리스도의 희생이 없으면 하나님과의 관계가 성립되지 않는다. 하나님과의 생명이 관계되지 않는 생명은 무의미하다. 예수 그리스도의 죽으심은 하나님과의 관계를 회복시키려는 화목제를 드리심이다.롬3:25; 5:8-11; 고후 5:18-19; 골1:20-22 하나님은 우리를 사랑하셔서 우리 죄를 위하여 화목제힐라스모스, ἱλασμός로 그 아들을 보내셨다.요일4:10 화목제는 그리스도를 통해 하나님과 우리가 교통하는 것을 상징한다. 교통은 하나님과 이웃과의 친교와 화평을 이루는 것이다. 그런 점에서 성도의 교제가 중요하다.

레위기 4장

살길을 만든 속죄제

속죄제는 레위기에 소개되는 제사 중에서 가장 자세히 묘사되어 있다. 번제, 소제, 화목제는 각각 17, 16, 17절씩 기록되었다. 속건제는 12절인데 비해 속죄제는 48절을 할애했다. 이 제사는 의식적제의적인 것이며 장차 올 것의 그림자이다.히10:1 즉 속죄제는 그리스도를 통한 죄의 용서와 구원을 나타내는 모형으로서 드려졌다. 율법이전에는 속죄제가 존재하지 않았다면, 율법이 없는 곳에는 범함도 없으므로롬4:15 율법이 없는 곳에는 속죄도 없다는 말이 성립된다. 속죄제사가 율법으로 인해 제사가 생겨났다면 율법의 요구롬8:4가 끝이 나면 속죄제사도 함께 없어지는 것이다. 지켜야 할 율법은 마쳐졌다.롬10:4 여기에 그리스도의 속죄제사가 구속사적 의미를 갖는 것이다. 이와 같은 속죄제는 살 길이 있다.

속제죄는 크게 두 가지로 나눈다. 휘장에 피를 뿌리는 제사와 번제단에만 피를 바르는 제사다. 휘장에 뿌리는 제사는 향단에 피를 바르는 것이 포함되어 있다. 그리고 휘장에 피를 뿌리는 제사는 그 고기를 먹지 못한다. 그러나 번제단에만 피를 바르는 제사는 그 고기를 먹는다. 이러한 차이점은 죄와 공동체의 영향성에 따라 등급을 둔 것이다. 이는 그리스도의 죽음은 인류의 죄를 속할 수 있음을 보여주는 패턴이다. 막스Marx는 속죄제를 드리는 경우를 때와 상황에 따라 네 가지 범주로 설명한다. 첫째는 비고의적인 죄나 감추어진 죄, 둘째는 부정의 상태, 셋째는 성별의식, 넷째는 중

대한 날이나 큰 절기 때이다.[1)]

A. 제사장을 위한 속죄제4:1-12

Ⅰ. 본문의 개요

"여호와께서 모세에게 말씀하여 이르시되"로 시작하는 4:1절은 새로운 문단에 속한다. 왜냐하면 레위기 1:1절에 그렇게 말씀하시고 다시 여기서 말씀하시기 때문이다. 속죄제에 대한 규례는 레위기 4장 전체와 5장 13절까지 언급되어 있다.

4장에서 다루는 속죄제에 해당하는 '큰 조건'은 "여호와의 계명 중 하나라도 그릇 범할 때"이다. "그릇 범하다"는 말은 부지중에 일어난 비고의적인 죄비쉬가가, בשגגה, unintentionally로 실수, 부주의, 태만, 무의식중, 무지, 의지 부족 등을 말한다. 즉 부지중에 범하는 죄레4:22는 우발적인 죄를 짓는 상태다. 이는 무지나 인간의 연약함으로 인해 저지른 범죄 행위라는 것을 한정지는 표현이다. 또는 그릇 범하는 죄 중에는 숨겨진 의미의 부지중도 있다. 이럴 때는 아람עלם, 레4:13; 5:2-4이라는 단어를 사용한다. 그러나 "짐짓 범하다"schemes, intentionally, high-handed, 출21:14; 민15:30라고 할 때는 고의적인 죄를 말한다.

4장은 네 가지 신분으로 나눠 속죄제를 다룬다. 제사장 위한 속죄제,4:1-12 전체 회중을 위한 속죄제,4:13-21 족장을 위한 속죄제,4:22-26 평민을 위한 속죄제4:27-35이다. 그리고 속죄제의 본문은 5:13절까지 이어진다.

속죄제는 자신의 죄를 깨닫고 용서받기 위해 드리는 제사이다. 속죄제

1) A. Marx, "Sacrifice pour les péche s ou de passage? Quelques re flexions ou la fonction du hattat" RB (1989), 29-48.

를 드려야 하는 근본적인 이유는 율법이 주어졌기 때문이다. 번제, 소제, 그리고 화목제 등은 시내 산 율법이 있기 전에도 여호와께 드려졌다.창8:20; 출20:24 물론 그 때도 각자의 죄를 염두에 두었고 그 죄가 속해지기를 원했다.욥1:5 그러나 율법이 정해짐으로 범죄 의식이 뚜렷하게 인식되었고,롬5:20 죄를 속하기 위해 또 하나의 특별한 제사를 드리게 된 것이 속죄제다. 속죄제에서 처음 다루는 것이 제사장을 위한 것이다. 이는 제사장의 중요성을 말한다. 동시에 인간 제사장의 연약성과 인간 제사장도 속죄의 필요성이 있음을 나타낸다.

Ⅱ. 본문의 구조

1. 제사장을 위한 속죄제4:1-12
    1) 기름부음을 받은 제사장4:3상
    2) 그의 범죄가 백성의 허물이 되었으면4:3중
    3) 속죄하는 방법4:3하-12
        (1) 속죄제물 준비4:3-4
        (2) 휘장에 피 뿌림4:5-6
        (3) 향단 뿔에 피 바름4:7상
        (4) 번제단에 피 부음4:7하
        (5) 번제단에 기름 사름4:8-10
        (6) 나머지는 진 바깥에서 태움4:11-12

Ⅲ. 본문 주해

1. 제사장을 위한 속죄제4:1–12

속죄제를 드려야 하는 "누구든지"4:2는 '네페쉬'이다. 1장의 번제에서 "누구든지"는 '아담'이다. 2장의 소제에서 "누구든지"는 네페쉬이다. 3장의 화목제를 드리는 사람은 '아담'이나 '네페쉬'를 쓰지 않고 단지 사람이 하나님께 가까이 다가오는 것에 초점을 맞춘 '코르반'만 사용한다. 굳이 해석을 한다면 '아담'을 사용하는 경우는 보편적인 타락한 인간을 말하며, '네페쉬'는 속죄가 필요한, 속죄를 갈망하는 인간을 표현한다고 말할 수 있다. 네페쉬 중에 여호와의 계명 중 하나라도 그릇 범하게 되면 속죄제를 드려야 한다. 계명이라는 미쯔바מִצְוָה는 '명령하다'라는 짜바צָוָה에서 유래되었으며 책임을 지우는 의미가 있다. 의도적이지는 않지만 계명을 어긴 경우에 첫 번째의 해당자가 제사장이다.

1) 기름부음을 받은 제사장4:3상

속죄제를 드리는 시작은 "만일"이다. "만일"에 해당하는 전치사 임אִם은 영어의 if에 해당한다. 여기에 나타나는 제사장은 대제사장을 의미한다. "대제사장하코헨 학가돌, הַכֹּהֵן הַגָּדוֹל이라는 표기 자체는 레위기 21:10절에 처음 언급된다. 마소라 본문에서 레위기 4:3절의 '제사장'은 정관사 하הַ를 사용하여 "그 제사장"하코헨, הַכֹּהֵן으로 번역하였다. 그러나 칠십인경은 레위기 4:3절부터 "대제사장"아르키에레우스, ἀρχιερεύς으로 번역하였다. 이것은 "기름부음을 받은"이라는 수식어구가 대제사장으로 볼 수 있는 근거에 의해서다. 왜냐하면 모세가 아론에게만 관유를 그의 머리에 부었다는 기사가 뒤에 설명되기 때문이다.레8:12 칠십인경에서 제사장의 직분 앞에 대제사장이라는 의미의 '시작'과 '첫째' '머리' 등을 뜻하는 아르케ἀρχή를 사용한 복합

명사는 레위기 4:3절에 처음 사용된다. 레위기 6:19절에 “아론과 그 자손이 기름 부음을 받는 날에”라는 말과 이어지는 6:22절에 “아론의 자손 중 기름 부음을 받고 그를 이어 제사장 된 자”라는 표현을 볼 때 제사장 가운데 기름 부음을 받은 자는 대제사장을 나타냄이 거의 확실하다.

레위기 4장 전체에 기름 부음을 받은 대제사장이라는 표현은 3번 나타난다. 제사장 자신이 범죄 하여 속죄제를 드릴 때 두 번,[4:3,5] 그리고 회중의 속죄제에 한 번[4:16] 등장한다. 그리고 레위기 전 장에서는 네 번이며, 6장 15절에 아론의 뒤를 이을 대제사장에 언급 할 때 사용된다.

대제사장은 “기름 부음을 받은 자”이다. 이에 해당하는 마소라 본문의 표현은 4:3절의 마시아흐[משׁיח]이다. 구약에서 이 단어는 약 40회 나오며, 주로 사무엘서와 시편에서 발견된다. 칠십인경은 크리스토스[χριστός, 레4:5; 4:16; 6:22]로 번역하였다. 이는 크리오[χρίω, anoint]에서 유래되었다.

2) 그의 범죄가 백성의 허물이 되었으면[4:3중]

대제사장의 범죄는 어떤 범죄인가? 그리고 그런 범죄가 왜 백성의 허물이 되며, 허물이라는 의미는 어떤 상태인가? 백성들의 삶에서 여호와의 계명에 대한 허물이 드러날 때, 제사장은 자신의 죄임을 깨닫고 하나님 앞에 속죄제를 드려야 한다. 이는 제사장 개인의 죄만을 말하는 것이 아니라 백성들의 허물을 말함이여, 이 허물을 통해 발생한 죄를 제사장의 죄로 간주하는 것이다. 제사장의 자신이 범한 죄는 대속죄일 날 대제사장 자신과 권속을 위해 속죄제를 드린다.[레16:6] 백성의 죄를 깨닫게 하는 것이 제사장의 책무이며 이를 소홀하게 취급하면 곧 제사장의 죄가 되는 것이다. 이럴 경우에 드리는 속죄제는 다음과 같이 진행된다.

3) 속죄하는 방법4:3하–12

(1) 속죄제물 준비4:3하–4

흠 없는 수송아지를 준비하여 머리에 안수하고 잡는다. 흠이 없는 수송아지가 필요하다. 흠이 없는 제물이 강조되는 것은 흠이 없는 제사장과 같은 이치이다.레21:17–23 그리스도는 흠이 없는 완전한 제사장이며 완전한 제물이었다.히7:26; 벧전1:19 옛날이나 지금이나 수송아지는 다른 제물에 비해 값이 많이 나갈 것이다. 값이 많이 나간다는 말은 그 만큼 속죄의 비중이 크다는 의미이다. 지금까지의 언급된 번제나 화목제처럼 역시 회막문으로 끌고 가 머리에 안수하고 잡는다.

(2) 휘장에 피 뿌림4:5–6

한 가지 앞의 번제나 화목제와 다른 것은 피를 바깥 제단에 뿌리는 것이 아니고 성소 안으로 가져가서 뿌린다는 것이다. 더 직접적인 속죄행위를 하는 것이다. 대제사장은 용기에 담긴 피를 가지고 들어가서 성소의 휘장 앞즉 지성소에 일곱 번 뿌린다. 일곱 번은 완전한 의미를 지닌다. 완전한 구속과 완전한 거룩함을 나타낸다. 성소의 휘장에 뿌린다는 것은 지성소 안에 있는 언약궤 위에 뿌리는 것이다. 대속죄일이 아니면 지성소에 들어갈 수 없기 때문에 휘장에 뿌림으로 일종의 투영 형태를 취하는 것이다. 휘장은 하나님과 인간 사이를 구별하는 거룩의 경계선 같은 것이다. 이를 나중에 그리스도가 죽으심으로 성전의 휘장이 찢어지고막15:37–38; 히10:20 하나님께 담대히 나아갈 수 있는 길을 만드셨다.히4:16 속죄제의 피 뿌림을 이를 상징한 것이다. 피는 레위기의 속죄제 본문에서만 17차례나 언급하고 있다. "피를 가지고",4:5 "피를 찍어",4:6 "피 전부를"4:7 "피를 가지고",4:16 "피를 찍어",4:17 "그 피로"4:18 "그 피 전부는",4:18 "피를 손가락에 찍어",4:25

"그 피는",[4:25] "그 피를 찍어",[4:30] "그 피 전부를",[4:30] "피를 손가락으로 찍어",[4:34] "그 피는",[4:34] "피를",[5:9] "그 남은 피는",[5:9] "그 피가",[6:27] "피를 가지고"[6:30] 등이다.

(3) 향단 뿔에 피 바름[4:7상]

금 향단[출30:1-10]은 증거궤 앞, 휘장 앞에 있다.[출40:5,26] 사면의 뿔에 피를 바름으로 정결의식을 행한다. 향단 뿔은 능력의 역사를 가져올 수 있는 힘 있는 부르짖음[기도]을 비유한다.[2]

(4) 번제단에 피 부음[4:7하]

사용하고 남은 피 전부는 번제단 밑에 붓는다. 붓는다는 말은 쏟는다는 말과 동일하다. 이 때 쏟는 피는 나머지 피의 처리과정이면서 또한 속죄기능을 한다.[레8:15] 즉 번제단은 성도들의 헌신과 감사를 위하여 생축을 드리는 곳이다. 이 단 밑에 피를 붓는 것은 속죄가 피에 근거하여 이루어진다는 뜻이다.

(5) 번제단에 기름 사름[4:8-10]

제물의 모든 기름과 콩팥을 취하여 제단 위에 불사른다. 이때 화목제 때와 동일하게 사른다.[3:3-5] 여기서 불사르는 것은 기름과 콩팥 부분을 태워 연기를 피우는 카타르קטר이다. 하나님 앞에 기름을 바친다는 사상은 "내 속에 있는 것" 즉 우리 인격의 내부적인 진수를 바친다는 의미한다.[시103:1]

(6) 나머지는 진 바깥에서 태움[4:11-12]

피와 기름을 제외한 제물의 남은 모든 것은 진 밖 재 버리는 곳에서 모

2) 박윤선, 『성경주석 레위기』(서울: 영음사, 1971), 59.

두 태운다. 여기에 불사르는 것은 사라프שׂרף이다. 사라프는 일종의 죄의 소멸을 의미한다. 태우는 것은 송아지의 전체인 가죽, 고기, 머리, 다리, 내장과 똥이다. 그러므로 제물의 고기는 먹지 못한다. 새를 번제로 드릴 때 재 버리는 곳은 번제단 동편[레1:16]에 있지만, 속죄제때는 진 바깥의 재 버리는 곳이다 이곳을 "정결한 곳"으로 부르기도 한다.[레6:11]

화목제와 속죄제의 피의 처리에서 한 가지 차이가 있다면 화목제는 피를 제단에 뿌리며,[3:2] 속죄제는 피를 휘장에 먼저 뿌리고,[4:6] 나머지는 제단 밑에 쏟는다.[4:7] 휘장은 제단보다 훨씬 더 언약궤에 가까이 있으므로 속죄는 언약의 피가 우선임을 나타낸다. 그러므로 속죄제는 화목제보다 구원의 직접성을 지닌다.

교훈과 적용

1. 속죄제는 의무제로서 범죄 한 자는 누구나 드려야 한다. 속죄제의 가장 근본적인 의미는 예수 그리스도께서 우리 대신 죄를 짊어지시고 고난당하신 후 예루살렘 밖에서 처형당하실 것을 예표 한 것이다. 예수 그리스도께서 죄를 알지도 못하시되 우리를 대신하여 "죄로 삼음"이 되셨다는 말씀[고후5:21]은 속죄제물이 되셨다는 의미이다. 대제사장도 이와 같이 백성의 허물이 발생하면 제사를 드려야 한다. 이런 점에서 제사를 집행하는 제사장의 책임이 크다. 또한 인간 대제사장도 실수할 수 있다. 제사의 집행자로서는 완전하지 못하다. 그러나 우리는 대제사장이신 그리스도[히2:17; 3:1]는 완전하며 영원한 속죄[히9:12]를 이룰 수가 있다. 그리스도를 인하여 우리는 죄 때문에 다시 제사 드릴 것이 없다.[히10:18] 인간은 자신이 범죄 했을 때 비로소 속죄의 필요성을 깨닫게 된다.[참조. 눅15:7; 롬5:8; 딤전1:15] 이것은 하나님이 우리를 사랑하시는 증표다.

2. 대제사장이 죄를 지으면 그로 인해 백성이 죄를 짓게 된다. 이것이 백성에게 죄얼罪孽을 입히는 것이며 허물이 있게 만드는 것이다. 지도자는 이만큼 중요한 자리에 있음을 확연하게 나타난다. 더욱 영적 지도자의 위치는 영혼의 문제를 다루는 것이 때문에 더욱 더 심각하고 중대하다. 교회 지도자들이 구할 것은 오직 충성고전4:2임을 다시 되새기게 된다.
3. 속죄제의 절차는 다른 제사에 비해 복잡하다. 제도가 복잡하다는 것은 그만큼 중요하기 때문에 까다롭다는 말이다. 제사제도가 까다롭게 진행되는 것은 하나님의 은혜다. 왜냐하면 죄인을 살리려는 하나님의 사랑이 깊기 때문에 쉽게 진행되면 그 중요성을 인식하기 어렵다. 죄를 사하는 일이 그리 간단한 문제가 아니기 때문에 이것을 일시에 해결한 그리스도의 십자가 제사가 너무 감사한 것이다. 그리스도의 죽음이 죄를 속하는 하나의 제사였다는 사상은 세례 요한, 주님 자신, 바울, 베드로, 히브리서 기자 등 많은 인물들이 사용하고 있다.

B. 전체 회중을 위한 속죄제4:13-21

Ⅰ. 본문의 개요

대제사장의 속죄제와 전체 회중의 속죄제는 동일하다. 이는 대제사장과 전체 회중은 비중이 같다는 말이다. 또한 대제사장은 바로 전체 회중을 대표하는 인물이라는 점이다. 이는 신정정치에서 민족의 지도자와 백성의 범죄를 동일시하는 제정祭政일치를 말한다. 전체 회중이 속죄제를 드려야 하는 경우는 어느 때인가? 민수기 14장에 나타난 정탐 보고 후 백성들의 원망이 이에 속한다. 또한 이스라엘 백성들이 블레셋과 싸우고 난 뒤 탈취한 물건 중에서 양과 소와 송아지를 잡아 피를 있는 채로 먹었던 사건삼상14:33 이 회중의 범죄에 속한다.

Ⅱ. 본문의 구조

1. 회중을 위한 속죄제4:13-21
   1) 전체 회중이 속죄제를 드리는 경우4:13-15
   2) 회중을 위한 대제사장의 임무4:16-22
   3) 대제사장의 속죄선언4:20

Ⅲ. 본문 주해

1. 회중을 위한 속죄제4:13-21

1) 전체 회중이 속죄제를 드리는 경우4:13-15

만일 온 회중이 여호와의 계명을 부지중에 하나라도 어길 경우 허물이 발생한다. 그러나 회중이 그것이 죄가 되는 줄 모르고 있다가 차후에 어떤 경로로 깨닫게 되면, 수송아지를 속죄제로 드려야 한다.

구약에서 회중은 두 가지 용도로 쓰인다. 하나는 예다עֵדָה, congregation로 민족적, 종교적 단위로 사용된다. 또 하나는 카할קָהָל, assembly로 회중의 총체적 단어로 쓰인다. 이 둘은 회중이라는 번역되어 상호교차적으로 사용된다.출12:6; 민14:5 여기 4:13절의 회중의 예다이다.

회중이 죄를 지었지만 모르고 있다가 나중에 율법을 통하여, 혹은 율법을 기억하여, 혹은 지적을 받고 그것이 허물인 것을 깨닫게 되면 속죄제를 드려야 하는 것이다. "깨달으면"을 문자적으로 번역하면 "그것이 그의 두

눈에 숨겨졌다가"이다. 이것은 자신의 행위가 죄라는 사실을 몰랐다는 것을 의미한다.[3] 회중이 드리는 속죄제는 장로들이 안수한다. 장로들은 권위를 가진 공동체의 연장자들을 말한다. 회중을 대표해서 장로들이 희생 제물에 안수한다. 백성이 일일이 다 안수 할 수 없어서 장로들이 대표해서 하는 것이다.

2) 회중을 위한 대제사장의 임무4:16-22

피를 휘장에 뿌리고, 향단 뿔에 피를 바르고, 나머지 피 전부를 번제단 밑에 쏟고, 제물의 모든 기름은 단 위에 불사르고, 진 바깥 재 버리는 곳에 제물 사체의 모든 것을 불사르는 것은 대제사장 때 드리는 속죄제 의식과 동일하다. 그러므로 여기서도 제물의 고기를 먹지 못한다. 한 가지 차이가 있다면, 대제사장의 속죄선언이다. 이 속죄선언은 중요한 의미를 지니기 때문에 상세하게 다룰 필요가 있다.

3) 대제사장의 속죄선언4:20

레위기 4:20절 b는 회중의 범죄로 인하여 드린 속죄제의 결론이다. 이와 같은 결론은 족장과 평민의 경우도 동일하다.4:26,31,35 이 부분은 제사장의 행위 가운데 '대속과 용서의 진술'statement of expiation and forgiveness로 표현된다.[4] '개역성경'의 "속죄한 즉"이라는 의미가 제사장의 선언인지, 아니면 속죄제가 마치는 절차의 결과인지, 그리고 속죄의 주체가 누구인지, 속죄하시는 분이 하나님이라면 제사장은 대리자로 어디까지 권한이 주어지는지, "속죄한 즉"이 제사장의 단순동작인지, 의지동작인지, 아니면 여호와의 명령이나 의지로 보아야 하는지 분명치 않다.

"제사장이 속죄한 즉 제물을 바친 자가 사함을 얻는 것"이 속죄제가 갖

3) Noordtzij, *Leviticus*, 55.

4) John E. Hartley, *Leviticus*, WBC Vol. 4. (Dallas, Texas: Word Books, Publisher, 1992), 50.

는 죄 사함의 특징이라 할 수 있다. 속건제레5:18를 제외한 다른 제사에는 이 같은 문구가 나타나지 않는다. 여기서 레위기 4:20절 b를 살펴볼 필요가 있다. 본문을 사역하면 "그가 그들을 위하여 죄를 정결속죄하게하고 그 제사장은 스스로 그들에게 죄를 사할 것이다". 여기에 "스스로 죄를 사할 것"에 해당하는 니쉐라흐נִסְלַח는 재귀태이기 때문에 효과의 즉시성이 발생될 수 있음으로[5] 속죄가 마치 제사장의 주체적 권한처럼 보인다. 그런데 속죄를 받는 객체의 외형적 기준은 여전히 불투명하다. 일단 속죄의 방법은 하나님이 일러주신 속죄제의 규례에 따라 제사장이 집전하였기 때문에 발생된다는 사실은 의심의 여지가 없다. 속죄의 외형적 기준에 대해 추측한다면, 제사장의 권한하나님의 대리 권한으로 속죄를 선언할 수도 있고, 집전자로서 속죄되었음을 절차상 일러줄 수 있고, 제사장이 제사자에게 아무 말을 하지 않아도 속죄제의 절차가 끝나면 속죄가 자동적으로 되는 것으로도 볼 수 있다.

"속죄한 즉"정결하게 한 즉을 NIV는 "will make atonement"로 번역하였다. 평이하게 본다면 "속죄정결를 만들 것이다" 혹은 "속죄정결를 행할 것이다"라는 의미이다. 이때 동사 make가 목적어로서 동사 atone에서 파생한 명사 atonement를 수반할 때는 '속죄정결를 행하다'로 해석된다. 그러나 여기에서 3인칭 주어의 조동사 will은 제사장의 의지나 능력을 나타내기 보다는 순서상 발생되는 단순미래shall로 보아야 할 것 같다. 그래서 KJV는 "shall make an atonement"로 번역한 것으로 보인다.

이렇게 볼 때 제사장은 그들을 위해 속죄제를 규례대로 드려서 그들을 속죄시키는 의미가 담겨 있음을 느낄 수 있다. 특히 로לְ는 in regard to…에

---

5) "작업(속죄행위)을 하고 난 뒤에 바로 얻는 효력"을 'ex opere operato'이라고 한다. Martin Noth, *Leviticus*, Old Testament Library, A Commentary, (Bloomsbury Street, London: SCM Press Ltd, 1962), 51. 특히 제사장 자신을 위한 속죄제도 이 상황이 적용되었을 것이다. 이 자동효력은 "그가 사함을 얻을 것이라"는 니쉐라흐(נִסְלַח, he will be forgiven)가 재귀태임으로 자동성을 뒷받침하는 것으로 보인다.

관해서라는 '…무엇에 관해서 하는 행함'이라는 뜻이므로 속죄에 대한 제사장의 행동은 의지동작이 아니라 어떤 명령에 따라 목적을 이루려는 대리단순동작으로 보아야 할 것이다.

속죄는 제사장의 단순한 의식집행으로는 부적당하며, 속죄행위는 용서하시고 정결케 하시는 하나님 자신이라는 사실이다.[6] 그러므로 "속죄한즉"에 대한 의미는 대제사장 자신의 의지가 아니라 하나님의 명령 의지를 반영하는 대리적인 사역으로 해석된다.[7] 따라서 속죄제와 사함의 중간지점의 연결고리에 해당하는 제사장의 "속죄한 즉"의 해석을 통해 볼 때 속죄제는 샤가שָׁגָה가 핫타트חַטָּאת를 통해 키페르כִּפֵּר되고, 키페르כִּפֵּר가 제사장을 통해 샬라흐סָלַח[8]가 될 때 완성되는 것을 볼 수 있다. 즉 비고의적인 죄가 속죄제를 통해 속죄함을 받고 그 속죄함을 통해 하나님으로부터 죄사함을 받는 것이다.

교훈과 적용

1. 회중은 공동체 개념이다. 교회도 개개인의 성도가 모여 이루어진 공동체이다. 죄는 개개인의 문제라고만 생각하기 쉽다. 회중의 속죄제에서도 보다시피 회중 전체가 하나님의 계명을 어기고 잘못된 길로 나아갈 때 대제사장의 죄만큼 무겁게 처리하고 있음을 볼 수 있다. 특히 교회지도자들은 교회공동체가 잘못된 판단으로 하나님의 뜻을 역행하지 않도록 영적 민감성을 가지고 목회를 돌아봐야 한다는 교훈을 얻는다.

---

6) B. A. Levine, *In the Presence of the Lord* (Leiden: E. J. Brill, 1974), 65f.; Wenham, *The Book of Leviticus*, 27.

7) 이 구절은 속죄제를 다루는 레위기 4장에서 제사행위의 요약적인 결론을 나타내는 구절들(20b, 26b, 31b, 35b) 가운데 하나다. John H. Hayes, "Atonement in the Book of Leviticus", *Interpretation 52* (1998), 8.

8) "사함을 얻는다."라는 뜻의 "용서하다"라는 히브리어 샤라흐(סָלַח) 동사는 성경에서 오직 하나님에게만 해당한다. 이 동사는 하나님만이 주어로 사용된다(시86:5). HALOT, 257.

2. 제사장의 속죄선언이 있어야 죄가 사해진다는 사실이 특이하다. 제사를 드리면 그것으로 끝나는 것이 아니라 반드시 제사장의 속죄선언이 있어야만 제사가 효력이 발생한다는 것은 제사장이 하나님의 대리자임을 여실히 나타낸다. 모든 제사장은 참된 대제사장이신 예수 그리스도의 그림자이며 모형이다. 그리스도만이 하나님을 대신하여 우리의 죄를 속할 수 있는 자격자이심을 다시 한 번 깨닫게 된다.
3. 속죄선언과 아울러 특별히 죄의 처리가 단순하지 않다는 사실을 알게 된다. 즉 비고의적인 죄가 속죄제를 통해 속죄함을 받고 그 속죄함을 통해 속죄선언이 이루어지면 하나님으로부터 죄사함을 받는다. 이렇게 죄는 결코 쉽게 처리되지 않음으로 죄에 대한 경각심을 물론 상대적으로 그러한 죄를 용서하시는 하나님의 은혜를 알아야 한다.

C. 족장을 위한 속죄제4:22–26

Ⅰ. 본문의 개요

족장의 속죄제는 앞에서 언급된 제사장이나 회중의 속죄제와는 다르다. 등급성에서 본다면 죄의 처리가 좀 가볍게 진행된다. 아마도 이런 등급성의 기준은 죄가 공동체에 미치는 영향력에 의한 것이다. 따라서 속죄제의 절차도 앞에 것과는 다르다.

Ⅱ. 본문의 구조

1. 족장의 허물로 인한 속죄제4:22–26

1) 수염소를 제물로 바침4:23-24

2) 피와 기름의 처리4:25-26상

3) 속죄선언4:26하

Ⅲ. 본문 주해

1. 족장의 허물로 인한 속죄제4:22-26

족장族長이란 나쉬נָשִׂיא, a tribe leader는 어떤 지파나 더 작은 공동체의 우두머리를 말한다. 족장이 계명을 부지중에 어겨 허물이 발생했으나 깨닫지 못하고 있다가 율법에 의해 깨우침을 받게 되면 속죄제를 드려야 한다. 이 때 허물이란 아삼אָשַׁם, guilty으로 주로 제의적인 죄나 윤리적인 죄를 뜻한다.

1) 수염소를 제물로 바침4:23-24

대제사장과 회중의 속죄제와는 달리 제물은 수송아지가 아닌, 숫염소he-goat를 바친다. 숫염소는 값비싼 수송아지에 비해 훨씬 값이 덜하다. 이러한 제물의 등급성은 현실적으로 경제력을 고려한 배려이기는 하지만 죄가 공동체에 미치는 영향력을 나타내는, 일종의 죄의 심각성을 드러내는 척도이기도 하다. 제물의 값이 비쌀수록 제사자의 위치와 책임이 큼을 말한다.

2) 피와 기름의 처리4:25-26상

제사장이 제사자인 족장으로부터 안수한 숫염소를 받아 피를 손가락에 찍어 번제단 뿔에 바르고, 나머지 피는 번제단 밑에 쏟는다. 그리고 제물의 기름은 화목제 때처럼 단 위에 불사른다. 그리고 앞의 제사들과는 달리 제물을 진 바깥에 태우는 일이 없기 때문에 제물의 고기는 먹을 수 있다. 족장의 속죄제에는 휘장의 피 뿌림이 생략되어 있다.

3) 속죄선언4:26하

족장의 속죄제도 속죄선언이 있다. 그러나 기름부음 받은 제사장이라는 표현이 없기 때문에 대제사장이 아닌, 일반 제사장이 하는 것으로 보인다.

교훈과 적용

1. 제물의 값이 비쌀수록 제사자의 위치와 책임이 크다. 그리스도가 가장 비싼 제물의 값을 치렀다. 왜냐하면 자신의 생명을 드렸기 때문이다. 이런 점에서 모든 제물은 그리스도의 죽음을 미리 나타낸 것이다. 그만큼 그리스도의 죽음은 크고 위대하다.
2. 족장의 죄는 회중에 예속되어 있고, 회중의 죄는 대제사장의 죄에 예속되어 있다. 죄의 예속을 다르게 말하면, 인간 대제사장의 죄사함은 회중의 죄를 사하고, 회중의 죄사함은 족장의 죄사함을 포함시키고 있다는 말과 같다. 족장 다음에 나오는 평민의 죄도 이런 구조에 속한다. 구원의 측면에서 볼 때 그리스도의 죄사함은 성도 각자의 개별적인 구원이지만, 인류의 구원을 이루는 자리에 있음을 알 수 있다.
3. 족장도 지도자에 속한다. 비록 대제사장이나 회중 전체의 위치와는 다르지만, 지도자임에는 분명하다. 그렇기 때문에 평민 앞에 별도로 속죄제를 다루는 것이다. 교회의 장로, 권사, 집사의 직분이 계급적인 서열은 아니지만 평신도보다는 교회적 책임이 있는 자리는 또한 분명하다. 하나님은 그리스도의 안에서 유기체적 통일성을 이루기 위해 편의상 교회의 직분을 주셨다. 각자의 직분에 따라 주어진 역할을 다하는 것이 하나님의 뜻이다.

D. 평민을 위한 속죄제4:27–35

Ⅰ. 본문의 개요

평민이 부지중에 계명을 어겼다는 것을 알게 되면 속죄제를 드려야 한다. 속죄 제사는 족장과 동일하나 차이가 있다면 제물이다. 족장의 제물인 숫염소보다 가격이 좀 싼 암염소이다. 또 암염소를 구할만한 형편이 안 되면 좀 더 싼 어린 양암컷을 바칠 수 있다. 이러한 경제적 배려는 현실적인 문제를 감안한 것이기는 하지만 속죄제는 가난하다고 면제할 수 없음을 말한다. 또한 제사는 반드시 제물이 있어야 함을 나타내기도 한다.

Ⅱ. 본문의 구조

1. 평민이 드리는 속죄제4:27–35
   1) 회중의 일원으로서의 평민4:27
   2) 암염소 속죄제4:27–31
   3) 어린 암양 속죄제4:32–35

Ⅲ. 본문 주해

1) 회중의 일원으로서의 평민4:27

평민은 신분적인 분류이기는 하나 그냥 백성을 가리킨다. 족장과 회중, 제사장도 모두 평민이지만 직분과 공동체 구성분류상 부르는 이름이다. 평민은 암 에레츠עם ארץ, the people of land로 자손으로서의 백성, 그 땅에서 사는 국민이라는 개념이다. 구약에 이 표현은 여기와 열왕기하 25장 39절과 동일한 내용을 기록한 예레미야 52:25절 등 세 곳에만 나타난다. 특히 평민의 속죄제를 다루면서 같은 의식이면서 제물에 따라 반복에서 두 차례 기록한 것은 평민이라고 속죄제를 적당히 다루지 않는 계시의 엄숙성을 나타낸다.

2) 암염소 속죄제4:27–31

평민이 드리는 속죄제의 제물이 왜 암염소인가? 족장은 숫염소를 바친다. 이것은 성의 문제라기보다는 암염소she-goat가 숫염소보다 가격이 싸기 때문일 것이다. 구약성경에서 암염소는 레위기에서만 2회 나온다.레4:28;5:6 평민이 드리는 속죄제의 절차는 족장과 동일하다. 죄를 범하고, 깨닫고, 제물에 안수하고, 번제단의 북편인 번제소에서 제물을 잡고, 번제단 뿔에 피를 바르고, 나머지는 단 밑에 쏟고, 기름은 단 위에서 다 태우고, 제사장의 속죄선언이 있으면 제사가 종결된다.

3) 어린 암양 속죄제4:32–35

암염소로 제물을 드리는 경우 외에 어린양을 드리는 것을 별도로 다시 기록하고 있다. 왜 어린 암컷양인가? 역시 암염소보다 가격이 쌀 것이다. 제사의 절차는 앞의 암염소로 드리는 경우와 동일하다. 이렇게 두 종류의 제물이 제시된 것은 평민의 삶은 풍족하지 못하기 때문에 가능한 생활의 부담이 안 되는 범위 내에서 제물을 드리도록 하셨을 것이다.

속죄제를 통해 볼 때 제물의 등급 차이는 세 가지의 이유가 있다. 첫 째는 제물의 등급을 통해 드리는 자의 죄와 공동체에 미치는 영향력을 나타내며, 둘째는 경제적인 배려이며, 셋째는 가난해도 제사에는 제물이 있어야 한다는 필연성을 나타낸다. 역시 평민의 속죄제에도 속죄선언에서 기름부음 받은 제사장이라는 표현이 없기 때문에 대제사장이 아닌, 일반 제사장이 하는 것으로 보인다.

신분	예물	피 뿌림	피 바름	기름	고기처리	잡는 곳	피 처리
제사장	수송아지	성소 7회	향단 뿔	불사름	진 바깥	여호와 앞	제단 밑
회 중	수송아지	성소 7회	향단 뿔	불사름	진 바깥	여호와 앞	제단 밑
족 장	숫염소		제단 뿔	불사름		여호와 앞	제단 밑
평 민	암염소,양		제단 뿔	불사름		번제소	제단 밑

〈속죄제를 드리는 신분과 예물의 차이(레4:1-35)〉

교훈과 적용

1. 평민은 특권에서 소외되기 쉬운 사람들이다. 그러나 속죄제에서 보여준 경우는 이와는 정반대이다. 비록 제물의 값은 싼 것이나, 기록을 할 때 두 종류의 제물을 따로 따로 절차를 반복해서 언급한 것은 평민이라고 해서 간략하게 처리 하지 않았다는 것이다. 이는 모든 사람은 하나님 앞에 평등하고 존귀한 존재임을 나타낸다.
2. 제사장이나, 집단적인 회중이나, 족장은 분명 중요한 위치에 있는 사람이고 개념이다. 그러나 이것은 그 직분상의 죄의 문제를 다룰 때 중요성이지, 인간 그 자체에 차별을 둔 것은 아니다. 교회에서도 마찬가지이다. 목사나 장로나 권사나 집사나 직분상의 역할은 중요하다. 그러나 그 직분이 사람의 가치를 평가하는 기준은 아니다. 그런 점에서 평신도가 교회 내에서 소외되거나 적당히 처리되는 대상이 되어서는 안 된다. 속죄제의 평민은 땅을 토대로 먹고 사는 백성이지만 공동체의 근간이 되는 사람이므로 중요성을 인정받았기 때문에 두 종류의 제물에 따라 그 의식을 두 번이나 기록하였다. 성경에 나타나는 제도는 하나님의 뜻이 담겨져 있다. 눈 여겨

보아야 할 것이다.

3. 속죄제에 네 가지 종류의 사람으로 구분하여 의식의 절차와 제물을 달리 하는 것은 공동체를 위한 조치이다. 영향력을 끼치는 사람일수록 죄의 문제를 무게 있게 다룸으로 건강한 공동체가 되도록 배려한 것이다. 지도자와 개인, 개인과 공동체, 지도자와 공동체는 상호 연관성을 갖는다. 개인이 전체 공동체에 영향력을 미친다는 교훈은 교회 일원으로서의 성도는 항상 전체를 생각하여 신중하게 처신해야 한다는 점을 알아야 한다.

레위기 5장

특별규정의 속죄제와 하나님에 대한 속건제

A. 특별규정의 속죄제5:1-13

5장의 절반 이상은 속죄제의 특별규정을 다루고 있다. 속죄제의 일반규정은 4장에서 다루었다. 특별규정이란 구체적으로 이럴 때 속죄제를 드려야 한다는 실제적인 예를 제시한 것이다. 그리고 5장의 나머지는 속건제贖愆祭, 아샴, אָשָׁם, guilt offering를 다룬다. 속건제의 건愆자는 허물 '건'이다. 속건제는 금전적 보상이 특징이다. 보상이라는 점에서는 속죄제도 '형사적인 보상'이라고 할 수 있다. 왜냐하면 죄 자체는 형사적 처벌을 받아야 하지만, 죄 때문에 제사를 드리지만 제사는 처벌이 아니라 용서를 통한 회복, 즉 죄에 대한 그리스도의 죽음으로 인한 대리적 보상이기 때문에 속죄제는 형사적 처벌이 아니라 '형사적 보상'이 되는 셈이다. 처벌은 처벌인데 나대신 다른 사람이 처벌을 받는다는 말이다. 그런데 5장에서 왜 속건제를 별도의 장에 기록하지 않았느냐는 의문이 든다. 제사의 종류가 다르면 달리 취급하는 것이 상례일 것이다. 이것은 아마도 속건제는 속죄제에 속한 제사이기 때문일 것이다. 레위기 7:7절에 의하면 속죄제는 속건제와 방법의 차이는 있지만 다른 제사로 보지 않고 있다는 사실이 이를 뒷받침해준다. 속건제와 속건제는 다른 제사지만 속죄제 안에 속건제가 포함된다.

Ⅰ. 본문의 개요

5장은 속죄제의 특별규정5:1-13과 속건제의 일부 규정5:14-19이 섞여 있다. 물론 속건제의 규정은 6:7절까지 이어져 있다. 5장의 속죄제의 특별규정은 몇 가지 실제적인 예를 제시하고 있다. 그런데 5장의 속죄제의 특별규정 가운데 속건제개역성경에는 속건제라고 되어 있고, 개역개정에는 속죄제라고 고쳐 쓰고 있으나 원문은 속건제로 되어 있음라는 단어를 사용하고 있어6절 마치 5장이 속건제를 언급하는 것처럼 보인다. 그러나 이것은 속건제를 취급한 것이 아니다.

근대적 용어로는 속건제는 금전적 보상이며, 속죄제는 형사적 보상이다. "속건제"라는 단어가 레위기에서는 물론 오경 전체에서 레위기 5:6절에 처음으로 사용되었다. 아샴의 기본적인 의미는 어떤 사람이 잘못된 어떤 일을 행한 것에 대해 부담을 져야하는 "죄책이나 책임 혹은 과실"의 뜻을 담고 있다. 아샴은 잘못은 범했으나 아직 징벌을 받지 않은 어떤 사람의 법적, 도덕적 상태를 묘사한다. 아샴은 존재론적 감정보다 윤리적, 법적 죄책에 대한 객관적인 용법을 말한다. 구체적으로 세 가지 경우를 말하는데, 성물에 대하여 그릇unintentionally 범과를 했을 때, 여호와의 계명을 어겼을 때, 여호와께 신실하지 못해 남에게 피해를 주었을 때이다.레5:14-6:7 이 아샴은 속죄제와 번제 사이의 중간적인 형태라고 보는 시각도 있다.[1)]

비록 속건제라는 말이 레위기 5:6절에 처음 사용되었으나 5:1절부터 13절까지는 속죄제를 다루고 있다. 속죄제의 특별규정 안에 속건제가 언급되어 있지만 바로 같은 6절 안에 속죄제라는 핫타트를 사용하고 있기 때문에 속건제는 아니다. 그래서 5:6절에 들어 있는 속건제는 정규적인 속건제를 말하는 것이 아니라 그저 제물을 의미하기 위해 사용된 것이다.

1) Theodor C. Vriezen, *An outline of Old Testament theology*, Boston 59 (Massachusetts: Charles T. Branford company, 1958), 289.

Ⅱ. 본문의 구조

앞장인 4장의 속죄제 본문은 하나님의 계명 자체를 범한 것에 대한 언급이다. 이어서 5장에는 속죄제의 특별규정을 구별하여 다루고 있다.5:1-13 이는 4장에서 일반적으로 계명을 어긴 죄에 대하여 그 신분에 차등을 두고 적용하는 규례에 비하여 5장에서는 특별한 네 가지 문제들이 하나님의 백성들에게 나타날 경우 속죄제를 드려야 한다고 규정한다. 그래서 속죄제의 특별규정이라고 말한다.

레위기 4장은 첫 번째 속죄제 본문으로 여호와의 금령을 어겼을 경우 2,13,22,27에 속죄제를 드려야한다고 명시하였고, 두 번째 속죄제 본문인 5장 1-13절은 속죄제를 드려야하는 실제 경우들1-4절과 이에 대한 속죄제의 규정5-13절을 밝히고 있다.

1. 특별규정으로써 실행명령을 어겼을 때 속죄제를 드려야 하는 경우들5:1-4
    1) 증인의 책임을 회피하여 생긴 죄5:1
    2) 동물의 사체와 접촉해서 생긴 죄5:2
    3) 부정한 사람과 접촉해서 생긴 죄5:3
    4) 경솔히 맹세하여 생긴 죄5:4
2. 위의 네 가지 죄에 대하여 드리는 속죄제5:5-13
    1) 먼저 죄의 자복5:5-6
    2) 빈곤층을 위한 새의 속죄 제물5:7-10
    3) 더 극빈층을 위한 고운 가루의 속죄제물5:11-13

Ⅲ. 본문 주해

1. 특별규정으로써 실행명령을 어겼을 때 속죄제를 드려야 하는 경우들[5:1–4]

레위기 4장의 속죄제의 특징은 비고의적인 죄에서만 속죄함이 주어졌다. 그러나 5장에서는 비록 고의적인 죄라도 자복하면 죄가 경감되어 속건제속죄제를 통해 용서받을 수 있음을 시사하고 있다.[레5:5–6][2] 그래서 속죄제의 기능가운데 4장은 비고의적인 죄우발적인 범죄에 대한 속죄 규례라면, 5장은 고의적으로 죄를 범했을 경우에 죄를 자복하고 속건제를 함께 드림으로 허물을 용서받는 경우들을 밝히고 있다. 이때의 고의적인 죄는 증인, 사체, 부정, 맹세의 허물 등 비교적 경범죄에 속한 것들이나 레위기 20장에 제시된 "백성 중에서 끊쳐지거나", "반드시 죽여야" 되는 중범죄몰렉제사, 신접자나 박수의 추종, 부모에 대한 저주, 동성애, 각종 불법성교, 수간 등는 해당 되지 않을 것이다. 다시 말하면 4장은 금령을 어겼을 때의 금지명령의 죄를 말하고, 5장은 규례를 어겼을 때의 실행명령의 죄를 뜻한다. 그래서 4장은 금지명령을 어긴 "만일"의 경우를 말하고, 5장은 실행명령을 어긴 "누구든지"를 지칭한다.[3] 결과적으로 4장과 5장은 같은 속죄제이지만 비고의성의 '실수의 죄'와 고의성 있는 '알고도 지은 죄'에 대해 구별하여 속건제를 포함시켜 차별된 제사를 드리게 함으로 속죄의 은총을 베풀고 있음을 알 수 있다.

특히 5:1–4절은 속죄제를 드려야하는 좀 더 구체적이고 의심스러운 경우를 소개한다. 즉 법정에서 증인의 의무를 행하지 않았을 경우,[5:1] 부지중에 부정한 동물의 사체에 접촉했을 경우,[5:2] 부지중에 부정한 사람과 접촉

---

2) Jacob Milgrom, *Leviticus 1-16*, AB A New Translation with Introduction and Commentary (New York: Doubleday, 1991), 309.

3) 예를 들면 목격자이면서 증인을 기피하는 것은 고의적인 죄다. 그럴 때 "그 허물이 그에게로 돌아간다."라고 한다. 이때의 문자적 의미는 "그는 자신의 죄악을 져야한다"(he will be held responsible)는 뜻이다. 이것은 사람에 의해 할당(mete)되는 것이 아니라 하나님에 의해 주어지는 것이다. Milgrom, *Leviticus 1-16,* 295.

했다가 후에 그 사람이 부정한 사람이라는 것을 깨달았을 경우,5:3 무심결에 맹세를 했다가 후에 자신이 이를 지키지 않았음을 깨달았을 경우5:4가 제시되어 있다.

여기서 주목해야 할 사실은 네 가지 경우에 속죄제를 드리되, 증인의 죄는 아온עָוֹן이며, 나머지 죄는 아샴이라는 사실이다. 아온은 길을 굽게 한 것이며, 아샴은 손해를 입힌 죄이다. 아샴이라는 단어를 쓸 때는 속죄제로 드리되 속건제로서 드리는 점을 이해해야 한다. 그래서 레위기 7:7절에 "속죄제와 속건제는 규례가 같다"는 넓은 개념을 말하고 했다.

1) 증인의 책임을 회피하여 생긴 죄5:1

법정에서 지정된 증인이 범인의 죄상을 말해주지 않을 때 죄가 발생한다. 증인에 해당할 수 있는 "누구든지"if a person는 네페쉬로서 이는 사람의 영혼을 포함한 인격 전체를 의미한다. 사람의 죄가 비록 육체의 경로를 통하여 이루어진다고 하더라도 결국은 영적인 범죄가 되는 것이다. 아담의 범죄는 육신의 죽음뿐만 아니라 영적인 죽음도 가져왔다.

"저주하는 소리를 듣는다"는 것은 재판자가 증인에게 사실을 말하지 않을 때는 저주가 임해도 좋다는 약속을 말한다. 이 저주는 일종의 '맹세를 시키는 소리'로 재판장이 증인더러 책임지고 실토하라고 공적으로 요구함을 가리킨다.

증인이 되면 그는 법정에서 자기가 직접 본 것이나 알고 있는 것을 말해야 한다. 그는 증인이 되어 올무에 빠질 가능성이 있는 상대에게 그 본 것이나 아는 것을 알려야 한다. 그렇지 않으면 그것이 죄핫타트, sin가 되며 허물아온, guilt이 된다. 허물은 옳은 길에서 벗어나는 죄를 가리킨다. 죄를 숨겨주는 행위는 그 자체가 죄가 되는 것이다. 이런 자는 속죄제를 드려야 한다.

2) 동물의 사체와 접촉해서 생긴 죄5:2

만일 누구든지 들짐승의 사체, 부정한 가축의 사체, 부정한 곤충의 사체를 만졌으면 부정하게 된다. 사체死體는 사람이나 동물의 죽은 몸뚱이를 말하며, 시체屍體는 죽은 사람의 몸뚱이를 말한다. 여기 부정하다는 말은 실제적인 부정이 아니라 의식儀式적인 부정이다. 이 때 접촉이 부지중에 했어도 전염으로 인해 몸이 부정하게 되었으므로 허물이 생긴 것이다. 여기에 언급된 허물은 아샴이다. 의식적이든, 실수이든, 고의적이든 간에 죄책에 대한 깨달음이 있을 경우에 속죄제를 드려야 한다. 부정을 감추려고 하면 안 된다.

3) 부정한 사람과 접촉해서 생긴 죄5:3

부정한 사람과 접촉이 되었을 경우에도 허물이 생긴다. 이 허물도 아샴이다. 부정한 사람이란 악성피부병, 여자의 경도, 출산, 시체 접촉 등을 한 자이다. 역시 부지중에 접촉하였다 해도 속죄제를 드려야 한다.

4) 경솔히 맹세하여 생긴 죄5:4

입술로 한 상대적인 맹세는 책임이 발생한다. 경솔하게 악을 행하겠다는 것도 죄이고, 경솔하게 선을 행하겠다는 것도 죄이다. 이것이 맹세에 대한 죄이다. 이 죄도 아샴이다. 무심중에 입으로 맹세를 발한다는 말은 무모하게흥분하여 아무렇게나 맹세한다는 뜻이다. 하나님 앞에서 함부로 말하는 것은 하나님의 거룩성을 파괴하는 행위이다. 함부로 맹세하는 것은 하나님의 이름을 함부로 들먹이면서 욕하는 것이 된다. 맹세는 하나님 앞에서 대개 사실을 진술할 때, 결백을 증명할 때, 특정행동을 보장할 때, 평화조약을 확인할 때, 사랑이나 충성심을 보일 때, 하나님께 헌신을 보일 때에 하는 것이다.

교훈과 적용

1. 하나님을 섬기는 자는 진실을 말해야 한다. 그렇지 않을 때 그것은 죄가 된다. 이 때 죄가 아온이며, 아온의 결과가 죄책감이다. 죄책감이란 저지른 잘못이나 죄에 대하여 책임을 느끼거나 자책하는 마음이다. 우리가 죄책감이 들 때 이 단어를 기억해야 한다. 굽은 길로 갈 때 이 죄가 발생한다. 하나님은 이 죄를 없애기 위해 속죄제를 드려한다고 첫 번째 명하셨다. 하나님은 거짓을 말하거나 거짓이 되는 결과에 대해 책임을 물으신다는 교훈이다. 성도는 늘 진실을 말하기 위해 노력해야 한다.
2. 동물의 사체나 부정한 사람과의 접촉은 부정하게 되며, 이것은 아샴이 된다. 이 단어가 허물로 표기되었으나 아샴은 범죄 혹은 속건제로도 번역된다. 속건제로 번역된다는 말은 부정이 하나님께 손상을 입혔다는 말이다. 결과적으로 부정하게 되면 보상이나 배상을 해야 하기 때문에 속죄제로 드리되 제물로는 속건제를 드려야 한다. 부정하게 되면 하나님의 거룩성에 손상을 입히는 결과를 가져온다. 이를 통해 우리는 하나님의 거룩성에 손상을 입히는 일체의 행위는 죄가 된다는 사실을 깊게 인식하여야 한다. 제사 제도가 까다로운 것은 죄는 대충해서 넘어가는 것이 아니라 어떤 형태로든지 해결되어야 하나님께 나아갈 수 있음을 교육하고 있다.
3. 예수님께서는 도무지 맹세하지 말라고 하셨다.마5:33-37 그것은 본문에 말한 것 같이 헛맹세를 금하신 것이다. 경솔한 맹세는 허세를 부림으로 위협을 가하거나 외식을 가져온다. 그러므로 이것은 하나님을 믿지 않고 자기 힘으로 무엇이나 할 듯이 덤비는 교만에서 기인한다. 맹세는 신중해야 한다. 이는 기분에 따라 무엇을 맹세하여 스스로 자책을 가져오는 결과가 되지 않도록 주의하여야 한다는 말이다.

2. 위의 네 가지 죄에 대하여 드리는 속죄제5:5–13

1) 먼저 죄의 자복5:5–6

5절에 나타난 죄의 자복은 엄밀히 말하면 아샴에 대한 자복이다. 즉 동물의 사체와 접촉한 죄, 부정한 사람과 접촉한 죄, 헛맹세를 한 죄에 해당된다. 속죄제속건제를 드림에 있어 우선 잘못했다고 자복해야 한다. "아무 일에 잘못하였다"하고 자복하는 일은 속죄제를 드리기 전에 필요한 순서다. 4장에는 이런 순서를 가지지 않았다. 그 이유는 4장은 비교적 명백히 알려진 것들이고, 5장 1–4절은 죄로 인식하기 어려운 것들이기 때문이다. 그래서 "부지중에",5:3 "깨닫지 못하다가"5:4라는 말이 기록되어 있다.

그런 잘못이 있을 때 하나님께 속죄제속건제를 드려야 한다. 하나님께 일종의 벌금을 내는 것이다. 하나님의 거룩성을 훼손하였기 때문이다. 제물로는 양 떼의 어린양 암컷이나 암염소를 바쳐야 한다. 왜 암컷을 바치는가에 대해서는 쉽게 알기는 어렵다. 바쳐진 제물을 가지고 제사장은 그의 허물을 위하여 속죄선언을 위한 제사를 드려준다.

2) 빈곤층을 위한 새의 속죄 제물5:7–10

그러나 제물을 바치는 자의 생활이 궁핍하여 어린양 암컷을 바치기 힘들 때는 등급을 낮출 수 있다. 일종의 속죄제의 예외규정이다. 산비둘기 turtledove 두 마리나 집비둘기 새끼 young pigeons 두 마리이다. 비둘기는 고대 이스라엘인들이 집에서 기르던 새였다.참조. 왕하6:25 [4] 언급된 순서상 집비둘기 새끼가 조금 더 쌀 것이다. 이러한 배려는 경제적이기는 하지만, 제물보다 속죄가 우선이라는 점이다. 즉 속죄의 필요성은 제사보다 선제조건인 것이다. 두 마리를 바치는 것은 하나는 속죄 제물로 하나는 번제물로 드려

---

4) Noordtzij, *Leviticus*, 40–41.

야 하기 때문이다. 속제 제물 외에 번제물을 드리는 이유는 예외규정의 혜택을 입었음을 상기하는데 목적이 있는 것 같다. 모든 것은 자동으로 되어지는 것이 아니라 하나님이 제정하신 규례에는 은혜가 깔려 있음을 상기시켜 준다.

제사장은 가져온 제물 중에 먼저 속죄 제물부터 드린다. 먼저 새의 머리를 비틀어 끊고 몸은 아주 쪼개지 않는다. 새의 피는 제단 곁에 뿌리고, 남은 피는 제단 밑에 흘린다. 소량의 피는 흘리게 된다. 이렇게 피를 처리한 새는 태우지 않고 제단 곁의 재버리는 곳에 버렸을 것이다. 그리고 나머지 한 마리는 번제의 규례대로 태우고, 제사장은 그를 위해 속죄선언을 하고 죄사함을 받게 한다.

3) 더 극빈층을 위한 고운 가루의 속죄제물[5:11-13]

그러나 제사를 드리는 자의 손[힘, 형편]이 새조차도 드릴 수 없는 극빈층일 경우에 고운 밀가루를 드릴 수 있다. 역시 경제적인 형편을 배려한 것이지만 가난해도 제사를 드려야 한다는 속죄의 우선성을 나타낸다. 고운 가루의 양은 에바[22리터]의 십분의 일이다. 고운 가루를 드리기 때문에 소제인 것처럼 보이나, 이것은 속죄제이다. 원래 소제는 하나님과의 정상적인 관계에서 더 나은 은혜와 축복을 원하는 마음으로 드리기 위해 기름을 붓고 유향을 놓아 드린다. 그러나 고운 가루가 속죄 제물로 사용될 때에는 범죄 한 자가 용서를 위한 것이므로 기름과 유향이 생략된다. 고운 가루를 드리되 기름과 유향을 함께 드리지 않는 것은 속죄제이다. 제사장은 고운 가루를 받아 기념물로 한 움큼만 집어 다른 화제위에 불사르면 속죄제가 성립된다. 고운 가루는 기념물로 한 움큼 드리고 나머지는 제사장의 몫이 된다.

교훈과 적용

1. 잘못을 알고 회개하며 자복하는 자는 행복한 자이다. "자기의 죄를 숨기는 자는 형통하지 못하나 죄를 자복하고 버리는 자는 불쌍히 여김을 받는다"잠28:13고 하였다. 또 죄를 자복하는 것은 하나님의 옳음을 드러낸다. "주께서 말씀하실 때에 의로우시다 하고 판단하실 때에 순전하시다 할 것이다"시51:4라고 말한다. 잃은 아들을 되찾은 아버지의 비유에서도 둘째 아들은 아버지에게 돌아와 "내가 하늘과 아버지에게 죄를 지었다"고 고백했다.눅15:18 잃은 드라크마를 찾은 여인의 비유에서도 "죄인 한 사람이 회개하면 하나님의 사자들 앞에 기쁨이 된다"고 말하였다.눅15:10 회개는 하나님을 기쁘시게 한다. 예배를 드리기 전에 죄에 대한 회개와 고백은 하나님의 은혜와 사랑을 받는 결과를 가져온다. 우리는 반드시 이렇게 하여야 할 것이다.
2. 경제적인 형편을 고려하여 제물의 값에 차등을 주어 가난한 극빈층도 제물을 드릴 수 있도록 배려한 것은 제물보다 제사를 통한 속죄의 우선성과 절대성을 위한 것이다. 가난하여 제사를 드리지 못하는 일이 없도록 하신 하나님의 긍휼을 나타내신 것이다. 이것이 오늘날 복음의 보편성이다. 복음은 누구나 들을 수 있다. 누구나 차별 없이 구원을 받을 수 있도록 하셨다.
3. 제사를 드리는 모든 과정에서 항상 빼놓지 않고 언급된 것은 제사장의 몫이다. 극빈층이 드리는 고운 가루도 기념물로 한 움큼을 드리고 남은 것은 제사장 몫이 되도록 하셨다. 이는 서너 가지의 의미를 말해준다. 이는 제사의 집행과 속죄선언을 위해 반드시 제사장이 필요하다는 것과 레위지파는 하나님의 기업이기 때문에 반드시 다른 지파가 책임을 져야 한다는 것과 제사장에게 몫을 돌리는 것도 제사의 한 과정이라는 점이다. 이는 복음의 사역자들이 먹고 사는 문제도 예배의 한 과정이라는 말과 같다. 오늘날 교회에서도 이러한 정신이 계승, 유지되어야 한다.

B. 하나님에 대한 속건제 5:14-19

Ⅰ. 본문의 개요

하나님에 대한 속건제란 6장에 이웃에 대한 속건제가 있기 때문에 구별하는 제목이기도 하다. 이는 속건제의 일반 규례에 속한다. 비고의적인 죄다. 속건제를 이해하기 쉽게 보상제라고도 한다. 그 이유는 손해를 입힌 것에 대해 보상 하는 것을 원칙으로 하기 때문이다. 이러한 손해의 보상은 하나님과 사람 모두에게 해당된다.

속건제는 죄에 대한 대가를 지불함으로써 하나님께 만족이나 보상을 가져온다. 이 제사는 하나님께 빚진 것에 대해 보상하며 제의적인 빚을 갚는 것이다.[5] 하나님에 대한 속건제를 다루는 첫 번째가 성물이다. 성물이란 여호와의 여호와 되심과 관련이 있다. 즉 피조물의 주인이신 하나님을 인정하는 것이 성물의 기본 개념이다. 이런 성물을 바치지 않을 때 하나님의 거룩성을 훼손하여 하나님 되심에 손해를 입혔기 때문에 속건제를 드려야 한다. 또 하나님의 은총으로 살아가는 이웃에게 금전적인 손해를 입혔을 때에도 속건제를 드린다. 하나님과 이웃에 대한 손해와 손상은 반드시 보상해야 한다.

Ⅱ. 본문의 구조

1. 여호와의 성물에 대하여 부지중에 범한 죄 5:14-16

---

5) Philip P. Jenson "The Levitical Sacrificial System", *Sacrifice In the Bible*, edited by Roger T. Beckwith and Martin J. Selman (Carlisle United Kingdom: Paternoster Press and Grand Rapids, Michigan: Baker Book House, 1995), 30; Derek Kidner, "Sacrifice-Metaphors and Meaning" Tyn.B. 33 (1982), 134-36; Nobuyoshi Kiuchi, *The Purification Offering in the Priestly Literature*, JSOTSup 56 (Sheffield: JSOT Press, 1987), 31-34.

2. 여호와의 계명에 대하여 부지중에 범한 허물[5:17–18]

3. 속건제의 중간 정리[5:19]

Ⅲ. 본문 주해

1. 여호와의 성물에 대하여 부지중에 범한 죄[5:14–16]

여호와께 대한 속건제는 여호와께서 취하셔야 할 것을 개인이 취한 경우를 말한다. 여호와께서 모세에게 말씀하셨다. 레위기가 시작되면서 이렇게 모세에게 말씀하셨다는 표현의 도입문구는 세 번째이다. 첫 번째는 번제를 지시하실 때,[레1:1] 두 번째는 속죄제를 말씀하실 때,[레4:1] 세 번째는 지금 속건제를 언급하실 때다.[레5:14] 이것은 단락을 구분하는 기준이 되기도 한다.

속건제를 드리는 "누구든지"는 네페쉬다. 인격적인 한 존재를 말한다. 여호와의 성물에 대하여 부지중에 범죄 하였다면 여호와께 속건제[아샴]를 드려야 한다. 성물[聖物]이란 거룩한 것[하코데쉬, הַקֹּדֶשׁ, holy things]으로 땅의 첫 소산물,[레19:24; 민18:12–13, 소산물을 좀 더 구체적으로 표현하면 구별된 십일조레27:30–33] 첫 열매,[레23:10–14] 초태생[민18:15]과 하나님께 바친 재산,[레27:28] 군사행동으로써 얻은 획득한 전리품,[수6:19] 제사장[가족]들이 먹는 희생제물 등이다.

이런 성물을 바치지 않는 범죄는 잘 몰라서, 이해부족에서 한 부지중[로야다, לֹא־יָדַע, 레5:17]이 아니라, 부주의, 태만, 소홀, 실수에서 오는 부지중[비쉬가가]이기 때문에 책임이 더 무겁다. 그러나 고의적인 것은 아니다. 여호와께 드리는 성물을 바치지 않아 속건제를 드릴 때 모세[제사장]가 먼저 벌로 자기의 양떼 가운데 숫양 한 마리를 바치게 한다. 이 때 모세는 성물의 값을 성전의 세겔[11.4그램]로 계산하여 몇 세겔로 정하고 이에 맞는 숫양을 골라 제물로 바치게 한다. 성소의 은 세겔은 일반 시장의 세겔보다 두 배의 가치를 가진다. 몇 세겔은 두 세겔 이상을 말한다. 레위기 15:5절의 통상적인 이해에 따르면 숫양 한 마리는 두 세겔 혹은 그 이상의 가치가 있었다. 그리고 그 지정한 값의 오분의 일[20%]을 계산하여 제사장에게 더 주게 한다. 그러면 제사장은 숫양을 드려 속죄선언을 해 준다.

2. 여호와의 계명에 대하여 부지중에 범한 허물[5:17–18]

성물과 달리 계명을 어겼을 때에 드리는 속건제이다. 레위기 4장에서는 계명을 어길 때 속죄제를 드렸다. 그런데 5장에서는 똑같은 계명을 어겼는데 속건제를 드린다. 4장의 계명은 금하는 것을 어겼을 경우고, 5장의 계명은 해야 할 것을 하지 않는 경우다. 금령을 어기는 것은 속죄를 해야 하고, 해야 할 것을 하지 않을 때는 하나님께 손해를 입혔기 때문에 보상을 해야 한다. 보상의 죄는 비쉬가가가 아니라 로 야다이다. 알지 못해서 지은 죄이다. 그러나 이것도 허물이 되기 때문에 속건제를 드려야 한다.

속건제를 드리되 성물처럼 바쳐야 할 것을 바치지 않음으로 금전적인 손해를 입힌 것이 아니기 때문에 죄의 정도에 따라 성전의 세겔로 계산한 값만큼 지정된 숫양만을 바친다. 그래서 성물의 경우처럼 숫양 값의 오분의 일을 제사장에게 더 내지는 않는다. 하라는 계명을 어긴 자들은 자기 잘못에 대한 벌로 이처럼 속건제를 여호와께 드려야 한다.

3. 속건제의 중간 정리[5:19]

레위기 5:14절부터 시작된 속건제는 19절에서 일단 정리가 된다. “이는 속건제니 그가 여호와 앞에 참으로 잘못을 저질렀음이니라.” 이렇게 속건제를 정리하는 이유는 두 가지이다. 첫째는 속건제에 담긴 규례는 여호와께 대하여 잘 알지 못해서 범한 죄라서 가볍게 지나가는 것이 아니라 이것이 여호와 앞에 참으로 잘못을 저지른 죄임을 명백히 밝히는 것이고, 둘째는 속건제가 5장에서 끝나는 것이 아니라 이웃에 대한 속건제가 6장 7절까지 이어지기 때문에 중간 정리를 한 것이다.

교훈과 적용

1. 그리스도는 속건제물이 되셨다.사53:10 그 이유는 그리스도가 하나님께 보상을 하셨기 때문이다. 그가 찔리고, 상하고, 징계를 받고, 맞음으로 죄 값을 치루셨다.사53:5 하나님은 우리의 죄악을 그에게 담당시키셨다.사53:6 죄 없으신 분이 죄가 되셔서 상하심으로 속건제를 드리신 것이다. 하나님께 지은 인간들의 모든 죄를 짊어지시고 십자가의 고통스러운 죽음을 당하심으로 죄의 값을 보상하신 것이다. 속건제는 죄의 값을 보상하신 그리스도의 죽음을 예표 한 것이다.
2. 바쳐야 할 성물을 횡령했을 때 하나님은 모세를 통해 "그가 여호와 앞에 참으로 잘못을 저질렀다"고 말씀하신다. 이것이 속건제이다. 그리고 성물 외에도 지켜야 할 계명을 지키지 않을 때도 역시 동일한 속건제를 요구하셨다. 이는 십계명의 "여호와의 이름을 망령되게 부르지 말라"와 상통한다. 망령되게 부르는 것은 헛되이 부르는 것이다. 이름은 곧 그분의 인격이기 때문에 그 분의 이름이 헛될 수 없다. 하나님의 이름은 인간에게 헛되지 않으시다. 우리가 하나님의 소유를 임의대로 사용하는 것이나 해야 할 것을 하지 않는 것은 곧 그 분의 이름을 망령되게 부르는 것과 같다. 이것은 죄다. 속건제물 되시는 그리스도를 통해 회개와 용서의 시간을 가져야 한다.
3. 그리스도가 속건제물이 되셔서 구속사역을 이루셨기 때문에 영광을 받으셔야 하는 근거가 된다. 그 근거로 인해 우리가 감사할 조건도 확실해 진다. 그래서 빌립보서 2:10-11절은 이 점을 강조하여 "하늘에 있는 자들과

땅에 있는 자들과 땅 아래에 있는 자들로 모든 무릎을 예수의 이름에 끓게 하시고 모든 입으로 예수 그리스도를 주라 시인하여 하나님 아버지께 영광을 돌리게 하셨다"고 선포한다.

레위기 6장

이웃에 대한 속건제와 제사장의 제사규례 세 가지

A. 이웃에 대한 속건제6:1-7

Ⅰ. 본문의 개요

앞장의 5:14-19절까지는 여호와에 대한 속건제로써 종교적 차원의 일반 규례에 속한다면, 6:1-7절까지는 이웃에게 고의적으로 손해를 입힌 사회적 차원의 특별 규례에 속한다. 고의적이라고 할 때는 민수기 15:29-30절에 의거하여 의도적인intentionally 것으로 해석한다. 이웃에 대한 속건제는 잘 몰라서 부지중에레5:15,17 지은 여호와에 대한 속건제와 달리 다소 고의적인 죄를 말한다. 왜냐하면 '부지중에' 라는 어구가 없기 때문이다. 고의적인 죄라고 말할 때 출애굽기 14장 8절에 하나님이 바로의 마음을 강퍅하게 하셨으므로 이스라엘이 "담대히"문자적 의미는 '손을 높이 들어' 나아갔다는 표현이나, 동일기록의 민수기 33:3절의 의미를 볼 때, 고의적이라는 말은 하나님 앞에 도전적인defiantly 태도임을 염두에 둘 수 있다.[1)]

특별규례의 속건제는 먼저 배상을 원칙으로 한다. 속건제는 죄를 갚아

1) Timothy R. Ashley, *The Book of Numbers*, NICOT (Grand Rapids, Michigan: William B. Eerdmans Publishing Company, 1993), 288.

야 할 빚의 개념으로 이해하기 때문에 배상이 강조된다. 그리고 그 죄의 정도에 따라 성소의 세겔로 환산하여 모세가 지정한 가치대로 흠 없는 숫양을 제물로 택하여 제사장에게 가져간다. 제사장은 그를 위하여 속죄를 선언하는 것으로 마무리된다. 레위기 6:1-7절의 속건제의 본문은 민수기 5:5-10절의 본문과 병행한다.

Ⅱ. 본문의 구조

이웃에 대한 속건제는 다섯 가지의 경우에 해당된다. 이웃이 맡긴 물건이나 담보물을 속이거나, 도둑질하거나, 이웃의 것을 강제로 빼앗거나, 남이 잃어버린 물건을 줍고도 감추거나, 거짓 증언을 하여 자기의 것이라고 우기는 경우다. 여기에 나오는 이웃이라는 단어는 넓은 의미에서 "형제", "동포"를 가리킨다.[2)]

1. 이웃에 금전적 손해를 입히는 다섯 가지 범죄들6:1-3
2. 보상 방법6:4-5
3. 속건제의 절차와 효력6:6-7

Ⅲ. 본문 주해

1. 이웃에 금전적 손해를 입히는 다섯 가지 범죄들6:1-3

이웃에게 금전적으로 손해를 입힐 때 피해 당사자에게 보상과 함께 속건제를 드려 속죄해야 한다. 이웃을 속이는 일도 여호와께 신실치 못하여 범죄 하는 행위6:2다. 그래서 속건제를 여호와에게 드려야 하고 제사장은 여호와 앞에서 그를 위하여 속죄해야 한다.6:7

2) H. J. Zobel, "עֲמִית" in *Theological Dictionary of the Old Testament*, vol. XI, edited by G. J. Botterweck and H. Ringgren (Grand Rapids: Eerdmans, 2001), 192-196.

6:1절은 “여호와께서 모세에게 말씀하심”으로 새로운 단락을 시작한다. 인격체를 가리키는 네페쉬인 사람 누구든지는 여호와께 신실하지 못하여 범죄 하면 속건제를 드려야 한다. 여기에 “신실하지 못하다”뜻의 마알מַעַל은 율법을 성실하게 따르지 않거나, 레5:15 부정不貞하거나, 민5:12 불충한 것수7:1 을 말한다.[3)]

여호와 앞에 어떤 것이 신실하지 못하는가? 본문이 제시하는 경우는 이웃이 맡긴 물건이나 전당물건을 사실과 다르게 속이는 것이다. 예를 들면 가축 떼를 치기 위해 수개월 집을 떠나 있을 때 이런 일이 일어날 수 있다. 그리고 남의 재산을 도둑질 하는 것이다. 이웃의 것을 강제로 빼앗고 이를 부인하는 것이다. 남이 잃어버린 물건을 주워 감추고도 거짓 증언맹세하는 일 등이다. 이 모든 것은 일종의 재산권 침해다. 특히 이 거짓 맹세는 앞에 열거된 모든 죄에 해당된다는 견해도 있다.[4)] 거짓 맹세는 곧 여호와께 신실치 못한 모든 범죄인 것이다. 사람이 이 모든 일 중에 하나라도 행하면 범죄라고 규명한다. 여기에 나오는 사람은 아담으로 범죄 하여 타락한 인간을 가리킨다. 이처럼 여호와께 신실치 못한 죄가 범죄가 된다. 인간의 범죄는 여호와께 신실치 못하기 때문에 일어난다. 그 신실치 못한 결과가 인간에 대한 범죄로 나타나는 것이다.

교훈과 적용

1. 금전적인 손해를 입히고도 이웃에 대한 거짓 맹세는 그 사람의 재산을 강탈하는 것과 같다. 성도에게 있어 이것은 곧 여호와의 것을 횡령하는 것이다. 왜냐하면 진실은 하나님께 속했기 때문이다. 맹세는 자신을 묶는 일이

---

3) HALOT, 206.

4) Israel Knohl, “The Guilt Offering Law of the Holiness School(Num. V 5−8)”, *Vetus Testamentum* 54 (2004), 516−526.

므로 거짓으로 하게 되면 스스로의 책임이 있을 뿐 아니라 그 책임의 결과를 책임져야 한다. 그러므로 성도는 거짓말을 하거나 거짓 증언을 하거나 거짓 약속은 피하는 삶을 살아야 한다.

2. 자신의 힘이나 지위를 내세워 다른 사람의 기본권을 침해해서는 안 된다. 이는 하나님의 창조질서를 위배하는 것이다. 약자를 돌보지 않고 괴롭히는 것은 악한 것이다. 이웃에 대한 사랑이나 이웃에 대한 바른 관계를 성경이 지적한다. 이는 하나님의 창조질서를 통해 그분의 통치가 이 땅에 이루어지도록 하는 목적이자 방법이기 때문이다. 이웃에 관한 속건제의 정신은 십계명의 6-10계명과 연관이 있다. 성경의 교훈은 성도들이 지켜야 하는 과제로 생활화되어야 한다.

3. 하나님 앞에 나아가는 길에 걸림돌은 많다. 속건제가 지적하는 하나님과의 관계, 이웃과의 관계에서 발생한 죄책이 바로 바른 길을 가는 일에 걸림돌이 되는 것이다. 이를 바로잡고 시정해야 하나님과의 관계와 인간의 관계가 회복된다. 성경은 인간이 가야할 길을 언제나 끝없이 제시해 줌으로 참된 길을 가도록 한다. 결코 부족함이 없는 계시된 말씀이다. 그래서 성도는 이 길을 늘 달려가는 자들이다. "나의 달려갈 길과 주 예수께 받은 사명 곧 하나님의 은혜의 복음 증거 하는 일을 마치려 함에는 나의 생명을 조금도 귀한 것으로 여기지 아니하노라". 행20:24

2. 보상 방법 6:4-5

이렇게 죄를 짓고 죄가 있은 것으로 판명되면 보상해야 한다. 죄를 짓는 것은 범죄 자체를 말하며, 하타 죄가 판명되는 것은 죄의 결과를 말한다. 아샴 이 아샴은 항상 이미 손해를 입혔기 때문에 보상의 책임이 주어진다. 그래서 자기가 강도질하여 훔친 물건이든, 강제로 빼앗아서 가진 물건이든, 맡고 있는 물건이든, 남이 잃어버린 물건을 가지고 있는 것이든, 거짓으로 증언하면서까지 자기 것으로 우긴 물건이든, 모두 물어내야한다. 물어 낼 때는 본래의 물건 값에 모자람이 있어서는 안 된다. 또 물어내는 물건 값의 오분의 일에 해당하는 값을 더 보태어 본래의 임자에게 갚아야 한다. 즉 속건제를 드리기 전 그 본래의 물건과 더불어 손해액의 오분의 일을 더하여 배상하여야 한다. 왜 20%를 더 추가로 보상하는가?

출애굽기 22:1-15절에 나타난 배상에 관한 법을 보면 갑절에서 다섯 배까지 배상을 명시하고 있다. 이에 비해 속건제의 "오분의 일" 추가 배상금은 낮은 편이다. 그 이유는 아마 사법적으로 죄인이 누구인지를 밝혀내기에 증거가 불충분하거나 증인이 없어서 죄인의 죄책감으로 인해 자발적인 고백에만 의존해야 하는 결과일 수 있다. 그러나 추가 배상은 자신의 잘못에 대한 책임을 느끼게 할 것이다.[5] 보상은 미루어서는 안 되며, 죄책을 느끼거나 죄가 들어나는 날로 갚아야 한다.

교훈과 적용

1. 속건제는 죄를 지은 자의 죄책감으로 인한 자발적인 회개의 고백이 있어야 한다. 회개 그 자체는 용서의 원인도 아니며, 우리가 지은 죄에 대한 하나님의 형벌을 만족시키는 것도 아닐 것이다. 죄에 대한 용서하심은 그리스도 안에서 주어지는 하나님의 무조건적인 은혜의 행동이시다.롬3:24; 엡1:7 그러나 이 회개는 모든 죄인들에게 꼭 있어야 한다. 아무도 이 회개 없이는 죄의 용서를 기대할 수 없다.눅13:3,5; 행17:30-31
2. 본래의 물건 값을 물어주고 또 20%의 추가 배상을 할 때 자신의 잘못에 대한 책임을 느낄 것이다. 그러나 누구든지 죄에 대하여 회개하고 보상했다고 해서 스스로 만족해서는 안 된다. 다윗의 기도처럼 자신의 허물을 능히

5) Hartley, *Leviticus*, 84.

깨닫기 어렵고 숨은 허물에서 벗어나기 어렵기 때문에 고범 죄presumptuous sins를 짓지 않도록 해달라는 간구의 기도가 늘 있어야 할 것이다.시19:13

3. 보상은 미루어서는 안 되며, 죄책을 느끼거나 죄가 들어나는 날로 갚아야 한다. 이는 신실하신 하나님 앞에 마땅히 취해야 할 모습이다. 죄책을 오래두면 둘수록 죄의 기간이 늘어날 뿐 아니라 타인에게 더 큰 피해를 입힌다. 이렇게 기도하면서 죄를 고백하고 죄를 버릴 때에 그는 하나님의 자비를 발견하게 될 것이다.잠28:13; 요일1:9 따라서 교회에서 성도 간에 일어난 죄에 대해서 가해자가 공적으로 회개 할 때 피해자와 교회는 이를 받아드려 용서하여야 한다.눅17:3-4; 갈6:1-2

3. 속건제의 절차와 효력6:6-7

그리고 범죄자는 피해자에게 값을 물어주는 것과 동시에 하나님께 바치는 속건 제물을 제사장에게 가져가야 한다. 그 속건 제물의 값은 제사장이 정하고, 그 가치대로 범죄자는 자기의 양 떼 가운데 흠 없고 성장한 숫양 한 마리를 바친다. 속건제의 제물은 숫양으로 한정되어 있다. 다른 경우에 일 년 이하의 어린 숫양을 드릴 때도 있다.레14:12 이하; 민6:12 [6]

제사장이 여호와 앞에서 그의 죄를 속하여 주면, 위에 명시된 것 들 중에 그가 행한 허물wrong-doing은 용서받게 된다. 다시 말하면 속건제에서 범죄자가 자신의 행위로 인해 손해를 입은 사람에게 죄를 고백하고, 피해를 120% 보상해준다고 해도 결코 그것으로 그의 모든 죄가 용서되는 것은 아니다. 그는 자신의 죄를 통해 인간과의 문제만 해결해야 하는 것이 아니라 하나님과의 문제도 해결해야 한다. 이를 위해 그는 속건 제물로 숫양을 바쳐야 한다. 그가 바친 제물로 제사장이 그를 위해 속건제를 드려야 그의 죄는 사함을 받을 수 있게 된다. 죄의 용서는 하나님이 하시는 것이다. 속죄

6) C. Dohmen, "כֶּבֶשׂ"(כֶּשֶׂב) In *Theological Dictionary of the Old Testament*, vol. XII, edited by G. J. Botterweck, H. Ringgren and Heinz-Josef Fabry (Grand Rapids: Eerdmans, 2003), 43-52.

는 제물 자체로만 성립되는 것이 아니다. 제사장을 통해 이뤄진다. 이는 그리스도의 속죄를 비유한다. 즉 그의 제물 되심과 제사장 되심을 동시에 나타내는 것이다.

이렇게 속건제를 통한 이웃에 대한 배상과 화목은 하나님의 뜻을 이루는 것이다.[7] 이웃에 대한 속건제는 신약에서 형제와의 화해 문제와 연관하여 다뤄지고 있다.[마5:23-24]

참고로, 민수기 5:5-10절에도 속건제에 대한 규례를 명시한다. 레위기의 속건제가 민수기에서 좀 더 부연해서 다루고 있다. 레위기 본문에서는 나오지 않았던 첫 번째 내용은 민수기 5:7절이다. 이 구절은 죄에 대해서 "고백"할 것을 명시하고 있다. 죄인이 죄에 대한 배상을 상대방에게 하는 것은 절차상 그 다음이다. 그는 먼저 자신의 죄를 고백해야만 한다. 그리고 민수기 5:8절은 만약 배상을 받아야 하는 사람이 죽은 경우에는 어떻게 되는지를 설명하고 있다. 우선 그 사람이 죽은 경우에는 그 배상은 가족을 돌보는 의무가 주어진 그의 친족에게 돌려주어야 한다. 그러나 그 친족마저도 죽은 경우에는 그 배상은 제사장에게 귀속된다. 결국 이 구절들의 요점은 고백의 필요성과 함께 피해자가 죽으면 친족에게, 친족이 없으면 제사장에게 죄의 배상은 반드시 치러져야 한다는 점이다. 결코 이 배상의 문제가 처리됨이 없이 속건제가 드려질 수는 없다는 점을 강조한다.

교훈과 적용

1. 산상보훈 중에서 예수 그리스도는 마태복음 5:23-24절에서 다음과 같이 우리에게 가르치셨다. "그러므로 예물을 제단에 드리려다가 거기서 네 형제에게 원망들을 만한 일이 있는 것이 생각나거든 예물을 제단 앞에 두고

7) Wenham, *Leviticus* 112; Jacob Milgrom, *Leviticus,* A Continental Commentary (Minneapolis: Fortress Press, 2004), 58.

먼저 가서 형제와 화목하고 그 후에 와서 예물을 드리라." 이 말씀은 하나님과 화해하는데 있어서 인간과의 화해가 선행 되어야 한다는 것을 말씀해준다. 금전적으로 이웃에게 해를 입혔을 때 보상을 하는 것은 형제와 화목 하는 예이다. 우리는 속건제를 통해 산상보훈의 의미를 되새겨야 한다.

2. 속건제의 배상은 죄책의 속죄에 대한 필수적인 과정이다. 잘못을 한 사람은 자신이 해를 끼친 사람에게 빚을 지고 있는 것이 분명하므로 그의 감정과 이익에 모든 가능한 배상을 해야 한다. 이 동일한 원칙은 기독교 공동체를 향해서도 마찬가지이다. 삭개오는 예수님을 만난 뒤 자기 소유의 절반을 가난한 자들에게 줄 것이며, 혹 누구의 것을 속여서 빼앗은 것이 있으면 네 갑절이나 갚겠다고 하였다.[눅19:8] 이런 배상의 의미는 회개하는 마음에서 우러난 것이다.
3. 이웃을 속이거나 이웃의 물건을 훔친 일은 그저 여호와께 제사를 드릴 뿐 아니라 물건을 돌려주고 그 물건의 오분의 일을 더하여서 물어야 한다. 이것은 하나님과의 관계에 앞서 인간의 관계도 중요하다는 점을 시사한다. 실제적으로 잘못된 인간의 관계를 놓아두고 하나님과의 바른 관계를 맺을 수는 없을 것이다. 우리는 항상 형제와의 화목과 화해를 통해 그리스도 안에서 한 형제와 자매됨을 기억해야 할 것이다.[엡4:25]

B. 제사장에게 주어진 세 가지 제사 규례[6:8–30]

Ⅰ. 본문의 개요

레위기의 제사 종류는 다섯 가지로 나누지만, 제사를 드리는 교범[매뉴얼]은 두 가지이다. 하나는 평신도들이 드리는 제사의 지침이며, 또 하나는 제사장이 알아야 하는 지침이다. 평신도 지침은 레위기 1:1절에서 6:7절까지이고, 제사장 지침은 6:8절에서 7:38절까지다. 따라서 본문은 제사장 지침이 주어지는 교범의 시작이다.

Ⅱ. 본문의 구조

1. 번제를 드리는 규례[6:8-13]
2. 소제를 드리는 규례[6:14-23]
   1) 제사장 지침으로써 소제[6:14-18]
   2) 제사장 위임식 때 드리는 소제[6:19-23]
3. 속죄제를 드리는 규례[6:24-30]

Ⅲ. 본문 주해

1. 번제를 드리는 규례[6:8-13]

번제에 관해 네 가지의 규례[instruction]가 주어졌다. 질문을 한다면 번제물은 언제까지 어디에 두어야 하나? 제단의 불은 어떻게 관리해야 하나? 제사장 옷은 어떻게 입어야 하나? 기름의 재는 어떻게 처리해야 하나? 이것에 대한 답이 제사장에게 주어진 번제의 규례다.

그리고 번제에 있어서 한 가지 특징은 항상 불을 꺼지지 않게 관리해야 한다는 것이다. 이런 강조는 번제의 규례를 다루는 여섯 구절 가운데 세 번이나 하달된다.[6:9,12,13] 그만큼 불은 번제에 중요하다. 뿐만 아니라 레위기의 5대 제사는 전부 화제이며, 화제는 말 그대로 불로, 불이 있어야 되는 제사이다. 제사 규례가 주어지고 실제로 최초의 제사가 이루어졌을 때 불이 여호와 앞에서 나와서 타고 있었던 단 위의 번제물과 기름을 살랐다.[레9:24]

8절에 여호와께서 모세에게 말씀하여 이르신다. 새로운 도입구로 시작되는 단락이다. 레위기에 들어와서 도입구로 사용되기는 네 번째이다. 아론과 그의 자손에게 이 규례를 주어라고 말씀하신다. 이는 곧 제사장에게 주는 제사법 지침이라는 뜻이다. 왜냐하면 레위기를 시작하면서 1:2절과 4:2절에 "이스라엘 자손에게 말하여 이르라"는 말과 대조할 때 앞에는 평신도들에게, 이제는 제사장들에게 주는 규례임을 알 수 있다. 평신도 지침은 평신도들이 알아야 하는 것이고, 제사장 지침은 제사장이 알아야 하는 것이다. 요즘말로 하면 학생용과 교사용과 같은 것이다.

제사장에게 주는 제사법의 첫 번째 규례는 번제에 관한 것이다. 번제물은 밤이 지나 아침이 될 때까지 제단 위에 있는 석쇠 위에 두어야 한다. 석쇠라는 단어는 구약전체에서 여기에만 한번 나온다. 제단 위에 있는 태우는 그물 같은 것으로 보인다. 그리고 제단의 불은 항상 꺼지지 않게 해야 한다. 이 번제물은 상번제로 양의 희생 제물을 가리킨다. 이 양은 오직 일 년 된 어린 숫양이어야 한다. 상번제는 매일 아침과 저녁에 두 번에 걸쳐 드린다. 그리고 안식일과 월삭에는 상번제 외에 별도의 번제를 더 드린다.민28:3-11

번제를 드릴 때 제사장은 통으로 된 흰색의 세마포 긴 옷을 입도록 하였다. 본문에는 이 세마포가 긴 것이라는 단어는 없지만 정황상 걸치는 옷robe이기 때문에 그렇게 번역된 것 같다. 그리고 세마포 긴 옷 속에는 역시 세마포로 만든 속바지를 입는다. 일종의 고쟁이나 팬티 같은 것이다. 이렇게 함으로 제사장의 맨살이 드러나는 하체를 가리게 된다. 이러한 명령은 이미 출애굽기 20:26절에서 제사 때 제사장의 하체가 드러나지 않도록 명령한 바 있다. 하체를 가리키는 바살בשר이라는 단어는 살, 육체, 남성생식 기관을 뜻하며 타락 후 인간의 수치와 치욕을 상징하기 때문에 여호와 앞에 가리는 것이다. 그리고 아침이 되면 제단 위에서 번제 때 탄 기름의 재데쉔,

דֶּשֶׁן를 담아 제단 곁에 두어야 한다.

그리고 제사장은 제사 활동을 위해 번제 때 입은 옷을 벗고, 다른 옷을 입고, 그 재를 진영 바깥에 있는 정결한 곳으로 가져다가 버린다. 여기서 다른 옷이란 일반적인 의미의 의복garment이다. 즉 제사 활동복이 아닌 제사장의 평상복이다. 그리고 정결한 곳은 제물의 처리장이므로 제의적으로 정결한 곳이 된다.

12절에 다시 불에 대한 명령이 하달된다. 제단 위의 불은 항상 피워 꺼지지 않게 하여야 한다. 제사장은 아침마다 나무를 제단 위에서 태워야한다. 번제물을 그 위에 벌여 놓고 화목제 때 드리는 기름을 그 위에서 불사르게 한다. 이는 항상 불이 있어 언제든지 제물을 태울 수 있도록 한 것이다. 나무는 백성들이 공급한 것으로 보인다.참고. 느10:34 불은 항상 꺼지지 않게 하여야 한다는 점을 다시 강조한다. 제단의 불이 꺼지지 않고 항상 타는 것은 하나님의 임재를 상징하며, 언제든지, 누구든지 하나님께 나아오는 자를 받으시는 모습을 상징하기도 한다.[8]

교훈과 적용

1. 장작을 태워서 번제를 드려야 한다는 이 규례는 예수님과 어떻게 연결되는가? 누가복음 12:49절에 의하면, 예수님은 땅에 불을 던지러 오셨다. 예수님은 불 즉 심판을 수행하시는 주체이시다. 예수님이 받으신 불세례 즉 불과 같이 맹렬한 하나님의 저주 때문에, 더 이상 번제단과 장작은 필요 없게 되었다.히10:12 오순절 이후 성도 자신이 번제단이 되었는데, 성도 위에 성령이 불의 혀처럼 임재 해 계신다.행2:3 성도 자신이 이제는 거룩한 산 제물이 된 것이다.롬12:1

8) Lawrence O. Richards, *The Word Bible Handbook* (Waco, Texas: Word Books, 1982), 96.

2. 번제단 아래의 꺼지지 않는 불은 영원히 자기 백성을 보호하시고 구원하시는 하나님의 임재를 상징한다. 영원한 번제단을 상징하는 십자가 위에서 영원한 속죄를 드리신 예수님 덕분에, 하나님의 심판과 저주의 불이 꺼져 버렸다. 성도는 이 은혜를 기억하며 지속적으로 헌신해야 한다.
3. 상번제를 드려 제물이 단에서 계속 타도록 하는 것은 하나님께 대한 이스라엘의 끊임없는 충성과 희생을 상징한다. 충성과 희생은 한 때 하는 것이 아니라 관계가 존속하는 한 지속적으로 이루어져야 하는 것이다, 우리 성도가 하나님 앞에서 봉사와 충성을 할 때도 이 상번제처럼 언제나 변함없이 해야 한다.

2. 소제를 드리는 규례6:14-23

1) 제사장 지침으로써 소제6:14-18

소제의 규례는 다음과 같이 명시한다. 우선 아론의 자손 제사장들은 소제를 제단 앞, 즉 여호와 앞에 드려야 한다. 여호와의 면전이 되는 제단에서 드린다는 말이다.

그리고 바친 소제 중에 고운 가루 한 움큼과 소제물 위에 얹은 유향을 전부 거두어서 제단 위에 던져 불살라야 한다. 이것을 기념물이라고 한다. 아즈카라라는 이 기념물은 하나님의 몫으로 불사른, 곡물 제물의 그 부분을 지칭하는 전문 용어이다. 하나님의 몫이란 나누는 분배의 개념이 아니라 전부를 뜻하는 상징으로서의 몫이다. 한 움큼을 바치는 것은 전부를 바친다는 의미이다. 한 움큼만 바치고 나머지는 제사장들이 먹도록 해 주신 것이다. 이렇게 기념물을 바치면 이것은 여호와 앞에 향기로운 냄새가 된다. 향기로운 냄새가 된 것은 하나님께서 제사를 받으셨다는 증거이다.

기념물로 한 움큼을 드리고 남은 고운 가루는 아론과 그의 아들들이 먹는다. 고운 가루에는 누룩을 넣지 않고 요리해서 먹는다. 그러나 제사장 몫으로 주게 될 예물의 경우에는 먹을 음식이기 때문에 누룩을 넣기도 한다.레7:13; 23:17 제사장들이 먹는, 남은 고운 가루로 만든 음식은 거룩한 곳인 회막 안에 있는 뜰에서 먹어야 한다. 회막 바깥에 가져가서 먹을 수는 없다. 왜냐하면 제사용으로 쓰인 것은 거룩하며, 거룩한 것을 먹는 것도 제사의 한 행위이기 때문이다.

어쨌든 제사에 쓰인 소제물에 누룩을 넣어서 구우면 안 된다. 제사는 항상 속죄의 의미가 깔려 있기 때문에 부정적인 의미를 가지고 있는 누룩을 넣는 것은 맞지 않다. 불에 태우는 모든 화제물중에서 고운 가루를 제사장에게 주는 것은 그들에게 소득을 주시기 위함이다. 소득이라는 헬레크 는 몫이나 할당을 말한다. 제사용어로는 처음으로 사용된 단어이다. 헬레크는 승리자들 가운데 분깃으로 분배되는 전리품창14:24이나, 제사장들 가운데 나눠주는 제물의 몫이다. 그러한 몫은 속죄제나 속건제 같이 지극히 거룩한 것이다. 제사장에게 주어진 몫은 제사와 동일하게 거룩한 행위임을 말한다.

아론 자손의 남자는 모두 이 몫을 먹을 수 있다. 이 남자들은 아론의 아들들로서 제사장이 된 사람들과 제사장이 되지 못한 남자들 모두를 포함한다.레21:17-23 이렇게 하는 것은 여호와의 화제물 중에서 대대로 그들의 영원한 규례가 되게 하기 위함이다. 영원한 규례는 영원한 소득을 가져온다. 이 몫을 만지는 자는 거룩하게 된다.

2) 제사장 위임식 때 드리는 소제6:19-23

다시 여호와께서 모세에게 말씀하여 이르신다. 이 형태의 도입구를 사용하는 것은 새로운 내용의 단락이 전개됨을 암시한다. 무엇이 새로운가? 아직 소제의 제사장 규례를 주시는 중이시다. 그럼에도 불구하고 새로운 단락을 암시하는 도입구의 이유는 소제를 제사장 위임식 때 행하라는 명령 때문이다.

아론과 그의 아들들이 제사장으로 기름 부음을 받는 날 여호와께 드릴 소제의 예물은 이렇다. 고운 가루로 에바[22리터] 십분의 일을 준비한다. 에바[12되] 십분의 일은 한 오멜이다.[하루에 취할 수 있는 만나의 양. 출16:16,36] 이러한 십분의 일은 십일조와 같은 개념이다. 이 분량은 하루에 사용되는 양이며, 제사장 위임식은 칠일 간 계속되므로[레8:33] 매일 소제물을 드려야 한다. 준비된 하루 분 소제물은 아침에 절반을 드리고, 나머지 절반은 저녁에 드린다. 아침과 저녁은 해가 뜨고 질 때를 기준했을 것이다.

소제를 드리는 방법은 고운 가루를 기름에 잘 반죽하여 철판에 굽는다. 그리고 그것을 여러 조각으로 잘라 불살라 드린다. 이렇게 하므로 그것이 여호와께 향기로운 냄새의 제사가 되게 한다. 향기로운 냄새는 하나님이 기뻐하시는 상태나 대상에 대한 즐거움을 나타낸다.

제사장 위임식 때 드리는 소제는 아론의 아들 중에 기름 부음을 받은 자가 드리는 것이며, 영원한 규례로 지켜져야 한다. 영원한 규례란 변하거나 변경이 없이 지켜지는 규례라는 의미다. 제사장 위임식에 바쳐진 소제물은 번제처럼 온전히 불살라져야 한다. 온전한 불사름은 완전한 직임 완수와 헌신을 나타낸다. 한편 위임식 때 드리는 소제물은 위임식의 특별규정이 아니라 일반규정으로 위임식 때부터 대제사장이 계속하여 매일 드려야 하는 소제물이라는 견해가 있다.[민4:16] 왜냐하면 레위기 8장에 나타난 위임식 소제[8:26-28]와 내용상 차이를 보이기 때문이다.

제사장의 소제물은 이렇게 온전히 불살라져야 하기 때문에 먹을 것을 남겨놓아서도 안 되고 먹어서도 안 된다. 이런 의미에서 소제는 직분자의 헌신을 나타내는 의미가 강하다.

교훈과 적용

1. 소제의 고운 가루 한 움큼을 여호와께 드리는 것은 전부를 드리는 것과 같다. 예를 들면 신년에 나팔을 부는 것은 하나님의 통치와 주권을 알리는 것이다. 이는 한 해가 하나님에게 속해 있다는 선포이다.레23:24 또 매달 초하루에 월삭을 지내는 것도 한 달이 하나님에게 속해있다는 고백이다.민10:10 십일조도 이와 같은 이치이다. 소출의 십일조를 드리는 것은 소출 전체가 하나님의 것이라는 고백이다.레27:30 전부가 하나님의 것이라는 사상은 하나님의 주권을 인정하고 따르는 참다운 순종과 섬김의 모습이다.
2. 여호와 앞에 향기로운 냄새가 되게 하는 것은 곧 제사와 예배를 드리는 목적이다. 하나님을 기쁘시게 하는 것이 제사고 예배다. 이 향기로운 냄새라는 어구는 여호와를 진정시키며, 달래며, 기쁘게 하며, 평온케 하는 것으로 해석되나 가장 적절한 의미는 하나님을 기쁘게 하는 대상이나 상태를 의미할 것이다. 하나님이 이스라엘을 열국 중에서 나오게 하고 흩어진 열방 중에서 모아 낼 때에 이스라엘을 향기로 받았다는 표현이 이를 말해준다.겔20:41 하나님이 우리를 구원하여 자녀를 삼으실 때 우리는 하나님의 향기로운 냄새가 된다.
3. 소제는 직분자의 헌신을 나타내는 의미가 강하다. 고운 가루가 되는 것은 헌신과 희생과 낮아짐과 순종에 의해 만들어진 성품이나 인격을 말한다. 또 이 고운 가루의 십분의 일을 바치는 것은 십일조처럼 전부를 바치는 것과 같다. 특별히 하나님은 제사장의 위임식 때 별도의 소제를 드리라고 명하신 것은 이러한 헌신을 요구하시는 의미이다. 맡은 자의 구할 것은 충성이라는 말이 이를 뜻한다.고전4:2

3. 속죄제를 드리는 규례6:24-30

24절에 여호와께서 모세에게 말씀하여 이르신다. 새로운 단락의 시작이다. 아론과 그 아들들인 제사장에게 준 속죄제의 지침의 첫 번째의 명령은 속죄제의 제물은 지극히 거룩하다는 것이다. 왜냐하면 그 제물을 통해 하나님의 속죄가 베풀어지기 때문이다. 하나님이 거룩하시기 때문에 제사의 제물이 거룩하게 다루어져야 한다. 속죄가 이루어지는 고기 덩어리는 하잘 것 없지만 그 고기의 피를 통해 속죄가 이루어지기 때문에 비록 하찮은 동물이라도 제물이 되면 거룩하게 되는 것이다. 제물은 여호와 앞 번제물을 잡는 곳에서 속죄제의 제물을 잡는다.

휘장에 피를 뿌리는 제사장 속죄제와 회중의 속죄제는 못 먹지만,레6:30 나머지 속죄제의 제물은 먹는다. 먹는 장소는 거룩한 곳인 회막 뜰이다. 먹는 속죄제의 고기와 접촉하는 자는 거룩하게 된다. 부정한 것을 접촉하면 부정해지지만 거룩한 것을 접촉하면 거룩해진다.참조. 학2:11-13; 출30:29 요리해서 먹는 과정에서 제물의 피가 어떤 옷에 묻게 되면 그냥 내버려 두는 것이 아니라 거룩한 곳인 회막 뜰에서 회막에 있는 물로 빨아야 한다. 왜냐하면, 거룩한 제물과 제사장은 거룩하지만 옷은 거룩한 상태가 아니기 때문에 물로 씻는 정결행위를 통해 제물의 피가 거룩한 상태를 벗어나 부정하게 되는 것을 막아야 하는 것이다.

속죄 제물로 바친 고기를 삶을 때 만약 흙으로 만든 토기에 삶았으면 고기를 건져내고 그 그릇은 깨어버려야 한다. 토기는 진흙으로 구운 그릇이다. 피나 제물의 잔여물이 끼일 수 있고, 또 고기의 국물이 그릇의 흡수성으로 인해 베일 수 있다. 그러나 놋쇠로 만든 유기에 삶았으면 그 그릇을 닦은 다음 물로 씻으면 된다. 왜냐하면 고기 국물이 스며들지 않았기 때문이다.

속죄제에서 "제사장인 남자"는 모두 그것을 먹을 수 있다. 이것은 레위기 6장 18절에 나오는 화제의 규례에서 언급된 "아론 자손의 남자"와는 다른 것 같다. "제사장 남자"는 말 그대로 신체적인 흠이 없어레21:16-23 제사장이 된 남자를 말하며, "아론 자손의 남자"는 신체적인 흠이 있어 제사장이 되지 못한 남자까지 포함해서 한 말 같다. 속죄제 고기는 제사장이 된 남자만 먹을 수 있도록 언급되어 있다. 제사장이 아닌 아론 자손의 남자는 화목제를 통해 고기를 먹을 수 있을 것이다.

속죄제를 지낸 고기를 먹되 피를 가지고 회막에 들어가 성소에서 속죄하게 된 속죄제의 제물의 고기는 먹지 못한다. 즉 제사장 속죄제와 회중의 속죄제는 성소의 휘장에 피를 뿌렸기 때문에 먹지 못하고, 족장과 평민의 속죄제는 제물을 먹을 수 있다. 이것을 가리켜 먹는 속죄제와 먹지 못하는 속죄제라고 한다.

교훈과 적용

1. 속죄 제물을 삶은 토기나 유기에 대한 처리는 거룩한 것을 유지하기 위한 조치이다. 토기를 깨뜨림으로 하나님의 거룩성을 유지한다. 이와 같이 성도의 삶은 깨뜨려야 하는 것은 깨뜨리고, 끊을 것은 끊어야 하는 것이다. 성도의 삶은 하나님을 위한 구별된 삶이어야 한다.
2. 결국 하나님은 각종 제물을 통해 그 마음을 받으시려고 하신다. 드림은 곧 섬김이며 경외이다. 하나님은 인간이 경외할 때, 경외하게 만들어서 복을 주신다. 하나님은 받으시려고 하시는 분이다. 다른 말로 하면 하나님은 복을 주시려는 분이시다.
3. 거룩한 회막 뜰에서 먹는 것은 먹는 행위도 제사의 의미를 나타낸다. 이것은 신약 시대의 성도들이 속죄 제물 되시는 그리스도의 살과 피를 믿음으로 먹는 것을 비유한다. 그리스도의 살은 참된 양식이며 피는 참된 음료이다. 참된 양식과 음료는 곧 생명과 영생을 뜻한다. 그 피를 먹고 마심으로 성도는 그리스도와 함께 연합하여 사는 것이다.요6:53-56

레위기 7장

제사장의 두 가지 제사 규례와 부록

A. 제사장의 두 가지 제사 규례[7:1-21]

Ⅰ. 본문의 개요

7장은 앞장에서 다루지 않았던 제사장 지침으로써 속건제와 화목제의 규례를 다룬다. 그리고 별도의 제사 규례로 먹지 말아야 할 피와 기름에 대하여, 화목제물 중에서 제사장이 받을 소득에 대하여 언급한 뒤 레위기 1장부터 계시된 제사법에 대한 마무리 말들이 주어진다.

Ⅱ. 본문의 구조

1. 속건제를 드리는 규례[7:1-10]
   1) 속건제를 다루는 지침[7:1-6]
   2) 제사장 몫에 대한 지침[7:7-10]
2. 화목제를 드리는 규례[7:11-21]
   1) 감사함으로 드리는 화목제[7:12-14]
   2) 화목제 고기의 먹는 규례[7:15-21]

Ⅲ. 본문 주해

1. 속건제를 드리는 규례레 7:1-10

속건제는 이미 앞에서 다루어 졌다.5:14-6:7 그럼에도 다시 다루어지는 이유는 제사장 지침이기 때문이다. 앞에서는 평신도들이 알아야 할 제사법이었다.

1) 속건제를 다루는 지침7:1-6

제사장이 알아서 지켜할 지극히 거룩한 속건제의 규례는 다음과 같다. 지극히 거룩한 것은 하나님의 임재를 사용하는 장소출29:37나 하나님께 드려진 예물을 말한다.

속건제는 전부 태우는 번제로 드리는 것이 아니라 레위기 3장의 화목제처럼 피를 제단 사방에 뿌리고 기름 부분만 태우고 고기는 먹는다. 바치는 제물은 성장한 숫양이다. 숫양의 기름을 태우기 위해 번제물을 잡는 곳은 번제 때 번제물을 잡은 곳과 같다. 모든 희생 제물을 잡는 곳은 회막 북쪽으로 지정되어 있다. 제사장은 제물의 피를 먼저 제단 사방에 뿌린다.

2절에 언급된 속건제의 피의 처리는 4장의 속죄제에 비해 비교적 간편하다. 5-6장의 평신도 지침에서는 아예 속건제에 대한 피의 처리는 다루지 않았고, 7장에 와서 제사장 지침으로써 피의 처리에 대해 다루고 있다. 그래서 속죄제의 경우와는 달리 속건제는 피를 제단 사방에 뿌리는 것으로만 피의 처리를 끝낸다. 아마도 그 이유는 속건제에서는 피보다 보상에 더 역점을 두기 때문일 것이다.

그리고 숫양의 기름을 모두 잘라서 화제로 드린다. 떼어내는 기름은 기름진 꼬리, 내장에 덮인 기름, 두 콩팥, 콩팥 위에 있는 기름 곧 허리 쪽에 있는 것과 간에 덮인 꺼풀이다. 기름을 떼어내는 이 내용은 정확하게 레위기 3:9절하–10절의 화목제 규례와 동일하다. 제사장은 이 기름 부분을 다 제단위에서 불살라 여호와께 화제로 드린다. 이것이 속건제다. 아론의 자손 중 제사장인 된 모든 남자는 숫양의 고기를 먹는다. 이 거룩한 고기는 거룩한 회막 뜰 안에서 먹는다.

2) 제사장 몫에 대한 지침[7:7–10]

속죄제와 속건제는 하나의 같은 규례로 적용된다. 여기서 같은 규례란 제물을 먹을 수 있는 권한과 방법을 말한다.[1] 또한 넓은 의미에서는 속죄제 안에 속건제가 포함되어 있음을 뜻한다.[2] 먹을 수 있는 제물은 속죄를 집행하는 담당 제사장 몫으로 돌아간다.

또 속건제 뿐 만 아니라 사람을 위하여 번제를 드리는 담당자 제사장은 드려진 제물의 가죽을 가져갈 수 있다. 사람을 위하여 드리는 번제는 이스라엘 전체를 위하여 드리는 상번제와 구별하여 일반 개인이 드리는 번제다. 제물의 가죽은 현금과 교환하여 생계비에 사용했을 것이다. 개인 번제와 달리 상번제때의 가죽은 성막 유지비로 사용된다. 한편 이러한 개인의 번제를 통해 가져가는 몫을 통해 제사장은 이스라엘 백성들의 영적인 상태를 감지했을 것이다. 제사는 경제적인 문제가 아니라 영적인 문제이기 때문에 제사장 몫의 양의 따라 그 상태를 점검할 수 있기 때문이다.[3]

그리고 소제에 해당하지만 이와 같이 제사장 몫 중에 화덕에 구운익혀서 소제물과 냄비나 철판에서 만든 소제물은 모두 그것을 드린 제사장에게 돌아간다. 이에 반해 소제물중에 기름 섞은 것이나 마른 것날것은 모든 아론의 아들들제사장이 균등하게 나눠 먹는다. 균등하게 분배한다는 문자적 의미는 모든 사람이 형제가 된다는 말이다.

---

1) Evenson, *The Beauty of Holiness*, 93.
2) 김호관, 『속죄의 마을로 가라』(대전:엘도론, 2010), 56.
3) Lawrence O. Richards, *The Word Bible Handbook*, 96.

교훈과 적용

1. 제사장 몫의 소제물을 아론의 아들들이 균등하게 분배하여 갖는다. 이들 아들들 가운데는 육체적으로 흠이 있어 제사장이 되지 못한 형제들도 포함되어 있다. 제사법에서 균등한 분배는 곧 그들이 형제 됨을 의미한다. 즉 형제가 된다는 말 자체가 균등한 분배를 의미하는 것이다. 우리가 오늘날 그리스도 안에서 형제와 자매가 된다는 말도 근본적으로는 그리스도와의 유기체적 연합을 뜻하지만, 그 속에는 균등한 분배의 민주적인 공동체 의식이 있다는 점을 상기하게 한다.
2. 속건제에서 피를 단 사면에 뿌리는 것은 우선 피에 의하여 생명의 죽음과 동시에 생명을 얻게 되는 것을 시각적으로 봄으로써 하나님에 대한 속죄와 감사를 느끼게 한다. 그러고 나서 기름을 단 위에 태움으로써 완전하게 죄를 태우는 대속의 은혜를 알게 한다. 피와 기름은 특히 하나님의 소유이기 때문에 어떤 의미에서는 가장 귀한 것을 드린다고 볼 수 있다. 하나님께서는 가장 사랑하시는 독생자를 주시고 그 독생자를 받으심으로 우리를 구원하셨다.
3. 제사제도에 대한 규정이 각 제사마다 이렇게 평신도와 제사장으로 나눠 상세하게 주어진 것은 하나님이 온전하시기 때문에[마5:48] 제사도 온전하게 드릴 수 있도록 조치한 것이다. 이는 하나님과 백성 사이의 온전한 교제가 얼마나 중요한 일인가를 나타내고 있다.

2. 화목제를 드리는 규례[7:11–21]

제사장들이 알아야 할 여호와께 드리는 화목제의 규례다. 화목제는 대개 세 가지의 견해를 가진다. 샬롬을 의미하는 하나님과의 화목, 하나님 앞에서 가지는 사회적 행사, 완결적 희생제사이다. 특별히 레위기 7장에서 화목제를 제사장 지침으로써 맨 나중에 다루는 것은 이 제사가 완결적 희생이기 때문에 그럴 것이다. 그래서 화목제를 제사의 완성제completion offering라고 부르기도 한다.[4)]

1) 감사함으로 드리는 화목제7:12-14

화목제물을 감사함으로 드릴 때는 세 종류의 과자를 드린다. 즉 기름 섞은 무교병누룩을 넣지 않고 만든 과자과 기름 바른 무교전병누룩을 넣지 않고 만든 얇은 과자과 고운 밀가루에 기름을 섞어 구운 과자를 드린다. 또 세 종류의 과자 외에 유교병누룩을 넣어 만든 과자도 만들어 함께 드린다. 왜 무교병과 유교병을 함께 만들어 드리는가? 무교병도 먹을 수 있지만 유교병은 특별히 제사장들이 먹기 위해 하나님이 그렇게 선정한 것이다. 즉 이 유교병은 제단에 올리지 않고 제사장의 소득으로 삼았다.레10:13

제사장은 평신도가 가져온 화목제의 과자들을 다 드리는 것이 아니고 각각 한 개씩만 거제로 드린다. 거제擧祭라는 말 뜻 자체는 제물을 하늘로 들었다가 내려놓는 제사를 말한다. 즉 하나님께 바치고 인간이 먹는다는 의미이다. 거제로 드리는 이유는 이것이 제사장 몫이라는 점을 구분하기 위함이다. 거제는 특히 직무를 이행하는 제사장을 위해 지정해둔 제물들의 부분몫을 가리키는 용어로 사용된다. 때문에 이 단어는 일반적인 제사용어이자 할당이나 기부의 뜻을 갖는다. 그래서 화목제의 피를 뿌리고 감사 예물을 거제로 드린 제사장에게 그 몫이 돌아간다.

2) 화목제 고기의 먹는 규례7:15-21

키우치Kiuchi는 화목제의 주된 본문은 희생의 고기를 먹는 것이라고 밝혔다.[5)] 감사함으로 드리는 화목제물의 고기는 평신도든, 제사장이든 할 것

---

4) R. Rendtorff, *Studien zur Geschichte des Opfer im alten Israel* , WMANT 24 (Neukirchen-Vluyn: Neukirchener Verlag, 1967), 133.

5) Kiuchi, "Spirituality in Offering a Peace Offering", 25(각주 4번).

없이 드리는 당일에 먹어야 한다. 이것을 조금이라도 이튿날 아침까지 남겨둘 수 없다. 그 이유는 먹는 것도 거룩한 제사의 행위이기 때문에 시간이 지체되므로 제물로 바쳐진 고기가 제의적으로 부정해 질 수 있기 때문이다. 다른 이유가 있다면 하루 만에 고기를 다 먹으려면 그 만큼 먹는 숫자가 많아야 함으로 이는 이웃을 초청하여 함께 먹는다는 친교의 의미를 담고 있다.참고. 삼하6:17-19

그러나 예물의 고기가 감사제thanksgiving offering가 아니고 서원제vow offering나 자원제freewill offering, 낙헌제, 혹은 수은제라고도 함 일 때는 먹는 기간이 다르다. 화목제를 드리는 자가 서원이나 자원으로 드리는 경우에는 감사제처럼 드린 날에 먹어야 한다. 그러나 그 남은 것은 이튿날에도 먹을 수 있다. 그 이상의 기일이 되면 거룩한 제물이 상할 것이다. 만나도 그랬다출16:19이하 [6]

그러나 하루 만에 다 먹어야 하는 것을 기준해서 본다면 먹는 문제는 고기의 보관에 따른 부패 등이 문제가 아니라 제사의 성격이나 성질을 나타낸다. 즉 먹는 기간이 짧은 것은 긴 것 보다 오히려 친교의 폭이 넓은 것이다. 먹는 기간이 짧을 때는 한꺼번에 모여 함께 먹어야 하지만, 기간이 길면 오늘 먹은 자가 내일 또 먹을 수 있으므로 참여자가 줄어드는 셈이다. 그렇기 때문에 화목제는 감사제, 서원제, 자원제가 있지만 대표는 감사제다. 그래서 화목제를 감사제로도 부른다.

서원과 서원제는 다르다. 서원은 인간끼리의 약속이 아니라, 신과의 약속이다. 그러나 서원제는 그 약속이 이루어졌을 때 드리는 감사의 제사이다. 미리 드림으로 무엇을 비는 제사가 아니다. 즉 과거의 서원한 사실이 성취되었을 때 드리는 것이다.신12:17; 삼상1:21

그러나 서원제나 자원제라도 먹는 기간이 이틀 까지는 허용되나 사흘째에 접어들면 먹지 말고 불살라야 한다. 근동 날씨를 감안한다면 충분히 이

---

6) Wenham, *The Book of Leviticus*, 124.

해가 된다. 이를 어기고 만일 사흘 째 되는 날에 화목제의 고기를 조금이라도 먹으면 그 제사는 기쁘게 받아드리지 않게 된다. 그리고 사흘째에 그것을 먹는 자는 죄를 짊어지게 된다. 제물을 드린 자도 예물답지 못하게 되고 오히려 가증하게 된다. 가증可憎이라는 피굴פִּגּוּל은 여기 레위기 7:18절에 처음으로 사용된다. 의미는 더러운 것, 부정한 것, 폐물이다. 구약성경에서 이 단어는 4회 나오며, 음식에 대해,레7:18; 19:7 부정한 고기에 대해,겔4:14 부정한 음식에 대해사65:4 사용되었다. 따라서 이 단어는 오직 제사 음식과 관련하여 사용되었음을 알 수 있다.[7] 레위기 11:43절의 "가증"은 몹시 싫어하거나 혐오하는 뜻의 사캬츠שָׁקֶץ이다.

화목제의 고기 먹는 규례의 별도 지침으로 두 가지가 금지사항으로 주어진다. 먹을 수 있는 기간 중이라도 그 고기가 부정한 물건에 닿았으면 먹지 못한다. 불살라야 한다. 또 고기는 부정하지 않는 자만 먹을 수 있다. 여기서 부정한 자는 문둥병자, 유출병 환자, 설정한 자, 시체를 만진 자를 뜻한다.

만일 몸의 유출 등으로 스스로 부정한 자가 그 고기를 먹으면 그 사람은 자기 백성 중에서 끊어질 것이다. 이 "끊어진다"cut off는 말은 강압적인 행정 조치로 개인과 가문이 언약 공동체로부터의 추방인지, 경우에 따라 죽음 같은 그 이상의 벌인지는 명확하지 않다.[8] 다만 오늘날 교회에서 행하는 출교조치와 비슷할 것이라는 추측을 한다. 또 사람의 부정이나 부정한 짐승이나 무슨 부정하고 가증한 물건을 만져 부정이 오염된 자가 화목제물의 고기를 먹으면 역시 그 사람도 자기 백성 중에서 끊어지게 된다.

여기서 한 가지의 질문이 생겨난다. 왜 평신도와 제사장 지침에서 화목제의 순서가 다르냐는 것이다. 그 이유를 보면, 첫째로는 평신도 지침은 제물의 대상에 따른 제사방법즉, 동물과 곡식 때문에 번제동물과 날 짐승와 소제곡식

7) Noordtzij, *Leviticus*, 86.
8) Noordtzij, *Leviticus*, 87.

와 화목제동물과 곡식로 나눠진다. 번제 때의 동물과 날 짐승은 다 태우나, 화목제의 동물은 기름만 태운다. 그리고 속죄제와 속건제는 화목제의 제사 방법을 따르고 있다.4:10; 7:7 그러므로 평신도의 지침은 제물의 대상에 따른 세 가지의 제사방법의 분류라고 볼 수 있다.

둘째로는 이에 반하여 제사장 지침에서 화목제가 맨 나중에 언급된 것은 제사 순서에 따른 것으로 보인다. 즉, 화목제는 번제와 속제,1:4 속죄제의 속죄,4:3 속건제의 속죄5:18를 위해 제사를 통해 죄의 사함을 받은 자가 하나님과의 친교와 화목을 드리는 뜻으로 드리는 제사이기 때문에 맨 나중에 와야 한다.

화목제의 중요한 특징은 공동식사이다. 실제로 화목제에서 태워지는 것은 내장에 해당하는 것이므로, 결국 인간이 고기를 먹는 것이다. 그래서 고기제물의 분배에서 기름은 화제로 여호와께, 가슴은 요제로 하나님께 보인 후 제사장에게, 오른쪽 뒷다리는 거제로 드린 후에 제사장의 소득으로, 나머지는 드린 자의 몫이 되어 가족과 친구들이 나누어 먹게 된다.

그러나 1–7장까지는 엄밀히 말하면 각종 제사의 규례를 나열한 것이지 순서를 나타내지 않았다. 하지만 9장에 가서 8장의 제사장 위임식이 끝나고 실제 제사의 실행에 들어가서는 속죄제→번제→화목제의 순으로 제사가 드려진다.9:1–4 굳이 순서를 따진다면 속건제와 소제는 속죄제 다음에 들어갈 것이다. 왜냐하면 속건제는 속죄제에 해당하는 여러 경우들 중에서 하나를 중점적으로 다룬 것이고, 소제는 일단 속죄가 이루어진 이후부터는 우리의 행위가 중요하다는 사실을 깨우쳐 주는 것이기 때문이다. 그러나 모든 제사는 상호 교차적으로 진행된다. 왜냐하면 인간의 죄성은 동시적이고, 반복적인 속성을 가졌기 때문이다.

교훈과 적용

1. 화목제는 친교와 화목을 위한 것이기 때문에 쌍방제다. 복수로 표기한다. 죄가 있을 때의 관계회복은 용서하심과 받아드림이 있어야 한다. 즉 주님이 화목제물이 되신 것은 하나님과 인간사이의 관계를 회복하신 것을 의미하는 것이다. 죄가 없을 때의 화목제는 쌍방의 깊은 이해와 관심과 사랑 속에서 언약관계와 구원의 감사를 높은 차원으로 끌어올리는 것이다. 화목제를 통해 나타나신 그리스도를 본다. "하나님이 우리를 사랑하사 우리 죄를 위하여 화목제로 그 아들을 보내셨음이니라". 요일4:10b
2. 감사제의 화목제물을 통해 이웃과의 교제와 사랑을 나눌 수 있었다. 특히 가난한 이웃에게는 친교의 의미를 넘어 궁핍한 생활의 돕는 자선이었을 것이다. 히브리서 기자는 "오직 선을 행함과 서로 나눠주기를 잊지 말라 하나님은 이 같은 제사를 기뻐하신다." 히10:13 고 말한다. 이웃 사랑과 가난한 자의 구제는 하나님의 나라의 특징임을 다시 깨닫게 된다.
3. 화목제는 완성제다. 이것은 그리스도의 죽음이 하나님과의 화목을 이루는 화목제물 되심 롬3:25 과 온전한 제사를 미리 보여준 것이다. 히10:14 이 화목의 제물을 통해 인간은 하나님과의 조화로운 관계를 맺는다. 출24:9-11 [9]

B. 제사장에게 준 제사 규례 부록 7:22-38

Ⅰ. 본문의 개요

지금까지 언급된 제사장 지침으로써의 5대 제사의 규례는 끝났다. 이제 마지막으로 별도의 제사 규례를 명령한다. 일종의 부록인 셈이다. 별도의

9) Jenson, "The Levitical Sacrifice System", 31.

제사 규례에는 피와 기름을 먹지 말라는 내용과 화목제물 중에서 제사장이 받을 소득에 관하여 말하고 있다. 제사장의 소득에 관한 것은 다음 장에 이어지는 제사장 위임식과 사역과 연결되어 있기 때문에 여기에 별도 지침으로 주어진 것이다. 제사법이 끝나면 다음 장에서 제사장 제도가 소개된다. 별도 지침으로 끝맺는 말은 다시 제사장 소득에 관한 것과 제사법 전체가 시내산에서 계시된 말씀이라는 것을 밝힌다.

Ⅱ. 본문의 구조

1. 피와 기름을 먹지 말라[7:22–27]
2. 화목제물 중에서 제사장이 받을 소득[7:28–34]
3. 맺는말[7:35–38]
   1) 화목제물의 소득에 관해 맺는말[7:35–36]
   2) 계시된 제사법 전체에 대해 맺는말[7:37–38]

Ⅲ. 본문 주해

1. 피와 기름을 먹지 말라[7:22–27]

새로운 단락으로 여호와께서 모세에게 일러 말씀하셨다. 이스라엘 자손에게 말하는 것이다. 이는 제사장에게 주는 지침이 아니라 다시 백성에게 하달된 여호와의 규례이다. 주로 제사로 쓰이는 소나 양이나 염소의 기름fat을 먹지 말라는 것이다. 이 명령은 레위기 3장 7절에서 평신도의 화목제 지침 맨 끝에 처음으로 언급하신 적이 있다. 제물 음식을 먹되 동물 중에 스스로 죽은 것굶어죽거나, 낭떠러지에서 떨어져 죽은 것 같은의 기름이나 다른 짐승에게 찢겨 죽은 동물의 기름은 모두 쓸 수있어나등잔 기름 등 절대로 먹어서는 안 된다. 죽은 고기는 나그네나 이방인에게 팔도록 허락한다.신14:21 사람이 여호와께 화제로 드리는 제물의 기름을 먹으면 그 먹는 자는 백성 중에서 끊어지게 된다. 기름은 여호와께 속한 것레3:18; 삼상2:15-16이기 때문에 먹을 수 없다.

그리고 생활하면서 어떤 곳에서도 새나 짐승의 피는 어떤 경우에도 먹어서는 안 된다. 무슨 피든지 먹는 사람이 있으면 그 사람은 다 자기 백성 중에서 끊어지게 된다. 이렇게 피를 먹는 것에 대해 철저히 금지하시는 이유가 무엇인가? 피는 여호와께 속한 것이며, 죄를 속죄하는 일 이외에는 어떤 경우라도 사용될 수 없기 때문이다.레17:10이하

교훈과 적용

1. 규례를 어기는 자는 백성 중에서 끊어지게 하신다. 이렇게 하시는 이유는 규정을 지키게 함으로써 철저하게 순종을 배우게 하시는 것이다. 순종은 곧 생명이며, 복을 받는 길이며 은혜를 입는 길이다. 규례를 지키는 것은 의로운 것이다. 그래서 시편기자는 토라시에서 "주의 의로운 규례를 지키기로 맹세하고 굳게 정하였다"고 말했다.시119:106 말씀대로 살기를 애쓰는 자는 겸손한 자이다.
2. 무슨 피든지 먹는 사람이 있으면 그 사람은 다 자기 백성 중에서 끊어지게 된다. 이렇게 기름과 피를 먹는 것에 대해 철저히 금지하시는 이유가 무엇인가? 철저하게 피는 생명을 의미한다. 이것은 특별히 하나님의 소유라는 것을 명백히 밝히는 것이다. 이 영역은 인간의 침범을 허락지 않는다. 침범하면 벌을 받기 때문에 미리 이 점을 각인시키고 방지하는 것이다. 마치 선악과를 먹지 말라는 명령과도 같은 것이다. 매사에 우리가 순종할 때 하나님의 왕 되심은 널리 선포된다.

3. 엘리의 아들들이 제사장으로 있으면서, 그들이 제사법을 스스로 어겼다. 곧 제사장의 몫 외에 제물의 음식을 취하고 고기와 기름을 함께 구워 먹었다.[삼상2:12–16] 그들은 여호와의 제사를 멸시했다. 하나님은 이 일로 말씀하시기를 "나를 존중히 여기는 자는 내가 존중히 여기고 나를 멸시하는 자를 내가 경멸할 것"이라고 하셨다.[삼상2:30] 이 경멸은 곧 저주다. 우리도 삼가 하나님을 멸시하는 자리에 이르지 않도록 주의해야 할 것이다.

2. 화목제물 중에서 제사장이 받을 소득[7:28–34]

또 다시 여호와께서 모세에게 말씀하심으로 단락이 시작된다. 이스라엘 자손에게 주는 지침이다. 화목제물을 여호와께 드리려는 자는 예물을 가져 올 때 드리는 자 자신이 직접 가져와야 한다. 이 말은 자발성을 강조한 것이다. 왜냐하면 화목제는 자원해서 드리는 감사의 예물이기 때문이다. 자신이 회막에서 직접 잡아서 떼어낸 제물의 기름기와 제물의 가슴 고기를 제사장에게 가져와야 한다. 물론 기름기는 태우고 가슴 고기는 여호와 앞에 흔들어 요제로 드린다. 요제搖祭란 앞으로 내밀었다가 댕겨서 드리는 제사의 방법이다. 하나님께 드렸다가 인간이 받는 형태다. 요제도 거제처럼 제사의 일반 용어이자 집례 하는 제사장의 몫으로 지정된 어떤 부분을 가리키는 단어이다. 거제나 요제로 드릴 때는 그것은 항상 제사장 몫이다. 콜맨Coleman은 요제와 거제의 동작은 상하좌우로 움직이는 행동이기 때문에 두 개를 합하면 십자가의 형태와 유사하다고 말한바 있다.[10]

참고로 제사목적에 따른 분류는 번제, 소제, 화목제, 속죄제, 속건제로 나누지만, 제사방법에 따른 분류는 화제,火祭 거제,擧祭 요제,搖祭 전제奠祭 등이 있다.

설명하자면, 테누파תנופה라는 "요제"wave offering, 출 29:24가 있다. 이는 여

10) Robert E. Coleman, *The New Covenant* (Colorado Springs, Colorado: NAVPRESS, 1984), 53.

호와 앞에서 예물을 앞으로 내밀었다가 앞으로 당겨서 인간이 그 예물을 가지는 의식이다. 제사의 제물과 성막을 바친 보석류출35:22 등이다. 그리고 이쉐אִשֶּׁה라는 "화제"offering by fire, 출 29:18가 있다. 이는 각종 불로 태우는 제사에는 모두 해당된다. 모든 제사가 태우는 화제이지만 전제,민15:10 화목제의 제사장 몫,레7:30,35–36 진설병레24:7,9은 태우지 않는다. 또한 하나님께 바친다는 의미의 트루마תְּרוּמָה라는 "거제"offering, 출29:28가 있다. 제물이나 예물을 높이 들었다가 다시 내려놓는 의식을 말한다. 동물의 오른쪽 뒷다리레7:34나 전리품민31:41을 거제로 드린다. 나샤크נֶסֶךְ라는 "전제"drink offering, 창35:14가 있다. 전제奠祭는 소제의 부속된 예물로 드려진다.민15:1–10 피를 상징하는 포도주를 붓거나, 쏟는 의식이다. "제주"祭酒, libations라기도 하고 개역성경 신약에서는 "관제"灌祭, 순교의 피를 의미로 번역되었다.빌2:17

한편 민수기 8:11절과 13절에는 제사장 위임식이 아닌 레위인 위임식에서는 레위인을 요제로 드린다고 표현한다. 이때는 아마 흔드는 형태는 없었을 것이다. 이렇게 레위인을 요제로 드리는 의미는 그들이 하나님의 몫이 되어서 그 분을 위해 봉사하는 것이다.

제사장 소득으로 요제로 드린 제물의 가슴breast은 아론과 그의 자손들에게 주어야 한다. 제사를 드린 제사장의 몫은 뒷다리the right thigh를 주어야 한다. 이 뒷다리는 오른쪽 것이며, 거제로 드린다. 왜 오른쪽 뒷다리인가? 제사를 드리는 자도 먹어야 하기 때문에 뒷다리를 분배하되 오른쪽은 양쪽을 대표하는 의미를 지닌 것 같다.레8:23–24 거제는 앞에서도 언급한 것 같이 위로 들었다가 내려놓는 제사의 방법이자, 몫을 의미하므로 요제와 함께 거제로 드리는 제사는 제사장 소득몫으로 드려지는 것이다. 피를 뿌리고 기름을 태우는 제사장은 이 오른쪽 뒷다리를 자신의 소득몫으로 취한다. 이 규정은 나중에 좀 더 범위가 넓어졌다.신18:3

하나님이 선포하시기를 "내가 이스라엘 자손의 화목제물 중에서 요제

wave offering로 흔든 가슴과 거제로 바친 뒷다리는 제사장 아론과 그의 자손에게 주었으니 이는 이스라엘 자손백성에게서 받을 영원한 소득이 될 것"이라고 하셨다. 여기에 언급된 소득은 앞 절33절의 소득과 원어가 다르다. 33절의 소득은 부분이나 몫, 분배라는 뜻이고, 34절의 소득은 규례를 말한다. 그래서 "영원한 소득"이란 "영원한 규례"를 뜻한다. 이 영원한 규례란 거제와 요제로 드린 부분은 언제나 제사장의 몫으로 돌린다는 말이다. 이 법은 변경할 수 없다.

교훈과 적용

1. 레위인 위임식에서 레위인을 드릴 때 요제로 드린다. 레위인은 요제가 되어 여호와 앞에 드려지는 것이다.민8:11,13 왜 레위인을 요제로 드리겠는가? 이는 여호와의 몫으로 드려져서 여호와를 봉사하기 위함이다. 예수님도 향기로운 제물과 희생제물이 되어 하나님께 드려졌다.엡5:2 성도들도 하나님께 삶을 드려야 한다. 그것은 하나님을 위한 헌신과 봉사다.
2. 제사장들이 먹고 살 수 있도록 몫을 지정하시고 이를 영원한 규례로 삼으신 하나님은 실로 자기의 백성들을 돌보시는 분이시다. 제사장뿐만 아니라 모든 주의 백성들은 돌보시는 분이시다. 그래서 예수님은 이러한 하나님의 섭리와 마음을 가리켜 "공중의 새를 보라 심지도 않고 거두지도 않고 창고에 들이지도 아니하되 너희 하늘 아버지께서 기르시나니 너희는 이것들 보다 귀하지 아니하냐"는 말씀을 하셨다.마6:26 돌보시는 하나님을 믿고 의지하고 감사하며 살아야 한다.
3. 여호와 앞에서 드려지는 모든 예물은 전부 여호와의 몫이다. 그 가운데 일부가 다시 제사장 몫으로 돌려질 뿐이다. 기름은 여호와의 몫이고 뒷다리와 가슴 부분은 제사장 몫으로 처음부터 분리된 것이 아니다. 제사장에게

몫을 주는 이유는 하나님을 위한 봉사에만 전념하는 제사장을 위해 그들의 음식을 제공하시는 것이다. 어떤 경우라도 제사장의 권위나 몫은 자생적이지 않다. 그 직분을 감당하기 위해 하나님이 책임을 지시는 은혜인 것이다. 성도의 헌신된 삶도 이와 같이 하나님이 책임지시는 은혜임을 늘 기억해야 할 것이다. 하나님이 허락하신, 정해진 분복에 감사할 때 우리는 행복한 삶을 산다.

3. 맺는말[7:35–38]

1) 화목제물의 소득에 관해 맺는말[7:35–36]

화목제물에 대하여 제사장이 받을 소득에 관해 말을 맺는다. 즉 여호와의 화제물 중에서 무엇을 아론에게 돌리고 무엇을 그의 아들에게 돌릴 것인지를 말한다. 이제 그들이 여호와의 명령으로 제사장 직분을 맞게 되는 날부터 곧 그들이 기름 부음을 받는 날에 제사장 소득에 대한 것을 이스라엘 자손에게 명령하여 대대로 이것이 영원한 소득[규례]이 되도록 한다.

2) 계시된 제사법 전체에 대해 맺는말[7:37–38]

지금까지 계시된 번제, 소제, 속죄제, 속건제, 위임식 때 드리는 제사, 화목제에 대한 규례를 말하였다. 나열된 제사의 순서는 평신도 지침이 아닌, 제사장 지침으로 주어진 것이다. 여호와께 예물 바칠 것을 시내 산에서 이스라엘 백성에게 지시하던 날, 여호와께서 시내 산에서 모세에게 이렇게 명령 하셨던 것이다. 이 제사법이 주어진 기간은 정확하게 알 수 없지만, 전체 레위기가 한 달 이십이일 정도의 기간 내에 기록된 것을 감안하면, 제사법의 계시는 짧은 기간이었을 것이다.

참고로 본서의 기록 장소와 기간을 보면, 레위기 1:1절에는 여호와께서 모세를 회막에서 부르시고 말씀하셨다. 그리고 레위기 끝장과 끝 절인 27:34에는 "여호와께서 시내산에서 이스라엘 자손을 위하여 모세에게 명하신 계명"이라고 기록되어 있다. 그리고 중간에 3번7:38; 25:1; 26:46에 걸쳐 시내산에서 말씀하신 것으로 나타난다. 이 성막을 중심한 제사 규례는 광야로 떠나기 전 시내산에서 머물고 있을 때 주어졌다. 따라서 레위기는 바란 광야로 떠나기 전민10:11 한 달 이십이일 정도 걸쳐 시내산에서 기록되었다. 따라서 레위기의 제사법은 시내산에서 계시된 것이 확실하다.

한편 여기에 마지막으로 언급된 7:37-38절은 제사법의 계시를 마감함과 동시에 다음 8장에 소개될 제사장 위임식과 이어지는 제사장들의 사역을 연결하는 고리 역할을 한다. 왜냐하면 제사법을 끝내고 제사장 제도를 계시하시기 때문이다.

2부 · 제사장 위임식과 사역

(8:1-10:20)

- 레위기 8장 _ 하나님의 지시대로 세운 제사장 직분
- 레위기 9장 _ 성공적으로 끝난 첫 번째 공식 제사
- 레위기 10장 _ 제사장들이 향로불과 제육의 실수를 범하다

레위기 8장

하나님의 지시대로 세운 제사장 직분

A. 제사장 위임식을 위한 공고8:1-5

Ⅰ. 본문의 개요

성막이 완성되고 이제 실제적으로 제사를 드리기 위해 필요한 것이 제사장 제도다. 제사장의 위임식과 사역레8:1-10:20에 대한 목적은 출애굽기 29:43-46절에 주어졌다.[1] 이 신성한 제도는 성막에서 이루어진다. 하나님과 그의 언약 백성 사이에 중보자로 세워진 사람이 제사장이다. 제사장 위임식은 일종의 성별의식이다. 위임식은 시내산에서 거행되었다.

제사장 위임식을 거행함에 있어 "여호와께서 모세에게 명령하심과 같았더라"는 말이 5번이나 반복해서 등장한다.8:9,13,17,21,29 이 같은 명령이 언급된 구절은 더 있다.레7:38; 8:34,36; 9:7,10,21; 10:7,13,15 이는 제사장 제도의 설립이 하나님의 지시에 의한 신적 청사진the divine blueprint임을 나타낸다. 이것은 모세가 하나님의 지시에 따른 것이며, 제사장 제도가 신적기원을 가짐을 명백히 말한다. 제사장이 세워짐으로 백성들과 하나님과의 교제가 새로운 방법으로 시작되었다.

1) Wenham, The Book of Leviticus, 130.

Ⅱ. 본문의 구조

1. 모세의 위임식 공고8:1–5

Ⅲ. 본문 주해

1. 모세의 위임식 공고8:1–5

여호와께서 모세에게 일러 말씀하심으로 새로운 단락을 시작한다. 모세에게 지시하신다. 아론과 그 아들들나답, 아비후, 엘르아살, 이다말. 레10:1,16과 함께 온 회중을 회막 문을 중심으로 주변에 모으라는 것이다. 이 회중은 이스라엘을 대표하는 장로들의 모임일 것이다. 위임식의 증인의 역할을 하기 위해서다. 모일 때 아론과 그 아들들이 입을 어떤 의복과 관유와 속죄제를 드릴 수송아지와 번제와 화목제로 드릴 숫양 두 마리와 함께 소제를 위해 무교병 한 광주리를 준비해 오라는 것이다. 아마도 어떤 의식을 치룰 것 같은 분위기다. 이 내용은 출애굽기 29장에서 미리 말씀된 것이다. 제사장 직분을 위한 준비다. 제사장을 뜻하는 코헨כהן은 고대근동 주변에도 사용되었다. 성경에도 이방신들을 섬기는 제사장이 가끔씩 등장한다.[2)]

하나님의 지시대로 모세가 회중들에게 공고했다. 회중이 회막 문 주변에 다 모였다. 오경에서 모세가 회중을 모은 경우는 성막건축을 위해 재료를 받을 때,출35:1 인구조사 때,민1:18 레위인 임직식 때,민8:9 반석에서 물이 나왔을 때민20:8이다. 회중을 다 모은 이유는 앞으로 제사장이 하나님과 회중을 연결하는 중보자 직임을 알리는 것이다. 모세가 회중을 회막 문 앞에 모으라는 명령은 출애굽기 29장에는 언급되어 있지 않다. 모세가 모인 회중에게 여호와께서 행하라고 하신 내용들을 다 말하였다. 그리고 그 명령

---

2) Rooker, Leviticus, 140.

대로 위임식 제사를 드렸다.

교훈과 적용

1. 모이라고 했을 때 이스라엘 백성들은 순종했다. 이스라엘의 모든 지파가 참여했다. 하나님이 시키는 대로 하려는 의지가 충만했다. 이스라엘 백성이 한 나라의 정체성을 가지고 이렇게 모일 때는 모든 것이 괜찮았다. 이것이 언약 백성들의 특징이었다. 그러나 그들의 역사는 점점 배교의 길을 걷는 잘못 때문에 포로로 잡혀가는 비운을 맞이했다. 우리도 이 점을 알아 긴장을 갖고 살아야 한다. 회막 문 앞에 모이라면 모이는 초기 이스라엘 백성들처럼 첫 사랑의 감격을 간직하여 한다. 그러나 우리는 또한 실패한 이스라엘의 역사를 반추해야한다. 세월이 가고 시대가 변해도 항상 회막 문 앞에 모이는 순종의 의지가 한국 기독교회와 성도에게 필요할 것이다.
2. 하나님은 자신의 뜻을 이루기 위해서는 필요한 사역자를 세우신다. 사역자에게 있어 가장 중요한 것은 전적인 순종이다. 모세를 세워서 제사장의 위임식을 거행할 때도 거듭 반복해서 하나님의 명령대로 했다는 말을 하는 것도 순종을 나타낸다. 순종은 스스로 알아서 하는 자율적인 자세라기보다 하나님의 명령대로 행하는 것이다. 사역들에게도, 성도들에게도 필요한 것은 하나님의 명령대로 행하는 자세이다. 그런 점에서 위임식은 그야말로 명령이 증명되는 순종의 자리이다.
3. 대제사장이 회중의 죄를 담당하여 여호와 앞에 속죄를 담당하는 일은 중보적 기능이다. 이는 장차 오실 예수 그리스도의 대제사장직을 예표한다. 지금도 예수께서는 하늘 보좌 우편에서 믿는 성도들을 위해 간구하신다.롬8:34; 히7:25 주님은 우리를 하나님을 위하여 그의 나라와 제사장들로 삼으셨다.계1:6 위임식을 통해 하나님의 나라가 세워짐을 보아야 할 것이다.

B. 모세의 위임식 집행8:6-32

Ⅰ. 본문의 개요

제사장의 위임식은 모세가 전적으로 주도했다. 그의 행동은 하나님의 지시에 따른 것이다. 위임식을 위해 속죄제, 번제, 위임식 제사가 준비되었다. 또 관유와 제사장 의복이 준비되었다. 먼저 위임식 제사를 드리기 위해 세워질 제사장들을 물로 씻기는 정결의식부터 행함으로 성별의 위임식은 진행된다. 특히 위임식의 절차에서 모세가 관유를 가져다가 성막과 그 안에 있는 모든 것에 발라 거룩하게 하였다. 또 관유를 아론의 머리에 붓고 몸에 발라 거룩하게 하였다. 모세는 이에 앞서 회막이 완성되었을 때도 관유로 성막과 그 안에 있는 것에 모두 발랐다.출40:9; 민7:1 이렇게 본다면 제사장 위임식과 성막 봉헌식은 관유 바름을 통한 거룩한 성별이 이루어졌다는 점에서 동일한 패턴을 이룬다. 즉 제사장은 움직이는 성막이 되는 셈이다. 이 위임식은 생전의 모세가 하나님의 명령으로 처음으로 주도해 세운 제사장 제도의 '설립의례'a rite of founding이기 때문에 제사장들을 세울 때 마다 똑같은 형태로 반복되지 않았을 것이다.[3)]

Ⅱ. 본문의 구조

1. 모세의 위임식 준비8:6-32
    1) 모세가 아론과 아들들을 물로 씻김8:6
    2) 모세가 일곱 가지로 구성된 대제사장 옷을 입힘8:7-9
2. 모세가 주도하는 위임식 절차8:10-32

3) 김의원, "제사장 위임식에 관한 연구", 『神學指南』가을호(1999), 44-72.

1) 모세가 성막과 제단과 제사장에게 관유를 바름8:10-12

2) 모세가 제사장의 옷을 입힘8:13

3) 모세가 속죄제를 드림8:14-17

4) 모세가 번제를 드림8:18-20

5) 모세가 특별형태로 위임식 제사를 드림8:21-29

① 숫양의 피를 아론에게 바름8:22-23

② 숫양의 피를 아론의 아들들에게 바름8:24

③ 숫양의 기름과 뒷다리를 화목제로 드림8:25

④ 소제로 드리면서 요제로 드려 번제로 드림8:26-28

⑤ 모세가 자신의 몫으로 숫양의 가슴을 요제로 드림8:29

6) 모세가 제사장의 옷에 관유와 피를 뿌림8:30

7) 모세가 제사장에게 고기 먹을 것을 명함8:31-32

Ⅲ. 본문 주해

1. 모세의 위임식 준비8:6-9

하나님께서 이스라엘의 제사장을 세우는 권위를 모세에게 주셨다. 모세는 하나님의 대리자로 이 일을 주도하였다. 모든 권세는 하나님으로부터 비롯됨을 나타낸다. 성별을 목적으로 진행되는 '위임제'나 '위임식'이나 '위임식 제사'는 모두 같은 말이다.

위임제the ordination, consecration를 가리키는 히브리어 밀루임מִלֻּאִים은 설립의 뜻을 가지고 있다. 따라서 위임식은 제사장에게 어떤 특별한 권위를 준다는 의미가 아니라 하나님께 제사를 드리고 봉사하는 사람이나 제도를 설립하는, 일종의 성별의식을 말한다.

1) 모세가 아론과 아들들을 물로 씻김[8:6]

모세가 아론과 그 아들들을 회막의 물두멍[출30:17-21]의 물로 씻겼다. 이는 정결의식이다.[레11:32; 13:58; 14:8-9; 17:15-16] 죄를 깨끗하게 하는 상징적인 의식이다.[히10:22] 이들이 제사장이 된 후에는 회막에 들어갈 때에는 반드시 손과 발을 물두멍의 물로 씻어야 한다. 그렇지 않으면 죽는다.[출30:20] 그러나 위임식 때 이들의 정결의식이 수족만 씻었는지, 몸 전체를 물에 담그거나 그와 유사한 행위인지 불분명하다.[4] 아니면 처음에는 온 몸을 씻었다가 나중에 간소화되어 손발만 씻을 수도 있을 것이다.

2) 모세가 일곱 가지로 구성된 대제사장 옷을 입힘[8:7-9]

제복을 입는 것은 개인의 인격이나 이름보다 직분과 기능을 강조한다. 곧 거기에 알맞은 권위와 존경이 발생한다. 지위가 높을수록 제복은 더 화려한 법이다. 목욕을 시킨 다음 아론에게 속옷을 입히고 띠를 띠우고 겉옷을 입히고 앞에 에봇[출28:5-14]을 걸쳐 입히고 에봇의 장식 띠를 띠워서 에봇을 몸에 매고 가로 세로 한 뼘의 정사각형의 흉패[출28:15-30, 약 가로×세로 25cm]를 가슴에 붙이고[달고] 그기에 우림과 둠밈을 넣었다.[출28:30] 우림[빛]과 둠밈[완전함]에 대한 형태와 사용법은 정확하게 말하기는 어려우나 이것이 판결 흉배에 넣었다는 말을 봐서 판결에 쓰이는 계시의 도구임에는 틀림없다.[삼상14:41-42] 그러나 우림과 둠밈은 포로후기에는 자취를 감춘 것 같다.[스2:63; 느7:65] 우림과 둠밈의 뜻이 빛과 완전함을 나타낸다는 의미에서 그리스도를 상징할 수 있을 것이다.

아론의 머리에 관을 씌우고 그 관의 전면에 금패를 붙였다. 곧 거룩한 관이었다. 이것은 여호와께서 모세에게 명령하신 것과 같았다. 아론의 의복은 모두 일곱 가지로 구성되었다. 이 내용은 출애굽기 28장과 39장에 지

---

4) Noordtzij, Leviticus, 94.

시되었다. 그것을 이제 실행에 옮긴 것이다. 하나님의 지시대로 실행되었기 때문에 이것이 하나님으로부터 비롯되었으며, 하나님의 권위가 있는 신적계시의 대제사장 모습이다. 제사장 의복은 대단히 화려하였고, 안에서 바깥으로 갈수록 비싼 자재로 되어있다. 성소는 이와는 반대로 안으로 들어갈수록 비싼 자재로 되어있으나 성소의 구조와 제사장의 의복은 같은 성격을 지녔다.

교훈과 적용

1. 레위기 8장에서 모세의 중보자 역할이 매우 두드러진다. 모세는 아론을 대제사장으로 세웠다. 모세는 아론에게 선지자의 자격으로 아론이 수행해야 할 하나님의 뜻을 전했다. 신명기 18:15절에서 모세는 "하나님께서 나와 같은 선지자 하나를 일으킬 것"이라고 말했다. 그 선지자는 그리스도를 말한다.[행3:22] 모세가 선지지로서 아론에게 하나님을 뜻을 전한 것처럼 그리스도가 사람들에게 하나님의 뜻을 선포하였다.[요1:17-18] 모세의 중보는 곧 그리스도의 중보를 모형화 한 것이다. 모세를 통해 이루어진 선지자 제도와 제사장 제도는 그리스도가 참된 선지자이며[요6:14] 대제사장이심을 다시 한 번 일깨워준다.[히3:1]
2. 위임식은 권위를 부여하는 의식이 아니라 직분을 세움으로 봉사를 하기 위함이다. 레위인을 안수하여 회막에서 일하는 직무를 부여할 때도 하나님을 봉사하기 위함[민8:11]이라고 그 목적을 밝혔다. 하나님 나라는 계급화나 서열화를 추구하는 사회조직과는 다르다. 봉사와 섬김을 위해 필요한 직분을 받는 것이다. 교회공동체의 구성원들은 이 점을 잘 인지해야 할 것이다.
3. 하나님 앞에 나아가는 제사장은 먼저 물로 씻어야 한다. 이는 정결해야 함

을 말한다. 여호와의 산에 오르며 거룩한 곳에 설 수 있는 자는 손이 깨끗하며 마음이 정결하며 뜻을 허탄한데 두지 아니하며 거짓 맹세를 하지 않는 자들이다.[시24:3-4] 이들이 여호와를 찾는 자들이다. 참된 정결은 그리스도의 피와 물로 이루어진다. 그리스도는 십자가에서 피와 물을 쏟으심으로[요19:34] 우리에게 참 된 정결을 이루는 길을 열어 놓으셨다. 정결은 그리스도의 십자가를 묵상함으로 마음으로부터 시작되어야 한다.

2. 모세가 주도하는 위임식 절차[8:10-32]

1) 모세가 성막과 제단과 제사장에게 관유를 바름[8:10-12]

모세의 지시와 행동은 여호와의 명령에 따른 것이다. 모세가 관유를 가져다가 성막과 그 안에 있는 모든 것에 발라 거룩하게 하였다. 이에 앞서 회막을 완성하고 관유로 성막과 그 안에 있는 것에 모두 발랐다.[출40:9; 민7:1] 이렇게 본다면 제사장 위임식과 성막 봉헌식은 관유를 바른다는 점에서 동일한 패턴이 된다. 즉 제사장은 움직이는 성막이 되는 셈이다. 관유는 성별하는 기름이다. 관유는 몰약, 육계, 창포, 계피, 가람 기름을 섞어서 만든다.[출30:23-24] 비교적 빨리 마른다. 관유[灌油, 세멘 마쉬아흐 שֶׁמֶן מִשְׁחָה, the anointing oil]라고 불리는 이 기름은 일반적으로 등[燈]과 연관이 있고, 등은 곧 빛이기 때문에 기름을 바르는 것은 거룩의 본체이신 하나님과 연관이 되는 상징적인 행동이라고 보고 있다. 시편 132:7절에 의하면 등과 기름이라는 표현을 통해 기름 부음을 받은 이가 곧 빛이라는 것을 암시한다.

또 제단에 일곱 번 뿌리고 또 그 제단과 그 모든 기구와 물두멍과 그 받침에 발라 거룩하게 하였다. 이는 성별의식이다. 모세는 물로 제사장이 될 이들을 씻김으로 먼저 정결의식을 행하였다.[8:6] 그리고 이번에는 관유로 물건들을 바름으로 구별시켜 거룩하게 하는 성별의식을 행하였다. 하나님은 항상 먼저 사람과 물건을 거룩하게 구별시키고 어떤 사명을 부여하시는 것을 알 수 있다.

관유로 건물에 대한 성별의식을 끝내고 이제 사람을 성별한다. 출애굽기에 지시되었던 것처럼출30:30 관유를 아론의 머리에 붓고 몸에 발라 거룩하게 한다. 머리에 부은 이 기름은 아론의 수염에 흘러서 옷깃까지 흘러내렸다.시133:2 관유로 부음을 받으면 성별과 위임의 의미가 있다.레21:10,12 기름을 붓는 위임은 이스라엘에서 새로운 제사장과 새로운 왕에게 해당된다. 선지자의 경우는 엘리야가 후계자 엘리사에게 기름 부는 일이 있었다.왕상19:16 야곱이 돌기둥에 기름을 붓은 것은 위임이 아니라 그냥 성별이다.창28:18 이제 건물과 사람이 거룩한 한 공간에 함께 놓이게 되었다. 전체가 거룩하게 되었다. 그래서 거룩은 항상 하나님의 온전한 상태를 유지한다. 그런데 출애굽기 30:32절에는 이 관유는 사람의 몸에 붓지 못한다고 되어 있다. 머리는 몸이 아닌가? 왜 아론의 머리에 관유를 붓는가? 여기서 몸에 기름을 붓지 말라는 것은 몸의 치장을 위해 아무의 몸anyone's body에 붓는 것을 금지한다는 말이다. 제사장 위임식에 기름을 붓는 의식은 사역을 위해 '보냄을 받은 자'라는 의미도 있지만, '하나님의 거룩함에 참여한 자'라는 뜻이 있다. 이사야는 하나님의 영이 임함을 기름부음으로 표현하였다.사61:1

2) 모세가 제사장의 옷을 입힘8:13

그리고 아론의 아들들을 데리다가 그들에게 속옷을 입히고, 띠를 띠우며, 관을 씌웠다. 대제사장의 복장보다 간소하나. 권위의 차등으로 이해할 수 있다. 즉 아론 대제사장은 그리스도를, 아들 제사장들은 신자를 상징할 수 있다. 아론과 아들들을 비교한다면 아들들에게는 겉옷, 에봇, 흉패, 관의 금패 등은 없다. 이것은 확실히 대제사장과 제사장의 차이를 나타내는

것이다. 이것도 여호와께서 모세에게 명령하신대로 행하였다.출29:7-9

앞으로 아론에 이어 대제사장이 되는 자손은 기름을 부음을 받아 위임이 되면 회막에서 일주일동안 그 성의聖衣를 입고 지내야 한다.출29:30

3) 모세가 속죄제를 드림8:14-17

모세가 계속 위임식을 집행해 나가고 있다. 이제 제사를 드릴 차례다. 먼저 속죄제를 드린다. 거룩한 직분을 하기 전에 먼저 하나님에게 속죄의 순서를 갖는 것은 지극히 당연하다. 수송아지를 끌어와서 아론과 그 아들들이 수송아지 머리에 안수한다. 이렇게 아버지인 아론과 아들들이 함께 위임식 행사를 치루는 것은 앞으로 제사장직은 세습된다는 것을 보여준다.

모세가 수송아지를 잡아 그 피를 가져다가 손가락으로 그 피를 제단의 네 귀퉁이 뿔에 발랐다. 이미 부어진 기름8:10 위에 피를 바르는 것이다. 제단은 그 피로 깨끗하게 되고 또 그 피를 제단 밑에 쏟아서 제단을 속하여 거룩하게 한다. 모세는 또 수송아지의 내장에 덮인 모든 기름과 간 꺼풀과 두 콩팥과 그 기름을 떼어다가 제단 위에 불살랐다. 수송아지의 피와 기름을 모두 드림으로 안수한 제물은 제사 드리는 자가 되어 하나님께 바쳐지는 것이다. 그리고 수송아지의 가죽과 고기와 똥은 진영 밖에 가져가 불살랐다. 이것도 이미 출애굽기 29:10-14절에 지시되어 있다. 모세는 여호와의 지시대로 지금 실행하고 있는 것이다. 하나님의 지시대로 시행하는 이 위임식은 참으로 복된 것이다.

4) 모세가 번제를 드림8:18-21

이번에는 번제를 드린다. 제사장이 전적으로 자기를 하나님께 바침을 뜻한다. 준비한 숫양의 머리에 아론과 그의 아들들이 안수한다. 모세가 안수를 한 숫양을 잡아 그 피를 제단 사방에 뿌린다. 일반적으로 안수한 자가 제사를 드리는 자이며, 또한 짐승을 잡는다. 그런데 여기서는 모세가 짐승을 잡는다.8:15,19,23 위임식 제사라는 특이한 예식이어서 그럴 수 있지만, 아론과 아들들이 수양을 잡는다고 보는 견해도 있다.[5)]

숫양의 각을 뜨고 물로 내장과 정강이들을 씻고 모세가 그 머리와 각 뜬 것과 기름을 불사른다. 숫양의 전부를 제단 위에서 불사르는 것이다. 이렇게 되면 제물은 향기로운 냄새가 되고 여호와께 드리는 화제가 된다. 이 절차도 여호와께서 모세에게 미리 지시하신 것이다.출29:15-18

5) 모세가 특별형태로 위임식 제사를 드림 8:22-29

이번에는 위임식 제사를 드린다. 직무를 맡는 제사 행위다. 제사장의 순종을 중점으로 가르친다. 첫 번째로 위임식의 숫양을 드린다. 바로 앞에서는 번제의 숫양을 드렸다. 그래서 사전에 숫양 두 마리를 준비시킨 것이다. 아론과 그의 아들들이 앞의 번제용 숫양과 동일하게 안수한다.

① 숫양의 피를 아론에게 바름8:22-23

모세가 이 위임식을 위해 숫양을 잡아 그 피를 가져다가 아론과 그의 아들들에게 바른다. 앞에서 언급된 일반 번제의 숫양의 피는 제단 사방에 뿌리고, 위임식 숫양의 피는 앞의 속죄제를 드릴 때 제단의 뿔들에 바른 것처럼 사람에게 바른다. 이렇게 본다면 제단과 제사장의 피 바름은 동일한 성별의식이다.

피를 바를 때 아론의 오른쪽 귀 부리와 오른쪽 엄지손가락과 오른쪽 엄지발가락에 바른다. 우연이지만 제단의 뿔과 사람의 귀 부리나 손가락과 발가락은 돌출되었다는 점에서는 비슷하다. 왜 이런 곳오른쪽에 피를 바르

5) Wenham, The Book of Leviticus, 142.

는가? 우편은 대표성이나 긍정적임을 나타낸다.창48:17; 마25:34,41 구약에서 오른쪽과 우편이라는 표현은 하나님의 권능을 나타내는 주님의 자리를 의미한다.출15:6; 시110:1 즉 제사장을 하나님께 종속시키는 것이다. 제사장의 귀와 손과 발은 하나님을 위한 도구가 되는 것이다. 귀는 하나님의 명령을 듣는 것이며, 손은 그 명령을 행하는 것이며, 발은 그 명령이 목표하는 하나님의 길을 걷는 것이다.참고. 레14:14–17 거룩한 사역으로 말하면 귀는 하나님의 거룩한 목소리를 들으며, 손은 항상 거룩한 행위를 하며, 걷는 발은 더욱 더 거룩한 길을 쫒는 것이다.[6]

② 숫양의 피를 아론의 아들들에게 바름8:24

모세가 이번에는 아론의 아들들에게도 아론과 동일하게 피를 발랐다. 역시 동일하게 오른쪽 귀 부리와 오른 쪽 엄지손가락과 오른쪽 엄지발가락이었다. 그리고 피를 위임식 속죄제 때와 같이 제단에 뿌렸다. 이는 시내산에 있었던 언약 비준식에서도 화목제로 바친 소의 피를 반반씩 나눠 백성과 단에 뿌렸던 일과 동일하다.출24:5–8 피를 바름에 있어서는 아론과 아들들이 다르지 않다. 제사장 의복은 차이가 났지만 피 바름은 동일하다.

③ 숫양의 기름과 뒷다리를 화목제로 드림8:25

피 바름에 이어 모세가 이제 화목제를 드리기 위해 숫양의 기름을 떼어낸다. 떼어내는 숫양의 기름은 기름진 꼬리, 대장에 덮인 모든 기름, 간 꺼풀과 두 콩팥과 주변이다. 그리고 숫양의 오른쪽 뒷다리를 떼어낸다. 화목제를 드리면서 기름 외에 제물의 뒷다리를 떼어서 태우는 것은 이 위임식 제사에서 처음이다. 아주 특이한 광경이다. 왜 이렇게 오른쪽 뒷다리를 태우는가? 원래 화목제물의 오른쪽 뒷다리는 제사장 몫이다.7:33 제사장 몫의

6) Noordtzij, Leviticus, 99. Wenham, The Book of Leviticus, 143.

그 뒷다리를 태워 드린다는 것은 곧 제사장을 드린다는 말과 같다.

④ 소제로 드리면서 요제로 드려 번제로 드림8:26-28

그리고 여호와께 바친 무교병누룩 없는 과자 광주리에서 무교병 한 개와 기름 섞은 떡 한 개와 전병속이 빈 과자 한 개를 떼어낸 기름 덩어리와 떼어낸 숫양의 오른쪽 뒷다리 위에 놓는다.

그것 전부를 나눠 아론의 손과 아들들의 손에 얹는다. 아론과 아들들은 이것을 여호와 앞에서 흔들어 요제로 삼았다. 화목제에서 요제는 제사장 몫으로 드려지는 제사다. 요제는 제사를 드린 자가 갖는다. 지금 제사를 드리는 자는 모세다. 그러면 모세의 몫이 되어야 한다. 그러나 이 요제는 제사를 드리는 모세가 갖는 것이 아니라 태운다. 다시 말해 제사장은 요제로 드려진 하나님의 몫인 셈이다. 그래서 그들은 여호와를 위해 봉사하는 자들이 되었다. 모세는 무교병, 전병, 숫양의 기름 덩어리, 오른쪽 뒷다리를 요제로 드린 아론과 그의 아들들의 손에서 넘겨받아 제단 위에 번제물 위에 불사른다. 그들이 요제로 흔든 기름과 뒷다리는 불탔다. 그 몫은 결국 여호와의 것이 되었다. 이렇게 화제로 드려지면 이는 당연히 여호와가 흠향하시는 향기로운 냄새가 된다. 이것이 여호와께 드리는 위임식 제사다.

⑤ 모세가 자신의 몫으로 숫양의 가슴을 요제로 드림8:29

모세가 이번에는 숫양의 뒷다리가 아닌 숫양의 가슴을 여호와 앞에 흔들어 요제로 바쳤다. 아론과 아들들과는 달리 태우지 않고 모세가 가졌다. 모세는 설립된 제사장이 아니지만 제사장으로 불렸다.시99:6 모세는 제사장 제도가 설립되기 전에 하나님의 명령으로 요제를 드렸지만 요제는 드린 자의 몫이므로 모세가 숫양 가슴을 자신의 몫분깃으로 취했다. 왜 모세가 요제를 취하는가? 이는 취한 분깃을 통해 모세가 제사장 제도의 설립에 관여

했음을 나타낸다. 이것도 여호와의 명령을 따라 한 것이다.출29:18-28

"여호와께서 모세에게 명령하심과 같았더라"는 어구는 레위기 8장에 들어와서 여기까지 다섯 번 반복되었다.8:9,13,17,21,29 이렇게 반복된 이유는 제사장 제도의 설립이 중요한 일이라는 강조와 함께 모든 것이 하나님으로부터 비롯되었다는 신적기원을 거듭 밝히는 것이다. 이는 신성하고 거룩한 일이다.

6) 모세가 제사장의 옷에 관유와 피를 뿌림8:30

모세가 이번에는 번제단에 피를 뿌리는 것이 아니라 제사장의 옷에 피를 뿌린다. 또 관유도 함께 뿌린다. 아론과 그의 아들들의 옷에 관유와 피를 뿌리는 것은 옷을 거룩하게 하기 위해서였다. 피는 먼저 몸에 발랐고, 이제 피를 옷에 뿌렸다. 몸과 의복이 성별되었다. 민간인에서 이제 성별된 제사장이 된 것이다.

7) 모세가 제사장에게 고기 먹을 것을 명함8:31-32

모세가 아론과 아들들에게 고기 먹을 것을 명령하였다. 먹는 것은 일상생활이지만, 특별히 회막에서 제사를 지내고 그 제물을 먹는 것은 거룩한 행위이며, 제사의 한 부분이다. 제물로 바친 고기를 먹는 것은 속죄함을 받아 하나님과의 정상적인 관계가 이루어졌다는 증거다. 제사장들이 지금 먹을 수 있는 고기는 위임제 제사로 드려진 숫양 한 마리 중 오른쪽 뒷다리와 가슴을 제외한 부분이다. 오른쪽 뒷다리는 요제로 드려 불태웠고, 가슴은 모세의 몫으로 돌려졌다. 다른 숫양 한 마리는 번제로 모두 태워졌다. 먹는 고기는 삶아서 광주리의 떡과 함께 회막 뜰에서 먹는다. 레위기의 제사에서 제물과 떡을 먹는 것은 성도들이 희생으로 이루어진 그리스도의 참된

양식을 먹고 사는 필요성을 나타낸다.요6:50-55 7)

고기를 먹을 때 아침까지 먹지 못하고 남는 것은 불태워 없애야 한다. 희생을 드리고도 정해진 규례에 의해 먹지 못하는 고기는 항상 불태워야 한다.레6:30 이 때 먹는 떡도 남으면 불살라야 한다.출29:34 거룩한 제물이 부정하게 되는 것을 막는 조치이다.

교훈과 적용

1. 우리가 하나님께 헌신하기 위해서는 인격 전체가 동원되어야 한다. 모세는 제사장들이 그들의 직분을 잘 감당하기 위해 귀와 손과 발에 기름을 발랐다. 전적인 순종과 헌신을 몸 전체로 행할 것을 가르친 것이다. 우리도 동일하게 교회에서 활동할 때 귀와 손과 발로 봉사해야 할 것이다. 이는 마음의 중심에서 일어나는 인격적인 헌신이다.
2. 이스라엘 백성들을 제사장 나라가 되었다.출19:6 위임식에서 아론에게 입혀진 화려한 제사장 의복을 보면서 자신들의 존귀함을 느꼈을 것이다. 성도들은 예수 그리스도를 통하여 이에 해당하는 이름을 얻었다. "거룩한 제사장",벧전2:5 "왕 같은 제사장"벧전2:9이라고 했다. 그리스도는 하나님을 위하여 우리를 제사장으로 삼으셨다.계1:6 제사장은 곧 오늘날 유기체적 교회를 일컫는다. 우리는 이러한 일컬음에 대한 은혜와 특권을 깊이 생각해야 할 것이다.
3. 관유로 건물에 대한 성별의식을 끝내고 다음으로 사람을 성별했다. 관유를 아론의 머리에 붓고 몸에 발라 거룩하게 하였다. 건물과 사람이 거룩한 한 공간에 함께 놓이게 되었다. 전체가 거룩하게 되었다. 거룩은 그래서 항상 하나님의 온전한 상태를 유지한다. 성도도 주변의 모든 조건이 하

7) Merrill F. Unger, The New Unger's Bible Handbook (Chicago: Moody Publishers, 2005), 94.

나님 앞에 거룩한 한 공간이 되도록 가정과 교회와 생활주변을 구별하여 유지하는 의지와 노력이 있어야 한다. 특별히 제사장의 의복에 대한 의미는 종종 성도의 미덕에 관해 말해진다. "너희는 하나님의 택하신 거룩하고 사랑하신 자처럼 긍휼과 자비와 겸손과 온유와 오래 참음을 옷 입으라"고 하셨다.골3:12 우리는 오직 그리스도로 옷 입어야 할 것이다.롬13:4

C. 위임식 기간과 목적과 당부8:33–36

Ⅰ. 본문의 개요

칠일 동안 치러지는 위임식의 절차와 목적과 당부의 말씀이 종결부분을 이룬다.

Ⅱ. 본문의 구조

1. 위임식의 기간과 목적과 당부8:33–36
   1) 위임식의 기간
   2) 위임식의 목적
   3) 위임식의 당부

Ⅲ. 본문 주해

1. 위임식의 기간과 목적과 당부[8:33-36]

1) 위임식 기간

제사장 위임식은 일주일 동안 거행된다. 이 말의 문자적 의미는 "여호와께서 너의 손을 칠일동안 채울 것이다"이다. 이는 제사장 직분에 대한 표지insignia이다.[8)] 제사장이 해야 할 일들은 대략 보면, 제사 드리기,[레1-7, 9장] 하나님과 백성 사이의 중재,[민16:46-47] 규례의 가르침과 분별,[레10:10] 종교적인 행정,[레27장] 성막의 경계 직무,[민3:10; 18:1-7] 제사장 규례 지키기,[레21장] 대제사장의 우림과 둠밈의 판결법 시행[민27:21] 등이다.[9)]

제사와 관련하여 7이라는 숫자는 여러 곳에 나타난다.[레4:6; 8:11 출12:15; 23:15; 29:37] 그리고 위임식 외에 구약에서 일주일 동안 진행되는 일은 출생에 관련한 규례,[레12; 창17] 결혼,[창29:27] 장례[창50:10] 등이 있다. 이것들을 종합하면 일주일은 새로운 변화를 위한 기간으로 보여 진다. 제사장들에게도 새로운 사역을 위해 일주일이라는 준비기간이 필요했을 것으로 본다.[10)]

일주일동안 무엇이 진행되는가? 매일 수송아지 한 마리를 속죄제로 드리면서 피를 제단에 바르며, 매일 제단에 기름을 부어 거룩하게 하며, 매일 일 년 된 어린 양 두 마리를 아침과 저녁에 번제로 드린다. 이 때 밀가루와 찧은 기름과 포도주를 소제와 전제로 함께 드린다. 위임식 때 일주일 동안 매일 드렸던 번제는 위임식이 끝난 후에도 상번제로 계속 드리게 되었다.[출29:35-42] 이 위임식이 끝날 때까지 제사장들은 회막문을 나가지 못했다. 물론 모든 일주일동안의 제사는 모세가 집전했다.[출29:38]

---

8) Gane, Leviticus, 164-65.
9) Gane, Leviticus, 165.
10) Hartley, Leviticus, 116.

2) 위임식의 목적

오늘 이렇게 모세를 통해 행한 모든 일은 여호와께서 제사장들을 위해 속죄를 하기 위해 명령하신 것이다. 하나님의 모든 일에는 속죄키페르가 먼저 이루어져야한다는 사실을 분명하게 나타낸다.

3) 위임식의 당부

여호와께서 모세를 통해 다시 최종적으로 명령하신다. 제사장들은 일주일동안 회막문 안에 머물면서 여호와께서 명령하신 것을 지키라고 하셨다. 왜 일주일동안 하는가? 레위인 위임식은 기간을 별도로 명시하지 않아 하루 만에 끝난 것으로 보인다.민8:5-22 이에 비해 제사장 위임식은 하루가 아닌, 일주일동안을 함께 지냄으로 하나님과 제사장의 관계가 더욱 묶여졌을 것이다. 비중성이 그만큼 높다는 것을 반증한다. 일주일이라는 기간은 또한 제사장 성별의식의 완전성을 나타내는 것이기도 하다. 이것은 위임식의 규례로부터 시작하여 성막을 지키는 일과 나아가서는 하나님의 명령으로 이루어진 규례들을 엄격히 지키는 일을 명시화한 것이다.[11] 어쨌든 명령을 어기면 사망할 것이라는 점을 모세를 통해 당부하신다. 실제로 사망하는 일은 레위기 10장의 나답과 아비후의 사건에서 일어난다. 하나님의 명령을 어길 때 죽을 것이라는 선포는 시내산에 하나님이 임재하실 때도 주어졌다.출19:20 아론과 그의 아들들은 여호와께서 모세에게 명령하신 모든 일을 지켰다.

11) Milgrom, Studies in Levitical Terminology1 (Berkeley: University of California, 1970), 10.

교훈과 적용

1. 성도들은 오늘도 죄의 용서가 필요하다.[요일1:8-9] 그러나 구약 성도처럼 동물을 희생 제물로 드리지 않아도 된다. 왜냐하면 "예수의 피가 우리를 모든 죄에서 깨끗하게 하실 것"이기 때문이다.[요일1:7] 오직 그리스도의 피가 영원한 속죄를 이루셨다[히9:12]는 사실은 하나님의 주관적인 은혜와 긍휼임을 잊지 말아야 할 것이다.
2. 제사장 위임식은 권위나 특권을 위한 것이 아니라 봉사자로서의 헌신을 다짐하는 것이다. 우리가 교회에서 봉사할 때는 하나님의 공급하시는 힘으로 하는 것 같이 하라고 하였다.[벧전4:11] 그 이유는 범사에 예수 그리스도로 말미암아 하나님이 영광을 받기 위함인 것이다. 우리는 하나님의 영광을 위해 봉사해야 한다. 이것은 여호와의 부탁이며, 책무이며, 명령이기도 하다.[레8:35] 하나님을 경외하고 명령을 지키는 것은 사람의 본분이다.[전12:13] 제사장도 그러하고 우리도 그러하다.
3. 구약의 제사장들은 이렇게 일주일 동안 위임식을 치루면서 거룩하게 되었다. 이에 반하여 새 언약의 중보자는 자신 스스로가 거룩하게 되셨다.[요17:19] 주님은 자신으로 인해 거룩하게 된 성도들을 영원히 완전하게 하기 위하여 영원한 제사를 드리신 것이다.[히10:12-14] 그래서 우리는 항상 찬미의 제사를 드려야 한다.[히13:15]

레위기 9장

성공적으로 끝난 첫 번째 공식 제사

A. 첫 제사[9:1-21]

I. 본문의 개요

극적인 사건이 일어난 날이다. 처음으로 제사장의 사역을 다룬다. 아론이 첫 제사를 드린다. 여호와께서 제사를 받으시기 위해 처음으로 나타나신다. 첫 제사를 드리는 절차와 내용을 나타내는 1-7절까지는 모세가 주도한다. 여호와의 불이 나타난다. 제사장으로서 위임식이 끝나고 이제 제사장으로서의 자격과 신분을 얻어 취임식 제사를 거행한다. 위임식을 행할 때와 첫 제사를 모세가 드릴 때는[8:14-36] 모세가 주도했지만 9장을 지나면서 모세가 아론에게 그 직임을 넘겨준다.[10:8이하] 적어도 제사에 있어서는 이제 모세보다는 아론이 주도하게 되었다.

9장에서 대제사장은 자신과 제사장을 위한 제사를 먼저 드린 후에 백성들을 위한 제사를 드렸다. 나중에 보게 되겠지만 16장의 대속죄일 때도 이와 같이 자신을 위해 먼저 속죄제를 드리고 그리고 백성을 위해 속죄 제사를 드린다.

Ⅱ. 본문의 구조

1. 모세의 주도로 준비9:1-7
   1) 모세의 소환과 지침 하달9:1-5
   2) 여호와의 영광이 나타날 것을 약속9:6-7
2. 아론의 주도로 제사9:8-21
   1) 제사장을 위한 두 가지 제사9:8-14
   2) 백성을 위한 네 가지 제사9:15-21

Ⅲ. 본문 주해

1. 모세의 주도로 준비9:1-7

1) 모세의 소환과 지침 하달9:1-5

일주일간의 위임식이 끝났다. 팔일 째가 되는 날 모세가 아론과 그의 아들들을 소환했다. 이스라엘 장로들도 불렀다. 몇 명이었을까? 이스라엘 70명의 장로를 장막에 둘러 세운 기록이 있다.민11:24 장로들은 성직수임 시간 동안 성막 경내에 있었던 같다.[1] 모세는 하나님과 백성 사이에 선지자적 중보자였다. 이 날은 아론이 그의 제사직을 수행하는 첫 날이다. 구약에서 칠일 째가 끝나고 팔일 째로 이어지는 경우가 많다.레12:2-3; 출22:10; 22:26-27; 14:8-10,21; 15:13-14; 민6:9-10; 왕상8:65; 겔43:18-27 우가릿 문헌에도 이와 같은 경우가 나타난다.[2]

모세가 아론에게 명령하였다. 모세는 지금 하나님과 인간 사이에 선지자적 중재자로 서 있다. 모세의 명령은 9장에서 모두 5번 하달된

1) R. K. Harrison, Levuticus, TOTC (Inter-Varsity Press, 1980), 103.
2) Milgrom, Leviticus 1-16, 571. Rooker, Leviticus, 149-150.

다.[9:1,2,5,6,7] 아론은 여전히 하나님과 사람 사이의 중보 역할을 하는 선지자 모세의 말에 순종해야 한다. 첫 제사의 지침이 아직 모세의 주도로 이루어지고 있는 것이다.

제사가 시작된다. 먼저 속죄제를 드려야 한다. 그러기 위해서는 필요한 흠 없는 송아지[에겔, 일년생 이상, bull-calf]를 준비하여야 한다. 일주간의 위임식을 치루면서 매일 속죄제를 드림에도 불구하고 다시 취임식 속죄제를 드린다. 아론은 칠일동안 모세를 통하여 여러 번 속죄와 위임을 받았다. 그럼에도 불구하고 아론이 다시 속죄제를 드리는 것은 율법으로 드리는 제물이 완전성을 보장할 수 없음을 보여주는 것이다.[히10:1] 율법 제사의 불완전성을 말한다. 이렇게 다시 속죄제를 드리는 이유는 제사장이 되어서 드리는 제사로서는 처음이기 때문에 당연히 자신의 신분으로 위해 속죄제부터 드리는 것이 마땅할 것이다.

또 번제를 드려야 한다. 그러기 위해서는 흠 없는 숫양[아일, ram]을 드려야 한다. 이 희생 제물들을 여호와 앞에 가져와야 한다.

이번에는 이스라엘 백성에게 명령하였다. 너희들도 속죄제를 드려야 한다. 숫염소[사이르, male goat]를 가져와야 한다. 또 번제도 드려야 한다. 일 년 되고 흠 없는 송아지[에겔, calf]와 어린 숫양[케베스, lamb]을 가져와야 한다. 아마 어린 양은 이때부터 아침과 저녁에 각각 상번제로 드렸을 것이다[레9:17; 민28:3]

모세가 이어서 이스라엘 백성들에게 말했다. 화목제를 드려야 한다. 여호와 앞에 드릴 수 있는 수소[쇼르, ox]와 숫양[아일, ram]을 가져와야 한다. 또 기름 섞은 소제물을 가져와야 한다. 오늘 여호와께서 너희에게 나타나실 것이다. 이 얼마나 기대되고 흥분되는 말인가! 가시적인 임재를 예고하신 것이다.

아론과 백성들이 모세의 명령대로 준비하였다. 그리고 회막 앞으로 지시받은 제물들을 가져왔다. 아론을 비롯한 온 회중이 나아와서 여호와 앞에 섰다. 그들은 여호와의 얼굴을 구했다. 이 날에 모인 회중은 출애굽한 전체 백성이 아닐 것이다. 회막 앞에 다모이기는 힘들다. 장로들과 백성들의 지도자들이 모였을 것이다.

2) 여호와의 영광이 나타날 것을 약속9:6-7

여호와의 영광이 나타날 것이라는 약속이 두 번 나타난다.레9:4,6 모세는 회중에게 말했다. 이는 여호와께서 너희에게 하라고 명령하신 것이기 때문에 이제 여호와의 영광이 나타날 것이다. 영광은 어떻게 나타나는가? 레위기 9:24절에 의하면 불로 나타나신다. 시내산에서는 불 가운데서 강림하셨다.출19:18 시내산 위에 구름과 불의 형태로 나타나셨다.출24:16-17 성막이 완성되었을 때 나타나셨다.출40:34 여호와의 영광이 무엇인가? 문자적으로는 '물건의 무거운 양'을 말한다. 일반적으로 여호와의 영광은 백성 가운데 가시적으로 나타나는 임재현상을 뜻한다. 또 하나님의 합당한 속성, 역사를 지배하시는 하나님의 주권, 장차 나타나실 하나님의 '영광'사40:5 등을 의미한다. 하나님의 영광이 나타나는 것은 자신을 계시함과 동시에 백성들과 함께 거하시기 위함이다. 이는 장차 하나님과 인간 사이의 회복을 상징하며 하나님의 현존 속에서 이루어질 인간의 회복을 의미한다. 여호와에 대한 언급에서는 자주 그 단어가 신적 광체를 전달하고 동시에 그것을 숨기는 구름을 지칭한다. 광체를 숨기는 이유는 그것을 보는 사람들이 죽지 않기 위함이다.출24:15-17 [3)]

모세가 아론에게 말했다. 너는 제단 앞으로 가서 먼저 너 자신을 위해 속죄제와 번제를 드려 속죄하라. 그러고 난 다음 백성의 예물을 드려 그들을 속죄하라. 아론 자신과 백성을 위해 제사를 드리는 이러한 구조는 16장의 대속죄일과 유사성을 갖는다. 아론의 첫 제사에 아사셀을 위한 속죄양

---

3) Hartly, Leviticus, 122.

은 없지만 화목제가 대신한다.[4)]

교훈과 적용

1. 백성의 입장에서는 모세의 명령대로 행하는 것이 중요하였다. 모세는 지금 하나님을 대신하여 일하는 것이다. 모세는 하나님의 주권아래 움직였다. 여호와의 말씀 그대로를 지시하였다. 모세에게는 여호와께서 지시하신 말씀에 순종할 의무만 있었다. 이렇게 모세는 철저하게 계시된 말씀만 전했고, 백성들도 철저하게 그 말씀에 따라 움직였다. 전하는 자도 듣는 자도 말씀에 순종하였다. 그 결과로 하나님의 영광이 나타날 것이라는 약속을 받았다. 성도의 삶에서 하나님의 영광이 나타나는 것보다 더 큰 축복이 있겠는가? 하나님 앞에서의 순종은 하나님의 영광을 나타나게 한다. 이런 삶은 여호와께 복된 삶이다.
2. 아론은 이날 위임식에서 대제사장으로 기름 부음을 받는다. 그러나 그는 여전히 불완전하고 약점을 가진 상태로 그 직무를 담당해야만 했다. 자신을 위해서 속죄제를 드려야 하는 처지였다. 그러나 그리스도는 이와는 대조적으로 나타나신다. 그는 거룩하고, 악이 없고, 더러움이 없고, 죄인에게서 떠나 계시고, 하늘보다 높이 되신 자이시다.[히7:26-28] 그런 분이시기 때문에 그 분은 대제사장으로 합당하신 분이시다. 누가 우리를 구원할 수 있는가? 오직 그 분만이 우리를 구원하실 수 있다. 찬양을 드린다.
3. 이스라엘 제사제도는 속죄가 근본이다. 제사제도를 대표하는 대제사장조차도 그 자신을 위해 먼저 속죄제사를 드려야 한다는 사실은 인간의 한계와 위치를 잘 말해주고 있다. 속죄를 선언하는 최고의 제사 책임자가 먼저 자신의 죄부터 해결해야 한다는 사실은 매우 시사적이다. 하나님 앞에서

4) Wenham, The Book of Leviticus, 147.

인간은 직위고하를 막론하고 부정한 죄인임을 인식하여야 한다. 그래서 자신의 정결을 위해 우선 힘써야 한다는 사실은 성도가 항상 주지해야 할 선결조건이다.

2. 아론의 주도로 제사9:8-21

1) 제사장을 위한 두 가지 제사9:8-14

8-21절까지는 아론이 드디어 실제로 제사를 드린다. 자신을 위한 두 가지 제사를 먼저 드린다. 속죄제와 번제이다.

속죄제9:8-11

아론과 그의 아들들이 직임을 수행하기 위해 속죄제를 먼저 드린다. 하나님 앞에 나아가는데 있어 가장 해결되어야 할 선제조건이 죄를 해결하는 것이다. 죄를 가지고는 하나님 앞에 나아갈 수 없다. 이를 위한 제사가 속죄제이다. 이에 아론이 모세의 말대로 제단에 나아가 자기를 위한 속죄제 송아지를 잡았다. 대제사장이 된 아론 자신의 죄성과 죄 용서의 필요성이 공개적으로 밝혀진 것이다. 아론은 시내산 아래에서 금송아지 사건을 주도한 바 있다. 그런데 이제 송아지를 잡아 제사를 드리는 자리에 선 것이다. 아이러니하기도 하고 어떤 두려움도 있었을 것이다.

아론의 아들들이 송아지에겔를 잡아 피를 아론에게 가져왔다. 원래 제물은 제사를 드리는 자가 직접 잡는다. 그러나 지금 아론과 아들들은 함께 제사를 드림으로 주도는 아론이 하되 아들들과 함께 공동제사를 드리고 있는 것이다. 이들은 모두 제사장 가족으로 지금 함께 일한다. 왜냐하면 아론의 자식들은 아론에게 속한 권속이기 때문이다.레9:7; 16:6 아론은 제사장 역할로 아들들은 제사를 드리는 자의 역할로 진행되는 것이다. 아론은 손가락으로 송아지의 피를 찍어 제단 귀퉁이의 네 뿔에 발랐다. 나머지 피는 제단 밑에 쏟았다. 제단에 피를 바르는 것은 제물을 드림에 있어 죄가 발생하지 않도록 하기 위해서다. 또 번제단을 통한 하나님과의 만남을 이루어지도록 하는 사전 조치이다. 그 속죄제물의 기름과 콩팥과 간의 꺼풀은 떼어내어 제단 위에 불살랐다. 여호와께서 모세에게 지시하신대로 그렇게 하였다. 바친 속죄제물의 고기와 가죽은 진영 밖으로 가져나가 지정한 곳에서 불살랐다. 제사를 드릴 때 가축의 가죽은 제사를 드린 제사장이 갖는다.레7:8 그러나 속죄제를 드릴 때는 가죽을 불살라야 한다.레4:12; 9:11

번제9:12–14

아론이 이번에는 번제물을 잡는다. 아론의 아들들이 숫양아일 피를 아론에게 가져왔다. 아론이 그 피를 제단 사방에 뿌렸다. 아들들이 또 번제의 제물인 숫양의 조각낸 각과 머리를 아론에게 가져왔다. 아론이 그것을 받아 제단 위에서 불살랐다. 아론이 또 숫양의 내장과 정강이를 씻어서 가져온 것을 단 위에 있는 번제물 위에 얹어 불살랐다. 번제는 그대로 불태울 것과 물에 씻어 불태울 것을 분명하게 구분한다.

2) 백성을 위한 네 가지 제사9:15–21

백성을 위한 네 가지 제사가 드려진다. 속죄제, 번제, 소제, 화목제다. 이날 아론이 백성들을 위해 네 가지 제사를 드린 것은 특별한 죄가 있어서가 아니라 백성들의 일반적인 죄성을 속죄하고, 하나님의 축복을 받기위해 드린 것이다.[5] 이날 속건제를 드리지 않는 것은 하나님과 이웃에게 손해를 입힌 구체적인 사건이 없기 때문이다. 속건제는 주로 개인적인 죄를 해결하는 제사이다.

5) Wenham, The Book of Leviticus, 149.

속죄제9:15

아론이 자신과 아들들을 위한 제사장 제사를 드렸다. 이제 백성들을 위해 제사를 집전할 차례가 되었다. 먼저 숫염소사이르로 백성의 속죄제를 드린다. 원래 속죄제 규정은 회중을 위해서는 수송아지 한 마리를 드려야 한다.레4:14 그러나 아론의 첫 제사와 속죄일에는 회중이 숫염소 한 마리를 바친다.레16:5 이러한 변화에 대한 설명은 주어지지 않는다. 다만 숫염소는 백성들이 중요한 날에 드린 표준적인 속죄 제물인 반면에 수송아지는 백성들이 특정한 죄를 대속 받고 싶을 때 요구된 것일 수도 있다.[6] 공적인 제사이기 때문에 아론이 직접 도살했거나 아니면 백성의 대표인 장로가 털이 많은 이 숫염소를 잡았을 것이다.레4:15 속죄를 위한 것이다. 대속죄일 때는 아론이 백성의 속죄를 위하여 직접 숫염소를 잡았다.레16:15

번제9:16

또 번제물인 송아지에겔와 일 년 되고 흠 없는 어린 숫양케베스을 잡아 번제의 규례대로 드렸다.

소제9:17

또 기름 섞은 소제물을 드렸다. 소제물 중에서 아론의 손에 한 움큼을 채워서 아침 번제물에 얹어 제단 위에 불살랐다.출29:41 "아침 번제물"은 레위기 1-7장의 제사법에는 언급되지 않았다.

화목제9:18-21

백성을 위해 화목제물을 드렸다. 맨 마지막에 화목제를 드리는 것은 죄를 위한 대속을 받은 뒤 일종의 축제의 식사다. 수소쇼르와 숫양아일을 잡았

6) Hartly, Leviticus, 122.

다. 아론의 아들들이 각각 수소와 숫양의 피를 가져왔다. 아론이 그것을 제단 사방에 뿌렸다. 아론의 아들들이 수소와 숫양의 기름과 숫양의 기름진 꼬리와 수소와 숫양의 내장에 덮인 것과 콩팥과 간 꺼풀의 기름을 떼어다가 아론에게 가져갔다. 아들들이 그것들을 수소와 숫양의 가슴위에 놓으면 아론이 기름만 제단 위에서 불살랐다. 수소와 수양의 가슴과 오른쪽 뒷다리는 아론이 여호와 앞에 요제로 흔들었다. 화목제 규례의 제사장 지침 중에는 가슴은 요제로 오른쪽 뒷다리는 거제로 드리도록 되어 있다.레7:29-32 그러나 첫 제사에는 요제로만 흔들도록 하였다. 왜 그랬을까? 원래 요제와 거제는 제사장 몫이지만 이 날은 제사장이 요제와 거제가 되어 하나님께 바쳐지는 행사이기 때문에 거제는 생략되고 요제로만 그 의미를 부여했을 것이다. 당연한 것이지만 가슴들과 오른쪽 뒷다리를 아론이 여호와 앞에 요제로 흔든 것은 모세의 명령에 의해서임을 다시 상기 시킨다.

여기까지의 과정을 보면 백성들은 속죄제를 통하여 여호와 앞으로 나아올 수 있는 길을 터고, 번제를 통하여 전적인 순종을 다짐하며, 소제와 화목제를 통하여 감사를 드리며, 마지막으로 제물의 고기를 먹음으로 여호와와의 언약과 친교를 확증하였다고 볼 수 있다.

교훈과 적용

1. 백성들을 위한 속죄제-번제-소제-화목제 순서처럼 우리의 신앙생활은 먼저 회개를 통해 용서를 받고, 온전한 헌신을 다짐하고, 하나님과의 진정한 교제와 감사가 늘 뒤따라야 할 것이다. 무엇보다 중요한 것은 감사보다 우선해야 할 것이 회개라는 것이다. 우리는 이미 그리스도를 구주로 믿어 죄사함을 받았지만 생활의 회개는 경건으로 들어서는 선결 단계이다.
2. 백성들을 위한 제사의 목표는 거룩한 삶을 살도록 가르치는 것이다. 하나

님을 닮아 가는 것이 성도의 목표다. 이렇게 하려면 하나님과의 화목이 이루어져야 한다. 어떻게 화목이 이루어지는가? 그리스도의 희생 없이는 하나님과의 화목이 이루어질 수 없다. 하나님과의 화목이 이루어 질 때 우리는 주의 백성으로 정체성을 갖고 살아 갈 수 있다. 거룩한 삶은 하나님과의 화목 속에서 이루어진다. 화목제물 되신 그리스도의 정신을 본받아야 한다.

3. 예수님은 "두 세 사람이 내 이름으로 모인 곳에는 나도 그들 중에 있겠다"고 말씀하셨다.[마19:20] 그 이유는 무엇일까? 숫자보다는 성도의 자격을 말한다. 즉 "예수의 피를 힘입어 성소에 들어갈 담력을 얻었기" 때문이다.[히10:19] 최초의 공식 제사를 통해 하나님은 "이제 나의 영광이 나타날 것이다"라고 말씀하셨다.[레9:6] 제사제도를 주시고 제사와 제사장을 통해, 나중에 그리스도를 통해 그 영광을 나타내셨다. 그 영광 속에서 우리는 그리스도의 이름으로 오늘도 예배를 드리고 있다. 이것이 한 개인이 갖는 자격과 영광에의 참여이다. 그렇기 때문에 두 세 사람의 예배에도 그리스도가 함께 계시는 은혜가 주어진 것이다.

B. 첫 제사의 첫 축복[9:22-24]

Ⅰ. 본문의 개요

모세의 명령대로 제사장이 주도하는 모든 제사가 끝나자 아론이 축복하고 또 모세와 아론의 축복이 재차 이어지자 하나님의 영광이 나타났다. 이로써 제사제도가 설립된 후 드려진 첫 제사가 하나님께서 받으셨다는 역사적 증거가 확정된 것이다. 공식적인 첫 제사가 성공적으로 끝남을 의미한다.

Ⅱ. 본문의 구조

1. 모세와 아론의 축복9:22-24
   1) 대제사장 아론이 축복9:22
   2) 모세와 아론의 회막 입장과 또 한 번의 축복기도9:23
   3) 현현9:24

Ⅲ. 본문 주해

1. 모세와 아론의 축복9:22-24

1) 대제사장 아론이 축복9:22

아론이 화목제를 드리고 난 뒤 백성을 향하여 손을 들어 축복했다. 대제사장의 첫 번째 축복이었다. 이는 제도 제도를 통해 부여된 대제사장의 축복권을 행사한, 일반적인 축복기도의 시작일 것이다. 축복은 의식의 마무리이자 또한 예배의 목표다. 하나님의 축복이 무엇인가? 창조질서 속에서 생명력이 활성화되는 것이다. 곁들여 풍요한 소산과 개인의 성공과 성취감, 행복 그리고 적에 대한 승리 등이 내포된다.

이 때 아론이 든 손이 '그의 손'인지 '그의 손들'인지 사본적으로는 확실하지 않다. NASB와 NIV는 각각 hands로 번역하였다. 그러나 KJV은 hand를 택했다. 제사장 축복의 기원이 되는 민수기 6:22-27절의 제사장 축도에는 손에 대한 언급이 없다. 두 손을 드는 것은 하나님의 이름으로 맹세할 때 사용된다.단12:7; 민14:30 [7] 이 날 아론의 축복은 민수기 6장의 제사장 축도일 것이다. 아론으로부터 시작된 여호와의 이름으로 축복하는 제사장적

---

7) Philip J. Budd, Leviticus, NCBC (Grand Rapids: William B. Eerdmans Publishing Company, 1996), 147.

특권은 레위지파에게 주어졌다.신10:8 [8]

아론은 이렇게 자신과 아들들을 위해 속죄제와 번제를 드리고 또 백성들을 위해 속죄제와 번제와 화목제를 드렸다. 소제는 생략되었다. 그리고 135cm 높이의 층계로 되어 있는 제단에서 내려왔다.출27:4; 20:26 아론은 이 날 단 위에 올라 제사를 집전하였다.

2) 모세와 아론의 회막 입장과 또 한 번의 축복기도9:23

회막 안뜰에 있었던 모세와 아론은 함께 회막 안으로 들어갔다. 하나님은 그동안 모세와 회막에서 말하곤 하였다.출40; 레1 아론은 이 때 모세를 따라 처음으로 회막에 들어갔을 것이다. 무엇하러 들어갔을까? 두 가지의 견해가 있다. 아론에 쪽에 무게를 두는 경우와 아론이 그냥 모세를 따라 들어간 경우이다. 후자는 아론이 성막에서 새로운 역할을 하거나 모세로부터 아론에게 중보 역할이 넘어감을 의미하지 않고,[9] 아마 친교적인 차원에서 하나님으로부터 어떤 말씀을 듣거나 백성들을 축복하기 위해 간구하러 들어갔을 것으로 본다. 이에 반해 전자는 비교적 아론에게 비중을 두는 견해다. 즉 아론의 위임을 인정하는 절정의 단계로써 이제 그는 하나님께 나아갈 수 있는 자격을 갖추고 그의 직무상 필요할 때마다 회막에 들어갈 수 있음을 허락받았다고 본다.[10]

그리고 얼마 후 나와서 백성에게 축복했다. 축복은 유익한 능력을 부여한다. 모세와 아론이 성막에서 하나님과의 친교를 통해 받았던, 벅차오른 감정을 나누기 위해 나와서 다시 축복했을 것이다. 이 축복은 대제사장의 보편적인 축복이라기보다 이 날을 기념하여 행하여진, 역사적이고 특별한, 축복의 의미를 담고 있었을 것이다. 모세와 아론이 함께 축복했는지, 어떤

---

8) Noordtzij, Leviticus, 106.

9) Rooker, Leviticus, 154.

10) Hartly, Leviticus, 125. Harrison, Leviticus, 107.

내용이었는지, 모세도 손을 들어 축복했는지 등에 대한 언급은 없지만 내용은 대제사장의 축도민6장와 비슷했을 것으로 추축된다.

3) 현현9:24

불이 여호와 앞에서 나왔다. 이 불은 하늘에서 내려온 것은 아니다.참고. 대상21:26; 대하7:1 이 불은 '가시적인 출현 현상'으로써 여호와의 영광이 나타나고출40:34 그 영광 가운데서 나온 불이었다. 불은 종종 하나님의 현존과 사역으로 사용된다.출3:2 또한 심판을 의미하지만민16:35; 신4:24; 말3:2 여기에서는 기쁨을 나타낸다.삿13:15-21 여호와의 앞은 문자적으로 여호와의 얼굴을 말하며 이는 여호와의 인격적인 임재를 뜻한다. 불은 그 때까지 타고 있던 번제물과 기름을 살랐다. 어쩌면 아론이 자신의 제물을 태운 뒤 백성을 위한 제물은 아직 태우지 않고 있다가 이 신적인 불로 인해 탔을 가능성도 있다.[11] 이것은 제물을 태운 불꽃의 신적기원이라는 점에서 중요성을 갖는다. 이것은 열납의 증표이며,레1:3 언약의 회복이다. 또한 아론의 대제사장을 인정하는 것이다.

불은 회막 건립이 끝난 후 첫날에 제사를 드릴 때 사용되었다.출40:29 지금의 상황도 이미 제사를 드렸으므로 일반적인 불이 사용되었다. 그런데 또 불이 여호와 앞에서 나왔다는 것은 이미 불 위에 올려져있던 제물들이 여호와의 불에 의하여 갑자기 소멸되었음을 의미한다. 이 이적은 초자연적으로 제단의 불을 붙이기 위해서가 아니라 아론의 제사를 성별한다는 의미일 것이다.[12] 하늘에서 불이 내려와 번제물을 사른 경우는 삼손의 아버지 마노아,삿13:20 솔로몬의 성전 봉헌,대하7:1 갈멜산의 엘리야왕상18:38 사건에서다.

온 백성이 이 광경을 보고 소리를 질렀다. 조용히 제사만 드리던 성막이

11) Hartly, Leviticus, 124.

12) C. F. Keil and Delitzsch, The Pentateuch, "Leviticus", 350.

갑자기 시끄러워졌다. 정적靜寂을 깨는 이 소리는 놀라서 지르는 소리가 아니라 기뻐서 큰 소리로 외치는 것을 말한다.사12:6 기뻐서 소리치는 라난רנן이라는 단어는 의성어로써 구약에서 이곳에 처음 사용되었다. 기쁨은 신구약 성경 예배의 공동적인 특징이다. 기쁨의 격렬성이 드러나는 모습이다. 그리고 엎드렸다. 엎드렸다는 표현은 구약에 나타난 숭배와 경배를 표하는 예배의 모습이다. 백성들은 여호와의 거룩하심에 대한 두려움과 경외심을 가지고 압도되어 겸손히 엎드려 예배를 드렸다. 이 점을 착안하여 하틀리Hartley는 성경에서 예배의 목적은 하나님의 현존 안으로 들어가는 것이라고 말한다.[13] 그래서 예배는 하나님과의 교통이다. 그들의 엎드림은 하나님 앞에 부복하는 것으로, 이는 절대적인 군주에게 완전한 복종을 표시하는 근동 지방의 특징적인 한 방법과 유사했다.

교훈과 적용

1. 제사의 끝은 기쁨이다. 그래서 구약종교의 최고의 분위기는 기쁨이다. 예배와 축복의 끝에는 기쁨이 있다. 왜냐하면 죄인이 드리는 제사와 예배를 하나님께서 받으셨다는 확신과 감사가 벅차오르기 때문이다. 동시에 이 기쁨은 구원의 감격이기도 하다. 이 기쁨 속에는 그리스도의 죽음과 하나님의 사랑이 위대하게 자리 잡고 있다. 이스라엘 백성들은 안식일에 "여호와께서 주께서 행하신 일로 나를 기쁘게 하셨으니 주의 손이 행하신 일로 말미암아 내가 높이 외치리이다"시92:4고 기쁨을 찬송하였다.
2. 레위기 9장은 구약 예배의 특징은 무엇인지 명확히 보여준다. 모든 의식과 절차는 하나님의 영광이 나타나도록 하는 것이다. 하나님이 백성에게 자신을 나타내지 않으시면 제사의 수고가 공허한 일이 되고 만다. 그리스

13) Hartley, Leviticus, 126.

도는 계시된 하나님의 영광이다.[고전2:8; 요1:14] 그리스도의 생애 가운데 많은 경우 하나님의 영광이 나타났다. 이스라엘 백성이 하나님 앞에 엎드린 것 같이 이제 우리는 그리스도 안에서 경건함과 두려움으로 하나님을 기쁘게 섬겨야 할 것이다.[히12:29]

3. 우리는 예배에서 여호와의 영광이 나타나기를 기대해야 한다. 그 분의 영광은 이제 예수 그리스도를 통해 나타나신다. 예수님은 하나님의 영광이시다. 그리스도를 이해하고 사랑하면 그 속에 하나님의 영광과 기쁨이 샘솟듯이 일어난다. 하나님께서 주님에게 주신 영광을 주님께서 이제 우리들에게 주셨다. 그래서 하나님께서 주님을 사랑한 것 같이 이제 우리도 사랑하신다. 하나님께서 창세전부터 주님을 사랑하심으로 주신 영광을 주님은 우리들도 보기를 원하신다.[요17:24] 이 모든 것은 예배를 통해, 하나님이 예배를 받으실 때 우리에게 자신의 영광을 주님을 통해 보이신다. 제사와 제물의 원리를 통해 예배는 주님을 통해 하나님의 영광을 보는 것이라는 사실을 배워야 한다.

레위기 10장

제사장들이 향로불과 제육의 실수를 범하다

A. 영광의 손상으로 아론의 아들들이 죽다10:1–7

Ⅰ. 본문의 개요

위임식을 통해 제사의 주도권이 점차 아론에게 넘어가는 과정에 있음을 본장은 보여준다. 아론이 대제사장으로서 사역을 시작한 바로 그날에 아론의 맏아들과 둘째 아들이 하나님의 법을 어김으로 비극적인 죽임을 당한다. 이 비극적 일을 일주일간의 위임식 때 일어난 사건으로 보는 견해도 있다.10:7 [1] 왜냐하면 빨리 마르는 관유가 아직 있고,물론 시적인 표현일 수도 있음. 참고. 레21:12 회막문에서 나가지 말아서 사망을 면하라는 말이 있기 때문이다.10:7; 8:33 그리고 9장과 10장이 같은 날 사건을 합친 것이라면, 제 팔일9:1에 일어난 일이다. 그렇다면 첫 번째 나타난 여호와의 불9장은 번제단의 제물을 태우고, 두 번째 불10장은 제사장을 태운 셈이다. 어쨌든 비극적인 사건이 발생했다. 향로의 불을 잘못 만져 제사장들이 죽은 것이다. 제사장들은 제의의 거룩성을 훼손시켰다. 하나님의 규례를 대수롭지 않게 여기다가 그랬다. 하나님께서 이들은 심판 이유는 영광의 손상이었다.10:3 아론에게

---

1) C. F. Keil and Delitzsch, The Pentateuch, "Leviticus", 351.

가장 행복했어야 할 날에 이런 비극이 발생한 것이다. 삼가 두렵고 떨리는 일이다. 그 만큼 하나님의 명령은 지엄한 것이다. 이 사건을 통해 하나님은 결국 그들을 징계하심으로 자신의 거룩하심을 드러내셨다.

Ⅱ. 본문의 구조

1. 잘못 드린 향로 불 사건의 원인10:1-2
2. 사건의 결과10:3-7

Ⅲ. 본문 주해

1. 잘못 드린 향로 불 사건의 원인10:1-2

아론의 아들 나답과 아비후가 각각 향로에다 여호와께 명령하신 불이 아닌 다른이상한, 기묘한, 생소한, 낯선, 공인되지 않는, 속된 불을 담아 분향을 하였다. 이것이 실수인지, 아니면 어떤 의도성이 있는 행동인지 확실하지 않다. 그러나 죽음에 이르는 벌이라면 의도성도 배제할 수는 없다. 향을 피워 하나님께 가져갔다는 것은 성소와 지성소를 구분하는 휘장 앞에 있는 분향단에 향을 피우러 갔다는 것을 의미한다. 향단은 성막 안에 있고, 4절을 볼 때 제사장의 시체는 성막 앞에 있었다. 그들이 성막에 막 들어갈 순간에 하나님께서 그들을 막으셨음을 알 수 있다. 이 두 사람의 죽음의 방식은 여호와의 별칭과 일치한다. "주 너희의 하나님은 삼키시는 불이시며 질투하는 하나님이시다".신4:24 [2)]

아론은 엘리세바와 결혼하여 나답과 아비후와 엘르아실과 이다말을 낳았다.출6:23 죽은 이들은 아버지 아론과 모세를 따라 시내산에까지 올라갔

2) Hartley, Leviticus, 133.

다.출24:1,9 이들은 모세와 아론 다음으로 중요한 인물이며 칠십 인 장로들보다는 상위였다.[3] 죽은 나답과 아비후는 불행인지 다행인지 몰라도 이 때 자식이 없었다.민3:4

다른 불이란 제단에 늘 타고 있는 불이 아니라 그들이 스스로 피운 불이거나 고기를 삶을 때 피운 불인 것 같다. 제단에서 사용할 수 없는 불이였다. 제사장들이 분향할 때는 제단의 불을 사용하도록 일찍 명령을 받은 듯하다.레16:12 이 사건은 불의 문제이지 향의 문제는 아니었다.출30:9 그러나 향도 제대로 사용되었는지 모른다.출30:35 이 향로는 성막 안에 설치된 분향단에 아침과 저녁으로 향을 사르기 위해 번제단의 불을 담아 옮기는 그릇이다. 불판으로부터 재를 받아 내거나 타고 있는 숯을 옮기는 용기다.출27:3 이런 종류의 용기는 고라 일당과 아론계 제사장들과 대결을 위해 사용되었다.민16장 원래 불똥 그릇인 향로는 성막 안에 등대에 사용될 때는 금으로 만들었으며,출25:38 번제단에 사용되었을 때는 놋으로 만들어졌다.출27:3 그러나 여기에 나타난 향로는 등대나 단에 사용된 것이 아닌, 분향을 위한 향로일 것이다. 이들이 사용한 불이 어떤 불인지는 명확하지는 않지만, 하나님이 지정하신 어떤 불이 있는 것은 확실하다.민16:46 첫 제사 때에는 여호와 앞에서 불이 나와 단 위의 번제물과 기름을 사른 일이 있었다.레9:24 그래서 그 때부터 번제단에서 타고 있는 불은 여호와께로부터 나온 불로 본다.

나답과 아비후가 왜 다른 불을 사용하였는가에 대한 의문은 대개 네 가지 정도로 말해진다. 첫째, 제단에 있는 불하나님이 지펴주신을 사용하지 않고 다른 출처의 불을 사용했을 가능성과 둘째, 향을 드리는 시간이 아니거나 다른 향을 드릴 가능성출30:9과 셋째, 지성소로 들어가 향을 피우려고 시도했을 가능성레16:2과 넷째, 취중행동이었을 가능성레10:9이 점쳐진다. 이중에서 첫 번째가 가장 많은 동의를 얻는다. 즉 다른 불이란 하나님의 규칙을

3) Jacob Milgrom, Leviticus, A Continental Commentary (Minneapolis: Fortress Press, 2004), 93.

떠나서 스스로 의도한 바를 행하는 것을 말한다.

그들을 징계하는 불이 여호와 앞에서 나왔다. 그리고 그들을 삼켰다. 삼켰다는 아칼[אָכַל]은 '먹다, 삼키다'는 뜻으로 여기서는 죽였다는 말이다. 이 아칼은 9장에서는 축복의 불로, 10장에서는 심판의 불로 나타난 것이다. 옷[제사장복]이 타지 않은 것을 보면 타서 죽은 것이 아닌 것 같다. 어떤 형태의 죽음인지는 알 수 없다. 그들의 제복은 수의가 되었다. 어찌하든 이 일로 모든 이들이 경각심을 가지게 되었다. 이들의 죽음을 통해 하나님의 명령은 결코 경홀히 여김을 받지 않는다는 사실이 각인되었다.

2. 사건의 결과[10:3-7]

모세가 아론에게 말했다. "이는 여호와의 말씀이다. 하나님이 말씀하시기를, 나는 나를 가까이 하는 자[제사장] 중에서[통하여] 거룩함을 얻을 것이다. 온 백성 앞에 내가 영광을 얻을 것이다"라고 하셨다. 제사장은 가장 성결해야 할, 책임 있는 위치에 있는 자들이다. 이 말을 들은 아론은 잠잠했다. 이는 모세를 통해 심판의 이유를 밝힌 것이다. 영광의 손상이었다. 후에 가데스의 반석의 물 사건 때에도 이와 유사한 일이 있었다.[민20:12-13] 그 때 하나님께서 모세와 아론이 하나님을 믿지 아니하고 이스라엘 자손의 목전에 하나님의 거룩함을 나타내지 아니하였기 때문에 모세와 아론을 가나안 땅에 들어가지 못하도록 하셨다. 그 때 물 사건에서 하나님은 모세와 아론에게 벌을 주심으로 거룩하심을 드러내셨다. 이와 같이 나답과 아비후의 사건도 결국 심판의 궁극적인 이유는 벌을 통해 하나님의 거룩하심을 드러내시기 위해서였다.

그런데 모세의 이야기를 들은 아론은 왜 잠잠했을까? 아들들이 죽어나간 큰 사건임에도 불구하고 아론은 침묵했다. 왜 그랬을까? 우선 아들들이 이미 죽었기 때문에 더 이상 말이 필요 없었을 수 있다. 또는 고의적이 아니고 실수였는데 너무 심한 벌이 내려 충격 상태에 빠질 수도 있다. 만약 아들들의 불의한 의도성이 있었다면 여호와의 벌하심을 항변할 수 없었다. 그래서 침묵으로 하나님의 권위를 인정하는 모습일 수 도 있다.

모세는 삼촌이 되는, 웃시엘의 아들들, 즉 조카 미사엘과 엘사반출6:22을 불렀다. 그들에게 명령했다. 이 죽은 사촌들을 성소 앞회막 뜰에서 진 밖으로 메고 나가라고 시켰다. 시체가 회막 안이 아니라 회막 뜰에 있는 것으로 봐서 회막 안으로 들어서기 전에 바로 그 자리에서 즉사시킨 것 같다. 하나님께서 급히 막으셨다는 인상을 받는다. 왜 사촌들에게 이 일을 시켰을까? 아론에게는 아직 죽지 않은 나머지 동생 두 명이 있음에도 불구하고 왜 이들에게 이 일을 명했을까? 만약 이 사건이 위임식 중에 일어났다면, 제사장들은 일주일 동안 회막문을 나갈 수 없었기 때문일 것이다.레8:33 성소에서 지금 직무를 수행하고 있었기 때문에 장사를 지내기 위해 회막문을 떠날 수도 없었다. 제사의 존속이 중요했다. 아니면 위임식 이후의 사건이라면, 이스라엘의 제사장들에게는 애곡의 관습을 따르는 것은 금지되었기 때문일 것이다레21:5 사촌들이 모세의 명령대로 그들을 옷 입은 채로 메어다가 진 바깥으로 옮겼다. 불이 그들을 삼켰지만 옷은 타지 않았다. 시체들은 일정한 장소에 매장되었을 것이다.[4]

형제의 죽음에는 제사장도 장례를 치룰 수 있지만,레21:1-3 모세가 아론과 두 아들 엘르아살과 이다말에게 "너희는 머리를 풀거나자르거나 옷을 찢지 말아라"고 했다. 왜 그랬을까? 아마도 심판으로 인한 죽음이었기 때문일 것이다.[5] 옷을 찢는 것은 슬픔의 표시이다. 셈족 사이에서 머리나 수염을 미는 것은 애도와 고난의 표시다.렘41:5 그렇지만 이스라엘의 제사장들이 이러한 애곡의 관습을 따르는 것은 금지되었다.레21:5; 겔44:20 일반인에게는 머리를 푸는 것은 애곡의 표시도 되고 또 머리를 풀고 옷을 찢는 것은

4) Hartley, Leviticus, 134.
5) Wenham, The Book of Leviticus, 157.

부정을 처리하는 과정도 된다. 이제 아론과 그의 아들들은 제사장이 되었다. 제사장의 규례를 어기면 아답과 나비후처럼 죽음이 임한다. 또 여호와의 진노가 온 회중에게 임한다.[레4:3] 만일 어떤 제사장이 성소의 신성을 침해한다면 공동체 전체가 그 죄가 제거될 때까지 하나님의 진노아래 놓이게 된다.[민18:1] 이런 제사장의 죽음과 회중에게 진노가 임하게 하지 않으려면 명령을 어기지 말아야 한다. 이스라엘 온 족속은 여호와의 치신 불로 인하여 비극적인 사건 앞에 자신들을 돌아보며 울며, 비통해 하며, 슬퍼할 수밖에 없었다.

교훈과 적용

1. 큰 은혜를 받을 때 큰 시험을 당하기가 쉽다. 이스라엘 백성들에게 하나님이 임명하신 제사장이 세워진다는 것은 너무나 큰 은혜다. 백성들과 아론의 집이 큰 은혜를 받을 때 또한 큰 은혜를 당하여 죽은 자가 생기게 되었다. 항상 삼가 조심해서 하나님의 뜻을 살펴야 할 것이다.
2. 우리의 열심보다 하나님의 방법대로 순종하는 것이 더 중요하다. 실수는 용서 받을 수 있으나 여호와를 멸시하거나 반역, 거부하는 행위는 용서를 받을 수 없다. 하나님의 뜻과는 거리가 먼, 무조건적인 열심의 태도는 문제가 있다. 우리의 열심히 하나님의 뜻보다는 앞서는 안 된다.
3. 영광스러운 직분일수록 책임도 크고 또한 처벌이 가중한 것이다. 누가복음 12장 48절에 의하면 주님이 비유하시기를, 주인이 멀리 떠나 있을 때 지혜롭고 진실한 청지기가 될 것을 이르셨다. 왜냐하면 많이 맡긴 자에게는 주인이 돌아와서 그것만큼 많이 찾을 것이 자명하기 때문이다. 직분에는 영광이 따르지만 책임도 있다는 사실은 평범하지만 중요한 진리다.

B. 이제 아론에게도 직접 말씀하심10:8-15

Ⅰ. 본문의 개요

나답과 아비후가 죽고 난 직후 하나님께서 아론에게 직접 말씀하셨다. 대제사장으로서 알고 수행해야할 중요한 명령이었기 때문이다. 그것은 제사장의 고유한 직무에 관한 것이었다.

Ⅱ. 본문의 구조

1. 제사장의 직무와 권한10:8-15
   1) 독주 금지와 속됨과 부정함의 분별을 명함10:8-10
   2) 백성에게 규례를 가르침10:11
   3) 제사장의 먹는 음식에 대해 모세가 말함10:12-15

Ⅲ. 본문 주해

1. 제사장의 직무와 권한10:8-15

1) 독주 금지와 속됨과 부정함의 분별을 명함10:8-10

나답과 아비후가 죽고 이제 하나님께서 직접 아론에게 말씀하셨다. 8-11절은 레위기에서 유일하게 모세의 중재 없이 처음으로 아론에게 말씀하신 내용이다. 이것은 이제 모세의 직임 중의 하나였던 제사권이 아론의 가정으로 넘어간 것을 의미했다.

하나님께서 아론에게 제사장에 대한 첫 규정을 직접 말씀하셨다. 너와 네 자손들은 회막에 들어갈 때는 포도주나 독주를 마시지 말라.참조. 겔 44:21 마시면 사망할 것이다. 독주는 곡물이나 과일로 빚은 독한 술을 의미한다.[6] 이 말은 나답과 아비후가 술을 마시고 성소를 더럽혔다는 암시를 주기도 한다. 회막에 들어 갈 때 포도주와 독주의 금지는 일시적인 명령이 아니라 영원한 규례로 주어졌다. 영원한 규례란 영원한 구속력이 있음을 뜻한다. 제사법에서 "영원한 규례"라는 어구는 처음으로 출애굽기는 28:43절에, 그리고 레위기는 3: 17절에 처음으로 언급되었다.

그렇게 회막에서 포도주나 독주를 마시지 않아야 되는 이유는 제사장 직무 때문이다. 즉 제사장은 제사법 외에 거룩하고 속된 것을 분별하고, 부정하고 정한 것을 분별할 줄 알아야 한다. 속된 것은 부정한 것보다 더 폭넓고 포괄적인 개념이다. 즉 거룩하지 않는 것은 모두 속된 것일상적 범주이다. 그러나 속된 것은 본질적으로 부정한 것은 아니다. 부정한 것은 제의적으로 더럽혀진 것으로 성소에 가까이 할 수 없는 것을 의미한다. 부정한 것이 정한 것이 되려면 정결의식을 거쳐야 한다. 정결한 것과 부정한 것의 구분은 레위기 11-15장의 주제다. 분별은 그 간격을 아는 것을 말한다. 한마디로 제의적인 식별이다. 제사장이 이런 것을 분별하지 못하면 이스라엘 백성으로부터 하나님은 더럽히심을 당하신다.겔22:26 이 제사장의 분별 명령은 제사장의 위임을 다루는 레위기 8-10장과 정결법을 소개하는 11-15장을 자연스럽게 연결한다.

2) 백성에게 규례를 가르침10:11

여호와께서 아론에게 이번에는 백성들에게 규례를 가르칠 것을 말씀하셨다. 그동안 하나님의 규례는 모세가 주도해 왔다. 그러나 이제는 아론계 제사장에게 이 몫이 주어졌다. 제사장의 주요 직무는 제사를 집전하고 규

---

6) Noordtzij, Leviticus, 112.

례를 가르치는 것이다.

3) 제사장의 먹는 음식에 대해 모세가 말함10:12-15

제사의 주도권이 아론에게 넘어가는 과정에서 모세가 추가 명령을 아론의 가정에 전했다. 모세가 아론과 그 남은 아들 엘르아살과 이다말에게 소제의 추가 규례를 말했다. 여호와께 드린 화제 중 소제의 남은 것은 먹으라는 것이다. 이것은 거룩한 것이기 때문에 그것에 누룩을 넣지 말고 단 곁에서 요리해서 먹으라는 것이다. 이것은 화제로 드리는 것 중에 아론과 아들들에게 주는 몫음식, 규례이기 때문에 그것을 거룩한 곳인 회막 뜰문에서 먹어야한다는 것이다. '거룩한 곳'성막과 '의식적으로 정한 곳'진은 구분된다.[7] 이 명령은 모세가 하나님께 받은 것이다.

그리고 이어지는 명령을 전했다. 제사에서 요제로 흔든 가슴과 거제로 든 뒷다리는 아론과 아들들과 딸들이 함께 정결한 곳에서 먹으라는 것이다. 물론 출가한 딸은 포함되지 않는다. 정결한 곳은 제사장 가족들이 함께 먹을 수 있는 회막 뜰이다. 이는 이스라엘 자손의 화목제사에서 아론대제사장의 응식과 아론의 자손제사장의 응식으로 주신 것이라는 것이다. 그리고 응식에 대해 재차 설명을 했다. 즉 기름기를 불에 살라 바치면서, 함께 높이 들어 바치는 뒷다리 고기와 흔들어 바치는 가슴 고기는, 하나님 앞에서 흔들어서 바치고 나면, 하나님께서 명하신 대로, 영원히 아론과 자손들이 차지할 몫이 된다는 것이다.

7) Noordtzij, Leviticus, 113.

교훈과 적용

1. 제사를 드리고 남은 식용 제물은 거룩한 곳인 회막 뜰문에서 먹어야한다. 왜 이곳에서 꼭 먹어야 하는가? 이것은 공간분리와 사람분리를 통해 거룩이 유지되며, 거룩한 것은 거룩한 곳에서만 먹어야 속죄행위가 이루어지기 때문이다. 그래서 분리되지 않은 혼합숭배는 곧 배교와 우상이 되는 것이다.
2. 제사장이 회막에서 포도주나 독주를 마시지 않아야 되는 이유는 제사장 직무 때문이다. 즉 제사장은 제사법 외에 거룩하고 속된 것을 분별하고, 부정하고 정한 것을 분별할 줄 알아야 한다. 이는 성막 안팎에서 거룩을 유지하는 책임의 중요성을 말한다. 동시에 제사장은 이런 직무를 유지하기 위해 인간의 즐거움도 희생해야 하는 직분임을 나타낸다. 이 땅의 그리스도인으로 살아가는 자들도 이와 같다.
3. 제사장이 이런 것을 분별하지 못하면 이스라엘 백성으로부터 하나님은 더럽히심을 당하신다. 에스겔서는 이 점에 대해 명확히 설명한다. 제사장들이 율법을 범하고, 성물을 범하고, 거룩함과 속된 것을 분변치 아니하고 부정함과 정한 것을 사람 가운데 분변하지 아니하고, 자신들의 눈을 가리어 하나님의 안식일을 보지 아니하였기 때문에 하나님이 그 일로 인해 더럽힘을 받았다는 것이다.[겔22:26] 모든 제사 행위와 거룩한 삶은 하나님에게 속해지며 그 분의 문제가 된다는 사실을 알아야 한다.

C. 속죄제에 대한 두 가지 실수를 동시에 범하다10:16-20

Ⅰ. 본문의 개요

이 본문은 일주일간 가졌던 위임식 때 일어난 사건이 아니라 팔일 째 되는 날 첫 제사를 드릴 때에 있었던 일 같다. 왜냐하면 이 날 백성들을 위한 속죄제 염소를 드렸기 때문이다. 8장의 위임식이 진행되는 일주일 중에는 염소를 드린 적이 없다. 그래서 이 본문은 위임식이 끝나고 팔일 째 되는 날에, 혹은 그 후에 일어난 속죄제 염소 사건이다.

Ⅱ. 본문의 구조

1. 먹어야 할 속죄제 제물속죄제육을 불살랐다10:16-17
2. 회중의 속죄제 피를 성소에 들이지 않았다10:18-20

Ⅲ. 본문 주해

1. 먹어야 할 속죄제 제물을 불살랐다10:16-17

불법적인 불 사건에 이어 또 하나의 사건이 벌어졌다. 모세가 백성들을 위해 속죄제를 드린 염소를 찾았다. 아마도 제물을 먹는 것에 대한 규례를 말하려고 했던 같다. 이 염소는 백성을 위한 속죄제였다.레9:15 모세가 염소를 찾을 때, '찾다'다라쉬, דרשׁ라는 동사가 순서대로 연속해서 나온다. 이럴 때는 그 의미가 매우 강조되어 즉 '부지런히 찾다', '주의 깊게 찾다'라는 뜻을 지닌다. 이는 모세가 무언가 잘못되었다는 감을 가지고 급하게 찾는 모습을 연상시킨다. 우려했던 것처럼 이미 염소를 불살라버린 뒤였다. 백성들이 드린 이 속죄제는 번제단의 뿔에 피를 발랐기 때문에[레9:15,9] 먹는 속죄제다.[레6:25-26,30] 그럼에도 불구하고 먹지 않고 불살라버린 것이다. 제사의 규례를 어긴 것이다. 모세는 아마도 나답과 아비후가 제사의 규례를 어겨 죽은 직후라 신경이 예민해 있을 때 또 사건이 터진 것이다. 하나님의 명령이 얼마나 잘 지켜지는지, 한편으로는 나답과 아비후가 죽은 이후 남아 있는 아론의 두 아들에 대한 관심과 염려의 마음이 있은 터에 이 일이 터진 것이다.

모세는 연속으로 터진 사건 때문인지 분노했다. 엘르아살과 이다말에게 말했다. "이 속죄제 희생은 지극히 거룩한 것이다. 그런데 너희가 어찌하여 거룩한 곳에서 먹지 아니 하였느냐. 이는 너희가 회중의 죄를 담당하여 그들을 위하여 여호와 앞에 속죄하려고 너희에게 주신 것[응식]이다. 그 피를 성소에 들여오지 아니하였으니 그 제육[祭肉]은 너희가 명한대로 거룩한 곳에서 먹어야 했었다" 또 한 번 큰 실수가 발생한 것이다. 이미 엎지르진 물이었다. 본문에 나타나듯이 제의적으로 회중의 죄를 속죄하기 위해 먹는 '속죄제육'을 잘못 처리한 것이다. 여기서 죄를 담당한다는 말은 제사장이 제물의 고기를 먹음으로 회중의 죄를 짊어지거나 제거한다[나사, נשא]는 뜻이다. 회중의 죄를 담당한다는 뜻의 나사[칼형]는 '들어 올리다, 가져가다, 나르다, 지탱하다, 취하다, 제거하다'라는 의미를 지니고 있다.

2. 회중의 속죄제 피를 성소에 들이지 않았다[10:18-20]

회중의 속죄제는 피를 성소에 들여야 한다.[레4:17-18] 즉 휘장에 뿌리고 성소 안에 있는 향단 뿔에 발라야 한다. 그런데 제사장들은 피를 성소에 가져오지 않았다. 실수한 것이다. 제사장 위임식 때는 피를 성소에 들여가지 않았어도 먹지 않고 고기를 불사르지만,[레8:14-17] 그렇지 않는 모든 경우는, 그 피를 성소에 가져오지 않았다면, 그 제물은 먹어야 한다. 그런데 먹지 않고 불살라버렸다. 이 일은 첫째, 피를 성소에 뿌리지 않았고, 둘째, 성소에 뿌리지 않았다면 먹어야 하는데 먹지 않고 불살라버렸으니 연속적으로 두 번을 복합적으로 실수를 한 것이다. 제사 업무가 익숙하지 않아서 착각할 수도 있었을 것이다. 그러나 모세는 그 제육을 자신의 명한대로 그들이 거룩한 곳에서 먹어야 됨을 천명했다.

이렇게 연속적으로 실수가 있자 아론은 이 사건에 대해 자신의 심정을 모세에게 말했다. 오늘[팔일 째] 아들인 제사장들이 속죄제를 드렸고, 또 번제를 여호와께 드렸지만 결국 실수를 하여 규례를 어긴 이런 일이 또 내게 임하였다. 그런데 오늘 내가 속죄제육까지 먹었다면 여호와께서 어찌 선하게 여기시겠는가라고 토로했다.

말의 내용을 볼 때 속죄제육은 먹지 않은 일은 분명 실수지만 정황상 실수라기보다는 아론은 일부러 먹지 않았던 것으로 보인다. 왜 그랬을까? 규례를 따라야 하지만 이 순종이 자중이나 죄책 없이, 회개 없이, 요즈음 말로 하면 아무 개념 없이, 기계적인 제사 행이나 책임감 없는 임무 수행은 오히려 여호와의 거룩하심을 드러내지 못할 것이라는 생각을 한 것 같다. 자책감의 발로라고 할까. 이런 아론의 생각을 모세는 어떻게 받아드렸을까? 본문은 이렇게 기록했다. "모세가 그 말을 좋게 여겼더라." 즉 법규보다는 동기가 더 중요하다는 것을 말한 것 같다. 제사의 규례 그 자체보다는 규례에 담긴 경외심이 더 소중하다는 사실을 느끼게 한다.

교훈과 적용

1. 아론은 자식이 죽고, 실수로 인한 여호와의 진노와 슬픔을 잘 견뎌냈다. 사실 아론은 시내산의 금송아지 사건 때에도 큰 실수를 범했다.[출32:4,21] 이 일로 하나님께서는 아론을 멸하려 하셨으나 모세의 중재로 살았다.[신9:20]

이제 아들 나답과 아비후가 불법적인 불 사건으로 죽고, 나머지 아들들도 속죄제육 문제로 또 큰 실수를 범했다. 그럼에도 불구하고 포기하거나 변명으로 일관하지 않고 그 중심을 하나님께 드렸다. 그런 점을 안 모세가 아론의 태도를 좋게 여겼다. 어려울수록 잘 견뎌내는 신앙이 값진 것이다. 마태복음 8:21–22절에 보면 제자 중 한 사람이 와서 "주님, 먼저 집에 가서 아버지 장례를 치르게 해 주십시오" 하고 청하였다. 그러나 예수께서는 "죽은 자들의 장례는 죽은 자들에게 맡겨 두고 너는 나를 따르라"고 말씀하셨다. 일의 우선순위, 목적의 우선순위를 어디에 두는가가 중요하다. 아론처럼 슬픔 중에서도 하나님께 마음을 드리는 일을 먼저 생각하고 행하는 자세를 우리는 교훈삼아야 한다.

2. 제사장들이 속죄제의 고기를 먹음으로 백성의 죄를 짊어졌다, 이는 스스로 제물이 되셔서 죄를 담당하신 그리스도를 상징한다. 우리는 그의 피와 살을 먹음으로 대제사장이신 그리스도를 항상 기념하며 살아야 한다.
3. 이 설교의 주제와 대지는 이런 것이 될 수 있다. 나답과 아비후의 죽음을 통해 하나님은 백성에게 그를 만나는 일에 대해 가르친다. 그것은 첫째, 그 만남이 얼마나 위험스러운 일인가 하는 것이며 둘째, 그 만남이 가능한가를 깊이 묵상하는 것이다.

3부·개인적 정함과 부정함의 결례법
(11:1-16:34)

- 레위기 11장 _ 먹을 수 있는 생물과 먹지 못할 생물의 규례
- 레위기 12장 _ 출산에서 정결함
- 레위기 13장 _ 악성 피부병과 의복 곰팡이에 대한 정결법
- 레위기 14장 _ 악성 피부병과 가옥 곰팡이 정결의식
- 레위기 15장 _ 성생활의 의식적인 부정과 정결법
- 레위기 16장 _ 회막과 사람이 총체적으로 정결케 되는 날

레위기 11-15장은 정결과 부정에 관한 법이다. 이 정결법the purity laws은 주로 개인적인 정함과 부정함에 관한 내용으로 이루어져 있다. 그러나 16장의 속죄일을 지나서 17장부터는 이것이 확대되어 가정과 전체 공동체의 정결과 부정에 대한 것으로 발전한다. 11-15장을 읽어보면 유형상 처방prescription에 가깝다. 세분한다면 11장은 진단 쪽에 가깝고, 12-15장은 진단과 처방을 동시에 알려준다. 내용적으로는 정결한 짐승이나 부정한 짐승과 관련하여 사람들이 겪게 되는 부정함,11장 출산 후 여인이 겪게 되는 부정함,12장 악성 피부병과 곰팡이가 일으키는 부정함,13-14장 남녀의 성기에서 유출되는 분비물로 인한 부정함15장이 차례로 다뤄지고 있다. 그리고 부정으로 인해 오염된 성막을 청결하게 하는 것에 강조를 둔다면 16장의 대속죄일도 정결과 부정의 규례에 속한다고 볼 수 있다. 11-15장에는 두 가지의 내용을 다루고 있다. 11장은 먹어서는 안 되는 것과 접촉해서는 안 되는 것이 무엇인지 밝히는, 즉 유대인 음식법kosher, dietary laws에 관한 규례이다. 사람 밖에 있는 것이 사람을 더럽히는 경우다. 그리고 12-15장에는 부정한 사람과 부정한 환경에 관한 규정으로 어떻게 이를 처방하는지에 대해 알려주고 있다. 이것은 앞과는 달리 사람 안에 있는 것이 사람을 더럽히는 경우다. 11-15장은 10장 10절의 "거룩하고 속된 것을 분별하며 부정하고 정한 것을 분별"하라는 제사장의 직무에 대한 구체적인 예와 해설을 제공한다. 그래서 정결한 것과 부정한 것의 구분은 11-15장의 주제다. 구분, 혹은 분별은 그 간격을 아는 것을 말한다. 한마디로 제의적인 식별이다. 제사장이 이런 것을 분별하지 못하면 이스라엘 백성으로부터 하나님은 더럽히심을 당하신다.겔22:26

유대인들은 레위기 11장을 코세르,Kosher 카쉬룻Kashrut이라는 이름으로 기억하고 있다. '카쉬룻'이란 음식과 그릇 등을 사용할 때 적합한 것을 의미한다.

레위기 11장

먹을 수 있는 생물과 먹지 못할 생물의 규례

A. 먹을 수 있는 생물의 유무 11:1-23

Ⅰ. 본문의 개요

음식은 인간의 생활과 가장 빈번한 접촉매체이다. 음식에 대한 규례를 밝히고 있는 11장에는 속죄의 개념은 없다. 왜냐하면 속죄의 제사가 없기 때문이다. 단지 여기에는 이스라엘 백성이 먹을 수 있는 생물과 먹을 수 없는 생물의 규례를 밝히고 있다

이 장은 정한 짐승과 부정한 짐승에 대한 구별이다. 즉 먹어도 성막에서 거행되는 종교의식에 참여하는데 아무른 지장이 없는 것과, 만약 먹을 경우 길건 짧건 백성의 종교의식에 참여 할 수 없는 것들로 구분된다. 본 장은 땅과 하늘과 물이라는 삼중구조 속에서 정함과 부정함을 구별한다.1-23절 그리고 이어서 그것이 생활 속에서 어떻게 적용되는지를 밝힌다.24-45절 마지막으로 권면에 이어 전체적인 요약41-47절으로 끝맺는다.

특별히 이 장은 본문 주해에 앞서 음식법에 대한 이해가 전제되어야 한다. 왜냐하면 왜 정한 것과 부정한 것을 구분하는지에 대한 이유를 아는 것

이 본문 이해에 도움이 되기 때문이다. 생물을 통해 먹는 일에서 어떻게 정결할 것인지를 이 장에서 가르친다. 먹는 문제이기 때문에 편의상 음식법이라고 하고 이 법은 결례법에 속한다. 이 규례는 전통적인 지식이 누적되어 만들어 진 것이 아니라 모세와 아론이 하나님으로부터 직접 계시를 받은 것이다.[1] 레위기 11장에 나오는 생물의 목록들은 신명기 14장 3-20절에도 언급된다. 신명기는 레위기를 전제하여 설명하므로[2] 서로 약간의 차이는 있다.

지금까지 제사법[1-7장]과 제사장법[8-10장]을 다루었고, 11장부터는 결례법을 다룬다.[11-15장] 결례법이란 정한 것과 부정한 것을 분류하고 그 부정한 것을 정결하게 하는 법이다. 정함과 부정함의 개념은 물질적이거나 윤리적인 것이 아니라 의식[儀式]과 종교적 개념이다. 부정한 자들은 어떤 규약이 가해진다. 즉 부정한 자는 제사를 드릴 수 없다. 이는 제의에 참여할 자격을 박탈당한 상태를 말한다. 하나님과의 만남이 금지된다. 부정한 자는 하나님의 장막을 더럽힌다.[레15:31] 부정한 자는 물로 씻어야 하며 심각한 상태면 희생 제사를 드려야 한다.[레12:6] 물론 입었던 옷도 빨아야 한다. 몸을 정결하게 하지 않은 부정한 사람은 총회에서 끊어짐을 당한다.[민19:20] 부정한 자를 관리하는 책임은 제사장에게 있고, 제사장ㅌ이 백성들에게 평소 부정한 것에 대해 가르쳐야 한다.[레10:1]

생물 중에는 하나님께 드릴 수 있고, 먹을 수 있는 것이 있는 반면, 하나님께 드릴 수 없어나 먹을 수 있는 것이 있다. 이 경우가 더 조심을 요한다. 정한 짐승과 부정한 짐승의 구별은 노아 시대부터 있었다.[창7:2] 하나님께서는 노아 홍수 심판 후에 노아와 그의 아들들에게 고기를 먹도록 허락하셨다.[창9:2] 그 이전에는 땅의 소산물, 즉 채소와 곡식을 주식으로 했다.

이 규례를 주신 목적은 이스라엘 백성이 하나님 앞에서 구별되었음을

1) R. K. Harrison, Leviticus, TOTC (Downers Grove, ILL: Inter-Varsity Press, 1980), 120.
2) Noordtzij, Leviticus, 119-20.

가르치기 위한 것이다. 윤리적이고 영적인 문제를 포함하여 음식에 있어서도 이스라엘이 구분 되었다는 것을 알게 하기 위함이다. 이러한 의식儀式적인 구별을 통하여 그들이 다른 민족으로부터 구별된 하나님의 백성임을 나타낸다. 하나님은 보다 완벽한 계시가 주어지기 전에 이스라엘인들에게 율법 이외의 여러 의식적인, 즉 상징적인 세부 조항 특히 결례법 같은 의문儀文의 율법을 주셔서 내적 정결의 상징적인 방법으로 삼으셨다. 즉 가장 효과적인 방법을 택하신 것이다.

부정은 의식儀式상의 문제이지 악하다는 개념이 아니다. 분리와 구별을 통해 거룩함을 가르치는 것이 목적이다. 결례법은 부정한 것을 분류하고, 그 부정한 것을 정결하게 하는 법이다. 정결함과 부정함의 구별은 이스라엘 백성들로 하여금 사람 안에 있는 죄를 끊임없이 생각해내기 위하여 의도된 것이다. 부정함이 이방인을 상징한다면 목적은 이를 통해 이방풍속의 오염으로부터 성결함을 지키기 위함이다. 메소포타미아나 이집트 그리고 가나안에서 짐승을 잡아먹는 그런 이방 제사의식의 어떤 모방도 이스라엘이 피할 수 있도록 의식적인 노력으로 보았다. 신약도 역시 음식법을 유대인과 이방인을 구별하는 상징으로 간주하고 있다.

하나님은 결례법을 통해 궁극적으로 원하신 것은 하나님에 대한 경외와 사랑, 그리고 그로인한 복 받는 것이다.신5:29; 6:5 그리고 유대인들로 하여금 우상 섬기는 이방 민족들과 가까이 교제하지 못하도록 하시고, 이스라엘에게 성결의 도를 가르쳐 신약의 복음을 지양한 영적 준비였다.[3]

결례법인 음식법은 이스라엘에게 하나님의 은혜를 영속적으로 상기시키는 표지의 역할을 한다. 이 표지는 "내가 거룩하니 너희도 거룩하라"레11:44-45이다. 그래서 이들에게는 이 음식법이 이방인과 구별하는 중요한 기준이 되었다. 이 음식법은 오늘날도 유대인의 생활과 사상에서 중심적

---

3) 박윤선, 『레위기』, 88.

위치를 차지하고 있다. 이 음식법은 식사 때마다 하나님이 이스라엘을 선택하신 은혜를 상기시키는 방편이다. 이 법은 예배하는 자들이 인격적으로 육체적으로 순전하고 흠이 없을 것을 요구하시는 도덕적인 명령을 상징적으로 표현한 한 것이다.

그래서 음식법을 따를 때 유대인의 결속력과 정체성 확립되었다. 정결과 부정을 지킬 때 상징적인 힘을 갖는다. 부정한 동물은 무질서, 혼합, 비진리를 상징하지만 정결한 동물은 질서, 온전함, 완전함을 상징한다. 이러한 상징들은 하나님의 거룩을 상징한다. 의식적 정결법의 준수는 이러한 가치들을 민족의식에 깊이 주입했다. 그리고 사체를 통한 부정결에 대한 지침은 죽음의 신화를 벗겨내고 탈신성화하며, 조상숭배의 망자공경사상을 막는다. 음식법이 유대인과 이방인을 구별하였지만 예수의 가르침으로 인해 철폐되었다. 이는 새로운 시대를 여는 도구와 계기가 된 것이다.

구약의 기준에 비추어 볼 때 의식적인 정결을 제거하신 예수의 비판은 삼중적인 합리적인 이유가 있다. 첫째, 예수는 삶의 모든 측면을 포괄하는 새로운 질서를 가져왔다. 부활이 회복된 생명을 가져왔다.롬8:19-23 둘째, 예수께서는 유대인과 이방인 사이의 분리의 장벽을 무너뜨리셨다. 의식적 정결법을 제거하는 것은 자유하게 하시는 그 분의 위대한 업적을 상징한다.엡2:11-21 셋째, 신약의 교회는 이 세상의 온갖 부정결롬6:19 고후12:21로부터 보호되어야 할 중앙 성소를 갖지 않는데, 그 이유는 옛 성소가 하늘 성전에 중심을 둔 영적예배로 대체되었기 때문이다.[4]

4) Hartley, Leviticus, 146-47.

Ⅱ. 본문의 구조11:1-23

1. 서론11:1-2a
2. 땅의 짐승11:2b-8
   1) 먹을 수 있는 것11:2b-3
   2) 먹을 수 없는 것11:4-8
3. 물고기11:9-12
   1) 먹을 수 있는 것11:9
   2) 먹을 수 없는 것11:10-12
4. 새11:13-19
   1) 먹을 수 없는 것11:13-19
5. 날개 달린 곤충11:20-23
   1) 먹을 수 있는 것11:20-22
   2) 먹을 수 없는 것11:23

Ⅲ. 본문 주해

본문을 대하면 몇 가지 의문이 생긴다. 그것은 음식법이 거룩함을 배우기 위한 식법食法이냐, 아니면 동물 보호를 통한 생명존중이냐, 아니면 종교적 차원이냐, 또는 건강적인 차원이냐 등과 같은 물음이다. 성경의 '음식법'에는 여러 가지 이론이 있다. 첫째는 임의적이다.[5] 인간의 순종을 시험하기 위한 것이다. 둘째는 제의적이다.[6] 부정한 동물은 이방인 제사에 사용되기 때문에 멀리해야 한다는 견해다. 셋째는 위생적이다.[7] 질병과 건강

5) J. Hertz, Leviticus (London: Oxford University Press, 1932), 93.
6) Noth, The Laws in the Pentateuch and Other Studies (Edinburgh: Oliver and Boyd, 1966), 56-58.
7) R. E. Clement, Leviticus, BBC Ⅱ (London: Morgan and Scott, 1970), 34; Harrison, Leviticus,

을 고려한 분류라는 것이다. 넷째는 상징적이다.[8] 의로운 백성과 죄인을 나타낸다는 것이다. 이 외에도 여러 이론이 있다. 여기서 같은 상징적인 해석이지만 내용을 달리하는 더글라스는 동물을 땅과 물과 공중에 속한 것으로 영역을 나누고, 한 영역에 정상적으로 살지 않고 타 영역을 넘나드는 동물들을 부정한 것으로 보았다. 그녀는 거룩함과 정결함에 대한 규정을 온전함wholeness과 특히 정상normality이라는 개념으로 기준 삼았다.[9] 밀그롬은 음식법과 관련하여 제물, 먹을 수 있는 동물, 모든 동물 등으로 분류하였다. 이는 사람을 거룩의 정도에 따라 제사장, 이스라엘 백성, 이방인인류으로 분류하고 동물도 이 같은 유사성이 있다고 보았다. 즉, 부정한 동물은 이방인을, 정한 동물은 이스라엘을, 그리고 제물로 드릴 수 있는 동물은 제사장으로 상징된다고 말한다.[10]

육지 동물로 먹을 만한 생물의 조건은 굽이 갈라진 쪽 발에 새김질 하는 것어느 한쪽만 있으면 안 됨이며,레11:3-8 바다 동물로 물에 있는 것 중에 먹을 수 있는 것은 지느러미와 비늘이 있는 것이며,레11:9-12 새 또는 가금류 중 새 중에 가증한 것 20 종류는 먹어서는 안 되며,레11:13-19 곤충 중에 땅에서 뛰는 것은 먹을 수 있으나 날개가 있고 네 발로 기어 다니는 것은 먹지 못한다.레11:20-23 본문 주해에 앞서 일목요연하게 보기위해 11장이 다루는 정결한 동물들과 부정한 동물들의 도표는 다음과 같다.

120-29.

8) Keil and Delitzsch, "Leviticus", 357-67.

9) Douglas, Purity and Danger, 51-71.

10) Milgrom, Leviticus 1-16, 643-742.

분류	정결한 동물	부정한 동물
포유류(땅)	두 가지 조건: 1. 갈라진 발굽 2. 새김질 하는 것. 11:3-7; 신 14:6-8	식육동물과 두 가지 정결조건을 갖고 있지 않는 동물
파충류(땅)	없음	모두. 11:29-30
곤충류 (땅과 하늘)	메뚜기 종류에 속하는 것들 (메뚜기, 베짱이, 귀뚜라미, 팟종이)	날개가 있고 네 발로 기어 다니는 곤충
조류(하늘)	금지될 것으로 특별히 기록되어 있지 않음. 비둘기, 닭 등	맹금(猛禽)이나 혹은 썩은 고기를 먹은 새. 11:13-19; 신 14:11-20
어류(물)	두 가지 조건: 1. 지느러미 있는 것 2. 비늘 있는 것. 11:9-12; 신 14:9-10	두 가지 정결 조건을 갖고 있지 않는 것들

〈정결한 동물과 부정한 동물〉

이 도표는 삼중구조로 되어 있다. 땅과 하늘과 물로 나누어 설명한다. 그러나 레위기 20:25절에서는 부정한 동물과 가증한 동물을 이야기 할 때 수중생물어류에 대해서는 언급이 빠져있다. 아마도 지리적 여건 때문에 생활화하는데 적합하지 않을 수 있다. 블레셋 때문에 바다로의 진출이 어려웠고 홍해는 너무 멀었기 때문일 것이다.

드리고 먹을 수 없는 것들에 대한 규정들을 한 곳에 모우면 다음과 같다.

- 새김질을 하지 않거나 굽이 갈라지지 않은 짐승은 먹지 못한다.레11:4
- 지느러미와 비늘이 없는 것은 먹지 말아야 한다.레11:12
- 새 가운데서 먹지 말아야 할 것을 열거하고 있다.레11:13
- 곤충 가운데서 네 발로 걷는 날개 달린 것들은 먹지 못한다.레11:21
- 길짐승에 대한 규정.레11:29 이하 부정한 길짐승땅에 기어 다니는 짐승에 관하여 자세한 규례를 가지고 있다.레11:29 이하
- 요리가 된 젖은 음식에 죽은 길짐승이 닿으면 그것은 먹어서는 안 된다.레11:34
- 땅에 기어 다니는 길짐승은 먹지 말아야 한다.레11:41-42

- 과일이나 채소에 붙어사는 벌레는 먹지 알아야 한다.레11:41–42
- 물속에 기어 다니는 것들도 먹어서는 안 된다.레11:46
- 흙에서 생긴 벌레는 먹지 말아야 한다.레11:44

1. 서론1:1–2a

서론은 도입 형식문[1]과 연설 위탁[2a]으로 되어 있다. 여호와 하나님의 말씀은 성격상 가르침instructions이다. 여호와께서 모세와 아론에게 고하여 그들에게 말씀하셨다. 지금까지는 모세에게만 말씀이 주어졌다. 그러나 제사장의 주요한 직무에 대해 아론에게 직접 말씀하신 10:8절 이후부터, 11장에 와서는 여호와의 말씀이 모세와 아론에게 동시에 주어졌다. 이렇게 모세와 아론에게 동시에 말하는 것은 아직 제사제도가 정착되어가는 과정에 있음을 의미한다. 하나님은 모세와 아론을 통하여 이스라엘 자손에게 일러준 말씀은 다음과 같다.

2. 땅의 짐승11:2b–8

1) 먹을 수 있는 것11:2b–3

땅의 짐승 중에 먹을 수 있는 것은 굽이 갈라져 쪽발이 되고 새김질 하는 것이다. 즉 육지의 모든 짐승 중 이스라엘 백성이 먹을 만한 생물은 네 발을 가진, 땅에 있는, 살아 있는 짐승이다. 물이나 공중에 있는 짐승을 말하는 것이 아니다. 이러한 짐승 중에 굽이 갈라져 쪽발이 되고 새김질하는 것은 먹을 수 있다. 여기에 해당하는 짐승은 정결한 것으로 대부분 되새김하는 초식동물이다. 그래서 굽이 갈라지고 되새김질을 하면 정결한 동물이다. 주로 풀을 먹고 사는 것으로서 매우 깨끗하고 평화로운 동물들이다. 이러한 조건을 갖춘 짐승은 소, 양, 염소, 사슴, 노루 등이 있다.신14:4–5 새김질은 짐승들이 대충 씹어 삼킨 먹이를 게워내서 한가할 때 완전히 되씹은 뒤 다시 삼키는 습성을 말한다.

2) 먹을 수 없는 것11:4-8

짐승 중에 먹을 수 없는 것은 새김질을 못하거나, 혹은 해도 굽이 갈라지지 않는 것들이다. 굽이 있어도 갈라지지 않은 짐승은 말이나 나귀나 노새 등이 있다. 이런 고기는 먹지 말고 그 주검을 가증하게 여기도록 하였다. 비록 새김질하는 것이나 굽이 갈라진 짐승이라 해도 먹지 못할 것이 있다. 어느 한 쪽만 하는 것은 온전하지 못하기 때문에 그렇다.

예를 들어 낙타약대는 새김질은 하지만 굽이 갈라지지 아니하였으므로 부정한 것이다. 또 사반바위 너구리, 시104:18, 토끼, 돼지는 외관상 되새김을 하지만 실제로는 반추동물이 아니다. 토기는 눈을 뜨고 자며, 입놀림만 하지 실제로 새김질을 하지 않는다. 되새김질이란 음식을 철저히 씹는 행위인데, 이런 동물들은 실제로는 아닌데 겉으로 그렇게 보이기 때문이다. 돼지도 굽이 갈라져 쪽발이지만 새김질을 못하므로 부정하다. 부정한 짐승으로 돼지를 곧잘 말해지곤 하는데, 돼지는 적어도 주전 2500년부터 알려져 메소포타미아에서 사육되었고 부정하게 여겼던 종자는 대부분 암돼지씨 뿌리는 돼지였을 것으로 본다.[11]

참고로 살아 있는 동물을 만지는 것은 부정을 초래하지 않는다. 그래서 낙타를 타는 사람은 부정하게 되지 않지만 낙타를 먹거나 사체를 만지면 부정하게 된다.8절 위에 언급된 네 짐승이 부정하다는 것은 이러한 짐승들의 고기를 먹을 때와 그 사체에 닿을 때를 말한다. 이러한 짐승의 고기는

11) Harrison, Leviticus, 122. 이 주석에 의하면 고대근동에서 돼지들이 왜 사육되었는지에 대한 이유를 두 가지로 설명한다. 첫째는 돼지들을 산림지역에 풀어 놓으면 음식을 찾기 위해 식용의 뿌리와 씨앗들을 발견하려고 땅 표면을 헤집어 놓으면 땅이 뒤집어지므로 초기 정착들에게 도움이 되었다. 둘째는 다른 짐승이 먹을 수 없는 종류의 채소들을 소화할 수 있었고 음식으로 전환될 수 있었다.

먹지도 못하고 또 그 주검을 만져서도 안 된다. 이것을 어긴 사람은 부정하게 된다.

3. 물고기[11:9-12]

1) 먹을 수 있는 것[11:9]

먹을 수 있는 물고기는 지느러미와 비늘이 있는 것이어야 한다. 강과 바다와 다른 물에 있는 것 중에 지느러미와 비늘 있는 것은 식용이 가능하다. 지느러미와 비늘이 있는 물고기들은 주로 물에 떠서 산다. 반면에 떠 있지 않고 일반적으로 물 밑에서 기어 다니는 것은 마치 저주받아 땅으로 기어 다니는 뱀의 모습을 연상케 한다.[창3:14]

2) 먹을 수 없는 것[11:10-12]

반대로 수중 생물 중에 지느러미와 비늘이 없는 것은 먹을 수 없다. 이런 물고기는 가증한 것이다. 그 고기는 먹지도 말고 그 주검을 가증하게 여겨야 한다. 비늘이 없는 것들은 일반적으로 뱀을 상징하는 뱀장어 종류와 미꾸라지 등이다. 또한 갑각류, 가재류, 연체동물 등도 물속에 사는 동물로서 지느러미와 비늘이 없기 때문에 가증한 것으로 취급된다. 이런 것은 가증한 것이기 때문에 그 고기를 먹을 수 도 없고 그 주검을 가증하게 여겨야 한다.

그러나 죽은 물고기나 부패한 물고기를 만지는 것은 불결한 짐승들의 사체들을 접촉하는 경우와는 달리 부정하게 되지 않았다. 아마도 물고기에는 피가 포함되지 않았다고 보는 것 같다.

4. 새11:13–19

1) 먹을 수 없는 것11:13–19

새 중에 가증한 것은 먹을 수 없다. 이것들은 주로 육식을 하며 성질이 사나운 날짐승, 즉 맹금猛禽 종류다. 죽은 고기를 먹거나 불결하고 더러운 것을 먹고 사는 새들이 많다. 13–19절까지 20종류의 새들이 가증한 것으로 분류되어 있다. 이 단락에서는 먹을 수 있는 새의 종류는 언급되지 않았다.

새 중에 다음과 같은 가증한 것은 먹지 말아야 한다. 곧 독수리와 솔개와 어응바다 독수리의 일종과매와 매 종류와 까마귀 종류와 타조와 다호마스밤매와 갈매기와 새매 종류와 올빼미와 노자가마우지와 부엉이와 따오기와 당아펠리칸와 올응독수리의 일종: 애굽 대머리 독수리과 학과 황새 종류와 대승푸른 도요새과 박쥐다. 박쥐는 학술적으로는 포유동물에 속한다.

5. 날개 달린 곤충11:20–23

부정하고 날개 단 곤충들은 포유동물이나 새들의 방법처럼 일일이 이름을 들어 말하지 않았지만 네 발로 기어 다니는 것으로 기술하여 구분하였다.

1) 먹을 수 있는 것11:20–22

이 가운데 먹을 수 있는 것은 날개가 있고, 네 발로 기고, 두 개의 뛰는 다리가 있는 것이다. 즉 날아다니는 곤충은 먹을 수 없으나, 관절이 있어 뛰는 곤충은 먹을 수 있다. 즉 날개가 있고 네 발로 기어 다니는 모든 곤충 중에 그 발에 뛰는 다리가 있어서 땅에서 뛰는 것은 먹을 수 있다. 뛰는 다리가 있는 곤충은 기어 다니지 않기 때문에 정결하다.

이런 것들은 메뚜기 종류와 베짱이 종류큰 메뚜기 종류와 귀뚜라미 종류작은 메뚜기 종류와 팟종이 종류작은 메뚜기 종류가 있다. 아마도 여기서 거명되지 않는 메뚜기 종류는 먹는 것이 금지되었을 것이다. 세례요한이 광야에서 메뚜기와 석청을 함께 먹었다고 기록되어 있다.마3:4; 막1:6 메뚜기는 50% 이상이 단백질이다.

2) 먹을 수 없는 것11:23

반면에 먹을 수 없는 곤충은 날개가 있고, 기어 다니는 것, 마디로 된 뒷다리가 없어 뛸 수 없는 것들이다. 날아다니는 새는 두 발이 있지만 날개가 있고 네 발로 기어 다니는 곤충은 가증하다. 특히 가증한 곤충은 무의식중에 접촉하는 경우가 많아서 인지 정결의식을 상기시키고 있다. 즉 부정한 곤충의 주검을 만지면 저녁까지 부정하기 때문에 접촉한 자는 저녁까지 그 옷을 빨아야 한다.

교훈과 적용

1. 예수님께서는 바리새인과 서기관들과의 의식법 논쟁에서 "모든 식물은 깨끗하다"막7:19고 선포하심으로 정한 동물과 부정한 동물의 구분음식법을 폐기하셨다. 이 가르침의 의미는 고넬료의 이야기에서 더욱 명확히 드러난다.행10:1-11:18 이 사건에서 베드로는 정하고 부정한 동물의 구분을 폐기하라는 환상을 정한 사람과 부정한 사람의 구별, 즉 유대인과 이방인의 구별이 폐기되는 것으로 이해했다는 사실은 주목할 사항이다. 이제 구약의 음식법은 더는 그리스도인에게 구속력이 없게 되었다. 그 목적은 그리스도 안에서 통일이다. "하늘에 있는 것이나 땅에 있는 것이 다 그리스도 안에서 통일되게 하려 하심이라".엡1:10 그리스도 안에서 통일을 이루는 것이

중요하다는 것은 구약의 까다로운 정결법을 볼 때 더욱 그러하다.

2. 음식법의 적용은 이제 안 받게 됐지만, 세밀한 음식법을 통해 한 가지 느끼는 것은 매일의 삶 속에서 너무 작아 하나님의 뜻에 의해 통제 받지 않는 그런 것을 전혀 없다는 것이다.[고전10:31] 거룩하게 된다는 것은 성결케 하시는 성령의 사역에 자신의 전 인격과 전 생활을 온전히 복종하는 것을 포함한다. 이는 작은 것으로부터 큰 것까지 생활의 전부를 한 곳으로 모으려는 노력을 의미한다. 그래서 신앙생활에 머무르지 말고 생활신앙까지 전진할 수 있어야 한다.[고전6:19-20] 그래서 예배와 은혜는 풍성하지만 그 은혜와 진리가 세상살이에 구현되는 일이 여전히 어설픈 우리의 모습을 보고 레위기의 청정법을 다시 묵상해야 한다.

3. 예수님은 음식이 사람을 더럽히는 것이 아니라, 사람에게서 나오는 나쁜 생각이 사람을 더럽힌다고 하신 말씀[막7:14-23]을 우리는 기억한다. 죄는 외형에 있는 것이 아니라 내면에 있다. 내적인 부패가 문제인 것이다. 음식이 사람을 오염시키는 것이 아니라 자신의 생각이 자신을 오염시킨다. 주범은 바로 자신인 것이다. 이제 음식은 감사한 마음으로 자유롭게 먹을 수 있다.[고전10:25-26] 이제 음식법보다 더 중요한 것은 사랑법이다.

B. 짐승과의 접촉으로 인한 부정과 처리[11:24-40]

Ⅰ. 본문의 개요

앞에서는 정결한 동물과 부정한 동물에 대한 정의가 있었다. 이제 실전에 들어가서 구별하기 애매한 문제들을 예를 들어 설명한다. 부정에 대해 알면 정한 것은 자연히 알아진다. 그래서 동물의 부정과 이에 대한 처리방법을 요약하면 다음과 같다.

첫째, 살아있는 부정한 동물은 사람 사람에게 옮겨지지 않는다. 둘째, 제사의식을 거치지 않고 죽은 모든 동물은 부정하다. 그러나 이스라엘 백성들이 가나안 땅에 정착한 후에는 제사를 드리지 않고 고기를 먹도록 허용되었다.[레17:1-7; 신12:15-25] 셋째, 죽은 동물로 초래된 부정은 일시적이다. 이 부정은 그 날 저녁까지만 지속된다. 다른 종류의 부정과는 차이가 난다. 유출병은 일주일,[15:13] 문둥병 환자는 나은 후 일주일,[14:1-9] 딸을 출산한 산모는 두 달 이상[12:5]이 소요된다. 넷째, 죽은 동물의 사체를 만진 자는 정결을 위해 그 옷을 빨아야 한다. 이외에도 레위기 11장 24-40절 사이에 각종 부정을 처리하는 방법이 수록되어 있다.

Ⅱ. 본문의 구조

1. 접촉의 부정과 처리[11:24-40]
   1) 접촉을 금하는 짐승의 사체[11:24-28]
   2) 부정한 파충류와 사체의 접촉 문제[11:29-38]
   3) 정한 동물의 사체를 만졌을 경우[11:39-40]

Ⅲ. 본문 주해

1. 접촉의 부정과 처리[11:24-40]

1) 접촉을 금하는 짐승의 사체[11:24-28]

본문이 다루는 것은 먹는 문제가 아니고 만지는 문제다. 접촉해서는 안 될 부정한 동물의 사체에 관한 규례이다. 이런 경우는 사람을 부정하게 만든다. 이 때 부정은 마치 그 사람의 몸과 의복에 붙은 어떤 물질과도 같은 것이다.[12] 만약 누구든지 이것들의 주검을 만지면 저녁까지 부정하게 된다. 그러면 정결한 동물의 사체를 만졌을 경우는 괜찮은가? 이 점에 대해서는 아래 39-40절에서 다루고 있다.

25절의 "저녁까지 부정하다"는 의미는 몸을 씻어야하는 정결례가 요구됨을 의미한다.레17:15; 22:6 이 부분에서 주검에 접하게 되는 것과 주검을 만지는 것은 구별된다. 전자의 경우는 저녁까지 부정하며 자기 몸을 씻어야 한다.24절 반면에 후자는 의복도 씻어야 한다.25절 밀그롬은 목욕이라는 정결례를 해야 반드시 정결해질 수 있다고 주장한다.[13] 그 짐승의 주검을 옮긴 자는 그 옷을 빨아야 한다. 사체와 접촉된 자가 옷을 빠는 것은 제의적인 정결의식이지만 실제적으로도 전염의 가능성을 최소화하는 조치이기 하다.

일반적으로 살아 있는 동물은 문제가 없지만, 죽은 동물 중 굽이 갈라진 짐승 중에 쪽발이 아니거나 새김질을 하지 않는 것의 주검은 다 부정하다. 만지는 자는 부정하게 된다.

또 네 발로 다니는 모든 짐승 중 발바닥으로 다니는 것은 다 부정하다. 그 주검을 만지는 자는 저녁까지 부정하다. 네 발로 다니는 짐승 중에 발바닥으로 다니는 것이 부정하다는 것에 대해 두 가지의 견해가 있다. 더글라스에 따르면, 짐승들 중에 걸을 때 손을 사용하기 때문에 이것은 정상적인 질서의 변용이며, 따라서 부정하다는 것이다.[14] 또 한 가지는 '뭉툭한 발바닥으로 걷는' 것의 문자적 의미는 '손바닥'이다. 캐롤Carroll은 이 '손바닥'이 발의 편평한 바닥을 지칭하는 것이며, 이 짐승들은 모두 육식동물로서 고

12) Noordtzij, Leviticus, 118.
13) Milgrom, Leviticus 1-16, 667.
14) Mary Douglas, Purity and Danger (London: Routledge & Kegan Paul, 1966), 56.

기를 먹기 때문에 부정하다는 주장을 한다.[15]

28절은 선언 형식문으로 되어 있다. 그 주검을 옮기는 자는 그 옷을 빨아야 하며 저녁까지 부정하다. 그것들이 사람들을 부정하게 한다고 강조한다.

2) 부정한 파충류와 사체의 접촉 문제[11:29-38]

본문에 소개된 부정한 파충류는 여덟 가지이다.[29-30절] 땅에 기는 것 중에 부정한 것은 다음과 같다. 곧 족제비와 쥐와 도마뱀 종류와 합개[일종의 도마뱀]와 육지 악어와 수궁[도마뱀 일종]과 사막 도마뱀과 칠면석척[카멜레온]이다. 여덟 가지 부정한 것들은 대게 크기가 작고 집 부근에서 쉽게 볼 수 있는 것들이다.

일반적으로 파충류에는 대체로 몸짓이 작은 설치류도 포함 된다. 땅에 기는 파충류는 피부가 비늘로 덮여 있다. 대형 파충류는 공룡, 지금은 거북, 뱀, 악어 등이 있고, 파충류는 약 6000여종에 이른다.

이것들의 주검을 만지는 자는 저녁까지 부정하다. 이런 것 중 어떤 것의 주검이 목기에든지 의복에든지 가죽에든지 부대[負袋]에든지 무엇에 쓰는 그릇에든지 떨어지면 부정하게 된다. 그 때는 그릇을 물에 씻어야 한다. 그러면 저녁까지 부정하다가 정하게 된다. 그러나 그것 중 어떤 것이 어느 질그릇에 떨어지면 그 속에 있는 것이다 부정해진다. 그 때는 그 그릇을 깨뜨려야 한다.

더 세부적으로 그릇 속에 담겨진 것에 대한 처리를 설명한다. 아래 법령[33-34절]에 의하면 동물의 사체와 접촉함으로 인해 오염된 그릇 속에 있는 음식이나 음료는 부정하다고 선언한다. 감염의 측면에서 본다면 병원체가 씻어지지 않는 경우는 깨뜨려야 한다. 먹을 만한 축축한 식물이 거기 담겼

15) M. P. Carroll, "One More Time: Leviticus Revisited." Anthropological Approaches to the Old Testament. Ed. B. Lang. (Philadelphia: Fortress, 1985), 117-26(123).

으면 부정하여진다. 그 같은 그릇의 마실만한 것도 부정하다. 이런 것의 주검이 물건 위에 떨어지면 그것이 모두 부정해 진다. 화덕oven이든지 질탕관cooking pot, 땅에 설치된 조그마한 난로이든지 모두 깨뜨려 버려야 한다. 이것이 부정하여지면 사람에게 부정을 옮긴다. 그리고 샘물이나 방축물물탱크 웅덩이는 부정하여지지 아니하지만, 그 주검에 닥치는 것은 부정하다. 방축물은 가정용수 공급을 위해 인공적으로 설치된 것이다. 모여진 물은 부정한 짐승이나 곤충들의 사체에 의해서 오염되지 않는다.

그리고 이것들의 주검이 심을 종자씨에 떨어질지라도 그것이 정하지만, 이미 뿌려진 씨앗은 그 씨가 말라 있는 한 부정한 사체에 접촉되었을 때도 오염되지 않는다. 아울러 종자에 물을 더할 때물이 묻을 때에 그것이 그 위에 떨어지면 부정하게 된다. 만약 씨앗이 젖게 되면 습기 때문에 물이나 오염시키는 동물의 배설물이 감염의 도구로 활용할 수 있었으므로 부정하게 되는 것이다.

3) 정한 동물의 사체를 만졌을 경우11:39-40

먹을 만한 짐승이 죽은 때에 그 사체를 만지는 자는 저녁까지 부정할 것이다. 제의적인 도살이 아닌, 먹을 수 있는정결한 동물이라고 해도 규정된 대로 살생되지 되지 않고 자연사했거나 다른 동물에 의해 죽임을 당한 동물은 역시 부정하다. 그것을 먹거나 옮기는 사람은 옷을 빨아야 하며 저녁까지 부정하게 된다. 이 사체를 부정하게 만드는 핵심 요인은 피가 아직 그 안에 있다는 것이다. 이스라엘 백성들에게는 정한 동물이라도 스스로 죽은 것은 먹지 못하도록 금지하고 있다. 그러나 함께 거주하는 외국인에게 주어서 먹게 하거나 이방인에게는 팔도록 허용하였다.신14:21

교훈과 적용

1. 음식법 같은 구별을 통하여 하나님의 백성은 구별된 거룩한 삶을 살아야 할 것을 교훈하고 있다.[수7:13; 대하29:5; 눅1:75] 이것은 하나님의 뜻 아래서 순종하는 삶을 의미한다.[롬6:16; 히11:8; 벧전1:14] 거룩함은 제사장이나 백성 모두에게 요구된다. 이스라엘은 생활 속에서 정결한 것과 부정한 것을 세심하게 구별해야 하다. 의식주를 구별하고, 생각을 구별하고, 몸을 구별하고, 행동을 구별하여 거룩하신 하나님을 닮아가는 생활을 하도록 노력하고 애써야 한다.
2. 구약에서 먹을 수 없는 것으로 규정된 부정한 짐승은 오늘날에는 먹을 수 있다. 왜냐하면 예수 그리스도를 통하여 완성된 이후에는 양심에 거리낌이 없다면 어떤 고기든지 먹을 수 있게 되었다. 본래 "하나님이 지으신 모든 것이 선하기"[딤전4:4] 때문에 우리는 아무 것도 속되거나 부정하다고 할 수 없다.[행10:28] 즉 그리스도인에게는 속된 것은 없다.[행10:9-16] 그러나 우리가 모든 일을 다 할 수는 있으나 모든 일이 다 유익한 것은 아니다. 또한 모든 것이 가하나 모든 것이 다 덕을 세우는 것은 아니다. 그러므로 신앙인들은 먹는 일에 있어서도 어떤 정황에 따라서는 적당하게 자신을 억제할 줄 알아야 한다. 왜냐하면 우리는 먹든지 마시든지 무엇을 하든지 다 하나님의 영광을 위하여 해야 하기 때문이다.[고전10:23-33]
3. 율법을 지키는 것 보다 더 중요한 것은 내적 동기다.[신30:6] 율법을 통해 마음의 할례를 받는 것이 중요한 일임을 알아야 한다. 그런 점에서 정결법에서 '정한 것'이란 영적으로 '정결한 마음'이다.[시24:3-4; 51:7,10] 마음의 청결이 무엇보다 중요하다. 음식법은 이와 같이 성도들에게 성결의 도를 가르치는 좋은 보기가 된다.[히9:9-10]

C. 기어 다니는 땅의 생물과 전체 요약11:41–45

Ⅰ. 본문의 개요

41–43절은 앞에서 주어진 주요한 지침들을 다시 반복하여 강조한다. 여기에는 간곡한 권면과 11장 전체의 내용 핵심과 요약이 나타나 있다. 스스로 더럽히지 말라. 내가 거룩하니 너희도 거룩하라는 핵심 요지가 주어졌다. 이스라엘은 하나님의 거룩한 백성으로 선택 받았을 뿐 아니라출19:5–6 하나님을 닮도록 부름을 받았다. "내가 거룩하니 너희도 거룩하라"는 이 핵심적인 권면은 44–45절에 두 번이나 반복된다. 이 강조는 곧 하나님의 이상이자 백성들의 이상으로 구현되어야 할 핵심 표어임이 틀림없다.

Ⅱ. 본문의 구조

1. 파충류와 거룩
   1) 간곡한 권면 혹은 훈계와 경고11:41–43
   2) 11장의 핵심11:44–45
   3) 전체 요약 진술11:46–47

Ⅲ. 본문 주해

1) 간곡한 권면 혹은 훈계와 경고11:41–43

땅에 기어 다니는 모든 기는 것은 가증한 것이기 때문에 먹지 못한다. 좀 더 구체적으로 말하면 땅에 기어 다니는 모든 기는 것 중에 배로 밀어 다니는 것이나 네 발로 걷는 것이나 여러 발을 가진 것은 먹지 못하며 이것은 가증한 것이다. 그래서 당부하기를 기어 다니는 것을 인하여 자기가 가증하게 되게 말며 또한 그것을 인하여 스스로 더럽혀 부정하게 되게 말라고 한다.

2) 11장의 핵심11:44-45

하나님은 정한 것과 부정한 것들을 삶속에서 구별시킴으로써 끊임없이 죄를 상기시키기를 원하신다. 왜냐하면 하나님 자신이 거룩하시기 때문이다. 그래서 "나는 여호와 너희 하나님이라 내가 거룩하니 너희도 몸네페쉬을 구별하여 거룩하게 하고 땅에 기는바 기어 다니는 것으로 인하여 스스로 더럽히지 말라"고 하셨다.

왜 본문에서 파충류를 이야기하시다가 갑자기 거룩하심에 대한 언급을 하실까? 11장의 음식법에서 처음으로 거룩하심에 대해 언급하신다. 그것도 이어지는 구절과 함께 딱 두 번만 거룩함에 대해 말하신다. 그래서 이 구절은 11장 전체의 핵심을 담고 있다고 말할 수 있다. 이것을 말씀하시기 위해 앞에서 계속 음식법에 대해 이야기 하신 것이다. 거룩함에 대한 입체적이고 구조적인 효과를 음식법을 나열하심으로 나타내신 것이다. 그것은 구별이다. 구별은 곧 거룩함을 나타낸다. 그래서 최종적으로 이렇게 말씀하신다. "나는 너희의 하나님이 되려고 너희를 애굽 땅에서 인도하여 낸 여호와라 내가 거룩하니 너희도 거룩할지어다".45절

3) 전체 요약 진술11:46-47

이 요약 진술은 11장에 나타난 두 가지의 주제인 동물의 정함과 부정함의 분류11:2b-23, 41-45와 동물 사체와의 접촉으로 인한 부정결 규정11:24-40에 대한 것이다. 11장에 언급된 것을 요약하면 짐승포유류과 새조류와 물에서 움직이는 모든 생물어류과 땅에 기는 모든 기어 다니는 것파충류와 곤충류에 대

한 규례토라이다. 이 규례에 따라 부정한 것과 정한 것을 구별하고 먹을 생물과 먹지 못할 생물을 분별하는 것이 이스라엘 백성들의 의무로 주어진 음식법이다. 이를 위해 특히 제사장은 분별을 통해 백성들에게 가르치며 생활해 나가도록 훈련시켜야 한다.

매일의 정결의식 준수는 이스라엘의 사회적이고 영적인 발전에서 가공할 만한 힘이었다. 정결의식은 이스라엘 백성의 유대를 강화시켰다. 왜냐하면 이러한 의식적 정결의식 준수가 각 사람의 도덕적이며 영적인 경각심에 민감하도록 영향을 미쳤기 때문이다.[16] 이러한 음식법의 중요성은 유대인들이 열방 중에 흩어지게 되었을 때 증폭되었다. 그 법들은 유대인의 정체성을 보존하는데 큰 힘이 되었다.

끝으로 이 규례를 주신 목적을 정리한다면 다음과 같다. 이스라엘 백성이 하나님 앞에서 구별되었음을 가르치기 위한 것이다. 윤리적이고 영적인 문제를 포함하여 음식에 있어서도 이스라엘이 구분 되었다는 것을 가르치기 위함이다. 이러한 의식儀式적인 구별을 통하여 그들이 다른 민족으로부터 구별된 하나님의 백성임을 나타냈다. 하나님은 보다 완벽한 계시가 주어지기 전에 이스라엘인들에게 율법 이외의 여러 의식적인, 즉 상징적인 세부 조항 특히 정결의 법 같은 의문儀文의 율법을 주셔서 내적 정결의 상징적인 방법으로 삼으셨다. 즉 가장 효과적인 방법을 택하신 것이다. 부정은 의식儀式상의 문제이지 악하다는 개념이 아니다. 분리와 구별을 통해 거룩함을 가르치는 것이 목적이다. 결례법은 부정한 것을 분류하고, 그 부정한 것을 정결하게 하는 법이다. 정결함과 부정함의 구별은 이스라엘 백성들로 하여금 사람 안에 있는 죄를 끊임없이 생각해내기 위하여 의도된 것이다.

16) Hartley, Leviticus, 145-46.

교훈과 적용

1. 음식법이 우리에게 주는 교훈은 많다. 예수께서는 음식법 같은 끝없는 율법의 준수로부터 자신의 추종자들을 해방시켰다. 그럼에도 불구하고 자유에는 책임이 따른다. 예수의 추종자들은 주변을 돌아보면서 궁핍한 자를 불쌍히 여기는 마음을 나타내야 한다.행20:35 또한 그들은 내면을 돌아보면서 마음을 정결하게 해야 한다.마5:8; 딤전1:5 순결한 마음과 깨끗한 양심은 법규 목록의 고수를 통해서가 아니라 서로에 대한 성실하고 열정적인 사랑 안에서 표현된다.벧1:22

2. 하나님은 결례법을 통해 궁극적으로 무엇을 원하셨는가? "다만 그들이 항상 이 같은 마음십계명 준수을 품어 나를 경외하며 나의 모든 명령을 지켜서 그들과 그 자손이 영원히 복 받기를 원하노라".신5:29 "너는 마음을 다하고 성품을 다하여 힘을 다하여 네 하나님 여호와를 사랑하라"신6:5는 것이다. 하나님에 대한 사랑함으로 복을 받아 누리는 것이 모든 결례법을 주신 목적이다.

3. "너희는 이 세대를 본받지 말라"고 하셨다.롬12:2; 고후6:13-7:1 본받지 말라는 것은 구분하라는 의미다. 하나님은 오늘날 우리 성도들이 불신자들과 마음을 구별하여 살기를 원하신다. 우리 성도들이 불신자와 구별되시기를 원하시는 것이 하나님이 음식법 규정을 통해 가르치시는 목적이다.

레위기 12장

출산에서 정결함

A. 자녀를 생산한 여인에 관한 규례

I. 본문의 개요

몇몇 주석가들은 정결의 법11-15장 중 이 부분12장이 어렵다는 것을 발견한다. 생육하고 번성하라는 하나님의 명령의 결과로창1:28 온 출산의 행동을 부정한 것처럼 취급하고 있기 때문이다. 성경에서 아이는 하나님의 기업이며 선물로 간주된다.시127:3 출산한 여인은 하나님의 복 받는 자로 여긴다.참조. 시128:3 이스라엘서 수많은 자녀를 소유하는 것은 하나님의 특별한 축복일 것이다.창24:60 그런데도 아이의 출생을 죄 있는 경우로 취급하여 대속의 필요가 있다고 간주되는 것은 쉽게 납득키 어렵다. 아무튼 본 규정은 산모를 부정케 만드는 분만에서 발생하는 성결을 다루고 있다. 12장이 정결법에 속하기 때문에 특히 15장을 읽으면 출산이 왜 부정한 일인지에 대해 이해 할 수 있을 것이다.

Ⅱ. 본문의 구조

1. 서론12:1
2. 출산으로 발생한 부정12:2–5
   1) 아들을 낳았을 경우12:2–4
   2) 딸을 낳았을 경우12:5
3. 출산 후에 드리는 번제와 속죄제12:6–7
4. 가난한 자가 드리는 번제와 속죄제12:8

Ⅲ. 본문 주해

본문은 출산에 따른 정결법을 다룬다. 출산에는 부정을 제거하는 제사가 있다. "자녀간a son or daughter 정결케 되는 기한이 차거든 그 여인은 번제를 위하여 일 년 된 어린 양을 취하고 속죄제를 위하여 집비둘기 새끼나 산비둘기를 취하여 회막문 제사장에게로 가져갈 것"레12:6이라는 제사규례를 밝히고 있다. 이 본문을 보면 피를 흘리는 것과 관련하여 부정하다는 추측 외에는 출산이 왜 부정한가를 설명하지 않는다. 그리고 남녀 아이의 출산에 따라 부정의 기간과 정결기간도 다르다. 본문은 출산을 월경과 같은 부정으로 규정하고 산혈에 따른 정결케 되는 기간이 지나면 제사를 드리도록 하고 있다. 그것도 한 가지가 아니라 두 가지다. 번제와 속죄제를 드려야 한다고 되어 있다.

그리고 7절의 규례를 보면 제사장은 부정을 정결케 하는 대행의 일을 한다. 아들이나 딸을 낳은 여인의 번제와 속죄제를 위하여 여인으로부터 양이나 비둘기를 받아서 제사를 지낸다. 제사를 지내면 그 동안 흘렸던 부정한 산혈의 기간이 여호와 앞에서 정결하게 된다.[1] 부정과 정결과 속죄의 기준은 "여호와 앞"이다. 부정도, 정결도, 속죄도 그것이 여호와 앞에서 이루어진다는 점을 다시 강조하고 있다.

1. 서론[12:1]

도입문 형식으로 여호와께서 모세에게 말씀하셨다.

2. 출산으로 발생한 부정[11:2-5]

1) 아들을 낳았을 경우[12:2-4]

이스라엘 자손에게 일러 주는 내용이다. 여인이 잉태하여 남자 아이를 낳으면 그녀는 칠일 동안 부정하다. 곧 월경할 때와 같이 부정한 것이다. 여성이 생리로 인해 부정하게 되면 일주일 동안 성소에 들어가지 못한다. 또 이 여인과 접촉하는 사람이나 사물은 부정하게 된다.[15:19-24] 그 여성은 자기 집을 떠날 수 없으며, 가족이나 백성들의 종교의식 생활에 참여 할 수 없었다. 구약에서 완전을 의미하는 칠일단위의 문학구조[the literary structure of seven days]는 모두 137회 등장하며, 이 중에서 레위기는 36회 나타난다.

칠일이 끝나고 제 팔일에는 부싯돌[출4:25; 수5:2-3]로 그 아이의 양피를 베어야 한다. 할례의식은 비록 그 날이 안식일일 지라도 낮에 거행되었을 것이다.[요7:22] 왜 팔일 째에 할례를 행하는가? 언약에 참여하는 표징인 할례가 난지 팔일 만에 시행된 것[창17:12]을 시작으로, 소와 양의 새끼를 바칠 때도 칠일 동안은 어미와 함께 있다가 팔일 만에 하나님께 바치게 했다.[출23:30] 문둥병자도 팔일 만에 제사를 드린다.[레14:10] 팔일은 칠일이 끝나는 다음 날이다. 이런 것을 볼 때 칠일은 정결기간이며, 이 과정을 거치면 팔일은 하

---

1) 이 과정을 가리켜 "신적수납(神的受納, divine approval or acceptance)"이라는 용어를 사용한다. Kiuchi, The Purification Offering in the Priestly Literature, 43.

나님께서 그 부정을 수납하시는 새로운 시작과 시간임을 알 수 있다. 양피陽皮, 혹은 귀두龜頭는 덮은 살가죽을 말한다. 즉 바사르 오르라בשר ערלה로 불리는 양피는 '할례 받지 않은 살'육체를 의미한다.

산모는 출산 이후 일주일이 지나 제2의 분리기간은 삼십 삼일을 지나서야 산혈이 깨끗해진다. 정결케 되는 기한이 모두 차기 전에는 성물을 만져서도 안 되며 성소에 들어가서도 안 된다. 예를 들면, 산모는 화목제의 고기를 먹을 수 없었다.7:20-21 만일 산모가 제사장의 아내일 경우 제사장 가족에게 돌아오는 몫을 먹을 수 없었다.22:3-7

2) 딸을 낳았을 경우12:5

여자 아이를 낳으면 그녀는 십사일 동안 부정하다. 월경할 때와 같으며 산혈이 깨끗하게 되려면 육십 육일이 지나야 한다. 그래서 여자 아이를 낳으면 산모가 십사일의 부정기간과 육십 육일일의 정결기간을 합쳐 모두 팔십일이 지나야 원상회복이 된다. 이는 남자 아이에 비해 두 배의 기간이 요구된다.

아들과 딸의 출산을 비교하면 다음과 같다.

남여	부정기간 (제1 분리기간)	할례	정결기간 (제2 분리기간)	총 회복기간
남	7일	8일째	33일	40일
여	14일		66일	80일

이렇게 태어난 남아와 여아의 부정기간과 정결기간을 왜 달리해야하는가? 이에 대한 한 가지 이유를 들라면 딸의 경우 잠재적 부정의 요소가 길다는 설명이 있다.[2] 즉 여자 아이가 성장하면 부정의 기간과 아울러 산모로서 출혈을 하기 때문이라는 것이다. 그리고 여인의 출산과 월경에 관련하여 인

2) 전정진, 『레위기, 어떻게 읽을 것인가?』(서울: 성서유니온, 2004), 145.

류학적인 측면에서는 제의적 차이의 목적을 남성의 우월성이나, 남녀의 영역 구별, 특별히 일부다처제사회에서 경쟁자에 대한 공격, 특별히 여성의 독립적인 지위가 형성된 사회에서 특별한 관계 등이 주장되기도 한다.

이제 출산에 왜 속죄의식이 필요한가를 물어보게 된다. 즉 아기를 낳은 여인이 왜 부정한가라는 질문이다. 본문은 출산 그 자체가 여인을 부정하게 하는 것이 아님을 말한다. 아기가 부정하거나 아기가 산모를 부정하게 하는 것이 아니라, 출산 할 때 아기와 함께 나오는 피와 유출물이 여인을 부정하게 한다고 밝힌다. 몸에서 피가 유출되므로 여인의 출산을 부정하게 취급하는 것은 생명과 죽음의 힘을 접촉하였기 때문이다. 그래서 일정한 정결의식을 거쳐야 본래의 생활공동체로 돌아올 수 있다고 보는 것이다.

출산에서 속죄가 필요한 것은 피에 관련된 문제로 본다. 즉 아이를 낳을 때 생기는 "산혈" 때문이다. 이 산혈은 "생리" 혹은 "월경"과 동일하게 부정한 것으로 취급한다. 산혈은 아이를 낳을 때 산모가 흘리는 피다. 이 때 흘리는 피는 부정하다. 인간의 피가 몸 바깥으로 흐르는 것은 부정하게 보는 것이다.

"생명이 피에 있다"레17:11라는 것은 피가 생명을 담고 있음을 뜻한다. 생명은 여호와의 것이다. 피를 몸 밖으로 흘리는 것은 여호와의 소유를 침해하는 결과가 되는 셈이다. 밀그롬은 피의 유출을 죽음의 상징으로 보았다.[3] 웬함도 생명과 죽음의 대립이 전체 의식법의 근본이라고 주장한다.[4] 즉 피나 정액 같은 것은 생명을 의미하기 때문에 이런 것을 흘리는 것은 생명의 반대인 죽음을 나타낸다는 것이다. 그런 점에서 출산으로 인한, 비록 자연적인 산혈이라고 해도 거룩한 여호와의 영역에서는 부정한 결과가 되는 셈이다. 그 부정을 정결하기 위해서는 번제물과 속죄 제물로 제사를 드려야한다는 해석이다. 좀 다른 시각이지만 칼빈은 부정함은 이미 자궁 속

---

3) Milgrom, Leviticus 1-16, 766-68.

4) Wenham, "The Theology of Old Testament Sacrifice", Sacrifice in the Bible, 77.

에서 생긴 것이며 이는 곧 타락한 자손의 존재라는 점을 지적하였다. 그래서 속죄가 필요하다는 것이다.[5)]

한편 실용적인 관점에서 산모의 부정기간과 정결기간과 회복기간은 이스라엘 여인들에게 산후 조리와 함께 회복의 시간을 갖게 된다는 이점을 말하기도 한다.

3. 출산 후에 드리는 번제와 속죄제[12:6-7]

남자아이든 여자아이든 간에 정결케 되는 기한이 차면 그 여인은 생명을 새롭게 바치는 의미에서 번제를 위하여 일 년 된 어린 양을 가지고 가야 한다. 그리고 또 속죄제를 위하여 집비둘기 새끼나 산비둘기를 가지고 회막문 제사장에게로 가져가야 한다. 제사장은 그것을 여호와 앞에 드려서 여인을 위하여 속죄해야 한다. 피를 흘리는 것 자체도 부정하지만, 비록 출산 후에 산모가 성소에 들어가지 않았음에도 산모가 진중에 있었으므로 단을 오염시킨 것으로 간주되었다.[참조. 15:31] 따라서 속죄제의 피로 단의 오염을 정결케 하였다. 그리하면 산혈이 깨끗해진다. 이것은 아들이나 딸을 생산한 여인에게 대한 규례이다.

출산에 따른 제사에서 번제의 제물은 양이다. 비싼 등급으로 취급된다. 이에 비해 속죄제의 제물은 비둘기로 값싼 등급이다. 속죄일에는 속죄제의 제물이 수송아지이고 번제의 제물은 양이다. 그러나 출산의 제사는 제물의 등급이 속죄일에 드리는 제사와는 서로 반대다. 이런 점을 볼 때 출산의 제사에서는 번제를 속죄제보다 더 비중을 두는 것 같다. 번제의 제물이 더 비싼 것이므로 번제가 속죄제와 함께 드릴 때 속죄의 기능이 강화되는 것으로 추측할 수 있다.

한편 이 날 드려진 제사에 번제와 속죄제 중 어느 것을 먼저 드렸는지는

5) J. Calvin, Commentaries on the Last Books of Moses, Translated by C. W. Bingham (Grand Rapids: Baker, 1979), 2:499.

명확하지 않다. 언급된 순서로는 번제가 먼저고 그 다음이 속죄제이다. 또 번제의 제물이 속죄제보다 더 비싸다는 점을 든다면 번제를 먼저 드렸을 가능성이 있다.

4. 가난한 자가 드리는 번제와 속죄제12:8

그 여인의 능력이 어린 양을 바칠만한 형편이 되지 않으면 산비둘기 둘이나 집비둘기 새끼 둘을 가져가 하나는 번제물로, 하나는 속죄 제물로 드려야 한다. 비둘기는 고대 이스라엘인들이 집에서 기르던 새였다.참조. 왕하 6:25 6) 제사장이 그녀를 위하여 속죄를 해주면 그녀는 정결하게 된다.

8절의 "그 여인의 힘이 어린 양에 미치지 못하거든 산비둘기 둘이나 집비둘기 새끼 둘을 가져다가 하나는 번제물로, 하나는 속죄 제물로 삼을 것이요 제사장은 그를 위하여 속할지니 그가 정결하리라"는 내용을 보면 제물의 등급을 조정하는 이유가 있는 것 같다. 첫째는 속죄는 꼭 필요하다는 것이며, 둘째는 이를 지키기 위한 경제적 능력의 배려이다. "힘이 미치지 못하거든"이라는 조건이 이를 말한다. 히브리어 원문을 직역하면 "만약 그녀가 그녀의 손으로 양을 충분히 얻지 못하면"이라는 뜻이다. 이는 제사와 현실을 감안한 하나님의 자비다. 여인의 출산에 나타난 부정도 이렇게 제사를 통해서 제거된다. 그러나 제사 없는 속죄의 경우도 있다.출32:30; 민 16:45-50

교훈과 적용

1. 할례는 출산의 정결의식과 밀접한 관계가 있다. 왜냐하면 생후 팔일 만에 할례를 받아야 하기 때문이다. 칠일간의 부정기간이 끝나고 받는 할례는

---

6) Noordtzij, Leviticus, 40-41

언약 백성의 표징창17:10이 되므로 신생아가 할례를 받아야 참다운 생명이 탄생하는 것으로 볼 수 있다. 신약에 와서는 할례가 세례로 대치되었다. 그런 점에서 이제 물과 성령으로 거듭나야요3:5 누구든지 그리스도 안에서 새로운 피조물언약 백성이 되는 것이다.고후5:17

2. 예수님은 레위기 12장 3절의 규례대로 제 팔일에 할례를 받으셨다.눅2:21 그의 부모들은 모세의 법대로 결례의 팔일이 되어 아기를 데리고 예루살렘에 올라가서 주의 거룩한 자로 아기를 하나님께 드렸다. 예수님은 태어나서 세상을 떠날 때까지 하나님의 뜻에 따라 사심으로 우리에게 하나님 섬김의 모범을 보이셨다.
3. 예수님의 모친 마리아가 비둘기 두 마리로 결례의 의식을 행했음눅2:22-24을 비추어 볼 때, 그의 집이 가난했다는 것을 알 수 있다.레12:8 이것은 세상의 구세주가 스스로 겸손하셔서 인간이 되실 뿐만 아니라 이스라엘 당시의 열악한 환경 속에서 태어나심을 말해준다. 종의 형체를 가지신빌2:7 그분의 모습을 따라 살아야 할 것이다.

레위기 13장

악성 피부병과 의복 곰팡이에 대한 정결법

이 장은 신체의 피부병과 의복의 악성 곰팡이에 대한 정결법을 다룬다. 정결법을 다루는 레위기 11–15장에서 두 장40%을 문둥병과 곰팡이에 대해 언급한다는 것은 그 만큼 부정에 대한 문제가 까다롭고 중요하다는 것을 반영한다. 이 장은 전체적으로 두 단락으로 나뉜다. 병리학적 측면에서 사람의 몸에 발생하는 심각한 피부병의 진단과 처리,2–46절 그리고 의복류에 발생하는 악성 곰팡이의 진단과 처리47–58절이다. 첫째 단락은 사람에게 발생하는 피부병을 일곱 가지로 구분하여 각각 진단과 그 처리 방법을 소개하며, 둘째 단락은 의복에 발생하는 곰팡이를 세 경우로 구분하여 그 진단과 처리 방법을 취급한다.

A. 악성 피부병13:1–46

Ⅰ. 본문의 개요

우선 번역상의 문제부터 규명하는 것이 좋을 듯하다. 레위기 13–14장에 기록된 "문둥병"차라아트, נֶגַע צָרַעַת은 그 증상을 보아 현대의 문둥병과는 다르다. 차라아트는 '때려눕히다, 친다'라는 뜻이 있다. 그리고 이런 현상을 당하게 된 자는 차루아하나님께 침을 당한라고 불렀다. 그래서 히브리인에게 문둥병은 하나님이 때리시는 병이라는 개념을 가지고 있기도 하다. 대하26:16-21 차라아트는 '피부에 병이 들다'라는 의미의 어근에서 온 것이기 때문에 구체적인 것 보다는 포괄적으로 언급하고 있다[1] 차라아트는 문둥병만은 아니다. 이 단어는 악성 피부병에 대한 집합적인 명칭이다. 예컨대, 미쉬나 Negaim, I 4는 72종류의 차라아트가 있었다고 한다.[2]

차라아트는 13:2-46에서는 피부에 나는 악성피부병네가 차라아트, נֶגַע צָרַעַת, an infection of leprosy으로, 13:47-59에서는 옷에 생긴 악성곰팡이네가 차라아트, נֶגַע צָרַעַת, a mark of leprosy로, 14:33-36에서는 집안의 벽에 생기는 악성번식 혹은 균류네가 차라아트, נֶגַע צָרַעַת, a mark of leprosy로 번역하여 각각 사용하고 있다.

어쨌든 문둥병은 악성피부병으로 보아야 한다. 아랍인들은 이 병을 상피병elephantiasisd라고 불렀다.[3] 이 병은 치명적인 것이어서 몸에서 악취가 나고 3기가 되면 몸의 털이 빠지며 외모가 추악하게 되어 혐오의 대상이 되어 따로 격리 수용한다. 왕하15:5 문둥병자는 영원히 저주 받은 자로 판단되지는 않았지만 그가 갖고 있는 문둥병 때문에 종교 의식적으로는 부정한 자로 간주되었다. 문둥병이 발생했을 때는 진 또는 성읍에서 격리되어 환자끼리 공동생활을 하였다. 민12:14; 왕하7:3

차라아트는 곰팡이 종류와 비슷하여 사람 뿐 만 아니라 건물 벽이나 옷에도 생길 수 있다. 현대 번역본에는 차라아트를 문둥병과 구별하기 위하여 악성피부병a malignant skin disease이라고 번역하기도 한다. NEB 그래서 일종의 악성 피부병이나 곰팡이에 의해 발생되는 얼룩으로 보이는 여러 종류를 총칭하는 단어로 사용하는 것이다. 피부병이나 곰팡이를 동일한 차라아트로 부르는 이유가 그렇다. 또 밀그롬은 '비늘 같은 것이 덮이는 병scale disease

1) Harrison, Leviticus, 136.
2) Noordtzij, Leviticus, 134.
3) Noordtzij, Leviticus, 137-38.

이라 번역하기도 하였다.[4] 차라아트는 의학적인 관점에서 표현되는 단어가 아니라 제의적인 관점에서 활용된 명칭이라는 것이다. 차라아트가 부정한 이유에 대해 밀그롬은 이 병이 창백한 시체의 색깔인 흰색이며 껍질이 벗겨지는 현상이 나타남으로 죽음과 관련이 있다고 보았다[민12:12; 욥18:13 5]. 성경의 차라아트는 표면의 색깔이 변하고,[13:3] 사람이나 물체의 형태를 변화시키고,[13:9-13] 표면보다 깊이 내려가고,[13:3] 활성적으로 확산된다.[13:7] 이러한 증상은 명백히 병리학적으로 비정상적이다. 그리고 사람이나 옷, 집 등의 형체를 변형시킨다.

문둥병의 특징을 논할 때 피부보다 우묵[3절]것은 피부 표면에 있는 것이 아니라 피부보다 깊숙한 곳에 있기 때문에 죄와 아주 흡사하다고 볼 수 있다.[렘17:9; 롬7:18; 시51:5] 또 '퍼진다'[7절]는 표현은 죄도 역시 퍼짐으로 생각과 욕망과 행동이 심각한 결과로 나타난다.[약1:13-15] 또한 '더럽힌다'[44-46]는 말은 문둥병자들은 성전예배에 참석할 수 없었다. 스스로 병자임을 선포해야한다. 그를 만지기만 해도 부정하기 때문에 죄의 오염과 동일시한다. '격리된다'[46]는 말은 진 밖에 가서 격리 수용되므로 죄는 사람을 하나님으로부터 분리시킨다. '소각된다'[52절]는 것은 문둥병으로 더럽혀졌다고 생각되는 것은 모두 소각해야 한다. 문둥병은 이처럼 치명적인 위험성이 있다. 그래서 문둥병은 죄의 속성과 유사해서 죄의 심각성을 드러내는 영적의미로 해석해야한다는 주장들을 한다. 문둥병은 죄의 속성과 유사한 면이 있다고 할 때 죄의 심각성을 드러내는데, 그것은 치명성,[파괴성] 분리성, 전염성, 발육성, 확장성[침투성] 등이다. 이 병은 이렇게 창조의 온전성을 파괴하기 때문에 부정한 것으로 간주된다.

현대의 한센병Hansen's disease은 문둥병에 대한 완곡한 표현이다. 1871년에 한센Hansen에 의해 박테리아가 발견되어 붙여진 이름이다. 문둥병은 만

4) Milgrom, Leviticus 1–16, 774–76.
5) Milgrom, Leviticus 1–16, 819.

성이기에 30년 동안이나 지속되는 것으로 알려져 있다.[6] 실제 문둥병인 한센병은 피부에만 영향을 주는 것이 아니라 뼈까지 변형하여 신체의 감각을 마비시켜 결국에는 비참하게 죽게 되는 무시무시하고 끔찍한 병이다. 이 병은 전염성이 있으며, 최근까지도 불치의 병으로 알려져 있다. 한편 신약에서 사용된 헬라어 레프라λέπρα가 한센병을 의미하는지 아니면 차라아트를 의미하는지 확실하지 않다.

Ⅱ. 본문의 구조

1. 서론13:1
2. 사람에게 생긴 문둥병에 관한 규정13:2-46
    1) 초기 증세로서 피부병 진단13:2-8
    2) 후기 단계로서 난육백반에서 나는 증세13:9-17
    3) 종기에서 나는 증세13:18-23
    4) 화상의 자리에서 나는 증세13:24-28
    5) 머리나 수염에서 나는 증세13:29-37
    6) 어루러기습진에서 나는 증세13:38-39
    7) 대머리에서 나는 증세13:40-44
3. 피부병으로 부정하게 된 자의 처신13:45-46

Ⅲ. 본문 주해

1. 서론13:1

여호와께서 모세와 아론에게 말씀하셨다. 이 신적 계시의 형식은 이어

6) Harrison, Leviticus, 139.

서 두 번 더 나온다.[14:1,33] 수행된 절차는 민간에서 발생한 것이나 이방인들의 치료하는 절차를 받아드린 것이 아니다. 이것은 백성들의 다양한 피부병을 다룰 때 실제적으로 히브리 제사장 의사에 의해 적용되었던 임상 방법이다. 제사장은 증상을 관찰할 뿐이다. 이것은 치료의 본질을 사용하는 것이 아니라 미심쩍은 사람들에게 그리고 위생상 예방책으로 청결이나 부정함을 선언했을 뿐이다. 만약 환자의 병이 명확하지 않았을 때에는 적절한 진단이 나올 때까지 일정기간 격리될 수 있었다.

2. 사람에게 생긴 문둥병에 관한 규정[13:2-46]

차라아트의 진단은 현대 환자에게 고질화된 악성에 관한 비보처럼 고대 이스라엘인들에게는 사형선고와 같았다. 그의 존재는 살아 있으나 죽은 살아있는 죽음, a living death 것과 같았다. 문둥병 환자는 그 병의 역겨운 본성 때문에 사회와 접촉을 할 수 없다는 것을 알았다. 무엇보다도 문둥병자는 언약 백성과 영적 교제가 단절되었고 진정한 의미로 세상에서 소망도 하나님도 없었다.

제사장은 문둥병환자를 검사하여 정결과 부정에 대해 선언적인 확인 진술을 한다. 그러나 미심쩍으면 칠 일간 격리하였다가 재검사를 실시한다. 그래도 미심쩍으면 칠일 간 다시 격리 하여 다시 재검사하여 정결과 부정을 단언한다.

--------------→ ‖ --------------- ‖ ---------------------- ‖

병을 선언하고, 미심쩍으면	7일간 격리 후 재검사	그래도 미심쩍으면 7일간 격리-다시 재검사

병을 선언하고, 미심쩍으면 7일간 격리 후 재검사 그래도 미심쩍으면 7일간 격리–다시 재검사

격리된 후에는 정결판정을 받아도 잠정적인 부정 때문에 옷은 세탁해야 한다. 칠일 간 격리한 후 정결판정을 받으면 별도의 정결례는 필요 없다.[26-28] 그러나 십사일 동안 격리된 후에는 옷을 세탁해야 한다[6,34]

1) 초기 증세로서 피부병 진단[13:2-8]

레위기에서 새로운 규례를 시작할 때는 주로 아담 키[when anyone]를 사용한다. 2절이 그러하다.[7)] 이 단락은 피부에 문제가 발생할 때를 다룬다. 문둥병[infectious skin diseases]의 징후가 보이면 제사장에게 데려간다. 진찰하고 진단하여 문둥병으로 판정되면 부정하다고 선언한다. 만약 의심스러우면 칠일 동안 격리[금고, in isolation]하여 보고, 그래도 의심스러우면 다시 칠일 동안 격리 한다. 진찰 결과 문둥병이 아니면 피부병임으로 정하다 선언하고, 옷을 빨게 한다. 그러나 다시 징후가 나타나면 다시 진찰하고,[to examine, 조사하다] 문둥병이 판명되면 부정하다 선언한다.

좀 세분하여 다시 본다면, 사람의 피부에 무엇이 돋거나 딱지가 앉거나 색점[반들거리는 얼룩점, 특히 흰점, 구약에서 이 단어는 레위기 13-14장에 만 나옴]이 생겨서 그 피부에 문둥병[나병] 같이 되면 곧 제사장 아론에게나 그 자손 중 한 제사장에게로 데리고 간다. 제사장은 그 피부의 병[네가]을 진찰하여 환처의 털이 희어졌고 환처[벗겨진 피부]가 피부보다 우묵하여졌으면[피부의 피하층까지 침입] 이는 문둥병의 환처이다. 제사장은 이를 진단하여 피부에 색점[어루러기]이 희나 우묵하지 아니하고 그 털이 희지 아니하면 그 환자를 칠일 동안 격리시켜 둔다. 명확치 않지만 격리시키는 이유는 전염성보다 관찰을 위해서다. 격리 장소는 일반적으로 미리암의 경우와 같이 진 바깥으로 보인다.[민12:14-15] 진영 밖에 특별한 구역이 있었을 것이다.

칠일 만에 제사장이 그를 진찰하여 그의 보기에 그 환처가 변하지 아니

---

7) Rooker, Leviticus, 186.

하고 병색이 피부에 퍼지지 아니하였으면 제사장이 그를 또 칠일 동안을 격리해야 한다. 칠일 만에 제사장이 또 진찰하여 그 환처가 엷어졌고 병색이 피부에 퍼지지 아니하였으면 이는 피부병이다. 그러면 제사장이 그를 정하다 해야 한다. 그리고 그는 옷을 빨아야 한다. 그리하면 정하게 된다. 제사장이 문둥병을 진찰함에 있어서 두 번씩이나 칠일 간을 두고 시험해 본 것은 그 취급의 신중성을 보여준다. 문둥병의 특징은 그 퍼지는 증세에 있다. 이 부분에 "퍼진다"는 말이 네 차례나 나온다. 문둥병의 퍼지는 속도가 느리기는 하지만 반드시 퍼진다. 감염된 사람은 자신이 정결하다는 물리적 증명의 수단으로 자신의 옷을 빠는 것이다.

그러나 정결한 여부를 위하여 제사장에게 보인 후에 병이 피부에 퍼지면 제사장에게 다시 보여야 한다. 이 병균은 온 몸에 퍼진다. 정결과 부정을 판단하는 유일한 기준은 이 부스럼의 번짐 유무이다. 부스럼이 번진다면 그것은 부정한 것이며 악성피부병으로 판명된다. 제사장은 진찰하여 그 병이 피부에 퍼졌으면 그를 부정하다 진단해야 한다. 이렇게 되면 그것은 문둥병이다.

여기에 몇 가지를 물을 수 있다. 첫째, 왜 환자를 제사장에게 데려가는가이다. 제사장은 의사가 아닐 텐데 이렇게 전문적인 지식을 가질 수 있을까하는 의문이다. 제사장은 의사로서가 아니라 율법해석학자로서 이 일을 담당한다. 이것은 문둥병이 죄악을 상징하기 때문이다. 제사장은 죄악의 문제를 취급한다. 이는 장차 그리스도가 인간의 죄악을 진단하시고 자기 자신이 그 치료 방법이 되어 주실 것을 미리 예언하는 것이다. 제사장직은 이러한 역할을 담당할 때 의사가 아니라 하나님 앞에서 언약 공동체의 공직자 기능을 한다. 그의 목표는 공동체에 전염성 질환이 퍼지지 못하도록 막는 것이 아니다. 그의 우선적 관심은 부정한 사람이 성소 구역 안으로 들어오는 것을 막음으로서 오염이 발생하지 않도록 하기 위한, 즉 성소를 보호하는데 있다. 제사장에게 데려간 이유는 이 병을 질병이라기보다는 부정함이라고 생각하며, 하나님의 재앙으로 판단하기 때문이다.

둘째, 문둥병은 어디에 발하는지 궁금하다. 문둥병에 대하여 이 병이 '발하다'할 때 쓰여 진 파라흐פָּרַח를 알 필요가 있다. 이 동사는 문둥병 및 종기 등과 같은 피부병의 발진을 묘사한다.출9:9-10 파라흐는 출애굽기9:9; 9:10를 제외하면 레위기 13-14장에만 나타난다.레13:20,25,39,42,57; 14:43 문둥병은 오래된 종기 자리에 "발하거나"레13:20 또는 치유되지 않은 화상 자리에 "발할" 수도 있다.레13:25 부유스름한 반점 모양으로 "발한" 피부는 건선이나 습진KJV, tetter, 피진으로 진단될 수도 있다.레13:39 문둥병은 대머리에 "발하기도" 하는데 그 징후는 거기에 희고 붉은 반점이 생기는 것이다.레13:42 문둥병은 옷에 "발할" 수도 있다.레13:57, 이것은 아마 곰팡이류나 진균류일 것이다 마지막으로 문둥병이 마른 부패물에 의해 퍼짐으로써 집에 "발할" 때도 있다.레14:43

셋째 문둥병도 주종을 이루는 종류가 있을 것이다. 크게 두 종류의 문둥병이 있다. 첫째는 결절성 문둥병tubercular leprosy이다. 이 환자는 피부에 발진이 나타나며 이것이 결절로 발전되었다가 결국에는 궤양으로 변한다. 둘째는 마취성 문둥병anesthetic leprosy이다. 보다 심한 종류로서 신경이 둔화되고 감각과 근육 운동 기능이 상실되며 점진적 마비 현상을 일으켜 마침내는 수족을 잃게 된다.[8)]

넷째, 성경에 나타난 문둥병자는 죄인인가 하는 점이다. 구약성경에는 몇몇 문둥병 환자들이 언급되어 있는데 그들은 다음과 같다. 모세,출4:6 이하, 미리암민12:10 이하 나아만,왕하5:1 이하 게하시,왕하5:27 웃시야와 아사랴,왕하15:5 사마리아가 포위 공격 받을 때의 네 문둥병자왕하7:3 이하이다. 이 가운데 웃시야와 네 문둥병자들은 추방 격리되었다. 문둥병은 구약성경에 묘사된

8) Noordtzij, Leviticus, 134.

모든 질병들과 마찬가지로 불결 혹은 마귀의 영역으로부터 온 것이 아니라 하나님의 영역에서 기인한 것이었다. 모세[그의 손]와 미리암에게 문둥병이 발하게 한 이는 여호와였다. 여호와는 집들에도 부정케 하는 문둥병을 내리신다.[레14:34] 여호와의 선지자 엘리사는 게하시의 탐욕으로 인하여 그에게 문둥병이 생기게 만들었다. 웃시야는 여호와에 의해 치심을 당했다.[왕하15:5] 그럼에도 불구하고 문둥병자는 종교 의식상으로 부정하게 여겨졌으나 성경은 결코 문둥병을 죄의 한 유형으로 언급하지 않는다. 병의 발생은 하나님의 행위로 간주되었으며 따라서 문둥병자의 치유는 하나님의 은혜에 의한 기적으로 해석되었다.

다섯째, 성경의 문둥병은 누가 치료하는가이다. 레위기 14장에 의하면 제사장은 병중에 있는 문둥병자를 찾아가 환부를 검사하였다.[의사로서가 아니라 율법 해석자로서] 그리고 그는 환자를 격리시켰으며 후에 그가 깨끗한지 혹은 감염되었는지의 여부를 판명하여 공포하였다. 가장 중요한 사실은 제사장이 어떤 치료 행위나 귀신 추방 행위를 전혀 실시하지 않았다는 점이다. 성결 의식은 문둥병이 치료된 후에만 시행되었다. 구약성경에 있어서 치료 행위는 제사장이 아닌 '하나님의 사람'에게 속한 일이었다. 미리암의 문둥병은 아론에 의해서가 아니라 모세의 기도로써 치료되었다.[민12:10 이하] 나아만은 엘리사가 규정해준 치료 방법을 따랐을 때 치유될 수 있었다.

2) 후기 단계로서 난육[백반] 증세[13:9-17]

이 부분은 착각을 일으키기 쉬운 내용이다. 두 형태로 나눠 설명한다.

① 부정한 경우

난육이 생긴 오랜 문둥병은 부정하다. 난육은 피부가 벗겨져 출혈이 있거나 피부궤양으로 곪아터지는 증상을 가리킨다. 피부 궤양인 생살이 돋는다는 것은 피부의 상황이 극도로 악화된 것을 말한다. 피부에 흰 점이 돋고 털이 희어지고 난육이 발생하면 부정하다.[10] 언제라도 난육이 발생하면 부정하다.[14–15]

② 경우

문둥병이 전신에 퍼져 다 희어진 자는 정하다.[13] 일반적으로 문둥병은 부분적으로 색점이 생기는 법이다. 그런데 이 경우는 갑자기 전신에 흰 빛이 퍼져 버렸다. 그 사람은 하얀 비늘이 전신을 덮었으나 점차로 그 비늘이 떨어져 나가면 그 병은 낫는 것이다. 그래서 만일 어떤 사람이 갑자기 발생하여 피부가 머리부터 발끝까지 하얗게 변할 정도로 온몸을 덮는 피부병을 가졌다면 그 사람은 부정하지 않다. 이 사람은 터져서 맨살이 보이는 피부염도 없고 또한 피하층과 관련된 어떤 흔적도 없다. 이것은 아마 피부 반점들에 나타나는 피부 탈색, 즉 정상적인 피부색을 상실하는 백선백피병, 하얀 피부병, vitiligo일 가능성이 크다. 보기는 흉해도 진물이나 염증, 고름은 전혀 없다. 그래서 이 사람은 정결하다고 판명하는 것이다.[12–13] 최종적으로 그 난육이 말라서 흰 돌기로 변하면 제사장이 보고 이는 정하다고 선언한다.[16–17] 이 병의 특징은 종기나 헌데로 인해 병이 피부에 침투한 것이 아니라 오히려 전신에 걸쳐 피부가 변색되었던 것 같다. 이 경우에는 부정하지 않다.

3) 종기에서 나는 증세[13:18–23]

피부에 종기가 났을 때 그 부분이 문둥병의 환처로 판명되면 부정하다. 의심스러우면 칠일 동안 격리 한다. 종기가 퍼지면 부정하고 퍼지지 않으면 종기의 흔적이므로 정하다.

세부적으로 말하면, 피부에 종기가 생겼다가 나았고 그 종처종기가 난 장소에 흰 점이 돋거나 희고 불그스름한 색점이 생겼으면 제사장에게 보여야 한다. 피부에 나타난 발진이 모두 문둥병이 아니다. 제사장이 증세에 따라 보통 발진피부병과 문둥병으로 구분해야 한다. 종기인 쉐힌שחין은 출애굽 당시 "독종",출9:9 히스기야의 병,왕하20:7 욥의 악창욥2:7을 말한다. 제사장은 진찰하여 피부보다 얕고낮고, 즉 살이 우묵해짐 그 털이 희면 그를 부정하다고 진단해야 한다. 이는 종기로 된 문둥병의 환처이다. 제사장이 부정하다고 선언한 근거는 피부보다 우묵하게 들어간 것과 털이 희게 변한 것이다. 그러나 제사장의 보기에 거기 흰 털이 없고 피부보다 얕지 않고 빛이 엷으면 제사장은 그를 칠일 동안 격리 해야 한다. 그 병이 크게 피부에 퍼졌으면 제사장은 그를 부정하다 진단해야 한다. 그것은 환처이기 때문이다. 정결과 부정을 판단하는 기준은 부어오름이나 얼룩의 퍼짐spread을 말한다. 그러나 그 색점이 여전하고 퍼지지 아니하였으면 이는 종기 흔적이기 때문에 제사장은 그를 정하다 진단해야 한다.

4) 화상의 자리에서 나는 증세13:24-28

피부가 불에 데었을 때 화상에서 발생한 문둥병이면 부정하다. 의심스러우면 칠일 동안 격리 한다. 다시 진찰하여 색점이 퍼졌으면 문둥병임으로 부정한 것이고, 안 퍼졌으면 화상의 흔적임으로 정하다. 다시 설명하면, 그 덴 곳에 불그스름하고 희거나 순전히 흰 색점이 생기면 제사장은 진찰하여 그 색점의 털이 희고 그 자리가 피부보다 우묵하면 이는 화상화상 입은 상처나 부위에서 발한 문둥병이기 때문에 제사장은 그를 부정하다 해야 한다. 그러나 제사장의 보기에 그 색점에 흰 털이 없으며 그 자리가 피부보다 얕지 않고 빛이 엷으면 그는 그를 칠일 동안 격리해야 한다. 칠일 만에 제사장이 그를 진찰하여 만일에 병이 크게 피부에 퍼졌으면 제사장은 그를 부정하다 진단한다. 이는 문둥병의 환처이기 때문이다. 만일 색점이 여전하여 피부에 퍼지지 아니하고 빛이 엷으면 화상으로 부은 것이기 때문에 제사장은 그를 정하다 해야 한다. 이는 화상의 흔적이기 때문이다.

5) 머리나 수염에서 나는 증세13:29-37

남녀 머리나 수염에 환처가 있는 경우에 환처가 피부보다 우묵하고들어가고 누르고 가는 털의 옴an itch으로 판명되면, 문둥병임으로 부정하다. 의심스러우면 칠일 동안 격리 한다. 그래도 의심스러우면 모발을 밀어 한 주일 더 격리 하여 관찰한다. 퍼지지 않으면 정하다고 진단하고 옷을 빨게 한다. 다시 옴이 퍼지면 그 때는 부정하다. 그러나 옴의 환처에 검을 털이 나면 옴이 나았으므로 정하다고 진단한다.

좀 더 세부적으로 보자면, 남자나 여자의 머리에나 수염에 환처가 있으면 피부보다 우묵하고 누렇고 가는 털이 났으면 그것은 문둥병이다. 수염의 경우는 남자에게만 해당된다. 제사장은 진찰하여 환처가 피부보다 우묵하고 그 자리에 누르고 가는 털이 있으면 그는 그를 부정하다 해야 한다. 이는 옴으로 머리에나 수염에 발한 문둥병이다. 옴네덱, נֶתֶק, 피부 발진, 백선은 털이 빠지는 병이다. 옴으로 판정되었을 때는 일주일씩 두 번 격리 하였다가 다시 제사장의 진단을 받고 문둥병과 일반 피부병 중 어느 한 종류로 선언된다. 만일 제사장의 보기에 그 옴의 환처가 피부보다 우묵하지 아니하고 그 자리에 검은 털이 없으면 제사장은 그 옴 환자를 칠일 동안 격리해야 한다. 악성피부병으로 판단할 수 있는 근거는 털이 누렇게 변하는 것과 백선이 피부보다 우묵하게 들어간 증상이다. 칠일 만에 제사장은 그 환처를 진찰한다. 그 옴이 퍼지지 아니하고 그 자리에 누른 털이 없고 피부보다 우묵하지 아니하면 그는 모발을 밀되 환처는 밀지 않아야 한다. 제사장은 옴 환자를 또 칠일 동안 격리해야 한다. 칠일 만에 제사장은 그 옴을 또 진찰해야 한다. 그 옴이 피부에 퍼지지 아니하고 피부보다 우묵하지 아니하면 그는 그를 정하다 진단해야 한다. 그는 그 옷을 빨면 정하게 된다.

이와 같은 병이 문둥병인지 확실히 진단하기 위해 일주간씩 두 번 그 환자를 가두어 둔다. 그것은 죄에 대하여 엄격히 다스려야 할 것을 우리에게 가르친다. 깨끗해진 후에라도 옴이 크게 피부에 퍼지면 제사장은 그를 진찰해야 한다. 과연 옴이 피부에 퍼졌으면 누른 털을 찾을 것 없이 그는 부정하다. 그러나 제사장의 보기에 옴이 여전하고 그 자리에 검은 털이 났으면 그 옴은 나았고, 그 사람은 정하기 때문에 제사장은 그를 정하다고 진단해야 한다.

6) 어루러기발진, 습진에서 나는 증세[13:38–39]

남녀의 피부에 흰 색점이 있는 경우 피부에 생긴 어루러기보하크, בֹּהַק, 발진, eczema, harmless rash, 해가 없는 발진, 뾰루지. 구약성경에서 이 단어는 레위기 13:39에 한번 나옴. 땀을 잘 흘리는 사람에게 흔히 생기는 피부병으로 사상균絲狀菌의 기생이 원인이며, 피부에 얼룩얼룩하게 무늬가 생김. 전풍癲風이라고도 함는 정하다. 남자나 여자의 피부에 색점 곧 흰 색점이 있으면, 단순히 피부에 엷은 흰 얼룩이 있으면, 그것은 발진 혹은 습진일 뿐이며 심각한 피부병은 아니다. 그는 정결하다. 제사장은 진찰하여 그 피부의 색점이 부유스름하면 이는 피부에 발한 어루러기이다. 이것은 정하다. 피부에 색점이 생겼어도 그것이 어루러기라면 해롭지 않은 병이다. 어루러기는 단순히 겉에만 번진 피부병으로서 전혀 부정하게 간주되지 않는다.

7) 대머리에서 나는 증세[13:40–44]

대머리에 불그스레한 반점이 생길 경우의 진단이다. 단순히 머리털이 빠지는 경우에 대머리는 정하다. 앞머리가 빠진 이마 대머리도 정하다. 그러나 이 자리에 희고 불그스름한 색점이 문둥병과 같으면 문둥병이다. 제사장은 환처가 머리에 있기 때문에 부정한 문둥병 환자라고 확실하게 진단해야 한다.

누구든지 그 머리털이 빠지면탈모 그는 대머리이기 때문에 정하다. 대머리 자체는 반드시 질병이라고 할 수 없다. 보통 대머리는 부정한 상태가 아니나 불그스름하며 하얀 수포가 있을 때 문둥병으로 의심한다. 그 부스러기가 신체의 다른 부위에서도 볼 수 있는 문둥병의 특징을 갖고 있으면 그 사람은 부정하다고 선포된다.

대머리는 결코 부정한 것이 아니나 붉고 흰 얼룩이 생기면 악성피부병이다. 유다왕 웃시야가 이마에서 이 병이 발생했다.대하26:19 대머리는 두 종류가 있다. 뒤가 벗어진 대머리와 앞이마와 관자놀이로부터 벗어진 대머리이다. 그러나 둘 다 정하다. 앞머리가 빠져도 그는 이마 대머리이기 때문에 정하다. 앞머리가 대머리인 경우도 부정한 것으로 간주되지 않는다. 그러나 대머리나 이마 대머리에 희고 불그스름한 색점이 있으면 이는 문둥병이 대머리에나 이마 대머리에 발한 것이다. 제사장은 그를 진찰해야 한다. 그 대머리나 이마 대머리에 돋은 색점이 희고 불그스름하여 피부에 발한 문둥병과 같으면 이는 문둥병자다. 부정하다. 제사장은 그를 부정하다 확실히 진단해야 한다. 그 환처가 그 머리에 있기 때문이다.

3. 피부병으로 부정하게 된 자의 처신13:45–46

문둥병 환자는 옷을 찢고 머리를 풀며풀어서 헝클어 놓고 윗입술을 가리고 "부정하다 부정하다"고 외쳐야 한다. 이것은 비애며 자기 증오와 자기비하사6:5이며, 불결의 처지를 나타낸다. 옷을 찢고 머리를 푸는 것은 슬픔과 애통의 표현이다. 윗입술을 가리고 "부정하다 부정하다" 외치는 것은 문둥병자가 취해야 할 행동, 즉 처신을 말한다. 문둥병자는 병이 있는 날 동안 늘 부정하기 때문에 혼자 진 밖에 살아야 한다. 하나님의 백성과 동떨어져서 진 밖에서 살아야 한다. 이렇게 문둥병 환자들은 진 안에 거할 수 없는 자신들을 죽은 자로 간주하여, 죽은 자에 대한 애도의 표현으로 머리를 풀고 옷을 찢었다. 그러므로 문둥병 환자들은 사람이 접근해 올 때 마다 "부정하다 부정하다"라고 외침으로써 다른 사람의 접근을 막았다. "옷을 찢고"에 대하여 대부분의 역본은 "찢어진 옷을 입고"라고 번역한다. 병 있는 날 동안은 늘 부정하기 때문에 혼자 살 되 진 밖에서 살되 문둥병이 나을 때까지 가족과 떨어져 살아야 했다. 나중에는 문둥병 환자끼리 무리를 이루어 살았을 것이다. 우리는 여기서 문둥병과 관련하여 정결법11-15장에서 다루는 부정의 개념[9]을 알아본다.

죄sin와 부정impurity 사이의 관계를 명확히 규정하는 것은 어려운 일이다. 그것들은 독특하지만 중복되는 개념이다. 그러나 부정은 의식상의 문제이지 도덕적으로 악하다는 의미는 아니다. 왜냐하면 사체와의 접촉레5:2; 11:39이나 출산레12장이 도덕적으로 악하다가 말할 수 없기 때문이다.

부정은 정결의 역逆이다. 정하지타호르 않은 것은 무엇이나 부정하다.타메 그러나 정결과 달리 부정은 전염성이 있으며 거룩함과 양립할 수 없다. 어떤 사물들은 그 자체가 본질적으로 부정할 수도 있다.예11장의 일부 동물들 이를 가리켜 영구적인 부정이라 칭할 수도 있을 것이다. 또 본질적으로 정한 것은 일시적으로 부정해질 수 있다. 일시적 부정은 시체와의 접촉, 출산, 질병, 신체적 유출11-15장 및 불법적인 성교18장와 살인민35:33을 포함한 여러 가지 죄악들에 기인할 수 있다. 이 모든 유형의 부정은 어느 정도 비정상적인 것으로 혹은 최소한 완전하게 정상적이지는 않은 것으로 간주되고 있다. 정상으로부터의 이탈이 클수록 부정의 정도가 크며 정화의 어려움이 크다.

영구한 부정은 변화될 수 없으며 전염성도 없다. 그러므로 이를 치유하

---

9) Wenham, The Book of Leviticus, 20-22.

기 위한 어떤 처방이 규정되어 있지 않다. 부정한 동물은 자체의 부정을 다른 데로 옮기지 않는다. 단지 그런 동물은 사람이 식용으로 사용할 수 없을 뿐이다. 역설적이지만 일시적인 부정은 영구적인 부정보다 더 심각하게 간주되고 있다. 일부 유형의 이런 일시적 부정은 전염성이 있으며 따라서 다른 데로 옮겨갈 수 있다.[예15:19 이하] 모든 유형의 일시적 부정은 정화를 요한다. 오염을 제거하기 위한 절차를 무시하는 행위는 오염 당사자들과 공동체 전체를 위태롭게 한다.[민19:13,20]

부정은 정도에 따라 상이한 정화의식이 요구된다. 예를 들어 부부간의 성교에서 생기는 사소한 부정은 부부가 몸을 씻고 저녁때까지 기다리면 깨끗해진다. 여인이 월경을 하면 일주일 동안 부정하다. 그러나 성기로부터 비정상적인 유출이 있을 경우에는 그 유출이 끝난 후 칠일 동안 부정이 지속되며 그 당사자를 깨끗하게 하기 위해 씻음과 제사가 필요하다.[15장] 마찬가지로 부정한 피부병에서 치유 받은 자들도 몸을 씻고 칠일 간 기다리며 제사를 지내야 한다.[14장]

일부 고질적인 피부 질환도 부정을 야기한다. 그 병에 걸린 당사자는 질병이 있는 동안 진에서 격리되어 생활한다.[레13:45-46] 이러한 처방의 이유는 위생보다 신학에 있다. 부정한 것과 거룩한 것이 서로 만나서는 안 된다.[레7:20-21;22:3] 이스라엘의 진은 거룩하다. 진의 중앙에는 하나님이 임재 해 계시는 지극히 거룩한 처소인 성막이 서 있었다. 이 때문에 민수기 5장 2-3절은 다음과 같이 역설하고 있다. "모든 문둥병 환자와 유출병이 있는 자와 주검으로 부정케 된 자를 다 진 밖으로 내어보내되 무론 남녀하고 다 진 밖으로 내어 보내어 그들로 진을 더럽히게 말라 내가 그 진 가운데 거하느니라." 이런 순결의 규범을 무시하면 성막이 더럽혀지며 따라서 이를 범한 자는 죽음을 당하게 된다.[민19:13,20] 대속죄일의 의식은 백성의 죄와 백성이 스스로의 정화를 태만히 함으로써 초래되는 부정으로부터 성막을 정결하게

씻기 위해 제정되었다.레15:31; 레16:16,19

부정의 정화에 대한 이런 강조는 이스라엘과 이스라엘의 진 특히 성막이 거룩하다는 사상에서 나온 자연스런 결론이다. 부정과 거룩함 간의 접촉은 재난을 초래한다. 이 둘은 이론상으로도 완전히 구별되지만, 하나님의 심판이 임하지 않게 하기 위해서는 실제적으로도 완벽하게 분리되어야 한다. 부정은 인간이 신체적 작용과 죄를 통해 내려가는 표준 이하의 상태이다.

교훈과 적용

1. 문둥병은 죄악의 상징이다. 다윗은 자기의 죄를 문둥병과 같이 보고 깨끗하게 하여 주시기를 원하는 마음에서 "우슬초로 나를 정결케 하소서"라고 하였다.시51:7 이사야는 이스라엘의 죄악의 상처를 문둥병으로 말미암는 상처와 같다는 의미에서 "발바닥에서 머리까지 성한 곳이 없이 상한 것과 터진 것과 새로 맞은 흔적 뿐'이라고 하였다.사1:6 문둥병은 그 환자의 몸을 전부 소모시켜 버리며 그 사람을 추하게 만들어 놓는다. 그와 같이 죄악도 인간의 영혼을 파괴시키고 그 인격을 추하게 만든다. 문둥병은 처음에는 사소한 딱지 같은 것으로 발생하게 된다. 그처럼 죄악도 처음에는 사소한 생각이나 행동으로 출발하는 것이다.
2. 병이 문둥병인지 확실히 진단하기 위해 일주간씩 두 번 그 환자를 격리시켜 둔다. 그것은 죄에 대하여 엄격히 다스려야 할 것을 우리에게 가르친다. 이렇게 철저하게 규명하는 것은 완전한 죄의 제거, 혹은 죄의 종결을 의미한다. 왜냐하면 거룩하신 하나님의 속성에 죄는 병행할 수 없는 요소이기 때문에 완전히 제거해야 한다. 그리스도 외에는 이 죄를 완전히 용서받을 수 없다.
3. 정과 부정은 분리교육에 대한 가르침이다. 우리는 흠이 없고 순결해지기

를 노력해야 한다. 그래야 구부러지고 뒤틀린 세대 가운데서 하나님의 흠 없는 자녀가 된다. 성경은 이런 우리에게 이 세상에서 별처럼 빛날 것이라고 약속한다.[빌2:15]

B. 의복 곰팡이[13:47-58]

Ⅰ. 본문의 개요

의복류에 발생하는 악성 곰팡이의 진단과 처리에 관한 것이다. 옷의 오염으로 인한 부정한 세 경우를 밝힌다. 그리고 정결한 옷의 처리 방법을 일러준다.

Ⅱ. 본문의 구조

1. 의복류에 발생한 악성 곰팡이의 진단과 처리[13:47-58]
    1) 제사장이 보고 칠일동안 따로 두었다가 색점이 퍼진 경우[13:47-52]
    2) 퍼지지 않았지만 다시 칠일동안을 지낸 후에도 변치 않는 경우[13:53-55]
    3) 그 옷을 빤 후에 색점의 빛이 연해진 경우와 또는 여전한 경우[13:56-57]
    4) 정결한 옷의 처리[13:58]
2. 결론[13:59]

1. 의복류에 발생한 악성 곰팡이의 진단과 처리[13:47-58]

의복에 문둥병[차라아트, 악성 곰팡이] 색점이 생길 경우의 진단이다. 의복의 경우에는 의복에 발한 문둥병 색점의 정하고 부정한 것을 단정하는 규례[레 13:59]는 있지만 정결 의식은 없다.

1) 제사장이 보고 칠일동안 따로 두었다가 색점이 퍼진 경우[13:47-52]

부정한 경우의 첫 번째다. 만일 의복에 문둥병 색점이 발하여 털옷에나 베옷에나 베[삼베]나 털[양털]의 날[양털, 직조의 날]에나 씨에나 혹 가죽에나 무릇 가죽으로 만든 것에 병색이 푸르거나 붉으면 이는 문둥병의 색점이다. 이럴 때는 제사장에게 보여야 한다. 여기 옷이나 가죽에 나타나는 차라아트는 일종의 곰팡이[mould]이다. 날과 씨[wrap and woof]라는 숙어의 의미는 그것을 짠 의복의 전체를 지시하는 포괄적인 표현으로 볼 수 있다. 버섯 모양으로 자란 곰팡이는 의복 전체에 영향을 주는데, 마치 원죄의 오염이 인간 인격의 전 영역에 미치는 것과 같은 이미지를 준다.

제사장은 그 색점을 살피고 그 옷을 칠일 동안 따로 두었다가 칠일 만에 그 색점을 살펴야 한다. 그 색점이 그 의복의 날에나 씨에나 가죽에나 가죽으로 만든 것에 퍼졌으면 이는 악성 문둥병[a destructive mildew]이다. 이것은 부정하다. 제사장은 그 색점 있는 의복이나 털이나 베의 날이나 씨나 무릇 가죽으로 만든 것을 불살라야 한다. 이는 악성 문둥병이기 때문에 불사르는 것이다. 옷을 불사른 것은 곰팡이로 인한 부정을 제거하는 것이다. 이는 악은 모든 모양이라도 버리라는 신약의 의미를 연상하게 한다.[살전5:22]

2) 퍼지지 않았지만 다시 칠일동안을 지낸 후에도 변치 않는 경우[13:53-55]

부정의 경우의 두 번째다. 그러나 제사장의 보기에 그 색점이 그 의복의 날에나 씨에나 무릇 가죽으로 만든 것에 퍼지지 아니하였으면 제사장은 그에게 그 색점 있는 것을 빨게 하고 또 칠일 동안 따로 두게 하였다가 그 빤 곳을 보아야 한다. 그러나 색점곰팡이이 묻은 자리가 퍼지지 않았을지라도, 묻은 얼룩의 색깔이 그대로 남아 있으면, 그것은 부정하다. 제사장은 그것을 불살라야 한다. 이는 거죽에 있든지 속에 있든지 악성 문둥병이다.

3) 그 옷을 빤 후에 색점의 빛이 연해진 경우와 또는 여전한 경우13:56–57

부정의 경우의 세 번째다. 빤 후에 제사장의 보기에 그 색점이 엷으면 그 의복에서나 가죽에서나 그 날에서나 씨에서나 그 색점을 찢어 버려야 한다. 빤 옷 또는 물품에 발생한 곰팡이의 색이 없어지면 곰팡이가 발생했던 부분만을 찢어 낸 다음 다시 빨아서 사용할 수 있다. 그러나 그 의복의 날에나 씨에나 무릇 가죽으로 만든 것에 색점이 여전히 보이면 악성 곰팡이가 복발하는 것이기 때문에 제사장은 그 색점 있는 것을 불살라야 한다.

4) 정결한 옷의 처리13:58

부정하지 않고 정결한 옷으로 판명된 것을 어떻게 처리하는지에 대한 지침이다. 옷의 소유자가 빤 의복의 날에나 씨에나 무릇 가죽으로 만든 것에 그 색점이 벗어졌으면rid of 그것을 빨아 다시 사용할 수 있다. 정결한 옷으로 판명되었기 때문이다.

2. 결론13:59

이 결론은 13장 전체의 결론이 아니라 의복에 대한 것이다. 악성 피부병에 대한 것은 앞에서 처방을 내렸다.45–46절 의복에 대한 결론 형식은 털옷에나 베옷에나 그 날에나 씨에나 무릇 가죽으로 만든 것에 발한 문둥병 색점의 정하고 부정한 것을 단정하는 규례토라라고 만 밝힌다. 이것은 옷이나 가죽에 생긴 악성 곰팡이에 대한 규례라는 것을 요약한 말이다.

교훈과 적용

1. 난육은 피부가 터져 겉으로 살점이 드러나는 상태를 말한다. 그러나 이러한 난육이 말라서 다시 흰 돌기로 변하면 그 사람을 더 이상 문둥병자가 아니며 따라서 정한 자로 선언되었다. 이와 같은 현상은 범죄 한 인간의 경우에도 적용된다. 즉 죄로 인하여 저주의 판결을 받아 죽을 수밖에 없는 형편에 처한 자도 죄의 해결을 받으면 영적으로 건강해지고 은혜가운데 의의 길로 걸어갈 수 있다. 문둥병은 하나님의 백성의 일원이 되는 것을 가로막는 가장 가증스러운 장벽들 중 하나를 상징했다. 그러므로 예수께서는 악성 피부병을 가진 사람들을 깨끗하게 하신 것은 선택된 무리들을 하나님께로부터 분리시킨 모든 장벽들을 정복하신 그 분의 메시아적 사명을 상징했다.[마11:5; 눅7:22] 예수께서는 이 '문둥병 환자'들을 단순히 치료하신 것만이 아니다. 그들이 다시 공동체에 참여하여 성전에서 하나님께 나아갈 수 있도록 그들을 깨끗케 해주셨다.
2. 구약시대에는 하나님과 인간 사이의 관계가 행위 언약적이었으므로 인간은 그의 행위의 온전함과 거룩함을 가지고서만 하나님께 나아갈 수 있었다. 따라서 문둥병자와 같은 부정한 자로 판정받은 자는 즉시 진을 떠나 하나님의 임재가 단절된 곳에서 살아야 한다. 그러나 신약시대에는 하나님으로부터 떠나야 했던 구약 시대와는 달리 문둥병자들이 하나님이신 예수 그리스도께 적극적으로 나아왔다.[마8:2; 막 1:40-41; 눅 5:12-14, 7:11-19] 구약시대는 공의와 진노의 하나님으로 계시하셨고[창19:16-22] 신약시대는 당신 자신을 은혜와 진리 가운데서 계시하셨다.[요1:14,17] 따라서 신약시대에는 정한 자나 부정한 자 또는 신분이나 성에 대한 차별 없이 모두 다 하나님께 나아갈 수 있게 된 것이다. 이것이 새 언약이다.
3. 거룩함이란 윤리적이며 영적인 뿐만 아니라 실제적이었다는 사실을 정결법을 통해 배운다. 육체적 오염으로부터 구별한다는 것은 이스라엘에 있

어서 희생규정을 정밀하게 준수하는 것만큼 동일하게 중요했다. 율법은 하나를 희생하는 대가로 하나를 높이면서 육체의 행복과 영적 생명력의 사이에 인위적인 구분을 하지 않았다. 오히려 참된 이스라엘은 그의 영성에 삶의 모든 영역을 포함하는 완전한 사람이 될 것을 요구했다. 이런 거룩함의 양면이 실현되지 않는다면 이스라엘도 자신들 가운데 하나님께서 거하시리라는 기대를 할 수 없다. 왜냐하면 어떤 종류든 부정한 것과 함께 하나님의 임재란 불가능하기 때문이다. 그리스도인이 조심해야 할 것은 행위에서 뿐만 아니라 동기에서부터 오염될 수 있다는 점이다.[마5:28; 15:19-20] 성령의 지도하에 거룩함을 추구한다는 것은 이런 삶과 영성이 함께 그리스도의 장성한 분량까지 자라기를 원한다는 것이다.

레위기 14장

악성 피부병과 가옥 곰팡이 정결의식

14장과 앞의 13장은 하나로 묶을 수 있는as a unit 밀접한 관계이다. 14장도 13장처럼 크게 두 부분으로 나뉜다. 첫 단락은 악성 피부병에서 나음을 받았다고 선언을 받은 자가 어떻게 정결의식을 행하는지에 대해 말하고,14:1-32 둘째 단락은 집에서 곰팡이 발생했을 때 이것을 어떻게 처리하는지에 대한 진단과 정결의식을 밝히고 있다. 그리고 마지막으로 이 모든 것이 차라아트의 규례임을 밝힌다.14:54-57

13-14장 전체가 하나의 단위임을 보여준다. 대칭구조symmetrical structure로 구성되어 있다.[1]

A. 사람 피부에 나타나는 문둥병13:1-46

B. 옷감과 가죽에 나타나는 문둥병13:47-59

C. 문둥병에서 나은 사람의 정결의식14:1-32

B'. 가옥에 나타나는 곰팡이14:33-53

A' . 사람 피부와 그 외의 대상에 나타나는 차라아트-맺음말14:54-57

위의 대칭구조에서 발견할 수 있는 것은 본문 전체의 중심이요 핵심은 문둥병에서 나은 사람을 사회와 가족의 일원으로, 하나님과의 교제의 삶

1) Tail Wang, Leviticus 11-15: A Form Critical Study, Ph. D. diss., (Claremont, California, 1991), 158.

으로 복귀할 수 있도록 도와주는 절차[14:1-32]라는 점이다.

A. 악성 피부병에서 나은 자의 정결의식[14:1-32]

Ⅰ. 본문의 개요

문둥병은 만성 전염병의 하나로 주로 열대지방과 동양에 많이 있었다. 문둥병자는 우리를 대신해서 인간의 본질을 보여주는 역할을 하는 자이기도 하다. 사람이 문둥병에 걸리면 스스로 나을 수도 있지만 대부분은 격리된 채 천대를 받으며 죽을 때 까지 외롭고 긴 고통의 시간을 보내야 한다. 이런 병이 발생했을 때는 진 밖에서 격리되어 환자끼리 공동생활[왕하7:3; 눅17:12]을 하거나 진, 또는 성읍에서 격리되었다.[민12:14] 문둥병의 진단은 현대 환자에게 고질화된 악성에 관한 비보처럼 고대 이스라엘인들에게는 사형 선고와 같았다. 무엇보다도 문둥병자는 언약 백성과 영적 교제가 단절된다. 이로 인해 극단적으로 말하면 세상에서 소망도 하나님도 없는 상태로 전락된 사람이다.[롬7:24]

문둥병자의 정결의식은 민족 정결의식의 축소판이기도 하다. 문둥병자에게 규정된 의식은 과거 이스라엘을 거룩하게 만들 때 사용했던 의식 절차의 축약형이라고 보아도 무방할 만큼 그와 흡사한 면이 있다. 문둥병에 걸리면 환자는 부정해지고 언약공동체에서 격리되었다. 환자가 치유 받은 후에는 우슬초를 이용해 당사자에게 피를 뿌렸다.[레14:6-7] 문둥병자에게 피를 묻혀 뿌린 우슬초는 출애굽 때 가졌던 유월절 의식이 반영되어 있다고 볼 수 있다.[출12:22] 그리고 문둥병자를 다시 거룩하게 만드는 단계에서는 실제적인 제사와 피를 바르는 행위가 수반된다. 아론의 위임식과 시내산 언약의 비준식도 이와 유사한 의식을 동반하였다.참조. 레8:22–24와 출24:6–8 이런 정결의식들은 모두 거룩하게 하는 의식들이다.

문둥병의 비극은 신적 형벌일 수도 있고 격리에서 오는 고통일 수도 있다. 즉 문둥병이 자신의 죄로 인해 하나님으로부터 형벌을 받았다는 죄책감이 큰지, 아니면 문둥병으로 살아가는 격리의 고통단절과 외로움 등이 더 큰가 하는 것이다. 당사자에 따라 다르겠지만 주석가들이 보는 신학적인 측면을 먼저 살펴본다.

문둥병에 대한 해리슨의 견해[2)]

수세기 동안 수많은 해설가들이 문둥병을 개인 인격에 있어서 죄의 전형으로 이해해 왔다. 이것이 매우 생생한 비유가 되어도 성경 어느 곳에 차라아트를 죄의 상징으로서 간주한 곳은 없다. 오히려 그 병이 육체를 파괴시키는 것에 두려움을 가졌다.

문둥병이 때때로 하나님에 의한 특별한 징벌에 포함되었던 것은 사실이다.민12:10; 왕하5:27 그러나 장님이 되거나 다른 육체적 질병도 또한 동일한 징벌이었다.창19:11; 왕하6:18; 행12:23 그러므로 문둥병은 개인의 삶에 있어서 죄의 극악함을 나타낸 것이 아니다. 만약 병의 상태가 심각하면 제사장이 부정하다는 판정을 하는, 단지 피부병 중의 한 형태일 뿐이다. 문둥병의 비극은 개인적인 죄에 있다기보다 오히려 공동체의 삶과 예배로부터 격리in isolation from community life and worship에 있다.

하틀리의 견해[3)]

어떤 사람이 문둥병이 걸렸다는 것이 죄를 지었다는 것을 의미했을까? 이들이 회복되어 공동체로 돌아오는 통합의식에는 죄 고백에 대한 강조가 전

2) Harrison, Leviticus, 153.
3) Hartley, Leviticus, 200.

혀 없다. 죄의 고백이 없다는 것은 병과 죄를 동급으로 처리하지 않았음을 의미한다. 성경에는 죄의 대가로 문둥병이 걸린 사건들이 있다.[민12; 왕하5; 대하26장] 이런 이유 때문에 문둥병이 신적 형벌이라는 신념이 자랐다. 이와 비슷한 편견이 욥기에도 나타난다. 때로는 죄의 징벌로 문둥병이 사용되었지만 질병에 걸린 모든 사람이 그렇다는 것은 아니다.

이렇게 성경에서는 문둥병에 걸린 것이 죄의 대가라고 하지 않았으나[레14:2-9] 훗날 그렇게 생각하는 자가 많이 생겼다.[대하26:16-21] 예를 들면, 미리암이 아론과 함께 모세를 비방하다 문둥병이 걸렸다.[민12:10] 웃시야 왕이 성소에 분향하려하다가 문둥병에 걸렸다.[대하26:19] 이런 점에서 볼 때 이 병은 하나님의 징계 수단의 한가지로 사용되기도 하였다. 그래서 병으로 드러난 발병 원인이 죄와는 전혀 관계가 없다고는 단언할 수는 없다. 때로는 죄와 연관하여 징계의 수단으로 나타나기도 한다는 점을 염두에 둘 수 있다.

Ⅱ. 본문의 구조

1. 서론[14:1]
2. 악성 피부병이 나은 자의 정결의식[14:2-32]
   1) 문둥병자가 깨끗해진 때에 행하는 정결의식[14:2-9]
   2) 제 팔일에 하나님께 네 가지 제사를 드림[14:10-32]

Ⅲ. 본문 주해

1. 서론[14:1]

전형적인 도입 형식문장이지만 아론은 언급되지 않는다. 아마도 의식적인 정결보다 1-7장의 제사 절차에 더 연관이 있어서 그랬을 가능성이 있다.

2. 악성 피부병이 나은 자의 정결의식14:2-32

악성피부병자인 문둥병이 완쾌되었을 때 거행되는 의식들14:1-31은 모두 통과의례rite of passage로 볼 수 있다. 인류학자들은 이러한 정교한 복귀의식 절차를 "통합의례"rites of aggregation라고 명명한다.[4] 통과의례와 통합의례와 복귀의례는 같은 의미이다. 여기 언급된 의식과 사체 접촉으로 부정을 탄 사람의 정결의식 사이에는 많은 유사점들이 있다.민19:12 이 유사성은 악성피부병을 가진 사람은 공동체가 본질상 죽은 사람으로 간주했다는 것을 강조한다.

14장의 통과의례는 진 바깥으로 추방되었다가 다시 들어 올 때 새의 의식bird ritual을 거행하고 옷을 세탁하고 목욕의 절차를 밟는다. 그 다음은 제사의식을 통해 속건제, 속제, 번제, 소제 등의 제사를 드린다. 이렇게 통과의례는 새의 의식1차 정결의식과 목욕의식2차 정결의식과 제사의식3차 정결의식으로 이루어진다. 이렇게 정결의식은 세 단계로 이루어진다. 첫째, 진영 밖에서 제사장이 맞이하는 예식으로 새 두 마리로 치러진다.5-7 둘째, 깨끗케 된 사람이 자신의 천막 앞에서 옷을 빨고 털을 깎고 몸을 씻는다.8-9 셋째, 회막문 앞에서 희생제물을 드린다.10-20 각각 의미를 따라 이름을 붙인다면, 첫 번째는 통과의식, 둘째는 성별의식, 셋째는 감사의식이다. 여기서 두 번째 행하는 목욕과 관련하여 청결과 거룩함의 관계를 보면 청결이 거룩함에 반드시 필요한 것은 아니다. 청결과 거룩함은 분명히 동일한 뜻의 언어는 아닌 것이다. 그러나 문둥병의 정결의식이나 이스라엘 전체 제사의 삶에서는 매우 밀접하다. 의식적인 상황에서 작은 부분이지만 육체적 씻음

4) Wenham, The Book of Leviticus, 208.

이라는 청결은 하나님의 속성을 드러내는 거룩함의 한 반영이기도 하다. 개인이 청결할 때 그의 상태는 율법의 다양한 명령에 대한 순종의 결과다.

1) 문둥병자가 깨끗해진 때에 행하는 정결의식14:2-9

문둥병자의 정결의식을 세부적으로 보면 다음과 같다. 정결의식을 행하는 "정결케 되는 날"[1]은 하루다. 문둥병자를 제사장에게 데려간다. 제사장은 진 바깥에 나가서 진찰한다.의사가 아니기 때문에 살펴보아야 한다가 적절할 수 있다 물론 문둥병자는 진 안에 들어가지 못하므로 제사장이 진 바깥으로 나가야 한다. 환처가 나았으면 다음과 같이 정결의식을 행한다.

살아 있는 새 두 마리live clean birds와 백향목삼목, 붉은 색깔도 있으므로 가지와 홍색실 한 뭉치와 우슬초박하종류, marjoram를 가져오게 한다. 홍색실은 우슬초 다발을 묶는데 사용했을 것이다. 우슬초는 가는 잎과 줄기를 묶어 물이나 피를 적셔 바르고 뿌리는 도구솔 같은로 사용한다. 여기서 사용하는 새의 종류는 언급되지 않았다. 제사장은 사람을 시켜서 그 새 하나를 잡아, 흐르는 물fresh water이 담긴 토기 그릇 안에 담는다. 흐르는 물은 고여 있지 않은 물을 말한다. 물론 이 새들은 제단과 관련이 없음으로 제물용이 아니다. 그리고 백향목과 홍색실과 우슬초를 흐르는 물과 함께 섞인 새의 피에 찍어 정결함을 받을 자에게 일곱 번 뿌려 정하다 한다. 사람에게 피를 뿌리는 경우는 아주 특이하다. 아론의 위임식 때,레8장 시체를 만진 사람의 경우,민19장 문둥병자의 정결의식 때레14장이다. 공통점은 모두 영역 이동을 위한 정결의식이라는 점이다. 예를 들면 아론의 위임식의 경우, 평민의 신분에서 제사장의 신분으로 영역이 이동되었다.영역이동의례 마찬가지로 문둥병의 정결의식을 통해 부정한 자에서 정상적인 사람으로 영역이 회복된 것이다. 나머지 살아있는 새는 들에 놓아준다.[7] 여기서 들로 날려 보내는 새라면 야생의 새가 맞을 것이다. 다시 날아간 곳이 야외의 전원지대를 뜻한다. 살아

있는 새를 들판에 보내는 의식은 아사셀을 위한 염소를 광야에 보내는 것과 비슷하다.레16:21 [5]

문둥병 속죄(14장)	속죄일 속죄(16장)
새의 피를 일곱 번 뿌린다	속제소 앞에 피를 일곱 번 뿌린다
살아있는 새는 들에 놓는다	염소를 광야에 놓는다
옷을 빨고 몸을 씻는다	염소담당자는 옷을 빨고 몸을 씻는다
그리고 진에 들어온다	그리고 진에 들어온다
(자기 장막 밖에 칠일을 거한다)	(위임식 때 칠일 장막에 거한다)
다시 옷을 빨고 몸을 씻는다	불사른 자도 옷을 빨고 몸을 씻는다
귀부리, 손과 발가락에 기름을 바른다	송아지와 염소 피를 제단 뿔에 바른다
피 위에 기름을 바른다	기름 위에 피를 뿌린다
환자의 머리에 기름 바르고 속죄한다	염소 머리에 안수하고 죄를 고백한다
속죄제를 드린다	속죄제를 드린다
번제와 소제를 드린다	번제를 드린다

〈문둥병 속죄와 속죄일 의식의 유사성〉

살아 있는 새는 악성피부병자의 부정을 흡수하여 들판으로 날아가 부정을 제거하는 것으로 보인다. 그래서 새의 날아감은 부정의 제거라는 견해를 주장하거나[6], 다르게는 자유함 속에 살도록 허용하는 상징으로 보기도 한다.[7] 여기까지는 하루 만에 진 바깥에서 행하는 정결의식이다.

그리고 진으로 들어와서 환자는 자기가 사는 장막 바깥에 칠일을 머물렀다가 그 칠일에 모든 털머리털, 수염, 눈썹을 밀고 옷을 빨고 몸을 물에 씻는다. 고대 이스라엘 민족에게 면도는 과격한 행동이었다. 왜냐하면 구레나룻이나 턱수염의 모서리를 깎는 것이 금지되었기 때문이다.19:27 그만큼 복귀의례가 중요한 것이다. 그리하면 정하게 된다.8–9

5) 김호관, 『속죄의 마을로 가라』, 123–24.

6) D. J. Davies, “An Interpretation of sacrifice in Leviticus.” ZAW 89 (1977), 397.

7) Keil and Delitzsch, Leviticus, 385–86.

날짜	내용	위치
하루	새의 의식	진 바깥
칠일 간	자신의 장막 바깥에 머물음. 그리고 털을 밀고 목욕을 함	진 안
제 팔일	네 가지 제사(속건제, 속죄제, 번제, 소제)를 드림	진 안

〈문둥병자의 정결의식(모두 팔일이 걸림)〉

2) 제 팔일에 하나님께 드릴 제물들14:10–31

제 팔일에는 결례타호라, טָהֳרָה, 정결케 함, 정화를 위하여 제사를 드린다. 흠이 없는 수양 둘과 일 년 된 흠 없는 암양 하나와 또 고운 가루 에바22리터 3/10에 기름 섞은 소제물과 기름 한 록300cc, 참고. 캔 쥬스는 200cc을 준비한다. 통상적인 이해에 따르면 수양 한 마리는 두 세겔 혹은 그 이상의 가치가 있었다. 이것들을 속건제로 드린다. 이 때 드리는 속건제에는 요제로 드린다. 속건제를 드리는 이유는 병이 있을 때 진을 더럽혀 이스라엘을 더럽혔던 허물을 용서받기 위함이다. 그리고 그 이유 중에는 노동의 이득 손실, 혹은 십일조 손실, 또는 거룩 침해에 대한 돌발사고 처리라는 주장들도 있다. 그리고 속건제 희생의 피를 취해 정결함을 받을 자의 우편 귓불과 우편 손 엄지가락과 우편 발 엄지가락에 바른다. 또 한 록의 기름을 가지고 제사장 좌편 손바닥에 따르고 우편 손가락으로 여호와 앞에 일곱 번 흩어뿌리고 그리고 정결함을 받는 자의 우편 귓불과 우편 손 엄지가락과 우편 발 엄지가락에 바른다. 이것은 이미 발라 놓은 속건제 희생의 피 위에 덧바르는 것이다. 그리고 그 손에 남은 기름은 제사장이 정결함을 받는 자의 머리에 바른다. 마치 제사장 위임식 때처럼 바침을 표시하듯이 문둥병자도 정결의식을 통해 하나님께 다시 바쳐진다. 그런 의미에서 그는 성별된 자다. 이 성별을 표시하기 위해서 몸의 지체인 손, 발, 귀에 피와 기름을 바른다. 이러한 기름 바르기는 그 사람이 공동체와 완전한 화해를 이룸을 의미한다. 피는 사죄를 위한 것이고 기름은 성별을 위한 것이다. 기름은 후에 성령의 은총과 사역을 나타낸다.

여기까지 보면 제사에 속한 정결의식은 세 가지 주요한 요소로 구성되었다. 피와 기름을 고침 받은 자에게 바르는 행위,[10-18] 속건제,[19] 번제와 곡식제물[20]이다. 그리고 제사장은 그를 위해 속죄제와 번제와 소제를 드려 속죄[키페르]하고 정결하게 한다.[21-31] 이 때 번제는 속죄에 대한 감사와 전적 헌신을 나타낸다. 여기에는 정결함을 받는 자가 가난하면 제물을 형편에 따라 드리도록 하는 내용을 포함시켰다. 결론 문구에서는 제물의 완화가 오직 가난한 자에게만 해당된다는 점을 명시하였다.[32] 특이한 것은 아무리 가난해도 속건제는 대체물이 허용되지 않았다는 점이다. 누구든지 여호와에 대한 손해는 꼭 배상해야 한다는 것을 나타낸다.

제물의 내용	제사 종류	비고
	속건제	
정상적인 경우	어린 수양(케베스) 하나(12)	
완화된 경우	어린 수양(케베스) 하나(21)	허용 안 됨
	속죄제	
정상적인 경우	어린 수양(케베스) 하나	해당 구절 없지만 10절 참조
완화된 경우	산비둘기 둘(22	
완화된 경우 2	산비둘기 하나(30)	
	번제	
정상적인 경우	어린 암양(키브사) 하나	해당 구절 없지만 10절 참조
완화된 경우 1	집비둘기 새끼 둘(22)	
완화된 경우 2	집비둘기 새끼 하나(30)	
	소제	
정상적인 경우	고운가루 에바 3/10(10)	

완화된 경우	고운가루 에바 1/10(21)	

〈가난한 자에게 배려된 제물의 차이〉

교훈과 적용

1. 문둥병으로 인해 진 밖으로 쫓겨 난 자가 다시 정결 예식을 통하여 이스라엘 공동체 안으로 들어오는 것은 죄로 인하여 하나님과의 교제가 끊어진 죄인들이 그리스도의 보혈을 통해 죄의 해결을 받고 다시 하나님과의 영적 교제를 회복하는 것을 의미한다. 또한 한 마리의 새를 죽이고 다른 한 마리의 새는 살렸던 것은 우리의 죄를 위하여 죽으시고 우리의 의를 위하여 살아나신[롬4:25] 그리스도를 예시한다. 즉 죽임을 당한 새는 죽임을 당한 그리스도를, 놓아주는 살아 있는 새는 부활, 죄와 죽음의 구속에서 해방되어 자유롭게 된 그리스도인을 가리킨다. 또한 함께 언급된 백향목은 영생과 생명력을, 홍색실은 피에 의한 치유와 구원[수2:8]을, 우슬초는 정결[시51:7]을, 흐르는 물은 생명과 피[그리스도의 피]를, 질그릇은 이 그릇 안에 보배를 가진 인간[고후4:7]을 각각 나타낸다.
2. 정결의식에 따른 제사의 제물을 보면 경제적으로 힘이 미치지 못할 때의 문제를 언급한다. 이것은 하나님의 자비와 배려임을 두 말할 나위가 없다. 그러나 한 가지 교훈을 삼는다면, 소유한 재물이 넉넉함에도 불구하고 인색하게 바치는 것은 잘못이지만 또한 힘이 없으면서 무리하게 바치는 것도 잘못이다. 왜냐하면 힘이 없으면서 무리하게 바치려는 것은 자기 과신을 위한 외식에 흐를 수 있기 때문이다. 이런 행동은 스스로는 얽매는 결과가 될 수 있다. 또 한 가지 중요한 메시지는 아무리 가난해도 속건제는 대체물이 허용되지 않았다는 점이다. 누구든지 여호와에 대한 손해는 꼭 배상해야 한다는 것을 나타낸다. 이것은 누군가가, 언젠가는, 총체적으로

이 속건제를 하나님께 드려야 함을 암시한다.[사53:10]

3. 우리는 죄 가운데 계속해서 노출되어 있거나 죄의 상태에 머물러 있다면 우리는 하나님께로 나아갈 수 없다. 하나님과의 관계를 제대로 회복할 수도 없다. 그만큼 죄는 심각하다. 문둥병이 복발할 가능성이 있는 것처럼 죄와 부패의 찌꺼기가 죄악의 싹을 복발시킬 수 있다. 우리는 죽기 전까지 이런 연약성에 노출되어 있음으로 항상 하나님 앞에 자신을 돌아보는 자기검증의 시간을 늘 가져야 한다. 그래서 하나님께서는 이렇듯 인간의 본질적인 죄의 속성과 성질을 실물이나 실제를 통해서 우리에게 가르치시고 경계의 대상으로 삼게 하신 것이다. 우리는 하나님께서 구약시대를 통해서 문둥병과 관련된 모든 정결의식 과정의 실제적인 면과 본질적인 영적 의미를 제대로 깨달아야 할 것이다.

B. 가옥의 진단과 정결의식[14:33-53]

Ⅰ. 본문의 개요

이 본문은 집에 발생한 곰팡이를 처리하는 방법에 대해 말한다. 즉 '악성번식' 혹은 '균류'[네가 차라아트]에 관한 것이다. 왜 집에 발생한 곰팡이를 처리하는지에 대해서는 그것이 사람에게 이롭지 않기 때문에 그럴 것으로 생각된다. 그런데 왜 이런 물질에 대해서도 정결의식을 해야 하는지는 선뜻 이해하기 힘들다. 여기에는 거룩함에 대한 공동체적 요소가 스며 있다.

Ⅱ. 본문의 구조

1. 서론[14:33]
2. 가옥에 발생한 곰팡이에 대한 처리[14:34-53]
   1) 가옥에 곰팡이 색점이 생길 경우[14:33-47]
   2) 가옥의 정결의식[14:48-53]

Ⅲ. 본문 주해

1. 서론[14:33]

14:1절에서는 모세에게만 말씀하셨지만, 이번에는 13:1절과 같이 다시 아론에게도 함께 말씀하신다. 이유는 앞의 14:1-32절까지는 레위기 1-7장까지의 제사와 연관이 있었고, 이제는 의식적인 정결의식이기 때문일 것이다. 그래서 이 본문은 여호와의 세 번째 말씀이다. 즉 13-14장의 차라아트에 대한 규례 중에 모세와 아론에게 하신 중에 마지막에 해당한다. 첫 번째는 모세와 아론에게 말씀하시고,[13:1] 두 번째는 모세에게만 말씀하시고,[14:1] 세 번째는 다시 모세와 아론에게 말씀하신 것으로 기록되었다.[14:33] 세 번째는 가옥의 감염에 대해서 하신 말씀이다.[14:33-53]

2. 가옥에 발생한 곰팡이에 대한 처리[14:34-53]

1) 가옥에 곰팡이 색점이 생길 경우[14:33-47]

이 명령은 가나안 땅에 들어갔을 때의 일이다.[34] 가옥에 문둥병 색점이 생길 경우 진단부터 해야 한다. 이 경우는 광야에서는 해당되지 않고 가나안 땅에 들어가서 살 때에 지킬 규례이다. 그 순서를 보면 다음과 같다. 집에 곰팡이 색점이 생기면 제사장에게 알린다. 제사장은 색점을 보러가기 전에 그 집에 있는 온갖 세간에 부정을 면하게 하기 위해 집을 비우게 한 후에 가서 본다. 이 번식은 균류나 곰팡이, 건조한 부식, 질산칼슘의 누적된 물질, 어떤 곤충의 활동일 수 있다. 색점이 벽보다 우묵샤파르, שָׁפֵל, 낮은, low하면 칠일 동안 그 집을 폐쇄닫거나 잠금한다. 칠일 후 다시 살펴 그 색점이 벽에 퍼졌으면 색점 있는 돌여기서 가옥의 형태가 돌 벽으로 되어 있음을 알 수 있다을 빼어 성 밖 부정한 곳에 버린다. 또 집안 사면을 긁게 한다. 그 긁은 흙은 "성 밖 부정한 곳"에 쏟아버리게 한다. 벽돌들을 바꾸고 다른 흙으로 집에 바른다. 돌을 빼고 집을 긁고 고쳐 바른 후에도 색점이 복발하면 제사장은 다시 와서 살핀다. 그 색점이 만일, 집에 퍼졌으면 악성 곰팡이a destructive mildew로 부정하다. 그 집을 헐고 돌과 그 재목과 모든 흙을 성 밖 부정한 곳으로 내다 버린다. 그 집을 폐쇄할 때까지 들어가는 자는 저녁까지 부정하다. 즉, 자는 자와 먹는 자는 옷을 빨아야 한다.

2) 가옥의 정결의식14:48–53

이렇게 가옥의 악성 곰팡이를 처리하고 나면 정결의식을 행해야 한다. 우선 그 집을 고쳐 바른 후에 제사장이 들어가서 살핀다. 더 이상 색점이 퍼지지 아니하였으면 색점이 나았기 때문에 정하다. 그 집을 정결하기 위해서 문둥병 환자가 행했던 것처럼 살아 있는 새 두 마리의 정결 의식을 그대로 행하면 된다. 이 의례는 악성 피부병자가 나은 후 첫날에 드리는 의례와 동일하다.14:4–7 단 새의 피를 일곱 번 뿌릴 때 사람대신 그 집에 뿌리면 된다.

교훈과 적용

1. 가옥의 정결을 통해 하나님은 그 안에 살고 있는 인간의 내적 성결을 가르치신다. 가옥은 생물체가 아니지만 이곳도 부정하면 정결의식을 행해야 한다. 그 이유는 가옥에 사는 사람들은 다름 아닌 거룩한 백성들이기 때문에 공동체 전체가 사람이건 물건이건 거룩해야 한다는 점을 강조한 것이다. 하나님의 나라의 목표는 거룩한 백성을 창출함으로 하나님이 임재하실 수 있도록 그 모든 조건을 성별시키는 것이다. 가옥의 곰팡이마저 하나님의 공동체 영역에는 정결해야 하는 점을 레위기는 가르친다.
2. 부정은 죄와 마찬가지이다. 왜냐하면 누구든지 혹은 무엇이든지 그것으로 오염된 된 자나 오염된 것은 여호와께서 설정하신 목표를 이루지 못하기 때문이다. 때로는 무료한 것 같은 반복적인 정결법이 무엇을 그토록 말하고자 하는가. 그것은 오직 한 가지 "내가 거룩하니 너희도 거룩하라"레 11:45는 하나님의 뜻이다. 다시 말하면 거룩은 총체성을 갖는다. 하나님께 속한 모든 백성과 환경이 거룩성을 지녀야 하는 것이다. 그래서 가옥이 부정하면 사람 대신 그 집에 피를 뿌려 정결하게 한다. 이것은 총체적 정결을 이루시는 하나님의 원리이다. 모든 것은 하나님의 영광을 위해 존재할 뿐이라는 사실을 가옥의 정결의식을 통해서도 깨닫게 된다.
3. 차라아트로 인한 피부와 옷의 표면과 집의 벽에 보이는 외형적인 흔적이 부정함을 드러내고 있으므로 이를 처리하고 정결의식을 행하는 것이 13-14장의 규례이다. 이것은 앞에서 밝힌바 있지만 악의 모양이라도 버리라살전5:22는 말씀을 연상하게 한다. 우리는 악의 모양이라도 버리도록 노력할 때 여러 번의 경험을 통해 학습의 효과를 얻는다. 말씀을 따라 여러 번 경험하고 인식할 때 원만한 신앙에 머물 수 있을 것이다. 이것이 성경의 교훈이 주는 힘이다.

C. 결론 14:54–57

이 요약 진술은 13장과 14장 모두에 대한 결론이다. 이것은 사람이나 물품에 생긴 심각한 번식들에 대한 규정이다. 지금까지 말한 것은 모든 악성 피부병과 백선, 옷이나, 건물에 생기는 곰팡이, 또는 부스럼이나 뾰루지나 어루러기에 관한 규례다. 이 가운데 언급된 '옷이나 건물의 곰팡이'는 인간의 피부병과는 다른 균류,fungus 박테리아,bacteria 곰팡이mold 등을 뜻한다.[8] 기본적인 방지책으로는 문둥병은 추방하고, 옷은 태우고, 집 벽은 허물어야 한다. 이와 함께 사람이나 물건이 언제 부정하게 되고 또 언제 정하게 되는지를 밝혔다. 이 모든 것은 차라아트에 관한 규례이다. 여기에 나타나는 "규례"는 토라로 두 번 사용54,57되는데 이 뜻은 율법이 아니고 의례 혹은 절차를 의미한다.

8) Gleason L. Archer, Encyclopedia of Bible Difficulties, "Leviticus" (Grand Rapids, Michigan: Zondervan Publishing House, 1982), 127.

레위기 15장
성생활의 의식적인 부정과 정결법

15장은 전체적으로 성의 사용과 오용의 문제를 다룬다. 구체적으로 남녀 생식기관에서 유출되는 각종 분비물로 인한 부정을 다루고 있다. 이 규례는 문둥병의 경우처럼 정결법상의 부정에 관한 내용이다. 남자의 정액과 여자의 월경도 부정한 것으로 간주했다. 그 자체가 비위생적으로 더럽다는 의미는 아니다. 물론 이것은 죄가 된다는 것은 아니다. 그러나 이를 통해서 거룩함을 가르친다. 부정은 의식상의 문제이지 도덕적이고 윤리적인 문제가 아니다. 이것은 육체의 질병인데 어찌 종교적 부정으로 생각하는지 의문이 든다. 이것은 정액 자체가 더럽다는 것이 아니라 병적 현상의 본질이 범죄의 결과이므로 이와 같은 것은 불결하게 취급하는 것이다. 이것은 또한 사람들 속에서 나오는 악한 생각, 미움, 거만 등을 비유한다고 볼 수 있다. 이 장은 판례법case law fashion 형식으로 되어 있다. "만약 하면"이라는 조건적인 법들conditional laws이다. 15장은 성 문제를 부정의 입장에서 다루는 반면, 18장은 금지되어야 할 성관계를 항목별로 언급한다. 그리고 20장은 다양한 범죄, 특히 성적인 범죄에 대한 형벌을 열거한다.

A. 남녀의 유출병

정상적인 유출도 부정하다. 유출 그 자체가 부정한 것이다. 그래서 남자의 사정,16–18 여자의 생리,19–24절 남녀의 성관계 모두가 부정하다. 남자의 사정은 성교와 관계없이 이루어지는 사정,16–17 성교로 인해서 생기는 사정 18을 나눠서 설명한다. 몸에서 유출된 정액은 부정하기 때문에 정액에 닿은 것들을 물에 빨아야 한다.

15장은 유출에 관해 네 가지 주요한 경우를 다룬다.

A. "만일 어느 남자가"2b절–장기적 유출비정상인(abnormal)인 부정.

B. "만일 어떤 남자가"16절–단기적 유출.정상적인 부정

B. "만일 어떤 여자가"19절–단기적 유출.정상적인 부정

A. "만일 어떤 여자가"25절–장기적 유출.비정상인 부정

15장은 이처럼 AB–BA의 대칭구조로 되어 있다.[1] 물론 구조 한 가운데는 남녀의 성 관계18가 놓여 있다. 즉 1–17절까지는 남자, 19–30절은 여자지만, 18절은 남녀를 함께 언급함으로 남녀의 동등함을 나타낸다. 이는 한 몸창2:24으로 되어 있는 남녀를 다루면서 이 절을 통해 "반전하는 경첩" inverted hinge 역할을 시킨다.[2]

유출병을 다루는 주된 이유는 그 부정을 성소 구역 내로 가져 올 때 발생하는 문제점을 막는데 있다. 이는 성소가 더럽히지 않게 하며, 또한 사람이 부정한 상태로 성소에 들어감으로써 위험에 처하는 일이 없기 하기 위함이다. 이러한 유출병의 부정을 막는 성소의 법들은 제의적인 목적을 달성함과 동시에 질병의 감소, 일반적인 공중보건 증진, 인구증가를 촉진하는 계기가 되었을 것이다.

1) Rooker, Leviticus, 201.

2) Gane, Leviticus, NIV Application Commentary, 263.

Ⅰ. 본문의 개요

남녀의 유출병에 있어 유출과 유출병은 다소 차이를 둘 수 있다. 유출은 기본 개념으로 한 장소에서 다른 장소로 흐르는, 즉 액체의 이동이다. 즉 일시적인 현상이거나 병 그 자체의 성질을 뜻한다. 그리고 유출병은 장기적인 현상이거나 그것을 병으로 취급할 때 붙여진 이름이다. 이 유출병을 다시 일시적인 것과 장기적인 것으로 나눌 수 있다. 왜냐하면 정결법에 차이가 나기 때문이다. 웬함은 유출병을 장기적인 것long-term과 일시적인 것transient으로 구분한다.[3] 장기적인 것은 칠일을 진 바깥으로 나갔다가 팔일째에 들어와서 제사를 드리는 유출병자를 말하며, 일시적인 것은 유출병자와 직간접으로 접촉한 자가 옷을 빨고 물로 몸을 씻은 후 저녁까지 부정한 상태로 있는 자나 하루만 부정함이 적용되는 유출병자예를 들면 설정한 자를 뜻한다. 그러나 유출병자가 칠일 동안 어떤 형태의 유출이 멈추지 않으면 계속해서 진 바깥에서 대기해야 한다. 이 장에서는 유출병이 있는 자는 진 바깥으로 내어보내라는 말은 없지만 민수기에 의하면 진 바깥으로 내어보내 정결의식을 시행토록 지시하고 있다.민5:2-4

Ⅱ. 본문의 구조

1. 서론15:1
2. 남자의 유출병15:2-18
    1) 장기적 유출병15:2-12
    2) 정결제사15:13-15
    3) 단기적 유출15:16-17

3) Wenham, The Book of Leviticus, 217.

4) 동침[15:18]

3. 여자의 유출병[15:19–30]

1) 단기적 유출[생리현상15:19–23]

2) 동침[15:24]

3) 장기적 유출병[15:25–27]

4) 정결제사[15:28–30]

Ⅲ. 본문 주해

1. 서론[15:1]

도입구 형식으로 되어 있다. 모세와 아론에게 동시에 말씀하셨다. 이렇게 말씀하심으로 제의법의 새로운 단락이 제시되고 있음을 알 수 있다.

2. 남자의 유출병[15:2–18]

1) 장기적 유출병[15:2–12]

병리적인 남자의 유출병을 다룬다. 유출의 본질은 임질gonorrhoea에 의한 생식계통 감염이다. 보통 감염된 사람과 성적 접촉을 통하여 발생한다. 임질은 병의 감염성을 흡수하여 의복이나 수건을 통해서도 감염된다. 이것은 마치 피가 몸에서 유출되는 것은 생명을 잃는 것을 뜻하는 것처럼 유출은 생명의 역행 현상임으로 부정한 것으로 간주한다. 죽음의 요소 함유하고 있고, 죄의 전염성을 암시한다.

유출병으로 인한 부정은 유출병이 있는 자로 야기된다. 생식계통에서 무엇이 흘러나오든지 엉켜 붙든지 하면 부정하다.[2–3] 이것은 두 가지의 부정을 의미한다. 첫째는 흘러나오는 것은 자신의 생식기genital로부터의 사정을 말하며, 둘째는 엉켜 붙는 것으로 생식기가 유출에 의해 장애를 받는 경우를 말한다. 2절에 "누구든지"는 남자를 가리킨다. "몸바사르에 유출병이 있으면"은 생식기에 대한 완곡어법이다. 왜냐하면 바사르를 문자 그대로 몸이라고 본다면 코로 흘리는 피, 항문에서 나오는 치질, 설사 등도 포함될 수 있다. 이런 것을 유출병으로 볼 수 없다. 그래서 여기서 몸바사르은 성기를 은유적으로 표현하는 것이다. 그래서 여성의 성기도 바사르로 표현한다. 유출병은 병적으로 정액이 계속 분비됨을 의미한다. 일반적으로 유출병은 잘못된 성생활의 결과라고 여겨졌다.

이런 자의 유출이 있은 후 유출병자가 누운 침대와 앉은 자리에 접촉한 자는 부정하다. 또 몸에 접촉한 자도 부정하다. 이때의 "몸"은 성기보다는 신체의 일부분을 지칭한다. 당시 남자들은 속옷을 입지 않았다면,참고. 레16:4 유출액이 쉽게 묻을 수 있다. 침 뱉음을 당해도 부정하다. 침 뱉는 행위는 경멸이지만,민12:14; 신25:9 여기서는 접촉의 문제이다. 이 때 침sputum에 의한 감염은 의식적인 부정이자 실제적인 감염 경로이기도 하다. 안장에 접촉해도 부정하다. 유출병자가 손을 씻지 않고 만진 모든 것을 만진 자는 부정하다. 유출병자와 접촉한 이런 자들은 당일 해가 지는 저녁까지 부정하다. 만약 해가 진 뒤라면 그 다음 날 해가 질 때 까지가 된다. 해가 지면 저녁이 되고, 곧 하루가 시작된다.

5-11절 사이에 "저녁까지 부정하다"는 문구가 일곱 번 나온다. 이는 일곱 가지의 부정한 경우를 뜻한다. 정수가 묻은 옷은 빨고 몸을 씻어야 한다.4,6,7,8,10,11 "옷을 빨고 물로 몸을 씻을 것"이라는 문구는 본장에서 열 번이나 언급된다.5,6,7,8,10,11,13,21,22,27절 옷은 부정한 물질이 묻어서 빨아야 한다는 의미도 있지만 옷 그 자체는 본래 범죄의 결과로 생겨났다는 측면이 있다.창3:7; 계21:14; 3:7 또 옷은 구속을 상징하기도 한다.계7:14 물로 몸을 씻는 것은 세정洗淨의식이다.출19:7-15 이는 정결과 재생의 의미를 가진다. "물로

씻는" 동일한 표현이 번제의 조각조각들을 씻는 것에도 사용되었다.[1:9,13; 8:21 4)] 물로 몸을 씻을 때는 아마도 전신 침수였을 것이다.[예. 왕하5:14] 이 세정의식은 하나님을 만나기 위한 준비다. 그 자체가 하나님을 자동적으로 만날 수 있게 해주는 것은 아니다. 세정은 환자가 완쾌된 후에 하게 된다. 유출병자가 손을 물로 손을 씻지 않고 누구를 만지면 그 자는 옷을 빨고 물로 몸을 씻어야 한다. 그러나 손을 씻은 후에는 부정이 전달되지 않는다. 따라서 유출병이 있는 사람도 손만 잘 씻으면 일상적인 생활을 하는 데는 큰 문제가 되지 않는다. 그리고 음식과 관련하여 만약 부정한 자가 만진 것을 손을 씻지 않고 질그릇 만지면 그 그릇은 깨뜨리고, 목기이면 물로 그 그릇을 씻어야 한다.[12] 밀그롬은 목기가 상대적으로 비싸다는 경제적인 이유를 들기도 한다.[5)]

2) 정결제사[15:13-15]

유출병자가 치루는 정결의식이다. 악성 피부병 때처럼 속건제는 요구하지 않았다. 부정의 심각성이 덜하기 때문일 것이다. 유출이 깨끗해진 후 칠일이 지나면 옷을 빨고, 흐르는 물[in running water]에 목욕을 해야 한다. 흐르는 물은 살아 있는 물이다. 우물도 살아 있는 물이다. 그리고 팔일 째 되는 날 제사를 드려야 한다. 제사에는 형편에 따라 산비둘기[dove] 둘이나 혹은 집비둘기[pigeon] 새끼 둘을 준비하여 회막의 제단 앞뜰에 있는 제사장에게 가져가야 한다. 유출병의 정결제사의 제물을 볼 때 악성 피부병의 제물[어린 수양 둘, 어린 암양 하나를 바침]보다 덜 심각하게 간주되었다. 유출병 정결제사는 한 마리는 속죄제로 다른 한 마리는 번제로 드려야 한다. 사실 히브리인들의 정결의식은 모세의 율법이 제정되기 이전부터 있었다. 그들은 물리적, 육체적 부정 상태를 벗어나려고 애썼음을 볼 수 있다.[창35:2; 출19:10,14-15] 그 뒤

4) Noordtzij, Leviticus, 153.
5) Milgrom, Leviticus 1-16, 921.

에 이런 의식적인 규례가 율법으로 주어진 것이다.

3) 단기적 유출16–17

이 본문은 성교와 관계없이 이루어지는 사정16–17절을 말한다. 설정, 즉 이러한 사정으로 행해는 정액유출은 왜 부정한가를 언급한다. 이것은 유출병이 아니라 그냥 유출설정함으로 부정을 입은 자이다. 방출된 정액이 더럽다는 인식은 성경 여러 군데에서 언급되고 있다.출19:15; 레22:4; 신23:10; 삼상21:4–5; 삼하11:11 6) 이것은 죽음의 한 현상이기 때문에 부정하게 보는 것이다. 또는 그 부정의 이유를 몸의 액체의 손실로 보기도 하고, 생명과 죽음의 관계로 보기도 하고, 생명과 폐물처리라는 점에서 남자 성기의 뒤섞여 있는 모호한 기능을 말하기도 한다.

설정泄精에서 '설'은 세카바שְׁכָבָה로 드러눕는 행위교합나 이슬의 층이슬이 내린 두께을 말한다. 그리고 '정'은 제라זֶרַע로 씨, 씨뿌리기, 자손, 소산, 정액의 사출an emission of semensperm를 의미한다. 그리고 부지중 설정은 몽사, 혹은 몽설이라고도 한다. 몽사라는 카레קָרֶה는 '우연히 생긴 일',chance '사건'accident을 의미한다. 이 명사는 인간의 통제를 넘어서는 사건에 대해 사용된다. 구약성경에서 이 단어는 신명기 23:10에서 한번 나온다. 몽사한 자는 전신을 물로 씻을 것이며 저녁까지 부정하다. 밤에 몽정하는 것은 부정한 것이기 때문에 대속죄일 전날 밤의 대제사장은 이 점을 주의했을 것이다.

그리고 설정과 관련하여 군인들이 전쟁을 수행할 때 진영은 항상 깨끗해야 한다. 그 싸움에 하나님이 동행하실 것이기 때문이다. 결과적으로 전쟁 중에는 그 어떤 성행위도 철저히 금지되었다.삼하11:11 물론 이 법은 포로로 잡힌 여인이 성적으로 추행당하는 것을 방지하는 기능을 하기도 했다.

---

6) Harrison, Leviticus, 163.

4) 동침15:18

이번에는 성교로 인해서 생기는 사정에 대해 그 부정함을 다룬다. 부부관계가 왜 부정한지, 이것은 부부관계 자체가 부정한 것인지 아니면 비정상적인 동침 관계를 전제 한 것인지를 살펴보아야 한다. 두 가지의 견해로 나뉜다. 두 가지 다 제의적인 측면이 깔려 있다. 첫째가 성교를 하는 그 상황이 비정상적인 성관계로 보는 견해다. 비정상적인 관계란 남자가 가나안의 풍요 제사에 참여하거나 전쟁 중에 갖는 성행위삼하11:11 등이 포함된다. 그러나 합법적인 배우자와 정상적인 관계라면 그것은 죄 된 것으로 간주되지 않는다. 두 번째는 정상적인 관계라도 제의 공동체에서는 부정으로 보는 견해다. 성교는 의식적인 불결한 과정이므로 성교 시 배우자를 온종일 부정하게 한다는 것이다. 부부간의 동침은 양쪽 배우자를 모두 부정하게 만들기 때문에 하루 종일 회막의 제사에 참여할 수 없다는 것이다. 예를 들면 시내산에서 여호와의 강림을 앞두고 성결의식을 가진 후 삼일 동안 기다리면서 여인을 가까이 하지 말라는 명령출19:15에서 이 여인이 아내라면 정상적인 성교라도 부정한 것이다. 제의적인 측면 외에 우상숭배와 관련하여 이렇게 부부관계를 본문에 언급한 이유는 성적 행위를 부정행위로 취급하여 제사에 참여하지 못하게 하는 것은 가나안 땅의 다산의식이나 제의매음 같은 것을 배제하거나 차단하는 목적으로 주어졌다는 주장도 있다.

3. 여자의 유출병15:19–30

1) 단기적 유출15:19–23

여자의 생리현상인 월경닛다, נִדָּה, menstruation을 단기적인 유출로 본다. 월경은 정상적인 자연 법칙이지만 왜 종교적 불결로 취급하는지에 대해 말한다. 이는 죄의 결과로서 잉태의 고통과 죽음을 상징하기 때문으로 본다.

배경적으로 볼 때 고대 이스라엘 여인들은 대가족의 열망 때문에 대개 사춘기 때에 조기 결혼하여 임신, 출산이 반복되었으므로 횟수 상 결혼한 여인의 생리 현상이 감소되었을 것이다. 월경의 경우 칠일 간 부정하다. 비록 닛다는 나흘간 지속되지만 부정의 기간은 칠일로 정해졌다. 이 단어에 의해 규정되는 부정은 월경 기간이 연장되거나 불규칙한 주기와 같은 월경불순에게까지도 확대된다.레15:23, 레15:33 그런 여자와 접촉하는 남자는 저녁까지 부정하다. 여자의 경우는 괜찮은가? 생리중인 그녀가 앉았던 좌석과 침상도 부정하다. 이런 여인과 동침하면 그 남자도 칠일 간 부정하다. 한 가지 특이한 점은 월경하는 여인으로 인해 오염된 자는 옷과 몸을 씻어야 하지만21-22 여성 자신에게는 그렇게 하라는 명령이 없다. 또 남자의 유출병은 유출이 그치고 칠일이 지나면 옷을 빨고 몸을 씻어야 하지만13 여성의 경우는 유출이 그치고 칠일이 지나도 옷을 빨고 몸을 씻으라는 언급이 없다.참조. 28 하지만 이것은 남자를 기준삼아 볼 때 너무 부정이 자명하여 생략하였을 것이다.참고. 겔16:9

월경하는 여인은 칠일 동안 불결한데, 밧세바의 목욕삼하11:3-4은 월경 후의 목욕으로 보며, 그것이 자녀가 잉태한 정확한 이유였다고 추측한다. 월경의 경우에는 별다른 정결제사가 필요치 않다. 즉 정상적인 유출의 경우에는 출혈이 그치면 일주일 동안 기다린 후에 여인이 단지 씻기만 하면 된다.

에스겔은 비유적으로, 월경 기간의 의식상의 부정에 대한 개념을 이스라엘의 죄의 본질을 기술하기 위해 사용했다.겔36:17 이 용어의 비유적 사용에 기초가 되는 것은 본래부터 포함되어 있는 신체적인 혐오의 개념이다.

2) 동침15:24

어떤 남자가 그 불결한 상태의 여자와 동침샤카브, שכב하면, 그 여자의 불결한 상태가 그 남자에게 옮아서 칠일동안 부정하고, 그 남자가 눕는 잠자리도 모두 부정하다. 이때의 동침 기간 금지는 월경을 포함해서 일주일 동안이다. 월경 후부터 계산하여 일주일이 아니다. 이 금지기간은 가장 효과적인 피임 방법이기도 하다. 월경의 피를 성교 시 접촉하는 것은 남성에게 불특정한 요도염을 유발할 수 도 있다. 월경은 복부의 경련, 다량의 출혈, 편두통, 가벼운 등의 통증, 신경과민 등을 유발한다. 월경의 출혈과 관련이 없는 유출은 자궁의 유섬유종,uterine fibroid 출산기관의 다른 병적인 상태의 결과일 수 있다.

3) 장기적 유출병15:25–27

단기적인 유출은 여인의 생리 현상이지만, 장기적인 유출병은 이와는 다르다. 이것은 정상적인 생리 이외에 계속되는 하혈을 말한다. 바로 월경과다증이나 혈루증이다. 그래서 여인의 피의 유출이 그 불결한 기간 외에 여러 날이 간다든지, 그 유출이 불결한 기간을 지나든지 하면 생리 때와 같이 부정하다. 장기적인 유출병을 가진 여인은 생리 때의 경우처럼, 접촉한 자와 접촉된 모든 것은 부정하다. 그런 부정을 옮은 자는 옷을 빨고 물로 몸을 씻어야 하며 저녁까지 부정하다.

4) 정결제사15:28–30

여인의 장기적인 유출병으로 인한 정결제사는 일반 유출병과 동일하다. 즉 남자의 장기적 유출병이 나은 후에 드리는 제사법15:13–15과 같다. 그 여인은 장기적인 유출이 그치고 칠일을 지나면 정하게 된다. 그녀는 유출이 그치고 칠일이 지난 후 팔일이 되면 산비둘기 둘이나 집비둘기 새끼 둘을 자기를 위하여 가져와 회막문 앞 제사장에게로 가져가야 한다. 제사장은 그 한 마리는 속죄제로, 다른 한 마리는 번제로 드려 유출로 부정한 여인을 위하여 여호와 앞에 속죄를 한다.

교훈과 적용

1. 박윤선 박사는 레위기 15장을 주석하면서 서두에 다음과 같은 말을 했다. 그 이유는 15장의 내용이 다소 남녀의 은밀성을 다루는 문제 때문인 것 같기 때문이다. "본장을 취급하기 전에 먼저 독자들의 주의 할 것이 있으니 그것은 다음과 같다. 곧 성경의 말씀이 죄악을 판단함은 의사가 병을 진단함과 같아서 솔직하고 엄격하다. 따라서 성령님은 이 점에 있어서 사람처럼 부끄러움을 느끼거나 말하기를 회피하는 기미가 전혀 없다." 사실 의사들이 환자를 진단할 때 정확성이 우선되어야 하는 것처럼 성경의 진단도 이와 같이 남녀의 유출 문제를 있는 사실대로 다룬다는 사실이다. 죄악의 문제는 체면을 생각하여 해결할 문제가 못된다. 따라서 성도는 하나님 앞에 죄의 문제를 해결 할 때 정확하게 그 핵심을 내어 놓고 회개해야 할 것이다.
2. 제사장들은 백성들에게 부정하게 되는 여러 원인들을 보여줌으로써 그런 것에서 자신들을 분리시켜야 함을 가르쳤다. 우리가 가지고 있는 세속성과 거룩함을 지향하는 내적 갈구는 육신 속에서 항상 공존하고 있다. 이런 가운데서 레위기를 통해 얻어지는 부정의 개념을 잘 이해하므로 어떻게 하나님이 우리를 세속에서 살아야 함을 가르치신다. 인간의 참 된 모습은 이렇게 진리를 향해 끝없이 자신을 분리해 갈 때 신앙의 힘을 얻는다. 우리는 분리해가는 존재가 되어야 한다.
3. 우리가 거룩해야 할 이유는 하나님과의 관계성 때문이다. 그러한 관계성이 발전할 때 삶 자체가 예배가 되는 것이다. 특히 성생활은 인간 생활의 가장 은밀한 부분에 속한다. 그러나 하나님 앞에서 은밀한 것은 아무것도

없다. 항상 하나님 앞에서 자신을 드러내어 놓는 일은 하나님의 인도하심을 받을 것이다. 그것이 무엇이든지 간에 그렇다.

B. 제사장에게 준 권면과 요약[15:31-33]

Ⅰ. 본문의 개요

이 규정은 제사장에게 주어진 권면이다. 이스라엘의 백성은 성막중심의 공동체이기 때문에 청결과 의식적 거룩함을 유지하여야 한다. 백성들은 개인의 성관계나 성생활이 개인 윤리의 문제보다 더 중요하다. 그래서 공동체가 부정이라는 개념을 통해 전체를 통제, 거룩함을 유지하는데 힘을 써야 한다는 사실을 제사장에게 주지시킨다.

Ⅱ. 본문의 구조

1. 제사장에 준 권면[15:31]
2. 유출병에 대한 요약[15:32-33]

Ⅲ. 본문 주해

1. 제사장에게 준 권면[15:31]

이 구절은 앞에서 언급 된 모든 부정을 처리하는 법들에 대한 목적을 밝힌다. 이것은 본장의 결론인 동시에 12-15장 전체에 대한 결론이기도 하다. 하나님은 이 규례를 통해 공동체의 청결과 의식적 거룩함을 유지할 것을 명령하셨다. 이스라엘은 개인의 성관계나 성생활이 개인 윤리의 문제가 아니라 공동체의 문제로 보기 때문에 부정이라는 개념이 중요한 것이다. 이 규례에는 두 가지의 목적이 명시되어 있다. 즉 부정함을 성소 구역 내로 가져와 성소가 더럽히지 않게 해야 한다는 성막의 청결유지가 강조되어 있다. 또 하나는 사람이 부정한 상태로 성소에 들어감으로써 위험에 처하는 일이 없도록, 개인의 죽음을 방지하는데 목적을 두고 있다. 그래서 제사장이 이 점들을 잘 가르쳐야 한다. 아마도 이러한 명령은 제의적인 목적을 달성함과 동시에 질병의 감소, 일반적인 공중보건 증진, 인구증가를 촉진하는 계기가 되었을 것이다.

2. 유출병에 대한 요약15:32–33

유출병과 설정과 불결의 부정에 대한 다섯 가지의 규례에 대한 요약이다. 구체적으로 보면 첫째, 유출병이 있는 자. 둘째, 설정함으로 부정을 입은 자. 셋째, 불결을 앓는 여인. 넷째, 남녀가 동침하여 설정한 경우, 다섯째, 유출병이 있는 남녀와 불결한 여인과 동침한 자다. 이런 자들은 모두 정결의식을 치러서 공동체와 성소를 정결하게 유지해야 한다. 그렇지 않으면 죽음이 임한다는 사실을 밝히고 있다.[31]

유출병에 대한 전체적인 이해가 필요할 것이다. 유출병15:2, a discharge from his body, 자브 밉베사로, זָב מִבְּשָׂרוֹ '육체로부터 흘러나오는 액체'를 말한다. 몸에서 무엇이 흘러나오든지 그것이 엉겼든지 하면 유출병이다. 이런 상태는 부정하다. 유출병 정결의식의 첫 단계는 옷을 빨고 물로 몸을 씻는다.일시적인 유출병 두 번째 단계는 유출이 깨끗하여지면 정결의식을 가져야 한다.장기적인 유출병 정결의식의 순서는 깨끗해진 이후에 칠일이 되는 날 다시 옷을 빨고 흐르는 물에 몸을 씻는다. 그러면 정하게 된다. 그러고는 팔일에는 산비둘기 둘이나 집비둘기 새끼 둘을 자기를 위하여 준비하여 회막문 여호와 앞으로 가서 제사장에게 준다. 제사장은 그 하나는 속죄제로, 하나는 번제로 드린다.

유출병에는 네 가지 경우가 제시되어 있다.[레15:32–33] 남자로서 유출병이 있는 자,로 인한 접촉자 설정an emission of semen함으로 부정을 입은 자, 불결monthly period을 앓는 여인,으로 인한 접촉자 남녀가 동침하여 설정한 경우, 불결한 여인과 동침한 자 등이다. 유출병을 속죄하는 일차적 목적은 이스라엘 자손이 부정하지 않도록 하는 것이다. 부정이 있으면 일단 제의에 참여할 자격을 박탈당한다. 그들 가운데 여호와의 성막을 부정하게 하면 그것 때문에 그들은 죽음을 면할 수 없기 때문이다.[15:31] 결국 유출병도 속죄제와 번제를 드림으로 여호와 앞에 속죄함을 받는다.[15:15,30] 하나님이 진 가운데 임재해 계시기 때문에 진을 더럽히면 안 된다. 진을 더럽게 하는 자는 남녀를 막론하고 일단 진 밖으로 내어 보아야 한다. 그들은 진 밖에서 정결의식을 치루고 회복된 상태에서 다시 진 안으로 들어와야 한다. 특히 문둥병 환자와 유출병이 있는 자와 주검으로 부정케 된 자는 다 진 밖으로 내어 보내야한다.[민5:2–3] 여호와께서 임재해 계시는 진은 반드시 거룩한 상태로 유지되어야 하기 때문에[신23:14] 유출병으로 부정하게 된 자들도 정결의식의 속죄를 통해 진을 거룩하게 유지해야 한다. 이런 점에서 속죄의 목적은 거룩함을 유지하는 수단이 된다.

유출병을 통해 살펴본 것처럼 부정을 제거해야하는 이유는 하나님의 거룩성 때문이다. 하나님 보시기에 어긋난 것은 모두 부정한 것이다. 음식법을 통해 몸을 구별하므로 거룩한 상태가 무엇인지를 배운다. 여호와께서 임재해 계시는 진은 반드시 거룩한 상태로 유지되어야 하기 때문에 유출병으로 부정하게 된 자들은 정결의식의 속죄를 통해 진을 거룩하게 유지해야 한다. 그래서 부정을 제거하는 목적은 거룩을 유지하는데 있고, 유지의 목적은 하나님의 존재양식인 그 분의 거룩한 영광에 있다. 하나의 도식을 만들면 다음과 같다.

하나님의 거룩

⇓⇑

하나님의 임재

⇓⇑

제의 공동체

⇑

각종제사를 통한 죄의 처리

⇑

정결의식을 통한 부정제거

한편 부정에 대한 처리는 하나님을 섬기는데 반드시 제거되어야 할 요소이기 때문에 부정과 관련된 개념을 알 필요가 있다. 부정과 죄, 부정과 가증, 부정과 불결은 어떻게 다른가하는 것이다.

부정과 죄: 죄sin와 부정impurity 사이의 관계를 명확히 규정하는 것은 어려운 일이다. 그것들은 독특하지만 중복되는 개념이다. 그러나 부정은 의식상의 문제이지 도덕적으로 악하다는 의미는 아니다. 왜냐하면 사체와의 접촉레 5:2; 11:39이나 출산레12장이 도덕적으로 악하다가 말할 수 없기 때문이다.

부정과 가증: 부정과 가증可憎을 비교할 때 가증은 더 심한 부정의 상태를 말한다. 레위기에 나타나는 가증은 히브리어로 세 가지다. 하나는 토예바 תּוֹעֵבָה, abomination로 남자끼리 교합의 경우,레18:22 또 한 가지는 피굴שִׁקּוּץ, foul thing로 제사규례를 어겼을 경우,레7:18 마지막 한 가지는 샤카츠שקץ, detestation

로 지느러미와 비늘이 없는 수중생물의 경우레11:12에 사용된다. 이 가운데 토예바는 성적인 부정함, 자식을 제물로 바치는 행위, 신접자들의 활동,신18:10-11 조상숭배 등에 적용된다.[7]

부정과 불결: 부정타메, טמא과 불결닛다, נדה은 같다.레15:26 마치 일차적 부정유출이 이차적 부정접촉과 같은 것 경우다. 불결은 죄의 본질을 기술하기 위해 사용되었으며, 혐오의 개념을 담고 있다.

교훈과 적용

1. 지나치게 인위적인 성속에 대한 구별은 자칫 하나님의 뜻을 축소시킬 수 있다. 거룩함도 세속도 하나님께 영광을 돌리기 위하여 하나님의 뜻을 헤아리는 궁극적인 인식과 판단을 해야 할 것이다. 세속을 멀리하려는 인위적인 노력은 그 자체로는 값진 것이나 내적 동기보다는 형식적인 관습의 틀에 매일 수 있다는 점을 늘 염두에 두어야 할 것이다. 사물이 정적인 것과 동적인 것이 함께 진행될 때 균형을 이루듯이 하나님이 그 해를 악인과 선인에게 비취게 하시는 것을 생각해 보아야 한다.마5:45
2. 혈루증 여인 사건막5:25-34은 예수님께서 거룩한 것과 세속의 것을 구별하고 또한 남자와 여자를 구별하는 옛 규정들을 철폐하고 계신다는 것을 보여 주셨다. 그러나 그것은 구별을 완전히 철폐하셨다는 것을 의미하지 않는다. 그것은 그런 경계선이 사람들로 하여금 하나님의 사죄의 은총을 받지 못하게 하는 일이 없도록 하셨다는 것이다. 예수께서는 모든 사람을 위해 하나님께 나아가는 길을 넓게 열어 놓으셨다.
3. 예수님께서는 도덕적인 문제를 예전적인 법보다 위에 놓으셨다.마15:1-20

7) Milgrom, Leviticus 17-22 (2000), 1569-70, 1581.

이렇게 하신 이유는 율법을 다 지켰다고 말하는 그 입술로는 하나님을 존경하였지만 마음으로는 하나님과 멀어졌기 때문이었다.사29:13 하나님에 대한 그들의 존경은 형식이었다. 우리는 이러한 자세에서 반드시 돌아서야 한다. 마음으로 하나님을 존경해야 한다. 이것이 진리이신 그리스도를 따르는 길이다. 신자들은 예수님의 구속사역으로 말미암아 얻게 되는 영광스러운 자유를 종교적인 형식으로 되돌리는 역행의 실수를 잘 살피며 살아야 할 것이다.

레위기 16장

회막과 사람이 총체적으로 정결케 되는 날

A. 대속죄일 제의 규례16:1–28

하나님은 대속죄일을 통해 일 년에 한 번씩 이스라엘 자손의 모든 죄를 용서해주신다. 이 날은 일 년에 한 번씩 회막과 사람이 총체적으로 정결케 되는 날이며, 속죄의 은총과 사랑이 구체적으로 나타나는 날이다.

대속죄일욤 하키푸림, יוֹם הַכִּפֻּרִים은 영원한 규례의 절기로 정착되었다.레23:27–32 욤 하키푸림은 욤 하타트 하키푸림יוֹם חַטַּאת הַכִּפֻּרִים의 생략형이다.[1] 이 날은 7월티쉬리 10일이다. 일명 "화해일"이라고도 한다. 유대인 전승은 이를 "그 날"요마이라 부른다. 롤프 렌드로프Rolf Rendtorff는 토라의 중심은 레위기이며 레위기의 중심은 16장이라고 말할 만큼 제의에 중요한 위치를 차지한다.[2]

I. 본문의 개요

이날의 행사는 도입적인 서론과 준비와 실행으로 이루어진다. 대속죄일은 총체적 정결을 가져오는 날이다. 이날이 갖는 특징은 일 년을 대표하는 한 날이며, 여러 제사장을 대표하는 대제사장의 집전이며, 속죄의 대상이

1) Gane, Cult and Character, 222.

2) Rolf Rendtorff, "Leviticus 16 als Mitte der Tora", BI 11 (2003), 252–58.

평소의 백성들 외에 대제사장 자신과 성막까지 모두 포함하고 있기 때문에 속죄를 통한 총체적인 정결을 가져온다. 이러한 총체적인 속죄가 이루어지는 것은 첫째, 모든 의식을 온전히 마치게 하므로 속죄의 완전성이 있고, 둘째, 대제사장의 속죄소의 피 뿌림을 통해 속죄의 보증을 받고, 셋째, 아사셀 염소를 통해 죄악의 종결을 확신하게 하여 죄의 문제를 해결하고, 넷째, 이 날이 안식일이 되므로 속죄의 목표점[안식]을 상기시키고 있다.

Ⅱ. 본문의 구조

1. 서론[16:1-2]
   1) 아론의 두 아들 죽음 언급[16:1]
   2) 지성소 출입에 대한 경고[16:2]
2. 준비[16:3-10]
   1) 대제사장의 성소입장준비[16:3-5]
   2) 속죄제의 수송아지[16:6]
   3) 백성을 위해 두 염소[속죄제 염소와 아사셀 염소]와 수양 하나 준비[16:7-10]
3. 실행[16:11-28]
   1) 대제사장의 속죄제[16:11-14]
      (1) 속죄 수송아지[16:11]
      (2) 향로 분향[16:12-13]
      (3) 속죄소 피 뿌림[16:14]
   2) 백성을 위한 속죄제[16:15-16]
      (1) 속죄소에 염소 피 뿌림[16:15]
      (2) 부정과 죄와 지성소와 회막을 위해 속죄[16:16]
   3) 대제사장만 회막에 있을 것[16:17]

4) 공동체 전체를 위해 수송아지와 염소의 피를 제단에 바르고 뿌림 16:18–19

5) 백성을 위한 아사셀 염소 방출16:20–22

6) 마무리 과정으로서 집전 참여자들의 옷과 몸의 정결 처리16:23–28

(1) 대제사장16:23–25

(2) 아사셀 염소 취급자16:26

(3) 불사른 자16:27–28

Ⅲ. 본문 주해

1. 서론16:1–2

1) 아론의 두 아들 죽음 언급16:1

속죄일의 서두에 10장의 아론의 두 아들의 죽음을 먼저 언급한다. 이는 속죄일 날 대제사장은 합당한 준비와 조심성 없이 하나님께 나아갈 수 없음을 상기시킨다. 나답과 아비후의 죽음은 허락하지 않은 지성소의 출입 문제와 관련이 있었을 것이다. 왜냐하면 16장을 시작하면서 지성소에 아무 때나 들어가서 사망을 면하라는 경고가 주어졌기 때문이다. 그래서 나답과 아비후가 왜 다른 불을 사용하다 죽었느냐에 대한 의문 중에 지성소로 들어가 향을 피우려고 시도했을 가능성레16:2이 말해진다. 지성소는 오직 대제사장만이 대속죄일 날에만, 그것도 적절한 속죄의식의 준비가 된 상태에서만 출입할 수 있다.

2) 지성소 출입에 대한 경고

지성소는 성소 중에도 하나님이 임재하는 곳이다. 하나님의 임재는 성소의 법궤 위에 임하는 국부적 임재localized presence와 이스라엘 진영 내에 임하는 보편적 임재general presence로 구분하기도 한다.[3] 국부적 임재는 아무도 들어가지 못하고 대제사장만이 들어갈 수 있으나 그것도 허락된 대속죄일 외에 아무 때나 들어가면 사망한다. 그것은 하나님이 구름 가운데서 속죄소 위에 나타나시기 때문이다. 대부분의 주석들은 구름을 하나님의 임재로 본다.[4] 이러한 출입통제와 위반시 죽음에 대한 경고는 16장에 처음 나타난다. 이는 대속죄일의 엄격한 규례를 제시하는 것이다. 예외로 고핫 자손은 지성소에 들어갈 수 있는데, 그들은 성막이 이동할 때 법궤를 담당하기 때문이다.민4:4-6 그리고 모세는 하나님이 말씀하시는 목소리를 듣기 위해 수시로 들어갔다.출25:22; 민7:89 이제 정착된 제사제도 하에서 대제사장은 하나님의 임재가 지속적으로 성소에 머무르도록 하기 위해 죽음을 무릅쓰고 지성소에 들어가야 한다.

2. 준비16:3-10

1) 대제사장의 성소입장준비16:3-5

아론이 성소에 들어가려면 먼저 수송아지와 그리고 수양을 준비하여야 한다. 수송아지는 속죄 제물로 삼고 수양은 번제물로 삼는다. 비록 백성을 위한 대속죄일이라 해도 대제사장도 속죄의 제물이 없이는 하나님께 나아갈 수 없다. 어떤 사람이 중보자가 되기 위해서는 자신의 죄를 먼저 속해야 한다. 그런 다음 대제사장은 직분을 제대로 수행하기 위해 거룩한 세마포 속옷을 입고 세마포 속바지를 몸에 입고 세마포 띠를 띠며 세마포 관을 쓴다. 이것들은 거룩한 옷이기 때문에 물로 몸을 씻고 입어야 한다. 화려한 대제사장 의복출28장과 달리 죄인과 같은 모습으로 하나님 앞에 선다.

3) Wenham, The Book of Leviticus, 17.
4) Levine, Leviticus, 100.

그리고 이스라엘 자손의 회중으로부터 그들의 속죄를 위해 위하여 숫염소사이르 두 마리와 번제를 위하여 수양 한 마리를 준비한다. 여기에 이스라엘 백성을 가리키는 "회중"16:5, the congregation, 에다, עֵדָה은 "회중", 16:17, the assembly, 카할, קָהָל "백성", 16:15, the people, 암, עַם "백성의 회중"16:33, the people of the assembly, 암 하카할, עַם הַקָּהָל등과 함께 쓰이는 이음동의어다.[5] 굳이 구분하자면 에다는 종교적인 "이스라엘 공동체"를 말하고, 카할은 "조직으로서의 회중"을 뜻한다. LXX는 회중인 에다와 카할을 수나고게συναγωγη, 회당로 번역한다.

2) 속죄제의 수송아지16:6

이날의 행사에는 대제사장이 먼저 자신의 죄를 속죄하기 위해 수송아지를 속죄제 제물로 드려야 한다. 이것은 자기와 자신의 책임 하에 있는 자신의 집안household을 먼저 정결하게 하는 것이다.

3) 백성을 위해 두 염소속죄제 염소와 아사셀 염소와 수양 하나 준비16:7-10

다음은 숫염소 두 마리를 준비하여야 한다. 아사셀의 속죄의식은 '큰 전제'와 '작은 전제'가 있다. 큰 전제는 "여호와를 위한 것"16:9이며 작은 전제는 아사셀을 위한 것16:10이다. 염소들은 회막문 여호와 앞에 매어 둔다. 나중에 제비를 뽑아 한 마리는 여호와를 위해 또 한 마리는 아사셀을 위해 사용한다. 대제사장이 제비를 뽑을 때 우림과 둠밈의 거룩한 돌들을 사용했을 견해[6]와 미리 "아사셀"과 "여호와"에게로 구별하여 기록한 것을 사용했을 견해[7]가 있다. 대제사장은 표시에 따라 여호와를 위해 한 마리는 속죄제로 드리고 다른 염소는 살려두었다가 광야로 내보낸다. 그런 다음에 제

---

5) M. Noth, Leviticus, 118.

6) Noth, Leviticus, 121

7) Milgrom, Leviticus 1-16, 1020

사장을 위한 수양과 백성을 위한 수양을 각각 번제로 드린다. 이 날의 제물은 모두 다섯 마리수송아지와 숫염소와 수양 각각 두 마리가 필요하다. 한편 민수기 29:7-11까지의 속죄일 규례에는 '일 년 된 수양 일곱'이 추가로 나타난다.

3. 실행16:11-28

준비를 마치고 이제 실행단계로 먼저 속죄제부터 드린다.

1) 대제사장의 속죄제16:11-14

(1) 속죄 수송아지16:11

아론은 자기를 위해 속죄제의 수송아지를 드린다. 이것은 자기와 자기의 집안의 속죄를 위해 드리는 것이다. 대제사장이 먼저 하나님 앞에 흠이 없어야 한다. 수송아지를 잡고 향로를 준비한다.

(2) 향로 분향16:12-13

분향을 위해 향로를 준비한다. 향로의 기능은 하나님의 진노로부터 노출된 인간이 죄로 인한 사망참고. 출33:20; 20:19을 가리는 역할을 한다. 향로를 준비하여 번제단에서 피운 불을 향로에 채우고 두 손에 곱게 갈은 향출30:34-38을 듬뿍 담아, 타는 향이 가득한 향로를 가지고 지성소로 들어가서 분향한다. 향로의 연기가 증거궤법궤 위 속죄소를 가린다. 향을 피우는 목적은 이 속죄소를 가리기덮기 위해서다. 이날 대제사장이 의식을 치루면서 죽음을 면하는 방법이 두 가지 제시되었다. 첫 번째는 지성소 안에 아무 때나 들어가면 안 되고, 두 번째는 들어가되 향을 피워 속죄소를 가려 하나님의 대면으로부터 있을 죽음을 면해야 하는 것이다. 루돌프 오토Rudolf Otto는 속죄는 거룩한 것에 대한 '가리움'으로서 심화된 형태라고 분석하였다, 즉 속된 존재로서의 인간은 장엄한 것에 가까이 설 수 있는 가치가 없다는 감정예를 들면 이사야의 소명환상이나 가버나움의 백부장 이야기에서 어떤 '가리움'이 필요한 것을 향의 연기로 보았다.[8)]

(3) 속죄소 피 뿌림16:14

향로의 연기로 속죄소를 가려 놓고 대제사장은 지성소를 나와 이제는 잡은 수송아지의 피를 옹기에 담아 다시 지성소로 들어간다. 옹기의 피를 손가락단수에 묻혀 속죄소 동편에 한번 뿌린다. 이 때 동편은 제사장의 서 있는 위치에 따라 달라질 수 있다. 동쪽을 향하여 뿌린다면 속죄소 뒤에서 회막 입구 쪽으로 뿌리게 되며, 속죄소 앞에서 뿌린다면 서쪽으로 뿌리게 된다. 일반 제사 때는 제물의 피를 바깥에서 안으로 가져가고 대속죄일 때는 거꾸로 피를 안에서부터 바깥으로 가져간다고 본다면 대제사장은 지금 속죄소 뒤에서 입구 쪽동쪽으로 뿌린다고 볼 수 있다. 이때 속죄소 동쪽에 뿌린다는 말은 속죄소 위에 뿌린다는 말이 된다.16:15 그러고 나서 대제사장은 다시 법궤 앞 쪽으로 와서 속죄소를 향해 일곱 번 뿌린다.4:6

2) 백성을 위한 속죄제16:15-16

(1) 속죄소에 염소 피 뿌림16:15

이번에는 염소의 피를 가지고 지성소로 들어가 백성들을 위한 속죄소 피 뿌림을 행한다. 방법은 아론 자신을 위한 피 뿌림과 동일하다. 속죄소 위동편에 한번, 속죄소 앞에 일곱 번 뿌린다. 이날 대제사장은 지성소에 세 번 들어갔다. 즉 향로의 불에 두 손에 향을 가득 담아 넣고 한 번 들어가고, 수송아지의 피를 가지고 한 번 들어가고, 수염소의 피를 가지고 한 번 들어

8) Rudolf Otto, 『聖스러움의 意味』(Das Heilige, 길희성 옮김, 왜관: 분도출판사, 1991), 11, 115.

간다.

(2) 부정과 죄와 지성소와 회막을 위해 속죄16:16

이렇게 백성들을 위해 속죄소에 피를 뿌리는 것은 그동안 이스라엘 백성들의 부정과 그 범한 모든 죄를 인하여 성소와 회막이 부정해졌기 때문이다. 이 때 속죄는 회막을 정화한다고 해서 밀그롬 등은 속죄제를 정화제purification offering라고 부른다. 속죄소속죄단 혹은 속죄판에서 행하는 속죄의식의 목적은 이스라엘 자손의 부정과 그 범한 죄 때문에 드나드는 사람들로 인해 성소가 오염되었기 때문에 이것을 정화하는데 목적이 있다. 그래서 "지성소를 위하여 속죄하고 또 그들의 부정한 중에 있는 회막을 위하여 속죄할 것"16:16이라고 말한다. 이날 속죄소를 통해 여호와의 임재와 현현이 구체적으로 나타나므로레16:2; 민7:89 속죄소인 카포레트כַּפֹּרֶת는 하나님의 권능과 거룩함에 대한 강조와 함께 속죄의 보증 역할을 하고 있다는 점이 제시된다.[9)]

3) 대제사장만 회막에 있을 것16:17

대제사장이 지성소에 들어가 피 뿌림을 행할 때 아무도 회막회막은 성소를 지칭에 있지 못한다. 이는 대제사장이 전적으로 모든 백성과 제사장들의 대표이며, 대리임을 나타내는 것이다. 이런 관점에서 볼 때 제물은 백성을 대리하며, 제사장은 백성을 대리하며, 대제사장은 제사장들을 대리하며, 대제사장은 그리스도를 대리함을 알 수 있다. 그래서 16장을 제사장 중심의 언약구조로 보기도 한다. 즉 대제사장 책임제로 보는 것이다. 대속죄일의 사면조치로 죄인들이 용서받아 자유가 되었지만 대제사장 책임제 속의 하나의 부속품으로 가담되고 복속이 된다는 것이다. 고의가 아닌 죄는 그때

9) D. I. Shin, The Ark of Yahweh in the Old Testament: An Exegetical-Theological Study, Ph. D. diss., North West University (Potchefstroom, 2004), 87-88.

마다 속죄제로 죄 씻음이 성립하지만 고의로 했을 때는 대제사장이 이 날에 전 백성의 죄를 일괄처리 함으로써 특별사면조치를 받기 때문에 제사장 책임제에 부속 된다는 것이다. 그 만큼 대속죄일에는 대제사장이 없이는 속죄 자체가 불가능함을 말한다.

지성소에 들어간 것이 회막의 속죄16:16만을 위한 것이 아니라 자기와 권속과 이스라엘 온 회중의 죄를 속죄하러 들어감16:17을 밝히고 있기 때문에 그동안 대속죄일의 목적은 인간의 속죄냐 아니면 회막의 정화냐는 하는 문제가 논의되어왔다. 제사장을 통해 속죄일을 행하는 목적을 밝힌 본문을 중심으로 살펴보면 ① 지성소를 위하여 속죄한다16:33 ② 회막과 단을 위하여 속죄한다16:33 ③ 제사장들과 백성의 회중을 위하여 속죄한다16:33 ④ 이스라엘 자손의 모든 죄를 위하여 일 년 일차 속죄한다16:34고 되어 있다. 여기서 볼 수 있듯이 ①②는 성소를 위해서 ③④는 사람을 위해서 속죄의식이 진행되고 있다. "כִּפֶּר"키페르동사에서 이미 살펴본 것처럼 키페르가 사람일 때는 "속죄"가 되지만, 제단을 속죄한다고 할 때는 "정화"하는 것을 나타낸다. 그러므로 키페르는 사람의 "속죄"와 제단의 "정화"를 동시에 나타낸다. 그런 점에서 속죄제나 정화제라는 용어를 다 사용할 수 있다. 이날의 속죄의식은 공동체 전체의 의식이므로 개인보다는 회중에 미치는 영향이 클 것이다.[10) 이러한 이유는 백성들이 레위기 17-26장에 있는 법들을 성취하기 위해 거룩한 삶이 필요하기 때문이라는 관측 때문이다.[11)]

폰 라드von Rad는 레위기 16장에 나타난 의식을 지적하면서 형태에 따라 아론 대제사장 자신을 위해 네 번,6,11,17,24 이스라엘 공동체를 위해 세 번,10,17,24 그리고 성소를 위해 한번20 속죄의식을 행하였다고 밝혔다. 대속

10) Martin D. Yaffe, "Liturgy and Ethics: Hermann Cohen and Franz Rosenzweig", JRE 7/2 (1979), 215-28.

11) Hartley, Leviticus, 217

죄일에 속죄 대상의 하나는 분명 오염된 성소이고, 다른 하나는 인간들의 죄 때문이다.[12)]

4) 공동체 전체를 위해 수송아지와 염소의 피를 제단에 바르고 뿌림 16:18-19

대제사장은 이날 지성소의 피 뿌림을 마친 뒤 나와서 번제단의 속죄의식을 행한다. 이는 대제사장을 비롯한 모든 이스라엘 백성의 부정이 단에 접촉되었기 때문이다. 대제사장은 수송아지의 피와 염소의 피를 섞어서 번제단 네 귀퉁이에 있는 뿔에 피를 바른다. 또 손가락에 피를 묻혀 번제단 위에 일곱 번 뿌린다. 그러면 제단이 정결케 된다.

이 번제단의 속죄의식은 이스라엘 자손의 부정으로부터 단을 성결케 하는데 목적이 있다. 번제단이 성결해야 하는 이유는 그것이 하나님의 지시에 의해 만들어졌으며, 이 제단을 통해 제물의 향기를 흠향하시기 때문이다. 일 년에 한 번씩 갖는 대속죄일에 번제단에 피를 바르고 뿌리는 것은 그동안 죄로 인해 오염된 번제단을 정결케 하는 것이다. 부정한 자들이 이 번제단에 접촉함으로써 제단의 거룩성이 오염되었다. 하나님은 거룩한 분이시기 때문에 하나님과 관련된 모든 것의 거룩함이 유지되어야 한다. 레 19:2

한편 속죄일의 의식에서 두 가지의 경우는 불분명하다. 첫째는 출애굽기 30장 10절에 명령된 향단 뿔에 대한 연례 속죄의식이 레위기 16장의 대속죄일에는 나타나지 않는다. 이에 대한 이유는 성경에서 밝히지 않고 있으나 이 날에 함께 시행했을 것 16:18-19 으로 본다.[13)] 또 피의 처분을 위한 의례가 속죄제 의식으로부터 빠져 있다. 16:18-19 이점에 대해 코흐 Koch 는 원래 화목제를 위한 의식의 일부였던 남은 피의 처분과 기름 태우기 의례들은

---

12) von Rad, Theologie des Alten Testaments Band 1, 284.

13) Gane, Cult and Character, 226

나중에 속죄제 의식에 추가된 것으로 본다.[14] 그러나 대속죄일의 특징적인 의미 때문에 일반적인 속죄제 의식의 세부적 규례는 기록이 생략될 수 있을 것이다.

5) 백성을 위한 아사셀 염소 방출16:20-22

이제 대제사장은 속죄소의 피 뿌림과 번제단의 피 바름과 뿌림을 마친 뒤 회막 마당으로 나와 아사셀을 위하여 살아 있는 염소 한 마리를 광야로 보내는 의식을 가진다. 살아 있는 염소는 문둥병환자의 정결의식에 사용된 살아 있는 새와 상응한다.레14:6-7 이 의식은 '추방 속죄제' 혹은 '방출 의례'rite of riddance라고도 한다. 이런 유형의 속죄의식은 고대근동지역의 문헌에도 일부 나타난다.[15] 먼저 염소의 머리위에 두 손으로 안수한다. 두 손을 얹고 안수하는 경우는 이번이 처음이다. 앞 구절들출29:10; 레1:4, 3:8, 4:4에서는 "머리에 안수"하는 것으로 표현되었다. 이는 한 손으로 한 것으로 보인다. 이때는 전가transfer의 의미보다 대용substitute이나 대체물identification의 의미가 더 많을 것이다. 그러나 두 손을 얹고 안수하는 것은 전가의 의미로 쓰여 짐을 추측할 수 있다. 왜냐하면 백성들의 불의와 죄를 자백한 후에 안수하는 절차를 하고 있기 때문이다. 이때는 대용이나, 대체보다 전가로 볼 수 있다. 즉 일 년 동안 저지른 이스라엘 백성의 모든 불의아온와 그 범한 모든 죄핫타아를 고백하고 그 죄를 염소의 머리 위에 둔다. 이때의 불의는 명사 접미사 단수명사 복수 3인칭 남성을 사용함으로 집단개념을 갖는다. 여기서 "모든 죄"whatever their sins have been는 일 년 동안 처리되지 않거나 은폐된 고의적인 죄까지 모두 대상이 된다. 불의와 죄가 무엇인지 명확하지 않으나 랍비들은 부정한 것을 알고 성소에 들어간 것과 모르고 들어간 것으로 구분

14) Koch, Die Priesterschrift von Exodus 25 bis Leviticus 16 : FRLANT 71 (G ttingen : Vandenhoeck and Ruprecht, 1959), 54-55.

15) O. Loretz, Ugarit und die Bible (Darmstadt : Wissenschaftliche Buchgesellschaft, 1990), 115-120.

하였다.[16)]

염소에 안수를 하고 미리 정한 사람에게 염소를 맡겨 광야로 보낸다. 염소는 이스라엘 백성들의 모든 불의를 지고참조. 사53:6; 요1:29 사람이 접근하기 어려운 땅에 이르면 그 염소를 그곳에 놓고 돌아온다. 이 염소는 다시 돌아 올 수 없는 곳에 버려진다. 통상 염소를 끌고 간 사람이 죽음의 확정을 위해 염소를 절벽에서 밀어 뜨려 죽이는 것으로 알려져 있다.

키우치Kiuchi는 광야로 보낸 염소는 아론 대제사장이 드리는 속죄제의 완성을 가져온다고 본다. 그는 레위기 4장의 속죄제에서 대제사장 자신을 위해 드렸던 속죄에 대한 용서가 기록되어 있지 않기 때문에 불완전한 것을 레위기 16장에서 보완되었다고 보았다.[17)] 이것은 레위기 4장의 속죄제에서 대제사장 자신이 스스로 말해야 될 속죄선언의 부가어구4:20가 없었기 때문이다. 모든 속죄제는 속죄일의 속죄제로 집약된다면 이 날의 속죄제는 광야로 보낸 속죄 염소를 통해 죄악이 제거되는 종결과정을 보여준다.[18)]

아사셀עֲזָאזֵל, Azazel에 대한 해석들

a. 떠나는 속죄염소departing (scape)goat

아사셀이라는 단어는 구약에서 총 4번 언급된다.레16:8,10,26 아사셀은 히브리어의 '암염소'ēz와 '가버리다'āzal의 합성어로 보는 견해다. 아사셀을 고유명사로 보지 않고 '속죄의 제거용 염소'라는 어구적인 표현으로 간주한다. 그래서 염소를 뜻하는 에쯔עֵז, 창 27:9와 "떠나다, 가버리다" 뜻의 동사 아짜르אָזַל, 신 32:36이 결합되어 생겨난 용어로 해석한다. 염소는 '가는 염소'라는 의

16) Noordtzij, Leviticus, 166.
17) Kiuchi, The Purification Offering in the Priestly Literature, 149-53.
18) Harrison, Leviticus, 171.

미로 단지 사람이 살고 있지 않은 영역으로 쫓아냄으로 부정이 확산되지 않도록 하였다. 한 염소는 속제죄로 드리고[9절] 다른 한 염소는 "산 대로 여호와 앞에 두었다가… 광야로 보낼지니라".[10절] 이 둘은 하나의 제의로서 기능상의 차이를 언급할 따름이다. 두 염소 모두 속죄와 관계된 것으로, 전자의 염소는 정화용이고 후자의 염소는 제거용이다.

b. 전적인 제거[entire removal]

해리슨이 주장하듯이 '전적인 제거'를 뜻한다. 해리슨은 아사셀이 '악의 세력' 혹은 '광야의 마귀'를 가리킬 수 없다고 본다. 가공적인 신화적 해석은 구약 이스라엘의 제사의 거룩한 절차와 어울리지 않기 때문이라고 설명한다. 이 해석은 염소가 이스라엘의 죄를 완전히 제거했다는 사상을 반영한 것이다. 속죄일의 전체적인 분위기는 다시는 살아서 돌아올 수 없는 염소와 함께 우리의 불의를 멀리 떠나보낸다는 느낌을 갖게 한다. 마치 "동이 서에서 먼 것 같이 우리 죄과를 우리에게서 멀리 옮기셨으며"라는 시편 103:12의 구절이 연상된다. 광야로 보낸 속죄 염소를 통해 죄악이 제거되는 종결 과정을 보여준다는 주장이다.

c. 바위 절벽[a rough and place or precipice]

아사셀이 '거친 장소'[rough place]라는 견해는 미드라쉬 주석가 Saadia의 아랍어 jubl azaz[rugged cliff]의 번역에 근거한 것이다. 이 주장을 펴는 이들은 아사셀의 어근[z.z]이 '강한, 맹렬한'을 의미하기에, 염소의 최종 목적지를 묘사한다고 본다. 루커[Rooker]는 10절의 '여호와 앞에'처럼 8절의 '여호와를 위하여' 역시 여호와의 현존의 장소인 회막을 가리킬 수 있다고 본다. 그래서 8절의 '아사셀을 위하여'도 존재[being]가 아니라 숫염소가 가는 장소를 가리킨다고 본다.

d. 악귀의 이름the name of a demon

교차대구 중심에 여호와와 '아사셀'이 놓임으로 많은 학자들은 '아사셀'을 여호와와 병행된 인격체로 해석한다. 여기서 아사셀은 여호와와 대칭되는 어떤 대응체가 되어야 상황에 맞는다는 것이다. 그런 점에서 아사셀은 어떤 영적 형태를 지니고 있는 악령의 고유명사로 보고 있다.참조. 레 17:7 곧 서로 정 반대로 보이는 다른 영역에 거한다고 본다. 여호와는 그의 백성들과 함께 거하나 '아사셀'은 진영 밖 광야에 위치한다.

다시 말하면 아사셀은 여호와와 병행을 이루기 때문에 어떤 존재being를 가리키며, '리워야단'처럼사27:1 '마귀'를 의인화 한 것이라는 것이다. 유대인들은 마귀가 사람이 살 수 없는 곳 혹은 '광야'에 있다고 믿었다.마12:43; 참고. 사 13:21; 34:14; 마4:1; 계12:6; 18:2 메소포타미아인들은 짐승을 광야로 보내어 자기 대신 마귀의 공격을 받을 대상물로 삼기도 했다. 이렇게 본다면 이스라엘 전체의 죄를 제거하는 대 속죄일에, 전체 백성의 죄를 이 숫염소에게 전가시킨 후 광야의 마귀아사셀에게 보내 버리는 것이다.레16:21 숫염소를 아사셀에게 제사 드리는 것이 아니라, 아사셀에게 보냄으로써, 죄악은 아사셀에게 적합하다는 것을 선언하는 것이다. 즉 죄악의 근원으로 죄를 돌려버리는 것이다.

e. 신의 분노fierce god or divine anger

염소를 진에서 추방하여 광야로 보내는 것은 그것 자체가 신의 분노를 나타내는 상징이라는 것이다.

f. 예수 그리스도Jesus Christ

레위기 16:5,7,10절은 이 숫염소가 이스라엘의 죄를 제거하시려는 여호와의 목적을 위해서, 여호와 앞에 구별되었음을 밝힌다. 이런 의미에서 아사셀에게 보내진 염소도 여호와를 위한 염소로 볼 수 있다. 실제로 레위기 16:5절의 수염소 두 마리가 단수형 속죄 제물핫타트로 나타난다. 따라서 이 두 염소는 동일한 희생의 다른 양상을 나타낸다. 즉 하나는 속죄의 수단이며, 다른 하나는 속죄의 결과이다. 즉 교회를 순전하게 보전하기 위해서 음행을 회개하지 않은 자를 사탄에게 넘겨주어야 하듯이,고전5:1, 5 사탄에게 넘겨주는 치리의 목적은 영혼의 구원에 있는 것고전5:5처럼 예수님이 아사셀이 되어서 죄를 종식시켰다는 의미이다.

아사셀 염소의 의식과 예수님의 죽음과의 상호 관련성은, 예수님께서 그 염소가 했던 바와 같이 친히 백성들의 죄를 짊어지고 죄를 알지도 못하신 분이 모든 사람을 위해 죄가 되셨다고후5:21는 사실에서 찾아볼 수 있다. 죄를 짊어진 염소가 다시 돌아올 수 없는 곳으로 갔기 때문에 성소와 백성은 모든 죄에서 해방된 것과 같이 보는 것이다. 한편 사도신경에서 예수님의 지옥강하는 아사셀처럼 죄를 그 근원지인 지옥으로 지고 가서 그것을 거기에 두셨다는 해석을 하기도 한다. 이러한 해석은 의의론적semantic으로는 연결점을 갖는다.

6) 마무리 과정으로서 집전 참여자들의 옷과 몸의 정결 처리16:23-28

대속죄일의 의식을 통해 성막과 사람의 총체적 정결을 이루었다면, 마지막으로 한 가지 더 해야 하는 것이 의식 진행자들의 온전한 정결의식이다. 속죄일 의식의 완전한 종결을 위해서는 이를 진행하는 사람들의 완전한 수행이 필요하다. 이 기준은 정해진 정결의식에 준해 차질 없이 행동해야 하는 것이다. 왜냐하면 속죄일 의식에는 사람도 의식의 한 요소로서 중요하게 취급되기 때문이다. 하나님께서 사람에게 당일에 행할 일에 대해 지침을 주신 것은 정결의 안팎이 모두 하나님 앞에서 온전해야함을 뜻한다.

(1) 대제사장16:23-25

아사셀을 위한 염소 방출을 마친 뒤 대제사장은 다시 회막으로 들어가서 지성소에 들어갈 때 입었던 세마포 옷을 벗어 성소에 두고, 성소 안에 준비하여 둔 물로 몸을 씻는다. 씻는 이유는 회막 바깥마당에 나갔다 들어왔기 때문이다. 자기의 대제사장 의복평소에 입는 대제사장 직무용을 입고 나와서 자신을 위해 미리 준비 해둔 수양16:3을 속죄를 위한 번제1:4로 드리고, 또 수양 한 마리16:5를 백성의 속죄를 위해 번제를 드리고, 번제로 드렸던 수양들의 기름은 단에 불사른다. 대제사장이 다시 제사장 의복을 갈아입는 것은 '탈성脫聖의식"desanctification이라고도 한다. 이것은 백성들의 속죄가 성공적으로 완료되었음을 나타낸다.

제사장 예복은 아론을 위한 대제사장 옷출28:2-39과 아들들을 위한 제사장 옷출28:40-42으로 나누어져 있다. 대제사장이 성소에 들어갈 때는 에봇,두견대 포함 판결흉패, 에봇 받침 겉옷, "여호와께 성결"패를 착용하고, 평소 성소 바깥뜰에서는 일반 제사장과 같이 속옷, 띠, 관, 고의만 입는다.출28:2-42 에스겔 44장 19절에 의하면 제사장들이 바깥 뜰 백성에게로 나아갈 때는 수종을 드는 옷을 벗어 거룩한 방에 두고 다른 옷을 입도록 하고 있는데, 그 이유는 그 옷으로 백성을 거룩하게 하는 일에 잘못 사용되는 것을 방지하기 위한 것이다.[19]

(2) 아사셀 염소 취급자16:26

염소를 아사셀에게 보낸 자는 옷을 빨고 몸을 씻은 후에 진에 들어와야 한다. 대제사장이 물로 몸을 씻듯,16:24 아사셀 취급자도 물로써 정결의식을 치루고 일상으로 돌아와야 한다.

19) Albert I. Baumgarten, "The Paradox of the Red Heifer", VT XLII, 4 (1993), 448.

(3) 불사른 자16:27-28

속죄제를 드린 수송아지와 염소의 피는 번제단 뿐만 아니라 성소에 들여와 속죄의식을 치렀기 때문에 먹거나 가죽을 갖지 못하고 제물의 가죽과 고기와 내장의 찌꺼기까지 전부 진 바깥으로 가져가 지정된 장소레4:11-12에서 불살라야 한다. 이 때 이 일을 담당한 제물 사체 처리자도 진에 들어올 때 역시 옷을 빨고 물로 몸을 씻은 후에 들어와야 한다. 이렇게 해야만 대속죄일의 절차가 완전하게 끝나는 것이다. 이처럼 속죄일에 정결의식을 치루는 진행자들에게 주어진 지침들을 볼 때 모든 속죄의식에는 완전한 마침을 위해 온전한 정결의식이 수반되고 있음을 알 수 있다.

교훈과 적용

1. 이제 우리는 산 제물을 드리고 영적인 삶롬12:1을 살아야 한다. 성도는 순교하지 않는다고 하더라도 산 제물 즉 자기희생적으로 살아야 한다. 왜냐하면 예수님의 죽으심과 부활에 연합하여 세례를 받은 성도는 죄에 대해서 죽고 하나님에게 살아났기 때문이다.롬6:3,5,10-11 남의 죄를 지고 간 아사셀 염소처럼 성도는 성령의 능력으로 자신은 물론 남을 위해서도 헌신해야 한다.
2. 치리를 통해 교회의 거룩고전5:5을 지켜야 한다. 교회를 순전하게 보전하기 위해서 음행을 회개하지 않은 자를 사탄즉 아사셀에게 넘겨주어야 한다.고전5:1,5 사탄에게 넘겨주는 것은 교회의 치리를 의미하며 치리의 목적은 영혼의 구원에 있다.고전5:5 가장 심각한 치리는 출교다. 교회 밖은 사탄의 영역처럼 생각할 수 있다.참고. 요일5:19 하지만 출교를 당한 자도 회개하여 구원의 공동체 안으로 다시 들어올 수 있도록 기도를 해주어야 한다.
3. 신약 성도가 성령의 거처요 전으로서 살게 된 것은 예수님의 사죄의 은총

때문이다. 무엇보다 성도가 정결하게 되어 성령의 전이 된 것을 성찬을 자주 시행함으로써 축하하고 감사해야 한다. 이런 의미에서 성찬식은 신약의 대속죄일이다. 따라서 성찬식은 예수님을 대제사장으로 모시고 성령님의 내주의 은총을 받은 공동체가 사탄과 죄를 이기는 자가 된 것을 축하하는 시간이다. 우리가 하늘의 지성소에 들어가는 담대함을 가지도록 성찬을 통해서 정기적으로 은혜와 힘을 받아야 한다.

B. 절기로서의 속죄일 규례16:29-34

Ⅰ. 본문의 개요

본 장의 앞부분16:1-28이 아론을 대상으로 말했다면, 이 부분은 백성에게 말씀하신 것이다. 저들에게 매년 대속죄일의 의식에 참여하기 위하여 무엇을 해야 할지를 제시해 준다. 백성들은 자신들이 여호와 앞에서 죄를 진 자들이라는 점을 충분히 의식하고 따라서 속죄를 받을 필요가 있다는 것을 알고 이 의식에 적극적으로 참여해야 한다. 하나님은 속죄일을 절기로 만드셨다. 이는 속죄의 은총을 일시적으로 베푸시는 것이 아니라 지속적으로 영원히 베풀어 주시겠다는 하나님의 확고한 의지와 깊은 사랑을 담은 조치이시다.

Ⅱ. 본문의 구조

1. 속죄일 절기 규례16:29-31
2. 제사장 규례16:32-33

3. 맺는 말16:34

Ⅲ. 본문 주해

1. 속죄일 절기 규례16:29-31

속죄일의 절기는 영원한 규례다. 매년 칠월 곧 그 달 십일에 모든 이스라엘 백성은 스스로 고행하며 괴롭게 하며 이 날을 지켜야 한다. 이는 금식을 말한다. 사도행전 27:9절에는 '금식하는 절기'the Fast of the Day of Atonement, νηστείαν라고 표현한다. 밀그롬은 "스스로 괴롭게 하는 것"practice self-denial을 금식과 관련된 것으로 해석한다.[20] 정기적인 금식일은 칠월 십일 속죄일뿐이었으나 전쟁의 위협삿20:26; 삼상7:6이나 병들었을 때,시35:13 애곡할 때,왕상31:13; 대상10:12 그리고 회개할 때왕상21:9 이하; 느9:1에도 금식은 행하여졌다. 자기 자신을 부인하며 자신들이 대제사장이 집행하는 그 속죄의식에 적극적으로 참여하는 자들임을 표시해야 한다. 어쨌든 이 날은 회개와 겸비한 자세로 임해야 하기 때문에 아무런 노동을 하면 안 된다. 이스라엘 백성은 물론, 함께 거류하는 외국인들도 함께 쉬어야 한다. 속죄일은 이스라엘 백성들에게 "큰 안식일"이다. 그러므로 꼭 금식겸비한 자세와 행위 등을 하며 영원한 규례의 절기로 지켜야 한다.

여기에 나타난 큰 안식일은 샤바트 샤바톤שַׁבַּת שַׁבָּתוֹן이다. 이것은 모든 이스라엘이 대속죄일에 삶의 표현이라 할 수 있는 모든 행위를 멈추는 것이다. 샤바트 샤바톤은 "안식일 준수의 안식일"로 번역된다. 샤바톤은 여호와를 공경하는 가운데 일을 중단하는 전적인 안식의 날이라는 것을 강조하기 위한 어구로 사용된다. '안식일 지키기'sabbath observance, sabbatism 그 자체를 강조한

20) Milgrom, Leviticus 1-16, 1054.

것이다. 구약에서 처음으로 사용된 샤바톤은 “안식일”[출16:23]이라는 단어이다. 샤바톤은 ‘쉰다’는 뜻의 동사 샤바트[שבת]에서 유래되었다.[창2:2]
구약에서 샤바톤이라는 단어는 11회 나온다.[출16:23; 31:15;35:2; 레16:31; 23:3,24,32:39; 25:4,5] 샤바톤은 안식일[출16:23] 외에 속죄일,[레16:31; 23:32] 나팔절,[레23:24] 초막절의 첫날과 제 팔일[레23:39]에 사용되었다. “큰 안식일”이라는 샤바트 샤바톤을 ‘개역성경’은 “큰 안식일”, ‘개역개정성경’은 “안식일 중의 안식일”, ‘공동번역’은 “철저하게 쉬는 안식일”, ‘표준새번역’은 “엄격하게 지켜야 할 안식일”로 각각 번역하였다.
모든 절기는 “여호와”를[에] 위해[의해서] 지정된 절기”[레23:2]이므로 절기의 주인은 여호와이시다. 그리고 이 속죄일[레23:27]이 안식일[레23:32]이다. 속죄일을 포함한 모든 절기의 기본구조는 안식의 개념 속에서 출발한다.

2. 제사장 규례[16:32-33]

앞으로 기름부음을 받는 제사장은 아버지 대제사장직을 이어 받아 대속죄일 의식을 행하야 한다. 겸비함을 위해 평소의 직무용이 아닌, 세마포로 된 성의[16:4; 세마포 속옷, 세마포 고의, 세마포 띠, 세마포 관]를 입고 이 날 지성소를 위하여, 회막과 제단을 위하여, 제사장들과 백성들을 위하여 규례대로 속죄 의식을 가져야 한다.

3. 맺는 말[16:34]

이 날의 의식은 변경할 수 없는 영원한 규례로 주어졌다. 이 속죄일은 회막의 정결과 이스라엘 자손의 모든 죄를 속죄하기 위해 일 년에 한 번씩 꼭 치러야 한다. 아론은 모세로부터 모든 규례를 전해 듣고 이대로 대속죄일 의식을 마쳤다.

교훈과 적용

1. 기독교인에게 대속죄일은 바로 성 금요일이다. 그리스도는 그날 "멜기세덱의 반차를 좇는 대제사장"께서 성소에 들어가 휘장을 찢으심으로 영원한 속죄를 가져오셨다.[히6:19-20] 대속죄일은 속죄의 보증과 온전한 속죄와 속죄의 종결을 보여준다. 이 일은 십자가에서 일어난 그리스도의 죽음과 부활이 증명한다. 아론보다 우월하신 우리의 대제사장으로 말미암아 "우리가 예수의 피를 힘입어 성소에 들어갈 담력을 얻었다"[히10:19]는 사실을 묵상하지 않을 수 없다.
2. 속죄일의 전체적인 분위기는 다시는 살아서 돌아올 수 없는 염소와 함께 우리의 불의를 멀리 떠나보낸다는 느낌을 갖는다. 마치 "동이 서에서 먼 것 같이 우리 죄과를 우리에게서 멀리 옮기셨으며"라는 시편 103:12의 구절이 연상된다. 이런 점에서 아사셀의 속죄의식은 회막의 정화와 함께 인간의 죄를 기억하지 않으시려는 하나님의 자비로운 용서하심이다. 아사셀은 통해 죄악의 종결을 가져다주신 하나님에게 감사해야 한다.
3. 아사셀의 염소의 의식과 예수님의 죽음과의 상호 관련성은 예수님께서 그 염소가 했던 바와 같이 친히 백성들의 죄를 짊어지고 죄를 알지도 못하신 분이 모든 사람을 위해 죄가 되셨다[고후5:21]는 사실이다. 우리가 죄인이었을 때 우리 죄를 대신 지시고 골고다의 십자가로 가셔서 해결하신 유월절 어린양 예수님 때문에 죄와 죽음과 황폐함을 초래한 마귀를 더 이상 아비로 섬기지 않게 되었다. 이제 우리는 생명과 거룩과 의와 하나님과 천국을 향하여 살고 있다. 우리는 계속해서 개인과 공동체로부터 우상과 죄악을 제거해야 한다.

4부·가정과 공동체의 성결법과 부록
(17:1-27:34)

- 레위기 17장 _ 속죄와 생명을 위한 피의 처리
- 레위기 18장 _ 순결함은 생명을 위한 삶
- 레위기 19장 _ 하나님을 경외하며 거룩하게 살라
- 레위기 20장 _ 예배와 가정을 거룩하게 지켜라
- 레위기 21장 _ 제사장들은 거룩하여야 한다
- 레위기 22장 _ 제사장이 먹는 성물은 거룩한 것이다
- 레위기 23장 _ 여호와의 8대 절기
- 레위기 24장 _ 성막의 일과 신성모독에 대한 규칙
- 레위기 25장 _ 안식년과 희년의 법
- 레위기 26장 _ 축복과 저주: 땅의 소유와 상실
- 레위기 27장 _ 하나님 약속에 대한 인간의 서원

레위기 11-15장의 음식법은 주로 개인적인 정함과 부정함에 관한 내용으로 이루어져 있다. 그러나 16장의 속죄일을 지나서 17장부터는 이것이 확대되어 가정과 전체 공동체의 정결과 부정에 대한 것으로 발전한다. 레위기 후반부17-26장는 하나님의 백성이 거룩한 삶을 살아가는 구체적인 실천 방향을 제시한다. 그리고 마지막 27장은 부록으로 서원의 값 문제를 다룬다. 1877년 클로스터만Klostermann이 레위기 17-26장을 레위기 전반부와 분리하여 소위 '성결법전'Holiness Code이라는 용어를 사용[1]한 이래 학자들 사이에는 레위기 17-26장은 오랜 형성과정을 거쳐 편집된 독립된 문서로 간주되어 왔다. 한편 1987년에는 크놀Knohl이 "성결학파"Holiness School라는 명칭을 사용하였다.[2] 이 학파는 제사장 자료의 저자보다 후대에 활동한 사람들로 제사장 문서를 편집하기도 하였다고 주장하였다. '성결법전'과 '성결학파'의 관련성은 아직 명확히 제시되지 않고 있다.

소위 '성결법전'Holiness Code

자료비평에 따라 레위기 1-16장은 제사문서P이고, 17-26장은 원래 따로 존재했던 성결법H이었는데 나중에 제사문서에 통합되었다는 것이다. 비평학자들은 이 성결법전이 에스겔학파에 의해 작성되었다가 후대의 레위기에 들어갔다고 본다. 소위 P문서는 창세기로부터 시작되는 제사장계의 역사서술을 말하며 '성결법전'은 이와는 별도의 법전을 뜻한다. 클로스터만은 레위기 17-26장은 성결을 집중적으로 다루고 있다는 점에서 '성결법전' 혹은 '성결법'이라고 명명하였다. 비평학자들은 희년제도도 "성결법전"에 속한 것으로 본다. 까젤Cazelles에 의하면 레위기에서 1-16장까지를 P자료로, 17-26장을 H자료로 나눈다. '성결법전'은 ① 짐승도살원칙17:1-16 ②

1) A. Klostermann, Ezechiel und das Heiligkeitsgesetzes in Der Pentateuch: Beitr ge zu seinem Verst ndnis und seiner Entstehungsgeschichte (Leipzig, ABD), 1893.

2) Israel Knohl, The Sanctuary of Silence: The Priestly Torah and the Holiness School (Minneapolis: Fortress Press), 1987.

그릇된 성관계18:1-18 ③ 종교적, 윤리적인 규정들18:19-20:27 ④ 제사장들의 성결법칙21:1-22:33 ⑤ 종교축제23:1-44 ⑥ 성소의 예배24:1-23 ⑦ 안식년과 희년25:1-55 ⑧ 보상과 형벌26:1-46로 분류한다.[3] '제사법전'과 관련하여 아이스펠트Eissfeldt는 레위기의 P를 1-7장, 11-15장, 17-27장까지, 그리고 H를 17-26장까지 나누었다.[4] P문서 안에 H가 중복해서 들어 있는 것은 P문서 안에 H를 포함시켰음을 의미한다. 그리고 베스터만Westermann은 P문서에서 제사법전의 첫 부분을 출애굽기25-31, 35-40장로 보고, 둘째 부분을 레위기 전체로 보며, H는 P에 들어오기 전에 독립적으로 존재하였다고 생각했으며, 셋째 부분을 민수기보충자료인 1:1-6; 부록인 7:1-10:10; 추가보충인 15, 19, 25-31, 34-36장로 구분하였다.[5] 여기서 베스터만의 제사법전의 3단계 구분은 동의하는데 어려움이 있다. 왜냐하면 레위기 8장에 "모세에게 명하심과 같았더라"라는 문구가 6번9,13,18,21,29,36 나오는데, 이는 출애굽기에서 지시된 내용이 레위기에서 시행하고 있음을 나타내는 증거로 보이기 때문이다. 소위 '성결법전'은 레위기 18장과 히타이트 제국의 종주권 언약간의 유사성이 있다는 주장Wold 등으로 인하여 포로기 시대의 산물이라는 점에서 의문을 갖는다. 히타이트 제국은 이스라엘이 생기기 전에 존재했기 때문에 이 양식을 따른 레위기 18장 등도 이른 시기에 존재했을 가능성을 보여준다. 그래서 '성결법전'을 따로 떼어서 포로기의 본문으로 볼 필요가 없다는 것이다.[6]

3) H. Cazelles, Introduction critique ά l Ancien testament, La Torah ou Pentateugue, tome 2 (Paris, 1973), 95-224.

4) Otto Eissfeldt, The Old Testament: Introduction (New York: Haper & Row, Publishers, 1965), 205.

5) 『聖書入門』(Handbook to the Old and New Testament) 金二坤 · 黃成奎, 共譯 (서울:韓國神學研究所, 1981), 74-81.

6) 신득일, 『구약정경론』(서울:생명의 양식, 2011), 267-68.

레위기 17장

속죄와 생명을 위한 피의 처리

우상숭배 금지와 속죄와 생명의 문제를 피의 처리 규례로 설명한다. 웬함은 레위기 17장을 레위기 전반부인 1-16장과 후반부인 17-27장을 연결하는 돌쩌귀로 본다.[1] 왜 피를 먹어서는 안 된다는 명령17:14이 성결법17-27장을 다루는 가르침의 서설prolegomena로 등장한다. 이는 피는 생명17:14이기 때문에 성결법의 중요한 핵심은 속죄를 통해 참된 생명을 유지하는 것이 성결한 삶임을 강조한 것이다.

A. 도살법17:1-9

I. 본문의 개요

짐승도살 원칙은 회막에서 가축을 도살해야 한다17:4는 것이다. 도살은 피 흘림으로 인해 제사와 관련이 있고, 우상숭배 문제와도 관련17:5,7이 있기 때문에 생활의 성결법에서 먼저 다룬다. 우상숭배는 제물이 흘린 피 처리와 그 피를 먹는 문제가 포함된다. 이는 피를 생명으로 여기는 성경의 내용과 상치된다. 이스라엘 사회에서 가축은 하나님이 정해 놓으신 장소에

1) Wenham, The Book of Leviticus, 241.

서, 정해 주신 절차에 따라 즉 하나님 앞에서, 하나님이 정해주신 의식을 따라서 도살해야 한다. 고기 먹기를 탐해서 함부로 짐승을 잡는 일이 벌어져서는 안 된다. 이스라엘 자손은 누구나 예배와 제사의 틀 속에서 짐승을 잡아야 한다. 이는 생명의 상징인 피의 처리 문제 때문에 반드시 성막에서 화목제를 드린 후 그 고기를 먹을 수 있도록 하였다. 나중에 가나안 땅에 흩어져 살 때는 회막이 아닌, 각자의 성읍에서도 식용을 위한 도살이 허용되었다.신12:15-16; 20-27

Ⅱ. 본문의 구조

레위기 17장은 "이스라엘 집"자손에게 주어진 법령이다, 다섯 개의 법령이 반복되어 있다.17:3,8,10,13,15 2) 성결법은 백성들이 삶 속에서 지켜져야 하기 때문에 이스라엘 전체가 들어야 할 율법으로 강조되어 있는 것이다.

1. 서론17:1-2
2. 도살법17:3-9
   1) 도살법 원칙17:3-7
   2) 도살법 위반에 대한 경고17:8-9

Ⅲ. 본문 주해

1. 서론17:1-2

1-2절은 전형적인 서론으로 새로운 단락을 시작됨을 나타낸다. 세 개의 간접목적어아론과 그 아들과 이스라엘의 모든 자손는 17장에 나타나는 명령이 제사

2) 왕대일, "레위기 17:10-12 해석의 재고",『구약신학저널』1 (이레서원, 2000), 34-50.

장과 일반 백성에게 모두 해당하는 명령임을 보여준다.

1절은 도입구문이다. 여호와께서 모세에게 명령하셨다. 11장부터 시작하여, 13장, 15장에는 모세와 아론에게 동시에 말씀하셨지만 17장에는 아론은 빠져있다. 모세를 통해 아론에게, 아론은 아론계 제사장Aaronites에게, 제사장은 이스라엘 모든 자손에게 말하는 순서로 되어 있다.

2절은 제사장과 백성들에게 공동으로 주는 명령이다. 아마도 1절에 아론이 빠져 있는 것은 백성에게 이 율법을 가르치는 제사장 역할을 강조하기 위해 명령을 받는 대상에 아론과 그의 아들들이 포함된 것으로 보인다.

2. 도살법17:3–9

1) 도살법 원칙17:3–7

회막 밖에서 가축 잡는 것을 금지하고 있다. 함부로 가축을 도살하는 것은 피 흘리는 행위로서 그는 살인자로 지목되고 그의 백성 가운데서 끊어지는 벌을 받는다. 이는 짐승의 생명도 사람의 생명과 마찬가지로 하나님의 소유물임을 나타낸다.

도살을 할 때 진 안에서 하든지 밖에서 하든지 먼저 회막으로 끌어와서 제사부터 드려야 한다. “제물을잡는다”는 샤하트שחט는 제의용이나 비제의용창37:31; 삼상14:32일 때 동시에 사용한다. 이 도살원칙의 핵심은 광야 방랑기간 동안 이스라엘 백성에게 식용을 목적으로 가축을 잡는 것을 금지한다는 것이다. 만일 고기가 먹고 싶을 때는 가축을 먼저 회막에 가져와 화목제를 드리고 먹을 수 있도록 한 것이다. 회막으로 끌고 와서 예물을 드릴 때 제사의 종류에 따라 희생제물을 드릴 수 있지만 고기를 먹는 문제이기 때문에 주로 화목제를 드린다. 화목제는 나눠먹는 제사이다. 함부로 도살하여 명령을 어기면 피 흘린 자 즉 피 채로 먹은 살인자창9:5가 되어 백성 중에서 끊어지는 벌을 받게 된다. 이 "끊어지는 벌"은 동네 사람이 돌로 쳐 죽이거나, 공동체로부터 축출excommunication을 당하거나, 하나님이 내리시는 특정한 심판17:10하을 말한다. 즉 죽음과도 같은 추방이거나 죽음 등을 포함하는 하나님의 직접적인 징벌을 의미한다. 이렇게 화목제를 드릴 때는 제사장 규례에 따라 제단에 피를 뿌리고 기름을 불살라 여호와께 향기로운 냄새가 되게 해야 한다.

도살원칙에 따라 가축을 회막문으로 먼저 끌어와서 예물로 드리고 잡으라고 명령한 것은 식용용 도살방지 차원도 있지만 우상숭배를 방지하는 문제가 있었다. 다른 신들에게 제물을 바치는 것을 방지한 것이다. 이는 들판에서 행하던 우상숭배와 관련하여, 과거에 이런 일이 있었기 때문에 이 명령이 주어졌을 것으로 판단된다. 그동안 이스라엘 백성들이 들판에서 짐승을 잡아 제사를 지낸 일이 있었다. 그 당시 짐승을 잡는다는 것은 제사 행위를 말하는 것이다.[3] 본문에 의하면 이 희생은 숫염소를 섬기던 우상숭배와 관련이 있다. 언제 그랬을까하는 시점은 출애굽 후 광야에서,신32:17 아니면 이집트에 있을 때 일 것이다. 둘 다 가능성이 있다. 그러나 이제는 그런 짓을 하지 못하도록 회막에서의 도살을 명령한 것이다. 우상숭배에 대한 근절을 반복해서 명령하였기 때문에 이스라엘 백성들은 전에 음란하게 섬기던 숫염소숫염소 귀신들에게 다시 제사하지 않아야 한다. 음란하다는 것은 여호와는 이스라엘의 남편이시기 때문이다.호2:16,19 숫염소 제사금지는 이스라엘 백성들이 자손 대대로 지킬 영원한 규례로 주어졌다. 영원한 규례란 변함없이 항상, 반드시 지켜야 한다는 강조 문구다.

그럼에도 불구하고 나중에 분열왕국 초기 여로보암은 여러 산당과 숫염소 우상과 자기가 만든 송아지 우상을 위하여 스스로 제사장을 세웠다는 기록대하11:15을 봐서 숫염소 우상은 근절되지 않고 꽤 오랫동안 존속 한 것

3) Noordtzij, Leviticus, 175.

같다.[수24:14; 겔20:7] 요시야는 종교개혁을 단행하면서 여러 우상과 산당을 제거했는데,[왕하4-14] 노트는 "제사장이 분향하던 산당"[왕하23:8]을 이 숫염소 숭배와 관련된 '염소숭배 산당'으로 보았다.[4]

문헌에 의하면 실제로 고대 근동에 'Satyr'라 불리는 광야의 숫염소 우상이 존재했다.[5] 이집트 남부 지역의 동부 삼각주에서 염소 숭배가 있었다.[6] 숫염소는 이스라엘이 섬겼던 애굽신의 일종으로 남자의 생식을 주관하는 신을 가리킨다고 한다. 이 신을 섬기는 과정에서 실제적인 음란한 행위가 있었다. 이는 여신도와 염소와의 교미를 말한다.[7] 숫염소 숭배[sacrifice for Satyrs, 광야에서 출몰했다고 생각하는 귀신 숭배]는 고대 근동의 풍요와 다산을 비는 의식과 연관이 있어 보인다.[신14:21] 또 제물의 피를 먹었다면 이는 신들과의 교감이나 신의 능력을 부여받는 바램이었을 것이다. 아마도 이 귀신은 고전 신화에 나오는 반인반수[半人半獸]의 염소의 형태로 인식한 것 같다. 이집트의 라암세스 2세는 염소의 신 프타흐[Ptah]의 아들이라고 주장하였다.[8]

2) 도살법 위반에 대한 경고[17:8-9]

이는 회막 밖에서 행하는 희생제사의 금지를 말한다. 하나님은 모세를 통해 이스라엘 백성에게 말씀하셨다. 무릇 어떤 사람이든지간에, 이스라엘 자손이거나 혹은 그들 중에 살고 있는 타국인을 막론하고 번제나 다른 희생제물을 드릴 때 회막 밖에서는 불가함을 명령하셨다. 여기에 타국인이란 외국인을 말한다. 타국인이라 번역된 게르[גר]는 몸 붙여 살고 있는 사람을 말한다. 넓게 보면 이들도 이스라엘 회중이다. 이 때 회중은 예다[עדה]이다.

---

4) 마르틴 노트, 『레위기』 국제성서주석 (한국신학연구소, 1984), 159.
5) Hartley, Leviticus, 238.
6) Harrison, Leviticus, 210
7) Harrison, Leviticus, 180.
8) Walter C. Kaiser, Jr., Toward Old Testament Ethics (Grand Rapids, Michigan: Zondervan Publishing House, 1991), 114.

짐승의 무리도 예다라고 표현한다. 또 회중으로 번역되는 카할קָהָל은 어떤 목적을 가진 모임으로 이 단어는 사람에게만 사용된다. 왜냐하면 짐승은 할례를 받을 수 없기 때문이다.[창17:27] 이 타국인들도 이스라엘 사회의 주요 규례들을 지켜야 한다. 예를 들면 안식일 준수,[출20:10] 속죄일 준수,[레16:29] 이방 풍속 배제,[레24:16] 여호와 모독금지[레24:16] 같은 것들이다. 이 법들을 어기면 이스라엘 백성과 동일한 벌을 받는다.[레24:16,22]

짐승을 회막문으로 가져와서 예물로 먼저 드리지 않고 다른 장소에서 우상숭배를 위한 제사를 지내면 그 사람은 백성 중에서 끊어지는 벌을 받게 된다. 은밀히 귀신에게 제사를 지내는 자가 자신의 행위가 드러났을 경우 단순히 진 바깥에서 동물을 잡았다고 둘러댈 수 있었기 때문에 우상숭배의 행위를 하고도 빠져나갈 수 있는 길을 막기 위하여 모든 동물들을 회막 안에서 잡도록 규정하였다.

성경에 나타난 도살법의 역사

성경에 나타난 짐승의 도살에 대한 규례는 노아 홍수 이후 그의 가족들에게 채소와 마찬가지로 산동물을 식용으로 허락하였다.[창9:3] 이때 생명을 담고 있는 피는 먹지 못하도록 규정하였다. 그리고 사람이 동물을 음식으로 먹기 전까지는 그것을 죽이는 것을 살인[bloodguilt]과 동일시했다.[9)]

회막문에서만 도살해야한다는 제도가 제정되기 전에는 어느 곳에서나 짐승을 잡을 수 있었다. 그러나 회막이 세워지고는 모든 짐승의 도살은 회막문에서만 행하도록 규정하였다.[레17:3-4] 그 이유는 들판에서 가졌던 숫염소 우상숭배와 관련이 있어 보인다.[레17:7] 은밀히 귀신에게 제사를 드리는 자가 자신의 행위가 드러났을 경우 단순히 진 바깥에서 동물을 잡았다고 둘러댈 수 있었다. 그래서 잠재적으로 빠져나갈 길을 막기 위하여 모든 동물을 회

9) J. R. Poter, Leviticus (Cambridge Bible Commentary, 1976), 139.

막안에서 잡도록 규정하였다. 그 때부터 광야의 회막공동체로 살던 이스라엘 백성들은 가축을 하나님이 정해 놓으신 장소에서, 정해 주신 절차에 따라 잡아야 했다. 하나님 앞에서, 하나님이 정해주신 의식을 따라서 도살해야 했다. 고기 먹기를 탐해서 함부로 짐승을 잡는 일이 금지되었다. 이스라엘 자손은 누구나 예배와 제사의 틀 속에서 짐승을 잡아야 했다. 반드시 성막에서 화목제를 드린 후 그 고기를 먹을 수 있도록 하였다.

그러나 가나안 땅에 들어가서는 이스라엘 공동체의 분산을 고려하여 생축을 잡아 그 고기를 먹을 수 있도록, 식용을 위한 '세속적 도살'을 허락하였다.[신12:15-16; 20-27] 제사의식을 행하지 않고도 양이나 소를 잡아먹는 것을 허용한 것이다. '회막에서만 도살하라'는 이 법은 백성들이 회막 근처에 모여 살던 광야 방랑기간 동안에만 효력을 발생했다. 이 법이 제대로 시행되었다면, 아마 가나안에 들어가서 성소에서 멀리 떨어진 자들은 채식주의가 되었을 것이다.

그 뒤 피 채로 먹을 정도로 짐승의 도살이 성행되는, 탈 율법적인 행위가 자행되었음이 나타난다.[삼상14:32]

교훈과 적용

1. 피는 생명과 일체다. 즉 피 그 자체가 곧 생명이라는 말이다. 피는 생명이기 때문에 피를 통해 우리는 생명을 깨닫게 된다. 예수님이 십자가에서 피를 흘리며 죽은 것은 우리의 생명이 죽음을 맞이했다는 뜻이며 또한 그 피가 다시 우리의 생명을 살리셨다는 말이 된다. 왜냐하면 그 분은 구속자이신 그리스도이시기 때문이다. 예수님의 피가 우리의 죄를 사하셨다는 사실은 곧 십자가 신학의 핵심이다. 레위기가 보여주는 피의 문제를 통해 생명의 은혜를 깨닫고 살아야 할 것이다.

2. 구약에서는 피는 생명이기 때문에 마시지 말아야 한다고 하였다. 그러나 신약에서는 그리스도의 피가 생명을 주며, 그 생명을 누리기를 원하는 자는 그의 피를 마셔야 한다고 가르친다. "내 살을 먹고 내 피를 마시는 자는 영생을 가졌고 마지막 날에 내가 그를 다시 살리라"요6:54고 하셨다. 우리는 그리스도의 죽음과 부활로 인하여 함께 살아난 자들이며, 그리스도와 함께 하늘에 앉힌 자들임을 자각해야 한다.엡2:5-6
3. 예수님의 속죄 효과를 향유하는 자들이 되어야 한다. "피가 죄를 속한다."는 개념은 신약에서 그리스도의 죽음을 이해하는 전제가 된다. "율법을 좇아 거의 모든 물건이 피로써 정결케 되나니 피 흘림이 없은즉 사함이 없다"히9:22고 하였다. 인간은 속죄가 필요한 존재들이다. 누가 그 일을 담당할 수 있겠는가. 오직 그리스도만이 하실 수 있는 일이다. 유일무이한 이 속죄의 효과를 감사하며 향유하며 사는 것이 가장 복 있는 삶이다.

B. 피 먹는 문제17:10-16

피를 먹지 말라는 식용금지의 목적은 생명에 대한 존귀함을 가르치는 것이다. 구체적으로 말하면 피를 먹어서는 안 되는 이유는 피가 속죄를 이루기 때문이다. 죄인의 용서와 구원과 거룩함은 속죄의 피로 이루어진다. 속죄의 피가 곧 생명을 이룸을 가르친다. 제사에서의 피는 속죄의 의미를 갖는다. 그리고 피를 먹어서는 안 되는 다른 이유가 있다면 우상숭배의 관습을 막는 것과 관련되어 있다.17:7 아마도 우상숭배자들은 제물의 피를 먹음으로써 신들과 교감하고자 하는 목적이 있었을 것이다. 피 먹는 문제는 모두 생명에 관계되기 때문에 이스라엘 자손은 물론 함께 사는 타국인인도 역시 피를 먹지 않도록 명령 하셨다.

Ⅰ. 본문의 개요

레위기 17장 후반부는 특히 제사에서 피의 특별한 의미를 설명하고 있다.[17:11–14] 피는 액체이기 때문에 마시는 것이지만, 먹지 말라고 말한 것은 마시는 것도 음식으로 취급되기 때문이다. 피를 먹지 말라는 규례는 레위기 3장의 화목제의 규례에서 이미 언급되었다.[3:17] 그런데 여기서 다시 피 먹는 문제를 언급 하는 것은 첫째, 피 먹는 문제가 들에서 숫염소를 섬기는 우상 숭배와 관련이 있고 둘째, 피에 대한 정의와 의미를 구체적으로 알려주기 위함이다.

Ⅱ. 본문의 구조

1. 피 먹는 것 금지[17:10–12]
   1) 명령과 벌[17:10]
   2) 피가 생명인 이유[17:11상]
   3) 피를 먹으면 안 되는 이유[17:11중]
   4) 피가 속죄를 이루는 이유[17:11하]
2. 사냥한 고기에 대한 규례[17:13–16]
   1) 흙으로 덮으라[17:13–14]
   2) 사냥의 정결의식[17:15–16]

Ⅲ. 본문 주해

1. 피 먹는 것 금지17:10-12

1) 명령과 벌17:10

하나님은 무릇 어떤 사람이든지간에, 이스라엘 자손이거나 혹은 그들 중에 살고 있는 타국인을 막론하고 어떤 피든지, 어떤 용도나 짐승이나 사람의 피를 막론하고 피를 먹는 자가 있으면 하나님은 그 피를 먹는 자에게 진노My face against, 문자적 의미는 나의 얼굴을 돌린다하여 그를 백성 중에서 끊어버리겠다고 하셨다. 그러고 나서 하나님은 피에 대한 정의와 의미를 밝히셨다. 사람들이 피를 먹었던 이유는 정력의 문제나 이교도들의 관습과 관련된 것으로 본다.

2) 피가 생명인 이유17:11상

육체의 생명은 피에 있다. 피는 고단위 복합적인 액체다. 세포들과 부위들에게 자양분을 공급한다. 여러 가지 형태들과 병의 항체들 그리고 호르몬과 다른 물질들로 구성되어 있다. 그것들이 균형을 이룰 때 건강을 유지한다. 육체의 생명은 실제로 피에 있다.[10] 이 뜻은 피가 없으면 생명이 없다는 것이다. 피는 생명을 담는 그릇이며 생명이 자리 잡는 곳이다. 구약의 전통에서 볼 때 육체의 생명이 피라는 사상은 노아 시대 이후 피의 식용금지로부터 나타난다.창9:4

3) 피를 먹으면 안 되는 이유17:11중

피를 먹어서는 안 된다는 규례는 오경의 여러 곳에 언급되었다.창9:4; 레

10) Harrison, Leviticus, 181.

3:17; 7:26–27; 신12:16,23; 삼상14:32–34에는 재 언급 육체의 생명은 피에 있다. 피는 생명의 좌소 다. 따라서 피는 생명을 주신 분에게 속하며 그 분에게 되돌려져야 한다. 그래서 제물의 피를 제단에 뿌리게 했다. 뿌린 이유는 제물의 피를 통해 우리의 죄를 속죄키페르한다는 것을 보여주신 것이다. 피가 속죄를 이루는 것은 피에 생명이 있기 때문이다. 속죄의 능력은 피가 가진 생명에 있다. 따라서 레위기 본문에서 피를 먹지 말아야 하는 이유는 두 가지로 말해진다. 첫째는 피에 생명이 있기 때문이고,11절상 둘째는 피가 속죄를 이루기 때문이다.11절하

4) 피가 속죄를 이루는 이유17:11하

피가 속죄를 이루는 이유는 피에 생명이 있기 때문이다. "육체의 생명네페쉬 하바사르은 피에 있다".the life of the fresh is the blood 11) 네페쉬는 통상 생명을 말하나, 목, 식욕, 혼, 생명, 사람 등의 다양한 개념을 가진 포괄적 용어이다. 우리는 생명의 근원이신 그리스도의 피를 통하여 속죄함을 받아 칭의와 구속함을 이룬다.롬5:9; 엡1:7 이 피의 생명력은 하나님이 부여하신 것이다.

2. 사냥한 고기에 대한 규례17: 13–16

1) 흙으로 덮으라17:13–14

또 무릇 어떤 사람이든지간에, 이스라엘 자손이거나 혹은 그들 중에 살고 있는 타국인resident aliens, 개종한 이방인이 아니라 이스라엘 사회 안에 거주하고 있는 외국인은 오락이 아닌, 정한 짐승 중에서 먹을 만한먹기 위해서 짐승이나 새를 사냥해서 잡으면 그 피를 땅에 흘리고 흙으로 덮으라고 하셨다. 이것은 피

11) Hans Walter Wolf, The Anthropology of the Old Testament (London: SCM, 1974), 10–25.

의 처리를 말한 것이다. 피를 땅에 흘리는 것은 물처럼 땅에 쏟으면 된다.신12:16,24 사냥의 허용은 식용과 영양 공급을 위한 배려이다.

그러나 스스로 들짐승에 의해 찢겨 죽거나 자연사한 동물들은 이스라엘이나 개종한 자는 먹을 수 없었다.레22:8 그러나 방랑자나 타국인은 그런 음식을 먹도록 허용되었다.신14:21 출애굽기에는 들에서 짐승에게 찢긴 고기를 먹지 말고, 개에게 던지도록 하였다.출22:31 사냥한 고기를 먹는 것과 관련하여 유사한 구절들이 신명기에 나타난다.12:15–16; 22–25 하지만 죽은 채로 발견된 동물들에 관한 먹는 규정은 신명기 14장과 레위기 17장 나타나나 차이가 있다. 그러나 이것을 모순으로 볼 필요는 없다. 레위기는 이스라엘 본토인이나 타국인을 막론하고 자연사한 동물을 먹으면 이들이 부정해지며, 일단 부정해진 이스라엘과 타국인은 자신들을 정결케 해야 할 것을 강조한다. 반면에 신명기는 규례를 좀 더 단순화하여 이스라엘 백성에게는 그러한 고기를 먹는 것을 금지하고 타국인에게만 먹는 것을 허락하고 있다. 이는 원칙을 고수하며 그 세부사항을 변경한 것으로 보인다.

짐승이나 새를 사냥하여 잡으면 그 피를 흘리고 흙으로 피를 덮도록 하였다. 덮는 이유는 그 피를 창조주 하나님께 돌려드리는 의미가 있다[12]. 피를 흙으로 덮음으로 피를 더럽히지 않도록 방지할 수 있고, 미신이나 우상숭배에 사용되지 않도록 막을 수 있고, 질병이나 전염병을 예방할 수 있다. 만일 야생의 동물을 잡을 때 일일이 회막으로 가져와야 한다면 실용적인 면에서도 이것은 매우 불편을 초래했을 것이다.

모든 생물은 그 피가 생명과 같다고 말한다. 즉 피는 곧 모든 생물의 생명이다. 그래서 하나님께서 이스라엘 자손에게 말씀하셨다. 너희는 어떤 생물바사르의 피든지 먹지 말라. 모든 생물의 생명은 그 피에 있다. 누구든지 피를 먹는 자는 끊어지는 벌을 받을 것이다.

---

12) C. F. Keil and F. Delitzsch, The Pentateuch, "Leviticus", 410.

2) 피의 처리가 잘못된 짐승을 먹을 때의 정결의식17:15–16

마지막으로 피의 처리가 잘못된 짐승을 먹을 때의 정결의식 문제를 다룬다. 사냥해서 먹는 일이 아니라, 누구든지 사냥터나 집 안팎에서 스스로 죽은 것이나 들짐승에게 찢겨 죽은 것을 먹는 자는 본토인이나 타국인이나 막론하고 그 옷을 빨고 물로 몸을 씻어야 한다. 저녁까지 부정하고 그 후에는 정결하게 된다. 원칙적으로 사냥한 고기가 아니기 때문에 이런 종류의 고기는 먹어서는 안 된다.레22:8; 출22:31 즉 식료품으로 삼을 수 없다. 그 이유는 그 고기 속에 피가 머물고 있기 때문이다. 즉 피 채로 고기를 먹지 못한다. 인간의 손에 죽은 것이 아닌 다른 것에 의하여 죽임을 당한 짐승의 고기를 먹었을 경우에 죄가 되는 것이다.출22:31; 레22:8; 겔4:14 그럴 경우에 정결의식을 치루어야 한다. 그럼에도 불구하고 옷을 빨지 아니하거나 몸을 물로 씻지 않으면 죄의 벌을 받게 된다. 이렇게 피에 대한 세부적인 처리는 생명과 속죄의 문제를 담고 있기 때문에 엄격하게 적용되고 있다.

교훈과 적용

1. 그리스도의 죽음이 죄를 속하는 하나의 제사였다는 사상은 세례 요한, 주님 자신, 바울, 베드로, 히브리서 기자 등 많은 인물들이 사용하고 있다. 레위기의 제사들과는 달리 십자가상의 제사는 적용 범위가 무제한적이었으며 반복이 필요 없었다. "곧 의로우신 예수 그리스도시라 저는 우리 죄를 위한 화목 제물이니 우리만 위할 뿐 아니요 온 세상의 죄를 위하심이라".요일2:1–2 "이제 자기를 단번에 제사로 드려 죄를 없게 하시려고 세상 끝에 나타나셨느니라".히9:26 성도가 그리스도의 속죄 효과를 향유하기 위해서는 구약시대의 제사처럼 그 개인에 대한 하나님의 부르심 및 믿음과 회개를 통한 개인의 응답이 생활 속에 있어야만 한다.

2. 구약시대에 하나님은 희생제물의 피를 도구로 해서 죄 문제를 해결하였다면 오늘날 성도들은 그리스도의 십자가 피로 용서를 받고 죄 문제를 해결하였다. 복잡한 구약의 제사제도를 주님은 십자가에 죽으심으로 자신의 인격 안으로 통일하셨다. 제사제도가 선택사항이 아니라 필수사항이었던 것처럼 매일 제사를 드렸던 구약시대와 동일하게 이제 우리는 매일 주님의 구속사역을 묵상하며 살아야 한다.
3. 하나님은 과거의 잘못을 용서하시지만 다시 그런 일을 되풀이 하는 것은 원치 않으신다.레17:7 이스라엘 백성들이 이집트나 광야에서 숫염소를 섬기는 우상숭배의 죄를 범했을지라도 이제 회막의 완성과 율법 수여를 통해 하나님의 백성이 된 이후에는 금지되었다출22:20 출애굽의 백성처럼 구원을 경험한 우리는 인생이라는 광야 길에서 이제 매사에 하나님과 그 분의 뜻 이외에는 그 어떤 것에도 절대적 가치를 두어서는 안 된다.마6:24 이것은 구원받은 성도의 도리며 자세다.

레위기 18장

순결함은 생명을 위한 삶

A. 이방풍속을 따르지 말라[18:1-23]

Ⅰ. 본문의 개요

하나님은 모세를 통해 이스라엘 자손에게 명령하셨다. 가나안 땅에 들어가면 이집트 땅의 풍속과 가나안 땅의 풍속과 규례를 따르지 않도록, 이방문화에 대한 종교적 경고를 하고 있다. 특히 17가지의 근친상간 금지조항을 밝히고 있다. 근친상간의 금지는 종교적인 면이 우선이지만, 밀접한 혈연과 인척관계의 결혼은 유전적으로 각가지 열성의 문제를 가져오기 때문에 레위기 규례의 지혜를 나타낸다. 전체적으로 보면 왜곡된 비윤리적 성관계와 몰렉 제사와 비정상적인 교합과 교접에 대해 금할 것을 명한다.

18장은 이방풍속을 좇지 말라는 필연법[당위법]으로 되어 있다. 왜냐하면 20장에 이 필연법에 대한 결과로서의 결의법[조건법, 판례법]이 제시되기 때문이다. 그래서 20 장에는 이방인의 부정한 "풍속을 따르지 말라"는 명령과 권고가 일곱 번에 걸쳐 나온다.[3상하, 24,26,27,29,30] 그 사이 사이에 세자로 된 히브리어 문구 "나는 여호와 너희 하나님이라"가 "나는 여호와니라"라는 축약형과 함께 6번 반복되어 등장한다.[2,4,5,6,21,30] 레위기 18-20장 전체에는 50번 정도 나타난다. 자기천명의 이 종결 문구는 이스라엘 백성에 대한 약속출6:6–7의 행하심과 권위를 강조하는 일종의 인증 문구[1]로 그 중요성을 말해준다.

Ⅱ. 본문의 구조

1. 서론18:1–2
2. 이방 풍속을 좇지 말라18:3–5
3. 근친상간 금지18:6–18
4. 기타 금지 사항들18:19–23
   1) 월경 중의 성행위 금지18:19
   2) 간통 금지18:20
   3) 자식을 몰렉에게 바치는 행위 금지18:21
   4) 동성애 금지18:22
   5) 수간금지18:23

Ⅲ. 본문 주해

1. 서론18:1–2

여호와께서 모세에게 말씀하셨다. 모세를 통해 계속해서 이스라엘 자손에게 지켜야 할 규례를 전달하신다. 그리고 "나는 여호와 너희 하나님이라"아니 야훼 엘로헤켐라는 여호와의 자기소개형식을 취하심으로 이 규례가 권위 있는 인증서임을 나타내신다. 이 같은 선언은 여호와의 명령에 백성은 순종해야 한다는 것을 강조한 것이다.

---

1) Kaiser, Toward Old Testament Ethics, 115.

2. 이방 풍속을 좇지 말라18:3-5

이방풍속은 주로 가나안과 이집트 사람의 행위를 말한다. 이집트는 이스라엘 백성이 400동안 살았던 곳이므로 동화되거나 흡수된 풍속이 많을 것이다. 풍속마아세, מַעֲשֶׂה이란 그 땅의 거민들이 살아가면서 취하는 모든 행위, 행동, 일, 노동, 제작이나 공작품 등을 총칭하는 단어이다. 여호와를 섬기는 않는 이집트의 풍속을 여전히 따라 살지 않아야 하지만 이제 더 중요한 것은 곧 삶의 터전이 되는 가나안 땅의 풍속을 따르지 않는 것이 더 시급한 문제이다. 가나안 땅은 하나님이 정하시고 인도하실 곳이다. 가나안 땅의 풍속과 함께 그 땅의 규례도 행하지 말아야 한다. 규례는 규정과 관습을 말하지만, 율법을 지킬 때 사용되는 후카חֻקָּה는 호크חֹק의 여성형으로 하나님으로부터 새겨진 규정과 제정의 뜻을 나타낸다. 모래를 두어 바다의 계한界限을 삼는 것처럼렘5:22 명령의 확고한 부동성을 지닌 단어이다.

이스라엘 백성들은 이제 가나안 땅의 풍습과 규정과 제정된 법칙을 따라 살면 안 된다. 하나님의 법도를 좇아 살아야 한다. 법도라는 미쉬파트מִשְׁפָּט는 샤파트שָׁפַט에서 유래되었으며 재판의 의미를 지닌다. 즉 사법적 평결을 가리키므로 옳은 행동을 해야 함을 뜻한다 . 이스라엘 백성들은 그 땅에서 하나님의 규례를 지키며 행동하며 살도록 모세로부터 명령을 받는다. 그리고 하나님은 이를 강조하시기 위해 다시 자신의 인증서격인 "나는 너희 하나님 여호와이라"아니 야훼 엘로헤켐라는 사실을 천명하신다. 이제 이스라엘 백성들은 하나님의 규례와 법도를 지키며 살게 될 때 그것으로 살아가게 될 것이다.

18장은 대체로 히타이트제국의 종주권 언약문서의 형태와 유사하게 배열되었다.예. 출20장 2) 언약양식covenant formula으로 보면 18장의 구조는 서문,2절 역사적 선언,3절 기본규정,4절 일반규정,6-23절 저주24-30절와 축복5절으로

2) 전정진, 『레위기 어떻게 읽을 것인가』(서울: 성서유니온선교회, 2004), 189-90.

되어 있다. 특히 여기서 축복조항인 5절은 하나님의 규례와 법도를 지킬 때 살리라고 되어 있다. 이 때 이 "살리라"는 표현은 "살다"라는 하야חָיָה 동사로 "살다, 살아 있다, 생명을 유지시키다, 소생하다" 등을 의미한다. 여리고 성의 라합이 이스라엘의 정탐꾼 들을 숨겨준 일로 살아난 것과 동일한 단어이다.수6:17 따라서 본문에 언급된 "살리라"는 표현은 생명life도 되고 살아가는 삶의 조건도 된다.live 다시 말하면 규례와 법도를 따르는 것이 이스라엘에게는 생명롬10:5; 갈3:12이었으며 동시에 규례와 법도 속에서 살아가야 한다는 권고이기도 하다. 칭의 보다 성화 쪽에 더 의미를 두어도 바람직하다.[3)]

이스라엘 백성들의 정체성은 율법에 따라 사는 것이다. 특히 가나안 땅이라는 이방문화와 종교와 관습과 규례가 있는 곳에서 이 정체성을 지킨다는 것은 결코 쉬운 일은 아니다. 그 땅의 이방문화와 동화되지 않고 살 수 있는 길은 하나님의 규례와 법도를 지키려는 노력이 가장 중요하다. 하나님은 자신이 여호와이심을 밝히면서 규례와 법도를 지켜 살도록 권면하신다. 특히 규례와 법도의 정신이 이스라엘 백성들을 지배하여 살 수 있음을 확신시켜 주신다. 즉 이것이 하나님의 보호와 인도하심을 받는 길이며, 축복의 길임을 알려주시는 것이다. 이런 점에서 "살리라"5절는 언약구조문서로 볼 때 축복에 해당한다. 하나님의 규례를 따라 살게 되면 율법이 이스라엘 백성들의 보호막이며 은혜의 방편임을 알 수 있다. 오늘날의 율법 지킴은 율법을 온전히 이루신 예수 그리스도의 영이신 성령 안에 거하며, 그의 말씀을 지키는 것이다.요8:51 이것은 축복이며 영생의 길이다.

3. 근친상간을 금함18:6–18

풍속에 대한 구체적인 명령이 선포되었다. 첫 번째가 근친상간에 대한

---

3) Rooker, Leviticus, 241.

17가지의 금지조항이다. 이 기준은 남자를 중심으로 결혼할 수 없는 사람들의 목록이다. 여기에는 혈연관계와 친척관계가 섞여 있다. 원칙을 말하면 남자는 밀접한 혈연관계와 혈연관계의 남자와 결혼한 친족관계가 된 여자와 결혼하면 안 된다. 근친상간incest이란 법이나 관습으로 그 결합을 금지하는 친족간의 성관계를 말한다. 근친상간은 거의 보편적으로 죄악으로 규정되며 혐오와 금기의 대상이다. 18장의 근친상간은 근친간의 결혼 반대인지 아니면 근친상간의 규제성관계금지인지, 나눠 생각해 볼 수 있다. 두 입장 다 지지를 받지만 근친상간의 성관계 를 먼저 염두에 두어야 한다. 즉 근친간의 성관계도 결혼도 안 된다는 것이다. 그래서 금지된 근친상간 관계는 결혼에 의해서도 합법화되지 않는다는 사실이 제시되고 있다. 이러한 금지 명령이 주어진 것은 가나안 땅에 근친상간의 성생활 풍습이 만연되어 있기 때문이다.

명령의 큰 전제는 아무도 살붙이골육지친나 같은 핏줄을 타고 난 사람을 가까이하여 부끄러운 곳을 벗기면 안 된다는 것이다. 골육지친은 문자적으로 "자기 몸의 육체"이다. 부끄러운 곳을 벗긴다는 것은 성관계have sexual relation를 완곡하게 표현한 것이다. 이 명령은 나는 여호와이다아니 야훼라 밝히신 하나님께로부터 왔음을 주지해야 한다.

이러한 법규에서 대해 두 가지를 사이드로 알아 둘 필요가 있다.[4] 첫째는 고대근동 사회에서 그 당시 성행하던 일부다처제의 관례 때문에 결혼과 파혼이 쉽게 이루어져 가족 관계는 아주 복잡하였고, 그러 인해 혈육 관계가 아닌 자녀들도 가정의 한 울타리 안에 살았다는 사실이다. 그리고 장자는 자기 부친의 사후에 자기 부친의 모든 권리를 독점할 수 있어서 더 복잡한 양상을 띌 수 있었다는 것이다. 성경의 르우벤창35:22과 압살롬삼하16:20-22의 경우가 그렇다. 둘째는 금지 문구들은 오히려 남녀 간의 결혼관계와

4) Noordtzij, Leviticus, 183-85.

혈육관계에 대한 존중, 혹은 남성위주의 고대근동 사회에서 여성의 지위나 명예를 높이는 정신이 반영되었다는 점이다. 즉 결혼과 혈육, 여성의 존재감에 대한 소중함이 강조된 것으로 볼 수도 있다는 것이다.

〈17가지의 근친상간 금지〉

(1) 어미의 하체를 범하면 안 된다. 아비의 하체다. 함무라비 법전은 누구든지 자기 부친이 별세한 후에 그 모친과 간통하면 사형에 처했다.

(2) 계모의 하체를 범하면 안 된다. 아비의 하체다.

(3) 누이의 부끄러운 곳을 벗겨도 안 된다. 이복누이아버지 같고, 어머니 다름이든 동복누이아버지 다르고, 어머니 같음 이든 마찬가지이다. 누이가 시집와서 낳았든 낳아 가지고 왔든, 그의 부끄러운 곳을 벗기면 안 된다. 이것은 아브라함의 경우를 볼 때창20:12, 사라는 이복누이 혁신이다.

(4) 손녀나 외손녀의 하체를 벗기면 안 된다. 이것은 너의 하체다.

(5) 계모에게서 난 이복누이의 하체를 벗기면 안 된다.

(6) 고모의 하체를 벗기면 안 된다. 아비의 핏줄이다. 성경에서 아론과 모세의 아버지 아므람과 요베겟출6:20의 경우는 고모와의 결혼이다. 출애굽 이전에는 문제시 되지 않았다.

(7) 이모의 하체를 벗기면 안 된다. 어미의 핏줄이다.

(8) 숙모의 하체를 벗기면 안 된다. 삼촌의 하체다.

(9) 며느리의 하체를 벗기면 안 된다. 아들의 하체다. 아는 바대로 유다와 다말의 사건창38:15-19은 이 규례에 해당하지만 계대결혼이 이루어지지 않는 상태에서 이루어진 일이기 때문에 율법제정 이전과 이후의 관점에서 또는 하나님의 어떤 특별한 목적의 관점에서 논의해야 할 것이다.

(10) 형수나 제수의 하체를 벗기면 안 된다. 형제의 하체다. 그러나 죽은 형제의 아내와 결혼하는 수혼법계대결혼, 역연혼, levirate은 예외다.신25:5-10

(11) 아내가 데리고 들어 온 딸이나의붓 손녀딸도의 부끄러운 곳을 벗기면 안 된다. 그들은 그 여인과 한 핏줄이므로 그것은 더러운 짓이다.

(12) 아내가 살아 있는 동안에 그 형제처제나 처형를 첩으로 맞아 그 부끄러운 곳을 벗겨도 안 된다. 그러면 아내가 질투하게 될 것이다. 야곱이 이에 해당된다.창29:21-30 그러나 족장시대에는 아브라함과 사라,창20:12 이삭과 리브가,창24:3-4,67 야곱과 레아와 라헬의 경우창29:21-30 등을 보면 친척간의 결혼은 혈통의 순수함을 보존하고 집안의 신앙적가치관과 자손들의 안녕을 도모하는 측면이 있었다.

참고로 몇 가지를 더 살펴보면 일부다처나 중혼은 예외다. 중혼은 금지사항이 아니라 살아있는 아내와 그 자매와 함께 결혼하는 것은 금한다.[5] 18장에는 아버지와 딸의 관계에 관한 언급이 없으나 동일한 원리가 적용되었을 것이다. 이 규례가 주어지기 이전에 롯의 딸들이 아버지와 관계한 사건창19:30-38이 있었다. 해리슨은 의사 출신으로서 레위기 해석에 의학적인 도움을 준다. 그가 본 레위기 18장의 견해를 요약해서 살펴본다.

레위기 18장은 부도덕한 근친간의 성관계인가,
근친결혼에 대한 금지인가?

이집트인들은 결혼에 대해서 어떤 뚜렷한 규례를 갖고 있지 않다. 가나안인들의 경우는 라스 샤므라 문헌들에 나타나 있듯이 그들의 성생활에는 음행, 간음, 수간, 근친상간 등이 허용되어 있다. 히타이트 인들의 경우에는 일부 형태의 수간은 허용아마 고대의 동물숭배 사상들의 흔적 때문인 듯되어 있고, 근친상간은 금지되었다. 이런 배경은 이스라엘에게도 적용된다. 즉 어디까지가 성관계이고, 결혼인지 잘 분간하지되지 않았던 상황에서 주어졌을 것이다.

5) Kaiser, Toward Old Testament Ethics, 116.

예를 들면, 레위기 18:18절에 의하면 한 남자가 자기 아내가 살아 있을 동안에 아내의 자매와 결혼하는 것을 금하는 것이 분명하다. 이 기준으로 보면 옛적에 레아와 라헬에게 동시에 결혼했던 야곱창29:23 이하은 분명 잘못된 것이다. 부도덕하거나 비정상적인 성행위에 대한 기준과 함께 이것이 근친결혼에 대한 금지규례로 본다면 어떻게 이해해야 할까?

레위기 18:1–30에는 근친간의 결혼에 대해 모세법은 매우 엄격성을 보여주고 있다. 레위기법은 근친간의 성관계가 수치스러운 행위임을 지적한다. 전반적인 원리는 레위기 18:6에 일종의 머리말의 형태로 제시되어 있다. 금지된 친척관계들 중 여섯은 직계가족간의 관계이고, 여덟은 각종 결혼에 의해서 맺어진 관계이다.

이 금지규례들의 근거가 무엇인지를 따져 볼 때 유념해야 할 점은 도덕적, 사회적인 측면들이 생물학적인, 혹은 유전적인 이유들보다 앞서 있는 것으로 보인다는 점이다. 인류학자들은 근친혼적인 성격을 가진 원시적, 유목적 공동체 속에 내재되어 있는 위험을 오래 전부터 잘 알고 있었다. 이러한 형태의 사회 속에서는 근친간의 계속적인 결혼은 아주 소수의 가문에 영향력, 재산, 부를 집중시키는 결과를 가져온다. 근친간의 결혼이 백치를 낳게 만든다든가, 혈통을 나쁘게 만든다는 이론은 근거가 뚜렷하지 않다. 동물들의 경우 유전병의 원인이 있지 않는 한, 항상 열성 유전현상은 제거되고, 더 두드러진 우성 유전현상들만 나타난다. 이 점은 인간의 근친결혼의 경우도 적용될 수 있다. 근친결혼은 그렇게 해로운 것이 아니기 때문에 금지할 생리학적인 근거는 없는 것 같다. 그래서 레위기 18장의 성관계 목록은 근친혼의 폐해를 막기 위한 생물학적이거나 의학적인 이유 외에도 다른 이유들이 있었던 것으로 보인다.

4. 기타 성교 금지 사항들[18:19-23]

1) 월경 중의 성행위 금지[18:19]

여인의 월경 할 때 성교를 금한다. 월경은 이미 부정하다는 판정이 주어졌다.[레12:2] 월경을 하는 여인은 부정한 여인이며, 그 부정한 여인과 성교를 하는 것은 당연히 금지된다. 그래서 18장의 당위법에 대한 조건법을 다루는 20장에서는 월경 때의 성교는 둘 다 백성 중에서 끊어지는 벌을 받는다고 판시한다.[20:18] 월경 중 성교는 부정한 측면 외에도 자궁암 발생 여부 등의 위생적인 면이 고려되어 있다.[6)]

한편 레위기의 정결법[17-26장] 중에 비슷한 주제가 반복되어 나오는 것 같지만 사실 그 내용은 조금씩 다르다. 예를 들면 '생리중인 여인'에 대해 레위기 15장은 정함과 부정함의 입장에서 다루는 반면,[15:25] 18장은 금지되어야 할 성관계를 항목별로 다루면서 언급하고,[18:19] 20장은 다양한 범죄, 특히 성적인 범죄에 대한 형벌적인 측면에서 이 주제를 언급한다.[20:18]

2) 간통 금지[18:20]

남자는 이웃의 아내와 동침하여 정액을 쏟아서는 안 된다. 그 여자와 간통하면 그가 더럽게 되기 때문이다. 십계명의 열 번째 계명에 이미 이웃의 아내를 탐내지 못하도록 조처한 것과 동일하다.[출20:17; 신5:21] 탐낸다는 것은 과도하고, 통제할 수 없는 이기적 욕망이다.[7)]

3) 자식을 몰렉에게 바치는 행위 금지[18:21]

서부 셈족이 섬긴, 삼키는 태양신인 강력한 몰렉[Molek]에 대한 제사 금지

6) Joseph Herman Hertz, The Pentateuch and Haftorahs, Leviticus (London: Oxford University Press, 1936), 181.

7) BDB, 326.

가 등장한다. 몰렉[몰록]이라는 말은 셈족어로 '왕'[히, 멜렉]과 관련이 있다. 몰렉[또는 밀곰]신은 암몬인들이 섬긴 민족적인 신이다.[왕상11:5,33] 이들은 몰렉신에게 자녀들을 불 가운데로 지나가게 했다.[왕하21:6] 자녀들을 불태워 제물로 삼았던 악습을 행했던 것이다.[겔16:20; 렘7:31] 몰렉 숭배는 율법에서 엄격히 금지했지만,[레18:21; 20:1-5] 이스라엘 백성들은 자주 미혹되었다. 솔로몬 왕은 몰렉을 위하여 산당을 지었고 아하스 왕과 므나셋 왕도 자녀들을 몰렉에게 제물로 바쳤다.[왕하16:3-4; 21:6] 요시아 왕은 몰렉 숭배를 엄금했으나,[왕하23:10] 유대 말기에 더욱 성행했다.[렘7:31; 겔16:20-21; 20:26,31; 23:37,39]

몰렉 제사는 성적인 문제와 직접적인 관련이 없지만 불법 성교금지 본문들 속에 언급되어 있는 것은 세 가지 정도 추측해 볼 수 있다. 몰렉 숭배에 남녀 창기들이 관련했을 가능성과, 몰렉에게 자녀를 바치는 행위는 곧 우상과의 교접하는 행위이며, 비정상적인 성관계가 가정의 기본적인 질서를 파괴시키는 일인 것처럼 몰렉 제사는 신앙의 순결을 더럽히는 일[18:24]로 보는 것이다. 그래서 아비는 절대로 자녀를 몰렉에게 주어 불사이로 통과하게 하면 안 된다. 이것은 하나님의 이름을 욕되게 하는 것이다. 곧 여호와의 이름의 거룩성을 짓밟고 속된 영역으로 끌어내리는 것이다. 명령자의 이름을 "나는 여호와이다"[아니 야훼]라고 반복함으로 정죄의 경고를 높인다.

몰렉 우상은 놋으로 제조되었으며, 쇠로 만든 왕좌 위에 세워져 있었다. 그 머리는 송아지 같고 면류관으로 장식되었다. 그 팔은 자기에게로 오는 자들을 포옹하는 자세로 만들어졌다. 그 속에는 속이 비었기 때문에 불이 피워져 있으며 아동들이 그 앞에서 불을 통과하지 않으면 아이 때에 사망한다는 미신이 있었다.[8] 불은 우상 내부에서 지필 수 있었고 뻗친 양손이 뜨거워질 때 아이의 아버지로부터 아이를 취한 몰렉의 제사장은 몰렉의 손에 아이를 놓았으며 그 때 그의 아버지가 죽어가는 자식의 비명 소리

8) 박윤선,『성경주석 레위기』, 121.

를 듣지 못하도록 북소리를 울렸다는 설명도 한다. 그래서 몰렉 제사에 대해서 두 가지 견해가 있다. 첫째는 살아 있는 아동을 그냥 불에 통과시키는 pass through the fire 경우왕하21:6고, 또 하나는 살아 있는 아동을 불에 태워 죽이거나 죽여서 태우는burning 경우신12:31; 겔16:20; 렘7:31다. 전자의 표현보다 후자의 표현이 더 구체적이다. 몰렉에 대해서는 구약 전체 8번 중 레위기에 5번 언급18:21; 20:2,3,4,5; 왕상11:7; 왕하23:10; 렘32:35된 것은 우상숭배의 풍속이 언약의 자손들을 위협하기 때문이다.

4) 동성애 금지18:22

이번에는 동성간의 성교homosexuality에 대한 금지조항이다. 동성간의 항문 성교에 대한 완곡한 표현으로 남자zakar는 여자ishshah와 눕듯이 남자와 누우면 안 된다고 말한다. 이것은 남색pederasty이며 역겨운 것toebah이다. 역겨운 것은 몰렉제사, 신접자의 행위, 조상 숭배, 남색sodomy 등을 말한다.[9] 여호와 보시기에 가증한 것을 행하는 자는 결국 생명을 잃게 된다.레20:13 이것이 일반적인 동성간의 성교 문제인지, 아니면 근친상간으로서 성관계인지는 현재 논쟁 중이다.[10] 신약에서는 동성애가 사람이 짓는 부끄러운 욕심이라고 전제하고 이들은 그 잘못에 스스로 대가를 받았다고 말한다.롬1:26-27

5) 수간금지18:23

남자는 짐승과 함께 교접bestiality하여 자기를 더럽혀서는 안 된다. 여자는 짐승 앞에 서서 짐승과 교접하면 안 된다. 이는 문란한 짓이다. 18장에서 유일하게 여성에게 명령한 대목이다. 문란tebel이라는 단어는 혼돈, 혼

---

9) Jacob Milgrom, Leviticus 17-22: The Anchor Bible (New York: Doubleday, 2000), 1581.

10) Milgrom, Leviticus 17-22, 1569; Milgrom, Leviticus: A Book of Ritual and Ethics (Minneapolis: Fortress Press, 2004), 196-97.

란 등 자연이나 신적 질서의 위반을 의미한다. 레위기에서 두 번 나타난다.18:23; 29:12 이는 외형적으로 볼 때 다른 종류를 한꺼번에 섞는 것레19:19을 말하며, 이러한 섞는 행위는 창조질서의 역행이기 때문에 금지하고 있다.출22:19; 레20:15–16; 신27:21 짐승과 행음하는 자는 반드시 죽이도록 되어 있다.출22:19 이 때 행음자도 죽이지만 짐승도 죽인다.레20:15–16 독일의 법에는 1969년까지 짐승과의 성교수간, 獸姦, bestiality를 금지하였다.[11] 성경에 나타난 성에 대한 유형은 네 가지다. 간음,신22:28–29 간통,신22:22 수간,출22:19 동성애.레18:22

교훈과 적용

1. 음행 같은 부도덕한 행위는 피해야 한다. 극복의 대상이라기보다 가까이 하지 않는 것이 좋은 방지책이다. 죄는 몸의 바깥에 있지만 부도덕한 행위는 몸 안에 있다. 은밀성이 있다. 우리의 몸은 하나님께로부터 받은 것이다. 구원받는 자의 몸은 성령의 전이다. 우리의 몸은 이제 하나님이 그리스도의 피를 주고 산 것이다. 우리의 것이 아니기 때문에 그 몸으로 영광을 돌려야 한다. 그러기 위해서는 몸 안에 있게 되는 부도덕한 행위의 죄를 피하며 살아야 한다. 이것은 하나님의 권고요 명령이다.고전6:18–20
2. 성적인 간음은 분명 하나님 나라와 양립할 수 없다. 주님은 여자를 보고 음욕을 품는 것은 마음에 이미 간음한 것과 같다고 말씀하셨다. 음욕은 교회와 가정에 대한 파괴성을 지니고 있기 때문에 주님은 강하게 경고하셨다. 파멸에 이르는 간음의 죄는 멀리하고, 피하고, 삼가 조심하고 경계해야 한다.마5:27–28
3. 인간은 환경으로부터 많은 영향을 받는다. 그러므로 우리는 하나님 나라와 반대되는 개념으로서의 현 세대를 본받아 살면 안 된다. 마음을 항상

---

11) Gerstemberger, Leviticus, 123.

새롭게 하고 성령의 도움으로 변화하는 삶을 살고 하나님의 선하시고 기뻐하시고 온전하신 뜻이 무엇인지 분별하며 살아야 한다. 이것이 최상의 신앙생활이다.[롬12:2] 레위기 18장은 이런 정신을 우리에게 가르쳐 준다.

B. 가증한 이방 풍속을 좇음으로 땅을 더럽히지 말라[18:24-30]

Ⅰ. 본문의 개요

가나안 족속들은 가증한 풍속으로 땅을 더럽혔기 때문에 그 땅에서 쫓겨날 것이다. 마찬가지로 이스라엘 백성들도 그 땅에 들어가서 똑 같이 그 땅을 더럽히면 역시 추방될 것을 엄중하게 경고하셨다. 약속의 땅은 하나님의 통치를 나타내는 가시적인 영역이기 때문에 거룩하다. 이것은 땅도 속죄가 필요하다는 사실[민35:33-34]에서 땅의 신학적 의미가 분명히 드러난다. 땅이 죄악으로 인해 더럽게 되면 땅은 그 땅에 살던 주민들을 토해낸다. 이는 하나님 나라의 통치 법칙이며 거룩함을 유지하는 방법이다. 이스라엘 백성들은 이 점을 잘 헤아려 살아야 하는데 그것을 어김으로 포로로 잡혀가는 비운을 맞았다.

Ⅱ. 본문의 구조

1. 땅을 더럽히면 안 된다[18:24-28]
2. 가증한 풍속 금지[18:29-30]

Ⅲ. 본문 주해

1. 땅을 더럽히면 안 된다[18:24-28]

이스라엘 백성들은 이제 하나님께서 명령한 이 규례들을 스스로 더럽히지 않아야 한다. 왜냐하면 이스라엘 백성들이 가나안 땅에 들어오기 전의 족속들이 땅을 더럽혔기 때문에 이스라엘 백성들에 의해, 그들이 보는 앞에서 쫓겨날 것을 보게 될 것이기 때문이다.

근친상간과 같은 비정상적인 성관계를 지속하면 가나안 땅은 더러워 [tame] 질 것이다. 그래서 하나님이 그 악함 때문에 벌하실 것이다. 또 그 땅도 스스로 그 거민들을 토하여 낼 것이다. 이것은 규례를 어긴 개인이 아니라 가나안 족속 전체가 축출될 것을 말한다. 본문은 이스라엘 백성이 땅을 차지할 수 있는 당위성을 제공해주는 내용이면서, 동시에 이스라엘 백성도 죄를 지으면 가나안 백성과 같이 추방당할 수 있다는 경고를 하고 있다. 이는 영적인 땅의 자정 능력이기도 하다. 땅은 중립적인 개념이 아니라 이스라엘 백성들과 연관되어 있다. 이스라엘 백성이 더러워지면, 땅도 더러워져 결국 그 주민들을 토해낸다.[레18:24-30; 20:22-23] 이것은 언약구조에서 보면 저주[24-30절]에 속한다. 앞에서 언급 한 것처럼 언약 형태로 보면 18장의 구조는 서문,[2절] 역사적 선언,[3절] 기본규정,[4절] 일반규정,[6-23절] 저주[24-30절]와 축복[5절]으로 되어 있다.

2. 가증한 풍속 금지[18:29-30]

그러므로 이스라엘 백성들은 동족이나 타국인이나 할 것 없이 하나님의 법도와 규례를 지켜야 한다. 이런 가증한 일은 조금이라고 허용해서는 안 되는 것이다. 이스라엘 백성이 그 땅에 들어가기 전에 있었던 거민들이 이 모든 가증한 일을 행하여서 가나안 땅이 더러워졌다. 이스라엘 백성도 마찬가지로 이전의 거민들처럼 그 땅을 더럽히면 전에 있던 거민들을 토해냄 같이 이들도 토해냄을 당할 것이다. 사실 이들은 나중에 포로로 잡혀가므로 이 경고가 유효하게 되었다. 누구든지 이 가증한 일을 하나라도 하는 자는 그 백성 중에서 끊어지는 벌을 받게 될 것이다. 그러므로 이스라엘 백성은 하나님의 명령을 지키고 그들이 있기 전에 행하던 그 땅의 '가증한 풍속' chuqqah toebah을 하나라도 좇음으로 스스로 더럽히면 안 된다. 레위기 18장의 결론은 말씀하시는 주체이신 "나는 너희의 하나님이니라"아니 야훼 엘로헤켐는 인침으로 끝난다.[12)]

교훈과 적용

1. 가증한 풍속과의 분리 명령은 이방 문화와 종교에 대한 경고이다. 오늘날도 마찬가지로 창조질서를 벗어나는 행위는 삼가야 한다. 창조질서는 성경을 통해서 발견되고 교육된다. 기독교인들은 이 땅에 사는 하나님의 자녀들이다. 그러므로 창조질서를 따라 사는 것은 우리들의 의무이자 은혜에 대한 응답이다. 더욱 이스라엘 백성들에게 이전 민족들의 종교를 연구라는 일마저도 금지한 사실신12:29-30을 보면 세상적인 가치관과 비기독교적인 진리를 좇는 것은 허용되지 않는 일이 분명하다.
2. 하나님의 통치가 있는 땅을 더럽히면 땅이 거민을 토해 낸다. 마치 물고기가 요나를 토해내는 모양처럼욘2:19 그렇게 땅에서 쫓겨나는 것이다. 이는 심판의 결과이다. 라오디게아 교회는 차지도 덥지도 않았다. 미지근하여 주님으로부터 토함을 받아 내치지리라는 말씀을 들었다.계3:16 열심을 내어 주를 섬기고 회개해야 이 심판을 돌이킬 수 있다. 몸이 속에 있는 것을 감당할 수 없으면 토해내는 것은 자연스러운 반응이다. 이런 상황이 오기

12) Kaiser, Toward Old Testament Ethics, 119.

전에 우리는 자신과 가정과 교회와 교단과 기독교 전체의 일과 사건들을 위해 기도하고 반성하고 자숙하는 지혜를 가져야 한다.

3. 하나님은 모든 인간 활동의 유일한 원천이며 표준이시다. 레위기의 성윤리는 과거의 구약 시대의 이스라엘 백성들에게 준 말씀 일 뿐 아니라 오늘날 우리들에게도 해당되는 가르침과 경고의 말씀이다.고전6:18-20 이스라엘의 성윤리는 하나님의 특별한 백성으로서 이스라엘이 주변나라들과 구별되어야 함을 가르친다. 성윤리는 하나님에 헌신을 나타내는 결정적인 표지이다. 레위기 18장이 성윤리와 함께 결혼의 소중함도 아울러 가르치는 것이라면 결혼은 사회적인 협정이라기보다 하나님이 주신 제도임을 다시 인식하고 강조되어야 한다.

레위기 19장

하나님을 경외하며 거룩하게 살라

거룩한 삶은 하나님 경외로부터 비롯된다. 하나님 경외는 두 가지다. 첫째는 하나님을 두려워하는 것출1:21이고 둘째는 자기보다 약한 사람을 괴롭히지 않는 것이다. 레위기 19장은 두 번째 경우를 지적한다.레19:14,32 거룩하게 살라는 것은 하나님을 닮아가라는 말이다. 구약의 하나님을 집약한 십계명을 줄이면 거룩하게 살라는 것이다. 이스라엘의 소명은 하나님의 거룩성을 드러내는 것이다.[1] 삶에서의 거룩함은 윤리적으로 흠이 없는 완전함을 의미한다. 하나님을 아는 것십계명 서론은 곧 거룩한 삶을 사는 것1-10계명이다. 전체적인 내용을 볼 때 19장은 십계명의 재해석 혹은 십계명의 주석이라고 할 만큼 많은 연관성을 가진다. '십계명의 생활화'를 펼쳐 놓은 것 같다. 그래서 19장의 통일성을 제공하는 것은 십계명의 정신이라고 말할 수 있다. 이 장에는 십계명의 모든 계명들이 인용되거나 암시되어 있다. 때로는 십계명이 해설되거나 새로운 방법으로 전개된다. 십계명과 비교하면 19장이 십계명을 더 확대시키고 더 상세하게 해설하고 있다. 십계명의 순서를 따르지 않지만 단수 동사와 복수 동사가 번갈아 사용되면서 백성 전체에게 혹은 개개인에게 말하는 수사학적인 기교를 가지고 있다. 십계명이 구약을 집약한 정신이라면 이 십계명을 해석해 놓은 19장은 구약의 산상보훈, 혹은 신약의 그루터기로 불러도 될 것이다.

1) Noordtzij, Leviticus, 190.

하나님은 초월적이면서 내재적이시다. 초월적인 것은 영적 성장을 따르는 것이고, 거룩한 삶은 내재적인 것을 치중한다면 19장은 하나님의 내재적인 측면이 두드러진다. 이것이 곧 공동체가 하나님을 닮아 가는 거룩성이다. 19장을 읽어감에 있어 네 가지의 관점이 있다. 첫째가 법적, 제의적 관점이고 둘째가 윤리적, 법적인 관점이고 셋째가 거룩함의 관점이고 넷째가 공동체 삶의 관점이다. 이 네 가지는 상호 교차적이며 보완적이어서 어느 쪽으로 가든 결국 하나님을 닮아 거룩하게 살라는 정신에 이른다. 이 정신이 19장 곳곳에 배여 있다.

십계명과 레위기 19장을 구체적으로 비교해보면 상당 구절들의 내용이 같음을 발견한다.

출애굽기 20장(십계명)	레위기 19장
서문	36절
1. 다른 신들을 섬기지 말라(20:3)	4절
2. 우상들을 주조하지 말라(20:4-6)	4절
3. 하나님의 이름을 헛되게 사용하지 말라(20:7)	12절
4. 안식일을 기억하라(20:8-12)	3,30절
5. 부모를 공경하라(20:12)	3절
6. 살인하지 말라(20:13)	16절
7. 간음하지 말라(20:14)	29절
8. 도둑질 하지 말라(20:15)	11절
9. 거짓 증언하지 말라(20:16)	11절
10. 탐심을 품지 말라(20:17)	17-18절

레위기 19장은 크게 두 기둥으로 서 있다. "너희는 거룩하라"[19:2]는 거룩함[1–18절]과 "내 규례를 지키라"[19:19]라는 율법[19–37절]이다. 거룩함이라는 주제와 거룩함을 위한 율법 지킴의 실천방안으로 되어 있다.

레위기 19장은 어떤 점에서 18장[필연법 혹은 당위법]과 20장[결의법 혹은 판례법, 조건법]의 교량역할을 하고 있다. 레위기 18장부터 20장까지는 17–26장의 정결법 중 생활의 다양한 법과 처벌에 관한 규정들이다. 19장은 18장에 이어 추가 규정들로 되어 있다. 19장은 18장의 특징과 20장의 특징 사이에 있으면서 18장의 추가와 20장의 형벌의 근거를 제공하고 있다.

십계명이 구약을 집약한 정신이라면 이 십계명을 해석해 놓은 것이 19장이라는 전제로 볼 때 19장은 레위기 전체의 축소판이라고 볼 수도 있다. 왜냐하면 여러 내용들을 망라하여 담고 있기 때문이다. 즉 제사[19:4,21]와 속죄[19:22]와 안식일[19:3,30]과 절기들[19:24,18]과 성적인 문제들[19:29]이 포함되어 있다.

레위기 19장은 네 가지 정도 나눠 강조된다. 첫 째가 하나님 공경과 인간존중이다. 둘째가 거룩한 삶이다. 거룩한 삶을 위한 율법과 권면이 들어 있다. 거룩한 삶에 대한 요청은 다시 네 가지로 집약된다. 뜨거운 예배, 이웃 사랑, 의의 실천, 우상타파이다. 거룩함은 율법의 실천을 통해 경험될 수 있다. 여기서 중심주제는 거룩에의 요청[19:2]이 될 것이다. 이것을 다른 말로 하면 우리는 하나님의 거룩함을 닮기 위해 세속과 분리해가는 존재라고 말할 수 있다. 셋째가 사회적 약자에 대한 배려이다. 19장은 많은 부분이 '사회적 약자'에 대한 배려를 내포하고 있다. 이 말은 강자에게 주어진 규정이라는 뜻이기도 하다. 마지막 네 번째가 삶의 다양성과 율법 지키기다. 19장에 나타난 자료의 다양성은 삶의 다양성을 반영한 것이다. 인생사의 모든 면들이 하나님의 율법 아래 속해 있음을 보여주는 것이다.[2] 그래서

2) Wenham, The Book of Leviticus, 264.

윤리적인 것과 제의적인 것이 혼재되어 있다.[3] 어떤 점에서 19장의 다양한 명령 전체를 지키는 원칙 그 자체는 거룩이라는 개념으로 볼 수 있다.[4]

A. 너희는 거룩하라 19:1-18

레위기 19장에 "나는 너희 하나님 여호와니라"아니 야훼 엘로헤켐라는 교훈 종결문구가 16번이나 반복해서 나타난다.2,3,4,10,12,14,16,18,25,28,30,31,32,34,36,37 이 이유는 거룩함에 대한 교훈과 명령을 꼭 지켜 행하라는 뜻이 절실하기 때문이다. 특별히 이렇게 많은 교훈 종결문구를 주심으로 하나님은 자신의 자기천명과 자기계시의 선포를 통해 하나님 자신을 따라 거룩하게 살라는 '하나님 닮음'imitatio Dei을 백성들에게 강조하고 계신다.

Ⅰ. 본문의 개요

1-18절은 19장의 전반부에 속한다. 이스라엘 공동체가 가나안 땅에 들어가서 살 때 실천하며 지켜야 할 첫 번째 묶음의 법들이다. 그것은 부모공경과 안식일 준수,19:3 우상제조 금지,19:4 화목제 규례 지키기,19:5-8 추수 때 가난한 사람을 위한 배려19:9-10 등이다. 이것들은 모두 종교적 의무에 속한다. 그리고 윤리적 의무로서 도둑질 금지부터 이웃사랑까지 8가지가 주어진다. 전반부의 결론은 거룩함을 통해 하나님 백성이 해 나가야 될 길은 이웃을 사랑하는 것이다.19:18

3) B. Childs, The Book of Exodus, OTL (Philadelphia: Westminster, 1974), 396.

4) Douglas, Purity and Danger, 53-54.

Ⅱ. 본문의 구조

1. 서론19:1–2
2. 종교적 의무19:3–10
   1) 부모공경, 안식일 준수19:3
   2) 우상제조 금지19:4
   3) 화목제 규례 지키기19:5–8
   4) 추수 때 가난한 사람을 위한 배려19:9–10
3. 윤리적 의무19:11–18
   1) 도둑질, 속임, 거짓말 중지19:11
   2) 거짓 맹세 금지19:12
   3) 이웃피해금지와 품꾼의 삯19:13
   4) 장애인 보호19:14
   5) 공정한 재판19:15
   6) 헐뜯거나 이웃에게 악행 금지19:16
   7) 형제 미움 금지19:17
   8) 원수 갚음, 동포 원망 중지와 이웃 사랑19:18

19장의 논리적 배열은 쉽지 않다. 왜냐하면 생활의 다양성 때문이다. 그래서 구체적 사건을 열거해 놓은 듯하다. 하지만 19장의 교훈 중에는 기본적 율법을 먼저 말하고 이것을 다시 확대해서 말하는 것들이 있다. 이러한 구조는 19장이 단순한 나열이 아니라 수사학적인 기교를 사용하여 마지막 부분을 절정에 이르도록 구성되어 있음을 알 수 있다. 예를 들면 다음과 같다.

〈기본적 율법〉	〈확대된 율법〉
부모경외 3	32
안식일 준수 3	30
우상숭배금지 4	31
나그네 배려 9–10	33–34
속임수 금지 11	35–36

Ⅲ. 본문 주해

1. 서론 19:1–2

여호와께서 모세에게 말씀하셨다. 모세는 하나님의 명령을 받아 이스라엘 온 회중edah에게 일러 주었다. 첫 음성이 "너희는 거룩하라" You shall be holy는 것이다. 이는 이스라엘의 여호와 하나님이 거룩하기 때문이라는 이유를 말씀하신다. 회중으로 번역된 에다는 백성들이 언약 아래 한 공동체로서 집결된다는 것을 의미한다.레4:13 거룩함에의 명령은 레위기 신학의 모토motto이다. 이 명령의 근거는 하나님의 거룩하심이다. 여기에는 '하나님 닮음'imitatio Dei이라는 신학적이며 윤리적이고 실천적인 주제가 담겨 있다.마5:48; 엡5:1 거룩은 윤리적으로 흠이 없는 완전함을 의미하며, 이것은 육체적으로 흠이 없음을 통해 상징적으로 표현된다. 2절에 나타난 거룩함은 정적인 개념이라기보다 역동적이고 실천적인 개념이다. 거룩함을 실천 할 때 거룩하신 여호와가 드러나신다. 특히 19–20장에서, 전체적인 내용을 이끄는, 머리격인 "너희는 거룩하라"는 명령이 3번 반복19:2, 20:7,26해서 나타남으로 19–20장은 '거룩함에의 요청'이 연결되어 있음을 알 수 있다.

2. 종교적 의무19:3-10

1) 부모공경, 안식일 준수19:3

너희 각 남자는 어머니와 아버지를 경외yare해야 한다. "너희 각 남자"는 복수명령형식으로 주어져 단수인 남자라는 이쉬ish를 개별화시키는 효력을 지닌다. 십계명의 부모공경출20:12은 의무로서의 공경kabad다. 그러나 부모의 공경이 경외yare라고 표현되면, 즉 존경과 헌신을 표현하기 위해 사용될 경우, 그것은 흔히 하나님이 목적어다. 부모 경외에서 어머니를 처음 위치에 놓는 것은 놀라운 것이다. 전통형식에 볼 때 어머니와 아버지가 도치된 것이다. 가부정적 사회에서 어머니가 연약하여 자식으로부터 경외받기 힘든 현실을 고려하여 먼저 어머니를 경외하라는 강조로 추측할 수 있다. 또한 늙은 부모를 홀대하지 말라는 의미도 포함될 수 있다.레19:32절 참조 이 본문에서 부모는 하나님의 대리자가 된다.

다음으로 주어진 명령이 하나님의 안식일을 지키는 것이다.shamar 부모공경과 안식일 준수는 십계명의 제5와 제4계명출20:8-12; 신5:12-16이 바뀐 것이다.

안식일은 언약의 증표레23:3이며 하나님이 시간의 주인이심을 나타내는 날이다.[5] 안식일 준수는 여호와께 예배드리는 거룩한 날이기 때문에 이를 지키기 위해 안식일을 기억해야zakar한다.출20:8 여기서는 "기억하라"는 것보다 더 구체적이고 직접적인 "지키라"는 명령이 주어진다.

2) 우상제조 금지19:4

우상을 제조해도 안 되지만 섬겨서는 더욱 안 된다. 이스라엘 백성은 헛것을 의지하거나 자신들을 위하여 신상들elohim을 부어masekah, 녹여 만든 형상,

5) Kaiser, Toward Old Testament Ethics, 119.

부어 만든 신상 만들면 안 된다. "헛것"이라는 엘릴elil은 문자적으로 '없음의 것들'things of nothingness이나 '실재실체가 없음'non-entities을 말한다. 우상은 무익하고사44:10 무능한 것이다. 우상숭배 금지법은 십계명의 1,2,3 계명에 모두 해당된다.출20:3-5 우상을 포함한 어떤 모습의 형상이든지 이것은 여호와의 본 모습에 대해 부적절하고 거짓된 표현이기 때문에 주조나 제조를 금지한다. 오직 그 분 만이 주님이시이기 때문에 인간이 자의적으로 본질과 다르게 인식시키는 것을 사용하지 못하게 하신다. 우상의 능력을 인정하며 그것에 의지하려고 하는 행동은 분명 이리석고 잘못된 것이다.

3) 화목제 규례 지키기19:5-8

백성들이 화목제 희생을 여호와께 드릴 때에 당연히 열납되도록 드려야 한다. 규례대로 드리면 제사는 열납된다. 그러나 규례대로 드려도 하나님께 보이려고 형식적으로 드렸을 경우,사1:12 하나님을 만홀히 여기거나,갈6:7 오히려 가증한 것을 기뻐하면서 무시하거나 멸시했을 때사66:3는 그 제사가 열납되지 않는다. 그래서 백성들은 자신들이 그 의식을 수행하면 하나님께서 자동적으로 그들의 희생들을 받으실 것이라고 추론하지 말아야 한다. 거룩한 삶에 대한 규례에 희생제사를 바치라는 언급이 있는 것은 거룩에의 요청은 윤리적인 것과 제의적인 것을 포함하여 삶의 모든 차원을 포괄함을 의미한다. 여기서 다른 제사는 언급하지 않고 오직 화목제만 언급5-8절한 것은 여러 사람과 나누어 먹는 고기 때문이다. 즉 공동체 생활에서 이웃과의 친교가 중요하다 것을 가르치기 위함이다. 그래서 이어지는 9-10절도 곡식과 과일을 나누어 먹는 문제를 다룬다.

드리는 화목제물을 드리는 날과 이튿날에 먹어야 한다. 제 삼일까지 남으면 불살라야 한다. 제 삼일에 조금이라도 먹으면 가증한piggul 것이 되어 화목제 자체가 열납되지 않는다. 제 삼일에도 남은 화목제의 고기를 먹는 자는 여호와의 성물을 더럽혔기 때문에 벌을 받아 그 백성 중에 끊어지게 된다. 화목제만 언급한 것은 나눠 먹는 문제 외에도 제사의 고기 처리 문제로 실수하기 쉽기 때문에 별도로 다시 상기시켰을 가능성이 있다.

4) 추수 때 가난한 사람을 위한 배려19:9-10

9-10절도 화목제의 고기처럼 곡식과 과일을 이웃과 함께 나누어 먹는 문제를 다룬다. 백성들은 땅의 곡물을 벨 때에 밭모퉁이까지 다 거두면 안 된다. 떨어진 이삭도 살살이줍지 말아야 한다.레23:22 그 이유는 가난한 이웃과 무의탁자를 위함이다. 마찬가지로 포도원의 열매를 딸 때도 다 따면 안 된다. 이삭처럼 포도원에 떨어진 열매도 줍지 말라고 하셨다. 가난한ani 사람과 타국인ger을 위하여 버려두라고 하셨다. 신명기에는 객과 고아와 과부를 위해 그렇게 하라고 명령되어 있다.신24:19-21 가난한 자들과 타국인들은 자신들의 체면을 유지하게 되는데, 이는 구걸 대신 그들은 자신들의 필요를 위해 노동할 수 있는 특권을 부여받기 때문이다. 그들은 지주의 관용을 통해 표현되는 하나님의 은혜로부터 오는 이익을 얻기 위해 노력해야 한다. 이러한 관행들의 준수는 불행한 사람들에 대한 하나님의 자비로운 관심을 반영한다. 후대의 랍비들은 추수의 1/60이 이 법을 따르기 위한 최소한의 양이라는 규칙을 확립하기도 했다.[6] 언제나 이러한 명령 뒤에는 "나는 너희 하나님 여호와니라"라는 종결문구가 붙음으로 교훈의 의미를 진지하게 한다. 이 규례의 적용은 오늘날 자선단체 기부금이나 복지기관에 대한 후원활동이 될 것이다.

---

6) Hartley, Leviticus, 314.

3. 윤리적 의무19:11-18

1) 도둑질, 속임, 거짓말 중지19:11

이스라엘 백성 각자는 도둑질ganab 하면 안 된다. 가나브는 은밀히 행하는 도둑질이다. 그리고 속이거나 서로 거짓말을 하지 말라고 하셨다. 서로 도둑질하고, 서로 속이고, 서로 거짓말 하면 공동체는 파괴된다. 이 계명은 십계명의 제 8계명이다.출20:15; 신5:19

2) 거짓 맹세 금지19:12

각자는 하나님의 이름으로 거짓sheqer 맹세shaba하지 말라고 하셨다. 그들이 섬기는 하나님을 이름을 욕되게chol, 더럽히다 할 수는 없다. 그분은 여호와이시기 때문이다.

3) 이웃피해금지와 품꾼의 삯19:13

이웃을 압제억누르지하거나 늑탈勒奪, 가죽을 벗기다, 찢어내다, 빼앗다할 수 없다. 품꾼의 삯을 아침까지 밤새도록 둘 수 없다. 즉 지불할 자가 그 돈을 가지고 있으면 안 된다. 이러한 행위는 그 노동자에게서 그의 가족이 저녁 식사와 다음날 필요한 식량을 구입할 수 있는 희망을 빼앗아 가는 것이다.신24:14-15 이런 법은 도둑질 하지 말라는 범주 안에 들어간다.출20:15 왜냐하면 이웃을 압제하여 무엇을 빼앗거나 품꾼의 삯을 제때 주지 않는 그 자체가 훔치는 것과 같기 때문이다.

4) 장애인 보호19:14

사람은 귀먹은 자를 저주galal하면 안 된다. 들리지 않는다고 제멋대로 말할 수 없는 것이다. 소경 앞에 장애물을 놓는 행위도 마찬가지다. 보이지 않는다고 장님이 다니는 길에 넘어질 만한 물건을 제멋대로 두면 안 된다. 신명기에는 소경을 잘못 인도하는 자들에 대하여 저주가 선고되었다.신 27:18 하나님 여호와를 경외하면 이런 악의에 찬 행동은 하지 않는다. 하나님 경외는 모든 규례의 근간이자 출발점이기 때문에 이런 장애인 보호도 하나님 경외에 속하는 것이다. 그래서 규례를 주신 하나님은 나는 여호와니라고 말씀하신다. 하나님을 두려워하는 사람은 결코 귀머거리나 장님에게 이러한 행동을 할 수 없다. 약자를 보호하는 것은 곧 하나님을 경외하는 것임이 확실하다.

5) 공정한 재판19:15

재판 할 때에 불의evel, injustice로 하면 안 된다. 재판은 공정해야 한다. 특히 가난한 사람의 편만 들면 안 된다. 단지 가난하다는 이유로 불쌍한 사람을 편들어 편파적인 판결을 내리는 일이 없도록 해야 한다.출23:3 그리고 세력 있는 자라고 해서 편들거나 봐주면 또한 안 된다. 재판은 공의tsedeq로, 공평하게 사람을 대해야 한다.

본문을 도표로 그리면 아래와 같다.

A 재판 할 때 불의를 행하지 말라일반적인 것

B 너는 가난한 자의 편을 들지 말라구체적인 것

B' 너는 권세 있는 자를 두둔하지 말라구체적인 것

A' 너는 공의로 사람을 재판하라일반적인 것

본문이 말하는 공정한 재판은 사람보다는 진실이다. 좀 구체적으로 말하면, 한 나라의 내적인 힘은 사법 제도의 온전한 구성에 자리 잡고 있다고 할 수 있다. 공정한 재판은 부자에 대한 존중도 있어야 한다. 가난한 자의 편에만 서면 자칫 잘못하면 잘못된 추론을 하기 쉽다. 본문은 부자도 언급하여 이를 막고 있다. 법은 사람보다 의와 진실이 우선이다. 이런 점에서 자본주의는 약탈이라는 주장과 가난한 자들을 위해 부자들의 재산을 몰수하라는 것은 잘못 된 것이다.

6) 헐뜯거나 이웃에게 악행 금지19:16

사람은 돌아다니면서 사람을 헐뜯는 말이나 험담, 뒷공론 같은 것을 하면 안 된다. 이런 사람은 중상모략을 하므로 악의적으로 다른 사람에 대해 거짓 사실을 퍼뜨리는 결과를 가져온다. 그리고 이웃의 생명을 위태롭게 하면서까지 이익을 보려 해서는 안 된다. 생명을 위험에 빠뜨리는 행동을 삼가야 한다. 이스라엘 백성들에게 여전히 "나는 여호와"라고 말씀하셨다. 16절은 앞 15절의 공정한 재판을 하기 위한 증언 문제와 연관 지울 수 있다.

7) 형제 미움 금지19:17

사람은 자신과 함께 사는 이웃 형제들을 마음으로 미워해서는 안 된다. 혹시 그 이웃에 잘못이 있다면 이웃의 잘못을 서슴지 말고 공개적으로 논의하거나 타일러 주어야 한다. 즉 솔직하게 꾸짖어야 한다는 것이다. 그래야 그 죄에 대한 책임을 벗는다. 폭력의 잠재적 형태인 미움이라는 마음의 폭력은 사람의 관계를 대단히 위험하게 몰고 갈 수 있다. 남의 잘못을 지적하며 권면하기는 대단히 어렵다. 섬세함과 기지를 가지고 이웃을 친절과 사랑으로 책망하는 것은 정말 어려운 일이다. 그러나 드러내 놓고 꾸짖는 것이 숨은 사랑보다 낫다.잠27:5 미움은 가지고 있으면 있을수록 본인의 사람을 상하게 한다. 미움과 증오는 오직 악에 대해서만 품을 수 있는 정서적인 반응암5:15이기 때문에 악한 일이 아니라면 용서해야 한다. 어떤 경우에도 악을 악으로 갚으면 안 된다.마5:39 그러면 그 사람도 상대의 죄에 가담하게 된다.레5:1 미움은 특히 하나님을 믿는 언약공동체 안에서 구성원인 형제에게는 더욱 그럴 수 없음을 읽을 수 있다. 이러한 교훈은 자신의 형제를 법정으로 끌고 가는 것15–16절을 막는 예방책이기도 하다.

8) 원수 갚음, 동포 원망 중지와 이웃 사랑19:18

거룩한 삶의 핵심구절은 "이웃을 사랑하라"는 대 계명으로 집약할 수 있다. 이 사랑 안에 모든 율법이 다 들어 있다.롬13:9 원수를 갚지 말라는 말은 복수하지 말라는 것이다. 복수는 여호와의 것이다.신32:35 즉 원수 갚는 것은 하나님의 일이다. 복수란 오직 하나님께 속한 것이며신32:35 그 분께서 갚아 주실 것이다. 이 금언 저변에 있는 감정은 고대 세계에 있어서 유일했다.[7)]

그리고 동족을 원망grudge, natar하면 안 된다. 앙심을 품지 말라는 것이다. 앙심은 상대방을 향해 분노를 간직하거나 쌓아두는 것을 의미한다. 동료를 향해 분노를 쌓아 두는 사람은 계획적으로 복수하기 위해 그 분노를 표출할 적절한 기회를 은밀하게 기다리게 되는 법이다. 이런 행위를 멈출 것을 명령하신다. 이렇게 원수를 갚지 말고 동포를 원망하지 말라는 소극적인 명령과 함께 이웃을 사랑하는 적극적인 명령이 주어진 것이다.

예수님이 인용하심마22:39으로 많은 사람들이 알게 된 "이웃rea을 네 몸과 같이 사랑aheb하라"는 교훈은 기독교의 황금률이 되었다. 이 법은 "최고의 법"으로 표현 되었다.약2:8 이 위대한 명령을 내리신 이는 여호와 하나님이시다.레19:16하

본문의 뜻은 다른 사람을 사랑하거나 은혜를 베푸는 일의 기준은 그 사람이 바로 자기 자신과 다름이 없으며, 그러므로 사랑할 가치가 있다는 것

7) Harrison, Leviticus, 199.

이다. 이웃으로 번역된 레아는 친구, 동료, 지인, 동포를 의미한다. 그것은 가까운 친구로부터 단순히 면식이 있는 지인에 이르기까지 폭 넓은 관계를 지칭하기 위해 사용된다. 미워하지 말라는 금지로 시작해서 사랑하라는 명령으로 마무리되는 이러한 일련의 용어들의 사용은 언약 공동체가 갖는 특성을 나타낸다. 사랑의 대상으로 표현 된 단어들은 동료,[amith, 11절] 백성,[am, 16절] 이웃,[rea, 16절] 형제,[ach, 17절] 동포[am, 18절]이다. 이 계명은 자비심을 확대하고 존경심을 보이라는 다양한 계명들의 근간을 이룬다. 예를 들어, 가난한 자들과 체류자들을 위해 추수물의 일부를 남기라는 것,[9-10절] 노동자의 임금을 체불하지 말라는 것,[13절] 노인들을 공경하라는 것[32절] 등이 이에 속한다.

한편 레위기의 이웃사랑과 복음서의 이웃사랑은 차이가 있다. 레위기에 나타난 사랑의 명령[레9:18]은 공동체의 제한적으로 적용되었던 반면에, 마태복음에 나타난 이웃사랑은 '원수사랑'까지 그 대상이 확대되었다.[마5:43-44] 신약의 이웃사랑은 그리스도의 재림을 기다리는 종말론적 성도의 공동체에 주어지는 명령의 형태를 띠고 있는 동시에 보편적인 인류애의 차원으로 전개되고 있다. 그리고 거룩하라,[레19:2] 사랑하라,[레19:18; 마5:43-44] 완전하라[마5:48]는 명령은 동일 개념이면서 본문의 정경적 전개과정이기도 하다.

교훈과 적용

1. 하나님은 복수는 내 것이기 때문에 내가 갚으리라고 말씀하셨다.[신32:35] 이는 정당한 공의가 이루어지기 위해서는 심판자의 판단이 정확해야 하기 때문이다. 그 능력은 하나님만이 가질 수 있으시다. 그러므로 사람이 착취를 당할 때 그가 자신의 손해를 하나님께 맡겨야 하고 자신의 명예 회복을 위해 하나님을 신뢰해야한다. 그 신뢰가 있어야 현재를 사는 동안 성도들

은 하나님께서 자신들이 참고 있는 그 악인들을 바로 잡아 주실 것이라고 확신하면서 인내할 수 있다.

2. "그러므로 하늘에 계신 너희 아버지의 온전하심과 같이 너희도 온전하라" 마5:48는 명령문은 예수님께서 레위기의 "너희는 거룩하라 나 여호와 너희 하나님이 거룩함이라"레19:2라는 '거룩함'에의 명령'을 '완전함'의 개념으로 재해석하셨다. 그래서 성도들은 모든 행실에 거룩한 자가 되어야 한다고 강조된다.벧전1:15-16 거룩의 근거와 목적은 우리를 부르신 그 하나님이 거룩하시기 때문이다. 거룩은 성도가 평생을 안고 살아야 할 단어이기도 하다.

3. 이웃사랑은 하나님의 뜻을 좇아 살아가는 사람에게 나타나는 한 현상이다. 자신만을 생각하는 사람에게 이웃사랑은 불가능하다. 이웃사랑은 하나님으로부터 비롯되었다. 이것은 먼저 하나님이 우리에게 베푸신 사랑이 있었기 때문이다.요3:16 구속하시는 하나님은 사랑의 하나님이시이다.요일4:8-9 이런 하나님을 진심으로 섬기는 자는 하나님의 사랑을 본받아서 이웃을 사랑하게 된다. 성경의 인물 중에 다윗과 요나단의 이야기가 있다. 왕위계승의 여러 상황을 고려할 때 타인에 대한 그런 사랑의 모범적인 본보기를 보인 사람은 요나단이다. 왕위계승에 대한 욕심과 주장보다 하나님의 뜻을 보았기에,삼상18:12 그 뜻을 좇아 요나단은 다윗을 자기 생명같이 사랑했다.삼상18:1; 20:17 자기중심적인 삶의 세태 속에서 요나단의 행동이 어리석은 것인지, 현명한 것인지 다시 생각해봐야 할 것이다.

B. 내 규례를 지켜라19:19–37

Ⅰ. 본문의 개요

이제 두 번째 묶음의 법들이 열거된다. 19장의 후반부19:19–37를 장식하는 법들은 내 규례chuggah를 지키라는 명령으로 시작한다. 앞에서 언급된 전반부19:1–18에서는 종교적이고 윤리적인 의무가 주어졌다. 이어서 가나안 땅에서 지켜가야 할 다양한 의무들이 부과되었다. 이런 의무들이 주어진 까닭은 여전히 백성들이 하나님을 따라 거룩하게 살면서 언약공동체를 하나님의 뜻에 맞게 영위해 나가기 위해 세부적인 지침이 필요하기 때문이다.

Ⅱ. 본문의 구조

1. 다양한 의무19:19–36
   1) 혼합교배, 재배, 제조금지19:19
   2) 정혼한 씨종을 범하였을 때19:20–22
   3) 과일나무 수확에 관한 규례19:23–25
   4) 피 식용과 복술과 술수 금지19:26
   5) 머리털과 수염 면도 규례19:27
   6) 사자死者 애곡과 문신 금지19:28
   7) 딸을 창녀로 만들지 말라19:29
   8) 안식일 준수와 성소의 거룩 유지19:30
   9) 신접자와 박수 추종 금지19:31
   10) 노인 공경과 여호와 경외19:32

11) 타국인에 대한 사랑19:33-34

12) 공정한 상거래19:35-36상

2. 결론적 권면19:36하-37

Ⅲ. 본문 주해

1. 다양한 의무19:19-36

1) 혼합교배, 재배, 제조금지19:19

본 절의 "너희는 내 규례를 지키라"라는 명령은 '거룩함'의 명령처럼,19:2 이어지는 본문들을 아우르는 '총괄적인 명령'에 해당된다. 이질적인 것들의 혼결합금지가 먼저 등장한다. 혼합은 구분의 반대 개념이다. 백성들은 하나님의 규례를 지키라는 첫 번째 명령을 받는데 세 가지다. 종류가 다른 육축끼리 교합시키지 말아야 할 것혼합교배과, 자신의 밭에 두 종자를 섞어 뿌리지 말아야 할 것혼합재배과, 두 재료로 직조한 옷을 입지 말 것혼합제조이다. 만들지 말아야 하지만 혹 누가 만들어도 그것을 입지 말라는 것이다. 신명기에는 소와 나귀를 한 멍에 아래 넣어 기경하지 말라고도 했다.신22:10 이 법령은 창조 세계의 다양성을 보존하고, 그래서 창조질서가 유지되므로, 하나님의 주권적 통치인 거룩함이 이루진다 것을 가르치기 위함이다. 여기서 혼합되지 않는 정결한 상태는 '거룩함'의 또 다른 측면을 나타낸다.[8]

혼합을 금지하는 이유는, 즉 혼합되지 않은 정결의 상태를 통해 거룩한 속성의 한 단면을 드러내는 것이다. 그래서 계속적으로 성적인 혼합20절과 종교적인 혼합26-29,31절이 다루어진다.

8) Douglas, Purity and Danger, 53.

2) 정혼한 씨종을 범하였을 때19:20-22

남자가 아직 속량몸값을 치루고 풀려 남도 되지 못하고 해방자유, chuphshah, 구약에서 오직 여기만 언급도 되지 못하고 정혼한 씨종자손을 생산하기 위한 여종과 남자가 행음동침하면 두 사람이 형벌을 받는다. 채찍질scourging 등의 형벌[9]은 받지만 그러나 사형은 당하지 않는다. 왜냐하면 그 여인은 아직 해방되지 못하였고 혼인 계약은 수립되었지만 아직 결혼이 실행되지 않았기 때문이다. 이는 사회적으로나 경제적으로도 유리한 입장에 있는 자유민으로서 남성의 요구를 여종의 입장에서는 거부하기 어려울 수 있다는 사실을 고려한 것이다. 사회적 약자에 해당하는 여종의 생명을 보호하기 위해 주어진 법령이다. 사형은 면했지만 대신 그 남자는 속건제물 곧 속건제 수양을 회막 여호와께 끌어와야 한다. 제사장은 그의 범한 죄를 위하여 그 속건제의 수양으로 여호와 앞에 속죄해야 한다. 그러면 그의 범한 죄가 사함을 받는다.

이러한 남자와 여자의 성관계는 신명기에서 신중하게 다룬다.신22:23-27 신명기에는 남자와 유부녀가 통간할 때, 다른 사람과 약혼한 여자와 남자가 통간할 때, 약혼한 여자가 다른 남자에게 강간을 당할 때 주어지는 판결과 형벌이 명시되어 있다.

3) 과일나무 수확에 관한 규례19:23-25

이제 이스라엘 백성들이 가나안 땅에 들어가 살 때 지켜야 할 과실 수확에 관한 규례가 소개된다. 이런 규례가 주어진 것은 땅의 주인은 여호와 하나님이라는 사실을 전제한 것이다.

가나안 땅에서 새롭게 각종 과일나무유실수를 심으면 그 열매는 아직 할례 받지 못한 것arlah, 표피으로 여겨야 한다. 그래서 삼년 동안은 그것을 할례 받지 못한 것으로 여겨 먹지 말아야 한다. 이렇게 하는 이유는 소산의

9) Keil and Delitzsch, The Pentateuch, "Leviticus", 422.

풍성함[25절]을 위해서다. 그리고 제 사년에는 그 모든 과실이 거룩해지기 때문에 여호와께 드려 찬송[hillul]해야 한다. 그 뒤 이 찬양의 즐거운 축제는 초태생 의식으로서 포도밭이나 들을 성결케 했을 것이다. 이제 오년이 되면 그 열매를 먹는다. 이런 절차를 밟으면 땅의 소산이 풍성해 질 것이라고 약속하셨다. 이 약속을 인증하는 "나는 너희 하나님 여호와이다." 문구가 이를 뒷받침해준다. 이 법은 여호와께서 땅의 주인이라는 공동체 의식을 함양시켰다.

여기서 "할례 받지 못한 열매"[23절]란 구체적으로 무엇을 의미하는지 살펴본다. 할례를 받아야 언약 백성이 되듯이 표피로 되어 있는 열매도 할례를 받아야 한다. 할례 받기 전 사람처럼 나무가 표피로 있는 기간은 삼년이다. 삼년은 일종의 죄로 인한 부정한 상태다.[참고. 욘1:17] 제한 된 삼년은 마치 할례 받지 않은 사람은 유월절 제사에 참여할 수 없듯이[출12:48] 삼년 동안은 과실을 먹을 수 없는 것이다. 나무가 할례는 받는 실제적인 행동은 유실수를 심고 삼년 동안 열매에 손대지 않고 있다가, 혹은 삼년 동안은 열매를 맺지 못하게 꽃을 따거나 해서 사년 째 수확기에 첫 열매를 '찬양의 축제'로 먼저 드리는 것이다. 일종의 초태생을 드리는 의식이다.[출13:2] 초대생 의식은 곡식,[출23:19] 동물,[출34:19-20] 자녀[출13:2]에게 해당된다.

땅의 소산을 내는 유실수[有實樹]도 이러한 규례[할례의식]를 지킴으로 먹을 수 있음을 가르친다. 그래서 여호와께서 땅의 주인이라는 공동체 의식을 고취시킨다. 이런 의식을 행함으로 백성들은 땅의 풍성한 소산을 기대한다.[레19:25] 유실수는 처음 몇 년 동안 과일이 거의 열리지 않기 때문에 이 법은 구체적으로 사년 째의 수확을 첫 열매로 간주하여 이것을 하나님께 바치도록 규정하였다고 보기도 한다. 마치 동물은 생후 팔일까지 제물로 드리지 않고,[출22:30] 할례는 팔일이 되기 전에는 행하지 않음[창17:12]과 같은 이치다. 또 먹지 않는 삼년은 가나안 민족들의 우상숭배로 말미암아 그 땅이 더럽혀져서 정결기간으로 볼 수도 있다. 한편 해리슨은 나무보호 등의 건전한 원예원칙에 입각하여 이 본문을 이해하기도 하였다.[10] 전체적으로 볼 때 "할례 받지 못한 열매"는 하나님이 땅의 주인이라는 의식고취와 풍성한 소산을 기대하는 일과 원예의 실제적인 상황을 고려한 일로 보여 진다.

4) 피 식용과 복술과 술수 금지19:26

26절부터 29절까지 열거된 피, 복술, 술수, 머리와 수염, 살을 베는 것과 문신, 창녀에 대한 금지 규례들은 이 풍속들이 우상 숭배와 연관이 있다.

무엇이든지 피 채 먹지 말라는 명령이 다시 선포된다. 이 금지는 앞에서 이미 여러 차례 언급된바 있다.레3;17; 7:27; 17:10-14 율법에서 반복이나 재 언급은 강화를 나타낸다. 피를 먹었던 이유는 정력의 문제나 이교도들의 관습과 관련이 있다. 또 점을 치거나 마법 행하면 안 된다. 일반적으로 점술은 비인격적인 힘을 믿는, 어떤 두려움에서 이루어진다. 이런 헛된 확신은 전능하신 하나님을 부인하는 것이다. 하나님의 주권과 계시를 의존하지 않는 것이다. 여기에는 미래를 알고 싶어 하는 인간의 주체할 수 없는 갈망이 도사리고 있다. 가나안 땅의 미신을 타파하기 위해 하나님은 선지자 제도를 주셨다는 사실을 알아야 한다.

선지자 제도와 미신들

선지자제도는 자연발생적으로 생긴 것이 아니라 하나님이 직접 일으키신 것이다. 선지자 제도는 신적기원神的起源을 갖는다.the prophetic institution is of Divine origin 선지자 운동의 기원과 특성은 신명기 18:9-22에 나타난다. 신명기 본문은 약속의 땅에 막 들어가려는 이스라엘 백성에게 경고와 함께 주어진 하나님의 대처방안이다. 하나님은 이스라엘 백성들에게 가나안 땅에 들

10) Harrison, Leviticus, 200.

어가면 이런 일들을 하는 자들을 따르지 말 것을 경고하셨다. 해당 본문을 통해 하나님의 백성은 그러한 행위에 의지할 필요가 없을 것임을 가르치셨다. 왜냐하면 하나님께서 친히 자기 백성을 위하여 선지자를 일으킬 것이기 때문이다. 선지자들은 하나님 사이에 중보자mediator 역할을 할 것이며 또한 하나님이 자기들 입에 두시는 모든 말씀을 백성들에게 알릴 것이다. 가나안 땅에서 행해지는 다음과 같은 미신들은 하나님께서 가증하게 보시는 것들이다.

아홉 가지의 미신들Nine superstitions

(1) 아들이나 딸을 불 가운데로 지나가게 하는 자. 참고. 레위기 18:21. 이 행위의 목적은 신탁을 받거나 재앙 방지

(2) 복술卜術자. divination–qesem. 점치는 사람 혹은 신탁을 받는 사람. 기본적으로는 이 단어는 제비뽑는 방법으로 신탁을 받는 개념. 구약에서 점술의 일반적인 용어로 사용

(3) 길흉을 말하는 자engages in witchcraft–anan, 앞일을 말하는 자

(4) 요술妖術하는 자interprets omens–nachash, 징조를 보는 자

(5) 무당巫堂sorcerer–kashaph

(6) 진언眞言자casts spells–chaber cheber

(7) 신접神接자medium–shaal, ob, 강신술(降神術)자, 혼백을 불러내는 기술자

(8) 박수spiritist–yiddemi, 남자 무당, 심령술사

(9) 초혼招魂자calls up the dead–darash muth

5) 머리털과 수염 면도 규례19:27

머리 가관자놀이에서 다른 관자놀이까지를 둥글게 깎으면 안 된다. 그 이유는 가나안 사람들의 장례 풍습 때문이다. 렘9:26 죽은 자들의 영혼이 저들 주변을 맴돌면서 해치기 때문에 알아보지 못하도록 두발을 둥글게 깎고, 수염

도 깎고, 얼굴에 문신을 했다고 한다. 그리고 수염 끝을 손상하지 않아야 한다. 구레나룻을 밀지 말라는 뜻이다.

6) 사자死者 애곡과 문신 금지19:28

백성들은 죽은 자를 위해 자신의 살을 베면 안 된다. 몇몇 본문에서는 네페쉬가 '죽은 사람'을 의미한다. 원래 그 어구는 네페쉬 메트였으며,민6:6 나중에 네페쉬가 이러한 표현을 대신해 약식으로 사용되었다.레21:1; 22:4 죽은 자를 위해 살을 베는 행위가 금지된 것은 사람에게 슬픔의 강도를 높이고, 혼령들에게 피를 제공하기 위해 자해하는 풍습이 가나안 땅에 있었기 때문이다. 이 행위는 일종의 격한 감정을 표현하는 종교적 애도 습관이다. 이교도들은 질병과 죽음이 귀신의 세력에 의하여 야기되기에 죽은 고인을 더 이상 괴롭히지 말라는 의미로 자기 몸을 베어 자신들의 피를 그 귀신들에게 바쳤다. 칼과 창으로 자신의 살을 베는 것은 바알의 숭배에도 나타난다. 특히 바알이 그를 따르는 자들의 탄원에 귀를 막는 것처럼 보일 때 그런 행동을 취한다.왕상18:28 그리고 몸에 무늬tattoo, kethobeth를 새기지 못하도록 하셨다. 이런 행위는 아마도 어떤 이방의식의 참여와 연관이 있을 것이다. 혹은 죽은 혼령들과 접촉하는 행위를 차단하기 위해서 그랬을 것이다. 미관을 해치는 측면도 있다.

7) 딸을 창녀로 만들지 말라19:29

자신의 딸을 더럽혀 창녀zanah가 되게 할 수 없다. 이 뜻은 큰 빚을 진 사람은 목돈을 마련하기 위해 자신의 딸을 창녀로 팔려는 유혹에 빠질 수 있을 것이다. 여기서는 가나안 종교의 '신전 창기'a temple prostitute로 보내지 말라는 뜻이다. 물론 이렇게 얻는 돈은 성소 헌금함에 넣지 못한다.신23:18 히브리어는 '신전 창기'를 그 문자의 의미대로 거룩한 여자들케데샤, holy-girls,

창38:21–22; 신23:17이라고 하고 남성형인 카데쉬는 미동신23:17; 호4:14으로 표현한다. 딸들이 신전 창기가 많이 되면 성도덕의 타락현상이 강력하게 퍼져 결국 전국에 음란함lewdness, zimmah이 가득하게 될 것이라고 하셨다. 이 음란함은 근친상간에서 악행으로 표현된다.레18:17 그렇게 되면 땅 자체가 매춘을 하는 셈이 된다.레18:24–27 종교적인 음란행위는 마땅히 근절되어야 한다.

8) 안식일 준수와 성소의 거룩 유지19:30

앞의 3절에서 언급되었던 안식일에 대해 하나님은 "내 안식일을 지켜라"고 재차 명령하신다. 안식일을 지키는 것과 성소를 지키는 것은 동일한 행동이기 때문에 안식일 준수에 이어 "내 성소를 공경revere, yere하라"고 하셨다. 성소는 여호와의 임재를 상징하므로 의인화되어 하나님을 공경하듯이 공경하라는 표현이 사용된 것이다. 그리고 "나는 여호와"라는 자기 선언을 하신다. 안식일 준수와 성소 공경 명령은 레위기 26:2에 다시 나타난다. 이렇게 반복되는 이유는 성전에 대한 존중은 거룩함의 유지는 물론이고 나아가서는 이교의 제의 관행들 성전 구역 내로 유입되는 것을 막는다.

9) 신접자와 박수 추종 금지19:31

26절의 복술과 술수를 행하지 말라는 금지에 이어 다시 신접한 자와 박수를 믿지 말라고 명하신다. 여기 신접한 자와 박수를 살아 있는 사람으로 보지 않고 귀신들과 죽은 혼령으로 보는 견해도 있다. 어쨌든 그들을 추종하여 스스로 더럽히면 안 된다. 여호와는 이스라엘 의 하나님이시기 때문이다. 이는 살아계신 하나님에 대해 직접적으로 역행하므로 죽은 자의 영과 접촉하는 시도와 모든 행위는 당연히 금지된다.

10) 노인 공경과 여호와 경외19:32

사람은 센 머리sebah, 백발의 머리 앞에 일어서야 한다. 그리고 백발이 성성한 노인의 얼굴panim을 공경hadar, 존경하다해야 한다. 그리고 너희의 하나님을 경외yare하여야 한다. 그 분은 여호와이시기 때문이다. 노인들에게 적절한 존경심을 보이는 것은 노약자에 대한 보호차원도 있지만 하나님에 대한 경외심의 표현이다. 한편 구약에서 노인에 대해 유일하게 비판적이었던 욥에 대한 엘리후의 견해욥32:9를 볼 수 있지만 이것은 인간의 한계성을 지적한 것이며 전체적으로는 노인을 공경하는 것이 하나님의 뜻이다.

11) 타국인에 대한 사랑19:33-34

타국인ger, 체류자, 거류자이 이스라엘 백성이 사는 땅에 우거하여 함께 있을 때 백성 들은 그를 학대yanah하면 안 된다. 성경에서 이 '학대하다'라는 동사의 목적어는 가난한 자, 궁핍한 자, 고아, 과부 그리고 이방인에게 해당된다. 이스라엘 백성들은 자기들과 함께 있는 타국인을 자기들 중에서 낳은 자본토인 같이 여겨야 한다. 타국인을 자기 같이 즉 이웃처럼 사랑과 다정함으로 대해야 한다.레19:18 왜냐하면 이스라엘 백성들도 이집트에서 객ger이 되어 살았으나 하나님 때문에 자유롭게 사는 민족이 되었기 때문이다.

12) 공정한 상거래19:35-36상

마지막 규례로 공평한 재판과 도량형 사용에 대해 교훈하신다. 여기에는 하나님의 공의를 실천하는 의미가 있다. 주민들은 재판에든지 도량형이든지 불의evel를 행할 수 없다. 정직하려면 공평한tsedeq 저울과 공평한 추와 공평한 에바건조된 물건의 양, 대략 15리터, 4갈론와 공평한 힌액체 단위, 약 3리터, 6핀트을 사용해야 한다. 액체인 에바와 힌도 저울과 추처럼 도량의 도구로 사용된다.

타락한 상인은 남을 속이기 위해서 두 벌의 저울과 자를 가지고 받을 때는 더 큰 치수를, 줄 때는 더 작은 치수를 사용한다.암8:5; 미6:10-11 모든 상업 거래에는 정직이 유지되어야 한다. 이것이 하나님의 공의를 실천하는 것이다.

2. 결론적 권면19:36하-37

이제 결론으로 이러한 법들을 지키라는 마지막 권면이 주어진다. 맺는 문구를 마무리하면서 먼저 밝히신 것은 "나는 너희를 인도하여 애굽 땅에서 나오게 한 너희 하나님 여호와니라"이라는 십계명 서문출20:2을 재차 천명하셨다. 그동안 "나는 너희 하나님 여호와니라"라고 밝히신 여러 반복 문구16회의 원래의 여호와의 자기소개 양식을 여기에 위치시키심으로 19장이 십계명을 해석하고 있다는 점과 이 규례는 여호와가 주신 것임을 다시 강조하고 있는 것이다. "너희는 나의 모든 규례와 나의 모든 법도를 지켜 행하라."라는 말로 결론적 권면을 마치셨다. 하나님은 모든 규례의 주체가 되심으로 지금부터 이스라엘 백성들은 가나안 땅에서 신적 율법에 복종하며 새롭게 살아야 할 것이다.

교훈과 적용

1. "내가 거룩하니 너희도 거룩하라"는 내용은 구약계시의 핵심이다. 레위기 19-21장 사이에 이 문구는 여러 번 나타난다.19:2; 20:7; 21:8. 참고. 출19:6, 민15:40, 신23:14 구약에 나타난 거룩함에의 요청은 신약 시대를 사는 신자들에게도 똑 같이 적용된다. 이것은 성도의 삶에도 거룩함을 향한 도덕적 투쟁이 있어야 한다는 것이다. 이것은 악마의 간계에 맞설 수 있도록 하나님께서 주시는 말씀의 장비로 완전무장을 하는 것이다.엡6:11-17

2. 수단이 목적을 정당화 하지 못한다. 큰 빚을 진 사람은 목돈을 마련하기 위해 자신의 딸을 신전 창녀로 팔려는 유혹에 빠질 수 있다.레19:29 그러나 이렇게 얻는 돈은 성소 헌금함에 넣지 못한다.신23:18 아무리 하나님께 바치는, 서원을 갚는 헌금이라 해도 정당하게 번 돈이 아닌 것은 하나님이 받지 않으신다. 또한 신전 남창이 번 돈도 마찬가지다. 창녀나 남창은 가나안 땅에서 풍요의 신을 숭배하는데 동원되었기 때문에 가증한 자들이다. 흔히들 우리는 목적만 좋으면 수단을 문제 삼지 않는 경우를 보는데, 이 말씀에 비추어 볼 때 그렇지 않음을 주지해야 한다.
3. 하나님은 규례 속에 교훈을 담아 놓으셨다. 규례는 원칙과 형식이 있다. 원칙과 형식이 중요하지만 하나님은 중심을 보시는 분삼상16:7이기 때문에 원칙과 형식이 맞다 하여도 하나님의 뜻을 따르는 내용과 진심이 담겨 있어야 한다. 더욱 신약시대의 성도는 율법보다 영이신 하나님요4:24을 섬겨야 하기 때문에 예배도 봉사와 헌신도 헌금도 중심이 먼저 드려져야 한다. 마치 백성들이 화목제 희생을 여호와께 드릴 때에 규례대로 드리면 제사가 열납되지만, 규례대로 드려도 하나님께 보이려고 형식적으로 드렸을 경우,사1:12 하나님을 만홀히 여기거나,갈6:7 오히려 가증한 것을 기뻐하면서 무시하거나 멸시했을 때사66:3는 그 제사가 열납되지 않는다는 사실을 상기해야 한다. 그래서 백성들은 자신들이 그 제사 의식을 수행하면 하나님께서 자동적으로 그들의 희생들을 받으실 것이라고 추론을 할 수 없는 것처럼 우리가 하나님을 섬길 때 성전 마당 만 밟은 잘못사1:12을 여전히 범하지 말아야 할 것이다.

레위기 20장

예배와 가정을 거룩하게 지켜라

레위기 20장은 예배의 성결을 위한 우상 숭배자의 형벌1-8,27절과 가족 관계의 성결을 위한 성범죄에 대한 처벌9-26절로 나누어져 있다.[1] 이 두 부분은 규례를 지키라는 거룩한 삶에 대한 강한 권고로 끝을 맺는다.7-8절과 22-26절 20장이 강조하는 것은 용서가 아니라 신속하고 엄격한 형벌의 집행을 통해 재발하는 불행을 미연에 방지하는 것이다. 20장은 판례법이다. 왜냐하면 18장이 이방풍속을 좇지 말라는 필연법당위법으로 되어 있고, 20장은 이 필연법에 대한 결과로써의 결의법판례법, 조건법이 제시되기 때문이다.[2] 그래서 같은 내용이 18장과 20장에 겹쳐서 나오는 것처럼 보인다. 규례를 지키라는 것에 강조를 둔다면 다음과 같은 대칭 구조를 볼 수 있다.[3]

돌로 치는 처형몰렉 숭배자, 2절
　사술 금지6절
　　거룩하라 하나님이 거룩하시기 때문이다7절
　　　나의 규례를 지키라8
　　　나의 모든 규례를 지키라22절
　　거룩하라 하나님이 거룩하시기 때문이다26절
　사술 금지27절
돌로 치는 처형사술자들, 27절

---

1) Kaiser, Toward Old Testament Ethics, 124.

2) Younger, "Leviticus" Old Testament Introduction to Pentateuch (Trinity Evangelical Divinity School), 85-114,

3) Roy Gane, Leviticus, NAC, 363.

A. 우상 숭배자의 형벌20:1-8

Ⅰ. 본문의 개요

몰렉 숭배자에 대한 결의법으로서의 처형이 집행된다. 2-5절까지 강력하게 몰렉 숭배자에게 형벌을 가한다. 이스라엘 백성의 씨는 하나님의 축복이며 약속의 연장이다. 결과적으로 어떤 이스라엘 사람이 자신의 씨를 몰렉에게 바칠 때, 그는 그 약속의 연속성의 바로 그 원천에서 하나님의 목적을 가로 막는다. 하나님께서 몰렉 숭배에 빠지는 것에 대해 그토록 혹독한 징벌을 부여하시는 것은 바로 이러한 이유 때문이다.[4)]

몰렉 숭배에 대한 간단한 언급레18:21이 이제 숭배자들에게 임할 벌칙과 그런 자들을 죽이지 않는 자들에게 또한 임할 벌칙까지 확산된다. 일종의 공동체의 연대책임을 묻는 것이다. 이방 예배의 확산을 막기 위해 몰렉 제사가 강력하게 규제되었다.

몰렉제사는 아이들을 제물로 바치는 인신제사의 형태이다.왕하16:3; 17:17; 대하33:6; 신18:10; 민31:22-23 그런데 왜 가족 간의 성적인 문란 행위를 다루는 레위기 18장과 20장에 몰렉에 대한 처벌부터 나오는지 궁금하다. 두 가지 측면에서 몰렉 제사를 강력하게 규제하고 있는 것 같다. 첫 째는 가장 약한 자들인 아이들언약의 자손 혹은 씨의 보호하는 것이고 둘째는 몰렉과 여호와를 동시에 섬기는 자들로 인해 여호와의 이름과 성소를 더럽히는, 가장 심각한 죄악이기 때문이다.

"몰렉"이라는 단어는 구약 전체에 8번 나타나는데, 그 중 5번이 레위기에 언급되어 있다.18:21; 20:2-5 몰렉은 황소의 머리를 한 사람의 형상으로 만들어 졌다. 성경에서 몰렉 숭배의 최적의 장소는 나중에 힌놈 골짜기의 도

---

4) Hartley, Leviticus, 338.

벳이었다.[사30:33] 이곳을 "힌놈의 아들 골짜기"[왕하23:10; 렘19:6]라고 불렀다. 도벳은 무엇을 태우거나 굽는, 불타는 장소를 가리키거나 몰렉에게 인신 제사를 드리는 곳으로 지칭되었다.

Ⅱ. 본문의 구조

1. 서언문구[20:1-2상]
2. 몰렉 숭배자에 대한 처형[20:2하-5]
   1) 돌로 쳐라[20:2하-3]
   2) 몰렉 숭배자를 처형 하지 않는 자에 대한 심판[20:4-5]
3. 신접한 자와 박수 추종 불허[20:6]
4. 거룩한 하나님에 대한 자기 천명[20:7-8]

Ⅲ. 본문 주해

1. 서언문구[20:1-2상]

여호와께서 모세에게 백성에게 이르라고 말씀하셨다. 이어지는 2절에도 계속해서 백성에게 말하고 하셨다. 2절의 문구는 이것이 원래 다른 규정들 뒤를 따랐음을 암시해 준다.[참조. 레17:8] 전달 내용은 우상숭배와 성범죄를 행할 경우 어떻게 처벌을 받는지에 대한 것이다.

2. 몰렉 숭배자에 대한 처형[20:2하-5]

1) 돌로 쳐라[20:2하-3]

몰렉 숭배자는 돌로 처형한다. 만약 어떤 사람이 이스라엘 자손이든지 이스라엘에 우거한 타국인이든지 그 자식을 몰렉에게 주거든 반드시 죽이라는 것이다. 20장에서 "반드시 죽여라"mot yumat는 명령은 일곱 번 주어진다.22,9,10,12,13,15,16 이 때 처형의 집행은 이스라엘에 거주하는 이스라엘 백성 즉 "그 땅의 백성"인 평민이 돌로 쳐야 한다. 돌로 죽이는 행위는 전 백성이 하나님의 명령에 순종하는 전체 행동인 셈이다. "그 땅의 백성"이란 그 지방사람the people of the land, am haerets을 말한다. 이 문구는 후대에 팔레스타인에 거주하는 비 이스라엘 계통의 주민들을 지칭하기도 한다.스4:4 돌로 치는 자는 그 지방 사람이어야 한다. 그렇게 하는 이유는 공동체의 책임의식 때문이다. 즉 이렇게 하므로 공동체에서 범죄자를 추방하고 공개적 처형을 통하여 두려움을 유발시켜 이러한 죄가 더 확산되는 것을 방지하고자 하는 것이다.신13:11

구약에서 돌로 치는 경우는 사람을 들어 받는 버릇이 있는 소,출21:28-32 신접한 자,레20:27 하나님을 모독한 자,레24:16; 왕상21:1-15 안식일을 어긴 자,민15:35-36 우상숭배자,신13:10; 17:5 패륜아,신21:21 간음한 자신22:21,24 등이다.[5] 전승에 따르면 이러한 징벌은 범죄자를 높은 장소에서 던짐으로써 시행되었다. 사람들은 범죄자의 추락이 치명적이지 않을 때만 그 사람에게 돌을 던져 죽였다는 것이다.[6]

하나님은 그렇게 자식을 몰렉에게 주는 자에게 진노하여 그를 그 백성 중에서 끊겠다고 하셨다. 이는 이중형벌이나 중대범죄에 대한 별도의 처벌이 아니라 몰렉에게 제사한 것이 숨겨질 경우 하나님이 직접 치시겠다는 말씀이다. 하나님 입장에서 처벌하는 이유는 자식을 몰렉에게 주어서 하나님의 성소를 더럽히고 하나님의 성호를 욕되게 하기 때문이다. 성소를 더럽히는 경우는 몰렉에게 제사한 자가 다시 이중으로 성소에 들어오는 경우

5) Wenham, The Book of Leviticus, 277.
6) Hartley, Leviticus, 333.

다.[7] 이것을 방지하기 위해 하나님이 숨겨진 죄는 직접 심판하시겠다는 것이다. 성소는 하나님의 임재의 장소이며 성호는 곧 하나님의 인격과 말씀이므로 더럽히는 행위는 거룩함에 역행된다. 이렇게 강력하게 몰렉제사를 금지시키므로 가장 약한 자들인 아이들을 보호하고 여호와의 이름과 성소를 더럽히는 가장 심각한 죄악을 차단할 수 있다.

2) 몰렉 숭배자를 처형 하지 않는 자에 대한 심판20:4-5

몰렉 숭배자를 처형 하지 않는 자는 백성 중에서 끊어지는 벌을 받는다. 어떤 사람이 그 자식을 몰렉에게 주는 것을 그 지방 사람이 못 본체하고 그를 죽이지 아니하면 하나님이 그 사람과 그 권속에게 진노하시겠다고 말씀하신다. 진노가 확대되는 권속mishpachah은 친족일족, 씨족, 혈족을 말한다. 또 몰렉 숭배자를 본받아 몰렉을 음란하게zanah, 전문적인 음행 섬기는 모든 사람은 그 백성 중에서 끊어버리겠다고 하셨다. 이렇게 하시는 이유는 몰렉 숭배자가 처형을 받지 않도록 범인을 숨겨주거나 죄를 은닉하거나 사회적인 지위를 이용하여 죄를 격감시키는 행위를 하지 못하도록 그의 친족이나 회중 전체에게 경고하시는 것이다. '몰렉을 음란하게 섬긴다.'는 표현은 여호와에 대한 비신실함을 성적 음란으로 비유한 것이다.출34:15-16; 레17:7; 삿2;17; 호4:12 여호와만 왕멜렉으로 섬겨야 하는 이스라엘 백성들이 거짓 왕인 몰렉을 섬기는 것은 철저한 배교행위이기 때문에 강력하게 응징하는 것이다.

3. 신접한 자와 박수 추종 불허20:6

신접한 자나 박수를 추종하는 자는 역시 백성 중에서 끊어지는 벌을 받는다. 음란하듯 신접한 자와 박수를 추종하는 자에게는 하나님이 진노하여 그를 그 백성 중에서 끊으실 것karath라고 하셨다. 이에 대한 심판은 하나

7) Noordtzij, Leviticus, 209.

님의 직접적인 개입으로 나타나는 심판이다. 그들이 신기한 능력을 갖고 있다고 믿기 때문에 추종하게 되는데, 이럴 때 그 죄를 법적으로 확정짓기 어려워 하나님께서 직접 개입하시는 것이다. 앞 장에서도 신접한 자와 박수를 믿지 말 것레19:31을 명하신바 있다. 신접한 자와 박수는 이미 그의 몸에 다른 신을 섬기는 자들이기 때문에 음란한 자들이고 추종하는 것도 음란한 짓이다. 신접한 자와 박수는 각각 귀신들ghosts과 죽은 혼령spirits으로 보기도 한다.

4. 거룩한 하나님에 대한 자기 천명20:7-8

이 구절들은 앞의 2-6절을 마무리 짓는 말씀일 수 있다. 하나님은 다시 자신을 천명하신다. "너희는 스스로 깨끗케 하여 거룩해져야한다. 나는 너희 하나님 여호와이다. 그리고 너희는 내 규례를 지켜 그대로 하라. 나는 너희를 거룩하게 하는 여호와이다." 이렇게 하나님 스스로를 밝히시므로 법령의 엄격함을 더하신다. 이스라엘 백성들은 가나안 땅에서 여호와를 섬기며 하나님이 주신 규례들을 지켜야 할 것이다.

교훈과 적용

1. 레위기에는 많은 법들이 등장한다. 특별히 20장은 우상 숭배자에 대한 강력한 응징이 대두된다. 당사자는 물론 우상 숭배자를 처형하지 않는 자도 동일한 죄를 물어 벌하는 모습을 보인다. 연대책임을 묻는 것이다. 또한 몰렉 숭배를 따라 하는 자도 처벌하신다. 사실 이러한 심판을 통해 또 한 측면을 볼 수 있다. 상반적인 것처럼 보이지만 현장에서 간음하다 잡힌 여인을 예수님께서는 모세의 법대로 집행하지 않으시고 구해주셨다. 그리고 다시는 그런 죄를 짓지 않도록 타이르셨다. 주님은 분명 이 땅에 심판이

아니라 구원하러 오심을 보여준다.[요8:1-11] 율법의 엄격성은 보복적 차원이 아니라 그 영혼들을 살리시려는 하나님의 사랑이 다른 짝으로 나타난다는 사실이다. 법령이 엄격할수록 담겨진 사랑이 깊으신 것이다. 그러나 심판을 보지 않고는 그 분의 용서하심을 알기가 어려운 것이 인간의 한계다.

2. 이스라엘 백성들 중에 있었던 우상 숭배자들을 오늘날 어떻게 적용할 수 있을까? 그리스도에 속한 자는 영적 이스라엘이며 아브라함의 자녀다.[갈2:29] 이제 레위기 법에서 "끊어지는 벌"이나 "돌로 쳐 죽이는 벌" "불에 사르는 형벌"은 문자적으로 실행되지 않는다. 우리는 계시의 점진의 관점에서 이해해야 한다. 즉 교회의 권징으로 행해야 하는 것이다. 예를 들면 "끊어지는 벌"은 수찬정지나 그 이상의 시벌로, "돌이나 불에 의한 벌"은 출교로 행할 수 있을 것이다. 오늘날 레위기 법[의식법, 시민법, 도덕법, 언약법]의 연속성과 불연속성은 현대에 맞춰 적실성에 따라 해석하고 그 의미와 정신을 이어가야 할 것이다.

3. 하나님은 규례를 주신 다음 반드시 이를 지키라고 하신다. 왜냐하면 자신은 거룩하신 여호와이시기 때문이다. 자신의 백성들이 자신을 섬기는 것과 다른 헛된 신이나 우상을 섬기는 것은 용납되지 않으며 서로 공존할 수 없는 것이다. 신약에 와서도 "한 사람이 두 주인을 섬기지 못하며, 하나님과 재물을 겸하여 섬기지 못한다."[마6:24]고 하셨다. 절대적인 섬김은 그에 따른 법도 준엄하고 엄격할 수밖에 없다. 그래서 심판도 공의롭게 집행되는 것이다.[시9:8] 우리는 하나님의 계명을 양심적으로 지키며 살아야 할 것이다. 이것은 절대자를 떠받드는 섬김의 자세다.

B. 성범죄에 대한 처벌 20:9-27

I. 본문의 개요

성에 대한 것을 15장은 정함과 부정함의 입장에서, 18장은 금지되어야 할 성관계를 항목별로, 20장은 다양한 범죄, 특히 성적인 범죄에 대한 형벌을 차례로 열거한다.

18장은 근친상간동성애와 짐승과의 교합 포함에 대한 것만 17가지를 언급하였고, 20장은 13가지의 성범죄의 처벌에 관하여 밝히고 있다. 20장에는 18장에서 언급하지 않았던 이웃의 아내유부녀와의 성관계 처벌이 나온다. 이렇게 이방 풍속을 따라 성범죄를 저지르지 않아야 하는 것은 결혼과 가족은 하나님이 주신 제도라는 것을 상기시킨다. 성범죄의 처벌을 파악하기 위해 18장과 20장을 비교하면 다음과 같다.

레위기 18장	레위기 20장
필연법(당위법, apodictic laws)	결의법(조건법, casuistic laws)
당위 법전(순종하라)	형벌 법전(불순종의 벌), 사형제, 중범죄
17개의 범죄 내용 중 18장은 훈계와 교육적인 어투로 되어 있다(…하지 말라)	17개의 범죄 내용 중 20장은 범법자에 대한 형벌이 조목조목 나열되어 있다(누구든지…을 한다면,…형벌을 받을 것이다). 특히 11개(20:9-19)의 위반 항목에 대하서는 사형에 해당하는 벌을 내리고 있다.
가족 구성원들에게 초점	형벌을 실행할 공동체에 초점
성적 타락이 심하면 땅이 주민을 토해냄을 명시(18:25)	성적 타락이 심하면 땅이 주민을 토해냄을 명시(20:22).
금지 권고나 명령을 내림	명령을 어길 때 내리는 구체적인 형벌이 열거 됨

Ⅱ. 본문의 구조

1. 부모를 저주하는 자 반드시 처형20:9
2. 성범죄에 대한 처벌20:10-21
    1) 반드시 죽어야 하는 처벌 대상자들20:10-16
        (1) 유부녀와 간음한 자20:10
        (2) 계모와 동침한 자20:11
        (3) 며느리와 동침한 자20:12
        (4) 동성애자20:13
        (5) 장모와 관계를 갖는 자20:14
        (6) 짐승과 교합한 자20:15-16
    2) 끊어지는 처벌을 받는 자20:17-19
        (1) 자매를 취한 자20:17
        (2) 월경하는 여인과 동침한 자20:18
        (3) 이모나 고모를 범한 자20:19
    3) 후손을 보지 못하는 저주의 처벌20:20-21
        (1) 숙모와 동침한 자20:20
        (2) 형수나 제수를 취한 자20:21
3. 권고의 말20:22-23
4. 약속을 지키시는 하나님20:24
5. 정함과 부정함의 구별에 대한 재 환기20:25
6. 거룩함과의 동행을 권고20:26
7. 신접자나 박수가 되면 처형 명령20:27

Ⅲ. 본문 주해

1. 부모를 저주하는 자 반드시 처형20:9

부모를 저주하는 자는 반드시 처형해야 한다. 만약 그 아비나 어미를 저주qalal하는 자는 반드시 죽여야 한다. 예외 경우를 두거나 죄를 격감시키지 말고 꼭 처형하라는 것이다. 이것은 그가 그 아비나 어미를 저주하였기 때문에 그 피가 자기에게 돌아가는 것이다. 부모를 저주하는 자에 대해서는 공동체가 사형을 집행해야 한다. 여기서 저주하다는 의미는 어쩌다가 우발적인 분노의 말을 발하는 것 그 이상을 의미한다. 저주는 '공경하다'와 정반대의 개념으로 경멸하고 무시함을 말한다. 저주라고 번역된 칼랄이라는 동사는 '가볍다' 혹은 '가볍게 여기다'라는 뜻이 있다. 따라서 부모를 가볍게 여겨 함부로 대하거나 업신여기는 모든 언행이 이 규정에 포함된다.참고. 잠30:17

2. 성범죄에 대한 처벌20:10–21

성범죄에 대한 처벌 규정이다. 18장에서는 해서는 안 될 것들의 금지 사항만을 제시하였다. 그러나 20장에서는 금지 사항을 어겼을 때 그에 해당하는 형벌들을 제시한다. 형벌의 진술을 제외하고는 많은 것이 레위기 18:6–23절과 대부분 평행된다. 성범죄에 대한 처벌 규정은 대게 세 가지 유형으로 분류된다. 반드시 죽어야 하는 벌유부녀, 계모, 며느리, 동성애, 장모, 짐승과 끊어지는 처벌자매, 월경하는 여인, 이모나 고모과 후손을 보지 못하는 저주숙모, 형수나 제수다. 모두 13가지의 경우를 다룬다. 18장에는 17가지의 경우가 열거되었다. 20장에는 처벌이 너무나 당연한 어미레18:7나 손녀나 외손녀레18:10와의 근친상간은 빠져 있다.

그런데 고의적으로 죄를 범했을 경우에 죄를 자복yadah하고 속건제를 함께 드림으로 허물을 용서받는 경우들이 있다. 이때의 고의적인 죄는 증인, 사체, 부정, 맹세의 허물avon 등 비교적 경범죄에 속한 것들이다. 그러나 레위기 20장에 제시된 "백성 중에서 끊어지거나" "반드시 죽여야" 되는 중범죄몰렉제사, 신접자나 박수의 추종, 부모에 대한 저주, 동성애, 각종 불법성교, 수간 등는 해당되지 않을 것이다.[8)]

1) 반드시 죽어야 하는 처벌 대상자들20:10-16

(1) 유부녀와 간음한 자20:10

남자가 남이웃의 아내와 간음naaph, 비전문적인 음행하면 통간이기 때문에 그 간부naaph, adulterer와 음부adulteress 둘 다를 반드시 죽여야 한다. 그런데 간음을 현장에서 발견하지 않는 한 사실 여부를 증명하기가 어렵다. 간음 여부에 따라 죽음이 뒤따르기 때문에 사실 판단은 매우 중요하고 심각한 문제다. 우리는 하나님의 일은 인간의 능력을 항상 뛰어 넘는다는 사실을 알아야 한다. 이 간음 여부를 확인하는 것이 '의심의 소제'다.민5:11-31 하나님은 이처럼 주신 법에 대해 범죄여부를 가리는 방법까지 주셨다.

(2) 계모와 동침한 자20:11

남자가 그 계모와 동침shakab, 창35:22하면 그 아비의 하체를 범하였기 때문에 둘 다 반드시 죽여야 한다. 그들은 가증한 일을 저질렀다. 그 피가 자기에게로 돌아갈 것이다. 이 표현은 율법의 종결부 역할로 20장에 다섯 번 나온다.11,12,13,16,27절 이 말은 자기의 죗값으로 죽는다는 말이다.

8) 김호관,『속죄의 마을로 가라』, 82.

(3) 며느리와 동침한 자20:12

시아버지가 그의 며느리와 동침하면 둘 다 반드시 죽여야 한다. 그들이 가증한tebel, 신적질서 위반 일을 저질렀다. 그들은 자기의 죗값bloodguiltiness으로 죽는다.

(4) 동성애자20:13

만일 남자가 여인과 교합하듯 남자와 교합하면 둘 다 가증한toebah, 혐오스러움 일을 행하였음으로 반드시 죽여야 한다. 그들은 자기의 죗값으로 죽는 것이다. 하나님이 보시기에 가증한 형태는 신적 질서의 위반,tebel, 레20:12 혐오스러운 것,toebah, 레20:13 몹시 싫어하는 것quts, 레20:23이 있다. 하나님은 가증한 것을 미워하신다.렘44:4

(5) 장모와 관계를 갖는 자20:14

남자가 자기 아내와 그 장모를 아울러 취하면 악행을 행하는 것이다.신27:23; 레18:17 그 남자와 두 여자를 동시에 불살라 처형해야 한다. 유대인의 형벌에 화형이 있음을 알 수 있는 구절이다. 이것은 백성 중에 악행zimmah, wickedness을 없애기 위해서다. 시체가 불에 태우질 경우 매장지가 필요 없게 되고, 시체가 땅을 더럽히지 않게 된다. 아마도 이 세 명에게 돌로 먼저 치고 화장을 했을 것이다.수7:25 돌로 치고 불에 태우는 것은 돌로만 치는 것보다 더 무거운 형벌이다.

(6) 짐승과 교합한 자20:15-16

남자가 짐승과 교합sekobet, copulation, 교미하면 반드시 죽여야 한다. 그리고 그 짐승도 함께 죽여야 한다. 마찬가지로 여자가 짐승에게 가까이 하여 교합하면 여자와 짐승을 반드시 함께 죽여야 한다. 그들은 수간獸姦을 하였기 때문에 자기의 죗값으로 죽는 것이다.

2) 끊어지는 처벌을 받는 자20:17-19

(1) 자매를 취한 자20:17

남자가 그의 자매 곧 아버지의 딸이나 어머니계모의 딸이든, 누이를 데려다가 취하여 그 누이의 하체ervah, 벌거벗음, 수치, 외음부, 벗은 몸를 보고, 또 누이가 오라비의 하체벗은 몸를 보면 부끄러운chesed 일이다. 그 민족am, 일반적인 백성 앞에서 그들 둘 다 끊어질 것이다. 그가 그 누이의 하체를 범하였기 때문에 그 죗값을 치루야 한다. 여기에 "부끄러운"으로 번역된 헤세드는 동음이의어로 두 가지로 사용된다. 하나는 구약에서 약 240회 나오는 것으로 친절, 인자, 자비, 자애 등으로 쓰이는 단어이고, 다른 하나는 책망, 비난, 수치, 치욕을 의미하는 전혀 다른 뜻의 단어이다. 본문은 후자의 뜻으로 쓰였으며 구약에서 단 2회만 나타난다.레20:17; 잠14:34

(2) 월경하는 여인과 동침한 자20:18

남자가 월경하는 여인과 동침하여 그녀의 하체를 범하면 남자는 그 여인의 근원maqor, 샘, 월경의 근원을 드러내었고 여인은 자기의 '피 근원'을 드러내었기 때문에 둘 다 백성 중에서 끊어지는 벌을 받는다.

(3) 이모나 고모를 범한 자20:19

남자는 이모나 고모의 하체를 범하면 안 된다. 이는 혈연관계sheer, 골육지친의 하체이기 때문에 그들이 죄벌을 면할 길이 없다.

3) 후손을 보지 못하는 저주의 처벌 20:20-21

(1) 숙모와 동침한 자 20:20

숙모와 동침하면 그 삼촌[숙부]의 하체를 범하는 것이다. 그들은 죄벌을 받아 후손을 보지 못하고 죽을 것이다. 예레미야가 여호야긴을 저주하며 사용한 형벌이 바로 후손이 끊기는 형벌이었다.[렘22:30] 구약에서 자녀가 없는 것은 하나님의 저주를 상징한다.

(2) 형수나 제수를 취한 자 20:21

형제의 아내인 형수나 제수를 취하면 더러운[niddah, abhorrant] 일이다. 그가 그 형제의 하체를 범하였기 때문이다. 그들은 숙모와 동침한 자들의 저주처럼 후손을 보지 못하고 죽을 것이다. 죽은 형제의 아내와 결혼하는 수혼법[계대결혼, 역연혼, levirate]은 예외다.[신25:5-10; 참조. 레18:16]

3. 권고의 말 20:22-23

이스라엘 자손들[20:2]은 하나님의 모든 규례와 법도를 지켜 그대로 행하라고 권고하신다. 그리하여야 하나님이 그들은 인도하여[bo] 거하게 하는 땅이 그들을 토하지[qi, spew] 아니 할 것이다. 땅은 중립적인 개념이 아니라 이스라엘 백성들과 연관되어 있다. 이스라엘 백성이 더러워지면, 땅도 더러워져 결국 그 주민들을 토해낸다.[레18:24-30; 20:22-23] 이스라엘 백성들은 하나님이 그들 앞에서 쫓아내는[shalach] 족속의 풍속을 좇으면 안 된다. 그 족속들이 각종 성범죄를 행하였으므로 하나님이 그들을 가증하게[quts, 몹시 싫어하다] 여겨 쫓아낸 것이다.

4. 약속을 지키시는 하나님20:24

하나님은 이러한 형벌을 규례를 주시는 가운데서도 자신은 약속을 지키시는 여호와이심을 나타내셨다. 하나님은 전에 아브라함에게 말씀하셨다. "너와 너의 후손이 가나안 땅을 기업으로yarash 얻을 것이다". 창17:8 그리고 이삭에게도 이 약속을 하셨고, 창26:3-4 야곱에게도 반복해서 이 약속을 하셨다. 창48:4 하나님은 다시 이스라엘 백성에게 가나안 땅 곧 젖과 꿀이 흐르는 땅을 그들에게 주어 유업으로yarash 삼게 하겠다고 약속하신다. 참조. 신11:9 약속을 하시고 그 약속을 지키시겠다고 다짐하시는 하나님은 이스라엘 백성을 만민 중에서 구별하여badal 그들의 하나님 여호와가 되셨다는 사실을 알리신다.

5. 정함과 부정함의 구별에 대한 재 환기20:25

정함과 부정함의 구별에 대한 재 환기를 시키신다. 상기시키는 이유는 지금 규례를 받는 이스라엘 민족은 구별된 거룩한 백성임을 말하는 것이다. 한번 주신 율법은 언제나 살아 있는 하나님의 말씀이기에 중요한 율법 정신의 근간은 이렇게 반복적으로 언급된다. 이스라엘 백성들은 짐승의 정결함과 부정함을, 새의 정결함과 부정함을 구별하여 생활을 정결하게 해야 한다참고. 레11장는 사실을 언급하신다. 하나님은 그들을 정결하게 하기 위하여, 부정한 짐승이나 새나 땅에 기는 곤충으로 인하여 각자의 몸을 더럽히면 안 된다고 다시 강조하셨다.

6. 거룩함과의 동행을 권고20:26

정함과 부정함의 구별을 환기 시킨 뒤 거룩함과의 동행을 권고하신다. "너희는 내게 거룩하게 살아라." 거룩함에의 요청은 여호와 하나님께서 거룩하시고 하나님이 또 그들을 자신의 소유를 삼으려고출19:5, 시내산 언약 그들을 만민[am] 중에서 구별하셨기 때문이다. 하나님의 소유는 거룩해야 하고, 거룩하지 않으면 하나님의 보배로운 소유가 될 수 없는 것이다. '거룩한'[qadosh, 레6:16, holy]것은 '세속적'[chol, 레10:10, profane]인 것이 아님을 재차 강조하시는 것이다.

7. 신접자나 박수가 되면 처형 명령[20:27]

마지막으로 신접자나 박수가 되면 처형하라는 명령을 다시 내리신다.[레20:6; 19:31] 앞에서 이들에 대한 처벌이 이미 주어졌다.[레20:6] 그럼에도 불구하고 여기에 수미상응 구조[6,27절]로 재 언급되었다. 남자나 여자가 신접한 자나 박수가 되거든 반드시 죽여라고 하셨다. 곧 돌로 쳐 죽이는 것이다. 오경에서 돌로 사람을 치는 형태는 여러 군데[출8:26; 17:4; 19:13; 21:28]에 나오나, 율법의 처형 방법으로서 직접명령이 기록된 것은 이곳이 처음이다. 그 피가 자기에게로 돌아갈 것이다. 그들은 자기의 죄값[bloodguiltiness]으로 죽을 것이다. 이렇게 결론으로 이 규례를 재 언급한 것은 이스라엘 백성 중에 가나안의 풍습을 본받아 신접자나 박수가 되는 것을 막기 위해서다. 왜냐하면 이들은 여호와의 법을 직접적으로 역행하는 사술[qesem]이기 때문이다.[삼상15:23]

교훈과 적용

1. 하나님의 뜻은 우리가 성결하게 사는 것이다. 음행[sexual immorality]을 멀리하고 살아야 한다. 각 사람은 자기의 아내[그릇]를 거룩함과 존경함으로 대할 줄 알아야 한다. 하나님을 알지 못하는 이방 사람과 같이 색욕[lustful passion]에 빠져서는 안 된다. 이런 일에 성도가 탈선하거나 자기 형제자매를 해하는 행동을 하면 안 된다.[살전4:3-5] 바울이 2차 여행 때 고린도에서 쓴 이 본

문의 내용처럼 하나님의 뜻은 성도의 성결한 삶과 마음이다. 레위기 20장의 처벌들이 이런 점을 형벌을 통해 직접적으로 교훈하고 있다.

2. 약속의 하나님을 믿어야 한다. 하나님은 이스라엘 백성들에게 많은 율법을 주시면서 그 율법을 지키며 살 수 있도록 주신 땅이 가나안 땅이다. 이 땅은 그냥 선물로 주어진 것이지만 그 이전에 먼저 약속을 하셨다. 선조들인 아브라함, 이삭, 야곱을 통해 약속을 하시고 다시 후손인 이스라엘 백성들에게 약속하셨다. 하나님은 신실하시기 때문에[신7:9] 자신의 약속인 언약을 꼭 지키시는 분이시다. 하나님은 약속을 지키시는 분이라는 구약역사가 우리에게 굳건한 신앙을 갖도록 해준다. 우리는 약속의 하나님을 믿고 살아야 한다. 하나님의 약속은 그리스도 안에서 생명을 주시는 영원한 약속이다.[고후1:20; 창17:7]

3. 구별은 하나님의 특별한 행동이자 거룩함의 역사[history]이다. 구별의 역사는 초태생,[출13:2] 장자,[출4:22] 맏아들 사상[롬8:29; 히1:6]으로 이어진다. 구별의 목적은 거룩하게 하는 것이고, 거룩함의 목적은 하나님의 소유하심에 있다. 하나님의 소유가 되는 것은 구원받음을 뜻한다. 그리스도가 우리를 자기 소유로 만드셨다. 새로운 피조물이 된 것이다.[고후5:17] 그리스도는 하나님의 아들[마3:17]이심으로 우리는 하나님의 자녀가 된 것이다.[롬8:16] 하나님의 자녀로 사는 것은 곧 구별된 자로 사는 것이고, 세속과 점점 분리해 가는 존재로 살아가는 자들이다. 구별됨과 거룩함과 하나님의 자녀 됨과 우상을 멀리하는 것[요일5:21]은 하나님의 소유를 나타내는 명칭들이다. 성도의 정체성은 이 단어들 가운데 있다.

레위기 21장

제사장들은 거룩하여야 한다

A. 아론 집안의 제사장들에게 주는 규례21:1-15

제사장들은 거룩하여야 한다.레21:6, so they shall be holy 21장과 22장은 제사장들의 규례를 다룬다. 규례의 목적은 제사장들은 거룩하여야 한다는 것이다. 이들에게는 앞에서 다루었던 일반 백성의 거룩함 보다 더 높은 수준의 거룩함을 요구하고 있다. 이 장은 아론과 자손들에게 주는 제사장들의 특별 규례다. 아론의 자녀들은 다른 이스라엘 백성들 보다 속되지 않도록 더 조심하며 살아야 한다. 저들은 개인적인 면에서도 일반인 보다 더 주어진 제약이 많았다.레10:8-11 역시 21장도 앞 장들과 같이 거룩함이 강조된다. 21장을 시작하면서 단 세절레21:6-8 사이에 아홉 번이나 거룩함을 언급하면 보면 얼마나 제사장의 거룩함에 대해 강조하고 있는 지 알 수 있다. 거룩해야 하는 것은 하나님의 명령인 동시에 제사장들의 정체성이다. 달리 말하면 거룩하지 않는 제사장은 제사장의 역할과 직무를 할 수 없다. 그러나 제사장 스스로가 거룩해 지는 것이 아니라 하나님이 제사장을 거룩하게 하신다. 제사장 위임식레8-9장에 이어 제사장에게만 주는 '제사장 규례'는 레위기에서 21-22장에만 나온다.

21장은 제사장들의 신체적 온전함을 통해 제사장 사역의 온전함, 삶에 있어서 윤리적 온전함을 상징적으로 표현한다. 21장은 제사장에 관한 규정,[1-9절] 대제사장에 관한 규정,[10-15절] 제사장의 신체 조건에 관한 규정[16-23절]의 세 단락으로 구성되어 있다. 두 개의 연설 도입 형식문장[1,16절]으로 시작하여 "나는 거룩하게 하는 여호와니라"라는 두 개의 확정된 자기소개 형식문장[15,23절]과 마지막 종결문구[24절]로 끝난다.

Ⅰ. 본문의 개요

레위기에서 제사장들에게 제사와 제도에 직접 관련된 지침들[1-16장]은 주어졌지만 성결법[17-26장]에 들어와서 제사장들이 알고 지켜야 할 특별 규례가 주어진 것은 21장이 처음이다. 제사장에게 내린 이 지침은 제사장은 물론 공동체 전체의 구두 교육을 위해 주어진 것이다. 제사장에게 부과된 요구 조건은 모두 여덟 가지다. 여기에다 대제사장에게만 주어진 규례까지 합하면 열한 가지가 된다. 이를 지키게 하는 이유는, 그들은 하나님이 거룩하게 하는 자들이기 때문이다. 특히 제사장이 될 수 없는 신체적인 흠을 지적하므로 제사장 직무의 온전한 사역, 나아가서는 온전히 거룩해야 할 제사장의 정체성을 가르친다.

Ⅱ. 본문의 구조

1. 일반 제사장에게 주는 특별 규례[21:1-9]
    1) 서론[21:1상]
    2) 시신과의 접촉금지[21:1하]
    3) 시신과의 접촉허용[21:2-3]
    4) 제사장은 백성의 어른[21:4]
    5) 이교도의 장례 풍속 금지[21:5]

6) 제사장들은 여호와의 화제이며, 식물을 드리는 자21:6

7) 제사장 아내로 삼을 수 없는 여인들21:7

8) 제사장을 거룩하게 여겨라21:8

9) 제사장 딸이 행음하면 불사르라21:9

2. 대제사장에게 주는 특별 규례21:10–15

1) 예복과 관과 머리를 단정하게 하라21:10

2) 부모의 시신도 접촉금지21:11

3) 가정보다 성소의 업무가 우선21:12

Ⅲ. 본문 주해

1. 일반 제사장에게 주는 특별 규례21:1–9

1) 서론21:1상

여호와께서 모세에게 이르셨다. 아론의 자손 제사장들에게 가르쳐주라는 연설 도입 형식의 문장으로 시작한다. 모세는 제사장들에게 성소에서 희생을 드리며 성소의 거룩함을 보존하기위해 특별한 기준들을 전달하였다.

2) 시신과의 접촉금지21:1하

제사장은 시신과 접촉 할 수 없다. 그러나 직계 가족은 예외이다. 이것은 제사장의 특별규례이다. 여기서 특별이라는 의미는 통상적인 제사 직무가 아닌, 자격과 정체성에 관련된 규례라는 것이다.

제사장 특별규례를 보면 다음과 같다. 백성 중에 죽은 자시체 때문에 스스로 더럽혀서는 안 된다. 이 때 스스로는 자발적이 아니라 결과적으로 조심해야 한다는 것이다. 시체 접촉은 자신이 늘 의식하며 조심해야 할 문제다. 심지어 죽은 시체나 뼈뿐만 아니라 그 사람이 거하던 장막이나 물건이나 무덤을 만져도 부정하게 되는 것을 보면민19:11,14-16 부정을 피하는 것이 제사장에게 아주 중요한 일임을 알 수 있다.

이렇게 제사장에게 주는 법이 시신과의 접촉 문제로 시작하는 것은 시체는 부정한 것이기 때문이다. 시체를 만진 자는 일주일 동안 부정하다.민19:11 시체는 인간 경험 속의 중대한 충격인 죽음을 의미하며 죽음은 모든 종교 체제에서 핵심적인 문제다. 그래서 첫 번째로 다루어질 수 있다. 많은 고대 사회에서는 죽음에 대한 어떤 두려움 때문에 망자가 숭배되기도 했다. 그러나 살아 계신 여호와를 믿는 이스라엘에서는 당연히 이를 금지한다. 죽음과 하나님의 성소 사이에는 엄청난 장벽이 놓여 져 있다. 인간의 죄로 인한 최후의 저주인 죽음은 가장 큰 오염의 영향력을 지녔기 때문에 죽음을 미화하는 것을 금지한다. 또한 죽음의 상징인 시체를 만졌을 때 이를 정결하게 하는 법까지 주셨다.민19:11-22 [1]

3) 시신과의 접촉허용21:2-3

일반인들의 시체를 만질 수 없지만 제사장은 혈육관계직계가족인 골육지친의 부모아버지, 어머니나 자녀아들, 딸나 형제나 결혼하지 않은 친 자매의 시신은 만 질수 있다. 이 여섯 명의 직계가족은 에스겔서에도 나타난다.겔44:25 가족의 시신을 만질 수 있다는 말은 장례를 치룰 수 있음을 말한다. 그러나 결혼한 자매는 안 된다. 딸들이 듣기에는 매우 섭섭한 일이지만 출가하면 가족에서 제외되는 것이다. 즉 다른 가족에 속하기 때문에 그 시체를 만지면 안 되는 것이다. 여기에 아내는 언급되어 있지 않지만 당연히 직계가족이기 때문에 장례식을 치룰 수 있을 것이다. 아내는 피가 섞이지 않

1) Hartley, Leviticus, 347.

았지만 "근친"sheer에 속한다.레18:6 결혼하여 한 몸basar, 창2:24을 이루었기 때문에 아내의 장례식에 제사장 남편이 참여 할 수 있을 것이다.

4) 제사장은 백성의 어른21:4

제사장은 백성의 어른baal이기 때문에 스스로 더럽혀서tame 욕되게chalal 하지 말아야 한다.He must not make himself unclean for people related to him by marriage, {Or unclean as a leader among his people} and so defile himself, NIV 이 구절은 아마 시체와의 접촉으로 인한 부정을 분명히 금하거나 부정한 아내를 얻는 문제7절등을 염두에 둔 것 같다. 그런데 갑자기 이런 유형의 선언적인 문구가 나오는 것이 좀 이상하다. 그래서 어떤 이는 "백성들의 어른"을 '백성 가운데서 남편'으로 번역한다. '어른'이라고 번역된 '바알'baal이 '주인' '소유주' '남편'이 되기 때문이다. 그래서 남편제사장으로서 자신을 더럽혀 부정하게 되지 말라는 경고를 한 것이라는 주장이다. 혹은 부모나 아들, 딸, 형제, 시집 안간 여동생의 시신은 만질 수 있으나 결혼으로 인해 직계가족이 된 자예. 며느리의 시신은 접촉애도할 수 없음을 나타낸다는 주장도 있다.[2] 어쨌든 제사장은 스스로 더럽혀서 하나님을 욕되게 하면 안 되는 것이다.

5) 이교도의 장례 풍속 금지21:5

제사장들은 머리털을 깎아 대머리 같게 하면 안 된다.사15:2 즉 죽은 자를 위하여 눈썹 사이 이마위의 털을 밀어서는 안 되는 것이다.신14:1 그 수염의 양편을 깎으면 안 된다. 구레나룻을 밀지 말라는 것이다.레19:27-28 살을 베어 몸에 칼자국을 내면 안 된다.신14:1 이런 행위는 이교도들의 장례 풍속과 애도 관습신14:1-2; 렘47:5; 겔44:20이기 때문에 금지된다.

---

2) Noordtzij, Levuticus, 216.

6) 제사장들은 여호와의 화제이며, 식물을 드리는 자21:6

제사장은 그 하나님제사장들의 하나님께 대하여 거룩하여야 한다. 그 하나님의 이름을 욕되게 하면 안 된다. 제사장들은 여호와의 화제,the offerings by fire 즉 하나님의 식물lechem, 하나님께 바치는 고기와 곡식. 레21:8,17,21,22; 22:13,25을 드리는 자이다. "하나님의 식물"은 은유적 표현시50:12-13이지만 고대근동의 이교도들이 드리는 신들의 제사에는 실제로 신들이 식사한다고 믿었다.[3] 여호와께 화제로 식물을 드리는 자들이기 때문에 제사장들은 거룩해야 한다.so they shall be holy 거룩해야 하는 것은 명령인 동시에 제사장들의 정체성이다. 달리 말하면 거룩하지 않는 제사장은 제사장의 역할과 직무를 할 수 없는 것이다.

7) 제사장 아내로 삼을 수 없는 여인들21:7

제사장들은 기생대중적인 창녀이나 부정한 여인을 취하면laqach, 아내를 삼다 안 된다. 이혼 당한garash 여인도 취하면 안 된다. 이것은 제사장이 여호와께 거룩한qadosh 자이기 때문이다. 즉 부정한 여인이기 때문에 금하는 것이지만, 만약 결혼 했을 때 그 씨가 아론의 자손이 아닐 수 있기 때문에 방지해야 한다. 결혼 할 수 있는 대상자는 대부분 제사장의 딸이었을 것이다.참고. 눅1:5 제사장들에게 결혼했던 과부들을 제외하고는 이혼 당한 과부와는 혼인이 금지된다.겔44:22

8) 제사장을 거룩하게 여겨라21:8

백성들은 제사장을 거룩하게 여겨야 한다. 백성들이 제사장들을 거룩하게 여겨야 하는 이유는 그들은 하나님의 식물음식을 드리는 자들, 즉 제사를 담당하는 자들이기 때문이다. 제사장들은 거룩한 영역 안에 거하는 자

3) H. Ringgren, Religions of the Ancient Near East (Philadelphia: Westminster, 1973), 81.

들이다. 그리고 너희를[제사장들을] 거룩하게 하시는 그 분은 여호와시고 여호와는 거룩하시다고 말한다. 여기에 "너희를"은 제사장들을 거룩하게 하는 하나님이 제사장들을 청중으로 부르면서 말씀하시는 형식이다. 이 문체는 제사장들을 거룩하게 하시는 하나님의 뜻과 의지를 강조한 것이다.

9) 제사장 딸이 행음하면 불사르라[21:9]

제사장의 딸 중에 누구든지 행음[zanah]하여 스스로 더럽히면 그 아비를 욕되게 한 것이다. 그녀를 불살라야 한다. 이 때 산 사람을 불사르는 것이 쉽지 않을 것이다. 그래서 돌로 사형을 시킨 뒤에 시신을 태운다.[레20:2] 두 배의 처벌을 받는 셈이다. 시신의 소각은 완전히 지면에서 제거되는 의미가 있다. 제사장이 비록 아비라 할지라도 음행한 딸은 죽음을 면키 어렵다. 하나님의 거룩성은 이렇게 인간의 연민을 넘어 가신다. 여기서 한 가지 주목 할 것은 제사장의 아들들에 대하여는 일체의 언급이 없다는 사실이다. 이는 이스라엘에서 일부다처제의 성격은 오직 여성만이 창기가 될 수 있음을 의미하였기 때문에 딸의 음행을 문제 삼는 것이다.

2. 대제사장에게 주는 특별 규례[21:10-15]

1) 머리와 예복과 관을 단정하게 하라[21:10]

자기 형제 중에 관유로 부음을 받고 위임이 되어 예복을 입은 사람은 대제사장 뿐 이다. 오직 그 만이 관유로 기름부음을 받았다.[레8:12; 16:32; 21:10; 민 35:25] 그 만이 우림과 둠밈을 사용하였다.[출28:30; 민27:21] 그 만이 거룩한 의복[레16:4]과 에봇[삼상2:28]을 입었다. 그 만이 지성소에 들어갔다.[레16:17]

일반 제사장에게는 직계가족의 사망시 허락된 애도[레21:3]의 표시도 대제사장은 애도 때문에 그 머리를 풀면 안 된다. 머리를 풀어헤치려면 관을 벗어야 하는데 애도의 목적으로 관을 벗을 수 없는 것이다. 즉 애도하기 위해 단정하지 못하게 빗질을 하지 않거나 헝클어트리면 안 된다. 그리고 대제사장이 입는 활동복평상복을 찢으면 안 된다. 찢지 말라는 이유는 애도의 표시로서 하는 행동과 행위를 금하는 것이다. 대제사장은 어떤 슬픔을 당하더라도 자신의 직무를 상징하는 거룩한 옷을 찢지 못한다. 머리를 풀거나, 머리를 풀기 위하여 관을 벗거나 예복을 찢는 것은 대제사장이 부모와 가족을 위해서라도 부정한 시신은 절대로 만질 수 없음을 뜻한다. 이렇게 대제사장은 일반 제사장보다 더 엄격한 구분을 요구한다. "대제사장"이라는 표현은 구약에서 여기 처음 언급된다. 하코헨 학가돌 메예흐아우hakoen hagadol meechaw는 문자적으로 '자기 형제들 가운데 가장 큰 제사장'이라는 뜻이다.

대제사장

'개역개정성경'에서 "대제사장하코헨 학가돌이라는 표기는 레위기 21:10절에 처음 언급된다. 이 앞에서는 MT의 경우 그냥 정관사 하ha를 사용하여 "그 제사장"하코헨으로만 번역하였다.레4:3 그러나 LXX는 레위기 4:3절부터 "대제사장"ἀρχιερεύς으로 번역하였다. 이것은 앞 문맥에서 "기름 부음을 받은" 이라는 수식어구 때문에 이는 대제사장으로 볼 수 있기 때문이다. 왜냐하면 모세가 아론에게만 관유를 그의 머리에 부었다는 기사가 나타난다.레8:12 LXX가 제사장의 직분 앞에 '시작'과 '첫째' '머리'등을 뜻하는 아르케ἀρχή를 사용한 복합명사는 레위기 4:3절에서 처음 발견된다. 그리고 레위기 6:19절에 "아론과 그 자손이 기름 부음을 받는 날에"라는 말과 이어지는 6:22절에 "아론의 자손 중 기름 부음을 받고 그를 이어 제사장 된 자"라는 표현을 볼 때 제사장 가운데 기름 부음을 받은 자는 대제사장을 나타낸다. 제사장을 의미하는 구약의 용어는 거의 예외 없이 코헨이다. 유일한 예외는 우상을 섬기는 제사장idol-priest들에 관한 구절들로서,왕하23:5; 호10:5; 습1:4 거기에는 코메르komer가 사용된다. 족장시대나 예루살렘 제사장의 리더는 통상적으로 단순하게 '제사장'이라고 불렀으나,왕하16:10 포로기 후에는 리더 제사장을 대제사장'the chief priest', 대하26:20, 혹은 'the high priest', 슥3:1이라고 불렀다.[4] 그리고 히브리서 3:1절에는 예수를 "대제사장"ἀρχιερέα으로 표현한다.

2) 부모의 시신도 접촉금지21:11

대제사장은 어떤 시체든지 가까이 하면 안 된다. 심지어 부모가 죽어도 그 시체를 만져서 더럽히면 안 된다. 부모도 안 되는데 다른 직계가족은 말할 것도 없다. 일반 제사장들의 시신 접촉 규례레21:2-3보다 더 엄중하다. 그러나 한 몸을 이룬 아내창2:24는 허락되었을 것이다. 만약 대제사장 외에 직계가족이 한꺼번에 다 죽을 경우에도 장례를 위해 시신을 접촉하는 일은 불가능했을 것이다.[5] 그만큼 대제사장의 위치는 매우 엄중하고 거룩함을 유지해야하는 책임 있는 자리인 것이다. 시신을 만지지 못하게 하는 것은 거룩함과 죽음의 반립 관계 때문에 그렇다. 백성보다 제사장이 제사장보다 대제사장이, 즉 지위가 높을수록 거룩함의 유지가 더 요구된다. 이런 차등은 성막의 뜰과 성소와 지성소로 구분되는 것과 같은 이치다.

3) 가정보다 성소의 업무가 우선21:12

대제사장은 성소에서 나오면 안 된다. 직무의 엄격한 규정을 말한다. 성소를 떠날 수 없다는 말인데, 가정이 있어도 집에 가지 못한다는 말이 아니다. 이것은 부모가 죽을 때조차 애도를 위해 자기의 거처를 떠나서는 안 되는 것이다.참조. 민6:6-7 성소의 일을 수행해야 하는 그의 의무가 가족적의 문제보다 우선한다는 것을 보여주는 것이다. 하나님에 대한 그의 의무는 자

---

4) J. R. Porter, Leviticus (London: Cambridge University Press, 1976), 37.
5) Noordtzij, Leviticus, 216.

신의 가족에 대한 책임을 능가한다.[6] 그래서 그는 장례식이나 애도식에 참여할 수 없었다. 대제사장은 가족의 시신을 만짐으로써 자신이 섬기는 그 하나님의 성소를 더럽히면 안 된다. 이렇게 해야 하는 이유는 하나님이 대제사장으로 위임할 때 거룩하게 하는 관유를 그의 머리에 붓고레8:12 성별nezer, consecration되었기 때문이다. 이렇게 말씀하시는 분은 "나는 여호와"라고 밝히신다. 이 규례를 주시고 있는 분은 여호와이시다.

4) 대제사장의 혼인 규례21:13-15

대제사장에게 주는 마지막 규례는 혼인에 관해서다, 대제사장은 처녀bethulim, 처녀성을 가진에게 장가를 들어야 한다. 성 관계의 경험이 있는 여자와는 결혼 할 수 없다. 그리고 과부제사장 과부는 허용, 겔44:22나 이혼 된 여인이나 더러운 여인이나 기생zanah, 창녀에게 장가들면 안 된다. 자기 백성 중, 즉 제사장의 딸이나 이스라엘 동족 중에 처녀bethulah를 아내로 맞이해야 한다. 이 때 개종한 여인과 결혼할 수 있는지는 알 수 없다.

대제사장은 아론의 혈통으로 임명된다. 그 혈통이 의심스러우면 대제사장으로서의 권위가 설 수 없다. 그래야 자손으로 인해 대제사장의 계보가 더러워지지 않는다. 달리 말하면 더러워진 대제사장의 자녀를 백성 중에 남기면 안 된다는 것을 강조 한다. 대제사장 가족의 순결성을 보존하기 위해 결혼 규례를 주신 것이다. 이것은 그 당대는 물론 아론계 제사장 전체 가문에 영향을 미치는 일이다. 대제사장은 대대로 거룩해야 한다. 그래서 하나님은 "자신은 제사장을 거룩하게 하는 여호와"15이라고 말씀하시면서 이 규례를 주시고 지켜 행할 것을 명령하셨다.

---

6) Wenham, The Book of Leviticus, 291.

교훈과 적용

1. 육체의 죽음은 인간에게 필연적이다.히9:27 영적으로 볼 때 일락을 위해 사는 자들은, 즉 그리스도와 상관없이 사는 자들은 살아 있으나 죽은 자들이다.딤전5:6 다른 종교에서 볼 수 있는 망자숭배사상은 영생을 소망하며 사는 성도에게는 맞지 않다. 왜냐하면 죽음은 죄에 대한 형벌이며 죄의 삯롬6:23이기 때문이다. 더욱이 신약시대에는 그리스도의 부활로 말미암아 이러한 구약의 규례가 완성되었기 때문에 시체를 접촉 했을 때 생겨나는 의식적인 불결 개념도 사라졌다.눅8:54 우리는 부활의 주님으로 인해 죽음과 주검으로부터, 진리로 인해 자유롭게 되었다.요8:32 자유에는 책임과 의무가 있다. 그것은 복음에 빚진 자롬1:14–15로 사는 것이다.
2. 제사장에 관한 규정들은 구약 시대라는 과거에만 적용되었던 죽은 교훈이 아니라 문자적인 율법주의를 넘어서 그 말씀의 깊은 뜻이 우리 그리스도인들의 삶에 적용되어야 할 하나님의 생명력이 있는 말씀들이다. 왜냐하면 이 규례의 목적이 제사장들은 거룩해야 한다는 것이기 때문이다. 하나님은 율법만 주시고 인간들이 애써서 지키도록 지켜만 보시는 분이 아니라 하나님 스스로가 주체와 주관이 되셔서 제사장들을 거룩하게 만드신 분이라는 사실이다.레21:8 하나님은 거룩한 분이시고, 그래서 제사장을 거룩하게 만드시고, 만드시므로 거룩한 자가 되시는 분이 하나님이시다. 때문에 규례의 목적은 하나님에 대한 거룩함에의 요청인 것이다. 신약 성도들도 이것을 알고 힘써 지키는 것이 하나님의 뜻이다. "그런즉 사랑하는 자들아 이 약속을 가진 우리는 하나님을 두려워하는 가운데서 거룩함을 온전히 이루어 육과 영의 온갖 더러운 것에서 자신을 깨끗하게 하자".고후7:1
3. 대제사장의 아내는 흠이 없는 여인이어야 한다. 이것을 신약교회에 적용한다면 대제사장은 신랑 되실 예수 그리스도를 상징하고 그의 아내는 교

회와 성도를 의미한다고 볼 수 있다. 대제사장의 아내가 흠이 없어야 하듯 그리스도의 신부 된 모든 성도들은 구별된 성결한 삶을 살아야 한다. 우리가 늘 성결한 삶을 살면서 하나님 나라의 위로와 도래를 기다리는 마음은 신랑 되신 그리스도께서 도적같이 오실 것이기 때문이다.살전5:2 재림의 긴박성은 언제나 신앙의 느슨함과 나태함을 일깨워 준다.

B. 제사장의 자격을 제한하는 규례21:16-23

Ⅰ. 본문의 개요

제사장 일반에게 주는 규례에 이어 이제 대제사장인 아론에게 규례가 주어진다. 대제사장은 일반 제사장들 전체를 통괄하고 관리하는 직책이기 때문에 주어진 규정들이 있다. 그것은 제사장이 될 수 없는 조건들과 또 무엇을 할 수 있으며 무엇을 할 수 없는지에 대한 것들이다.

Ⅱ. 본문의 구조

1. 대제사장 아론에게 준 규례21:16-17
2. 제사장이 될 수 없는 조건들과 제약들21:18-23
   1) 흠이 있는 자는 제사장이 되지 못한다21:18-20
   2) 흠이 있는 아론 자손은 화제를 드리지 못한다21:21
   3) 흠이 있어도 지성물과 성물은 먹을 수 있다21:22
   4) 흠이 있는 자는 성소에 들어갈 수 없다21:23
3. 모세가 하나님의 명령을 아론과 자손들과 백성들에게 전하다21:24

Ⅲ. 본문 주해

1. 대제사장 아론에게 준 규례21:16-17

제사장에게 주어지는 두 번째 규례의 말씀은 특별히 아론에게 전달되는 말씀이다. 대제사장의 책임제 같은 형식을 띄고 있다.

여호와께서 모세에게 말씀하셨다. 연설을 위한 도입형식 문장은 두 차례1,16절 나온다. 모세를 통해 아론에게 직접 전달된다. 대제사장에게만 주어지는 규례임에도 불구하고 모세를 통해 말씀하셨다. 그러나 제사장의 직무에 관해서는 아론이 직접 하나님으로부터 명령을 받는바 있다.레10:8-12 제사장 자격의 첫 째 조건은 아론의 자손 중에 누구든지 육체에 흠이 있는 자는 그의 하나님께 하나님의 식물lechem, 하나님께 바친 고기와 곡식, 레21:6을 드리려고 가까이 올 수가 없다는 것이다. 흠이 없는 제물에 이어 이제 흠이 없는 제사장이 요구된다. 원문에는 '육체'라는 단어는 없고 그냥 아론 자손 중에 흠이 있는 자라고 되어 있다. 흠mum이라는 단어는 여기서는 육체적 결함을 말하나 도덕적 결함신32:5; 욥31:7도 포함하면 '얼룩, 오점, 결점, 더러운 것' 등을 의미한다.

2. 제사장이 될 수 없는 조건들과 제약들21:18-20

아론의 자손들은 제사장이 되지만출28:1; 레1:5 결격사유가 있으면 제외된다. 제단에서 섬기는 제사장은 전신이 온전해야 한다. 그의 신체적 온전성wholeness은 거룩함이라는 관념의 외형적 표현이다.[7] 제사장의 온전성은 희생 짐승들의 온전성과 마찬가지로 성소의 거룩함과 하나님의 거룩함을 나타낸다. 신체적 온전성은 또한 완전성completeness을 뜻한다.마5:48 [8]

신체적 온전성에는 확실히 정상성normality이라는 개념이 깔려 있다. 정

7) Douglas, Purity and Danger, 51-52.
8) Douglas, Purity and Danger, 51.

결은 정상이라는 현대의 개념에 가깝다. 정한 동물들은 자기 부류에 적합한 방식 즉 정상적인 방식으로 다니는 것들이다. 예를 들어 비늘과 지느러미가 있는 물고기들은 정하지만 이런 정상적 추진 보조 장치들이 없는 물고기들은 부정하다.레11:9–11 신체적 장애를 가진 제사장에 대해 제단에서의 사역을 금지하고 있는데 이런 금지의 저변에도 정상이라는 개념이 깔려 있다. 확실히 이런 제사장들이 부정하다는 말은 없지만 정상이라는 개념은 레위기의 신학에서 매우 넓은 지류를 가지고 있다.[9]

1) 흠이 있는 자는 제사장이 되지 못한다21:18–20

제사장이 될 수 없는 육체적 흠은 12가지다. 레위기 22장에는 제물로 드릴 수 없는 동물의 신체적 흠도 공교롭게 12가지다.레22:22–24 이는 흠이 있으므로 부적합하다는 면에서 서로 상호 조건적 연관성을 갖는다. 제사를 드릴 수 없는 제사장의 신체 조건들이 제물로 드릴 수 없는 동무들의 육체적 기형 조건과 동일한 것이다. 이는 완전함과 거룩함의 주제가 밀접하게 연관되어 있음을 보여준다.

아론의 자손 가운데 다음과 같은 흠이 있는 자는 제사의 직무를 볼 수 없다. 곧 소경이나 절뚝발이나 코가 불완전한 자얼굴이 이글어진 자나 지체가 더한 자사지가 제대로 생기지 않는 자나 발 부러진 자상한 자나 손 부러진 자나 곱사등이나 난장이나 눈에 백막이 있는 자눈에 백태가 낀 자나 괴혈병garab, 옴장이나 버짐이 있는 자나 불알이 상한 자고환이 상한 자, 탈장이다.

여기서 발이 부러지거나 손이 부러진 자가 생긴 것은 미개상태의 의학 때문에 그대로 방치했기 때문이다. 눈에 백태가 낀 자로 번역된 테발룰은 혼란,confusion 모호함, 불분명obscurity을 의미한다. 구약에서 이 단어는 이곳에만 나온다. NAB는 이 단어를 '각막이 부옇게 된'wall-eyed 것으로, NASB

9) Wenham, The Book of Leviticus, 20.

는 '눈에 결함이 있는 사람'"one who has a defect으로 번역하고 있다. 또 불알eshek이 상한 자는 제사장 자격을 논할 때 여기 한 번 나오지만, 상한 불알의 문제는 생식의 씨가 없으므로 제물생명이 되지 못함을 의미하는 것 같다. 결격 사유로 열거되지는 않았지만 손가락과 발가락이 열 개가 넘는 사람도 제사장 자격에서 당연히 제외되었을 것이다.삼하21:20 [10)]

2) 흠이 있는 아론 자손은 화제를 드리지 못한다21:21

제사장 자손 중에 흠이 있는 자는 제사장이 되지 못하므로 당연히 성막에 나와서 여호와의 화제를 드리지 못한다. 성막에서 드리는 모든 제사는 모두 화제이기 때문에 화제를 드리지 못한다는 말은 곧 어떤 제사도 드리지 못한다는 것이다. 그러나 이들은 성막에는 들어 올 수 있다. 단지 제사의 직무를 맡지 못하는 것이다. 왜냐하면 성막 뜰에서 지성물을 먹을 수 있기 때문이다.레21:22 한편 남자가운데 성기에 이상에 있거나 사생아는 여호와의 총회에 들어올 수 없지만,신23:1-2 누구든지 하나님께 나아와 제사를 드릴 수 있는 제사 제도레1:1; 2:1를 볼 때는 신체의 흠이 있는 백성이라도 제사에 포함되었을 것이다. 그러나 기형으로 고통 받는 사람은 제사에서 빠진 것으로 본다.[11)] 신체의 온전한 상태는 온전한 사역을 의미하며, 온전한 사역은 온전한 신체를 말한다. 이것은 신체적 결함 그 자체를 문제 삼는 것이 아니라 하나님의 온전하신 거룩함을 상징적으로 제사에 적용시킨 것이다.

3) 흠이 있어도 지성물과 성물은 먹을 수 있다21:22

아론 자손 중에 흠이 있어 제사장이 되지 못한 자는 하나님의 식물인 지

10) Keil and Delitzsch, The Pentateuch, "Leviticus", 432-33.

11) Roland Kenneth Harrison, Introduction to the Old Testament (Grand Rapids, Michigan: William B. Eerdmans Publishing Company, 1969), 176.

성물미카드쉐 하카다쉼, the most holy이든지 성물민-하카다쉼, the holy이든지간에 먹을 수 있다. 즉 그런 흠이 있는 사람도 부정하지 않으면 하나님께 바친 음식인, 가장 거룩한 제물과 일반 제물을 먹을 수는 있도록 허락되었다. 그 이유는 그들도 제사장 수입이 되는 음식을 먹어야 살 수 있기 때문이다. 비록 신체적인 결함 때문에 제사장의 직무는 수행할 수 없으나 아론의 자손들이기 때문에 돌봄을 받는 것이다.

성경에 나타난 지성물과 성물

지성물가장 거룩한 것, 미카드쉐 하카다쉼, the most holy, 하나님께 드리는 것

속죄제

속건제

소제 제물들의 제사장 몫레 6:29; 7:1,6; 2:3,10; 6:16-18

진설병레 24:8-9

지성소의 기구민 4:4

지성물은 오직 성소 마당에서레 6:16,26; 7:6 의식상 정결한 아론의 남자 자손들레 6:18,29만 먹을 수 있다.

성물거룩한 것, 민-하카다쉼, the holy, 제단에 바쳐지지 않고 제사장에게 제공된 것

화목제물의 제사장 몫레7:31-34

첫 수확물민18:12-13; 레23:20

정결한 짐승의 첫 새끼민18:15

십일조레27:30; 민18:26

그리고 여호와께 봉헌된 것들레27:21-바쳐진 밭; 민18:14-전쟁 노획물 등

성물은 어떤 곳이건 정결한 곳에서 의식적으로 부정하다. 않는 제사장의 가족여성 포함이 먹을 수 있다레10:14.

4) 흠이 있는 자는 성소에 들어갈 수 없다21:23

아론 자손 중에 흠이 있는 자는 성막 뜰에서 지성물과 성물을 먹을 수 있어도레6:18 그러나 성소휘장 안에는 들어 갈 수 없다. 또 제물을 태우거나 피를 바르거나 뿌리기 위해 단에도 가까이 가지 못한다. 이것은 그가 흠이 있기 때문이다. 이와 같이 그들로 인해 성소를 더럽힐 수 없다. 이는 불완전한부정으로 취급 신체는 완전한 성소와 제단에 접촉할 수 없음을 뜻한다. 이렇게 하는 이유는 '여호와께서 성소와 제단을 거룩하게 하시고' '제사장들을 거룩하게 하는 여호와이시기 때문'이라고 설명한다. 다르게 말해 흠이 있는 자가 성소나 제단 가까이 갈 수 없다는 말은 거룩한 제사장만이 성소에 들어가고 제단에서 제사를 드릴 수 있음을 지적한 것이다.

3. 모세가 하나님의 명령을 아론과 자손들과 백성들에게 전하다21:24

모세가 하나님이 말씀하신대로 아론과 그 아들들과 온 이스라엘 자손에게 전하였다. 열거된 것처럼 말씀을 전달받은 대상은 아론과 그 자손들과 백성들레21:8이다. 백성들은 제사장을 거룩하게 여겨야 하기 때문에 규례를 알아야 함과 동시에 제사장들에 대한 기본적인 정보를 입수할 권리도 있음을 나타난다. 즉 이스라엘은 "제사장 나라" 이며 "거룩한 백성"출19:6이기 때문에 제사장에게 내린 이 지침은 공동체 전체의 교육을 위해 구두로 주어진 것이다. 이 구절은 21장 전체의 종결 문장이다. 혹은 20장과 21장의 결론일 수도 있고, 17-21장까지의 포괄적인 결론일 수도 있다.

교훈과 적용

1. 현대 기독교에서 사역자들이 신체적 장애가 있다고 해서 그 일을 못하는 일은 거의 없다. 예수님 이후 오히려 사회적 약자들이 더 하나님의 은혜를

받아 많은 일들을 해왔고, 현재에도 하고 있다. 오늘날 문제가 있다면 정신적, 영적 장애이다. 탐심이 곧 우상숭배골3:5로 지적되는 상황에서 정신적, 영적 장애는 비뚤어진 마음의 결과며 탐심에 대한 중독 상태이다. 하나님은 구약시대나 지금이나 주의 백성들이 거룩하게 살 것을 원하신다. 곧 하나님의 좇아 완전하게 사는 것이다.마5:48 아론 자손 중에 신체적 흠이 있으면 제사장이 될 수 없었던 그 규례는 정신적, 영적 장애로 흠이 있는 우리들에게 온전한 것을 바라보도록 하는 교훈이 된다.엡4:13

2. 제사제도에서 대제사장의 역할은 매우 크다. 대 속죄일을 혼자서 담당하는 것을 보면레16장 제사제도는 대제사장 책임제라고 말할 수 있는 정도다. 하나님과 죄인인 인간 사이를 잇는 중보자 역할도 그렇다. 중보자인 대제사장이 있으므로 하나님께 나아가는 길이 열렸다. 우리가 잘 아는 대로 예수님은 대제사장히3:1이시며 새 언약의 중보자히12:24이시다. 주님은 심한 통곡과 눈물로 간구와 소원을 올려 영원한 구원의 근원이 되셨다.히5:7-9 이제 왕 같은 제사장이 된 성도벧전2:9는 대제사장인 예수님에게 복속된 자들이다. 이 사실을 믿고 따르는 자는 복될 것이다.

3. 죽음의 두려움으로 인해 많은 사람들이 헛된 것을 찾는다. 유익하지 못하고 구원하지도 못하는 것을 좇는다.삼상12:21 우리가 늘 대하는 성경의 모든 말씀에서 발견해야 할 한 가지 사실은 하나님은 죽은 자의 하나님이 아니라 산 자의 하나님이라는 사실이다.눅20:39 그것이 구약의 규례이든 신약의 복음이든 그 알맹이는 살아 계신 하나님마26:63의 말씀이라는 사실이다. 산 자의 하나님이 우리를 영원히 살리실 것이다.

레위기 22장

제사장이 먹는 성물은 거룩한 것이다

A. 제사장이 먹는 성물에 대한 규례22:1-16

I. 본문의 개요

먹는 성물qodes에 관한 규례다. 성물은 주로 먹는 것이지만 먹지 못하는 것레27:21- 바쳐진 밭; 민18:14-전쟁 노획물 등도 있다. 22장이 다루는 성물은 제사장들이 먹는 일상의 음식에 관해서다. 성물은 정결한 자만 먹을 수 있다. 이것은 제사장 직분의 특권이며 선물이다.민18:7 그러나 특권에는 거룩함을 지켜야 하는 책임과 의무에 동시에 주어진다. 먹는 "성물들"에는 거룩한 것성물과 지극히 거룩한 것들지성물이 포함되어 있다.레21:22 만약 성물이 '지성물'에 속하면 성소 마당에서 아론 남자 후손들만 먹을 수 있다. 만약 '성물'이면 정결한 곳에서 제사장 가족이 먹을 수 있다. 제사장들은 하나님의 특별한 영역 속에 살고 있다는 것을 언제나 인식하지 못할 위험이 있다. 그런 까닭으로 성물에 대한 것을 경홀히 여기지 않도록 경고한다.

22장도 21장에 이어 대제사장과 일반 제사장에게 주는 규례이다. 일반 백성들처럼 제사장도 오염될 수 있다. 제사장들 스스로가 거룩한 영역을 오염시키면 안 된다. 부정은 여러 가지 상황에서 온다. 제사장은 제의적인 면에서, 도덕적인 면에서 회중의 본이 되어야 한다. 인간의 잘못이 하나님께 영향을 미치는가하는 질문이 들 정도로 인간의 실수에 대해 엄중하게 다루고 있다. 특히 제사장이 먹는 성물에 대해 실수가 없도록 당부하신다. 왜냐하면 먹는 것도 거룩한 행위이기 때문이다. 잘못된 제사를 하나님이 받으실 수 없듯이 성물을 잘못 먹으면 이는 곧 거룩한 것을 부정하게 만든다. 이는 하나님 섬김에 역행이 된다.

제사장들은 백성들이 바치는 성물을 먹는다. 정결한 상태에서만 먹을 수 있다. 그러나 늘 접하기 때문에 먹는 문제를 실수하기 쉽다. 마치 레위기 11장의 음식법처럼 먹는 것은 일상생활이기 때문에 항상 부정함이 뒤따른다. 제사장 가족은 성물을 함께 먹지만 부정할 때는 먹지 못한다. 피부질환자, 유출병자, 시체와의 접촉한 자들은 안 된다.[레22:4-7] 또 성물은 아니지만 일반 백성과 마찬가지로 제사장 가족들이 절대로 먹어서는 안 되는 것들도 있다. 자연사한 짐승의 고기나 야수에게 죽임을 당한 고기다.[레22:8; 17:15-16] 잘못 분별해서, 특히 제사장과 가족이 잘못 먹으면 생명을 잃으리라고 경고한다.[레22:9,3] 제사장이 맡은 직무는 거룩하기 때문에 가족도 함께 거룩해야 한다. 1%의 오염은 100%의 오염과 마찬가지다. 왜냐하면 하나님은 완전하신 분이기 때문이다. 그러기에 자신의 백성들을 거룩하게완전하게 하시는 것이다. 특히 제사장은 부정하게 되는 일을 철저히 가려 피해야 한다.

Ⅱ. 본문의 구조

1. 부정한 제사장은 성물에 가까이 못한다[22:1-9]
   1) 서론[22:1]
   2) 성물로 인해 여호와의 이름을 욕되게 하지 말라[22:2]

3) 부정한 제사장이 성물을 가까이 하면 끊어지는 벌을 받는다 22:2-3

4) 제사장으로서 성물을 먹을 수 없는 경우 22:4-5

5) 성물을 먹기 위한 부정한 자의 정결의식 22:6-7

6) 야생동물 중 먹을 수 없는 경우들 22:8

7) 여호와의 명령을 어기면 사망한다 22:9

2. 제사장 가족 외에는 성물을 먹지 못한다 22:10-16

1) 일반인, 객, 품꾼은 성물을 먹지 못한다 22:10

2) 제사장 집의 종은 성물을 먹을 수 있다 22:11

3) 외국인과 결혼한 제사장 딸은 성물을 먹지 못한다 22:12

4) 시집간 제사장의 딸이 성물을 먹을 수 있는 경우 22:13

5) 평민이 부지중에 성물을 먹었을 경우 22:14

6) 여호와는 성물을 거룩하게 하신다 22:15-16

Ⅲ. 본문 주해

1. 부정한 제사장은 성물에 가까이 못한다 22:1-9

1) 서론 22:1

여호와께서 모세에게 말씀하셨다. "여호와께서 모세에게 말씀하셨다"는 이 문구는 제사장 규례를 다루는 21-22장 사이에 모두 여섯 번 나온다. 21:1,16; 22:1,17,26 단락을 시작하는 구실을 한다.

2) 성물로 인해 여호와의 이름을 욕되게 하지 말라 22:2

22장을 자세히 살펴보면 처음 2절과 마지막 부분 32절에 동일하게 "나의 거룩한 이름을 욕되게 더럽히지 말라"라는 금지명령이 반복되어 나타난다. 이 구절은 22장 전체의 내용을 요약하는 핵심적인 구절로서 22장의 시작과 끝을 장식하는 포괄양식inclusio을 형성하고 있다.

모세가 아론과 그 아들들에게 말하였다. 이스라엘 자손이 하나님께 성물을 드릴 때 그것을 제사장들이 스스로 잘 구별하여nazar, 조심하여, 존경심을 가지고 취급하여 하나님의 성호를 욕되게 하는 일이 없도록 하라고 지시하였다. 성호를 욕되게 말라는 구절은 32절에도 언급된다. 그러면서 나는 여호와라고 하셨다. "나는 여호와이다"라고 하신 말씀은 제사장 규례를 다루는 21–22장에 모두 일곱 번 나타난다.21:12; 22:2,3,8,30,31,33 이 문구는 명령의 주체를 나타내는 자기천명이시다.

제사장은 평신도가 성물을 잘못 드렸음에도 불구하고 제대로 구별하지 못하는 것은 하나님의 이름을 욕되게chalal 하는 것이다. 욕되게 하는 것은 하나님의 인격을 더럽히는 것이며, 헛되이 하는 것이며, 무효로 만드는 것이다. 하나님의 성호는 하나님의 거룩한 이름으로 그 분의 속성을 가리킨다. 하나님의 이름에는 그 분의 인격의 신성함과 존엄성이 나타나 있다. 하나님의 성호를 더럽힌 자는 범죄자가 된다.출20:7 성호를 잘못 취급한 자는 돌에 맞아 죽었다.레24:16

일반적으로 성경에서 하나님의 성호를 욕되게 하는 경우는 열 가지 정도 해당된다. 하나님을 두고 맹세하였으나 지키지 않는 경우, 그리스도의 이름으로 서원하고 지키지 않는 경우, 기도 때 다짐하고 결심한 것을 실행에 옮기지 않는 경우, 하나님이 계시지 않는 것처럼 사는 모든 행위, 기도할 때 하나님의 영광보다 사람에게 듣기 좋게 하는 경우,막12:40 하나님께 대하여 훼방하고 원망하는 경우, 형제에게 욕하고 저주하는 행위, 말씀을 부인하거나 그릇되게 해석하는 경우,마5:21–48 예수의 이름 때문에 부끄러워하는 행위, 말씀을 깨닫고 실천에 옮기지 않는 경우 등이다.

3) 부정한 제사장이 성물을 가까이 하면 끊어지는 벌을 받는다[22:3]

제사장은 자신이 부정할 때는 제사를 집전하지 말아야 한다. 정결의식을 가진 다음 복귀 할 수 있다. 모세는 제사장들에게 다음과 같이 말했다. 제사장들은 자손 대대로, 어느 누구든 몸이 부정할 때에는, 이스라엘 자손이 하나님에게 바친 거룩한 제사음식에 가까이해서는 안 된다. 이것을 어기는 제사장은 다시는 하나님 앞에 서지 못할 것이다. 즉 하나님 앞에서 끊어지게 된다는 것이다.[레7:19-21] 끊어지는 벌을 받으면 제사장 가문으로부터 축출을 당할 수 있다. 그런 실수로 인한 범죄를 저지른 제사장은 다시는 제단에서 섬길 수 없게 된다. 한 번의 실수라도 용납되지 않는 엄격성을 볼 수 있다. 이 명령을 내리신 분은 "나는 여호와다"라고 말씀하신다.

21장에서 성물과 지성물을 다루었지만, 성물은 '거룩한 것'으로 화목제물의 제사장 몫,[레7:31-34] 첫 수확물,[민18:12-13; 레23:20] 정결한 짐승의 첫 새끼,[민18:15] 십일조,[민18:26] 그리고 봉헌된 것들[민18:14, 전쟁 노획물 등]이다. 또 지성물은 '가장 거룩한 것'으로 속죄제, 속건제, 소제의 제물들의 제사장 몫,[레6:29; 7:1,6; 2:3,10; 6:16-18] 진설병,[레24:8-9] 지성소의 기구[민4:4] 등이다.[21장 주석 참조]

4) 제사장으로서 성물을 먹을 수 없는 경우[22:4-5]

제사장 가운데 문둥병자나 유출병이 있으면 정결할 때까지 거룩한 음식을 먹을 수 없다. 즉 그 질병에서 회복되어 통합의례[rite of aggregation, 레14:1-20; 15:13-15]를 거치기 전까지는 성물을 먹어서는 안 된다. 그리고 시체[nephesh, 레19:28]와 접촉하여 부정하게 된 자, 정액을 방출 한 자, 부정하게 기어 다니는 벌레[sherets, 무리나 떼를 짓는 것, 레11:19,23]와 접촉 된 자, 부정한 사람에 닿은 자[레15:1-12] 등 네 가지의 경우에 해당하는 자는 해가 질 때까지 거룩한 음식을 먹을 수 없다.

5) 성물을 먹기 위한 부정한 자의 정결의식22:6-7

곧 이런 것에 접촉된 제사장은 저녁까지 부정하다. 몸을 물로 씻지 아니하면 성물을 먹을 수 없다. 저녁까지는 먹을 수 없고 저녁이 된 뒤에는 먹을 수 있는데, 그것도 물로 씻은 후에야 먹을 수 있다. 저녁에 몸을 씻은 후 전신목욕 비로소 먹을 수 있다. 성물을 먹을 수 있는 자격과 이유는 제사장의 몫으로 주어졌기 때문이다.

6) 야생동물 중 먹을 수 없는 경우들22:8

제사장은 야생동물 중에 저절로 죽은 것nenelah, 동물의 사체이나 들짐승에게 찢긴 것terephah, 찢겨진 짐승, 고기은 먹으면 안 된다.레17:15 먹음으로써 자기를 더럽힐 수 없다. 이것을 보면 성물이 제사장이나 그 가족의 유일한 생계수단이 아님을 알 수 있다. 이러한 규정은 에스겔서에는 "새"도 포함되어 있다.겔44:31 이 명령자는 여호와이시다. 제사장이 금지된 야생 동물을 먹을 경우 어떻게 하라는 말은 없지만 평신도가 이러한 고기를 먹을 경우 저녁까지 부정해지나,레11:39-40; 17:15-16 절대 금지한 것은 아닌 것 같다.

7) 위의 명령을 어기면 사망한다22:9

제사장들은 하나님의 명령을 지켜야 한다. 명령을 어기면 하나님을 욕되게 하는 것이고 그것 때문에 죄를 짓고 그것 때문에 죽는다.muth 하나님을 명령을 가볍게 생각하여 하나님을 욕되게 하면 죄를 범하기 때문에 사망을 면하기 어렵다.레22:2-3 여호와는 제사장들을 거룩하게 하시는 분이시다. 21-22장의 제사장 규례를 나눌 때 여섯 단락으로 구분된다. 각각의 단락은 "나는 너를/그를/그들을 거룩하게 하는 여호와다"는 양식으로 끝을 맺는다.21:8,15,23; 22:9,16,32 22장에는 여기에 처음 이 양식이 나타난다.

2. 제사장 가족 외에는 성물을 먹지 못한다22:10-16

1) 일반인, 객, 품꾼은 성물을 먹지 못한다22:10

일반인zur, zar, 외부인, outsider, laymanNASB은 성물을 먹지 못한다. 그리고 제사장의 객toshub, 단기간 동안 제사장과 머무는 손님, 체류자, 우거하는 자이나 품꾼sakir, 고용된 품꾼도 성물을 먹지 못한다. 일반인으로 번역된 '자르'는 제사장 외에 다른 가문의 사람을 가리키는 단어다.신25:5 [1] 따라서 일반인외부인은 제사장과 한 가족이 될 수 없는 모든 사람을 가리킨다. 누르체는 일반인을 '공인받지 못한 자'unauthorized라고 번역한다.[2] 그리고 이스라엘 백성을 가리키는 본토인 ezrach, 레24:16은 당연히 먹을 수 없다. 제사장 가족이 아니면 먹을 수 없는 것이다. 그리고 레위인도 제사장 가족이 아니기 때문에 먹을 수 없다. 레위인은 농산물과 가축의 십분의 일이 주어졌다. 그들은 다시 그 십분의 일을 제사장에게 주었지만민18:21-32 성물이 없어도 받은 소산의 십일조로 먹고 살 수 있었다.

2) 제사장 집의 종은 성물을 먹을 수 있다22:11

그러나 제사장이 돈keseph, 은돈으로 어떤 사람을 샀으면 그 자는 성물을 먹을 수 있다. 제사장 집에서 출생한 자종의 아들도 마찬가지다. 그들은 제사장의 식물을 먹을 수 있다. 이러한 기준은 아브라함에게 지시된 바, 사들인 노예들에게 할례를 베풀어 언약 백성의 일부로 삼으라는 지침과 일치한다.창17:12-13 노예는 제사장 가족의 일원으로 간주하기 때문에 성물을 먹을 수 있는 것이다.

---

1) Milgrom, Leviticus 17-22, 1861.

2) Noordtzij, Leviticus, 223.

3) 외국인과 결혼한 제사장 딸은 성물을 먹지 못한다22:12

제사장의 딸이 일반인zur과 결혼하면 거제terumah의 성물제단 위에 올리지 않은 부분은 먹지 못한다.

4) 시집간 제사장의 딸이 성물을 먹을 수 있는 경우22:13

시집간 딸이 과부가 되던, 이혼을 당하든지 자식이 없어자식이 있으면 자식과 함께 살아야 한다 친정에 돌아와서 어릴 때와 같으면 딸은 제사장인 아버지 몫의 음식lechem을 먹을 수 있다. 이 규정은 제사장 딸이 굶주려 생존의 위협을 받지 않도록 배려한 것이다. 한편 제사장의 아들들에 대한 언급이 없는 것은 이들이 적정한 나이에 제사장이 되면 자동적으로 음식을 먹을 권리를 가지기 때문이다. 그러나 일반인zur은 먹지 못한다고 다시 반복하는 것은 어떤 경우에도 제사장 가족이 아닌 일반인은 성물을 먹지 못함을 강조한 것이다.

5) 평민이 부지중에 성물을 먹었을 경우22:14

만약 어떤 사람ish이 부지중에 bishegagah 자신의 상태가 성물을 먹을 수 없는 처지인줄 모르거나 그것이 성물인지를 몰랐거나 간에 성물을 먹으면 그 성물그 자체의 값에 오분의 일을 더하여 제사장에게 바쳐야 한다. 이는 제사장의 소유를 훔친 것으로 간주되었다. 그러나 레위기 5장의 속건제를 보면 평민의 경우 바쳐야 할 여호와의 성물을 바치지 않아 손해를 입히면 이보다 더 큰 벌을 받게 되어 있다.레5:14-16 22장은 성물인줄 모르고 잘못 먹는 것이고 5장은 성물을 바치지 않아 손해를 입힌 것이지만 22장과 5장의 벌칙이 달라 이 부분을 좀 다르게 해석하는 경우가 있다. 즉 알지 못하고 거룩한 음식을 먹은 사람은 평민이 아니라 제사장이라는 것이다. 신분은 그냥 어떤 남자로 되어 있어 평신도인지, 제사장인지 확인되지 않지만

이 법은 제사장의 무의식적인 행위를 다루고 있다고 보는 것이다.[3] 왜냐하면 1-16절 전체가 제사장에게 명령한 것을 보면, 이 부분도 제사장에게 해당하는 부분인 것으로 짐작할 수 있다는 것이다. 그래서 여기서는 제사장의 실수를 주목하고 있는 것으로 보는 견해다, 즉 제사장이 이런 실수부정을 인식하지 못했거나 실수로 성물을 남용했을 경우 등를 저질렀을 때 오분의 일의 벌금을 내야 한다는 해석이다. 그래서 여기에는 속건제에 대한 언급은 빠져있는데 그 이유는 일반적인 규례를 설명하는 것이 아니라 제사장의 관점에서 이것을 유념해서 지키라는 일종의 '상기확인명령'이라는 주장이다. 결론은 비고의적일 때, 먹을 수 없는 입장에서 성물을 먹으면 배상을 해야 한다는 사실이다.

6) 여호와는 성물을 거룩하게 하신다22:15-16

제사장들은 이스라엘 자손이 바친 그 거룩한 성물, 곧 제사장들이 먹어야 할 것을 먹을 수 없는 자들이 먹음으로 이스라엘 자손이 하나님께 바친 제물을 더럽혀서는 안 된다. 자격이 없는 자들이 제사장의 성물을 먹으면 그 죄를 인하여 형벌ashmah, 속건제 요구을 받을 것이다. 하나님은 성물을 거룩하게 하는 여호와라고 말씀하신다. 여호와의 자기소개 형식의 이 문구는 하나의 내용을 통합시키는 끈이기도 하다.22:2,3,8,9,16,30,32,33절

교훈과 적용

1. 그리스도는 자신의 피로 완전하고 흠 없는 희생을 드리셨다.히9:14; 벧전1:19 그리스도의 흠이 없으심은 단순히 제의적 사용을 능가하여 그리스도의 자신을 드림으로 도덕적이며 영적인 의미가 되셨다.엡5:27 그 분의 죽으심은

---

3) Hartley, Leviticus, 356.

죄인을 죄로부터 해방하여 자신의 몸인 교회와 신자들을 거룩하게 하며 모든 종류의 흠들을 제거하기 위해서였다. 이런 배경 때문에 그리스도의 교회와 지체들은 그리스도를 따라 자신들을 흠 없게 살라고 권면을 받는다.벧후3:14

2. 제사장의 가족들만이 성물을 먹을 수 있다는 말은 장래의 소망이 된다. 그리고 원래 제사장의 가족이 아니라도 이차적으로 가족이 된 자들도 역시 희망을 가질 수 있다. 우리는 그리스도로 인해 접붙임을 받아 영적 이스라엘이 된 자녀들이다.롬11:17 제사장이 돈으로 사람을 샀거나, 제사장 집에서 출생했거나, 시집간 딸이 과부가 되던, 이혼을 당하든지 자식이 없어 친정에 돌아와서 어릴 때와 같으면 가족으로서 성물을 먹을 수 있다. 이는 그리스도 안에서 영원한 기업을 누릴 성도들만이 하늘의 생명의 양식을 먹으며 살게 되는 것을 의미한다. 즉 영생의 기업은 하나님의 권속들만이 누릴 수 있는 하나님의 은혜인 것이다.요8:35-36; 엡2:19
3. 제사장들은 성물에 대한 규정을 지키기 위해 애쓰며 살았다. 그 성물은 오늘날 성도들이 정성을 다해 하나님께 드린 헌금과 같은 것이다. 그렇기 때문에 성물은 오늘날 교회 재정이므로 목회자들만이 아니라 교회의 재정에 관계한 모든 사람들은 그것을 바르게 관리하며 바르게 집행할 수 있도록 노력해야 한다. 성물에 대한 규례가 까다로운 것은 성물이 하나님께 바쳐진 거룩한 것이기 때문이다. 성물에 대한 이해는 곧 교회 재정에 대한 이해와 같은 것이다.

B. 제사용 동물의 육체적 장애22:17-33

Ⅰ. 본문의 개요

제사용 동물의 육체적 장애22:17-33는 제사장과 백성에게 주는 규례다. 제단을 섬기는 제사장이 흠欠이 없어야 하는 것과 마찬가지로,21:17-23 제단에 바치는 짐승들도 모든 흠으로부터 자유로워야 함22:17-33을 강조한다.

Ⅱ. 본문의 구조

1. 흠이 없는 제물로 드려라22:17-25
   1) 서론22:17-18상
   2) 서원제나 자원제낙헌제의 예물도 흠이 없어야 한다22:18하-21
   3) 제물로 바칠 수 없는 12가지 짐승의 흠22:22-24
   4) 외방인에게 받은 제물도 흠이 없어야 한다22:25
2. 제물 도살의 배려와 화목제에 대한 재 언급22:26-32
   1) 서론22:26
   2) 새끼는 생후 칠일간은 어미 곁에 두라22:27
   3) 어미와 새끼를 같은 날 잡지 말라22:28
   4) 감사제 규정의 재 언급22:29-30
   5) 계명을 지켜 성호를 욕되게 하지 말라22:31-32

Ⅲ. 본문 주해

1) 서론[22:17-18상]

여호와께서 모세에게 말씀하셨다. 이 구절은 제사장 규례를 다루는 21-22장에 5차례 나온다.[21:1,16; 22:1,17,26] 이 규례는 아론과 그 아들들과 이스라엘 백성에게 일러주는 내용이다. 제사장과 백성이 함께 알고 지켜야 하기 때문에 동시에 주어진 것이다.

2) 서원제나 자원제[낙헌제]의 예물도 흠이 없어야 한다[22:18하-21]

이스라엘 자손이나 그 중에 거류하는 자[ger]가 서원제[neder]나 자원제[낙헌제, nedabah]를 번제[olah]로 드리려면 여호와께 예물로 드리려거든 소[baqar, 전체적인 소 종류, 수소]나 양[keseb, lamb]이나 염소[ez]의 흠 없는 수컷[zakar]을 열납되도록[ratson] 드려야 한다. 그래서 제사에는 흠 있는 것을 드려서는 안 된다. 하나님은 그것을 당연히 받아드리지 않으신다. 여기서 거류자[ger]는 제사에 참여할 때 이스라엘의 백성과 같은 자격이 있음을 알 수 있다.

보통 화목제[친교제]인 서원제나 자원제는 공동식사가 목적[레7:15-17]인데, 여기서는 친교 목적의 화목제가 아니라 번제로 드리는 서원제와 자원제를 말하는 것 같다.[민15:3,8] [4)] 이 형태의 번제는 레위기에서 처음 나타난다. 화목제는 감사제, 서원제, 자원제[낙헌제]가 있다.[레3:15-18]

좀 세부적으로 서원제에 대해 설명한다. 이스라엘 백성이나 거류자가 서원한 것이 이루어졌을 때 드리는 감사의 서원제나, 감사하므로 스스로 기뻐하여 자의로 자원제 예물을 드리려하든지, 소나 양을 화목제 희생을 드리는 자는 하나님이 기쁘게 받아드리시도록[ratson] 아무 흠이 없는 것을 드려야 한다. 22장 본문에는 "기쁘게 받으심이 되도록 드리라"는 말이 네 번

---

4) Rooker, Leviticus, 280.

22:19,21,27,29 나온다, 그리고 반대로 "기쁘게 받으심이 되지 못하리라"가 말이 세 번22:20,23,25 나온다. 드림은 우리에게 있지만 받으심은 하나님께 있다.

3) 제물로 바칠 수 없는 12가지 짐승의 흠22:22-24

만일 21-22장에 사용된 구절들이 제사장과 동물들의 상응점을 찾아 배열한 12가지의 조건들이라면 두 장의 배열은 상당히 논리적인 구조로 되어 있다. 제사장으로서 부적당한 신체조건21:17-21과 동물의 육체적인 기형조건22:20-24은 아주 흡사하다.

짐승 중에 다음과 같은 것은 제물이 되지 못한다. 눈먼 것이나 상한 것이나 지체에 베임을 당한 것이나 종기가 있는 것이나 괴혈병옴, 습진, 악성피부병이나 비루먹은 것헐고 털 빠지는 병은 여호와께 드리면 안 된다. 단 위에 화제로 여호와께 드리지 말아야 한다.

또 소나 양의 지체가 더하거나 덜하거나다리가 길거나 짧거나 한 것은 너희가 자원낙헌 예물로는 드릴 수 있다. 흠이 있지만 허락되는 한 가지 예외는 선천적 장애를 입은 동물들은 자원낙헌 예물로 드릴 수 있게 하였다. 그러나 서원 제물로는 안 된다. 하나님이 받아드리지 않으실 것이다.

그리고 제물로 드리려는 짐승가운데 불알testicles, 이 단어가 본문에는 없지만 자체의 상태를 말하므로 불알고환임을 알 수 있음이 상하였거나maak 5) 치었거나kathath 터졌거나nathaq 베임을 당한 것karath은 여호와께 드리지 말아야 한다. 아마 이것은 거세를 잘못하거나 여타 이유로 잘못되어 온전하지 못한 상태를 언급하는 것 같다. 즉 "너희의 땅에서는 이런 일을 행하지 말라"레22:24는 내용이 거세를 지칭한 것으로 보인다. 본문에는 '거세'라는 명사는 없지만 불

5) 신명기는 "신낭(腎囊)이 상한 자와 신(腎)을 베인 자는 여호와의 총회(집회, 예배)에 들어오지 못한다."고 되어 있다.(신23:1)

알이 "상하였거나"를 거세로 볼 수 도 있다.[6] 어쨌든 거세castrate되었거나 비슷하게 훼손된 동물들은 본토의 것이나 유입된 것이든 막론하고 제물로 드릴 수 없는 것이다. 거세된 동물은 어떠한 상황에서도 제물로 드려지지 않았을 것이다. 거세는 동물의 수컷이나 암컷의 생식에 필요한 신체 부위를 훼손시켜 생식 기능이 불가한 상태로 만드는 것이다. 수컷은 고환의 절제, 암컷은 난소 절제나 자궁적출 방법 등이 있다. 거세는 모든 생물에 대해 "생육하고 번성하여 충만하라"창1:22,28; 8:17는 하나님의 축복에 전적으로 위배된다. 거세는 하나님의 선하신 창조에 손상을 끼친다. 그러나 할례는 생식을 도울 수 있기 때문에 괜찮았을 것이다. 이스라엘 백성이 들어가서 사는 땅에서는 이런 동물을 제물로 바치는 일이 없어야 한다. 약속된 땅에서 계속 이 규례는 지켜져야 한다. 불구나 병신이 된 짐승을 바치면 안 되는 것이다.

4) 외방인에게 받은 제물도 흠이 없어야 한다22:25

제사장은 외방인ben-nekar에게서도 이런 흠 있는 것들을 받아 하나님의 식물로 드리면 안 된다. 외방인에게서 취득한 제물이라도 흠이 없으면 사용할 수 있다. 그러나 외방인에게서 돈을 주고 산 동물들도 이스라엘 사람들이 가져온 동물들과 마찬가지로 흠과 결점이 있어서는 안 된다는 뜻이다. '하나님의 식물'은 '신인동형동성론적'인 표현이다. 마치 하나님께 음식을 대접해 드리는 것처럼 표현한 것이다.

선지자 말라기는 총독에게 흠 있는 것을 바칠 수 없는데 하물며 하나님께 흠 있는 것을 드릴 수 있느냐고 반문하였다.말1:8,14 흠이 있는 제물을 하나님께 드린 죄악에 대하여 말라기 선지자의 책망을 이러했다. '하나님을 멸시한 죄며1:9 은혜를 간구하여도 듣지 않을 것이며,1:9 그런 자에게는 성

6) Keil and Delitzsch, The Pentateuch, "Leviticus", 436.

전의 문을 닫을 것이며,[1:10] 저주를 받을 것이다.'[9:14]

2. 제물 도살의 배려와 화목제에 대한 재 언급[22:26-32]

제물을 도살할 때 살펴야 할 것과 화목제에 대한 재 언급을 하고 있다.

1) 서론[22:26]

여호와께서 모세에게 말씀하셨다. 이렇게 하나님은 말씀하심으로 새로운 내용을 주신다. 이 장에 들어와서 세 번째 주어지는 동일 문구이며 마지막에 속한다.[22:1,17,26]

2) 새끼는 생후 칠일간은 어미 곁에 두라[22:27]

수소[shor, ox, bull]나 양이나 염소가 나거든 칠일동안은 그 어미와 함께 있도록 하여야 한다. 제 팔일 이후로는 여호와께 화제로 예물을 드리면 즐겁게 받으실 것이다. 할례도 생후 팔일에 행한다.[레12:2-3] 그래서 제사용 짐승은 칠일 이상 된 것이라야 한다. 늙은 짐승에 대해서는 언급이 없지만 하나님은 기드온에게 칠년 된 수소를 바치라고 하셨다.[삿6:25] 새끼가 어미와 칠일동안 있어야 한다는 이 법은 레위기에서 처음으로 주어진 것은 아니다. 출애굽기의 배상법 중에 하나님에 대한 배상을 다루면서 이 내용을 규례로 주신 적이 있다.[출22:30] 이 법은 새끼가 칠일을 지나야 온전한 제물 될 수 있음을 보여준다.[7)]

3) 어미와 새끼를 같은 날 잡지 말라[22:28]

암소[shor]나 암양[seh, 어린양]을 막론하고 어미와 새끼를 같은 날에 잡지 말라. 그런데 개역이나 개역개정성경 둘 다 수소를 암소로 번역하였다. 원어

---

7) Philip H. Eveson, The Beauty of Holiness (England: Evangelical Press, 2007), 301.

에는 수소이지만 잇달아 나오는 "어미와 새끼" 때문에 암소로 번역한 것 같다. 그리고 바로 앞 절인 27절에는 "어미와 새끼"가 있어도 원어대로 수소로 번역했다. 이 규례는 구약에서 처음으로 주어진 것이다. 비슷한 문구인 "너는 염소 새끼를 그 어미의 젖으로 삶지 말라출23:19; 34:26; 신14:21는 가나안의 다산의식을 금하는 율법이 있지만 하나님께 드리는 제사를 위해서 주어진 새로운 내용의 첫 율법이다. 어미와 새끼를 같은 날 잡지 말라는 이유에 대해 다양한 견해들이 있다. 다산을 위한 마술적 관행 금지,신14:21; 신22:6 생계생활 위협 고려, 잔인성 배제, 생명에 대한 배려[8], 동물의 보호 등을 꼽는다. 이렇게 성경에 나타난 최소한의 법은 최대한의 법에 연결되어 있음을 예증한다.[9] 어쨌든 희생의 목적이나 혹은 일상적인 음식으로 소와 양을 그 어린 새끼와 함께 같은 날에 잡을 수 없음을 지적한다. 이것은 알과 새를 동시에 취하는 그런 낭비적인 행실을 금하는 율법신22:6-7이나 나무를 무차별로 벌목하는 것을 금지하는 법들신20:19-20과 조화된다.[10]

4) 감사제 규정의 재 언급22:29-30

제사장과 백성이 여호와께 감사제물zebach-todah을 드리려면 그것이 하나님께 기쁘게 받아지도록 드려야 한다. 감사제물은 그 날에 먹고 이튿날 까지 두지 말아야 한다. 이 감사제때 고기를 처리하는 문제는 레위기 7장에서 언급된 바 있다.레7:15 그런데 여기에 다시 나오는 이유는 평신도가 먹는 감사제물이나 감사제물의 제사장 몫레7:31-34은 성물이기 때문에 잘못 처리하지 않도록 주의를 환기시키는 것이다.

이렇게 말씀하시는 분은 여호와이시다. "나는 여호와이다"라는 문구는 22장에서 이번이 네 번째다.레22:2,3,8,30,31,33

---

8) Kaiser, Toward Old Testament Ethics, 157.
9) Rousas John Rushdoony, The Institutes of Biblical Law (Nutley, N. J.: Craig, 1973), 169.
10) Harrison, Leviticus, 213.

5) 계명을 지켜 성호를 욕되게 하지 말라[22:31-32]

여호와께서 권고형식의 자기천명을 함께 성호를 더럽히지 않도록 명령하시고 계명을 준수하도록 강조하신다. 이스라엘은 하나님의 계명[mitsvah]을 지켜 그대로 시행하여야 한다. 다섯 번째의 선포이시다. "나는 여호와이다".[21:12; 22:2,3,8,30,31,33]

"나의 거룩한 이름을 더럽히지 말라"라는 금지명령은 반복되어 나타난다.[2,32절] 이 구절은 22장 전체의 내용을 요약하는 핵심적인 구절로 시작과 끝을 장식하는 포괄양식이다.

그리고 이스라엘은 하나님의 성호를 욕되게[chalal] 하지 말라고 하셨다. 여호와는 이스라엘 자손 중에서 거룩하게 함을 받을 것이라고 말하신다. 미래형으로 되어있는 것은 하나님의 뜻과 역사가 지속될 것을 암시한다. 그 분은 이스라엘을 거룩하게 만드는 여호와이시다. 거룩한 것을 속되게 하는 것은 여호와의 뜻과 상충된다. 그 분은 그들의 하나님이 되시려고 그들을 애굽 땅에서 인도하여 낸 자이시다. 여섯 번의 "나는 여호와이다"라는 문구가 최종적으로 나타난다. 하나님은 21-22장의 모든 제사장 규례를 마치면서 십계명의 서문[출20:2]을 회상하시고 "너희들의 하나님이 되려고" 이 모든 일을 행하였다고 말씀하셨다. 레위기는 이렇게 출애굽 주제와 거룩함의 주제가 독립적으로[레22:33] 혹은 동시적으로[레11:45] 등장한다.

교훈과 적용

1. 신약에서 거룩함은 구속을 통해서 성취될 수 있음을 강조한다. 이 구속은 신체적 결함이 있는 자들까지 포함한다. 복음서에 나타나는 천국 잔치 비유에서 병자들과 저는 자들 그리고 소경들이 초대되었다.[눅14:21] 선지자 이사야는 메시아 시대가 도래 하면 고자와 이방인에게까지 하나님의 은혜가

확장되어 모든 민족이 하나님의 백성을 될 것이라고 예언했다.사56:4-8 여호와와 연합될 때 그들도 기꺼이 받으실 것이라고 하셨다. 그리스도로 인해 이 결함의 구분이 모두 제거된 것이다. 우리도 신체적, 정신적, 영적으로 힘들거나 눈에 잘 띄지 않는 연약한 사람들을 배려하는 정신으로 살아야 할 것이다.

2. 구약에는 불완전한 제사가 있었지만 완전한 희생의 기준은 신약의 그리스도이시다. 예수님은 모든 죄로부터 완전히 자유로우셨기 때문에 최종적이고 궁극적인 희생이 되셨다.히9:14 진정으로 예수님은 점도 없고 흠도 없으신 하나님의 어린 양이셨다.벧전1:19; 요 1:29; 계5:6 완전한 제물이 되셨던 주님은 동시에 대제사장이 되셔서 대속죄일에 휘장 안으로 들어가셨다.히6:20 제물이 되시고 휘장 안으로 들어가신 것은 우리를 위해서였다. 모든 그리스도인들은 거룩한 삶을 통해 자신들을 구속하신 하나님의 은혜를 세상에서 나타내며 살아야 한다.

3. 하나님은 이스라엘을 이집트에서 구해 내신 목적은 그들의 하나님이 되시려고to be your God 그러셨다.레22:33 그리고 그들의 하나님이 되셔서 가나안 땅을 주시려고 이집트에서 그들을 인도하여 내셨다고 하셨다.레25:38 아브라함을 부르시고 언약을 맺으신 목적도, 이삭과 야곱에게 언약을 확인시켜 주신 이유도 장차 이스라엘을 만드셔서 그들의 하나님이 되시려고, 되셔서 가나안 땅에 살게 하시려고 그러셨다는 것이다. 우리를 세상에서 불러 구원하신 이유도 우리들각자의의 하나님이 되시려고, 되셔서 우리를 하나님의 나라의 백성으로 삼으시기 위해서 부르시고 지금도 인도하시고 계시는 것이다. 이 하나님의 마음을 헤아려 감사와 신뢰와 믿음으로 사는 성도가 되어야 할 것이다. 그런 점에서 레위기는 "나는 너희의 하나님이 되려고 너희를 애굽 땅에서 인도하여 낸 여호와라 내가 거룩하니 너희도 거룩하라"레11:45는 것을 강조한다.

레위기 23장

여호와의 8대 절기

23장에 수록된 여호와의 절기는 백성들을 위한 절기일람으로서 "안식일", "유월절", "무교절", "곡물의 첫 이삭 제사"초실절, "오십일 계수의 제사",칠칠절 "나팔절", "속죄일", "초막절" 등 여덟 가지이다. 매년 이 절기들을 지키도록 명령하고 있다. 절기는 봄 절기와 가을 절기로 나눠지기도 하고[1], 예루살렘에 모이는 절기유월절, 칠칠절, 초막절와 전국적으로 지키는 절기안식일, 초실절, 나팔절, 속죄일로 나눌 수 있다. 모든 절기는 "여호와"를에 위해의해서 지정된 절기"레23:2이므로 절기의 주인은 여호와이시다. 절기는 여호와께서 지정하신 시간이다. '시간적 성소'인 셈이다. 제사가 공간적 성소에서 이루어진다면 절기는 '시간적 성소'에서 이루어진다. 절기에 대한 설명을 안식일부터 시작하고 있으므로 모든 절기의 기본구조는 안식의 개념 속에 담겨져 있다.23:3

명 칭	구절	기간	장소	날 짜	히브리어 명칭
안식일	3절	하루	거주지	일곱째 날	shabbath
유월절	5절	하루	중앙성소	1월14일	pesach
무교절	6절	칠일	중앙성소	1월15일	hag hammatstsot
초실절	10절	하루	거주지	곡물의 첫 이삭 드리는 날 yom habikkurim	

1) Rooker, Leviticus, 282; Wenham, The Book of Leviticus, 300.

명 칭	구절	기간	장소	날 짜	히브리어 명칭
칠칠절	15절	하루	중앙성소	초실절후 7주간 지난 안식일 다음날 hag shabuot	
나팔절	24절	하루	거주지	7월 1일	yom teruah
속죄일	27절	하루	거주지	7월10일	yom hakippurim
초막절	34절	칠일	중앙성소	7월15일	sukkot

〈레위기 23장의 8대 절기〉

여호와의 절기를 나타내는 단어는 세 가지다. 첫 번째 모에드moed가 있다. 정한 때, 장소, 모임을 말한다.레23:2,4,37,44 회막ohel moed은 만남의 장소라는 뜻이다. 두 번째는 하그hag가 있다. 축제,모임 순례, 절기의 희생, 종교적 목적을 가진 축제를 뜻한다.레23:39,41 하그는 "둥글다, 순환하다, 굽이치다"에서 파생되었다. 그 후에 그 의미가 "원형을 만들거나 그리다." 나중에는 "춤추다"로 발전되었다는 주장이 있다.[2] 세 번째는 미크라miqra이다. 카라qara, 부르다, 소환하다에서 유래했으며, '소집, 집회,convocation 낭독, 읽기reading를 의미한다.레23:2 성회miqra qodesh란 국가적으로 예배를 드리기 위해 모인 집회를 말한다.

절기를 소개하는 23장은 "여호와께서 말씀하여 가라사대"1,9,23,26,33로 시작하는 담화소개양식을 따라 크게 다섯 문단으로 구분할 수 있다. 이런 서두가 반복되는 이유는 그 절기가 여호와로부터 주어졌음을 알리는 권위적 선포이다. 반복적으로 나타나는 단어와 구절들은 "여호와의 절기"23:2,4,37,44와 "성회"23:2,4,7,8,21,24,27,35,37와 "아무 노동도 하지 말라" 23:7,8,21,25,28,30,31,35,36는 문구들이다. 노동을 하지 말라는 것은 단순히 쉬라는 것보다 지켜 행하라는 뜻이 강하다.

2) G. Botterweck, "חג chagh," TDOT 4, 203.

오경에 나타난 절기 월력

출애굽기 23:14-17,3대 절기 무교절, 맥추절, 수장절.

출애굽기 34:18-26,3대 절기 무교절, 칠칠절 곧 맥추의 초실절, 수장절

레위기 23장,8대 절기 안식일, 유월절, 무교절, 곡물의 첫 이삭 제사,초실절
오십일

계수의 제사,오순절, 맥추절, 칠칠절 나팔절, 속죄일, 초막절수장절, 장막절

민수기 28-29장,9대 절기 상번제, 안식일, 월삭, 유월절, 무교절, 칠칠절,
나팔절, 속죄일, 초막절

신명기 16:1-17,3대 절기 유월절, 칠칠절, 초막절

〈기타〉

열왕기상 8:65성전봉헌일-하누카

느헤미야 10:34헌목일

에스더 9:21부림절

에스겔 45:18-25,속죄일1월 유월절7월

요한복음 10:22수전절-하누카, 주전 167년 마카비 사건

절기의 달력

이스라엘 달력은 종교력과 민간력으로 구분된다. 종교력 1월은 니산월양력 3-4월에 해당하며, 민간력에 따른 1월은 종교력의 7월에 해당된다.

유대력을 이해하는 것은 성경에 나타난 절기를 이해하는 데 도움을 준다. 유대인들에게 있어 새해의 시작은 언제인가? 어떤 이들은 봄이라고 하고, 어떤 이들은 가을이라고 한다. 성경에서는 두 가지 상이한 역법을 동시에 찾을 수 있다. 모세오경과 몇 몇 군데에서는 첫 달을 유월절이 시작되는 니산월로 기록하고 있다. 니산월은 히브리어 종교력 달력의 1월 달로 양력

3-4월에 해당한다. 즉 봄에 새해가 시작한다는 말이다. 그런데 유대교의 신년은 종교력 7월 달인, 즉 양력 9-10월 달인 티쉬리월이 신년이다. 그래서 이 달 1일에 신년을 알리는 나팔절을 분다.

히브리인들이 첫 봄을 신년으로 했다는 암시는 성경 곳곳에서 찾아 볼 수 있다. 그래서 봄철이 지켜지고 있는 유월절이 한 해의 시작으로 지켜져 왔다.출12:2,18 그럼에도 불구하고 유대교 달력 7월이 신년으로 시켜지는 이유는 아마도 변경이 있은 듯하다. 즉 가나안인과 대개의 서북 셈족들이 가을철 신년제도를 가지고 있었던 것으로 보아, 히브리인들도 사사시대 이후에 이 가을철 신년제도를 그들 자신의 것으로 채택한 듯하다. 따라서 족장시대에는 춘분을 신년의 시작으로 지켰으며, 왕국시대에는 추분을 그들의 문화적 혹은 종교적 신년으로 시켜졌다고 추정해 볼 수 있다.

미쉬나에 의하면 니산월춘분 1일은 왕들과 절기를 위한 신년이며, 티쉬리추분 1일은 안식년, 희년, 나무심기, 야채를 위한 신년이다. 즉 니산월 1일은 종교적인 신년제의력으로 지켜지는 반면, 티쉬리 1일은 비종교적인 일반 세상사민간력를 위해서 지켜진 신년인 듯하다. 일반적으로 티쉬리월이 현재 이스라엘에서 신년으로 자리 잡은 것은 주후 70년 예루살렘 성전 파괴 이후라고 주장된다.

A. 봄 절기23:1-22

I. 본문의 개요

이스라엘은 겨울 우기10-4월와 여름 건기5-9월가 있다. 우기가 시작할 때

'이른 비'가 내리고 끝날 때 '늦은 비'가 내린다.신11:14 [3] 우기 동안에는 봄 곡식을 파종하고 추수 한다. 이 시기에 지키는 봄 절기가 네 가지다. 유월절과 무교절, 초실절과 칠칠절이다. 여기에 서두에 안식일을 절기 속에 넣음으로 안식일이 절기처럼 매주 지켜져야 한다는 것과 다른 절기들도 이 안식일처럼 엄숙하고 완전하게 지켜져야 함을 강조하고 있다. 절기들에 대한 월력 본문은 온 백성이 예배를 위해 집결해야 했던 절기 행사를 확인해주고, 그것들의 시간과 기간을 결정하여 어떤 의식적 규정들을 제시한다.[4]

Ⅱ. 본문의 구조

1. 첫 번째 말씀 23:1-8
   1) 서론23:1-2
   2) 안식일 규례23:3
   3) 절기의 공표23:4
   4) 유월절 규례23:5
   5) 무교절 규례23:6-8
2. 두 번째 말씀23:9-22
   1) 서론23:9
   2) 초실절 규례23:10-14
   3) 칠칠절 규례23:15-21
   4) 가난한자를 위한 배려23:22

---

3) John H. Walton, Chronological and Background Charts of the Old Testament (Grand Rapids, Michigan: Zondervan, 1994), 19.

4) D. Morgan, The So-called Cultic Calendars in the Pentateuch: A Morphological and Typological (Diss., Claremont University, 1974), 219.

Ⅲ. 본문 주해

1. 첫 번째 말씀 23:1-8

1) 서론23:1-2

여호와께서 모세에게 다시 말씀하셨다. 새로운 규례를 주실 때 사용하는 도입형식문장이다.23:1,9,23,26,33 이스라엘 자손에게 이렇게 일러 주어라 고 말씀하셨다. 너희 이스라엘이 공포qara하여 성회miqra qodesh를 삼을 여호와의 절기들moed Yehovah은 이렇게 된다고 말씀하셨다.

미크라miqra는 부르다는 의미를 가지고 있으므로 거룩한 부름, 즉 성회를 뜻한다. 이 단어는 절기 중의 특별한 큰 날에 적용된다. 이날은 그 절기 중의 큰 날로서 공동체가 하나님의 예배와 삶의 기쁨들의 축연에 집결하기 위해 모든 일상사를 내려놓는 날이다. 이 날들은 여호와의 예배가 그 날들의 유일한 초점이기 때문에 거룩하고 신성하다. 그런 점에서 일반적인 절기moed보다는 더 특별한 성격을 지닌다. 2절의 "여호와의 절기"에서 소유격의 여호와는 목적격 소유여호와를 위한 절기일 수도 있고 주격 소유여호와에 의한 절기일 수도 있다. 두 가지는 주격으로서 창조창1:4와 목적격으로서 예배와 찬양이 될 수 있으므로 둘 다 "여호와의 절기"를 해석하는데 적용된다.

2) 안식일Sabbath 규례23:3

안식일은 이스라엘 민족이 다른 민족들과 구별되는, 언약의 징표로써 주어졌다.출31:13 이 안식일은 고대근동 제의월력에서 이스라엘만이 갖는 유일한 소유였으므로 이는 자국의 다른 절기들을 앞선다. 그래서 안식일은 일 년에 한 번만 가지는 지정된 절기가 아님에도레23:4,38 불구하고 그 중요성 때문에 서두에 제시되었다.[5] 안식일을 절기에 포함하는 세 가지 추가적인 이유는 하틀리는 다음과 같이 설명한다.[6] 첫째, 백성들의 충실한 안식일 준수는 절기들의 충실한 준수를 위한 모형을 세워줄 것이다. 둘째, 안식일은 칠칠절의 기념 시기를 결정할 때 제 역할을 한다.레23:15-16 셋째, 안식일 준수에 대한 법들은 절기들의 기간에 포함된 특히 엄숙한 날들로 이양된다. 즉 어떤 절기의 특정한 날들을 안식일처럼 준수해야 한다.

안식일 개념에서 볼 때 엿새 동안은 일해야 한다. 그러나 일곱째 날은 '완전하게 쉬는'shabbathon '안식일'shabbath이다. 샤바트 샤바톤은 "안식일 준수의 안식일" 혹은 "엄숙한 휴식의 안식일"로 번역된다. 샤바톤은 여호와를 공경하는 가운데 일을 중단하는 전적인 안식의 날이라는 것을 강조하기 위한 어구로 사용된다. '안식일 지키기'sabbath observance, sabbatism 그 자체를 강조한 것이다. 한글 번역은 그냥 "안식일"샤바트로 되어 있지만23:3 원어로 보면 샤바트 샤바톤이다. 이 뜻은 매주 지키는 안식일이 아니라 절기 중에 지키는 안식일, 즉 절기 때문에 발생한 안식일을 말한다. 어떤 절기의 특정한 날들을 안식일처럼 준수해야 하는 샤바트 샤바톤에 대해 대부분의 주석가들은 이 구절은 힘든 노동뿐 아니라 음식을 만들거나 불을 피우는 등과 같은 사소한 집안의 허드렛일까지 금지하는 것으로 이해한다.출16:23-30; 참조. 민15:32-36 매주 지키는 안식일에는 일을 하면 처형을 당했고 불을 피우지도 못하게 했다.출35:2-3

일반 안식일과 성회로서의 안식일에는 차이점이 있다. 일반 안식일, 즉 칠일마다 한 번씩 돌아오는 안식일은 하나님의 '천지 창조에 관련하여 정하신 안식'의 날이다.창2:2-3 그러나 특별히 여호와의 절기로서 지키라는 안식일은 절기 중에 성회로 모이는 날에 해당하는 안식일로 매우 새롭게 그 날을 거룩하게 지키며 모든 노동을 중지하고 하나님께 경배하는 날로 삼

5) Noordtzij, Leviticus, 228.
6) Hartley, Leviticus, 372.

으라는 것이다. 그래서 일반 안식일은 샤바트창2:2-3; 출16:23; 20:9-10라고 하고, 절기 중에 안식일로 지키라는 날짜에는 엄숙한 준수를 강조하여 샤바트 샤바톤레16:31; 23:3,24,32,39이라고 하는 것이다.

일반 안식일은 중앙 성소후대는 예루살렘로 이동하여 지키는 '순례 절기'가 아니라 거주지와 가족을 중심으로 '자기들이 거하는 각각의 처소'wherever you live, 23:14,17,21,31에서 지키면 된다. 그러나 무교절23:8과 초막절23:35-36에는 중앙 성소로 가는 순례 절기이기 때문에 그곳에서 지키게 된다. 안식일은 오경에 나타나는 절기법의 기본 원칙을 제공한다. 안식일의 계명은 세 분류로 나뉘어 진다. 창조의 주제와 연결한 출애굽기 20장, 출애굽의 주제와 연결한 신명기 5장, 그리고 단순하게 안식일로 지킬 것을 명령한 레위기 23장과 19장이다. 일반적으로 안식일에 대한 역사적 기원에 대해서는 불분명하지만, 역사적인 전통은 출애굽의 광야시대출16:23-30로 추정한다.

3) 절기의 공포23:4

봄의 계절양력3-5월 전후에 따라 이스라엘이 공포하여 거룩한 모임을 가져야 되는 '여호와의 절기'moed Yehovah는 유월절, 무교절, 초실절, 칠칠절이다.

4) 유월절Passover 규례23:5

유월절은 한해의 시작을 알렸던 절기였다. '자연절기'가 아니라 역사적인 의의에 의해 만들어졌다. 정월 십사일 저녁은 "여호와의 유월절"pesach laYehovah이다. 유월절은 이집트로부터 이스라엘 백성이 구원된 것을 기념하여 드리는 것이다.출12:1-14 예수님께서도 이 절기를 지키셨다.마26:2,18 그리스도는 그리스도인에게 있어서 '유월절'이 되신다.고전5:7; 요1:29; 벧전1:19 출애굽기의 유월절 기사출12:1-28는 오경에서 세 군데에 그 거행 절차를 상술하고 있다.레23:5-8; 민 28:16-25; 신 16:1-8

유월절Passover이라는 명칭은 파사흐pasach에서 유래되었으며 “지나가다, 넘어가다”를 의미한다. 또한 파사흐는 본래 “방어하다, 보호하다”를 의미한다는 주장도 있다. 히브리서는 유월절의 피는 장자를 “건드리지 않게” 위함히11:28이라고 말하며, 출애굽기는 여호와께서 이스라엘 집들을 감싸 보호하며 멸망자가 들어가서 “치지 못하도록”출12:23하셨다는 설명 때문이다. 본문에 어린 양을 먹는 방식에 대한 언급이 없는 것은 출애굽기에 상세히 기록되었기 때문이다.출12:1–11

신약성경 시대에 유월절은 그 해의 중요한 명절이 되어서, 이때가 되면 수 천 명의 순례자들이 온 유대지방에서부터 예루살렘으로 모여 들었다고 기록한다.요11:55 유월절은 나중에 무교절과 통합된 듯하다. 에스겔서는 칠일간 지속되는 유월절로 언급겔45:21하고 역대하와 에스라서는 두 절기를 모두 무교절로 불렀다.대하30:13,21; 스6:22 신약시대의 유대인들은 유월절을 무교절과 동일시하였다.눅22:1

5) 무교절Unleavened Bread 규례23:6–8

유월절에 바로 뒤이어 무교절이 시작된다. 이 절기는 보리 추수의 시작을 기념한다. 이 햇곡식으로 만든 빵은 누룩 없이 먹는다. 이 규정은 최초의 유월절의 밤에 만든 그 떡이 누룩이 없었다는 점에서 출애굽 및 유월절과 무교절의 역사적 연결을 형성한다. 무교병은 그 밤의 놀라운 구원과 관련된 긴박함의 상징이었다. 이 시기에 해당하는 기독교의 절기는 사순절과 부활절이다.

정월 십오일이 “여호와의 무교절”chag matstsot laYehovah이다. 칠일동안 이스라엘 백성들은 무교병matstsah만을 먹어야 한다.출23:15,20 무교병은 발효되지 않는 빵이다. 이스라엘 백성은 이집트에서 급히 떠났기 때문에 빵이 발효할 시간적 여유도 가지지 못했다.출12:39 이 빵을 먹으면서 이집트에서 급히 도망쳐 나온 것을 기념하였다.출12:34,39 쓴 나물과 함께 먹었으므로 "고난의 떡"the bread of affliction으로 불린다.신16:3 무교병은 정월인 니산월 14일 저녁에 먹기 시작해서 일주일 동안 계속되었다.출12:15,18 무교절 기간을 신명기에는 6일 동안이라고 언급하며 제 칠일은 성회의 날로 규정하고 있다.신16:8 한편 이 무교병은 출애굽이 시작되기 전 창세기에 나오는 소돔과 고모라 사건에서 언급되었다. 이 도시가 죄악 때문에 망하기 전날 밤 롯의 집에 찾아간 하나님의 사자들과 떡을 나누게 되는데, 바로 이 떡이 무교병이다.창19:3 이스라엘 백성은 팔레스타인에 들어갈 때 길갈에서 이 절기를 지켰다.수5:11

무교절 첫 날인 십오일에는 백성들은 '거룩한 모임'으로 모여야 한다. 아무도 아무런 노동을 해서는 안 된다. 무교절은 칠일 동안 유월절에 이어 지킨다. 율법은 절기 중 첫날과 마지막 날을 제외하고는 다른 날은 어떻게 지내야 하는지에 대하여 특별한 규정이 나와 있지 않다. 유대인들은 절기 중간에는 꼭 필요한 일이나 생계를 위해서 필요한 일을 제외하고는 일을 하지 않았다. 성회로 모이기 때문에 "아무 노동도 하지 말라"는 문구는 여러 번 반복해서 나타난다.23:7,8,21,25,28,30,31,36 성회로 모이는 날은 일반 안식일 개념보다 더 엄격하게 노동을 쉬어야 한다. 그만큼 절기 중에 성회로 모이기 때문에 엄숙하게 준수해야 함을 강조한다.

백성은 무교절이 진행되는 칠일동안 여호와께 절기의 화제번제, 소제, 속죄제와 매일 드리는 제사를 드려야 한다.민28:16-25 제 칠일 째에는 '거룩한 모임'을 가져야 한다. 그 날에는 생업을 위해 아무 노동도 하면 안 된다. 그러나 음식을 만드는 일만은 할 수 있었다.출12:16 이것이 안식일과 절기의 중요 차이점이다. 안식일에는 음식을 만드는 일이 금지출35:3되었으나, 절기 때에는 허락되었다. 이 날은 일은 하지 않지만 쉬지 않는 것은 이 규정을 범하는 것이다. 그래서 유대인들은 일하지 말라는 계명을 "쉬라"는 것과

"일하지 말라"는 것으로 구분하여 두 가지 계명으로 계산하였다. 민수기 28-29장은 각종 절기에 어떤 동물을 제물로 드려야 하는지를 구체적으로 밝히고 있다. 이는 제사장이 알아야 할 내용이다. 이에 비해 레위기 23장은 구체적인 제사를 언급하지 않는다. 번제와 소제와 화목제를 모두 "화제"로 주로 지칭한다.[레8,13,18,25,27,36,37] 다시 말하면 레위기 23장은 평신도에게 주어진 절기에 대한 규례이고, 민수기 28-29장은 어느 절기에 무슨 제사를 드려야 할 것인지에 대한 제사장 월력[月曆]을 상세히 규정하고 있다.

교훈과 적용

1. 레위기 후미 부분은 절기와 안식년과 희년을 언급하고 있다. 그것은 절기와 안식년과 희년의 법을 통해 안식의 중요성이 강조되고 있기 때문이다. 안식은 여호와께서 그 지으신 만물을 즐거워하시는 그 날부터 시작되었다. 신자가 하나님께 예배드림이 곧바로 하나님을 즐거워하는 것이다. 그 즐거움이 곧 영혼의 안식이다. 안식일을 지킴으로 장차 올 영원한 안식의 상태를 미리 맛보는 것이다. 모든 절기는 여호와의 절기다. 안식년도 여호와의 안식년이다. 희년도 또한 '여호와의 해'이다. 즉 절기를 주신 이유는 이 모든 것[구원역사와 환경]은 여호와가 하셨다는 것을 알게 하는데 있다. 여호와가 하셨기 때문에 안식을 얻는다는 것이다. 여호와가 절기와 안식의 주체라는 사실을 가르쳐 주신다. 이러한 것을 알고 감사할 때 우리는 안식일의 주인 되시는 그리스도[마12:8; 막2:28]를 통해 영적소생의 힘을 얻고 진정한 마음을 쉼을 얻는다.
2. 레위기에서 '안식일'을 첫 번째 절기로 인식하였던 것처럼, 오늘날 기독교인들에게 주일은 '절기 중의 절기'라고 말할 수 있다. '주일'은 주님께서 다시 오심을 기다리며 하나님께 예배드리는 거룩한 날이다. 초대교회는

안식일 대신 주일을 지켰다.마28:1; 행20:7 신약에서는 안식일이 사람을 위해 있는 것이지 사람이 안식일을 위해 있는 것이 아니라고 기록하였다.막2:27 율법의 목적은 하나님의 뜻을 자발적으로 수행하는데 있다. 형식적인 준수는 잘못된 것이다. 구약에는 안식일을 어기면 죽이도록 되어 있다.출31:15 그러나 그리스도가 안식일의 주인이시며, 성전보다 더 크신 이시기 때문에 안식일은 그리스도 안에 그 진정한 의미가 들어 있다. 그래서 안식일의 준수보다 더 중요한 것은 안식일의 본질을 깨닫는 것이다. 하나님의 영광이라는 본질을 위해 비본질적인 안식일 법규에서 벗어나 진정한 자유를 누리는 것이 더 중요하다. 예수님은 안식일의 규정보다 사랑의 실천이 우선임을 보여 주셨다. 예수님은 언약의 증표인 안식일이 새 언약의 도입과 함께 파기될 때가 왔음을 보여주셨다. 두 곳의 신약본문은 안식을 예수님의 메시아 사역에 대한 비유로 사용한다. 예수께서는 무거운 짐으로 허리가 휘어지는 모든 사람들이 자신 안에서 쉼을 얻으라고 초대하신다.마11:28-30 그리고 히브리서는 예수님을 따르는 모든 사람들이 하나님께서 그들을 위해 마련해 놓으신 안식일의 쉼에 들어갈 것을 권고한다.히4:11-11 하나님은 힘든 세상에 처한 우리가 안식의 맛을 보기를 심히 원하신다. 사람이 하나님의 맛을 볼 때에만 참된 안식을 누릴 수 있다. 우리도 예배의 날을 무거운 짐으로 만들지 말고 안식의 본질을 회복하는데 주력해야 한다.

3. 오늘날의 유월절의 의미는 성만찬으로 대신한다. 우리의 유월절 어린양 되시는 예수 그리스도의 피와 살을 떡과 포도주를 마시면서 기념한다.막14:22-24 그 분의 피와 살을 먹으면서 우리는 죽음으로부터 구원을 받았음을 되새긴다. 유월절에 이은 무교절은 오늘날 예수 그리스도를 영접하여 회개하고 돌아선 백성의 삶에서 죄 된 습성을 제거하고 거룩한 삶을 살게 될 것을 상징한다. 예수님께서는 유월절 전날 우리 죄를 위하여 죽으셨다.

예수님의 위대한 구원 행위는 출애굽을 통해 잘 이해 할 수 있다. 출애굽이 여호와와 이스라엘 사이의 언약을 형성시키는 구원행위였던 것과 마찬가지로 예수님의 죽음과 부활은 하나님과 예수님을 믿는 모든 사람들 사이에 체결된 새 언약을 형성시키는 구원 행위가 되었다. 출애굽의 언어와 사건들은 예수님의 죽음과 부활 속에서 하나님의 구원사역을 이해하기 위한 최상의 은유들로 사용된다. 인자는 우리를 섬기기 위하여 유월절의 어린 양이 되어 대속물이 되셨다.[마20:28] 주님에 대한 감사는 섬김의 신앙으로 승화되어야 할 것이다.

2. 두 번째 말씀[23:9–22]

1) 서론[23:9]

여호와께서 모세에게 말씀하셨다. 도입 형식의 담화소개양식으로 새로운 단락을 시작한다.[23:1,9,23,26,33]

2) 초실절[Firstfruits] 규례[23:10–14]

날짜가 정해져 있지 않다. 곡물의 첫 이삭을 바치는 그 날이 초실절이다. 첫 수확의 제사는 공동체가 여호와의 땅의 소유권과 현재의 추수에 대한 정당한 권리를 인정하는 의식이다. 추수는 하나님의 축복이다. 이 축제를 히브리어로는 첫 번째의 곡물, 혹은 첫 태생을 뜻하는 '비쿠림'[bikkurim]이라고 한다. 모든 '소산의 첫 번째를 드리는 날'이라고 해서 '욤 하비쿠림'[yom habikkurim]이라고 부른다. 칠일 간을 지키는 무교절과는 달리 단 하루를 절기로 지킨다. 곡식단의 제물을 뜻하는 비쿠림의 본래 의미는 '여성의 자궁을 처음으로 깨는 행위'를 묘사하고 있다. 그래서 짐승을 일컬어 이 용어를 쓸 때는 짐승의 '첫 새끼'를 의미한다. 이 용어가 곡식에 사용될 때는 '첫 소산물'이 된다.레23:9-14 '초실'이라는 말은 "첫 이삭"reshith이라는 뜻이다. 그래서 첫 이삭을 바치는 이 날을 초실절bikkurim이라고 한다.출34:22

이스라엘 자손에게 모세가 규례를 전했다. 백성은 하나님이 주시는 땅에 들어가서 수고한 곡물qathar을 거둘 때에 우선 자신들이 거둔 곡물의 첫 이삭reshith 한 단omer을 제사장에게 가져가야 한다. 아마도 이것은 개인의 수확물을 바치는 것이 아니라 공동체의 단위의 첫 수확물의 제사로 보인다.[7] 이 때 거둔 곡물은 보리인 것 같다. 왜냐하면 밀보다 보리가 2-3주 먼저 추수되기 때문이다. 첫 이삭의 곡식 단을 바치는 날과 이로부터 오십 일 뒤에 가지는 칠칠절은 곡물 추수의 시작과 끝을 구성하는 틀이다.

제사장은 백성을 위하여 그 곡식 단을 여호와 앞에 열납되도록 안식일 다음날에 흔든다. 백성이 그 곡식 단을 흔들어 바치는 날에 일 년이 넘지 않은 흠 없는 수양kebes을 번제로 여호와께 드린다. 초실절인데도 곡식만 드리지 않고 수양을 번제로 드리는 것은 모든 절기에는 희생제사가 동반되기 때문이다. 이 예물을 하나님께 드린 다음에 이스라엘은 비로소 햇곡식을 먹을 수 있었다.레23:14

곡식단과 함께 드리는 소제는 기름 섞은 고운 가루 에바 십분의 이를 여호와께 화제로 드린다. 그래서 여호와께 드리는 향기로운 냄새가 된다. 이 때 드리는 소제는 첫 이삭을 볶아 찧은 것을 드리되 기름을 붓고 유향을 함께 드린다.레2:14-15 그리고 전제nesk, 부어드리는 제물로 포도주 힌[2]되 사분의 일을 바치면 된다. 전제도 제물이다.

초실절은 그 다음에 나타나는 절기의 날짜를 계수하는 기준이 되기에 중요하다. 즉 11절에 나타나는 "안식일 이튿날"을 계산하기 위해서다. 즉 이 안식일이 토요일이냐, 아니면 안식일로 지키라는 절기의 첫째 날이냐는 것이다. 오순절칠칠절 계산이 이에 따라 다르게 된다. 이 문제는 칠칠절에서

7) Keil and Delitzsch, The Pentateuch, "Levitcus", 440.

다룬다.

백성은 하나님께 예물을 가져오는 그날까지, 즉 곡물의 첫 이삭을 바치는 날까지 '떡'이든지 '볶은 곡식'qali이든지 '생 이삭'karmel이든지 먹으면 안 된다. 이것은 백성들이 거하는 그 각처에서 대대로 지킬 '영원한 규례'chuqqah olam다. '영원한 규례'라는 문구는 레위기 23장에 4번 나온다.23:14,21,31,41

영원한 규례

레위기 23장에 나타난 평신도들이 지켜야 할 모든 절기들은 "영원한 규례"라고 말하고 있다.23:14, 21, 31, 41 레위기를 읽을 때 "영원한 규례"라는 문구를 자주 발견한다. 그 첫 실례는 레위기 3:17절이다. "영원한 규례"란 "영원"과 "규례"라는 합성어로, 레위기에 17회 나타나며 원어 상 두 종류로 나눌 수 있다.

(1) 영원한 규례chuqqah olam 12회

제사장들에게 해당되는 이 규례 화목제물 중 아론과 그 자손에게 돌려야 할 소득,7:36 회막 출입시 포도주나 독주 금주,10:9 등잔불 정리24:3 등이다.

평신도들에게 해당되는 규례는 기름과 피를 먹지 말 것,3:17 대속죄일 제사와 금식,16:29, 31, 34 수 염소로 대표되는 우상숭배와 성막 이외에 장소에서 제물 잡는 것 엄금,17:7 유월절과 무교절의 요제, 번제, 소제, 전제,23:14 오순절 노동금지,23:21 초막절 1,8일에 성회 및 노동금지 및 7일 동안 화제23:41 등이다.

이 동일한 문구는 레위기 밖에서도 11번 나타난다.

제사장들의 등잔불 정리,출27:21 회막 출입시 의복 규정,출28:43 제사장 직분 자체,출29:9 광야행진 나팔 불기,민10:8 레위인의 분깃 없음.민18:23

백성들의 유월절과 무교절 준수,출12:14,17; 비교 24 백성과 거주 타국인의 동일한 제물규정,민15:15 붉은 암송아지 속죄제와 정결케 하는 물 뿌림,민19:10,21 매일 아침 소제겔46:14 등이다.

(2) 영원한 소득choq olam 5회

제사장들을 위한 "영원한 소득"은 소제,6:18 화목제와 요제와 거제,7:34 소제와 화목제,10:15 진설병,24:9 제사장들을 위한 '영원한 규례'로서 소제6:22 등이다.

이 동일한 문구는 레위기 밖에서도 6번 나온다.

제사장들은 제사장 위임식의 화목제 거제물,출19:18 불사르지 않는 모든 거제물,민18:8,19 거제물과 요제물,민18:11 제사장들을 위한 '영원한 규례'로서의 물두멍에서 수족 씻음,출30:21 '영원한 한계/자연법칙'으로서의 바다 모래렘5:22 등으로 나타난다.

레위기 본문의 "영원한 규례" 혹은 "영원한 소득"은 말 그대로 영원히 지켜야 할 규례와 소득이다. 이 규례는 레위기 24:8-9에서 "영원한 언약"과 완전 동의어로 사용되고 있다. "영원한 언약"은 그리스도 안에서 이루어진 "새 언약"이므로, 현 시점에서 볼 때 "영원한 규례"의 율법적인 구속은 사라졌지만, 그 정신은 그리스도의 "새 언약" 속에서 영속된다.

2) 칠칠절Feast Weeks 규례23:15-21

날짜가 정해져 있지 않다. 초실절과 마찬가지로 단 하루를 절기로 지킨다. 초실절에 첫 보리 이삭 한 단을 드리고23:10 칠칠절은 그로부터 오십일이 지나 밀 추수의 마무리를 기념한다. 칠칠절은 곡물 추수를 기념하는 절기이다. 둘째 초실절이라고 부를 수도 있다. 이스라엘은 하나님께 추수의 첫 수확물을 바침으로써 그 분의 주권을 인정한다. 나아가 그들은 가난한 자들과 타국인들을 위해 추수물의 이삭을 남기는 법을 준수함으로써 그들의 하나님이신 여호와는 거룩하시고 자비로우신 분임을 인정한다. 칠칠절은 유월절 기념의 보충이나 결론으로 간주하기 한다. 왜냐하면 유월절을 지난 다음 칠 주 후에 이 절기가 왔기 때문이다.

칠칠절을 계산하는 방법은 안식일 다음날 곧 백성이 요제tenuphah로 곡식 단을 가져온 날부터 세어서 일곱 주간의 안식일을 다 채우고 일곱 번째 안식일 다음날에 지키도록 되어 있다. 이 기간의 날짜를 전부 합치면 오십일이 된다. 그래서 신약에서는 헬라어 "오십"에서 유래되었다하여 오순절pentekoste이라고 불렀다.[행2:1] 그 때 땅에서 거둬들인 햇곡식을 소제로 드리면서 곡식 추수의 의미를 되새긴다. 칠칠절은 곡식 추수의 마지막 절기다. 즉 봄 절기의 마지막이다. 출애굽기에서는 맥추절이라고 불렀다.[출23:16] 그 이유는 보리와 밀인 모맥牟麥을 거두는 시기이므로 맥추절이라고 부르는 것이다.

칠칠절은 첫 이삭을 바친 후에 오십에 될 때 지키는 절기이므로 구체적으로 오십일을 세는데 기준이 되는 "안식일 이튿날"[레23:11]이 무엇인지 결정해야한다. 안식일이 언제냐에 대해 대략 네 가지 정도의 해석이 있다.[8] 첫째는 무교절의 첫날, 즉 니산[1월] 15일이다. 이 경우는 주간의 칠일 째가 되는 날이 아니라 엄숙한 휴식의 날을 의미한다. 둘째는 무교절 기간에 들어있는 안식일이다. 셋째는 무교절이 끝난 다음 날이다. 넷째는 무교절 바로 직후의 안식일이다. 전통적으로 기독교인들은 니케아 종교회의[325년]의 결정에 따라 초실절 기간 중에 오는 안식일 다음날, 즉 일요일부터 오십일 후에 맞이하는 일요일까지 계산하여 오순절을 지킨다.

8) van Goudoever, Biblical Calendars (Leiden: Brill, 1961), 18-19.

칠칠절을 지키는 순서는 이렇다. 우선 백성이 사는 곳에서 에바[1/2되] 십분의 이[2.4되]로 햇곡식으로 만든 떡 두 개를 가지고 온다. '백성이 사는 곳에서 만든 떡'은 일용 양식을 위해 만든 떡을 말하며 거룩한 목적을 위해 특별하게 만든 떡이 아님을 뜻한다. 또 각자가 모두 만든 떡으로 이해할 필요는 없다.[9] 그것을 요제로 흔들어야 한다. 이것은 고운가루에 누룩을 넣어서 구운 것이어야 한다. 일반적으로 소제에는 누룩을 넣지 않는다.[레2:11] 그래서 제단에는 바치지 못하고 여호와 앞에서 흔들어 바쳐야 한다. 두 개의 떡은 여호와께 햇곡식[bikkurim]으로 드리는 첫 요제[tenuphah]다. 요제는 쉽게 말하면 제사장 몫을 가리킨다.

백성[회중]은 이 떡 외에 일 년 된 흠 없는 어린 양[kebes] 일곱 마리와 가축 중에 젊은 수소[par] 한 마리와 숫양[ayil] 두 마리를 소제와 전제를 함께 번제로 드린다. 이때는 당연히 제단에 바친다. 이는 화제다. 여호와께 향기로운 냄새다. 이 때 드리는 떡[halechem]은 원문에는 단수로 되어 있으나 앞 절[17절]에 근거하여 노트[Noth]는 두 덩이로 추정한다.[10] 또 숫염소 한 마리를 속죄제로 드려야 한다. 그리고 일 년 된 어린 수양[kebes] 두 마리를 화목제 제사로 드린다. 모두 열세 마리의 짐승을 칠칠절에 드린다. 그러나 민수기의 칠칠절 제사에는 모두 열한 마리로 되어 있다.[민28:26-30] 그래서 만약 이 본문들이 같은 내용의 병행본문이 아니고 민수기의 칠칠절 제사와 두 개의 떡과 드리는 별도의 제사는 레위기에만 기록하였다면 칠칠절에 바치는 제물은 아침저녁의 상번제와 합쳐 모두 스물여섯 마리가 되는 셈이다. 만약 떡 두 개가 십계명의 두 돌 판을 상징한다면 이렇게 많은 제물을 바치는 이유는 율법을 수여받은 역사적인 사건을 기념하는 의미와 연관을 지울 수 있다. 그럴 때 그 떡 자체는 율법에 담겨진 말씀을 의미한다.

칠칠절 제사는 소제, 번제, 속죄제, 화목제 순으로 드린다. 속죄제를 드

9) Keil and Delitzsch, The Pentateuch, "Levitcus", 443.
10) Martin Noth, Leviticus, OTL (London: Bloomsbury Street SCM Press LTD, 1962), 172.

리는 이유가 분명하지 않으나 아마도 속건제를 뺀 일반 형태의 제사로 짐작된다. 그리고 공동체 전체가 정해진 날에 화목제를 드리는 경우로는 레위기에서 이 경우가 유일한 것으로 나타난다.[11)] 공동체의 화목제는 제사장에게 고기가 돌아간다. 한편 상번제는 소제와 전제를 곁들어서 드리되 절기 제사와 관계없이 매일 드려야 한다.[민28:31]

제사장은 그 첫 이삭의 떡과 함께 화목제로 드리는 그 두 어린 양[19절]을 여호와 앞에 흔들어[wave] 요제[a wave offering]로 드린다. 이것들을 여호와께 드리는 성물이되 몫은 제사장에게 돌아간다. 이 제물들을 바치는 날은 "성회"로 선포된다. 오십일이 되는 이 날에 백성은 그들 가운데 거룩한 모임을 공포하고 누구든지 아무 노동도 하지 못한다. 이것도 역시 백성들이 사는 곳에서 자손 대대로 지킬 영원한 규례[chuqqah olam, a perpetual statute]이다.[23:14,21,31,41]

칠칠절에 대해 부연설명하면 칠칠절은 맥추절, 오순절이라고도 한다. 오순절에 성령이 강림한 사실 때문에 오늘날 일부 교회에서는 성령강림절로 지키기도 한다. 유대인의 삼대 절기 가운데 하나이다. 이스라엘의 많은 절기는 농사와 관계된 것이 많은데 이 절기도 그렇다. 보리의 첫 수확을 기점으로 밀 수확을 마칠 때 까지 칠 주간의 곡물 수확과 연관되어 있다. 이스라엘은 두 번 추수 한다. 봄에는 밀과 보리를, 가을에는 포도, 무화과, 감람나무 열매 등을 수확한다. 이 절기의 정신은 수확이 자신의 노력이 아닌 하나님의 은혜임을 고백하는데 있다. 이 절기도 유월절처럼 예루살렘에 와서 지켜야 한다. 그런데 집이 먼 사람은 유월절에 모이고 다시 오십일 만에 예루살렘에 오는 것은 무리이기 때문에 그냥 예루살렘에 머물었을 것이다.[참고. 행2:5] 칠칠절에는 룻기를 낭독하는데 룻기가 보리를 거두는 배경으로 되어 있기 때문이다.

---

11) B. A. Levine, Leviticus (Philadelphia: Jewish Publication Society, 1989), 159.

3) 가난한자를 위한 배려23:22

백성들이 들어가 살 가나안 땅에 곡물을 벨 때에 밭모퉁이까지 다 베지 말아야 한다. 떨어진 곡물을 주워서도 안 된다. 각자는 그것을 가난한 자ani와 객ger을 위하여 남겨두어야 한다.레19:9–10 '나는 너희 하나님 여호와'라고 자기소개 형식문장을 사용하신다. 곡식을 수확할 때 가난한 자와 나그네를 위해서 모퉁이의 곡식을 남겨 두고 떨어진 것을 줍지 말라는 명령을 덧붙임으로써 사회적인 약자들을 위한 배려의 정신을 구체적으로 명시해주고 있다. 이스라엘인들은 감사를 드릴 때 항상 자기보다 못한 이웃들에게 사랑을 나타내어야 한다. 그래서 22절은 레위기 19:9–10절에 명시된 명령을 반목하여 제시한 것이다.

교훈과 적용

1. 구약의 절기인 유월절,무교절 초실절, 칠칠절은 신약에서 그리스도의 구속사역과 직접적으로 연결된다. 유월절무교절은 고난의 금요일에서, 초실절은 부활절에서, 그리고 칠칠절오순절은 성령강림절에서 그 연속성을 발견할 수 있다. 그리스도의 가장 중요한 삼대 구속사역이 이 절기들과 일치한다. 그리스도의 최후의 만찬은 유월절 식사마26:17였으며, 요한은 출애굽기 12:46를 인용하여 우리 주님이 참된 유월절 양으로 그의 뼈가 부러지지 않았다고 밝혔다.요19:36 무교절을 준비하기 위해 모든 누룩이 집에서 제거되어야 하던 것처럼출12:15,18–20 기독교 공동체에서 모든 죄는 깨끗이 추방되어야 한다. 부활주일은 첫 번째 추수한 이삭의 단이 요제로 드려진 날로 추정하여,레23:11 바울은 이 첫 열매를 드린 초실절 의식에 근거하여 부활하신 그리스도를 그리스도 안에서 죽은 자들의 첫 열매로 비유하였다.고전15:23 마지막으로 이스라엘 역사에서 칠칠절오순절은 오십 일 정도 걸어서

도착한 시내 산에서 율법을 받고 언약을 맺은 사건과 결부되어 있다.출19:1 바로 이 오순절에, 즉 부활절 후 오십일 째 날에 시온 산에서 교회의 성령 강림사건이 일어났다.행2:1 절기는 구속사건을 조준하고 있다.

2. 구약의 이스라엘 백성들이 제의력을 따라 절기를 지켜왔듯이 기독교에는 예배력을 따라 절기를 지키고 있다. 앞의 〈교훈과 적용〉 1에서도 언급되었지만 기독교의 부활교리는 매우 중요하다. 이것은 영생의 소망이다. 초실절은 예수님의 부활을 상징한다.고전15:20-23 구약이 오실 메시아에 대해서 초점을 맞추고 있듯이 절기도 메시아의 삶과 죽음 그리고 부활에 연관되어 있다. 이 절기는 '처음 것을 드리는 행위'를 위한 축제다. 초실 제물은 성령의 처음 열매롬8:23로 전환되며, 부활의 첫 열매고전15:20로 적용된다. 부활을 상징하는 이 절기의 관점에서 보면 '첫 열매'를 가리키는 헬라어 아파르케aparche는 첫 열매이자 후에 거둘 결실까지도 암시한다. 예를 들면 어떤 씨를 심으면 그 씨의 열매가 맺히듯이 그리스도가 잠자는 자들의 첫 열매가 되신 것고전15:20은 바로 이런 의미이다. 부활절에는 이런 주님의 부활하심을 특별히 감사하며 이를 기념하며 즐거워하는 것이다.

3. 성경의 절기 이해는 많은 이점이 있다. 첫 번째는 그 당시 역사적 사실에 대한 정보를 습득할 수 있다. 두 번째는 그 당시 사회의식과 사회법을 알 수 있다. 세 번째는 절기를 중심으로 성경 시대의 전통, 자연 세계, 이스라엘 역사의 밀접한 연관성을 알 수 있다. 네 번째는 절기 이해의 통찰력을 통해 그리스도의 죽으심과 부활, 성령 강림 등과 같은 기독교의 핵심진리를 이해하는데 영감을 준다. 절기들은 이스라엘의 생활리듬으로 비유할 수 있으며, '생명의 맥박'이라고 말할 수 있다.

B. 가을 절기23:23-44

Ⅰ. 본문의 개요

이스라엘은 겨울 우기10-4월와 여름 건기5-9월가 있다. 여름 건기 때는 과일나무들을 딴다. 이 때 지키는 절기가 나팔절,7월1일 속죄일,7월10일 초막절7월15일이다. 칠월은 농경적 관점에서 볼 때 중심축과 같다. 이는 그 달이 올리브나무와 포도원 추수의 끝에, 그리고 가을비가 내리기 직전에 찾아온다. 이 일곱째 달에 한 해의 농사가 종결되며 새로운 해가 시작된다. 건조하고 무더운 여름이 끝나는 일곱째 달에 백성들은 포도와 감람 열매를 추수했으며, 이제 백성들은 비가 오기를 고대하기 시작한다. 농사가 잘 되기 위해서는 필히 비가 양력 10월에 시작하여 3월까지 지속되어야 한다.

Ⅱ. 본문의 구조

1. 세 번째 말씀23:23-25
    1) 서론23:23
    2) 나팔절 규례23:24-25
2. 네 번째 말씀23:26-32
    1) 서론23:26
    2) 속죄일 규례23:27-32
3. 다섯 번째 말씀23:33-44
    1) 서론23:33
    2) 초막절 규례23:34-36
    3) 결론적 요약23:37-38

4) 다시 초막절 규례23:39–43

5) 맺는말23:44

Ⅲ. 본문 주해

1. 세 번째 말씀23:23–25

1) 서론23:23

여호와께서 모세에게 말씀하셨다. 새 단락을 시작하는 담화소개양식이다.23:1,9,23,26,33

2) 나팔절Feast of Trumpets 규례23:24–25

신년을 알리는 나팔을 분다. 당연히 하루를 지키는 절기다. 이 날은 안식일이 된다. 이스라엘 자손에게 전달된 말씀은 다음과 같다. 칠월 곧 그달 일일에 안식일을 삼아야 한다. 이것은 토요일 안식일이 아니라 절기 때 특정한 날에 지정되는 안식일이다. 이 안식일을 샤바트 샤바톤이라고 한다. 안식일을 가장 엄숙하고 확실하게 지키라는 의미이다. '안식일 준수의 안식일'로 번역하면 좋다. 이런 안식일은 구약에 11번 나온다. 안식일출16:23 외에 속죄일,레16:31; 23:32 나팔절,레23:24 초막절의 첫날과 제 팔일레23:39에도 적용 되었다.

이 날은 수양의 뿔로 만든 쇼파르shopher라는 나팔teruah, 환희의 뜻도 있음을 불어 기념zikkaron, 기억, 회상하여야 한다. 신년도 불지만 매달 첫 날인 월삭에도 나팔을 불어 기념한다.시8:13 나팔절은 거룩한 모임miqra qodesh의 날이다. 평소에 나팔은 성회로 모일 때,레23:24 전쟁 때,수6:4 제사를 드릴 때민29:1–4에 분다. 나팔은 수양의 뿔로 만든 쇼파르레25:9와 은으로 만든 카초체라

chatsotsrah, 민10:10 두 종류가 있다. 이 날은 새해가 되었으므로 이스라엘이 하나님과 그 분의 행위들을 기억한다. 동시에 하나님께서도 이스라엘을 기억하시는 날이기도 하다. 왜냐하면 하나님과 백성은 언약관계이기 때문이다.

이 날은 누구도 아무런 노동abodah의 일을 하면 안 된다. "아무 노동도 하지 말아야 한다"는 문구는 23장에 여러 차례 나온다.[23:7,8,21,25,28,30,31,35,36] 또 민수기에도 절기법과 관련하여 다섯 번 등장한다.[민28:25-26, 민29:1, 민29:12, 민29:35] 노동이라는 아보다abodah에 포함되는 일의 유형에는 어떤 일정한 직업의 노동으로써 들에서 하는 농사 일,[출1:14] 장막을 건설하는 일,[출35:24] 성전을 수리하는 일,[대하34:13] 세마포를 짜는 일[대상4:21]에 이르기까지 다양하다. 심지어 하나님의 심판의 행동일도 이 용어로 표현된다.[사28:21] 그리고 일에 해당하는 멜라카melakah에는 어떤 종류의 일을 수행하는 사람의 일에만 국한시켜, 가죽으로 만드는 일,[레13:48,51] 밭 일,[대상27:26] 건축,[잠24:27] 성벽 역사,[느4:11] 성소의 일,[출36:2] 토기장이의 일,[렘18:3] 선원의 일,[시107:23] 레위인의 일,[대상26:29] 제사장의 일[대하29:34] 등을 묘사한다. 생업을 위한 모든 일들은 매주의 안식일[출20:9-10]과 절기 안식일[레16:29]에는 금지되었다. 하나님께서도 몸소 안식일에 노동하시지 않았다.[창2:1-2]

나팔절을 안식일로 쉬면서 성회로 모일 때 여호와에게 화제를 드려야 한다. 이 날은 규정된 일련의 제물들이 여호와께 드려진다, 이 제물들은 민수기에 상세히 기록되어 있다.[민29:2-6] 이 날은 번제로 수송아지,[1마리] 수양,[1마리] 어린 수양[7마리]을 드리고 소제로 고운가루를 각각 제물과 함께 드리고 속죄제로 숫염소[1마리]를 드린다. 이날은 칠월 일일이기에 월삭이기도 하다. 그래서 월삭에 드리는 제사[민28:11-15]는 그대로 드리고 나팔절 제사는 별도로 또 드리는 것이다. 월삭은 구약에서 '절기' '월삭' '안식일' 등은 하나님께 바쳐진 특별한 날로 묘사되고 있다.[대상23:31] 월삭은 민수기에 처음 언급된다.[10:10] 월삭月朔은 매월 음력 초하룻날을 일컫는 말이다. 히브리어로 로쉬

호데쉬rosh chodesh다. '로쉬'는 '머리', '첫 번째'라는 뜻이고, '호데쉬'는 '달' 혹은 '월'을 의미한다. 즉 '새 달의 첫날'을 뜻한다. 영어로는 'the first day of the month'이다. 이 절기는 그 달 한 달이 하나님께 속했다는 고백과 헌신의 다짐 등을 하는 것이다. 이것이 확대하면 신년 나팔절이다.

나팔절은 신년절이다. 본래 이스라엘에서 신년은 종교월력으로 7월양력 10월이다. 유대인의 설날이다. 새해의 첫 날을 가리켜 로쉬 하샤나rosh hashanah라고 한다. '로쉬'는 '머리'라는 뜻이며, '샤나'는 '해' 혹은 '년'을 가리킨다. 그래서 '로쉬 하샤나'라고 하면 '첫 해의 머리' 즉 '신년'을 의미한다. 이 날은 숫양의 뿔로 만든 나팔을 분다. 나팔을 부는 이유는 하나님의 은혜와 주권을 선포하는 의미가 있다. 여리고 전쟁의 나팔과 기드온 군대의 나팔이 바로 이런 하나님의 주권을 선포하는 성경적인 예이다. 오늘날 한 해를 시작하는 날에 무엇보다도 하나님의 주권을 인정하는 확신과 결심이 중요한 의미일 것이다.

2. 네 번째 말씀23:26–32

1) 서론23:26

여호와께서 모세에게 말씀하셨다. 역시 담화소개양식이다.23:1,9,23,26,33

2) 속죄일Day of Atonement 규례23:27–32

대속죄일은 이스라엘에서 유일하게 금식이 규정된 날이었다. 대속죄일을 다룬 레위기 16장은 제사장 입장에서 기술되었으나 여기에서는 이스라엘 백성들이 속죄일에 행해야 할 의무와 책임을 기술하였다. 분명히 이 의식은 축제보다는 금식이었다. 칠월 십일은 속죄일yom hakippurim이다. 백성은 이 날에 거룩한 모임을 열어야 한다. 백성은 스스로 괴롭게 하며anah, humble your souls, 종종 금식을 동반하는 스스로 가한 내적 고통 화제를 드려야 한다. 속죄일은 하루에도 불구하고 복수형을 사용한다. 복수형은 히브리어에서 최상급을 표현하는 방법들 중의 하나다. 그러므로 이 어법은 이 날이 충분하고 완전한 대속이나 속죄의 날이라는 것을 의미한다. 속죄일에는 아무 일도 해서는 안 된다. 안식일로 지켜야 하기 때문이다. 백성들 스스로를 위하여 그들의 하나님 여호와 앞에 속죄하는 속죄일이기 때문에 이 날을 거룩하게 지켜야 하는 것이다.

이 날에 스스로 괴롭게 하지 않는 자는 그 백성 중에서 끊어지게 된다. 스스로를 괴롭게 하는 것은 금식을 말한다. 밀그롬은 "스스로 괴롭게 하는 것"practice self-denial을 금식과 관련된 것으로 해석한다.[12] 사도행전에는 '금식하는 절기'the Fast of the Day of Atonement, νηστείαν로 표현한다.27:9 하나님이 모든 백성에게 금식을 하라는 것과 그렇지 않을 때 끊어지는 벌을 동시에 말씀하시는 것은 속죄의 기회를 진정으로 행하지 않을 때는 속죄가 성립되지 않음을 의미하신 것이다. 속죄일에 누구든지 아무 일melakah을 하는 자는 백성 중에서 멸절abad, 육체적 죽음되는 벌을 하나님으로부터 받는다. 앞 절에는 금식하지 않으면 "끊어지는" 벌29절을 받고, 일하면 "멸절" 되는 벌30절을 받는데, 이는 동일한 형태의 벌일 것이다. 왜냐하면 노동금지와 금식은 다 같은 이 날에 지켜야 할 규례이기 때문이다. 백성은 이 날에 아무 일melakah이든지 하면 안 된다. 이것은 백성들 '각자가 사는 곳'wherever you live, 23:14,17,21,31에서 자손 대대로 지켜야 하는 영원한 규례이다.23:14,21,31,41 이 날은 당연히 백성이 쉬어야 하는 안식일이다. 백성은 스스로 괴롭게 해야 한다. 칠월 구일 저녁 곧 그 저녁부터 이튿날 저녁까지하루를 표시하는 문구 안식을 지켜야 한다. 속죄일에 안식을 강조한 것은 속죄의 목표가 궁극적으로 안식에 있음을 암시한다.

---

12) Milgrom, Leviticus 1-16, 1054.

속죄일에도 나팔절처럼 절기 제사는 언급하지 않고 있다. 민수기의 절기 제사에는 번제로 수송아지,[1마리] 수양,[1마리] 어린 수양[7마리]을 드리고, 고운가루로 각각 제물과 함께 소제를 드리고, 속죄제로 숫염소[1마리]를 드린다고 되어 있다. 이것은 죄를 속하는 속죄 제물과 상번제를 드릴 때 함께 드리는 소제와 전제 외에 따로 드리는 것이다.[민29:8-11]

3. 다섯 번째 말씀[23:33-44]

1) 서론[23:33]

여호와께서 모세에게 말씀하셨다. 담화소개양식이다.[23:1,9,23,26,33]

2) 초막절[Feast of Tabernacles] 규례[23:34-36]

본질적으로 농업 감사절이었으나 광야에서 그들이 장막생활을 하던 일을 기념하는 절기였다.[레23:43] 건기의 추수기 끝에 팔일 동안 이 절기를 지켰다. 칠일이지만 마치고 또 안식일이 되어서 팔일이 된 셈이다. 민수기에 의하면 절기 제사 규례 중에 초막절이 가장 길고 복잡하면서 상세하게 기록되었다.[민29:12-39] 중요성을 반증하는 일이기도 하다. 모세는 이스라엘 자손에게 이 날의 규례를 전했다. 칠월 십오일은 초막절[chag hasukkot]이다. 여호와를 위하여 칠일동안 지키는 절기다. 칠월 십오일에 시작하여 이십일일에 마친다. 이 절기는 숙카,[sukkah] 곧 "초막"이라는 단어로부터 초막절이라는 이름이 붙여졌다. 첫날에는 거룩한 모임을 갖는다. 백성은 성회로 모일 때는 아무 노동[abodah]도 하면 안 된다. 칠일동안에 백성 공동체는 화제를 여호와께 매일 드려야 한다. 민수기[29:12-39]를 보면 초막절의 제사는 길고 복잡하다. 칠일동안 절기를 지키면서 매일 드리는 제물은 다음과 같다. 첫째 날에는 번제로 수송아지,[13마리] 수양,[2마리] 어린 양[14마리]을 드리고, 소제로는 고운가루를 각각 제물과 드리고 속죄제로 숫염소1마리를 드린다. 물론 매일 드리는 상번제와 함께 드리는 소제와 전제는 따로 드린다.민29:16 둘째는 첫째 날과 동일하나 번제의 수송아지가 한 마리 적은 12마리다. 셋째 날, 넷째 날, 다섯째 날, 여섯째 날, 일곱째 날까지 첫째 날과 동일한데, 하루가 지나면서 번제의 수송아지의 수가 한 마리씩 적어지는 것만 다르다. 그렇게 되면 일곱 째 날에는 번제의 수송아지 일곱 마리를 드리게 된다.민28:32 이렇게 번제용 수송아지 숫자만 한 마리씩 매일 적어지는 이유는 날짜를 구별하기 위한 것 같다.

팔일 때 되는 날에는 다시 백성은 '거룩한 모임'miqra qodesh을 가져야 한다. 화제를 여호와께 드려야 한다. 팔일 째 드리는 화제는 번제로 수송아지,1마리 수양,1마리 어린 양7마리을 드린다. 소제와 전제는 번제물의 숫자에 맞춰 드리면 된다. 아울러 속죄제로 숫염소1마리를 드리면 된다. 매일 드리는 상번제와 함께 드리는 소제와 전제는 물론 따로 드려야 한다.민29:36-38 절기에 드리는 전제nesek는 독립적인 제사가 아니라 번제의 부속적인 제사이다. 포도주를 피 대신 제단 받침대 등에 붓는다. 이는 제단의 피 뿌림이나 피 바름을 상징할 것이다. 팔일 째 다시 갖는 성회는 '거룩한 모임'으로 부르지 않고 거룩한 '대회'atsarah라 한다. 이 '대회'는 모임보다 회중에 중점을 두어 '거룩한 회중의 모임'이라는 뜻을 지닌다. 성회 때는 당연히 안식일이 되므로 백성 각 자는 생업을 위해 아무 노동도 하면 안 된다.

'초막'을 뜻하는 히브리어 여성 복수인 '숙콧'이라는 용어는 이스라엘이 출애굽 할 때 첫 번째로 쉬었던 '숙곳'이라는 지명출12:37; 민33:5과도 동일하다. 초막절 절기는 기쁨의 절기로 대속죄일이 끝나고 나면 예루살렘의 집집마다 초막을 짓는 망치 소리가 들리면서 시작된다. 광야의 회막을 기념하여 '장막절' 혹은 모든 추수를 끝내고 저장하는 시기이므로 '수장절'이라고도 한다. 또는 "여호와의 절기",레23:39 "그 절기",겔45:25 "칠월 절기",왕상

8:2 "명절"요5:1 "큰 날"요7:37등으로 불린다. 이렇게 다양하게 이름이 불리는 것은 이 절기의 의미가 중요하게 지켜지고 있음을 알 수 있다. 집 바깥 공간에 임시 초막을 짓고 일주일 동안 생활심하게 비가 올 때는 집에 생활이 가능하며 출애굽의 구원과 광야생활을 회상하며 감사하는 절기다.

3) 결론적 요약23:37-43

지금까지 전달된 것은 여호와의 절기다. 백성은 이를 공포하여 거룩한 모임을 가져야 한다. 번제와 소제와 희생zebach과 전제를 각각 절기 때마다 여호와께 화제로 드려야 한다.

이것들은 여호와의 안식일을 지키는 것 외에, 백성의 헌물mattanah 외에, 백성의 모든 서원 예물neder 외에, 백성의 모든 자원낙헌 예물nedabah 외에, 백성이 별도로 절기 때에 여호와께 드리는 것이다.

4) 다시 초막절 규례23:39-43

앞의 초막절 규례23:34-36에 이어 다시 초막절을 언급한다. 다시 언급된 본문들에는 초막을 짓는 방법과 초막절의 목적이 명시되어 있지만, 이어서 쓰지 않고 중간에 절기 전체에 대한 요약적 결론을 낸 다음 다시 초막절 기사를 첨부한 것은 초막절의 중요한 의미를 부각시키려는 의도로 보인다.참고. 슥13:16-21

다시 언급된 초막절의 기사를 보면 백성은 밭에서 난 곡식을 다 거둔 다음 칠월 십오일초막절부터 칠일동안 여호와의 절기를 지켜야 한다. 절기 첫 날에도 안식하고 제 팔일에도 안식을 하여야 한다. 절기 첫 날에는 백성은 아름다운 나무 실과와 종려가지와 무성한 가지와 시내 버들을 취하여 그들의 하나님 여호와 앞에서 칠일 동안 즐거워samach하여야 한다. 초막절의 특징은 즐거워하는 것이다. 그것은 광야에서 있었던 구원의 회상과 일 년 추수의 마무리 감사가 어우러지기 때문이다. 거룩한 공동체의 특징은 기뻐하는 것이다. 기쁨에는 영혼의 구원과 절기의 동참과 민족의 회복이 포함되어 있다. 백성은 해마다 칠일 동안 여호와께 이 절기를 지켜야 한다. 이것도 이스라엘의 대대손손이 지켜야 할 영원한 규례다.23:14,21,31,41 백성들은 칠일 동안 초막임시 오두막에 거해야 한다. 이스라엘에서 난 자는 다 초막에서 지내야 한다. 즉 장막에 거할 수 있는 자격을 이스라엘에서 태어난 자들에 국한시킨다. 이렇게 하는 이유는 여호와께서 이스라엘 자손을 이집트 땅에서 인도하여 내던 때에 초막에 거하게 한 줄을 그들에게 대대로 알게 하기 위해서다. 이렇게 말씀하시는 분은 "나는 너희 하나님 여호와다"라고 하신다. 여호와의 자기소개 형식문장이다. 초막절을 통해 구원의 역사에 뿌리를 내리기 원하시는 것이다. 극심한 광야의 환경 속에서 그토록 여러 가지 방식으로 자신의 백성들을 공급해 주신 은혜를 상기하고 감사하는 것이 이 절기의 목적이다. 이 절기는 이스라엘의 구원사와 결부되었다.

5) 맺는말23:44

모세가 여호와의 절기를 이스라엘 자손에게 말씀으로 공포dabar하였다. 이로써 이스라엘의 절기가 하나님의 말씀과 모세의 권위에 의해 정해지고 확정되었다. 또한 이것은 단순한 진술이라기보다는 말씀의 전달자인 모세로부터 유래되었으며 그가 가지는 순종의 진술이라는 점에서 짧은 결어이지만 모세라는 인물의 무게가 담겨 있다.

교훈과 적용

1. 절기는 이중적 의미를 갖는데, 추수와 관련된 '농경적 의의'와 영혼의 추수라는 '구속사적 의의'다. 성경의 절기들은 단순한 역사적인 과거의 사건

들이 아니라 오늘날 기독교가 나아가야 할 원리를 제시하고 있다는 점에서 그 의미와 가치가 있다. 절기를 통한 교회의 본질과 신앙의 실천, 무엇보다도 절기가 예수 그리스도의 구원사역의 그림자 역할을 하고 있다는 사실이다. 초막절의 특징은 하나님 앞에서 즐거워하는 시간이었다.레23:40 구약의 백성이 하나님이 주신 복으로 인해 즐거워했다면, 오늘 우리 그리스도인들은 우리 주 예수 안에서 우리가 소유한 모든 영적인 복들 때문에 구약의 이스라엘보다 더욱 즐거워해야 한다. 절기들은 하나님 중심으로 되어 있다. 그래서 "여호와의 절기"라고 표현한다.레23:1 그렇기 때문에 우리는 절기의 즐거움을 이제 구원의 즐거움으로 바꿔 누려야 할 것이다. 절기를 통해 그 당시의 배경을 이해함으로써 우리로 하여금 잊혀 진 안식과 하나님의 음성을 들어야 할 것이다. 절기 속에 나타난 하나님의 은혜를 깨닫고 본질적인 의미를 오늘날 적용하여 살며 실천하는 것이 무엇보다 중요하고 가치 있는 일이 될 것이다.

2. 예수님은 예루살렘에서 절기를 배경으로 초막절 마지막에 이렇게 말씀하셨다. "명절 끝날 곧 큰 날에 예수께서 서서 외쳐 이르시되 누구든지 목마르거든 내게로 와서 마시라 나를 믿는 자는 성경에 이름과 같이 그 배에서 생수의 강이 흘러나오리라 하시니".요7:37-38 이 말씀은 분명 자신이 목마르지 않는 영원한 생수임을 나타내신 것이다. 초막절이 되면 유대인들은 실로암 못에서 물을 은 대야에 담아 길어다가 번제단 가까이에 붓는 의식을 절기 일주일 동안 행하였다.[13] 이 본문은 광야에서 모세가 바위를 내리쳐 물이 나온 사건민20:2-13과도 연관이 있다. 종말론적으로 보면 그 날에 생수가 예루살렘에서 솟아나서 각처 흐를 것이라는 예언슥14:8과도 연결이 된다. 그리고 에스겔의 환상 중에 보았던 문지방 흘러나오는 물겔47:1과도 상관이 있다. 예수님은 초막절 행사를 통해 그리고 초막절이 끝나면 내

13) Charles Caldwell Ryrie, NAS Ryrie Study Bible (Chicago: Moody Press, 1995), 1695.

리는 가을비를 바라는 백성들의 소망과도 결부시켜 자신이 생수이심을 전하셨다. 이렇게 절기가 예수 그리스도의 구원사역의 그림자 역할을 하고 있다는 사실을 인식하고 잘 적용해야 할 것이다

3. 초실절은 백성이 하나님께 예물을 가져오는 그날까지, 즉 곡물의 이삭이 나도 첫 이삭을 바치기 전까지는 '떡'이든지 '볶은 곡식'이든지 '생 이삭'이든지 먹으면 안 된다. 이것은 백성들이 거하는 그 각처에서 대대로 지킬 영원한 규례라고 밝혔다. 첫 보리 곡식 단을 바치기 전에는 왜 떡이든지, 볶은 곡식이든지, 생 이삭이든지 먹지 말라고 하셨는가? 이는 공동체가 여호와께서 땅의 소유권을 가지고 계신다는 것과 현재의 추수에 대한 정당한 권리를 인정하는 의식으로 삼기 때문이다. 이렇게 볼 때 첫 보리 곡식 단에 담겨져 있는 구속사적 의미는 무엇일까? 첫 이삭은 곧 그리스도를 상징한다. 보리로 떡을 만들고 인간은 그것을 먹고 산다. 보리는 이런 점에서 인간에게는 없어서는 안 되는 양식을 의미한다. 또한 떡은 거기에 매달려 살아야 하는 인간의 가장 약한 모습을 가리키기도 한다. 인간이 그 떡을 먹고 살듯이 그리스도는 곧 생명의 떡요6:35이기 때문에 그리스도를 먹고 살아야 한다. 이를 기념하는 것이 성찬의 떡고전10:16다. 성찬의 떡은 많은 성도가 한 몸, 하나의 떡이 되신 그리스도에 참여하는 것이다.고전10:17 그리스도가 부활의 첫 열매가 되셨듯이고전15:20 그 분은 초실절에 바쳐진 첫 보리단의 의미를 가지고 계신다. 절기가 인간의 절기가 아니라 여호와의 절기인 것은 이런 이유에서다.

레위기 24장

성막의 일과 신성모독에 대한 규칙

A. 성막 규례 24:1–9

언뜻 보면 24장은 가정과 공동체의 성결법을 다루는 레위기 17–26장에서 변칙적인 특징들을 갖는 것처럼 보인다. 이 장은 의식적인 실천들이 규칙적으로 이루어진다는 것을 제외하고는 월력에 대한 관심과는 거의 관련이 없는 것처럼 짜여 져 있다. 그래서 24장은 절기와 어떤 관련이 있으며 왜 여기에 이것이 배치되었는가를 물을 정도로 구조의 어떤 독특성을 갖는다.

문맥적 흐름에 대한 다양한 견해들이 있다. 그 하나는 주요 절기를 지키는 가운데 거룩한 곳에서 드려지는 매일의 예배를 소홀히 여기지 않도록 하기 위함이라는 것이다. 하나님께 드리는 제사는 절기에만 한정된 것이 아니라 매일 드려져야 하기 때문이라는 주장이다. 또 한 가지는 22장의 성물 규례와의 관계 속에서 해석하는 경우인데, 22장이 제물의 외적인 온전함에 관하여 이야기 했다면 24장에는 제의에 관련된 물품들의 품질에 관하여 말했다는 것이다. 마지막은 올리브를 포함한 가을 과실들과 열매들의 수확과 23장에 제시된 가을 축제와 연관성을 짓는 것이다.[1] 올리브기름 등을 성전에 드림으로 축복을 주신 하나님께 감사를 드린다는 것이다.

어쨌든 24장을 절기와의 연관성을 찾는다면 23장의 절기에도 특별한 제

---

1) Rooker, Leviticus, 292.

의 규정이 있듯이, 등잔불과 진설병 규례는 절기와는 직접적인 관계는 없지만 역시 지속적으로 이루어지는 제의 규정이라는 점에서 여기에 배치될 수도 있다. 말하자면 보충 규례들을 제시한 것이다. 또한 절기 중에 지키는 안식일에 성소를 사용함에 있어 필요한 등잔의 기름 보충과 진설병의 교체 레24:8를 위해서 세부적인 지침이 주어진 것일 수도 있다. 이스라엘 백성들은 그들이 거두어들인 감람열매와 곡식을 가지고 성막의 등불을 밝히고 떡을 진설하는 공적인 제의에 대한 책임 역시 다하여야 함을 추가적으로 진술했다고 볼 수 있다. 24장은 두 개의 독특한 연설인 성막규례와 신성모독 사건으로 구성되어 있다.

Ⅰ. 본문의 개요

성막에서 등잔불24:2-4과 진설병23:5-9을 어떻게 다룰 것인지에 대해 말하고 있다. 이 두 가지의 특징은 항상 여호와 앞에 두라는 것이다. 이것은 하나님의 임재와 관련이 있다. 등불이 여호와를 상징한다면 떡 상의 진설병은 이스라엘 백성을 가리킨다. 이스라엘 백성은 여호와의 인도와 보호하심으로 살아가야 한다는 뜻을 지닌다. 이 두 가지 규례는 항상 서로 연관되어 있는 것은 아니지만, 둘 다 성소에서 사용되고, 둘 다 소모되어 없어지는 재료의 규칙적인 재공급을 다루는, 의식에 대한 규정이라는 점에서 상호 관련이 있다. 또 단어들이 "항상", "진열하다", "취하다", "영원한 규례", "여호와 앞에서", "순결한", "정결한" 등이 함께 사용되고 있어 의미론적으로, 구조적으로 연관성이 있다. 성막 규례의 지시는 출애굽기 25장부터 31장까지 주어졌다. 그리고 이것에 대한 실행은 35장부터 출애굽기의 끝장인 40장까지 이어진다. 이 사이에 금송아지 사건32-34장이 끼여 있다. 성막 규례 중에 등대menorah 만들기는 출애굽기 25장31-37절에 나타난다. 정금으로 된 등대를 이렇게 만들라는 지시가 기록되어 있다. 그리고 출애굽기 27장 20-21절에는 이 등대에 어떤 기름을 어떻게 사용하고 관리하라는 규정이 주어졌다. 그리고 나서 출애굽기 37장17-24절에는 앞에서 지시된 등대를 만들었다는 기사가 나온다. 뒤이어 출애굽기 40장24-25절에는 완성된 성막 안에 등대를 설치하고 여기에 기름 부었다는 사실을 기록하였다. 그리고 민수기 8장1-4절에 가서는 모세에게 이 등대가 어떤 방향으로 비추며 등대의 제도는 어떻게 되었다는 내용을 요약하여 설명한다. 이 등대도 성막의 설계처럼출25:8-9 하나님께서 모세에게 보이신 식양을 따라 만들어졌다.민8:4

그리고 이어서 진설병에 관해서 이야기 한다. 이 단락은 진설병에 대한 추가적인 중요한 세부 내용을 제공한다. 떡의 개수와 밀가루의 품질, 매주 새로운 떡의 보충, 그리고 제사장이 오래된 떡을 먹어야 한다는 책임에 대해 말한다. 진설병은 누룩이 들어가지 않는 피 없는 제물의 형태로 할례창17:13,19나 안식일출31:16과 마찬가지로 하나님과 이스라엘 사이의 "영원한 언약"berith olam, 레24:8을 상징적으로 나타낸다.

Ⅱ. 본문의 구조

1. 서론24:1
2. 등잔불에 관하여24:2-4
3. 여호와 앞의 진설병에 관하여24:5-9

Ⅲ. 본문 주해

1. 서론

여호와께서 모세에게 말씀하셨다. 모세에게 행하신 연설의 도입 양식이다. 24장 전체에는 13절에 다시 연속해서 나온다. 레위기의 율법들에서 우리가 간과할 수 없는 한 가지 현저한 특징이 있다. 거의 모든 장의 서두에서, 그리고 때로는 같은 장 내에서도 여러 차례 "여호와께서 모세에게 일러 가라사대"라는 구절이 등장한다는 사실이다. 다시 말해 모든 율법이 내러티브narrative 구조 속에 놓여 있는 것이다.

2. 등잔불에 관하여24:2-4

출애굽기 27장20-21절의 등불 관리에 대한 것과 본장에 수록된 등잔불 규례가 다른지가 궁금하다. 즉 출애굽기 27장20-21절과 레위기 24장2-4절 기사가 병행 본문인지 아니면 발전하거나 추가된 지침이 있는가하는 것이다. 양쪽을 비교를 해보면 거의 동일한 문자적 반복이다. 단지 등잔불 관리가 제사장의 영원한 규례라는 사실이 새롭게 추가되었을 뿐이다. 그렇다면 레위기 24장의 등잔불 기사는 다시 한 번 이 일을 강조하거나 기억하도록 조처한 것이다. 아니면 등잔불을 다루는 내용이 간단해서 다시 반복해서 사용하는데도 추가 설명이 필요하지 않을 수도 있다.

출 27:20-21	레위기 24:2-4
1. 백성이 가져온 감람나무 기름을 사용하라 2. 끊이지 말고 등불을 켜라 3. 성소에 두라 4. 제사장들이 저녁부터 아침까지 5. 여호와 앞에서 항상 그 등불을 두루 살펴 검사하라	1. 감람나무 기름을 백성이 가져오라 2. 늘 켜 두어라 3. 성소에서 4. 제사장들이 저녁부터 아침까지 5. 여호와 앞에서 불을 끊이지 않고 정리하라 6. 영원한 규례다

〈등잔불에 대한 출애굽기와 레위기의 본문 비교〉

이스라엘 자손에게 명령해서 감람zayith, 올리브 혹은 올리브 나무을 찧어 낸 순결한깨끗한 기름을 켜기 위하여 하나님의 성소에 가져오도록 시키라는 것이다. 최상품의 기름이라야 밤에 꺼지지 않을 것이다. 그리고 늘 등잔불ner은 켜 두어야 한다. 늘 등잔불을 켜 두라는 명령은 모세에게 주어진 것이다. 물론 성소의 일은 제사장들이 하지만 모세에게 명령이 주어지는 것은 모세 개인적인 일을 제외하고는 곧 제사장과 백성 전체에게 주어지는 것이기 때문에 모세에게 말씀하신 것이다. 등잔에 쓸 올리브감람나무 기름은 정결성을 보장하기 위해 손으로 두들겨 짜내야beaten olives한다. 아론대제사장은 회막 안 증거궤법궤 휘장 바깥에서 저녁일몰부터 아침까지,일출 즉 해가 져서 해가 뜰 때까지 여호와 앞에 항상 등잔불을 켜고 정리하여야 한다. 등잔불의 직무는 대제사장의 책임이다. 대제사장은 등유와 분향할 향품과 항상 드리는 소제물과 관유와 장막 전체와 그 중에 있는 모든 것과 성소와 그 모든 기구를 맡아야 한다.민4:16 여기에 "맡는다"pequddah것은 책임이 있음responsibility을 뜻한다. 이는 대제사장이 될 자가 대대로 지킬 영원한 규례이다.'영원한 규례'는 23장 주석 참조

아론대제사장계 제사장은 여호와 앞에서 순결한깨끗한, 순금 등잔대menorah 위의 등잔들의 불을 끊이지 않고tamid 켜 두어야 한다. 그렇다면 오늘날 24시간 오픈하는 마켓처럼 24시간을 켜두라는 말인지 궁금하다. 타미드라는 단어는 영구적인 의식을 지시한다. '멈추지 않는, 중단 없는, 지속적인'을 의미한다. 그러나 그것은 그 해당된 의식적 행위들이 규칙적인 간격과 정해진 시간들에 반복되어야 한다는 것을 의미한다는 주장도 있다.[2] 역대하 13장11절에는 "등대에 저녁마다every evening 불을 켜라"는 말이 있어 규칙적인 간격과 정해진 시간들이 있다는 주장이 근거가 있어 보인다. 하나님이 모세에게 보여준 식양대로 만들어진 등잔대menorah는 금으로 되어 있으며

2) M. Haran, Temples and Temple-Service in Ancient Israel (Winona Lake, IN: Eisenbrauns, 1985), 207.

일곱 개의 가지와 그 위에 설치 된 일곱 개의 등잔으로 되어 있다.출25:31-40 마치 일곱 가지를 지닌 살구나무 모양 같고 유대주의의 상징이 되었다.[3] 등잔대는 성소의 남쪽 편에 둔다.출26:35 등대의 이미지는 스가랴에서는 하나님의 일곱 눈으로,슥4:2-7 신약의 요한계시록에는 교회의 상징계1:12; 11:4으로 나타난다.

3. 여호와 앞의 진설병에 관하여24:5-9

이스라엘 백성들은 기름뿐만 아니라 떡도 준비해야 한다. 진설병陳設餠은 성소의 떡 상 위에 얹어 놓는 떡이다. 출애굽기 25장30절에 처음 나온다. 떡진설병을 번역하면 '임재의 떡'the bread of the Presence이며 문자적으로는 '얼굴의 떡'lechem panim이다. 얼굴은 하나님의 면전을 일컫는다. 이 떡을 JPS는 '진열의 떡'the bread of display으로[4], JB는 '계속적인 제물의 떡'the bread of continual offering이라는 뜻으로 썼다.[5] KJV판 성경은 '진설병'shewbread으로 번역하였다.[6] 이 떡의 특징은 항상 여호와 앞내 얼굴 앞에에 두라는 것이다. 여호와 앞에 두는 것은 등잔불도 마찬가지다.레24:3 출애굽기에는 성막 북편 쪽에 떡상을 놓고 이 떡을 진설하라는 명령만 간단히 나온다.출25:30; 26:35; 40:22-23 이렇게 출애굽기에 비해 레위기에 진설병에 대한 세부지침이 많이 나오는 것은 앞에 언급된 등잔불에 대한 것보다 훨씬 발전적이어서 단순한 병행 문구가 아니라는 느낌을 준다. 등잔불은 그 내용이 간단해서 병행 문구로 보일 수 있으나 진설병을 볼 때는 이는 제사장들에게 주는 첨가된 지침이자 절기와 안식일 규례를 위해 세부 내용이 주어진 것으로 보인다.

진설병에 관해 출애굽기에 말하지 않았던 세부 내용이 주어졌다. 아론대

---

3) L. E. Toombs, "Lampstand", The Interpreter's Dictionary of the Bible (Nashville, Abingdon, 1981), 64-66.

4) JPS Hebrew-English TANAKH (The Jewish Publication Society, 1999), 167.

5) The Jerusalem Bible (New York: Doubleday, 1996), 87.

6) Holy Bible (New York/Oxford University Press, 1967), 103.

제사장계의 제사장은 떡을 바치기 위해 고운 가루를 가지고 떡challah, cake 열 두 개를 구워야 한다. 떡은 고운 밀가루solert, 레2:1로 만든다. 그동안 떡이라는 단어로 사용해 왔던 떡이 아니라 다른 이름의 떡이다. 그리고 또 다른 종류의 떡도 있다 이 세 종류의 차이점을 보면 첫째는 레헴lechem, 레8:31으로 음식물이라는 뜻을 가지고 있다. 둘째는 할라challah, 레 24:5로 구멍을 낸 특별한 형태의 과자를 말한다. 셋째는 맛치matstsah, 레 8:26로 발효되지 않는 무교병이다. 본문에 사용된 떡은 두 번째이다. 각 떡의 한 덩이는 에바12되 십분의 이2.4되로 준비해야 한다. 웬함은 각 떡 덩이가 밀가루 3리터나 3.5파운드 정도 되었다고 추론한다.[7]

떡들이 준비되면 이제 '임재의 상'the table of the Presence에 올릴 규정이 주어진다. 이 떡 상의 제작은 출애굽기 25장23-30절에 기록되었다. 그러나 진설병을 위한 떡 상이 단수도 있고,the golden table, 왕상7:48 복수도 있어the tables of showbread-대상28:16; ten tables-대하4:8 후대에 이를 취급하는 방식이 다양했음을 보여준다. 구워진 열두 개의 떡을 여호와 앞 순결한금 상 위에 진열할 때는 두 줄로 세운다. 한 줄에 여섯 덩어리씩 진설sum하여 차려 놓는다. 이렇게 열 두 개의 떡 덩이가 지면에 낮게 놓인 작은 상3피트 1.5피트=90cm 45cm 위에 올려졌다. 이 떡들이 상의 크기로 볼 때 두 줄로 진열되었는지 아니면 각각 여섯 덩이로 포개진 두 개의 더미로 쌓아 올렸는지는 알 수 없다. 호마노 보석 두 개에 각각 이스라엘 이름 여섯씩을 새겨서 "이스라엘 아들들의 기념보석"출28:9-12을 대제사장옷의 견대에 붙인 것처럼, 두 줄에 여섯 개씩 포개어 쌓을 가능성이 많다. 그리고 열 두 덩이는 본문이 그것을 명확히 확증하지 않을지라도 열 둘 이라는 숫자와 이를 등잔불이 늘 비추고 있다는 점에서 이스라엘의 열 두 지파를 나타내는 것이 자연스레 연상된다. 민수기에서 아론은 등대의 빛이 진설병을 비추도록 등대를 정렬하라는 지침을

7) Wenham, The Book of Leviticus, 310.

받았다.민8:1-4 이것은 이스라엘을 비추는 여호와를 상징하는 것이다. 또 백성을 향한 대제사장의 축복을 상기시킨다.민6:24-26

아론은 또 정결한 유향lebonah을 한 줄에 하나씩 얹어 그것을 기념물azkarah로 여호와께 살라드려야 한다.레2:2 정결한 유향을 각 줄에 함께 놓아야 한다. 그러나 어디에 놓았는지 생각해봐야 한다. 떡 위에 놓았다면 떡을 먹기가 곤란하다. 아마도 옆에 놓았다가 제단 위에 태웠을 것이다. 이 떡은 항상 매주 안식일마다 여호와 앞에 차려 놓는다. 이것은 하나님의 음식이라기보다 이스라엘 자손을 상징해서 차려 놓은 것이다. 떡을 진설하는 의미는 하나님의 보호와 인도하심을 받아야 하는 이스라엘 자손을 위해서다. 이것은 영원한 언약olam berith이다. 이 떡의 진설은 후대에 가서는 고핫 자손들이 그 떡을 준비할 책임을 가졌다.대상9:32 이 떡은 아론과 그 자손에게 돌아가는 몫이다. 그들을 그것을 거룩한 회막에서 먹어야 한다. 이것은 여호와의 화제 중 그들에게 돌아가는 것으로 지극히 거룩한 것이다. 이것은 영원한 규례다. 진설병은 지성물에 속하기 때문에 반드시 회막 뜰에서 먹어야 한다지성물에 대해서는 레위기22장22절의 주석을 참조하라. 아마도 일주일 만에 먹는 떡은 딱딱해서 먹기가 힘들었을 것이다. 그리고 일주일동안 떡이 상하지 않으려면 누룩 없이 만들어야 할 것이다. 제사장들이 이 떡을 먹는 것은 열두 지파의 모든 구성원들이 여호와와 식탁 교제 중에 있음을 상징한다.[8]

교훈과 적용

1. 지속적으로 타는 등불을 생각할 때 그들에게 하나님은 빛or의 하나님이심을 상기시킨다. 이스라엘 백성들은 하나님이 빛이라는 사실을 경험한

8) Hartley, Leviticus, 402.

바 있다. 광야를 유랑하며 살 때 하나님은 불기둥으로 그들을 비추어주셨다.출13:21; 시105:39 언약을 상징하는 성막에서도 등대가 그 안을 밝혀 주었다. 예수님께서는 "나는 세상의 빛이다"라고 말씀하셨다.요8:12;9:5 이사야는 자기 민족을 향하여 "야곱 족속아 오라 우리가 여호와의 빛에 거하자"고 권고했다.사2:5 이사야는 메시야를 깊은 흑암의 땅에 큰 빛을 비추는 분으로 묘사한다.사9:2 그는 "이방의 빛"이 되어 하나님의 구원이 땅 끝까지 미치게 할 것이라고 했다.사42:6; 49:6 미래의 한 기쁨의 시기에 빛 되신 주님의 영광은 우리에게 나타날 것이다.사60:1-3 주님은 해가 아니라 영원한 빛으로 통치하실 것이다.사60:19-20

2. 예수님께서는 "나는 생명의 떡이다"라고 말씀하셨다.요6:35,48 떡은 십자가에서 가루와 같이 희생되시어 생명의 떡이 되신 예수 그리스도를 나타낸다. 이러한 말씀을 통해 예수님께서는 자신을 믿는 모든 사람들을 위한 성소의 기능들을 친히 성취하셨다고 말씀하셨다.히9:12,24,28 우리는 예수님이 가져다 준 대속의 공로로 삼위일체 하나님과 식탁교제를 갖는다. 마치 제사장이 진설병을 먹듯이 성찬을 가진다.
3. 떡 상의 진설병은 이스라엘 백성을 가리킨다. 등대의 빛을 받으며 이스라엘 백성은 여호와의 인도와 보호하심으로 살아가야 한다는 뜻을 나타낸다. 이 떡들이 두 줄로 진열되었는지 각각 여섯 덩이로 포개진 두 개의 더미로 쌓아 올렸는지는 알 수 없다. 그러나 한 가지 기억되는 것은 그리심산과 에발산 사건이다신11:29; 27:11-13 여섯 지파는 축복을 선포하기 위해 그리심산에 서고 나머지 여섯 지파는 저주를 선포하기 에발산에 섰다. 두 지파가 양 줄로 서듯 떡도 두 줄로 진열된 것이다. 이렇게 양 줄을 세운 것은 축복과 저주를 나타내기 위해서다. 축복과 저주는 항상 여호와에 놓여 있다. 그 기준은 언약의 순종이다. 순종과 불순종으로 축복과 저주가 따른다. 대제사장 아론은 등대의 빛이 진설병을 비추도록 등대를 정렬하라

는 지침을 받았다.민8:1-4 마치 등잔불이 이스라엘을 비추듯이 그 빛은 백성을 향한 대제사장의 축도 속에 있었다.민6:24-26 하나님은 빛으로 오늘날 우리 성도를 비추고 빛으로 우리를 축복하신다.

B. 신성모독에 대한 규칙24:10-23

대부분의 경우 슬로밋Sholomith 여인의 아들 사건이 왜 절기 본문들 속에 들어 있는가 묻게 된다. 절기와 성막의 규례를 이야기 하다가 갑자기 이 이야기가 나타나기 때문이다. 이 스토리는 여호와의 이름을 훼방한 신성모독blasphemy 사건이다. 현 위치에 이 사건이 나타나는 것은 어찌 보면 간단하다. 모세가 등대와 진설병에 관한 지침2-9절을 받은 후에 이 사건이 발생했기 때문이다. 성막 규례를 받는 시점쯤에 이 사건이 발생했다는 것이다. 레위기는 이런 점에서 출애굽 직후 초기 단계에 기록되었음을 나타낸다. 율법을 받고 기록하는 중에 현장의 일들이 함께 기록된 것이다. 율법들은 이스라엘이 광야에서 방랑하는 동안 당시에 발생한 특정 문제들에 대처하도록 하나님께서 모세에게 계시하신 것이다. 레위기의 내용이 논리적인 형태로 배열되었다고 가정할 경우 제자리에서 벗어난 것처럼 보는 일부 요소들도 있지만 실상 그러한 역사적 배경이 이 점을 해명해 주고 있다. 예를 들어 제사장들을 위한 레위기 10장의 나답과 아비후의 즉사 사건의 가르침은 바로 그 시점에서 그 사건이 일어났기 때문에 그곳에 자리를 잡았다고 볼 수 있다. 또 여기 레위기 24장의 신성 모독에 관한 율법도 역시 당시에 일어난 슬로밋 여인의 아들 사건 때문에 이곳에 기록되었다고 생각할 수 있다. 백성들은 "하나님의 이름을 망령되이 일컫는"출20:7 것이 잘못임을 알고 있었으나 그러한 자들에게 어떤 형벌을 내릴 것인지는 알지 못하고 있었다. 그런데 이 사건을 통해 하나님은 돌로 쳐 죽이는 것이 그에 관한 적절한 형벌임을 계시하신 것이다. 이처럼 레위기의 율법들은 목하目下의 현안문제들을 해결하기 위해 주어졌다.[9)]

Ⅰ. 본문의 개요

한 사건으로 인해 신성모독에 대한 율법이 주어지고 여호와의 이름을 훼방한 자의 죽음이 결정된다. 단 지파의 슬로밋 여인의 아들의 저주사건과 함께 이에 관련하여 정의의 원리를 다루는 일곱 가지의 법규들도 함께 주어진다. 나답과 아비후의 사건처럼 이 단락도 이야기 형식으로 되어 있다. 이 문단은 여호와께서 모세에게 말씀하신 법들이 서사narrative 형식으로 시작된다는 점에서 레위기 내에서 독특하다. 이러한 사례의 패턴은 네 단계로 이루어진다. (1) 어려운 사건은 모세에게 넘겨진다.11절 (2) 결국 하나님께 자문을 구한다.12절 (3) 특정한 지침들을 하나님께 받는다.13-14절 (4) 실행을 보고한다.23절 [10)] 이 일화는 오경에 나타나는 많은 판례법들이 어떻게 유래되었는지를 보여준다.

Ⅱ. 본문의 구조

1. 신성 모독사건24:10-12
2. 신성 모독사건의 처리24:13-14
3. 개인적 상해에 대한 일곱 가지의 법24:15-22
4. 결과보고24:23

9) Wenham, The Book of Leviticus, 5-6.
10) M. Fishbane, Biblical Interpretations in Israel (Oxford: Clarendon Press, 1985), 102.

Ⅲ. 본문 주해

1. 신성 모독사건24:10–12

이 사건의 전모는 이렇다. 이스라엘 여인의 아들이며 그 아비는 이집트 사람인 어떤 남자가 이스라엘 자손과 함께 이집트에서 나왔었다. 그리고 어떤 이스라엘 사람과 진중에서 싸웠다. 아마도 이런 타국인의 장막은 이스라엘 사람들의 장막들로부터 약간 떨어진 곳에 있었던 것 같으며, 이스라엘인들은 지파에 따라 진을 쳤었다.민2:2 [11] 그 이스라엘 여인의 아들이 상대방에게 '여호와의 이름'hashem, the Name을 훼방qabab, 이름을 잘못 부르다, 저주나 모독하다하며 저주qalal하였다. 바로 이 본문 때문에 유대인 학자들 가운데 하나님을 "Dominus"나 "Deus" 대신에 "이름"Name 또는 "그 이름"the Name으로 표현하는 습관이 생겨나게 되었다.[12] 사람들이 그를 끌고 모세에게로 갔다. 그 어미의 이름은 슬로밋이며 단 지파의 디브리라는 사람의 딸이었다. 본문은 어떤 신성 모독인지에 대해 설명하지 않는다. 단순히 하나님의 이름을 부른 것이 아니라 하나님으로 이름으로 상대방을 저주했는지, 하나님의 이름을 잘못 발음했는지,하찮게, 경멸하는 태도 여호와께 직접 저주했는지 알 수가 없다. 어쨌든 여호와의 이름을 망령되게 일컫지 말라는 십계명의 셋째 계명을 어긴 것은 틀림없다. 훼방이라는 카바브와 저주라는 칼랄은 구별된 행동이 아니라 단일한 잘못된 행동을 묘사하는 것을 시사한다.[13] 이 본문은 연속적인 기록인 중언법重言法, hendiadys으로 되어 있다. 사람들이 그를 가두고 여호와의 명령peh, 입을 기다렸다. 이스라엘 백성이 광야에 머물 때 안식일에 나무를 한 자를 발견하고 죄를 확정하기 전까지 가둔 사건과 비슷하다.민15:34

11) Keil and Delitzsch, The Pentateuch, "Leviticus", 453.
12) Keil and Delitzsch, The Pentateuch, "Leviticus", 453–54.
13) D. H. Livingston, "The Crime of Leviticus XXIV 11. " VT 36(1986), 353.

2. 신성 모독사건의 처리 24:13-14

여호와께서 모세에게 말씀하셨다. 지금 재판자는 하나님이시다. 모세에게 그 사안을 어떻게 처리할 것인지를 알려 주시는 것이다. 일단 저주한 사람을 진 밖으로 끌어내라고 명령하셨다. 그 저주한 말을 들은 모든 자들, 즉 증인들로 하여금 그 자의 머리에 안수하게 하라는 것이다. 왜 머리에 안수를 하는지에 몇 가지 견해들이 있다. 첫째는 신성 모독의 현장에서 그 소리를 들은 자들이 신성모독으로 인한 죄책을 벗기 위해서라는 것이다. 왜냐하면 머리에 안수하는 자들이 증인들이기 때문이다. 두 번째는 유죄판결과 형벌로 이어지는 적절한 절차의 책임을 수행한다는 생각이다. 안수는 그냥 집행절차라는 것이다. 세 번째 생각은 자신들에게는 이 죽음에 대한 죄가 없음을 나타내는 전가transfer의 의미가 있다는 주장이다. 마지막으로는 신성모독자인 그 사람에게 안수함으로 정확하게 범죄자인 당사자가 누구인지 밝힌다는 것이다.

이렇게 여호와의 이름이 남용될 때 회중edah은 그 신성 모독한 자를 '돌로 치는 사형'ragam을 집행해야할 책임이 있게 된다. 왜냐하면 공동체는 자신들의 존재가 여호와에 대한 헌신 속에 유지된다는 것을 인식하고 있었기 때문이다. 돌로 치는 형벌은 단체행동으로 이루어진다. 신성모독자에게 증인들의 안수가 끝나면 증인들이 먼저 돌로 치고신17:7 회중은 뒤이어 돌로 그 자를 쳐서 처형한다. 돌로 치는 처형stone to death 방법이 시대에 따라 조금씩 달라졌지만 전승에 따르면 이러한 징벌은 범죄자를 높은 장소에서 던짐으로써 시행되었다. 사람들은 범죄자의 추락이 치명적이지 않을 때만 그 사람에게 돌을 던져 죽였다는 것이다.[14] 이런 사형 집행은 인간의 생명을 끊는 일이기 때문에 진영 안에서 하면 더럽혀지기 때문에 밖으로 끌어내어서 죽이는 것이다. 한편 돌이 많은 팔레스타인에 비

14) Hartley, Leviticus, 333.

해 메소포타미아나 이집트에서는 돌로 치는 처형 방법이 사용되지 않았던 것 같다.

3. 개인적 상해에 대한 일곱 가지의 법24:15-22

여기서는 개인적 상해에 대한 정의의 원리를 다룬다. 엘리거Elliger는 이 문단의 장르를 법적 원인론legal aetiology이라는 말로 특성을 규명하기도 한다.[15] 하나님께서 모세를 통해 이스라엘에게 개인적 상해에 관한 법을 말씀하셨다. (1) 누구든지 자기 하나님을 저주하면qalal, 저주하다, 하찮게 보다, 신성 모독 벌을 면하지 못할 것이다. (2) 또 여호와의 이름을 훼방qabab, 모독하면 그를 반드시 죽여야 한다. 온 회중이 돌로 그를 쳐야한다. 해리슨은 성경에 자세한 언급은 없지만 이 경우에 돌로 치는 사형에 대해 이러한 견해를 내어 놓는다. 즉 그 자를 눕힌 다음 머리를 큰 돌로 누르고, 다른 부위는 더 작은 돌들로 덮어서 케른carin-기념이나 이정표로서의 원추형 돌무덤을 만들었을 것이다. 나중에 돌무덤을 통하여 범했던 죄악을 기억하도록 했을 것이라는 주장이다.[16] (3) 여호와의 이름을 훼방하는 자는 외국인ger이든지 본토인ezrach이든지 죽여야 한다. (4) 또 사람을 쳐서 죽인 자는 반드시 죽여야 한다. 율법은 과실치사범과 살인범을 구별하여 처벌한다.출21:12-14

짐승에 대한 법도 주어졌다. (5) 짐승을 죽인 자는 산 짐승으로 짐승을 갚아야보상해야 한다. 죽임을 당한 짐승에 대해 정당한 배상이 이루어져야 할 것을 요구한다. (6) 그리고 사람이 만일 그 이웃amith에게 상처를 냈으면 똑 같이 상처를 내어야 한다. 이것은 동해복수법lex talionis으로 가해자가 입혔던 동일한 상해를 징벌로 내리는 원칙을 말한다. 이것은 하나에 대한 하나의 기준이다. 하나에 대해 둘 이상이거나 반대로 둘 이상

15) Hartley, Leviticus, 408.
16) Harrison, Leviticus, 221-22.

에 대해 하나가 아니다. 등가의 징벌이다. 아마도 이 법은 세월이 지나면서 해당 사건에서 입은 손실과 동등한 가격을 설정하기 위한 토대 역할을 했을 것이다. 그러나 모살謀殺일 경우에는 문자적으로 적용되었다. 민35:16-21 왜냐하면 인간 생명의 손실에는 어떠한 배상도 적절하지 않기 때문이다. 성경에서의 살인사건의 징벌은 공의의 집행이지 그 특성상 감정적인 피의 복수를 의미하지 않는다. 상처sheber, 부러뜨린 것에는 상처로, 눈ayin은 눈으로, 이shen는 이로 갚도록 했다. 남에게 상해mum을 입힌 그대로 그에게 그렇게 하라고 하였다. 이 같은 동태복수법은 고대 이스라엘과 고대 근동의 기본법으로 이와 같은 표현은 구약에 세 번 나타난다. 레24:20; 출21:23-25; 신19:21

동해복수법

성경에 나타난 '동해복수법'lex talionis은 히브리법에 속하는 복수제한법이다. 이 법은 생명을 통제하는 법이다. 가해자와 피해자 사이의 같은 양이나 크기나 규모로 보복하도록 제한하는 이 법은 더 큰 비극적 상황이 발생하지 않도록 조처하는 것이 목적이다. 예를 들면 상대방이 주먹으로 나를 때려 눈을 멀게 했다고 돌로 그 사람을 쳐서 죽이면 안 되며, 피해자도 주먹으로 가해자를 때려 상대방의 눈을 멀게 하도록 복수를 제한하는 것이다. 이 법은 통상 로마법으로 사용될 때 "ius talionis" 혹은 "lex talionis"라고 표기한다. 영어식 표기는 "talion"이며, "동일한 보복"equal punishments을 뜻한다. 이 법은 법의 역사에서 명확한 재정배상과 피해보상법으로 발전해 왔다. 현대에서는 "as you do to me, so I to you"라는 경구로 고착된 이슬람법의 근간을 이룬다.[17)]

17) Gerstenberger, Leviticus, 366-69

성경의 동해복수법을 이해하려면 다른 나라의 동해복수법과 비교해보는 것이다. 이런 히브리법과는 달리 함무라비 법전제196-214조 [18]은 동해복수법에 관해 판시하고 있는데, 이 법은 처벌적 보복이 목적임을 알 수 있다. 함무라비 법전에서 보응의 원리는 오직 자유인이 피해를 입었을 경우에만 해당되었다.[19] 함무라비 법전의 제196조를 보면 만약 어떤 사람이 다른 유사한 사람의 눈 하나를 멀게 하면, 사람들이 그의 눈을 멀게 할 것이다šumma awīlum īn mār awīlim uhtappid, īnšu uhappadū, 설형문자의 영문 표기 [20] / 제197조. 만약 그가 다른 사람의 뼈를 부러뜨리면, 사람들이 그의 뼈도 부러뜨린다. / 제198조. 만약 그가 노동자의 눈을 멀게 하거나 뼈를 부러뜨리면, 은 한 마나mama를 지불해야 한다. / 제199조. 만약 한 사람이 다른 사람의 노예를 눈멀게 하거나 뼈를 부러뜨리면, 그 노예의 값의 절반을 벌금은으로 내야 한다. / 제200조. 만약 한 사람이 동료의 이를 부러뜨리면 그들은 가해자의 이를 부러뜨린다. / 제209조. 만약 한 사람이 다른 사람의 딸을 때려서 유산시키면, 그는 태아foetus, 임신 3개월이 넘은 태아를 위해서 은 10세겔을 벌금으로 내야한다. 함무라비 법전은 19개조항의 동해복수법을 제시하고, 구약법전은 세 곳에만 나타난다.레24:20; 출21:23-25; 신19:21

이 같은 동해복수법에 대한 함무라비 법전과 히브리 법전의 형태적인 유사성은 있으나 목적에 있어서 상이성은 아주 구별된다. 첫째는 함무라비 법전은 처벌적 보복이지만 히브리법은 제한적이다. 제한적 보복이란 상해 받은 이상의 상해를 가하지 않는 규정을 뜻한다. 둘째는 함무라비 법전의 기능은 사회복지를 보증하는 것이고, 히브리 법전은 보복으

18) James B. Pritchard(edited)., Ancient Near Eastern Texts, Relating to the Old Testament, Third Edition with Supplement (Princeton, New Jersey: Princeton University Press, 1969), 175.

19) Noordtzij, Leviticus, 248.

20) M. E. J. Richardson, Hammurabi's Law: Translation and Glossary (London: T&T Clark, 2000), 102, 105.

로 인해 일어나는 정의의 불평등을 보호하는 것이다. 셋째는 함무라비 법전은 왕들의 임무 수행과 직접적으로 관련이 되어있고, 히브리 법전은 이스라엘 공동체의 언약법 준수와 관련이 되어 있다. 넷째는 함무라비 법전은 권고적이며 경고적인 기능을 갖고 있으나 히브리 법전은 복수의 개념을 축소나 자제시킴으로 예방적이고 처방적인 기능을 갖는다. 이렇게 다른 이유는 함무라비 법전은 총괄적으로 왕의 통치를 위해 제정되었으나, 히브리 법전은 언약백성인 이스라엘에 대한 여호와 하나님의 자비를 시행하기 위한 당위법이기 때문이다. 그러므로 성경의 동해복수법은 히브리법 개념의 근원적 이해로부터 시작되어야 한다. 이처럼 히브리 법전은 제의법과 당위법과 언약법의 정신이 근간을 이루고 있음으로 동해복수법은 하나님의 자비 아래에서 조망되어야 한다. 이는 성경의 히브리법이 거룩하신 하나님의 헤세드chesed, 견고한 사랑, 선하심, 출34:6에 기초해 있음을 말한다.

하나님은 사람 상해와 짐승 상해에 대한 결론적 선언을 하신다. (7) 짐승을 죽인 자는 그것을 물어 주고 사람을 죽인 자는 죽여라는 것이다. 지금까지 열거된 일곱 가지의 상해법령mishpat은 외국인에게든지 본토인에게든지 동일하게 적용하고 집행해야한다. 차별을 두지 않으시는 형법상의 평형을 볼 수 있다. 하나님은 이 법을 "나는 너희 하나님 여호와"라고 하시면서 법령에 직인을 찍으셨다.

4. 결과 보고24:23

모세가 이스라엘 자손에게 말해준대로 사람들이 저주한 자를 진 밖에 끌어내어 돌로 쳤다. 이 본문은 명령에 대한 즉각적인 시행과 그 결과를 다시 확인하였다. 이스라엘 자손은 여호와께서 모세에게 일러 주신대로 그대로 따랐다. 이 보고는 모세와 백성들이 여호와의 지침을 이행하였다는 완료형식이다. 이런 유형의 보고는 순종의 결과를 밝힌다.

교훈과 적용

1. 신자들은 때로는 권리를 주장할 정당한 근거를 가졌음에도 불구하고 자신의 주장이 갈등과 불화를 가져오기 때문에 포기하는 경우가 있다. 시정을 요구하지 않고 손실을 받아들이고 해를 입을 때 마다, 또한 모욕을 친절로 갚을 때 마다 사람들 사이에 평화를 증진시킨다.[약3:18] 이럴 때 신자들은 예수님의 은혜에 대한 증인이 된다. 이러한 방식으로 신자들은 세상의 소금이 된다.[마5:13] 소금은 부패를 방지하지만 그 역할을 다하려면 먼저 녹아야 하는 희생적 노력이 있어야한다.
2. 신약은 공의의 수행을 행정 당국에 맡기라고 말한다.[행25:11] 신자들은 예수님의 고통에 참여 할 때 능욕과 악행을 기쁨으로 참도록 요청 받는다.[벧전4:13] 공동체 구성원의 평화는 자신에게 가해진 악행을 용서하고 인내하는 신자들에 의해 증진한다.
3. 율법은 결코 화석화된 법률조항이 아니다. 율법은 살아계신 하나님의 마음이 담겨 있는 것으로 사람을 사랑하시는 하나님의 큰 원리 안에서 적용되어야 할 것이다. 예수님께서는 동해복수의 원리를 인용하여 제자들에게 더 높은 법, 악인에 대한 무저항의 법을 따르라고 요구하신다. 사람들은 자칫 이 동해 복수의 원리에 집착하여, 의로운 분노를 가장하여, 복수를 조장하는 가능성을 지녀왔다. 그것은 심지어 이웃에게 해를 입혀 자신을 과시하려는 마음도 일으킨다. 이러한 점을 아시는 주님은 눈은 눈으로 이는 이로 갚으라[출21:24; 레24:20]는 율법에 대해 그 유명한 말씀인 "누구든

지 네 오른 빰을 치거든 왼 빰도 돌려 대라"마5:39는 교훈을 주셨다. 적극적 용서는 믿음의 법을 따르는 것이다.롬3:27

레위기 25장

안식년과 희년의 법

레위기 25장은 시내산에서 이 규례가 주어졌다는 사실을 밝힌 다음,1절 땅을 위한 안식년의 원칙을 재확인하고,25:2-7 일곱 번째 안식년에 이어지는 희년의 법25:8-55을 다룬다. 다르게는 안식년과 희년을 전체적으로 소개2-22절하고, 세부적으로 기업 무르기23-38절와, 종 무르기39-55절로 나눌 수도 있다.[1] 안식년과 희년의 규례는 가나안 땅에서의 토지와 부동산과 동족으로서 종이 된 자들에 관한 율법이다. 안식일의 반복이 안식년이며 안식년의 반복이 희년이다. 이러한 안식 제도는 안식일과 안식년과 희년을 거쳐 영원한 안식을 바라보는 모형으로 주어진다. 안식을 바라보는 자는 자연히 땅에 대한 욕심을 억제하게 된다. 희년을 통해서는 땅의 소유주는 하나님이라는 사실을 알게 된다.

궁극적으로는 희년은 안식의 주체를 나타내는 하나님의 계시 방법이다. 땅의 주인이 여호와라는 사실을 희년을 통해 나타난다.레25:23 희년의 궁극적인 목표는 안식의 개념을 통해 얻어지는 구속에 대한 이해이다. 백성들이 반드시, 엄숙히 지켜야 하는 "안식의 휴식"shabbath shabbathon, 출31:15이라는 개념은 오직 이스라엘에만 있었던 종교적인 사상이었다.[2] 희년은 '귀속' '되돌림' '무르기' '예속' 등의 표현처럼 구속을 통한 원상회복을 예시한다. 이 희년의 회복은 하나님의 뜻으로 이뤄지는 무상의 은혜로서 주의 백성들

1) Kaiser, Toward Old Testament Ethics, 217.

2) Noordtzij, Leviticus, 250.

이 거룩한 하나님 나라에 들어가는 것을 의미한다.[참고. 마20:1-16] 이런 의미에서 희년을 가리켜 신구약은 반복하여 "여호와의 은혜의 해"[사61:2; 눅4:19]라고 기록하였다.

A. 땅을 위한 안식년[25:1-7]

I. 본문의 개요

안식년은 안식일의 원칙을 확대한 것이다. 칠년마다 경작지에 안식을 주기 위해 휴작하고, 그 해를 안식년이라 불렀다.[레25:4-5] 본래 토지는 하나님의 소유다.[레25:23] 이 이념이 이 제도의 근저로 되어 있다. 만약 그 경작지에 자생적으로 열매가 생기면 그것은 빈민을 위해 사용해야한다.[출23:10-12] 가난한 자들이나 들짐승들이 자유로이 그 소산물을 먹을 수 있었다. 이 해에는 "여호와의 면제년"으로 채무의 탕감도 행해졌다.[신15:1-11]

백성들이 칠일마다 쉬어야 하는 것처럼, 땅은 칠년마다 쉬어야 한다. 땅을 통해 언약의 축복과 은혜를 베풀고, 동시에 그것들을 상기시키기 위해 땅의 안식을 설정하셨다. 그래서 안식년의 쉼 자체는 인간과 땅이 혜택을 보지만 궁극적으로는 "여호와께 안식"이라는 어구를 사용하여 안식의 주체가 하나님이심을 나타낸다. 즉 안식을 통해 창조의 목적과 구원의 목적을 이루시는 하나님의 속성을 드러낸다. 그래서 성경은 "여호와의 안식년",[레25:4] "여호와의 땅의 안식년"[레25:5]이라는 어구를 사용한다. 이 때 땅은 실제인 동시에 의인화된 통치개념이다. 한편 느헤미야 시대에 백성들이 그 시대의 사회적 구조가 모세 시대보다 훨씬 복잡함에도 불구하고 이 법을 준수하겠다고 서약한 사실[느10:31]은 안식년 법이 존속해 왔다는 것을 반증한다.

Ⅱ. 본문의 구조

1. 서론25:1
2. 안식년에 관한 규례25:2–7

Ⅲ. 본문 주해

1. 서론25:1

여호와께서 시내산에서 모세에게 말씀하셨다. 하나님께서 모세에게 말씀하실 때 "시내산에서"라는 위치를 밝히신 것은 레위기 전체에 네 번밖에 되지 않는다.레7:38; 25:1; 26:48; 27:34 이것은 시내산에서har Sinay라는 지명을 통해 모세가 그곳에서 이 율법을 받았다는 사실과 신적 기원을 나타낸다. 이 말씀은 25장에서 이집트 땅을 마지막으로 언급하므로,55절 "모세가 시내산에서 자기에게 이른 말씀을 다 그들에게 전하고"라는 출애굽기 34:32절을 가리키고 있다.[3)]

2. 안식년에 관한 규례25:2–7

안식년은 칠년마다 토지에 휴식을 주기 위해 정해진 제도다. 칠년 째에는 땅으로 하여금 쉬어 안식하게 하고, 씨 뿌리는 일이라든가, 열매를 거두는 일, 그리고 절로 난 곡물을 거두는 일까지도 금지되었다. 땅erets은 레위기 25장에서 20번 등장한다. 그만큼 안식년은 땅을 위한 것이다. 한글성경에 "안식년"shabbathon shanah, sabbatical year으로 번역된 단어는 구약에서 네 번

3) Keil and Delitzsch, The Pentateuch, "Levitcus", 455.

나온다.레25:5,6,8; 대하36:21 세 번이 레위기 25장에만 나타난다. 좀 더 엄밀히 말하면 "안식년"이라는 표현은 원어에는 레위기 25:5절에 한번 쓰였고, 레위기 25:6,8절은 원문에 다만 "안식"shabbath으로 되어 있다.

안식년 법들의 기초는 땅에 대한 여호와의 소유권 개념이다. 출애굽기에도 아주 비슷한 의미가 나타난다.출23:10-11 그러나 레위기의 이 규례에서는 아주 독특한 동기가 발견된다. 즉 출애굽기에는 가난한 자들이 경작하지 않는 땅에서 자연히 자라난 곡식들을 먹을 수 있게 하고 그 남은 것은 들짐승까지 먹을 수 있도록 하는 인도주의적이고 사회적인 기능을 보여 준다. 반면에 레위기 25장은 안식의 개념을 통하여 여호와를 경외하는 종교적인 동기를 보여주고 있다.

안식년의 원래적인 기원과 목적에 대해서 몇 가지 견해들이 있다. 첫째는 인도주의적인 관점이고,출23:10-11 둘째는 제의적인 기원이고, 셋째는 농경적인 기원이다. 이 세 가지는 안식의 주체이신 여호와를 나타내는 안식의 개념 속에 종속되는 요소들로 이해 할 수 있다. 한편 이 안식년희년의 개념까지이 잘 지켜왔는지에 대해 샌드리Sarna는 시드기야의 노예 해방에 대한 철저한 연구를 통해 7월을 새해 기준으로 볼 때, 주전 588/87년과 595/94년에 유다에서 안식년이 있었다고 결론지었다.[4] 그러나 누르체는 시드기야의 노예 해방 기사렘34:8-12는 아주 극심한 곤란 상황에서 여호와를 달래보려는 헛된 노력에서 비롯된 특별한 조처였을 뿐이라고 보았다.[5]

이스라엘 백성은 하나님이 그들에게 주는 땅으로 들어간 후에 여호와의 안식년이 되면 그 땅도 쉬게 해주어야 한다. 사람이 쉴 때 땅도 쉬는 것은 땅이 사람에게 종속된 물질이 아니라 그 땅의 주인이 여호와라는 사실을 깨닫게 된다. 사람이 피조물이면 땅도 하나님이 만드신 소유인 것이다.

---

4) N. Sarna, "Zedikiah's Emancipation of Slaves and Sabbatical Year." Orient and Occident, Ed. H. Hoffner, Jr. AOAT 22 (Kevelaer: Bucker & Becker, 1973), 143-49.

5) Noordtzij, Leviticus, 251.

땅의 주인이 여호와라는 사실은 안식년, 가문의 세습, 재산의 상환무르기 권들을 만드는 법의 토대가 된다. 백성들이 칠일마다 쉬어야 하는 것처럼, 땅도 칠년마다 쉬어야 한다. 하나님의 통치가 이루어지는 땅을 통해 언약의 축복과 은혜를 베푸시는 것이다. 동시에 하나님의 안식에 인간이 참여하는 것이 가장 복된 일인 것을 땅의 안식을 통해서도 알려주시는 것이다. 그래서 안식년은 인간을 위한 것이지만 궁극적으로는 "여호와께 안식"이라는 어구를 사용하여 안식의 주체가 하나님이심을 나타낸다. 표준새번역은 2절을 "나 주가 쉴 때에, 땅도 쉬게 하여야 한다."라고 묘사함으로써, 안식년의 근거를 하나님의 휴식에 두고 있다고 표현하였다.

백성들은 육년 동안 그 밭에 씨를 뿌리며 파종한다. 육년 동안 그 포도원을 잘 손질하고 가꾼다. 그리고 그해의 소산인 열매tebuah, 소출를 거두어 들인다. 제 칠년에는 "여호와의 안식년"shabbath shabbathon Yehovah이므로 땅도 쉬어야 한다. 땅을 쉬게 하는 것은 여호와께 대한 안식이다.

그 해에는 밭에 씨를 뿌려서도 안 되고 포도원을 가꾸어서도 안 된다. 그리고 마치 파종하여 거두는 것처럼 곡물이 스스로 난 것을 거두면 안 된다. 수확 때처럼 '가꾸지 않은'nazir, 참고. 나실인, 민6:5 포도나무의 포도를 따서도 안 된다. 이것을 지키는 것이 "여호와의 땅의 안식년"shabbath shabbathon Yehovah haerets이다. 그래서 안식년은 "여호와의 안식년"과 "여호와의 땅의 안식년"이라는 표현을 동시에 사용한다. 그 만큼 "땅"과 "안식"과 "여호와"는 함께 이해해야 함을 나타낸다.

여기서 한 가지 질문을 하게 된다. 그러면 안식년에는 무엇을 먹고 사는가 하는 것이다. 희년 때 삼년동안 먹을 것을 미리 주시는 것처럼레25:18-22 여섯 째 해에 두 배의 소출을 주시면 간단하지만 그 문제에 대해 직접적인 언급이 성경에 나타나지 않는다. 그리고 나서 안식년의 소출을 먹으라고 하신다. 앞에는 스스로 난 곡물과 포도를 거두지 말라레25:5고 하셨다. 그래서 어떻게 먹고 살까하는 문제가 약간의 혼동을 가져온다. 여기서 "거둔다"qatsar, 5절는 표현은 상거래를 위하여 추수한다는 의미이다. 즉 안식년이 되면 주인 자신의 저장해둔 수확물은 일용한 양식으로 먹을 수 있지만, 안식년에는 팔거나 저장하기 위해 저절로 난 수확물을 추수할 수 없다는 뜻이다. 이것은 안식년 규례에 위배되는 행위다.

안식년에는 두 종류의 양식을 먹고 산다. 저절로 자라난 양식레25:5-7과 저장된 양식레25:20-22이다. 비록 안식년에는 파종해서 수확하는 것이 없다 하더라도 전년도 수확기에 떨어진 이삭으로부터 저절로 자라난 곡물들이 양식이 될 수 있다. "떨어진"레23:22이라는 표현은 이전 수확기에 우연히 떨어진 곡물들이 안식년에 자라난 것을 양식으로 사용했을 가능성을 설명한다. 특별히 이 저절로 자라난 곡물은 가난한 자들을 비롯해서 필요한 사람들 모두에 의해서 상업적인 목적이 아닌 일용할 양식으로 사용해야 한다. 저절로 난 것들은 주인과 종과 노동자들이 같이 나눠먹고, 들짐승들도 먹도록공동소유 남겨두어야 한다. 그리고 팔레스타인에서 휴경지에 나는 소산물은 생각보다 많은 양일 수 있다.왕하19:29 [6] 한편, 신구약 중간기의 알렉산더 대왕과 율리우스 시저는 이스라엘의 안식년에는 세금을 면제해주었다는 기록이 있다.[7] 이것은 그 때에도 안식년이 지켜졌다는 것을 말해준다.

교훈과 적용

1. 모든 일의 궁극적 목적은 주님 앞에서의 안식이다. 우리는 안식에 들어가기 위해 힘써야 한다.히4:11 안식은 모든 것에서의 해방된 쉼이다. 창조 때의 안식은 하나님의 만족하심이다. 그러나 죄가 들어온 후부터는 인간은 하나님의 만족하심의 안식을 누릴 수가 없었다. 그러나 그리스도가 세

6) Keil and Delitzsch, The Pentateuch, "Levitcus", 457.
7) Rooker, Leviticus, 302.

상에 오시고 우리를 부르심으로 안식에 대한 새로운 약속을 가져다 주셨다.마11:28-30 그 안식을 바라보고 성도들이 이 땅에서 살고자 애쓸 때, 바울은 고난 받는 성도들에게 하나님이 세상 끝 날에 공의로 갚으시는 선물이 안식살후1:6-7이라고 위로했다.

2. 안식년의 참 된 의미는 이전의 육년간을 애써 파종하며 살 때 이루어진다. 우리는 육년 동안 부지런히 일하고 가꾸어 풍성한 수확을 거 둘 수 있어야 한다. 엿새 동안은 일터에서 열심히 일하는 것이 하나님의 뜻이다.레23:3 얼굴에 땀이 흘러야 먹고 살 수 있다.창3:19 바울은 생계를 위해 밤낮으로 일했다.살전2:9; 살후3:8; 고전4:12 육체적이고 정신적인 노동은 인간이 피할 수 없는 필수불가결의 일이다. 세상의 일이 그렇다면 성도들에게 믿음을 지키는 것은 열심히 파종하는 일과 같다. 그래서 선한 싸움을 다 싸우고 달려갈 길을 다 달린 다음에야딤후4:7 믿음이 주는 진정한 안식을 누릴 수 있게 될 것이다.

3. 안식년의 준수는 하나님께서 모세에게 주신 명령이다.레25:1 이 제도를 실시해야 하는 곳은 광야가 아니라 가나안 땅에 들어가서다.레25:2 이 제도의 목적은 땅이 여호와 앞에 안식하기 위함이다.레25:2 땅은 실제적으로 인간의 삶이 이루어지는 장소이자 하나님의 나라가 이루어지는 통치적 개념을 상징한다. 안식년은 가나안 땅에 들어가서 제 칠년 째가 되면 땅을 쉬어 안식하게 하라는 명령에서부터 비롯된다. 이는 창세기 2:2절"하나님의 지으시던 일이 일곱째 날이 이를 때에 마치니 그 지으시던 일이 다하므로 일곱 날에 안식하시니라"에 대한 반복이다. 칠년마다 땅의 안식년을 지킴으로 땅이 하나님께 귀속된다는 사실을 통해 땅으로 상징되는 삶과 하나님 나라의 궁극적인 목적이 하나님의 안식에 있음을 알려준다. 안식일, 안식년, 희년을 통해 땅이 안식하는 것은 인간을 위해서가 아니라 "여호와를 위한 안식"sabbath for Yahweh이라고 밝힌다.레25:4 참된 안식은 하나님께 귀속될 때만 주어진다.

B. 회복을 위한 희년[25:8-55]

Ⅰ. 본문의 개요

희년[禧年, yobel, jubilee]은 일곱 번째 안식년이 지난 다음 해 즉 50년째 되는 해이다.[레25:10] 일곱 번째 안식년에 이어지는 희년의 법[25:8-55]에는 땅의 안식으로서의 희년과 권면,[8-22절] 기업 무르기,[23-38절] 종 무르기[39-55절]로 되어 있다. 무르기는 게울라[qeullah]로 되찾기[redemption]를 의미한다.

이 법은 모든 토지와 집의 소유권이 원소유자에게 돌아가도록 하고, 노비가 되었던 사람들을 해방함으로써 모든 경제적인 불평등의 문제를 해결하고, 부의 세습과 가난의 대물림이라는 악순환의 고리를 끊으며, 모든 사회 구조를 새롭게 쇄신할 수 있는 기회를 부여할 수 있도록 하는 제도였다. 희년은 사회개혁의 원리로 사용하도록 하는 사회법이기도 하지만 이웃과 더불어 하나님을 잘 섬기도록 하기 위한 종교법이다. 희년은 "땅과 노예의 회복"[land and slave redemption]이다. 고대의 백성들에게는 원래 분배받은 땅이 있었으나 기후나 경제적인 여건으로 인하여 파산되어 땅이 남에게로 넘어가고, 자신들도 노예로 팔려가는 경우가 많았는데, 바로 이러한 어려움들이 희년을 통해서 회복되는 것이다. 그러므로 희년의 중요한 두 주제는 바로 회복되는 땅과 인간이다. 한편 희년의 목적은 모든 이스라엘 백성 각 지파의 견고성을 지키려고 했던 것과도 관련이 있다.[민36:4]

희년제도에는 10가지의 주요 주제가 있다. ① 자유의 공포[10절] ② 안식년 준수[4,11절] ③ 땅의 안식[2,4-5절] ④ 안식년의 소출로 인한 식물 공급[6-7, 12, 19-22절] ⑤ 조상의 기업으로 되돌아감[10,13, 24-55절] ⑥ 땅과 인간의 소유주는 하나님[23,38,42,54절] ⑦ 경제적, 정치적, 문화적 노예상태로부터 해방[14-17, 23-55절] ⑧ 고용된 노예, 부당한 대우, 학대, 경멸에서 벗어남[14-17, 23-55절]

⑨ 죄로부터의 자유14–17, 23–55절 ⑩ 안전한 삶,21절 그리고 축복과 은총26:3–13절이다. 이 외의 주제로서 '정의'justice를 들 수 있다. 노트North는 안식년과 희년에서 그리스도인들이 배울 수 있는 교훈들을 '사회의 정의'와 '사회적 예배'와 '인격적 덕'과, '메시아 모형'을 제시했다[8]

Ⅱ. 본문의 구조

레위기 25장은 크게 두 부분으로 나누어져 있다. 하나는 2–7절의 안식년과 그에 따른 규례들이며 다른 하나는 8–55절의 희년과 그에 따르는 규례들이다. 세분하여 세 부분으로 나누면 안식년,2–7절 희년,8–22절 희년의 부속규례23–55절이다.

1. 땅의 안식25:8–22
    1) 희년25:8–13
    2) 희년의 매매 원칙25:14–17
    3) 권면25:18
    4) 희년에 먹을 양식 문제25:19–22
2. 기업 무르기25:23–38
    1) 희년의 토지 매매25:23–28
    2) 희년의 집 매매25:29–34
        (1) 성읍의 가옥과 성읍 바깥의 가옥25:29–31
        (2) 레위인의 경우25:32–34
    3) 가난한 채무자에 대한 규례25:35–38
3, 종 무르기25:39–55
    1) 동족에게 속한 종25:39–46

8) Robert North, Sociology of the Biblical Jubilee (Rome: Pontifical Biblical Institute, 1954), 213–32.

2) 이방인에게 속한 종25:47-48a

3) 풀려나는 방법과 절차25:48b-53

4) 결론25:54-55

Ⅲ. 본문 주해

1. 땅의 안식25:8-22

1) 희년25:8-13

한글 성경에 희년에 대해 서로 다른 표현은 네 가지다. 첫째가 "희년",요벨의 해, 레25:10 둘째가 "오십년이 되는 해",레25:10 셋째가 "자유의 해",겔46:17 넷째가 "은혜의 해"사61:2이다. 희년의 신학적 의미는 종말론적 소망과 기쁨을 찾는데 있다. 율법 중에 가장 지키기 힘든 것이 희년의 정신이라고 말할 수 있다. 희년의 법은 이스라엘이 이 하나님의 약속들레25:18-22을 정말로 신뢰하고 있는지를 시험하는 시금석이었다. 한 번이라도 실천에 옮기기에는 너무 숭고한 이상으로 보인다. 그래서 비평학자들 중에는 희년의 법들이 포로기 이후 공동체의 이상주의적 집단에서 나온 유토피아적 이상이라고 주장한다. 또는 공산주의적인 사고나 공산주의와 사유재산제 중간에 속하는 제도를 창출한 것이라고 말하기도 한다. 과도하게 탐욕스러운 자본주의와 공산주의를 통제하는 중간을 모색하고 있다고 보는 것이다.[9] 그러나 안식일과 안식년 그리고 희년은 사회 경제적인 관심이 있지만 종교적이고 영적인 관심에 근거한 것이다. 차후에 하나님이 온 세상을 통치하시는 이상적인 시대에 대한 모형으로 사용된 것이다.

특별히 희년의 조항이 기록되어있는 레위기 25장에는 게울라qeullah를 번

---

9) G. Demarest, Leviticus, CC (Dallas: Word, 1990), 268.

역한 "무르기"24절, 구속, 되찾기, redemption 이라는 단어가 나오는데, 특히 희년의 조항이 방대하게 서술되고 있는 구절13-55절에서 9회나 반복된다. 특히 이런 무르기를 해주는 사람을 고엘goel, 구속자이라고 부른다.룻4:1; 렘32:7 이것은 구속사적으로 볼 때는 죄의 신분에서 우리를 해방시킨 그리스도의 성취된 사역을 가리킨다.사61:1-3 예수님이 가르치신 주기도문 가운데 "우리가 우리에게 죄지은 자빚진 자를 사하여 준 것탕감하여 준 것 같이 우리의 죄를빚을 사하여탕감하여 주옵시고"마6:12라는 내용은 정확하게 희년의 정신을 반영하고 있다. 이점에서 희년은 하나님의 나라와 깊은 관계가 있다.

'자유의 해들'을 다루는 레위기 25장은 이스라엘의 사회적 정의social justice in Israel의 측면에서 해석해야한다는 관점이 있다. 희년의 법들을 제정함으로써 여호와께서는 자신을 "약자의 강력한 보호자"로 드러내셨다. 그 분은 자신의 언약 백성들 가운데 끊임없는 빈곤의 순환을 만들어 내는 세력들에 맞서 높은 장벽을 세우셨다. 이것의 실천은 여호와께서 그들에게 요구하셨던 평화에 이르는 한 길이었다.[10] 즉 희년은 더욱 많은 것을 축척하려는 인간적 욕망을 절제시켜 사회적 평등을 이루려는 하나님의 뜻이라는 것이다. 그 밖에 자연보호라는 측면도 제기된다. 그러나 나팔 소리와 함께 시작될 이 희년은 '메시아의 날'인 '주의 날'the Day of Lord을 대망하는 의미를 담고 있다고 말하는 것이 더 타당하다. 다니엘 9:24-27절에 있는 칠십 이레의 환상은 열 번째 희년에 시작되는 메시아 시대를 설정하고 있다.[11] "주의 날"은 초림과 재림을 통해 나타나는 그리스도의 구원과 심판의 날이다. 그런 점에서 희년제도는 그리스도의 사역의 성취와 완성의 모습을 담고 있다. 희년은 안식년과 함께 땅의 안식에 속한다. 안식년은 "여호와 안식년"레25:4-5이라고 표현했지만 희년은 "백성을 위한 희년"레25:11으로 말한다.

10) R. Hubbard, Jr., "The Go'el in Ancient Israel: Theological Reflection on an Israelite Institution." Bulletin for Biblical Research 1 (1991), 13.

11) Andre Lacocque, The Book of Daniel (Atlanta: John Knox Press, 1979), 178.

그만큼 희년에는 많은 사람들이 직접적인 혜택을 받기 때문이다. 희년의 주체도 안식년처럼 당연히 하나님이시다.

이스라엘 백성들은 일곱 번 안식년을 지나면. 즉 칠년을 일곱 번 지나면 사십 구년이 끝난다. 7은 신성한 숫자다, 7개의 7개는 훨씬 더 신성하다. 그래서 제 49년은 하나의 '큰 안식년'이다. 49년의 더욱 큰 신성함은 요벨yobel이라는, 즉 희년이라는 불리는 제 50년에 들어서면서 기념된다. 희년의 주기에 대해 학자들 사이에는 성경 구절을 근거로 하여 49년째레25:8-9와 50년째25:10-11라는 주장을 각각 하고 있다. 실제적 계산은 49년이 우세하며, 다른 안식년과 구별하기 위한 특별한 표식으로써의 상징적인 의미는 50년이 우세하다.

이스라엘 백성들에게 칠월 십일은 속죄일이다. 칠월이 그들의 새해 새달이기 때문에 속죄일이 오십년에 들어선 것이다. 속죄일날 수양의 뿔로 만든나팔 소리를 낸다. 본래 신년이 되면 부는 나팔절은 칠월 일일이지만,레23:24 십일인 속죄일에는 희년을 알리는 나팔을 불어라는 것이다. 나팔을 크게 불어 온 땅에 희년이 시작되었음을 알린다. 이 나팔은 종의 해방이 적용된 어떤 특정 지역에서만 분 것이 아니라 온 백성들이 누구나 다 이 뿔나팔을 불었다.9-10절 속죄일인 티쉬리7월 십일에 부는 나팔로 시작하여 희년에 들어서고 이 날에 자유가 선포되는 것이다.

백성들은 오십chamishim년이 시작되는 이 해를 거룩하게 해야 한다. 이 해가 되면 그들은 땅에 사는 사람에게 자유deror, liberty를 공포해야 한다. 이 해는 이스라엘 백성에게 희년yobel이다. 레위기와 민수기에서 이 명사는 번역되지 않고 'jubilee'희년라는 말로 음역된다. 따라서 'jubilee'의 어원에 대해 두 가지 견해가 있다. 첫째는 야발yabal, 생기다과 관련을 짓는다. 두 번째는 나팔이 "수양의 뿔"로 만들어 졌기 때문에 희년을 요벨yobel로 불렀다는 것이다. 시내산 언약에서 나팔을 길게 부는 과정을 묘사할 때 "나팔"을 "ram' s horn"이라고 번역하고 있다.출19:13 요벨yobel을 영어로 쓸 때는 "jubilee"라고 하는데 이것은 히브리어의 영어 음역에 따른 표기로 추측된다.[12] 이 나팔은 종국적으로 그리스도의 승리와 재림을 알리는 역할을 한다.슥9:14; 고전15:52; 살전4:16; 마24:31

희년을 맞아 백성들은 각각 그 기업achuzzah으로 돌아갈 수 있다. 이 해는 그들이 유산, 곧 분배받은 땅으로 돌아가는 해이며, 저마다 가족에게로 돌아가는 해이다. 그 오십년이 되는 해는 그들의 희년이다. 그래서 그 해는 밭에 씨를 뿌리면 안 된다. 스스로 난 것을 거두지 말아야 한다. 가꾸지 않은 포도를 거두어서도 안 된다. 그 해는 희년이기 때문에 백성들은 거룩하게 보내야 한다. 백성들은 밭에서 난 것을 먹게 될 것이다. 어떻게 먹고 사는 문제에 대해서는 삼년 치 소출이 준비되어 있다.레25:21 이 희년에는, 각자는 유산을 분배 받은 땅으로 돌아가게 될 것이다.

2) 희년의 매매 원칙25:14-17

희년으로 인해 물건을 거래할 때 이웃에게 팔든지 사든지 간에 서로 억울하게 해서는 안 된다. 희년의 세부 법령에 따라 정당하게 매매가 이루어져야 함을 일러 주셨다. 희년이라고 해서 의도적인 불균형의 거래가 발생하면 희년의 정신을 훼손하는 것이다. 예를 들어서 어떤 사람이 자기의 이웃에게서 밭을 사들일 때에는 희년에서 몇 해가 지났는지를 계산하여야 한다. 파는 사람은 앞으로 그 밭에서 몇 번이나 더 소출을 거둘 수 있는지, 그 햇수를 따져서 상대편에게 값을 매겨야 옳다. 즉 희년과 멀수록 비싸다는 말이다. 희년까지의 남은 햇수가 많으면 백성은 그 값을 많이 받고, 햇수가 적으면 그 값을 적게 받아야 한다. 이것은 수확의 양을 햇수를 따라서 매기는 값이다. 백성들끼리 서로 사고 팔 때 속이지yanah 않아야 되고 자신들의

12) Cf. Hartley, Leviticus, 434.

하나님을 경외해야 한다. 이것을 지켜야 하는 것은 이 법을 주신 그분이 그들의 하나님 여호와이기 때문이다.

3) 권면25:18

백성들은 하나님의 법도chuqqah를 지키며 여호와의 규례mishpat를 따라야 한다. 법도는 일반명령이며, 규례는 특별명령이다. 법도와 규례를 지키는 것은 율법의 정신을 온전히 실천해야 함을 뜻한다. 그리하면 백성들은 그 땅에 안전히betach, 염려 없이 살게 될 것이다. 명령에 대한 수행의 조건이 충족되면실행되면, 순종하면 칼이나 기근이나 염병으로부터 안전하게 살게 될 것이다.렘14:13

4) 희년에 먹을 양식 문제 25:19-22

희년을 맞이하는 땅은 산물peri, 열매을 낼 것이다. 백성들이 배불리 먹을 것이다. 거기서 안전하게 살게 될 것이다. 그런데 이 말에 대해 혹 백성들 가운데는 이런 생각이 들 수 있다. 만일에 안식년을 기준으로 볼 때 제 칠 년 째49년, 안식년에 심지도 못하고 그 열매도 거두지 못하면 그 다음 해50, 희년는 무엇을 먹고 살 것인가를 걱정하게 될 것이다. 그러나 하나님이 말씀하시기를 하나님께서 여섯 째 해48-49년에 복을 베풀어 그 소출이 삼년7월이 새해이므로 양력으로 하면 두 해가 겹친다. 49년-50년, 50-51년, 51-52년 쓰기에 넉넉하도록 할 것이라고 알려주셨다. 그리고 제 팔년 째50-51년가 되면 씨를 뿌리고 파종을 해야 한다. 그 때까지 묵은 곡식을 먹을 것이며 제 구년51-52년이 되어도 봄 추수하기 전까지는 묵은 곡식을 먹고 살면 된다. 쉽게 계산하면 종교월력으로 볼 때, 봄 추수가 끝나고 7월이 되면 새해이므로9절 48년째 7월 이전에 수확할 때 3년 치 식량을 확보하여, 이것을 49년 6월까지 먹고, 49년 7월부터-50년 6월말까지,안식년 50년 7월부터-51년 6월말까지희년 먹고,

새 양식을 위해 51년 7월 이후에 파종하라는 것이다. 특별히 21절의 "내가 명령하여 여섯 째 해에 내 복을 너희에게 주어 그 소출이 삼 년 동안 쓰게 하리라"에서 "명령하여"tsavah라는 단어는 수확을 보장하는 여호와의 의지를 강조하는 것으로 볼 수 있기 때문에 삼년의 소출이 가능한 것이다.

2. 기업 무르기25:23-38

1) 희년의 토지 매매25:23-28

백성 각자는 하나님으로부터 기업achuzzah으로 받은 토지erets를 아주 팔지는 못한다. 토지는 다 여호와의 것이다.The land is God's 백성도 나그네ger와 우거하는 자toshab, 객, 임시 거주자로서 사는 자들이다. 이스라엘 백성들과 함께 사는 나그네와 우거하는 자의 생활은 실제로 궁핍하다. 백성은 그런 신분으로 여호와 하나님과 함께 있는 것이다. 어떤 이스라엘 사람의 손님이 된 이방인이 그 집 주인의 보호 아래 있는 것과 마찬가지로, 역시 이스라엘 가족들도 여호와의 소유지인 그 땅에 체류하는 이방인으로서 그 분의 보호아래 놓인다. 백성은 누구든지 유산으로 받은 땅에서 살고 있기 때문에 어디에서나, 땅 무르는 것geullah을 허락하여야 한다. 게울라는 빚 때문에 팔린 재산이나 사람을 구원속량하는 것과 관련하여 사용된다. 게울라의 대가는 희년에 빚이 풀릴 때까지 남아있는 년 수로 결정되었다.레25:27-28 토지나 사람을 속량하는 권리는 보호된다.레25:24,48

만일 어떤 사람의 형제ach가 가난하여 그 기업토지의 얼마를 팔았으면 그 가장 가까운 친척gaal이 와서 형제의 판 것을 되돌려 살 수 있다. 만일 그것을 되돌려 살 친척이 없으면 자기가 부자가 될 때까지 기다려야 한다. 여기서 '너의 형제가 가난하게 되면문자적으로는 손이 비틀거리면, 이 뜻은 그 팔을 잡아주라는도와주라는 의미도 있음…'25a, 35a, 39, 47a과 같은 조건절은 부채탕감의 조항을 내포하고 있는 것으로 보이나 이 표현 외에는 구체적인 규례는 찾아 볼 수 없다. 가난한 자들을 파산 상태가 된, 빚진 자들이다.삼상2:2; 느5:1-5 판 땅을 되돌려 살 때에는, 그 땅을 산 사람이 그 땅을 이용한 햇수를 계산하여 거기에 해당하는 값을 빼고, 그 나머지를 산 사람에게 치르면 된다. 그렇게 하고 나면, 땅을 판 그 사람이 자기가 유산으로 받은 그 땅을 다시 차지한다. 그러나 그가 그 땅을 되돌려 살 힘이 없을 때에는 그 땅은 산 사람이 희년이 될 때까지 소유한다. 희년이 되면, 땅은 본래의 임자에게 되돌아간다. 땅을 판 사람은 그 때에 가서야 유산 곧 분배받은 그 땅을 다시 차지할 수 있다. 그러므로 희년은 모든 이스라엘 민족이 매 오십년마다 여호수아가 땅을 분배했던수13-19장 당시 그대로 세습 재산을 반환받고 또한 자유인의 신분으로 회복되는 것을 그 목표로 삼았다. 일반적으로 땅을 빌려 쓰는 임대인은 셋 중 한 가지 방법으로 세습 받았던 자산을 무를 수되살 수 있었다. (1) 친족이 채무 빚을 갚아 줄 수 있었다 (2) 그 가족의 가장이 충분한 돈을 모았을 때 그는 친히 그 세습 자산을 무를 수 있었다 (3) 희년에는 세습자신이 채무 빚이 면제되는 원 소유자임대인에게 자동적으로 반환되었다. 한편 이사야와 미가 선지자는 토지를 투기 목적으로 사고파는 자들을 정죄하였다.사5:8; 미2:2 그래서 이 희년 때문에 대지주가 되거나 빈민이 되는 것을 어느 정도 막을 수 있었다.

2) 희년의 집 매매25:29-34

광야에서 이 법을 받았기 때문에 이것은 가나안 정착 이후 미래를 내다보고 말한 것이다. 집이나 토지를 포함하여 부동산을 판다는 것은 사실 최대로 49년 동안 빌려주는 것과 같다.

(1) 성읍의 가옥과 성읍 바깥의 가옥25:29–31

성벽이 있는 성내의 집bayith을 팔았으면 판지 만 일 년 안에는 다시 되돌려 살 수 있다. 집을 판 사람은 한 해 동안은 그것을 무를 수 있는 권리가 있다. 그러나 판 사람이 그것을 한 해 안에 되돌려 사지 못하면, 성곽in the walled city 안에 있는 그 집은 아주 산 사람의 소유가 되어, 대대로 그 자손에게 넘어간다. 희년이 되어도 본래의 집의 임자에게 돌아가지 않는다. 왜 성내의 가옥은 희년이 되어도 돌려주지 않는가 묻게 된다. 그것은 아마도 그 당시에도 성내의 도시 변화가 상당히 급속히 이루어졌기 때문으로 보인다. 또 성내의 사람은 농사를 짓지 않기 때문에 가옥과 생계는 무관했을 것이다. 그러나 성곽이 없는 마을에 지은 집은, 그것들을 토지와 같이 여겨, 판 사람이 언제든지 무를 수 있고, 되돌려 살 힘이 없을 때에는, 희년이 될 때까지 기다렸다가, 본래의 임자가 그것을 다시 차지한다.

(2) 레위인의 경우25:32–34

그러나 레위 사람의 성읍, 곧 그들이 유산으로 받은 성읍 안에 있는 집은 그렇지 않다. 레위 사람은 성읍 안에 있는 집을 팔았어도, 언제든지 그것을 다시 무를 수 있다. 그가 무르지 않으면, 성읍 안에 있는 그 팔린 집은, 희년이 되면, 본래의 임자에게 되돌아간다. 레위 사람의 성읍 안에 있는 집은, 이스라엘 자손이 레위 사람에게 유산으로 준 것이다. 이렇게 하는 이유는 가난하게 된 레위인의 가옥이 팔렸을 경우 희년에 그 가옥이 그에게 되돌려지지 않는다면 레위인은 아무 기업도 물려받지 못했을 뿐 아니라 그들이 거주할 가옥마저 잃어버리게 되는 딱한 처지에 놓일 수가 있었기 때문이다. 레위 사람의 성읍에 딸린 땅도 또한, 영원히 레위 사람의 유산이기 때문에 팔 수 없다. 성읍에 딸린 목초지migrash, 들, 민35:1–8; 수21장; 대상6:54–81도 팔 수 없다. 좀 이상하게 들릴지 모르지만 레위기에서 레위인에

대한 직접적인 언급은 없고, 오직 25장에만 "레위"에 관한 기사가 세 번 나온다.[25:32-33]

레위와 자손들

레위[Levi]는 야곱과 레아 사이에 난 셋째 아들[창29:34]이며, 레위인[Levite]은 그 자손들이다. "레위"는 "연합"을 의미한다[창29:34] 세 아들, 곧 게르손, 고핫, 므라리가 있다.[창46:11; 출6:16; 민3:17-37] 레위는 137세에 죽었다.[출6:16] 누이를 강간한 세겜에게 바로 위에 형 시므온과 함께 잔인하게 복수하였다.[주전1900년경, 창:34장] 야곱은 그의 임종 예언에서 세겜 사건으로 인해 시므온과 함께 레위를 이스라엘 중에서 흩어지는 저주를 내렸다.[창49:5-7]

고핫 자손의 아론 집안이 제사장이 된 배경은 이렇다. 성막에 대한 설계 지시[출25-31]가운데 제사장 직분에 대한 지시가 있었다.[출28:1] 하나님께서 모세에게 레위의 증손자이자 형인 아론과 그 아들들 곧 나답과 아비후와 엘르아살과 이다말이 제사장 직분을 행하도록 명령하셨다. 이들은 모세의 기름부음을 받아 제사장이 되었다.[출29:4-7] 아들 나답과 아비후가 제단 불을 잘못 취급해 죽고,[레10:1-2] 셋째인 엘르아살이 후계자가 되었다.[민3:2-4; 20:26] 그 후에 아론 후손들이 제사장직분을 담당하게 되었다.[레8장] 아론 자손의 계보[대상6:50-52]와 반차[班次, 대상24:1-19]는 성경에 소상히 기록돼 있다. 아론의 자손 중 사독[대상6:53]이 아론 자손 전체를 관장하게 되었다.[대상27:17]

아론계 외에 레위인들은 제사장이 될 수 없었다. 신명기와 여호수아서에 보면 "레위[사람] 제사장"[kohen Leviyyi]이라는 표현이 여러 번 등장한다.[신17:9,18; 18:1; 24:8; 27:9; 수3:3; 8:33] 그래서 아론계가 아닌 레위인도 제사장이 될 수 있는가라는 의문이 든다. 그러나 신명기 18:3절을 보면 제사장에게, 18:6절을 보면 레위인들에게 다른 몫이 돌아가게 되어 있는 것으로 볼 때 제사장과 레위인은 구별된다. 즉 레위인은 제사장이 될 수 없다. 제사장은 오직 아론계

만 할 수 있다.[출28:1,41; 40:12–15; 민16:40] 그래서 "레위인 제사장"이라는 표현은 제사장이 레위인이라는 포괄적인 개념으로 봐야한다. 한편 역대하 29:34절에는 국가적인 제의 행사에 제사장이 부족할 때 레위인이 제사장의 일을 도왔던 경우가 있다.

레위 자손들은 역할은 이러했다. 금송아지 사건으로 인해 배교한 동족 이스라엘 삼천여명을 모세의 명령에 따라 도륙[屠戮] 하였다.[출32:25–29] 이때 모세로부터 헌신의 대가로 축복을 약속 받았다. 그리고 아론과 그 아들들이 제사장 직분을 받고 난 뒤에 모세를 통해 레위 지파에게 다음과 같은 임무가 주어졌다.[민3:5–12] ① 아론의 시중을 든다. ② 회막 앞에서 일하되 아론의 직무와 온 회중의 직무를 위해 회막에서 시무한다. ③ 회막의 모든 기구를 수직[守直– 맡아서 지킴]한다. ④ 이스라엘 자손을 직무를 위해 장막에서 시무한다. ⑤ 아론과 그 아들들을 위해 소유가 된다. ⑥ 이스라엘 자손 중 모든 첫 태에 처음 난 자를 대신하여 하나님의 소유가 된다. ⑦ 외인이 가까이 오면 죽인다.[민3:38] ⑧ 모세가 전해준 모든 규례를 백성에게 가르친다.[레10:11]

레위 자손 중 1개월 이상 된 남자는 22273명[민3:43]이다. 이들은 게르손과 고핫과 므라리의 자손들로, 직무 조직상 각기 맡을 업무가 다르다.[민3:17–37] 성소 봉사기간은 25–50세 까지다.[민8:24–25] 그러나 민수기 4:3절에는 30세로 되어 있는데 아마 5년의 수련기간을 합쳐 말한 것 같다.[참고. 대상23:24] 50세가 지나면 감독자로 활동한다.[민8:26]

한편 레위인들은 많은 시대적 변화를 겪었다. 광야방랑시대[주전1527–1406]를 거쳐 가나안 정복시대[1405–1390]는 기업을 받지 못했다.[신10:9] 백성들이 바친 십일조를 기업으로 받았다.[민18:21–32] 사사시대[1390–1050]는 점점 부패해 가는 것으로 나타났다. 통일왕국시대[1050–930]는 성소의 봉사와 율법교육, 율법의 필사와 해석, 역사 기록을 담당하였다. 분열왕국시대[930–586]는 종교적, 정치적으로 활발히 활동하였다.[대하13:13–22] 바벨론 포수와 회복기[586–400]에서 포로기 동안에는 신앙 유지를 위해 노력하였고, 이후에는 다시 성전 봉헌과 율법 수행에 치중하였다.[스3:10: 6:18] 신약시대[주전4년 이후]는 선한 사마리아 비유에서 가식적이고 형식적인 예배의 모형으로 묘사되기도 하였다.[눅10:32]

3) 가난한 채무자에 대한 규례[25:35–38]

만약 주변의 동족[ach, countryman]중에 빈한[muk, 곤궁해지다. 가난해지다]하게 되어서 자신의 주변에 있게 되면, 그를 도와 객[ger]이나 우거하는 자[toshab]처럼 자신과 함께 생활하게 하도록 하여야 한다. 즉 집안 식구처럼 함께 살아야 한다는 것이다. 같이 생활한다고 해서 가난하게 된 그에게 세나 이자를 받을 수 없다. 사람이 하나님 두려운 줄을 안다면, 자신의 동족을 자신의 곁에 데리고 살아야 한다. 희년은 이렇게 철저하게 동족중심주의로 되어있다. 가난하게 된 동족을 진심으로 도우라는 이 법안에 두 가지 동인이, 이스라엘이 해방을 선포하도록 북돋우는 결과를 가져왔다. 그 첫 번째가 여호와에 대한 경외이며,[17절] 두 번째가 이집트로부터의 구원 받음이다.[38절] 그렇기 때문에 동족을 도와야 한다는 점을 인식시키는 것이다.

대부분의 경우 가난한 자들은 빌린 돈으로 다음 농사철을 위한 종자 씨를 샀기에, 실제로 가난한 자에게 빌려주는 돈은 본질적으로 구제와 같은 자선행위였다. 레위기 25장과 출애굽기 22:25절에는 역시 가난한 자에게 빌려 준 돈에 대한 이자를 금지하고 있다. 이자를 받는 종류에는 돈을 빌려주는 것[출22:25; 신23:19]과 음식을 빌려주는 것[신23:19]이 있다. 이웃 근동 국가들에서는 이자율이 30% 혹은 그 이상이었다.[13] 그렇지만 이러한 이자는 이스라엘 백성사이에서는 늘어나는 이자로 인해서 가난한 자들이 노예가 될 수 있기 때문에 금지되었다. 반면에 신명기 23:19–20절은 타국인에게 이자를 받는 것은 허용한다. 이것이 옳은가에 대한 물음은 허용한다는 율법

---

13) Noordtzij, Leviticus, 258.

의 기준에 따르는 것이 답이다. 가난한 동족에게 이자를 받지 못하도록 금지하는 이 법은 자칫 이스라엘이 가난한 자에게 돈을 전적으로 빌려주지 않도록 할 우려가 있었다. 사람은 그런 사람에게 이자를 받을 목적으로 돈을 꾸어 주거나, 이익을 보려고 먹을거리를 꾸어 주어서도 안 된다. 왜냐하면 하나님은 이스라엘의 하나님이 되려고 또는 가나안 땅을 그들에게 주려고 이집트에서 이스라엘 백성들을 인도하여 낸 그들의 하나님 여호와이기 때문이다. 여기서 자주 선언되는 이 출애굽 주제 문구 속에 "또는 가나안 땅을 너희에게 주려고"라는 문구가 붙어서 나오기는 처음이다. 이것은 후대 첨가된 삽입구가 아니라 출애굽의 목적이 가나안 땅을 주기 위함이라는 것과 출애굽을 시킨 것도, 가나안 땅을 준 것도 하나님이 이스라엘의 하나님이 되기 위함이라는 목적을 밝히신 것이다.

3. 종 무르기25:39–55

1) 동족에게 속한 종25:39–46

이스라엘 사람의 동족ach이 빈한하게 되어 어떤 동족에게 몸이 팔리면makar 몸을 산 그 사람은 그 가난한 동족을 종ebed으로 부리면 안 된다. 이스라엘 같은 동족끼리는 종으로 삼을 수 없다는 법령이다. 이스라엘인은 자신의 몸을 파는 것이 아니라 일할 수 있는 능력을 파는 것이다. 그래서 품꾼sakir이나 우거하는 자toshab 같이 함께 생활하게 하여, 희년까지 몸을 산 그 동족을 위해 일하면 된다. 이스라엘인은 명목상의 종이였기 때문에 실제적인 종이 아니고 일하는 품꾼처럼, 우거하는 자처럼 대하라는 말이다. 희년이 되면 가난한 동족과 그 자녀가 함께 그에게서 떠나, 그 본족mish-pachah, 일족, 씨족, 친족이 있는 조상ab의 기업세습 재산으로 되돌아shub 가게 해야 한다.

그들은 하나님이 이집트 땅에서 이끌어 낸 하나님의 품꾼이므로, 백성들이 동족들을 종으로 팔 수 없다. 백성은 그를 엄하게 부리면 안 되고 자신의 하나님을 경외yare하여야 한다. 만약 백성이 필요에 의해서 남종이나 여종을 두려면, 자신의 주변에 있는 여러 나라에서 남종이나 여종을 영구히 사들일 수 있다. 주인은 또 자신과 함께 사는 외국인 거주자와 자손 가운데서나, 자신의 땅에서 태어나서 자신과 함께 사는 그들의 가족 가운데서 종을 사서, 평생 동안 자신의 소유로 삼을 수 있다. 주인은 또 그 종들을 자신의 자손에게 영원한 유산으로 물려줄 수도 있다. 바로 이들은 자신의 종으로 부려도 된다. 이것은 동족과 이방인에 대한 차별이라기보다 그들이 돌아갈 곳이 없다는 보호의 차원에서 이해해야 한다. 그러나 자신의 동포 이스라엘 자손들끼리는 서로 종으로 부려서는 안 된다. 이렇게 철저하게 동족의 노예화를 방지하는 것이다. 이 법의 선포로 하나님이 이스라엘을 소유하는 한, 이스라엘 백성들은 결코 다시 영구한 노예가 되지 않을 것이다.[14] 이 원칙을 통해서 노예제도는 하나님이 다스리는 백성들에 관한 한, 완전히 폐지되었다.[15]

2) 이방인에게 속한 종25:47–48a

이스라엘 가운데 우거하는 외국 사람이 부자로 사는 경우가 있는데, 마침 동족이 살고 있다가 가난하게 되어서, 그 외국 사람에게 종으로 팔려 간 다음이라 하더라도, 그는 종으로 팔릴 때에 받은 값을 되돌려 주고 풀려날 권리가 있다. 이것은 당사자 자신은 물론 공동체가 함께 외국인에게 동족이 노예가 되는 것을 방지하기 위해 가능한 수단을 강구해야 한다는 자각을 의미한다. 그래도 게울라가 불가능할 경우에는 희년까지 기다려야 한다.

14) R. Hubbard, "The Goel in Aincient Israel: Theological Reflections on an Israelite Institution," BBR 1 (1991), 12.

15) G. E. Oehler, Theology of the Old Testament (reprint, Minneapolis: Klock & Klock, 1978), 343.

3) 풀려나는 방법과 절차[25:48b–53]

종이 된 그는 누군가가 값을 대신 치르고 그를 데려올 수 있다. 네 사람이 가능하다. 자신의 형제나, 삼촌이나, 삼촌의 아들이 그를 데리고 나올 수도 있고, 그의 가문에 속한 살붙이가 그를 데리고 나올 수도 있다. 그리고 그 사람이 넉넉하게 된 뒤에는, 스스로 그 값을 치르고 나올 수도 있다. 그 경우에 그는, 종으로 팔렸던 그 해로부터 희년이 될 해까지의 햇수를 자기를 산 사람과 함께 계산하여, 그 햇수에 따라 돌려줄 값을 정하여야 한다. 그 가운데서 그가 주인을 섬기며 일한 기간은, 그가 이미 주인에게 일을 하여 준 기간이므로 값의 일부를 치른 것으로 계산하여야 한다. 아직 희년까지 남은 햇수가 많으면, 남은 햇수만큼 많이 내고 나와야 한다. 그는 종으로 팔릴 때에 받은 몸값에서, 그 집에서 일한 햇수의 품삯을 떼 낸 나머지를 무르는 값으로 치르면 된다. 희년까지 남은 햇수가 얼마 되지 않으면, 그 햇수를 따져서 그만큼 적게 치르면 된다. 이 때 에도 그는 일한 햇수와 남은 햇수를, 자기를 종으로 산 주인과 함께 계산하여, 무르는 값을 정하여야 한다. 주인은 그를 해마다 고용하는 것으로 하고, 그를 품꾼으로 대접하여야 한다. 어떤 주인이라도 그 종을 심하게 부려서는[perek, harshness] 안 된다.

4) 결론[25:54–55]

위에서 말한 여러 방법 가운데 어느 하나라도 풀려 날 길이 없다 하더라도, 희년이 되면 그는 풀려 날 수 있다. 자기만이 아니라 자식들도 그와 함께 풀려난다. 희년이 되면 이렇게 풀려날 수 있다는 점을 강조하고 있다. 그런 점에서 희년은 죄의 굴레에서 벗어나는 자유의 날이자 구원의 날을 의미한다. 이스라엘 자손은 하나님에게 속한 하나님의 품꾼이기 때문이다. 그들은 하나님이 이집트 땅에서 이끌어 낸 하나님의 품꾼[종]들이다. 하나님은 이집트에서 노예 생활을 하던 이스라엘을 구속하면서 이들을 하나님 자신의 종으로 삼으셨다. 이렇게 하나님은 희년의 종의 해방에 대해 말하면서 "내가 주 너희의 하나님"이라고 말씀하신다. "나는 너희 하나님 여호와니라"는 여호와의 자기소개 형식문장Yahweh's formula of self-introduction은 주체적 의미를 드러내며, 레위기 25장에서 3번17,38,55 나타남으로 전체적인 내용과 구조를 나눠주고 있다. 희년은 이스라엘의 종들이 구속해방 받는 것을 통해 구원받는 성도의 모습을 미리 제시하고 있다.

여기에 지금까지 언급되지 않았던 희년의 종 처리 문제가 있다. 만일 노예들이 매 칠년마다 해방되었다면, 희년의 노예 해방은 도대체 왜 필요한가하는 것이다. 이스라엘 백성은 동족을 무기한으로 노예로 삼을 수 없으며 그 기간은 육년으로 제한되어 있다.출21:2 그렇다면 굳이 희년의 종 무르기의 의의가 줄어든다. 그러나 자신이 계속 종으로 남을 것을 원할 경우가 있으므로 해답이 주어진다. 즉 출애굽기 21:1-11절과 신명기 15:12-18절에서는 히브리 종에 대한 사면기간이 칠년 째이다. 그리고 희년의 히브리 종의 사면기간은 오십년 째이다. 이 차이는 '선택적 방면'과 '무조건적인 방면'으로 나누어진다. 그 이유는 칠년 째 될 때에는 종에게 부여되는 자유의 유무선택을 종 스스로가 하게 되어 있다.출21:5; 신15:16 그러나 희년이 되면 히브리 종들은 무조건 방면을 해야 한다54절는 점이 다르다. 이것은 하나님의 뜻이기 때문에 희년이 되면 자신이 종으로 계속 남으려는 유무의 선택과 관계없이 모두가 조상의 기업으로 되돌아가야 하는 것이다. 한편 레위기 25장에는 종의 문제와 관련하여 "종"39,42,44,46절과 "품꾼"6,40,42,55절 그리고 "노예"라고 번역하는 문헌들이 있으므로 차이점을 아는 것이 도움이 될 것이다.

종과 노예와 품꾼삯꾼

구약에 나타난 종과 노예는 둘 다 에베드ebed이다. 이 에베드는 남을 섬기고, 쓰이는 일에 종사하는 자를 총칭해서 부른다. 그리고 품꾼으로도 번역된다. 그러나 품꾼은 사키르sakir라는 단어를 따로 사용한다. 레위기 25장에서는 품꾼으로 번역된 네 번 중 두 번은 사키르레25:6,40로, 또 두 번은 에베드레25:42,55로 썼다. 여종은 아마amah, 레25:6라고 부른다.

종은 강제적으로 되는 경우와 자발적으로 되는 경우가 있는데, 전자에 대해서는 "노예"라는 말이 주로 쓰이지만, 성경에서는 거의 "종"이라는 말에 포괄되어 있다. 그리고 종이라는 단어는 자신을 낮추어 부를 때,창33:5 메시야를 지칭할 때,사42:1 이스라엘 민족을 가리킬 때사45:4도 사용된다. 이에 비해 노예라는 개념은 인간이면서도 기본 인권을 갖지 못하고, 자유를 속박 당한 가운데서 주인의 소유물로 되어 있는 사람을 말한다. 일종의 자유인의 반대이다. 이스라엘 역사를 통하여 노예를 대별하면 대개 다음의 다섯 종류로 분류될 수 있다. 첫째는 패전한 민족이 전승한 민족의 노예포로가 된 사람들이다.민31:9 두 번째는 노예의 소유자나 다른 소유자에게서 사들여서 된 사람들이다.창17:27 세 번째는 노예의 부모 밑에서 태어난 자들이다.창17:12 네 번째는 빚을 갚기 위해 자신이나 또는 그 자녀가 노예로 된 사람들이다.출22:3 마지막으로는 자발적으로 자기의 의지에 따라서 자신이나 자녀주로 딸를 노예로 파는 일이 있는데, 이는 주로 가난했기 때문이다.레25:39,47 한편 품꾼sakir은 고용된 자를 의미한다. 품꾼은 삯을 받고 일하는 노동자, 곧 품꾼은 협정한 삯임금을 받고 일을 한다. 그들은 가족에 포함되지 않으며, 따라서 유월절 음식과 성물을 먹는 것에서 제외되었다.출12:45, 레22:10 품꾼은 하루벌이의 경우레19:13와 년 단위로 정하는 경우가 있다.사16:14, 21:16 율법은 고용인품꾼을 보호하는 규정이 있다. 고용인을 학대하거나신24:14 품삯에 대하여 억울하게 해서는 안 된다.말3:5 품삯을 신속히 지불하며,레19:13 그들에게 친절해

야 한다.레25:40-43

고대근동뿐 아니라 이스라엘에는 빚을 못 갚아서 종이 되는 사회적 현상이 있었다. 이것은 한 사람이 파산하여 빚을 갚지 못하게 되면 그의 땅이 채권자에게 몰수되고 자신은 종이 되는 것을 말한다.왕하4:1 이렇게 종이 된 사람을 키르키그노Chirichigno는 debt-slave라고 부른다.[16] 고대근동 상황에서 일반적으로 노예를 말할 때는 다음의 두 가지 종류를 말한다. 하나는 Chattel-slave이며, 다른 하나는 바로 Debt-slave를 말하는데, 전자는 완전한 재산으로서의 노예를 말하며 사고 팔 수 있는 반면에, 후자는 빚을 못 갚아서 된 노예를 말한다. 바로 후자가 성경특히 희년규정이나 출21장, 신15장 등에서 말하는 노예이다. 주인은 이들을 전자Chattel-slave처럼 사고 팔수 없었고 이웃처럼 존중해주어야 했다.

이스라엘의 종의 제도는 빚을 갚을 수 없는 자가 일을 함으로 직접 자신의 빚을 갚도록 고안된 것이다. 희년제도는 현실적으로 이스라엘 백성들의 영구적인 종에 대한 신분보호를 위해 만들어진 '동족노예방지법'이다. 이 법을 지키기 위한 세 가지 대비책은 이렇다. 첫째, 가난한 동족에게 무이자로 돈을 빌려준다. 빌려줄 형편이 안 되면 먹을 양식을 나눠준다.레25:36-38 둘째, 더 절박해지면 분배 받은 땅에서 수확할 권리를 판다. 그러나 땅은 여호와의 소유임으로 팔지 못한다.레25:23-25 셋째, 그래도 해결이 안 되면 자기 자신을 팔아 품꾼이 되거나 빌붙어서 산다. 그러나 종으로 부려서는 안 된다.레25:39-40 희년에 노예를 방지하는 이 법은 이방인 종에게는 적용되지 않았다. 이스라엘 종에게만 방면이 허락된 이유는 출애굽에서 그 신학적 이유를 발견할 수 있는데, 하나님은 이집트에서 노예 생활을 하던 이스라엘을 구속함으로 이들을 하나님 자신의 종으로 삼으셨기 때문이다.42,55절 따라서 희년The Year of Jubille은 이스라엘이 다시는 종의 신분으로 전락하지 않을 것

16) George C. Chirichigno, Debt-Slavery in Israel and the Ancient Near East (JSOTSup. 141; Sheffield: Sheffield Academic Press, 1993).

을 보장하는 동시에, 이스라엘을 이집트에서 인도하여 내심으로 그들의 하나님이 되신 하나님의 위대한 구속을 기념하는 역할을 한다.[레25:38,42,55; 참조. 출19:4-6]

교훈과 적용

1. "여호와의 은혜의 해"는 구약에서 고대하던 그리스도의 첫 번째 오심으로 말미암아 개통되었다.[눅4:21] 이 시대는 그의 두 번째 오심으로 궁극적으로 완성될 것이다.[약5:1-8] 희년은 하나님이 이집트에서 그의 백성을 구원하신 첫 번째 구속만을 뒤돌아볼 뿐만 아니라,[레25:38,55] 모든 것들이 회복될 의가 거하는 새 하늘과 새 땅을 고대하게끔 한다.[행3:21; 벧후3:13]
2. 가난한 동족에게 이자를 받지 못하도록 금지하는 이 법[레25:37]은 자칫 이스라엘이 가난한 자에게 돈을 전적으로 빌려주지 않도록 할 우려가 있었다. 하지만 이스라엘은 하나님의 자비하심에 근거하여 가난한 자에게 자비를 베풀어야 했다.[레25:38; 마18:23-35; 요일4:11] 그래서 참된 종교는 사회적 정의에 결코 무관심하지 않다. 하나님을 예배한다는 것은 이웃에 대한 관심과 배려와 맞물려 있다.[호6:6] 레위기의 "이웃 사랑하기를 네 몸과 같이 하라"[레19:18]의 말씀은 희년에 관계된 모든 법을 아우르는 근본 원칙이다.[요일3:17; 약2:15-17] 희년은 또 땅에서 인간의 삶이 덧없음을 가르치고 있다.[레25:18-22; 마6:25-34] 그렇기 때문에 희년은 타락한 인간이 그리스도를 통하여 죄와 사망과 율법에서 해방되고 자유를 얻는 구원의 상태가 되는 것이 얼마나 축복된 일임을 알게 해 주는 것이다. 희년의 중요한 의미는 안식과 자유의 선포이다. 즉 그리스도를 통한 구원과 그것의 결과인 영원한 안식, 즉 영생을 얻는다는 소망에 있다.
3. 그리스도를 알기 전에 우리는 일생에 매여 종노릇[δουλεία, slavery, 종살이, 노예의

신세, 예속하는 자들이다.[히2:15] 우리를 위하여 종으로 오신 예수님은 구약시대에 제사장이 행했던 기능들을 몸소 대신하셨다. 그는 우리의 대제사장이 되시기 위해 육신을 입고 이 땅에 오셨다. 그가 인류와 "한 모양으로 혈육에 함께 속하신"[히2:14] 이유는 "사망으로 말미암아 사망의 세력을 잡은 자 곧 마귀를 없이 하시며 또 죽기를 무서워하므로 모든 자들을 놓아주려 하심"[히2:15]이었다. 예수님은 "자기를 순종하는 모든 자에게 영원한 구원의 근원이 되시기 위해"[히5:9] 종의 형체로 오셔서[빌2:7] 자신을 십자가의 제물로 드리셨다.[히7:27] 하나님의 종이 되셔서 일생에 매여 종이 되었던 우리를 해방시키신 그 분은 우리의 구원자이신 주님이시다.

레위기 26장

축복과 저주: 땅의 소유와 상실

이스라엘 백성들은 계속적으로 땅을 소유할 것이냐, 상실 할 것이냐는 두 개의 선택을 받고 있다. 그 상실의 심각성 때문에 레위기 26장은 하나님의 애통을 담고 있다. 자기 백성을 징계하지 않으면 안 되게 되리라는 사실을 애통해 하신다. 하나님 자신이 베푸신 사랑을 배반할 때 자신의 사랑이 계속 저들에게 나타나도록 하시는 방법은 자신의 진노가 얼마나 파괴적이며 무서운 것이라는 점을 느끼도록 저들에게 징계를 가하는 도리 밖에 없으실 것이다. 그러한 처벌을 자초하지 않기를 바라는 경고와 염원을 담고 있다.[1)]

이 장은 나라가 율법을 지키지 않을 때에 닥쳐올 위험에 대하여 말하고 있다.[2)] 신적 응보로서의 축복과 저주는 엄격한 정의의 개념에 기초해 있다. 영Young은 축복과 저주는 모든 율법의 요약이라고 말한다.[3)] 저주는 죄 때문이다.[18,21,24절] 죄는 불순종에서 온다. 레위기가 언약문서 구조로 쓰여 졌다면, 축복과 저주는 현재의 자리가 자연스럽다. 레위기를 언약문서의 구조로 보는 것은 26장은 법전도 아니며, 제사 의식에 관한 것도 아니라[4)] 언약 갱신문서인 신명기의 28장처럼 종주권 계약의 마지막 형태를 띠고 있다.

1) Noordtzij, Leviticus, 262.

2) O. Palmer Robertson, The Christ of the Prophets (Phillipsburg, New Jersey: P & R Publishing Company, 2004), 123.

3) E. J. Young, An Introduction to the Old Testament (Grand Rapids: Eerdmans, 1949), 80.

4) B. A. Levine, Leviticus, JPS (Philadelphia: The Jewish Publication Society, 1981), 182.

즉 축복과 저주는 계약 문서의 끝을 맺는 법 조항 요소[서문, 역사적 회고, 준수사항, 문서처리 규정, 증인 채택, 축복과 저주, 부록]에 속한다. "언약"이라는 단어는 레위기 전체에 7번 나오지만, 26장에서만 5번이 언급된다.[9,16,42,44,45] 그 이유는 26장이 언약의 조항인 축복과 저주를 다루기 때문이다. 그래서 26장은 언약구조의 틀에서 이해해야 한다. 축복과 저주에 대한 이 연설은 구약의 다른 부분들을 이해하는 열쇠이다. 선지자들은 자주 이 언약에 비추어서 이스라엘의 현존과 운명을 예언했다.[암3:2] 26장은 가나안 땅에 들어가기 전에 쓰여 졌지만, 이미 점유가 성취된 것으로 간주하고 기록된 것이다.

26장을 보면 복의 조건보다 저주의 조건이 훨씬 많다. 거기에는 이유가 있다. 첫째, 순종보다 불순종에 빠지기 쉽다. 둘째, 언약이 유지되기 위해서다.[레26:42,44–45] 저주는 언약을 파기한 자에게 스스로 온다. 셋째, 하나님의 궁극적인 교훈적 목적과 처방을 위해서다. 더 많은 저주의 불균형을 통해, 가르치고자 하는 바를 이루시는, 거룩하심에 참여시키시려는[히12:10] 의도가 있으시다. "내가 사랑하는 자를 책망하여 징계한다.".[계3:19; 히12:6] 그러나 만약 사랑 없이 저주로만 끝난다면 자신과 같은 거룩한 나라를 창조하지 못한 여호와의 실패로 여겨질 수 있다. 저주는 축복들이 사라졌을 때의 삶이다. 가장 큰 저주는 약속의 땅에서의 추방이다. 반대로 가장 큰 축복은 하나님의 임재다. 축복과 저주는 레위기 전체의 규례와 법도와 율법의 결론이자, 오경의 결론이기도 하다.[신30:15–20] 그래서 저주와 축복에 대한 이해는 나중에 '율법과 복음'에 대한 이해로 이어진다.

A. 축복[26:1–13]

율법을 지킬 때 주어지는 축복은 삶의 조건으로써 최상이다. 완벽하다고 표현하다고 할 수 있다. 인간의 조건에서, 안전하고 행복한 면에서 보면, 언약 안에는 엄청난 축복이 담겨져 있다.

Ⅰ. 본문의 개요

순종에 대한 축복26:3-13 목록이 수록되어 있다. 규례와 계명을 준수할 때, 첫 번째 주어지는 축복은 비와 풍성한 수확의 선물이다.26:4-5 두 번째 축복은 평화의 선물이다.26:6-10 세 번째 축복은 하나님의 임재의 선물이다,25:11-13 네 번째는 하나님의 구원 역사를 회상하라는 마무리 축복이다.26:13 축복은 하나님의 선물이다. 특별히 마무리 축복을 보면 하나님은 백성들을 이집트 땅에서 인도하여 내어 그 종 된 것을 면하게 한 그들의 하나님 여호와이심을 밝히신다. 하나님은 그들의 멍에 막대기를 부수고 그들을 바로 서서 걷게 하였다고 신분의 상황이 전환되었음을 환기 시키셨다. 종살이에서 벗어나게 하였다는 사실을 확인 시키고 그것을 기억하라는 것이다. 그들이 짊어졌던 멍에는 황소의 등에 얹은 무거운 십자형 나무였다. 이것은 황소에게 무거운 짐을 지울 때 사용된 것이다. 이렇게 무거웠던 종살이출2:23를 끝내고 이집트에서 나왔음을 각인시키면서 이것이 바로 축복이라는, 그 실체의 모습을 설명하셨다.

Ⅱ. 본문의 구조

1. 율법의 근본 원칙26:1-2
2. 순종에 대한 축복26:3-13
   1) 첫 번째 축복, 비와 풍성한 수확의 선물26:4-5
   2) 두 번째 축복, 땅 전역의 평화의 선물26:6-10
   3) 세 번째 축복, 하나님의 임재의 선물25:11-12

4) 마무리 축복, 구원과 하나님의 인도하심을 받는 백성26:13

Ⅲ. 본문 주해

1. 율법의 근본 원칙26:1-2

짤막한 명령이다. 율법의 근본 원칙을 제시하였다. 여기에 율법의 원칙을 제시한 것은 구약에 나타나는 율법 모음집들은 전형적으로 가장 중요한 강조점들을 마지막에 상기시키기 때문이다. 예를 들면 여호와께서 이스라엘 백성에게 3대 절기를 주시면서 이것을 잘 지킬 때 보호를 약속하신 사실이나,출23:20-24 축복과 저주를 말씀하신 다음 모압 언약을 주신 경우다.신29장 마찬가지로 하나님의 명령에 어긋나고 벗어난 모든 행위는 안식일과 성소에 관한 명령을 준수하지 않음으로 발생한다고 경고하신다. 레위기 19장에는 안식일 준수가 먼저 나오고, 우상 금지의 경고가 이어서 나타나지만 26장에서는 우상 금지를 먼저 언급한다.

백성은 자기를 위하여 우상elil, 헛된, worthlessness을 만들지 말아야 한다. 목상pesel이나 주상柱像, matstsebah, 신성한 돌들을 세우면 안 된다. 너희 땅에 조각한 석상eben maskith, 조각된 돌, 경계석, 땅을 보호하는 임무, 민33:52을 세우고 그에게 경배하지shachah, 몸을 구부리고 절하다 말아야 한다. "나는 너희 하나님 여호와이다." 세 가지의 우상금지목상, 주상, 석상와 여호와의 자기소개 형식문장으로 되어 있다. 이 구절은 레위기 19:4절에 나오는 우상으로부터 돌아서라는 명령이 재 진술된 것이다. 세 가지의 우상금지 계명은 십계명의 두 번째 계명에 대한 해설이다.출20:4-6; 신5:8-10 "나는 여호와니라"라는 선언은 이 율법의 입법자가 '여호와이시다'라는 것과 동시에 여호와께서 율법 언약의 주체라는 뜻을 지닌다. "나는 여호와니라"는 구절들이 여러 번 나타난다.1,2,13,44,45절 이 구절은 성경의 각장을 분류시킬 때 좋은 방법이기도 하다.

그리고 백성들은 하나님의 안식일을 지켜야 한다. 하나님의 성소를 공경yare해야 한다. 그 분은 여호와이시다. 안식일을 지키라는 계명과 함께 여호와의 자기소개 형식문장으로 되어 있다. 이 형식은 유일하신 근원, 즉 "스스로 있는 자"출3:14를 나타내시는 자기계시의 표현이다. 안식일 준수는 십계명의 네 번째 계명이다. 그리고 "나의 성소를 존중하라"는 계명은 역시 레위기 19:30절에서도 발견된다. 안식일 준수와 성소 존중은 모두 여호와의 최상의 주권을 인정한다. 이렇게 말씀하시는 이유는 안식일 준수와 성막 예배의 주기적인 참여는 가나안 종교의 오염을 예방할 수 있는 최고의 수단이기 때문이다.[5] 하나님은 섬기는데 있어서 시간적으로는 안식일 제도가 신앙을 유지시킨다. 안식일을 지키는 것이 여호와를 섬기는 표시이다. 또 안식일이 있으므로 장소적으로는 다신론을 방지하고 성소의 단일화를 이룬다. 그 때에 이방인들은 다신론을 믿고 처처에 우상을 섬기는 신당神堂을 가지고 있었다. 한편 레위기 26장과 에스겔 37장의 연관성을 먼저 살피는 것이 약속과 성취의 구조를 이해하는데 도움이 될 것이다.

레위기 26장과 에스겔 37장의 비교

레위기 26장

A. 레위기 26:1절은 "너희는 자기를 위하여 우상을 만들지 말지니 목상이나 주상을 세우지 말며 너희 땅에 조각한 석상을 세우고 그에게 경배하지 말라 나는 너희 하나님 여호와임이니라." '우상 을 섬기지 말라'는 명령은 레위기 19:4절에서 선포된 것으로, 하나님만이 우리 삶의 절대적인 분이시며 이외의 어떤 것에도 절대적인 가치를 두어서는 안 된다는 것이다. 하나님의 말씀만이 진리이며, 이 길에 온전히 거하는 것이 축복의 길임을 선포한다.

5) Harrison, Leviticus, 231.

B. 레위기 26:3절은 "너희가 나의 규례와 계명을 준행하면"If you follow my decrees and are careful to obey my commands이라는 조건적 명령이 주어진다. 그래서 3-13절까지는 하나님의 율법에 주어지는 상급에 관해 언급한다. 상급의 내용은 비와 땅의 소출,[4-5절] 땅의 평화와 적에 대한 승리,[6-10절] 하나님이 이스라엘 가운데 거하심[11-13절]이다. 특히 이 상급의 내용은 에스겔서와 밀접한 관계를 가지고 있다.

에스겔 37장

A'. 에스겔서 37:23절은 이에 대한 답변을 한다. 이 답변은 에스겔의 '막대기 상징행동' 후 주어진 예언이다. "그들이 그 우상들과 가증한 물건과 그 모든 죄악으로 스스로 더럽히지 아니하리라 내가 그들을 그 범죄 한 모든 처소에서 구원하여 정결케 한즉 그들은 내 백성이 되고 나는 그들의 하나님이 되리라" 이 내용은 새 언약 이후에 이루어질 이스라엘의 상태에 대한 것이다. 레위기서는 우상숭배를 '하지 말라'고 말하고 에스겔서는 '하지 않을 것이다'라고 말한다. 순서로 볼 때 당연히 '하지 말라'가 먼저이다.

B'. 관련된 에스겔서는 34:25-28; 36:10-15, 28; 37:24-27절이다. 관련 절들을 다시 비교해보면 이렇다. 첫째, 레위기에서 "너희가 나의 규례와 계명을 준행하면" 상급으로 비와 땅의 소출과 안주를 얻을 것이라고 말한다. 이에 대해 에스겔서는 때를 따라 비를 내리되 장마 비를 내리고 땅이 그 소산을 내고 그 땅에서 평안할 것이라고 미래를 예언한다. 둘째, 레위기에서 땅의 평화와 적에 대한 승리를 약속한다. 에스겔서는 이에 대해 온 족속이 성읍에 거하며 빈 땅에 건축하는 번성과 백성을 다시 넘어뜨리지 않게 하시겠다는 하나님의 보호하심을 말한다. 셋째, 레위기서는 하나님이 이스라엘 가운데 거하심을 말하는데, 에스겔서는 이에 대해 하나님이 그들과 영원한 화

평의 언약을 세워 자신의 처소인 성소도 그들과 함께 영원히 그들 가운데 있음을 약속하신다.

이러한 모든 실현될 에스겔서 약속의 예언은 레위기서에 나타난 규례와 계명을 지킬 때 주어지는 것이다. 약속은 먼저하고 약속 실현의 다짐은 그 뒤에 한다. 일의 진행과 문장의 시제 상으로 볼 때 레위기의 약속에 근거해서 에스겔서가 다시 약속 실현의 다짐을 하고 있는 것이다. 먼저 약속 없이 어떻게 뒤에 약속 실현의 다짐을 할 수 있겠는가? 특히 레위기 26:9절은 창대케 될 약속이며, 에스겔서 37:26절은 창대케 된 성취를 예언하고 있다. 그런 점에서 레위기와 에스겔은 약속과 성취의 구조를 갖고 있다.

2. 순종에 대한 축복26:3-13

1) 첫 번째 축복, 비와 풍성한 수확의 선물26:3-5

축복은 "내가 주리니"세우리니4,6,11절라는 어구를 통해 세 단락으로 나눌 수 있다. 만약im, 불변화사, 부사 백성이 하나님의 규례chuqqah와 계명mitsvah을 준행하면 다음과 같은 축복이 있을 것이다. "준행하면"If you walk and keep이라는 조건이 전제된다.

하나님의 규례와 계명을 순종할 경우, 첫 번째 축복으로 하나님은 이스라엘에게 계절에 합당한 비를 주실 것을 약속하셨다. 최대의 수확을 얻기 위해서는 무엇보다도 적절한 시기에 비가 와야 한다. 비가 없을 경우 바위같이 단단한 죽은 땅이 되고 말 것이다.왕상17:1 4절은 이것을 약속하며, 그 결과가 5절에 묘사된다.

여호와는 철따라 비geshem, 겨울비, 풍성한 비, 스10:13를 내릴 것이다. 땅은 그 산물을 낼 것이다. 산물yebul이라는 단어는 주로 직접 땅에서 자라는 생산물을 가리킨다. 순종하면 비를 주어 땅이 산물을 내게 하지만,4절 불순종하면 땅은 소산을 내지 않는다.레26:20; 신11:17; 32:22 그리고 밭sades의 수목ets은 열매를 맺을 것이다. 큰 비는 새로 파종한 토양에 물을 주어야 하는 가을10-11월에 필요하고, 약한 비는 익은 곡식들이 풍성한 생산으로 이어지도록 늦겨울과 초봄3-4월에 내려야 한다.신11:14 때에 맞는 비는 곡식의 생산량을 많이 높이지만, 때에 맞지 않는 비는 아주 파괴적일 수 있다.

백성들의 타작dayish은 포도 딸 때까지8-9월 마칠 것이다. 백성들은 포도 따는 것을 파종할 때까지10-11월 마치게 될 것이다. 백성들은 음식lechem을 배불리 먹고 그들의 땅에서 안전하게 거할 것이다. 이처럼 백성들은 하나님의 규례와 계명을 지키며 살 때, 편안하고 안락한 삶을 이 땅에서 누리게 될 것이라는 사실을 확실하게 보여 주셨다.

2) 두 번째 축복, 땅 전역의 평화의 선물26:6-10

두 번째 축복으로 땅 전역의 평화의 약속과 들짐승의 출몰과 패배와 기근의 위협이 없을 것이라는 약속이 주어졌다. 전쟁으로 인한 수탈로부터 평화가 보장되었다.6절 또한 전쟁의 승리도 보장되었다.7-8절 심지어 들짐승조차 이들을 해치지 못할 것이다. 구약시대에 사자와 곰이 여전히 가나안에 나타나고 있었다.삿14:5; 왕하2:24

하나님은 축복은 그 땅에 평화shalom를 줄 것이다. 백성들이 누워있어도 누가 그들을 두렵게 할 자가 없을 것이다. 하나님이 사나운 짐승chayyah을 그 땅에서 설치지 못하도록 중지시켜 안전하게 할 것이다. 칼cherb, 전쟁을 의미이 백성들이 사는 땅에서 두루 행하지 않게 해 줄 것이다.

그래서 백성들이 대적을 쫓아 낼 것이다. 적들이 백성들 앞에서 칼에 엎드려 질 것이다. 백성 다섯 명이 적군 백 명을 쫓을 것이다. 백성 백 명이 적군 만 명을 쫓을 것이다. 백성의 대적들이 백성 앞에서 칼에 엎드려 질 것이다. 하나님의 규례와 계명을 준행할 때 하나님은 이스라엘의 국방적인 안전을 명백하게 보증하신다는 말씀 하셨다. 이렇게만 되면 과연 하나님은 이스라엘 백성들의 피할 반석sela이시며, 요새metsuddh이며, 피난처chasah 이시며, 바위tsur시며, 방패maggen이시며, 산성misgab이 되시고도 충분하다.시 18:2 그러나 우리가 한 가지 알 것은 하나님은 이스라엘을 위하여for Israel 싸우시지만, 이스라엘을 대적하여against Israel 싸우시기도 하신다. 이는 축복과 저주를 내리시는 여호와 전쟁의 이중성이기도 하다.

하나님은 이스라엘 백성들을 권고하여panah, 향하게 하여 하나님이 이스라엘 백성들과 세운 언약은 꼭 지켜 그들을 번성하게parah, 열매 맺다 하고 그들을 창대하게rabah, 증가하다 하실 것이다. "언약"이라는 단어는 레위기 전체에 7번 나오지만, 26장에서만 5번이 언급된다.9,16,42,44,45 그 이유는 26장이 언약의 조항인 축복과 저주를 다루기 때문이다.

백성들은 오래 두었던 묵은 곡식yashen을 먹다가 새 곡식chadash을 인하여 묵은 곡식을 치우게 될 것이다. 그들은 지난해에 거두어들인 곡식을 미처 다 먹지도 못한 채 햇곡식을 저장하려고, 해묵은 곡식을 바깥으로 퍼내야만 할 것이라는 뜻이다. 생산의 증대로 풍년이 드는 것이다.

3) 세 번째 축복, 하나님의 임재의 선물25:11-12

하나님이 백성들과 함께 계실 수 있는 조건은 그들이 하나님의 장막을 세웠고, 그래서 하나님은 이스라엘의 하나님이 되셨고, 이스라엘은 하나님의 백성이 되었기 때문이다. 하나님은 계속해서 축복의 말씀을 하셨다. 하나님은 자신의 장막mishkan을 백성들이 사는 곳에 세울 것이며, 하나님의 마음이 그들을 싫어하지 않을 것이라고 말했다. 사랑의 관계가 무르익는 것이다. 하나님은 즐거이 그들 사이를 거닐 것이다.halak 하나님의 임재다. "나는 너희의 하나님이 되고, 너희는 나의 백성이 될 것이다."하아야티 라켐 레알로

힘 붸아헴 티히이우-리 레암, I will be your God, and you shall be My people를 언약공식문구 covenant formula, 출6:7; 29:45-46를 사용하셨다.

하나님이 그들 중에 계시면서 앞뒤로 걷는 것은 마치 에덴동산에 거니시는 그 때처럼의 모습이다.창3:8 여호와께서 "거닐다"라는 표현은 자기 백성 가운데 현존하겠다는 약속이시다. 백성의 가족을 감찰하시고 돌보실 것이다. 에녹과 노아와 아브라함이 하나님과 동행했던 것처럼,창5:22,24; 6:9; 17:1 이제 하나님이 백성들과 동행할 것을 다짐하신다. 여호와께서는 언약의 목표, 즉 그분이 자기 백성의 하나님이 되고 그들이 그의 백성이 될 것이라는 목표를 실현하기를 원하고 계신다. 이들이 하나님의 명령에 신실할 경우, 하나님이 반복해서 약속하신 언약의 목적, "내가 너의 하나님이 될 것이다"창17:8; 출6:7; 29:45-46; 레11:45라는 약속의 성취를 보게 될 것이다. 그래서 11-12절은 하나님 임재의 선물에 대한 완전한 조화와 질서의 표시를 나타낸다.

4) 마무리 축복, 구원과 하나님의 인도하심을 받는 백성26:13

확장된 여호와의 자기소개 형식문장을 띄고 있다. 하나님은 백성들을 이집트 땅에서 인도하여 내어, 그 종 된 것을 면하게 한, 그들의 하나님 여호와이시다. 이 자기 소개 형식문장은 다섯 번째 축복이자, 축복들의 마무리다. 하나님은 그들의 멍에ol, yoke인 빗 장목motah, 멍에 막대기을 깨뜨리고 그들을 바로 서서 걷게 하였다고 말씀하셨다. 이집트의 종살이에서 벗어나게 하였다는 사실을 확인 시키셨다. 이 멍에는 황소의 등에 얹은 무거운 십자형 나무다. 황소에게 무거운 짐을 지울 때 사용된다. 이렇게 무거웠던 종살이출2:23를 끝내고 이집트에서 나왔음을 각인시키신다. '구원받아 주의 백성이 된 것'이 가장 큰 축복임을 가르치는 것이다. 축복의 결과는 구원해주신 하나님께 대한 감사가 되어야 함을 알게 하신 것이다.

교훈과 적용

1. 하나님의 임재의 확신은, 강함의 원인과 신자들의 끝없는 관대함에 대한 복이 되었다.[사11:1-6; 겔36:28; 37:24-27] 그리스도께서 승천하시기 전에 자신의 제자들에게 지상명령을 하시면서 강하고 담대하게 하는 방법으로써 그들과 함께 하는, 자신의 임재의 확신을 주셨다.[마28:20] 예수 그리스도께서는 어제나 오늘이나 영원토록 동일하시기에,[히13:8] 이 약속은 모든 믿는 자들에게 여전히 유효하다. 그러므로 우리는 항상 하나님의 임재 속에서 그분의 인도하심을 따라 살아갈 수 있다.
2. 신자들에게는 하나님의 축복만이 귀한 것이 아니고 때로는 그의 보내시는 재앙도 필요하다. 때로는 그의 내리시는 재앙도 하나님의 살아 계심을 알게 하기 때문이다. 신자들에게 중요한 것은 하나님의 살아 계심을 아는 신앙이다.[시편73편] 그러므로 하나님께서는 그들로 하여금 그런 신앙을 가지도록 하기 위하여 어떤 때는 재앙을 내리시기도 하다. 하나님은 사랑하시는 자를 징계하신다.[히12:5-8; 욥5-17] 이럴 때 우리는 지혜롭게 징계를 전환점으로 삼아야 한다. "내가 사랑하는 자를 책망하여 징계 한다"는 말은 축복의 말씀이기도 하다.[계3:19; 히12:6]
3. 저주와 축복의 범위는 하나님의 자녀인지, 모두인지 묻게 된다. 하나님의 자녀일 때도 있고,[롬11:29] 모든 인류에게 해당할 때도 있다.[롬11:25-26; 눅21:24; 고전3:10-15; 고후5:10] 또 저주와 축복에 두어야할 비중은 영적인지, 환경적 삶인지 묻게 된다. 물론 두 가지 다 적용되나, 레위기 26장은 구약 계시의 "내재적인" 성격과 아주 일치한다. 하늘의 축복이나 지옥의 고통에 대하여는 언급이 없다. 그럼에도 우리는 축복과 저주를 통해 이 지상에서 선택해야 하는 삶의 방식이 결정적인 중요성이 된다는, 뚜렷한 메시지를 듣는다.

B. 철저한 저주[26:14-39]

저주는 죄 때문이다.[18,21,24절] 죄는 불순종에서 온다. 저주는 죄 만큼 받는다. 왜냐하면 점점 재앙의 범위가 단계적으로 넓어져 가고 있기 때문이다. 저주는 피할 수 없다. 그 이유는 하나님으로부터 오는 것이기 때문이다. 피하고 싶어도 피할 수가 없어서 그 저주는 가혹하고 처절하고 철저하다고 말할 수 있다.

Ⅰ. 본문의 개요

저주는 축복들이 사라졌을 때, 하나님에게 등을 돌렸을 때 나타나는 삶이고 조건이다. 저주의 끝은 언약의 백성이 언약의 땅에서 추방당하는 하나님과의 단절이다. 그것은 곧 개인적, 민족적 심판을 의미한다. 저주는 사람끼리도 가능하나, 하나님의 입장에서는 심판이다. 중동지역의 언약들에서 전형적인 것처럼, 저주의 숫자는 축복의 숫자를 넘는다. 그 이유는 저주의 조건을 피하면 자연히 축복의 조건이 되기 때문이다.

저주 목록[14-39절]에는 다섯 가지가 열거되었다. 첫 번째 저주는 많은 역병들과 전쟁에서의 패배이다.[14-17절] 두 번째 저주는 가뭄이다.[18-20절] 세 번째 저주는 들짐승의 출몰과 공격이다.[21-22절] 네 번째 저주는 전쟁, 역병, 기근이다.[23-26절] 다섯 번째 저주는 비참한 조건들과 유배생활이다.[27-39절] 저주는 처음에는 경고성 형벌로 시작하지만 지속적으로 죄를 짓고 돌아서지 아니하면 일곱 배로 점점 늘어나는 형태를 보인다. 이것은 점점 심각성을 증가시키는 오중적인 형식으로 나타난다.

Ⅱ. 본문의 구조

저주는 "만일"로 시작되는 다섯 문단으로 나눌 수 있다. 그리고 각 저주의 문단에는 "내가 이같이 너희에게 행하리니" 또는 "내가 너희를 일곱 배나 더 징벌 할지라"는 표현이 뒤따라온다.16,18,21,24,28절 분량과 수에 있어 서로 같지는 않지만, 대개 축복의 내용을 따르지 않을 때 그것은 곧 저주로 이어진다. 즉 축복의 반대 상황이 저주 단락에서 열거 된다.[6]

	축복	저주
비옥한 땅	4-5,10절	16, 19-20,26절
안전한 생활	5절	33절
사나운 짐승 제거	6절	22절
검의 제거	6절	25절
적군을 물리침	7절	17,25절
하나님의 돌보심	9절	17절

이렇게 축복과 저주는 땅의 상태로 시작하여 마지막에 하나님의 임재 여부에 따라 달라진다.

1. 저주의 목록26:14-39

   1) 첫 번째 저주는 질병, 기근, 전쟁에서의 패배26:14-17

   2) 두 번째 저주는 가뭄과 빈약한 추수26:18-20

   3) 세 번째 저주는 들짐승의 출몰26:21-22

   4) 네 번째 저주는 염병과 기근을 초래하는 전쟁26:23-26

   5) 다섯 번째 저주는 전쟁과 포로26:27-39

6) Rooker, Leviticus, 319.

Ⅲ. 본문 주해

1. 저주의 목록26:14–39

1) 첫 번째 저주는 질병, 기근, 전쟁에서의 패배26:14–17

1 단계의 저주다. 경고성의 형벌이 주어진다. 만일 백성들이 하나님에게 청종samah하지 아니하고 이 모든 명령mitsvah, 계명을 지키지 아니하며,26:14, 18,21,23,27 하나님의 규례chuqqah를 멸시거절하며, 마음에 하나님의 법도mishpat를 싫어하며, 하나님의 모든 계명mitsvah, 명령을 지키지 아니하며, 하나님의 언약을 배반하면parar, 무효화하면 다음과 같은 일반 재앙들이 내리게 된다.

처벌의 목록은 병으로 시작된다. 하나님이 다음과 같이 그들에게 보복하실 것이다. 곧 하나님이 그들에게 놀라운 재앙behalah, 갑작스러운 공포, a sudden terror을 내릴 것이다. 폐병shachepheth, consumption, 소모성 질환과 열병qaddachath, 눈을 어둡게 하는 질병, a fever으로 눈이 어두워 질 것이다. 생명이 쇠약하게 될 것이다.식욕 상실이나 기력 쇠진 그들의 파종씨뿌리기은 허사일 것이다. 왜냐하면 그들의 대적이 소산을 먹을 것이기 때문이다. 단지 약탈하는 무리에게 추수한 것을 빼앗기려고 몇 달 동안 열심히 일을 하는 것은 고통의 극치를 나타낸다. 결국 빼앗겨서 고통을 당하는 이 마지막 저주는 일종의 '빈손이 되는 저주들'futility curses이다. 이런 저주는 저주 중에도 아주 쓰리고 허탈한 것이다.

하나님이 백성을 쳐서 백성이 그들의 대적에게 패할 것이다. 이런 점에서 저주는 자기 백성인 이스라엘을 대항하시는against Israel 여호와의 전쟁이다. 백성이 미워하는 자가 백성을 다스릴 것이다.radah, 밟다, 지배하다, role over 백성은 쫓는 자가 없어도 도망 다닐 것이다.잠언28:1 축복을 받을 때는 대적들을 쫓아내었지만7–8절 저주는 그 반대가 되어 쫓겨 다닌다.

2) 가중된 두 번째 저주는 가뭄과 빈약한 추수26:18-20

2 단계는 일곱 배의 징벌이 주어진다. 제 2차는 가중된 재앙이다.18-20절 이스라엘 백성들이 질병과 기근과 전쟁에서의 패배첫 번째 저주, 141-17절를 당하고도 하나님께 청종하지듣지 아니하면 백성의 죄 때문에for your sin 하나님이 그들을 일곱 배나 더 징벌yasar, discipline하실 것이다. 칠 배의 징벌은 26장의 저주 목록에서 네 번에 걸쳐 등장한다.18,21,24,28절 7이라는 숫자는 여호와께서 그들을 찾아가 내리실 징벌들이 점차 현저히 혹독해질 것임을 상징적으로 알리기 위해 사용되었다.참조. 사4:1; 시79:12; 잠24:16 여기서 "칠"일곱은 반복되는, 가혹한 심판을 느끼게 한다. 이 징벌은 동등한 7배가 아니라 7배를 계속 씀으로 강도가 점점 세어지는 효과를 나타낸다. 죄가 증가함에 따라 형벌이 점점 무거워지는 것은 당연한 이치이다.

하나님이 그들의 세력oz, 힘, 능력을 인한 교만gaon을 꺾고, 즉 백성들이 자랑하는 그 힘을 꺾겠다는 것이다. 그들의 자랑은 어떤 자신감에서 나왔을 것이다. 그들의 풍성한 삶이 하나님의 선물로 받은 축복임을 외면할 때, 하나님은 백성들의 하늘을 쇠처럼, 백성들의 땅을 놋쇠처럼 단단하게 만들겠다고 하셨다. 하늘에서 비가 내리지 않으며 그로 인해 땅이 굳어진다는 표현이다. 자랑은 하나님과 인간 사이의 엄청난 장벽이다. 그것은 인간이 하나님이 아닌 자신의 자족성을 신뢰하도록 부추긴다.겔7:24; 24:21; 30:6,8 하나님은 이스라엘의 "세력을 인한 교만"pride of power을 꺾으실 것이다. 번영은 흔히 자만과 자기신뢰를 가져다준다.신8:11-19; 32:15 심판은 인간의 교만을 낮추어 주며 인간 자신이 실제로 누구를 의지해야 하는지를 깨닫게 한다. 순종하는 자에게 주어졌던 풍성한 비 대신에, 청종치 않는 자들에게는 가뭄과 빈곤한 수확이 있을 뿐이라는 엄중한 경고가 주어졌다.

이제 백성들의 수고koach, 힘, 능력가 헛될 것이다. 땅은 그 산물yebul을 내지 않을 것이다. 땅의 나무는 그 열매를 맺지 않을 것이다. 땅은 물이 스며들

수가 없을 정도로 딱딱하게 될 것이다. 이 은유는 길고 오랜 가뭄에 대해 말한다. 무엇보다도 고대인들은 칠년간의 가뭄이나 기근을 두려워했다.[참조. 창41:25:35] 하나님이 얼굴을 돌리시면 그것은 곧 쇠퇴와 멸망을 의미한다.

3) 가중된 세 번째 저주는 들짐승의 출몰[26:21-22]

3단계는 7의 7배인 49배까지 저주가 증가한다. 이는 숫자를 통하여 징벌이 증가되는, 문학적 표현이자 실제적으로 재앙의 범위가 넓어짐을 의미한다.

백성들이 하나님을 거슬려[qeri, 대항하여, 적대하여] 하나님께 청종하지[sahma, 듣다] 아니하면 하나님이 그들의 죄만큼[according to your sins] 그들에게 칠 배나 더 많은 재앙을 내리실 것이다. 그것은 들짐승들의 출몰이다. 하나님은 그 들짐승을 그들에게 보낼 것이다. 그것들이 그들의 자녀를 잡아먹고 백성의 가축 떼를 죽일 것이다. 백성의 수가 줄어서 도로가 한산할 것이다.[참조. 출23:29. 왕하17:25-26] 저주가 임해서 활발하던 성읍이 들짐승들로 인해 황폐해진 거리의 모습을 연상할 수 있다. 실제로 후에 앗수르에게 멸망당한 사마리아에 사자[ari]들이 백성들을 물어 죽이는 일이 일어났다.[왕하17:25-26] 들짐승들은 특히 전쟁이 나면 둘째 재앙의 원천이 될 만큼 피해가 크다.[출23:29; 왕하17:25; 사35:9]

4) 가중된 네 번째 저주는 염병과 기근을 초래하는 전쟁[26:23-26]

제 4차 재앙에 속한다. 저주가 반복될수록 재앙의 폭이 점차 확대 되어감을 의미한다. 하나님이 평화를 주시지 않을 경우,[6절] 인간은 23-26절에 열거되는 전쟁의 공포로 고통을 받을 수밖에 없다. 구약은 이스라엘에서 일어나는 전쟁들이 결코 우연히 발생하는 것이 아니라고 묘사한다. 이 전쟁들은 언약을 깨뜨린 그의 백성을 징벌하기 위한 하나님의 "언약적인 복수의 칼"이었다. 하나님은 이스라엘을 위해서 칼chereb을 잡으시고 이방 나라를 무찌르시지만, 타락한 이스라엘국가, 개인을 심판하실 때도 이스라엘을 대적하여 칼을 잡으신다. 예레미야와 에스겔은 빈번하게몇몇 경우에는 레위기를 인용하며 칼과 염병을 하늘에서 오는 심판으로 묘사한다.겔4:16; 5:16; 14:13; 참조. 레26:26 그런데 이런 일을 당하여도 백성들이 하나님께 돌아오지 않고 하나님을 대항qeri하면 하나님도 그들에게 대항qeri하여 그리고 "나는, 나도 똑같이"I, even I 그들의 죄를 인하여 for your sins 칠 배나 더 칠 것임을 선포하셨다. 앞서 밝혔지만17절 이런 점에서 저주는 자기 백성인 이스라엘을 대항하시는against Israel 여호와의 전쟁임을 알아야 한다.

우리가 하나님을 대항하면 하나님도 우리를 대항하신다. 대항qeri은 반대, 대립, 대항, 적대, 적대적 만남을 의미한다. 이 단어는 레위기 26장에서만 7회 나오며, '싸울 의향을 가진 적대적 만남'을 뜻한다.레26:21; 레26:23; 레26:24; 레26:27; 레26:28; 레26:40; 레26:41 언약 관계는 마치 고기를 쪼개듯이 쪼개야 되는, 무서운 약속인 것이다.창15:10

하나님이 칼chereb, 전쟁을 의미을 이스라엘 백성들에게 보내어 언약을 깨뜨린 그들을 '원수처럼 갚을'naqam 것이다. 백성들이 성읍ir에 피하여도 그들에게 염병deber, 페스트을 보낼 것이다. 그들을 적들의 손에 넘겨줄 것이다. 그들은 어쩔 수 없이 살기 위해 노예가 되기를 자청할 것이다. 여기서 원수처럼 갚는 나캄naqam은 복수보다는 언약에 의해 규정된 징벌의 위협이 맞을 것이다. 이렇게 하나님을 반역한 자는 어디를 가든지 평안이 없다.암5:19

하나님이 백성을 지팡이matteh처럼 의지하는 양식을 끊을 때에는 열 명의 여자가 한 화덕에서 각자가 먹을 떡을 구워 저울mishqal에 달아서 조금씩 줄 것이다. 백성들은 먹어도 배가 부를 수가 없다. 이 때 지팡이를 의지해서 걷는 자처럼 식량이 없이는 못사는 것을 은유로 비유한 것이다. 여러 여자가 빵 굽을 구워도 곡식이 끊어져 극히 양이 줄어든 상태를 그림으로 보는 듯하다. 배고픔을 달래기는 극히 역부족이다.

5) 가장 극심하게 가중된 다섯 번째 저주는 전쟁과 포로 26:27-39

저주의 마지막 단계는 약속의 땅에서의 추방이다. 제 5차 재앙이다. 가장 극심한 단계이다.

이스라엘이 계속해서 하나님을 청종하지 않을 때 주어지는 다섯 번째 저주로 전쟁의 끔찍한 여러 양상이 상세히 묘사된다. 이스라엘 자녀들은 고기를 먹게 될 것이고, 29절; 참조. 신28:53-57; 왕하6:28-29; 애2:20 전면적으로 살육을 당하게 되며, 30절: 참조. 암8:3; 겔6:5 성읍과 성소들이 파괴되고, 30-31절; 참조. 겔6:3-7 결국에는 열방 중에 흩어지게 될 것이다. 33절; 참조. 렘31:10; 49:32; 겔5:10,12; 12:14 등

여기 묘사된 양상들은 단순히 전쟁의 부산물로 초래된 비극적 결과 이상의 중요한 의미를 지니고 있다. 여기 나타나는 사건들은 아브라함과의 언약에 내재된 요소들, 즉 그의 자손이 큰 민족이 되고 가나안 땅을 기업으로 소유하는 등 창15장, 17장의 소망들을 조목조목 부정되고 있다.

백성들이 이렇게 벌을 받아도 하나님께 청종하지 아니하고 하나님께 대항하면 하나님은 진노를 가지고 그들을 대항하실 것이다. 그들의 죄를 인하여 칠 배나 벌을 내릴 것이다. 그들에게는 엎친데 덮쳐진 격으로 어려움과 고통이 가중되고 있다. 하나님이 "진노 중에" 저들을 대적하시는 것이다. 이 다섯 번째 단계에 이르러서는 참혹한 광경이 펼쳐진다. 백성이 먹을 것이 없어서 나중에는 아들을 잡아먹을 것이며, 열하6:24-29 딸을 잡아먹을 것이다. 일종의 식인행위가 발생하는 것이다. 극단적이고 극한 상황이 벌어지는 것이다. 기근을 불러들여 먹을 것이 없는, 생지옥 같은 아비규환의 상태를 묘사한다. 자신들의 자식을 죽여 식량으로 삼아야 되는 극단적

인 상태가 일어나는 것이다. 이러한 저주는 성경 여러 곳에서 발견된다.신28:53-57; 사49:26; 렘19:9; 겔5:10; 슥11:9 그리고 후에 실제로 이러한 상황이 발생한 적이 있었다.왕하6:28-29; 애2:20 하나님의 진노는 단순한 경고성 발언에만 끝이지 않음을 목격한다.

백성들이 하나님의 말을 듣지 않으니까 하나님께서 직접 죄악의 근원이 되었던 우상들을 없애는 행동을 취하신다. 하나님이 자신의 산당이 아니라 백성들의 산당bamah, high place을 헐어 버리실 것이다. 그들의 태양주상chamman, 향제단, a sun pillar을 찍어 넘기실 것이다. '태양주상'으로 해석하거나 또는 번역하지만 '분향하는 단'을 가리키는 것이 맞을 것이다.RSV 고고학 자료에서도 향의 제단으로 밝히고 있다. 따라서 이교 산당에는 '주상, 아세라상' 등과 함께 '태양상'도 병치되어 있었다는 말은 '향의 제단'이 병치되어 있었다는 것으로 이해된다. 므깃도에서는 주전 1000년의 석회석제의 향의 제단이, 하솔에서는 주전 1300년경의 가나안 사람의 현무석제의 향의 제단이, 시리아의 팔미라에서는 주전 1세기의 향의 제단이 출토되었다. 구약에서 이러한 우상숭배에 속하는 향 제단을 파괴할 것을 명했으며, 또한 파괴했다.레26:30; 대하14:5; 대하34:4; 대하34:7; 사17:8; 사27:9; 겔6:4; 겔6:6

그들의 시체peger를 쓰러진 우상gillul위에 던져버리실 것이다. 하나님의 마음이 그들을 싫어하실 것이다. 이 말씀은 어떤 구체적인 저주의 형태보다 무서운 말이다. 이와 같이 하나님으로부터 유기遺棄된 자는 가장 불쌍하고 비참한 사람이다.

산당bamah는 자연적인 언덕 위에,렘48:35; 사15:2 혹은 흙이나 돌로 만든 인공적인 "둔덕들"위에 세워졌다. 본질상 그것들은 동물 희생들과 곡식 제물들을 바쳤던 제단들이었다.[7] "둔덕들"은 골짜기렘7:31; 19:5-6나 마을왕상13:32;

7) M. Haran, "Temples and Cultic Pen Areas as Reflected in the Bible," in Temples and High Places in Biblical Times (Jerusalem; The Nelson Glueck School of Biblical Archaeology of Hebrew Union College-Jewish Institute of Religion, 1981), 33-34.

왕하17:9,29 등의 많은 장소에 위치할 수 있었다. 많은 산당에 다산의 여신의 상징인 나무 장대였던 아세라와 하나 이상의 기둥matstsebah들이 설치되어 있었다.[8] 국가로서의 이스라엘 초기 시대에 어떤 산당들은 합법적이었지만,예, 삼상9:16-24; 왕상3:2-4;대상2:19; 시간이 지나면서 그것들은 그릇된 제사의 장소로 전락했다.왕상11:7; 13:32; 왕하17:9,29; 대하28:25; 사15:2; 렘48:35 실제로 예루살렘 성전이 세워지기 전에는 여호와의 성소가 모두 산당이었다. 사무엘은 산당의 제사장이었고 솔로몬이 제사 드린 기브온도 산당이었다.왕상3:4 그것들은 지상 성소였기 때문에 이교의 다산 관습들을 여호와의 예배에 포함시킨 혼합주의적 예배 장소가 되었다. 선지자들은 이러한 산당bamah를 비난했다.암7:9; 호10:8; 렘19:3-5

성경에 나타난 산당의 역사

바마는 '높은 곳',high place '산'mountain에 대해 사용되었다,수풀의 산지미3:12 = 렘26:18 옛적 산지겔36:2, 민21:28. 바마는 또 전쟁터에 대해 사용되었다. 이 바마는 산당, 높은 곳에 있는 예배 장소에 대해 사용되었다. 이방인들의 제사 장소는 대개 자연의 높은 곳에 위치했다.삼상9:13 이하; 삼상10:5; 왕상11:7; 왕하17:9,29; 왕하23:5,8 이 은 우상들,대하33:19 곧 풍요의 여신을 상징하는 나무 기둥 아세라와 남성 신을 상징하는 하나 이상의 돌기둥왕하3:2으로 차 있었다. 돌로 만들어진 제단왕하21:3; 대하14:3은 바마에서 분리되어 있었거나 그것의 일부분이었다. 바마에는 제사 용기를 저장해 두고 희생제사 음식을 먹는 천막이나 방이 있었다.왕상12:31; 왕상13:32; 왕하17:29; 왕하23:19 바마에서 행해진 여섯 가지 행위들을 추적해 볼 수 있다. 즉 흠향, 희생제사 드림, 희생제사 음식을 먹음, 기도, 매음,겔16:16 이하 그리고 어린아이 제사참조: 골짜기에 있는 바마, 렘7:31; 렘19:5; 렘32:35 등이다.

---

8) Schunck, "במה" TDOT 2:142.

바마는 높은 곳, 산, 산지를 나타내는 용법을 제외하면, 본질적으로 예배 장소를 의미한다. 왕정 이전, 실로의 장막이 파괴된 시기와 예루살렘 성전에서 예배드리기 전에는 예배가 바마에서 행해졌으며 주요 산당은 하나님께서 꿈을 통해서 솔로몬과 의사를 소통하신 기브온이었다.[왕상3:2 이하] 그 이전에 사무엘은 산당을 자주 방문하여 그 곳에서 직무를 행했다.[삼상9:12 이하] 레위기 26:30에 언급되어 있는 것처럼 하나님의 기본적인 입장은 바마에 "대항하는" 것이다. "내가 너희 산당을 멸하리니".[겔6:3, 참조: 왕상13:2]

이스라엘이 가나안 땅에 진입하기 이전에, 이미 그들은 이방의 산당들을 멸하라는 명령을 받았다.[민33:52, 참조: 왕하17:11] 하나님의 심판의 이유는 바마가 충성에 필적하는 것을 나타낸다는데 있다. 때로 이스라엘은 여호와대신 이방신들에게 예배했고, 또 다른 경우에는, 북 왕국이 포로 된 이후의 사마리아에서처럼, 여호와와 다른 신들을 동시에 함께 예배하려는 시도도 있었다.[왕하17:29] 하나님께서는 바마에 대해 처음에는 위협을 하시고 다음에는 이 위협을 실행에 옮기셨는데, 이런 행동은 첫 번째 계명, "너는 나 외에는 다른 신들을 네게 있게 말찌니라"[출20:3]의 의의를 가장 잘 증명해 준다. 하나님께서 바마를 불쾌하게 여기셨다는 것은 이스라엘 국가에 있는 바마의 건물에 관한 첫 번째 언급에 인용되어 있다. 솔로몬은 아내들을 기쁘게 할 목적으로, 모압의 그모스와 암몬의 몰록 신을 위해 산당을 지었다.[왕상11:7] 그 후 300년이 지난 후, 요시야 시대에야 비로소 이 산당들은 파괴되었다.[왕하23장, 바마에 관한 정보를 제공해 주는 중요한 장] 익명의 하나님의 사람은 여로보암이 바마를 만드는 것에 대해 항변하였다.[왕상13:2] 열왕기하 17장이 북 지파들의 포로생활에 대해 장황하게 설명하고 있는 것은 이 백성이 자기 자신들을 위해 "모든 성읍에"[왕하17:9] 바마를 세웠음을 주지시키기 위함이다. 비록 선지자 이사야가 제의적인 바마에 대해 침묵을 지키고 있긴 하지만,[히스기야 통치하에

> 서 그것들이 제거되었기 때문인 것으로 여겨진다. 왕하18:4 예레미야는 두 차례의 예언 심판 연설에서 그 당시 인신 제사의 장소가 되었던 바마가 장차 임할 대 격변의 이유 가운데 하나가 되었다고 선언한다. 렘19:5; 32:35

> 사실상 산당 예배는 거짓되거나 악을 절정에 달하게 하는 행위인 것 같다. 르호보암 시대에 유다는 산당을 창설하였는데, 그렇게 함으로써 조상들 보다 더 많은 죄를 지었다. 왕상14:22–23 여로보암이 산당에 대해 매우 열광하고, 또 그곳에 제사장들을 두곤 하던 그의 버릇은 "여로보암 집에 죄가 되어 그 집이 지면에서 끊어져 멸망케" 되는 원인이 되었다. 왕상13:34 산당을 세운 자들은 솔로몬, 왕상11:7–11 여로보암, 왕상12:26–31; 대하11:15 유다 백성, 왕상14:22–23 이스라엘 백성, 왕하17:9 스발와임 사람들, 왕하17:32 므낫세, 왕하21:1–3 여호람, 대하21:–11 아하스 대하28:24–25 이며, 산당을 파괴한 자들은 히스기야, 왕하18:4; 왕하18:22; 대하32:12; 대하33:3; 사36:7 요시야, 왕하23:5–19 아사, 대하14:2–5 여호사밧 대하17:5–6 이다.

이 본문은 여호와께서 그들의 시체peger를 "그들의 우상들의 시체들"에 두실 것이라고 말했다. 즉 우상들은 생명체가 없는, 시체와 같은 경멸의 대상일 뿐이다. 한마디로 우상들은 전혀 무가치하다. 아무것도 아니기 때문이다. 우상을 조롱하는 표현이다. 에스겔은 이 "시체들"이라는 말을 39번 사용하여 사람의 배설물과 우상들의 형상이 같음을 묘사하였다. 히브리어에서 가장 경멸적인 말이다.[9]

이제 하나님이 그들의 성읍들을 폐허로 만들 것이다. 그들을 성소들miqdaeshem을 황량하게 만들 것이다. 그들이 드리는 향기로운 제단의 향도 흠향하지 않으실 것이다. 하나님의 예배 받으심을 거절하는 것은 관계의 단

9) Noordtzij, Leviticus, 269.

절을 의미한다. 여기 나오는 성소들miqdaeshem은 십일조, 제의 그릇, 제단 혹은 성전과 같이 신성을 간직하는 어떤 것에 대한 총칭언어다.[10)]

그리고 여호와 자신의 "나의 성소"가 아니라 "너희 성소"라고 말함으로 '어떤 전락한 상태'를 일컫는다. 마치 금송아지 사건 직후에 하나님이 모세에게 "네가 이집트 땅에서 인도하여 낸 '네 백성'ammka이 부패하였다"는 말과 같다. 그들은 하나님의 백성이지 모세의 백성은 아니었다.출32:7

하나님은 백성이 사는 땅을 황무하게 만들 것이다. 거기에 사는 그들의 대적들이 그런 모습을 보고 놀랄 것이다. 어찌하여 선민 이스라엘이 하나님으로부터 버림을 받아 이렇게까지 되었을까 놀란다는 것이다. 저주를 직접 지휘하시고 계시는 하나님에 대해 우리는 이러한 저주들16,24,28,32절은 오직 마지못해 내리시는 하나님의 애통하심으로 이해해야 한다.

특별히 저주에 나타난 포로로 잡혀가는 예언을 여기서 한다. 이 최종적인 포로의 저주는 이스라엘 앞에 엄청난 위협을 제시해 놓았다. 그러나 미리 앞을 내다본다면, 포로로 끌려가는 것은 분명 저주의 극치이지만, 잠시 포로 후의 희망을 내비치신다. 그것이 끝이 아니기 때문이다. 완고한 불순종은 그들이 잠시 동안 자신들의 상속 받은 땅을 차지할 권리를 상실하게 만들 것이지만,참조. 레18:24-28 그것이 아브라함의 씨인 이스라엘 전멸을 위협하지는 않을 것이다. 그 분의 처벌은 끝이 아니라 단지 수단일 뿐이기 때문이다.

"배역한 자식들아 돌아오라 내가 너희의 배역함을 고치리라".렘3:22 예레미야와 같은 선지자들은 수십 년 동안 불순종해 왔던 백성들에게 만일 그들이 계속적으로 불순종할 경우 포로로 잡혀 갈 위협에 놓여 있는 것이라고 경고했다.렘13:24-27 나아가 선지자들은 유배를 넘어서 이스라엘 회복을 내다보았다.암9:11-15 이 희망의 말씀들은 유배 기간 동안 이스라엘의 정체

10) Haran, Temples and High Places in Biblical Times, 14-15.

성을 보존하도록 도왔다.[렘30-33장] 포로로 잡혀감이 주권 국가로서의 이스라엘의 존재를 잠시 동안 종결짓겠지만, 지속적인 존재를 끝장내지는 않을 것이다. 포로의 경험은 이스라엘의 남은 자를 겸비하게 만들 것이다. 그들이 뜨거운 열정을 품고 하나님께 돌아올 수 있도록 자극할 것이다.

그러나 아직 저주는 끝나지 않았다. 하나님이 그들을 여러 민족 사이로 흩으실 것이다. 하나님이 칼을 빼어 그들을 뒤쫓게 하실 것이다. 그들의 땅이 황무할 것이며 그들의 성읍이 황폐하게 될 것이다. 약속의 땅에서 이스라엘 백성들을 추방시키는 것은 침략한 강대국이 아니라 바로 여호와 자신임을 강조하신다. 여호와께서는 자기 백성을 열방 중에 흩으실 것이다. 그분은 자신의 손에 칼을 빼어들고 그들을 사방으로 멀리 쫓아내실 것이다. 추방은 최종적 징벌이다. 국가의 주권은 끝난 것이다. 추방은 여호와께서 아브라함에게 약속하셨던 언약의 목표를 무효로 돌려놓은 것이다. 예배가 상실된 추방은 실로 한 민족에게 최후의 저주다. 이 예언은 바벨론 포로 시대에 성취되었으며 A. D. 70년에 예루살렘 함락 사건으로 두 번째 성취되었다.

34-39절의 내용은 역대하 36:21절에서 바벨론에 의한 유다의 멸망과 포로 생활을 기록한 역대기서의 결론에서 확인해 볼 수 있다. 역대기 기자는 레위기 26:34절과 예레미야의 예언[렘25:11; 29:10]을 기초로 하여 70년의 포로생활을 긍정적인 관점에서 해석하였다. 형벌의 결과가 묘사되어 있다. 주민이 추방되고 남은 땅은 주민이 없음으로 땅이 묵혀질 수밖에 없다. 이러한 것을 "땅이 안식한다."는 표현으로 묘사되고 있다. 그들이 대적의 땅에 거할 동안에 그들의 본토가 황무할 것이다. 그래서 땅이 안식을 누릴 것이다. 땅은 안식년처럼 쉬게 될 것이다. 라이트[Wright]는 땅에 대하여 이렇게 말한다. "관심의 초점은 땅 자체가 아니다. 여호와와 이스라엘 사이의 중간 매개물로서의 땅이다. 즉 백성들에 대한 여호와의 축복과 권리 주장과

그들과 그분의 관계에 대한 유형적 상징tangible symbol이자 근거로서의 땅이다."[11]

그들이 대적의 땅에 있을 동안에, 그동안 그들의 땅에서 안식을 얻어야 할 땅이 쉼을 얻지 못하였기 때문에 그 황무할 동안에 땅이 쉬게 될 것이다. 이 말은 안식년이나 희년을 제대로 지키지 않았음을 말한다. 가장 심각한 저주, 즉 추방은 안식년 준수의 실패에서 비롯된 결과이다.26:33-35

포로로 끌려가서 살아남은 자들은 대적의 땅에서 하나님이 그들의 마음을 약하게 할 것이다. 그래서 그들은 바람에 나부끼는 잎사귀 소리에도 놀라 도망을 하게 될 것이다. 마치 칼을 피하여 도망하듯 할 것이다. 쫓는 자가 없어도 엎드러질 것이다. 여기에 살아남은 자는 포로로 끌려오지 않고 유다 땅본국에 남은 자들은 아닐 것이다. 왜냐하면 바로 뒤에 "대적의 땅"바벨론에서라는 말이 있기 때문에 포로가 잡혀간 자들이다. "남은 자" 사상은 하나님의 성실하심에 기초를 두고 있는 성경신학적인 용어이다.

백성들이 포로지에서 도망 다니고 놀라는 것은 최소한의 삶도 그 능력이 상실 되어 감을 의미한다. 삼손의 경우가 대표적인 표상이다.삿16장 그들은 쫓는 자가 없어도 칼 앞에 있는 것처럼 될 것이다. 서로 비틀거리며 발로 짓밟아 넘어질 것이다. 그들이 대적을 당할 힘이 없을 것이다. 그들이 여러 민족 사이에서 망할 것이다. 대적의 나라가 그들을 삼킬 것이다. 그들의 남은 자가 그들의 대적의 땅에서 자기의 죄로 인하여 쇠잔해 질썩어질것이다. 그 조상들의 죄를 인하여 그 조상들처럼 쇠잔할 것이다. 쇠잔하다는 히브리어 마카크maqaq은 상처들이 "곪는 것'을 의미한다.시38:6 곪아서 뭉개지는 상태를 묘사한다. 개인은 하나님 앞에 각자 자신에 대해 책임이 있지만,예를 들어, 겔18장; 33장 여호와께서는 세대에 걸친 죄의 축적으로 인해 그 민족을 징벌하실 것이다.

11) C. J. H. Wright, God's People in God's Land: Family, Land, and Property in the Old Testament (Grand Rapids: Eerdmans, 1990), 150.

이 내용들34–39절은 역대하 36:21절에서 바벨론에 의한 유다의 멸망과 포로 생활을 기록한 역대기서의 결론에서 확인해 볼 수 있다. 이제 주민이 추방되고 남은 유다의 땅은 다스리는 자가 없음으로 땅이 제대로 경작되고 않아 묵혀질 수밖에 없다. 이러한 것을 "땅이 안식한다."는 표현으로 다가올 회복을 묘사하고 있다.

교훈과 적용

1. 예수님께서는 여덟 가지 복 있는 자심령이 가난한 자, 애통하는 자, 온유한 자, 의에 주리고 목마른 자, 긍휼히 여기는 자, 마음이 청결한 자, 화평케 하는 자, 의를 위하여 핍박을 받는 자를 가지고 정곡을 찌르는 설교를 하셨다.마5:1–12 누가복음에 있는 병행 단락에서는 예수님께서 네 가지 복 있는 사람가난한 자, 주린 자, 우는 자, 주님을 위하여 버림을 받은 자과 네 가지 화있는 자부요한 자, 배부른 자, 웃는 자, 칭찬 받는 자를 말씀하셨다.눅6:20–26 이 말씀들은 모두 하나님 나라의 관점에서 삶의 중심을 말하는 것이다. 여전히 오늘날도 성도는 착한 행실로 하나님께 영광마5:16을 돌리지 못하는 삶은 회개해야 한다. 바울은 우리에게 성령의 열매가 없어서 하나님 나라를 유업을 받지 못하는 일이 없도록 경각심을 일깨웠다.갈5:19–21 신자에게 저주는 하나님 나라를 유업으로 받지 못하는 것이다.
2. 우리는 원래 저주아래 놓인 자들갈3:10이지만 그리스도는 우리를 대신해 저주가 되셨다.having become a curse for us 우리 각자의 저주를 자기 자신에게 담당시키셨다.갈3:13 그래서 율법의 저주에서 우리를 속량하셨다. 따라서 그리스도로 인하여 모든 믿음의 자녀들, 유대인과 이방인, 종과 자유인, 여자와 남자가 아브라함과 함께 또한 그를 통하여 풍성한 복을 받을 길이 열렸다.갈3:9 그리스도는 저주를 축복으로 바꾸는 유일한 길이다.

3. 언젠가는 인간에 내리는 저주도 멈추게 될 것이다. 그러나 그 저주는 그냥 멈추지 않을 것이다. 아담의 죄로 부터 하나님의 저주가 시작되었다면, 그 저주를 거두는 일에도 죄의 문제가 해결되는 일이 있어야 할 것이다. 그것은 마지막 아담이신 예수 그리스도[고전15:14]께서 십자가에서 죽으시므로 가능했다. 그 분이 다시 재림하시면 그 때는 이 땅에 저주는 영원히 사라질 것이다. "다시는 저주가 없을 것이다".[계22:3]

C. 회복의 약속[26:40–45]

이스라엘이 회개할 때 받을 축복이 다시 서술되었다. 3–13절까지가 순종할 때 주어지는 원래의 축복이라면 40–45절까지는 이 축복을 다시 회복하려면 어떻게 해야 하는지에 대한 말씀이다. 그래서 후자는 회복을 위한 축복의 약속인 것이다.

Ⅰ. 본문의 개요

회개할 때 주어지는 회복의 약속은 두 가지로 나타난다. 첫째가 회복의 조건으로 죄의 고백이며[40–41절], 두 번째가 회복 그 자체의 결과이다.[42–45절] 만약 징벌로만 끝난다면 자신과 같은 거룩한 나라를 창조하지 못한 여호와의 실패로 비쳐질 수도 있다. 하나님께서 자신의 자녀가 자신의 거룩함을 공유할 수 있도록 아버지로서 그들을 훈육하신다. 그것이 회복시켜 주시려는 하나님의 마음이다.

Ⅱ. 본문의 구조

1. 회복의 약속26:40–45
   1) 회복의 조건26:40–41
   2) 회복의 내용26:42–45
   3) 결론적 요약26:46

Ⅲ. 본문 주해

1. 회복의 약속26:40–45

회복은 백성이 여호와께 돌아올 때, 여호와의 긍휼이 저주심판에 대하여 승리함을 말한다.약2:3; 롬5:20 회복은 이스라엘이 회개할 때 받을 축복이다. 이것이 회복의 약속이다. 심판은 결코 하나님이 그의 백성을 버리셨음을 의미하지 않는다. 그보다는 이들이 하나님의 소유였기 때문에 하나님은 이들을 징벌하셨던 것이다.참조. 암3:2 하지만 만일 이들이 자신들의 죄를 고백하고 그들의 마음을 겸손히 낮추면 하나님은 족장들과 맺은 언약을 다시 기억하실 것이다.42–45절 그들은 포로에서 돌아오게 될 것이다. 땅과 언약은 함께 가는 것레18:28이기 때문에 땅은 먼저 안식을 취하고 그들을 받아드릴 것이다.

1) 회복의 조건26:40–41

회복의 조건 첫째는 죄의 고백이다. 백성들은 자기의 죄와 그 조상들의 죄와 그들이 하나님을 거스른 허물maal, 부정, 반역, 불성실한 행위, unfaithfulness을 자복해야yadah된다. 허물을 나타내는 마알maal은 죄의 행위를 지칭하는 강력한 단어다. 그것은 하나님을 향한 신뢰의 배반, 즉 변절을 말한다.

또 그들이 하나님을 대항하였으므로 하나님도 그들을 대항하여 그 대적의 땅으로 끌어갔음을 깨달아야 한다. 그리고 그 할례 받지 않은 마음들 레바밤 테아렐, uncircumcised hearts이 낮아져서 그 죄악avon의 형벌을 기꺼이 받아야 한다. "할례 받지 못한 마음"이란 언약 이전의 이질적인 마음을 가리킨다. 신10:16; 30:6; 렘4:4 즉 할례를 받아도 마음으로 받지 아니한 자를 가리킨다. 렘9:25-26 이 말씀을 보면 구약 시대에도 "할례"란 것이 외부적인 표식만을 의미하지 않고 내부적인 심령의 변화를 요구하는 것이었음이 분명하다. 그러면 그들의 추악한 죄악을, 고백함을 통해 제거해 주실 것이다. 달리 말하면, 그들의 마음은 음경의 표피와 같이 굳은 것으로 둘러싸였다. 이러한 상태는 수술을 요구한다. 마음의 포피는 할례를 받아야 한다. 신10:6; 30:6; 렘4:4 이러한 굳은 포피의 제거는 할례가 언약의 상징인 것처럼 역시 언약 갱신을 상징한다.

2) 회복의 내용 26:42-45

하나님이 야곱과 맺은 자신의 언약과, 이삭과 맺은 자신의 언약을 생각하며, 아브라함과 맺은 자신의 언약을 생각하겠다고 하셨다. 이 같은 순서는 가까운 과거부터 더 먼 과거로 올라간다. 이러한 오름 순서는 현재에 중점을 두는 것이다. 지금 언약의 결과로 상황이 어려워진 자들에게 언약의 중요성을 가까이 느끼게 하는 것이다. 레위기에서 언약에 대한 언급은 앞에 두 번 있었다. 2:13; 24:8 그리고 그들이 살았던 약속의 땅을 기억하겠다 zakar, 상기하다고 하셨다. 하나님의 기억하심은 자기 백성을 구원하시고 출2:24 보전하시는 레26:44-45 결과를 가져온다. 땅과 언약은 함께 가는 것이다. 레18:28 땅은 안식을 먼저 취하고 그들을 받아 드릴 것이다.

"언약을 기억하다"는 자카르 베리트zakar berith는 그 언약에 포함되어 있는 특정한 어구다. 그것은 오직 하나님만을 주어로 삼으며 나타난다.

자카르zakar의 반대말은 샤가흐shakach, 잊다보다는 하파르parar, 깨뜨리다가 더 구체적이다. 이 어구는 정신적 활동에도, 또한 과거의 위대한 성취들에도 초점을 두지 않는다. 오히려 그것은 하나님께서 현재의 시간에 자기 백성의 유익을 위해 행동하기로 돌이키신 것을 말한다. 그럼에도 불구하고 이러한 활동은 과거의 약속들과 연결되어 있다. 언약을 만드신 분이 그것이 인간 편에 의해 위험에 처하게 될 때 그 언약을 지탱시키기 위해 행동하신다.

"하나님께서 기억하신다"God will remember는 여호와께서 특정한 시간에 자기 백성에게 구원의 혜택을 주기 위해 경이로운 방식으로 역사에 개입하심으로써 자신의 책임을 다하셨던 언약의 의무들을 수행하실 것임을 의미한다. 그는 "나는 여호와 너의 하나님이다"라는 언약의 맹세를 증명하실 것이다.레18:2; 19:2 그러므로 "기억하다"는 이스라엘의 여호와 예배에서 핵심단어다. 이 어구는 그분이 생존자들을 이 약속의 땅으로 인도하여 거기에 사람이 다시 살고 소산물이 생산될 수 있게 하실 것임을 의미한다.

그러나 그동안 그들이 하나님의 법도mishpat를 싫어했다. 하나님의 규례를 멸시했다. 그래서 그 땅을 떠나서 사람이 없게 되었으므로 땅이 황폐하여 안식을 누리게 될 것이다. 백성들이 포로로 잡혀갈 때 마다, 거주민을 잃게 될 그 땅은 휴경하게 될 것이다.34–35절 이 휴경의 해들은 잃어버린 안식년들에 대한 보상이 될 것이다. 징벌의 목적은 죄악 된 길에서 돌아서게 하도록 고안된 것이다. 징벌하기 전에 선지자들을 통해 사전 경고를 하신다. 징벌 중이라도 회개하면 그들을 약속의 땅으로 데려 오실 것이다. 그러므로 "그들이 대적의 땅"베에레츠 오예베헴에 거할 때에 하나님은 절대로 그들을 버리지 않으실 것이다. 미워하지도 않고 멸망시키지도 않으실 것이다. 그래서 그들과 세운 자신의 언약을 깨뜨리지 않으실 것이다. 그는 여호와이신 그들의 하나님이기 때문이다.

나아가 여호와께서는 그들과의 언약을 깨뜨리지 않겠다고 약속하심으로써 자신의 은혜를 드러내신다. 언약의 법은 깨뜨릴 수 없다. 그들은 징계를 받을 것이다. 여호와께서는 언약의 조건들을 포기하신다. 대신 그분은 남은 자를 통해 아브라함에 대한 자신의 약속들을 계속해서 이끌어 내신다. 이 위대한 확언은 포로로 간 그들에게 희망의 토대가 될 것이다. 하나님은 그들의 하나님이 되기 위하여,I might be their God 여러 민족 앞에서, 이집트에서 인도하여 낸 그들의 조상들과 맺은 언약을 그들을 위하여 기억하실 것이다. "나는 여호와이다." 이 구절은 여호와께서 이스라엘의 출애굽 때 하신 첫 언약을 기억하실 것임을 재천명하신 것이다.

언약으로서의 축복과 저주

레위기 26장은 시내산 언약의 상벌규정이다. 모압 언약의 상벌규정은 신명기 28장에 나타난다. 이 레위기 26장은 출애굽기 19장부터 레위기 전체에 걸친 시내산 언약조항들에 첨가된, 시내산 언약의 '상벌규정'을 담고 있다. 언약서는 고대근동의 종주권 조약의 형식을 담고 있다. 1 종주의 신분을 확인시켜 주는 전문 2 종주가 봉신에게 베푼 사랑 3 봉신이 지켜야 할 법규들 4 상벌규정 5 언약서 보관과 정기적인 낭독 6 증인들의 요소를 담고 있다. 그것을 담아 보관하는 상자를 언약궤 혹은 법궤, 증거궤라고 한다.

이 언약궤 뚜껑을 "속죄소" 혹은 "시은좌"라고 부른다. 하나님은 일 년에 하루 대속죄일에 대제사장이 지성소에 비치된 그 언약궤 뚜껑에 피를 뿌려 백성의 죄를 속죄하도록 규정하셨다.레16:14-15 그리고 그 속죄소 뚜껑 양 옆에는 그룹 천사가 날개를 펴고 속죄소를 내려다보며 보호하는 형상을 새겼다. 바로 그 속죄소 위 그룹 사이에 하나님은 임재하시고 이스라엘에게 말씀하시는 것으로 나타난다.출25:22; 민7:89: 삼상4:4 그곳에 임재를 나타내시는 이유는 '언약서에 기록된 그 언약 관계에 근거하여' 하나님은 이스라엘의 하나님이 되시고 저들을 만나 주신다는 상징적 의미를 전달하기 때문이다. 그 언약서가 비치된 그 상자 뚜껑에 피를 뿌려 속죄하는 것도 '그 언약서에 규정된 바에 근거하여' 속죄가 행해진다는 것을 암시해 준다. 하나님은 정확하게 '그 언약서에 기록된 규정대로' 그 법적인 관계에 근거하여, 언약 백성을 만나 주시고 상벌을 시행하신다. 언약 조항들을 순종하면 레위기 26:3-13절에 규정된 상을 주실 것이지만, 만약 불순종하면 26:14-43절에 규정된 벌을 받게 될 것이다. 레위기 26장의 상벌 규정은 시내산에서 맺은 시내산 언약의 상벌 규정이라면, 신명기 28장은 그 시내산 언약을 개정한 모압 언약의 상벌 규정이다. 이 축복과 저주는 신명기에서 주어질 모압 언약의 축복과 저주의 원형[신28장]이 되고 있다. 내용에 있어서 레위기 26장보다 신명기 28장이 더 구체적이고 발전적이며 자세하다는 것을 알 수 있다.

축복은 순종의 결과다. 순종이 제사보다 낫다.[삼상15:22] 저주는 불순종의 결과다. 축복과 저주는 조건이 충족될 때 일어난다. 고대 근동에서 축복과 저주는 언약의 필수적 부분이다. 축복보다 저주가 더 많음으로 언약 조항들의 파기를 단념하게 한다. 여호와께서 레위기에서 부여하신 법들은 축복과 저주들로 마무리 된다. 레위기 26장은 시내 산 언약의 이러한 요소를 제공한다.[출19-24장]

시내 산에서 부여된 율법에 대한 그들의 순종의 가시적인 징표는 그들이 땅을 매 칠년과 메 칠년의 일곱 번째 해인 희년에 묵혀 두는 것이 될 것이다. 우상숭배 금지와 안식일 준수의 명령에 다한 순종은 여호와의 마음을 움직이게 하여, 그 분이 이미 약속하신 대로 자기 백성을 축복할 것이다. 반면에 그것들의 위반은 이스라엘을 연쇄적인 저주의 징계의 위험에 빠뜨릴 것이다. 축복과 저주의 장르는 고대 중동에서 발견되었던 언약과 법전의 끝에서 자주 등장한다. 그것들은 새로운 일련의 법을 수용하도록 자극하며, 조약의 경우에는 피지배자인 국민의 충성심을 북돋아 준다.

축복과 저주가 담긴 레위기의 이 언약문서 조항이 언제 쓰여 졌나를 논할 때 축복과 저주의 장르는 매우 초기적으로 본다. 하틀리는 일곱 가지의 이유 중에 첫 번째로 꼽는 것이 주전 3천년과 2천년의 메소포타미아 법전들은 축복과 저주로 마무리하기 때문에 레위기도 이와 동일하게 고대성이 있다고 말한다.[12] 이와 같은 축복과 저주의 모음집은 구약의 주요 율법을 끝맺는 통상적인 방법이었다. 신명기의 주요 단락은 이와 유사한 일련의 축복과 저주로 종결된다.[신28장] 이러한 양식은 출애굽기 23:25-33절과 여호수아 24:20절에도 나타난다. 동일한 패턴은 함무라비 법전이나 바벨론의 경계석, 그리고 히타이트와 앗수르 조약 등과 같은 성경 외 문헌에도 나타난다. 구약의 율법들과 이러한 성경 외 문서들은 양식과 내용에서 많은 공통점이 있지만, 그 전망에서 대단히 중요한 차이가 있다. 구약의 율법에서는 하나님이 그의 백성들의 행위에 어떻게 반응하실 것인지 직접 약속하고 있는 반면, 성경 외 문서들은 여러 신들에게 그렇게 반응해 줄 것을 기도하고 있다. 성경 외의 문서들은 조약 또는 이러한 법들이 제대로 지켜지지 않았을 경우 비나 질병, 전쟁 등과 같이 자연 현상의 특별한 영역을 다스린다고 여긴 각종 신들에게 반응할 것을 호소한다.

3) 결론적 요약[26:46]

46절은 지금까지 소개된 내용이 시내 산에서 모세를 통해 여호와께서 세우신 규례와 법도와 율법임을 재확인하고 있다. "규례와 법도와 율법"의

12) Hartley, Leviticus, 461-62.

삼중 용법이 암시하듯이 46절은 단순히 레위기 17–26장의 결론일 뿐 아니라 레위기 전체에 대한 요약이기도 하다. 물론 27장 끝에도 다시 한 번 이와 비슷한 결론이 있는데, 이는 최초에 모세에게 명하여 이스라엘 자손에게 전하라출34–32; 레25:1는 명령을 확인하는 종결문구인 것이다. "규례"는 레위기 전반에 걸쳐 나타나는 반면, "법도"는 주로 17–26장에 집중적으로 나타난다. "율법"은 레위기 6–15장까지는 15회 나타나는 반면, 17–26장에 와서 여기 26장 마지막에 한번 나타난다.[13] 여기에 마지막 한 번 나오는 것은 이 요약이 레위기 전체를 마무리하는 율법임을 드러내는 것일 수 있다.

이상은 여호와께서 시내산에서 자기와 이스라엘 자손 사이에 모세로 세우신 "규례"와 "법도"와 "율법"이다. 다음 장인 27장의 끝에는 "계명"이라는 단어가 나온다. 이렇게 율법의 용어들이 모두 등장하는 것은 끝맺음을 위한 이름표 부착 같은 손질이기 때문이다. 하나님으로부터 계시되었다는 문서의 성격을 규정짓는다.

어쨌든 이 마지막 구절은 주어진 내용의 결론 형식문장이다. 이 구절은 이 법안에 있는 법령들, 법들 그리고 지침들이 시내 산에서 모세를 통해 여호와로부터 왔다는 것을 증언하는 요약 진술이다. 이것은 성결법17–25장에 대한 결론일 수도 있고, 아니면 7:37–38절에 비슷한 결론 형식의 문장이 있으므로 더 넓혀서 레위기 8장부터 26장까지의 결론으로 볼 수도 있다. 아니면 내용의 무게 상 레위기 전체에 대한 결론일 수도 있다. 통칭해서 율법을 나타낼 때 사용되는 단어들이다.

① 명령미쉬메레트, משמרת 기본어 "사마르"שמר로 지켜 보존하는 의미 있다.

② 계명미쯔바, מצוה "짜바"צוה에서 유래되었으며 책임을 지우는 의미가 있다.

③ 율례훅카, חקה "호크"חק 의 여성형으로 규정과 제정制定의 뜻이 있다.

13) Hartley, Leviticus, 471.

④ 율법토라, תּוֹרָה "야라"יָרָה, יָרָא에서 유래되어 지시, 교훈, 관습의 의미다.

⑤ 규례호크, חֹק "하카크"חָקַק에서 유래되었으며 잘라, 새기고, 표시하는 뜻이 있다. 바위에 새겨 변하지 않는다는 의미를 가진다.

⑥ 법도미쉬파트, מִשְׁפָּט "샤파트"שָׁפַט에서 유래되었으며 재판의 의미를 지닌다. 즉 사법적 평결評決을 가리킨다.

교훈과 적용

1. "여호와의 산당이 아니라 너희들의 산당들"30절이라는 말이 시사해주는 하는 바가 많다. 하나님이 시키지 않은, 원하시지 않는 것을 하나님의 뜻의 대용으로 잘못 사용하는 경우에 대한 강력한 지적이다. 특히 조직적인 신앙공동체인 교회는 인간의 것이 아닌 하나님의 것이며, 하나님의 뜻이 자유롭게 펼쳐질 수 있도록 협력하는 것이 성도가 할 일이다.

2. 구약과 신약은 모두 구원을 하나님의 은혜에 의해 성취되는 것으로 묘사한다. 그 은혜가 아브라함의 언약에서 나타나든지 아니면 그리스도의 죽음에서 나타나든지 간에 이 은혜를 받아들이는 자들은 축복의 특권을 누리지만, 받아들이지 않는 자들은 저주와 고통을 겪게 된다. 복음서와 서신서들은 이 땅에서 그리스도인들이 받을 보상이 궁극적으로 받게 될 영광과 반드시 일치하지 않는다는 것을 가르친다.시편73편, 욥기 등 "무릇 그리스도 예수 안에서 경건하게 살고자 하는 자는 핍박을 받게 될 것"이라고 바울은 가르친다.딤후3:12

3. 언약적인 충성에 놓여 있는 축복과 저주의 경험은 오늘날 교회에도 일반적으로 적용된다. 예수님은 종종 심판에 대해 말씀하셨다.마5:19; 6:23 그리고 바울은 주의 만찬에 참여하는 사람들 중에 약하고 병들고 잠자는 자가

많음을 경고했다.[고전11:30] 성도의 순종은 축복의 열쇠다.[약1:22-25] 축복 자이신 하나님은 순종하는 자를 번영케 하신다. 하나님의 저주와 심판은 그분의 최종적인 말이 아니다. 하나님은 그의 백성들이 회복되기를 원하신다.[레26:40-45] 신구약 성경은 회복을 위한 회개와 하나님과의 화목을 가장 소중하고 감동적인 상품으로 제시하고 있다.

레위기 27장

하나님 약속에 대한 인간의 서원

27장은 순서대로 쓰여 진 것인가, 추가나 삽입에 의한 별첨 부록인가, 아니면 순서대로 쓰여 진 별첨 부록인가, 아니면 레위기의 주제를 다루는 마감 구조인지 궁금증이 생긴다. 그리고 왜 서원 문제를 맨 끝에다 놓았는가 하는 것이다. 서원 값 문제가 레위기의 맨 뒤에 온 것은 잘 지켜지지 않아서 그런가, 아니면 하나님께 서원이라는 중요성에 비해 잊어버리기 쉽기 때문에 기억나기 위해, 별도로 취급한 것인가 하는 등의 의문이다.

오경에서 이 문단이 시내산에서 모세에게 부여된 그대로의 계시를 기록한다는 입장을 취하는 사람들은 이것이 그 법이 주어졌던 순서였다고 본다. 그러나 대체로 학자들은 레위기 27장을 후기後記, appendix로 간주한다. 레위기 27장의 문체, 형식, 주제 등이 17-26장의 결론이라기보다는 레위기 전체를 마감하는 형식을 띠고 있다고 보기 때문이다. 넓게 보면, 레위기는 출애굽기의 연속이며 민수기에서 계속해서 유사한 내용이 다루어질 것을 전제로 하기 때문에 서언, 혹은 결론 부분이 없다. 다만 27장만이 약간 따로 떨어져 있을 뿐이다. 다시 말하면 레위기는 별도의 책이 아니라 서로 연결되는 두 책 사이에 있는 책이므로 그 자체가 모두 본론이라고 할 수 있다.

한 가지는 레위기 27장과 26장 사이에는 서로 연결되는 주제상의 고리가 있다는 전제를 할 수 있다. 레위기 26장은 하나님이 이스라엘에게 주시는 축복과 저주의 약속언약을, 27장은 이스라엘 편에서 하나님께 대한 약속서원을 다루고 있다고 본다면, 하나님의 약속과 인간의 서원이 짝counter part을 이루어서 레위기의 대단원을 마감하고 있다.

서원vow은 인간이 하나님께 대하여 그 무엇을 하겠다고 자발적으로 약속하는 행위를 가리킨다.민30:1-16 서원을 하지 않는 것은 결코 죄가 되지 않는다.신23:22 그러나 일단 서원을 하였을 경우에는 성실하게 그리고 양심적으로 이행해야 한다. 자신을 서원한 자혹은 서원된 자는 그의 실질적인 봉사에 맞먹는 동등한 대가를 하나님께 지불함으로써 구속될 수 있다.혹은 자신을 구속할 수 있다 그리하여 자유롭게 되어 자기 자신의 생활에 종사할 수 있는 것이다. 만일 서원한 것을 지키지 못했을 때에는 그에 따른 속죄제를 드려 속해야 했다. 서원의 대상은 사람,2-8절 가축,9-13절 가옥,14-15절 토지16-25절 등이었다.

의무적이 아닌데 인간은 왜 서원을 하는가?

1) 구약은 서원을 신중한 행위로 간주한다.신23:21-23 서원의 목적은 하나님을 섬기기 위해 자신을 헌신하는 것이다. 이것은 스스로 속박하는 맹세가 된다. 서원의 조건이 이루어지면 신에게 예물을 바친다. 서원제사가 이에 속한다. 만약 서원이 헤렘cherem에 속하면 사람을 진멸함으로 하나님께 바쳐야 한다. 이것은 하나님의 공의를 위해서다. 헤렘은 하나님을 섬기기 위해 어떤 대상을 바치는 것이다.레27:28

2) 헤렘이 아닌 인신의 서원은 하나님의 특별하신 은혜나 도우심을 필요로 할 때 드리는 서원이다. 후에 인신서원은 포로 귀환 이후에 폐지되었다.

3) 서원은 무조건적일 수 있고, 조건적일 수 있다. 둘 다 자발적이다.신23:23

① 무조건적인 서원은 충성을 결심하는 경우다. 다윗은 주님의 법궤를 안치할 장소를 찾기 전까지는 쉬지 않겠다고 서원했다.시132:2-5 또 특별

한 방식으로 하나님을 섬기겠다는 서약을 할 수 있다. 나실인의 서원이 이에 속한다.민6:1-12 선조의 약속을 지키겠다는 서원으로 산 레갑 족속도 있다.렘35:1-11 그리고 사람을 성소에 바치는 관례로서 성전수종자들nethinim이 있었다.스8:20

② 조건적 서원은 원하는 조건을 위해 탄원하는 경우다. 자신의 불임을 비탄하면서 탄원을 올린 한나의 경우다.삼상1:9-12 아이를 가지면 나실인으로 살도록 하겠다고 서원했다. 그렇지만 경솔하게 하면 안 된다. 입다의 서원이 그렇다.삿11:30-40 야곱도 안전한 귀환을 원하며 십일조를 서원했다.창28:20-22 요나는 물고기의 뱃속에서 서원했다.욘2:9 이스라엘은 전쟁에 승리하면 성읍들을 전멸하겠다고 서원했다.민21:2

일단 서원이 이루어지면 서원을 한 사람은 어떤 대가를 치르더라도 그 서원을 지켜야 한다.민30:2; 전5:4-5; 신23:21-23; 잠20:25 이런 점에서 레위기 27장은 성급한 서원을 자제하도록 하기 위한 것이다.

4) 헤렘에 의한 서원은 무를 수 없고,29절 나머지는 경우에 따라 값에 오분의 일을 더하여 무를 수 있다. 남자나 여자 모두 서원할 수 있다. 여자가 남자에게 복종하는 것이 제도화되어 있었기 때문에 여자가 서원하는 것은 다소 제약을 받는다. 즉 여성이 서원하였을 경우에도 아버지와 남편이 허락하지 않으면 무효다.민30:4 그러나 여자도 재산을 소유할 수 있었고 종교적으로 스스로 책임질 수 있었다는 사실을 주목하는 것은 중요하다.민30:9 레위기 27장의 서원은 혼자서 하는 것이 아니고 전체 공동체가 증인으로서 입회한 가운데 실시한다. 한편 첫 새끼,레27:26절 금지령에 의해 여호와께 바쳐진 사람과 물건,레27:28-29 십일조레27:30-33는 하나님에게 소유권이 있기 때문에 서원의 대상이 될 수 없다.

A. 사람을 드리는 서원27:1-8

Ⅰ. 본문의 개요

사람을 드리는 서원의 본질은 종의 신분으로 하나님을 섬기겠다는 의미이다. 드림과 바침의 차이를 굳이 구분한다면, 드림은 자발적이고, 바침은 규정적이라는 느낌을 준다. 율법이 허락한다면 이들은 성전에서 봉사해야 한다. 그러나 성전에는 제사장과 레위인들 에게만 이 일이 맡겨졌다. 그러므로 서원에서 벗어나기 위해서는 노예시장에서 거래되는 가격으로 성소에 그 몸값속전, 세금을 내는 것이다.

크게는 서원으로 사람을 드릴 때27:1-8와 일반 예물 드릴 때27:9-34의 규례로 나눌 수 있다. 이 규례는 하나님께 서원된 어떤 것을, 대체할 수 있는 것은 무엇이며, 대체할 수 없는 것은 무엇인지를 규정한다.

Ⅱ. 본문의 구조

1. 사람을 드리는 서원27:1-13
   1) 도입27:1
   2) 서원27:2
   3) 사람을 드릴 때 몸값으로 대신 내는 세겔27:3-8
   4) 사람을 드릴 때 몸값으로 대신 내는 생축27:9-13
      (1) 정결한 동물의 경우27:9-10절
      (2) 부정한 동물의 경우27:11-13절

Ⅲ. 본문 주해

1. 사람을 드리는 서원27:1-8

1) 도입27:1

여호와께서 모세에게 말씀하셨다. 도입 형식문장이다. 항상 이렇게 시작하는 것은 이것이 하나님으로부터 주어진 계시의 말씀임을 확정짓는 확인문구이기 때문이다. 말씀하시는 이는 여호와이시고, 듣고 전하는 자는 모세임을 가리킨다. 레위기 27장을 기준으로 볼 때, 이 문구는 레위기 전체 33번이 기록되었다. 이 가운데 각 장의 첫 절에 16번 등장한다.

2) 서원27:2

서원으로 사람을 드릴 때의 규례다. '서원하다'라는 말은 '맹세로 하나님께 맹세하다'라는 뜻이다.민30:4; 시132:2 주변국의 제의들에서는 사람을 직접 바치는 서원이 있었다. 성소의 직무를 위해, 제의 의식에 참여를 위해, 혹은 희생제를 위해 사람을 바치는 수단이 있었다. 어린이와 관련된 서원도 여기에 속한다.참조. 레18:21; 20:2-5 하지만 이스라엘은 달랐다. 인간 희생은 드리지 않았고, 성소의 봉사자들은 대부분 레위인들이 담당했다. 사무엘이 실로 성소에 헌정된 것은 예외였다.삼상1:11 어쨌든, 자신이나 가족의 한 사람을 하나님께 서원한 어떤 이스라엘 사람은 미리 정해진 지불금을 성소에 기부함으로써 그 서원을 이행해야 한다. 한편 민수기 30장은 서원의 오용에 대한, 즉 부부와 자녀간의 '포기의 서원' 문제를 한 장 전체에 걸쳐 소개하고 있다.

3) 사람을 드릴 때 몸값으로 대신 내는 세겔[27:3-8]

사람을 바치기로 서원한 경우에는 사람을 돈으로 환산하여 바친다. 그 금액[속전]은 사람의 나이와 성별에 따라 다르다. 1세겔은 한국 백 원짜리 동전 두 개정도의 무게다. 약 11g이며 구약에서 은 30세겔은 노예 한 사람의 적정가이다.[출21:32] 소년은 20세겔에 팔렸다.[창37:2,28] 세겔은 성소 세겔, 보통 세겔, 왕실 세겔이 있다. 성소 세겔을 이용할 경우 무게를 조작할 수 없다. 히브리인들은 거래를 하기 전에 먼저 측정 방법을 결정해야 한다.

모세가 이스라엘 자손에게 다음과 같이 하나님의 말씀을 전했다. 사람[nephesh]을 여호와께 "특별한 서원"[pala neder, a diffcult vow, 2절]을 드리기로 서원했으면 그 값[erek, 평가액]을 정해야 한다. 이 때 내는 돈을 속전금이라고 한다.[출30:12] 누구든지 사람 대신 돈으로 하나님께 드릴 때는 그것은 속전의 형태를 띤다. 왜냐하면 출애굽 때 장자를 대표로 하나님이 살려주셨기 때문이다.[출11:7]

어느 누구든지 하나님께 사람을 드리기로 서약하고, 그 사람에 해당되는 값을 돈으로 환산하여 드리기로 하였으면, 그 값은 다음과 같다. 20세에서 60세 까지의 남자[zakar]이면 성소의 세겔[sheqel]로 은[keseph] 50세겔이다. 모세 시대에 두 세겔은 수양 한 마리의 가격이었다.[레5:15] 이 기준으로 보면 수양 25마리가 한 남자의 값인 셈이다.

여자[neqebah, 암컷, 여성]이면 그 값을 30세겔로 한다. 나이는 남자와 동일하다. 5세에서 20세까지의 남자이면 그 값을 20세겔로 한다. 5세 같은 경우는 노동의 잠정적인 가치 등이 고려될 수도 있다. 여자이면 10세겔로 한다. 1개월에서 5세까지의 남자이면 그 값은 은 5세겔로 한다. 여자이면 그 값을 은 3세겔로 한다. 이는 민수기에도 나타난다.[민18:16] 그러나 여자 가격은 민수기에는 언급이 없다. 이유는 초태생 남자 아이만 구속이 필요했기 때문이다. 1개월보다 어린 아기는 값이 매겨지지 않았다. 이 때문에 유대인들은 1개월 안에 죽은 아기에 대하여는 애도식을 갖지 않았다.[1] 60세 이상의 남자이면 그 값을 15세겔로 한다. 여자는 10세겔로 한다.

그러나 서원자가 가난하여 정한 값을 내지 못할 경우에는 바치기로 한 그 사람을 제사장 앞으로 데려가서, 누군가 서원자를 데리고 가는 것은, 레위기 27장의 서원은 혼자서 하는 것이 아니고 전체 공동체가 증인으로서 입회한 가운데 실시하는 것을 볼 때 증인의 역할 때문에 그런 것 같다. 마치 문둥병자를 진단 받을 때 누군가 병자를 제사장에게 데려가는 것과 같은 이치이다.레13:1

그럴 때 제사장은 바치기로 한 그 사람의 능력형편을 보고참조. 레5:11 몸값을 정한다. 즉 그 서원자의 형편에 따라서 값을 정하는 것이다. 한편 성전에 낸 세겔몸값은 성전 수리 등에 사용되었다.왕하12:4-5

※본문에 겹치는 나이 구분은 편리상 나이를 맞게 조정

나이	관련성구	속전금(단위:성소의 세겔)	
		남자	여자
20-60세	3-4절	은 50세겔	은 30세겔
5-19세	5절	은 20세겔	은 10세겔
1개월-4세	6절	은 5세겔	은 3세겔
61세 부터	7절	은 15세겔	은 10세겔
극빈자	8절	제사장이 판단	

〈사람의 몸 값(레27:3-8)〉

사람의 몸값은 어떤 사람이 할 수 있는 일의 양과 비례했을 것이다. 아이들은 연령상 자발적으로 서원을 할 수 없었으나 부모나 어떤 타자가 대신 하는 서원했을 것이다.

1) Noortzij, Leviticus, 275.

노트는 몸값에 대한 또 다른 해석을 고찰하면서, 이 액수가 매년 지불 regular payments되어야 한다고 추론한다.[2] 하지만 일반 시민이 그런 높은 금액을 지불한다는 것은 불가능했을 것이다. 왜냐하면 웬함은[3] 멘델슨과[4] 드보의 견해[5]을 종합하여 볼 때 그 시대의 노동자의 임금은 한 달에 약 1세겔The average wage of a worker in biblical times was about one shekel per month정도였다고 보았다. 만약 이 임금 산정이 정확하다면, 애당초 극소수의 사람만이 이러한 서원을 할 여유가 있었을 것이다. 스스로를 하나님께 서원하는 관행은 드물게, 그리고 특수한 상황아래서 발생했을 것이라고 추론될 수 있다. 그래서 "특별한 서원"2절이라는 말은 쓴다. 개역개정은 이 부분을 "분명히 서원하였으면"이라고 번역하였다.

4) 사람을 드릴 때 몸값으로 대신 내는 생축27:9-13

(1) 정결한 동물의 경우27:9-10

생축을 드리는 이유는 제사용이 아니라, 몸값 대신으로 드리는 것이다. 즉 생축을 팔아 그 돈을 드리는 것이다.

만약im 사람이 서원한 것이, 예물qorban로 여호와께 드리는 것이 생축behamah이면 그것은 거룩한 것이다. 이 서원neder은 서원제사,votive offering, 레7:16; 22:18 사람의 서원,레27:2 사람의 서원 대신 드리는 제물레27:9 등에 사용된다. 서원은 인간끼리의 약속이 아니라, 신과의 약속이며, 이는 특히 예물 드림으로 나타난다.

---

2) Noth, Leviticus, 205.

3) Wenham, The Book of Leviticus, 338; "Leviticus 27:2-8 and the Price of Slaves," ZAW 90 (1978), 264.

4) I. Mendersohn, Slavery in the Ancient Near East (New York: Oxford University Press, 1949, 117-18.

5) de Vaux, Ancient Israel, 76.

드리는 생축을 변개chalaph, 변경하여 우열tob bera, 좋은 것과 나쁜 것간에 바꾸지 못한다. 그래서 바칠 짐승을 서로 바꾸면 두 마리 다 거룩하게 된다. 즉 둘 다 속할 수 없기 때문에제물로 바쳐질 자격이 없어졌기 때문에 여호와의 것이 되므로 거룩해 지는 것이다. 왜냐하면 원래 바치려고 했던 것도 여호와의 것이고, 또 실제로 바친 것도 여호와의 것이기 때문에 둘 다 여호와의 것이 되는 것이다.

(2) 부정한 동물의 경우27:11-13

만약 이 때 바칠 생축이 부정한 짐승, 곧 하나님께 제물로 바칠 수 없는 짐승일 경우에는, 그 짐승을 제사장에게로 끌고 간다. 여기의 부정한 짐승이란 집에서 기르는 생축 가운데 흠이 있는 12가지 사항에 해당하는 짐승을 말한다.레22:22-25

제사장은 좋은지 나쁜지 그 질을 판정하여야 한다. 대게 중간 값평균 값을 매긴다. 제사장이 값을 얼마 매기든지, 그가 매긴 것이 그대로 그 값이 된다. 흥정을 못 한다. 부정한 짐승은 성소 안으로 들어갈 수 없으므로레22:19-20 팔아서 돈을 성소에 바치는 것이다.

하지만 만일 서원한 자가 이 동물을 계속 소유하기 원할 경우, 그는 제사장이 매긴 가격에 오분의 일을 추가하여 무를 수 있다. 부정한 동물은 제물로 드릴 수는 없지만, 사람의 몸값을 대신하는 서원의 제물은 될 수 있었다. 이렇게 바친 동물들은 제사장들의 필요를 채우기도 했다.

교훈과 적용

1. 하나님께 서원하는 데 있어서의 신중성은 고대 히브리인들이 그랬던 것처럼 현대 그리스도인들에 있어서도 분명하게 이해되어야 한다. 신약에서는

서원을 명령하지 않지만 세례 받을 때의 서원이나 결혼시의 서약이나 다른 비슷한 공약 같은 것은 무엇이나 하나님께 드렸거나 약속된 것이면 존중되어야만 하는 엄숙한 일임을 분명히 포함한다. 서원을 깨뜨리는 것은 손에 쟁기를 잡고 뒤를 돌아보는 것과 비슷하다.눅9:62 그리스도를 섬김에 헌신된 삶의 서약을 지키는 것은 거룩하고 온전하신 하나님을 예배하는 가장 흡족한 방법이다.

2. 하나님에 대한 약속은 작은 것이라도 지켜야 한다. 왜냐하면 약속의 대상이 하나님이시기 때문이다. 지극히 작은 것에 충성된 자는 큰 것에도 충성되고 지극히 작은 것에 불의한 자는 큰 것에도 불의를 행하는 것이다.눅16:10 하나님에 대한 작은 약속은 그것이 작은 것이라고 생각되기 때문에 잘 잊어버리기 쉽다. 그러나 하나님은 우리와 같은 인생이 아니시다. 그래서 거짓말을 하지 않으시고, 사람의 아들이 아니시기 때문에 후회가 없으시다. 어찌 그분이 스스로 하신 말씀을 행하지 않으시며, 하신 약속을 실행치 않으시겠는가라고 하셨다.민23:19 우리는 그 분을 섬기는 성도들이기 때문에 그 분의 속성과 인격을 따라 작은 약속이라도 지키려 해야 하고, 지켜지지 않았을 때 회개와 기도가 동반되어야 할 것이다. 서원하는 마음은 이런 것이다.

3. 하나님께 서원하는 마음은 아름다운 것이다. 이것은 자발적인 헌신이며, 다짐이다. 이것은 하나님께서 기뻐하시는 일이다. 비록 율법으로 살아갔던 모세시대에도 하나님께서 원하신 것은 율법주의가 아닌 하나님에 대한 사랑이었다. 그 당시에도 참된 경건은 율법준수보다 하나님에 대한 사랑의 마음이었다. 하나님은 마음과 성품영혼을 다하여 여호와를 오직 사랑abeb하는 것을 좋아하신다.신6:4 이처럼 서원도 하나님을 사랑하는 마음으로 한다면, 분명 그것은 하나님의 기쁨이 될 것이다.

B. 부동산, 초태생, 헤렘의 서원과 십일조27:14-33

Ⅰ. 본문의 개요

부동산과 초태생과 헤렘의 서원에 대해 관련된 규정들을 설명해 놓았다. 여기에는 여러 부작용을 방지하는 규정들을 합리적이고 현실적인 방법으로 제시해 놓았다. 그리고 농산물이 아닌, 생축의 십일조 문제는 처음으로 다루었는데, 이는 서원과 관계없이 별도로 밝혀 놓았다.

Ⅱ. 본문의 구조

1. 부동산을 바치는 서원27:14-25
   1) 집을 바칠 때27:14-15
   2) 밭을 바칠 때27:16-25
      (1) 유산으로 물려받은 밭의 일부를 드릴 때27:16-21
      (2) 구입한 밭을 드릴 때27:22-25
2. 초태생과 헤렘에 관한 규칙들27:26-33
   1) 처음 난 생축을 바칠 때27:26-27
   2) 헤렘으로 바친 물건에 대하여27:28-29
3. 십일조27:30-33

Ⅲ. 본문 주해

1. 부동산을 바치는 서원27:14-25

1) 집을 바칠 때27:14-15

사는 집을 하나님께 드리려고 한다. 바치는 이유는 감사함 때문이다. 부동산을 성소에 바칠 때는 팔아서 돈으로 바친다. 어떤 사람이 자기 집bayith을 구별하여qodesh 여호와께 드리려고 하면 제사장이 그 집을 보고, 많든 적든 그 값을 제사장이 매긴다. 제사장이 값을 얼마 매기든지, 그가 매긴 것이 그대로 그 값이 된다. 자기 집을 바쳤다가, 그 사람이 집을 도로 무르고자 하면, 그는 본래의 그 집값에 오분의 일을 더 얹어서 물어야 한다. 여기서 언급된 집은 아마도 가족의 기업으로는 간주되지 않은, 자유롭게 사고 팔 수 있는 성내의 집으로 보인다.레25:29-30

2) 밭을 바칠 때27:16-25

밭을 바치는 것은 토지 자체를 바치는 것을 말하는 것이 아니라 밭의 수확을 바치는 것이다. 이 수확도 희년까지만 바쳐진다. 이 때 희년의 정신을 지키는 바탕 위에 예물을 드려야 하며 제사장도 이 정신에 바탕을 두어 가격 산정을 해야 한다.

(1) 유산으로 물려받은 밭의 일부를 드릴 때27:16-21

어떤 사람이 밭을 여호와께 바치려고 한다. 바치는 이유는 집처럼 감사함 때문이다. 그 사람은 유산으로 물려받은 밭에서 난 수확의 얼마를 거룩하게 구별하여 주께 바치려고 한다, 그 밭의 값은 그 밭에 뿌릴 씨앗의 분량에 따라 매기게 된다. 예를 들면, 그 밭이 한 호멜chomer의 보리씨를 뿌릴 만한 밭이면, 그 값은 은 오십 세겔이다. 호멜은 '곡물의 측정단위'로서 12말 정도 된다. 이 때 뿌릴 씨앗은 종자 값이 되므로 이것을 제사장이 잘 파악해야 한다.

사람은 자신의 "지파의 상속물"achuzzah의 일부인 밭을 여호와께 헌정할 수 있다. 그 밭의 가격은 두 가지 기준에 의해 결정된다. 첫째, 그 땅 값은 그 구획을 파종하는데 필요한 씨앗의 양에 따라 결정된다. 보리 씨 한 호멜로 파종할 수 있는 한 구획의 밭은 희년까지 50세겔로 가격이 산정된다. 호멜이란 단어는 문자적으로 당나귀를 말한다. 따라서 그것은 한 마리의 당나귀가 나를 수 있는 씨앗을 건조한 분량으로 220리터12말 정도다. 소수의 관점에서 나온 대안적 해석은 한 호멜의 씨앗은 밭에 뿌려진 양이 아니라 생산된 양을 지칭한다는 것이다. 그렇다면 그 땅의 구획은 몇 배나 규모가 작을 것이다[6]

둘째, 밭은 여호와께 드릴 때의 상황은 더욱 복잡하다. 희년에 원래 주인에게 돌아가기 때문이다. 그가 희년 때부터 그의 밭을 거룩하게 구별하여 바치고자 하면, 그 값은 위에서 말한 그대로이다. 그러나 그가, 어느 때든지 희년이 지난 다음에, 자기의 밭을 바쳐 거룩하게 하고자 하면, 제사장은 다음 희년 때까지 남은 햇수를 계산하고, 거기에 따라, 처음 정한 값보다는 적게 매기게 된다. 밭을 구별하여 드린 자가 그것을 무르려면 정한 값에 오분의 일을 더해서 물면 그것이 다시 자신의 소유가 된다. 그 자가 그 밭을 다시 사들이지 않거나 타인에게 팔았으면 다시는 그 밭의 주인이 되지 못한다.

희년이 되어서 다시 돌아올게 될 때는, 그 밭은 여호와께 바친 성물이 되어서 '영원히 드린'cherem, set apart 땅과 같이 제사장의 소유가 될 것이다. 여기서 헤렘은 전적으로 그리고 되돌릴 수 없이 성소에 넘겨지는 어떤 것

---

6) de Vaux. Ancient Israel, 168; Wenham, The Book of Leviticus, 340.

들로 정의된다.[7] 헌정된 밭은 제사장들의 "상속물"achuzzah이 된다.참조. 민 18:14 '헌정되면'헤렘 즉 완전히 성소의 수중에 넘어가게 된다.

(2) 구입한 밭을 드릴 때27:22-25

상속받은 밭은 아니나 매입한 밭을 여호와께 구별하여 바치려면, 제사장이 희년까지 햇수를 계산하여 그 값을 매겨야 한다. 밭을 바칠 사람은, 바로 그 날, 매겨 있는 그 값을 여호와께 거룩한 것으로 바쳐야 한다. 그 밭은 희년이 되면 본래의 밭 소유자에게 되돌려야 한다. 어떤 사람이 "매입한 재산",miqnato 즉 자신의 지파 상속물의 일부가 아닌데 구입한 밭은 희년에 원 소유주에게 돌려주어야 하지만 그 밭을 헌납할 수 있다. 그리고 그 돈은 거룩하게 되지만 그 땅은 희년에는 원주인에게 되돌아간다.

이제까지 말한 모든 값은 성소의 세겔로 계산하되, 한 세겔은 이십 게라 gerah로 계산해야 한다. 1게라는 0.5돈 정도 된다. 구약성경에서 '게라'라는 단어는 5회 나온다.출30:13; 레27:25; 민3:47;18:16; 겔45:12 이 산정 가격들은 성소의 세겔로, 즉 성소가 인정한 화폐로 지불되어야 한다. 고대에는 은행이 없었으며 주조된 화폐도 전혀 없었다. 성전들은 제물들과 예물들을 받았기 때문에, 그들은 화폐로 간주했던 은과 금의 무게를 달기 위한 표준 중량 단위를 가지고 있었다.

2. 초태생과 헤렘에 관한 규칙들27:26-33

1) 처음 난 생축을 바칠 때27:26-27

처음 난 생축에 대하여 말한다. 오직 집에서 기르는 짐승의 첫 새끼는 여호와께 바쳐야 한다. 그것은 거룩한 것이기 때문에 누구든지 손 델 수 없

7) N. Lohfink, "חרם" haram, TDOT 5: 188.

다. 소나 양을 막론하고 여호와의 것이다.출13:1 초태생은 이미 여호와의 것출13:2이기 때문에 서원으로, 즉 이중으로 바칠 수 없다. 부정한 짐승의 첫 태생 또한 하나님께 속한다. 부정한 짐승이라도 초태생이면, "무르기"geul-lah 해야속해야 한다.참조. 출13:13: 34:20 그러나 부정한 짐승이면, 매겨진 값에 오분의 일을 얹어서 물러 낼 수 있다. 물러내고 싶지 않으면, 매겨진 값에 팔아야 한다. 그것은 제사장이 매긴 값으로 팔아야 한다. 즉 부정한 짐승12가지 흠이 있는 짐승들, 레22:22-25일 때는 도로 가져가야 하는데, 이 때 도로 가져가려면 오분의 일을 더 내고 가져가야 하고, 안 가지고 가고 팔려면 제사장이 정한 값에 넘겨야 한다. 곧, 부정한 짐승의 첫 새끼를 그 주인이 가질 마음이 없으면 그것을 팔아서 돈으로 하나님께 바치라는 것이다.

2) 헤렘으로 바친 물건에 대하여27:28-29

헤렘cherem으로 '바친 헌물'에 대하여 말한다. 오직 여호와께 바친 그 물건헤렘이 사람이든지 생축이든지 기업의 밭이든지 막론하고 팔지도 못하고 되사지도 못한다. 바친 것은 다 여호와께 지극히 거룩한 것이다. 다시 말하면 헤렘이 되면 인간은 어떤 경우에도 손 델 수 없다.

그래서 가장 비중 있는 서원을 헤렘헌정된 혹은 박탈 된 것이라 불린다. 헤렘에 해당하는 것은 성소에 쓰이고, 제사장들에 의해 사용되는 것 외에는 다른 목적으로 사용될 수 없다. 그것은 영원히 성소에 속한다. 헤렘은 서약이든, 서약 준수의 실패이든 관계없이 자발적인 헌정이 아니라 서약에 의해 박탈된 재산인 셈이다.[8] 여호와께 아주 또는 전적으로 바친 헤렘은 일반적인 헌납보다 훨씬 더 엄숙하고 반환될 수 없는 서원인데, 우리가 사용하는 말로 한다면 "돌아올 수 없는 강을 건너간 것"과 같은 뜻이다.필자의 해석

"아주 바친 그 사람"헤렘의 서원에 의해은 절대로 다시 무를 수 없다. 어기면

8) Levine, Leviticus, 198.

반드시 죽어야 한다. 사법적으로 완전히 바쳐진 것이기 때문에 손 델 수 없다. “아주 바친 그 사람”은 하나님을 섬기기 위해 아주 바쳤다는 것이 아니고, 어떤 것을 하나님께 넘겨서 헤렘이 되었는데, 이것을 도로 자기 것으로 만들면, 오히려 헤렘의 대상이 되어, 하나님의 진노의 대상으로 저주를 받아, 죽임이 될 자로, 바침이 된다는 사실이다. 헤렘의 동사 하람charam은 사역동사로만 쓰이며, 기본적인 의미는 ‘어떤 물체를 사람이 사용하거나 남용하지 못하도록 제외시켜 그것을 하나님께 결정적으로 넘겨주는 것’이다.

서원이 아닌, 대부분의 다른 구절에서는 헤렘은 그것이 완전히 파괴되어야 할 정도로 금기시된 어떤 것을 묘사한다. 진멸사상이다. 만약 전쟁에서 진멸하라는 명령을 받아 시행하면 그것은 헤렘이 되어 거룩한 것이 된다.신2:34 거룩한 전쟁에서 취한 어떤 전리품들이 그렇게 헌정되었다.수6:17; 7:1,11–13,15 만일 사람이 그렇게 헌정된다면, 그 사람은 사형에 처해진다. 그 사람을 위한 구속paddah, 출13:13의 수단은 전혀 없다.

사람을 헤렘으로 드리는 경우는 특별한 경우다. 헤렘으로 드린 사람은 반드시 죽여야 한다. 이 경우 헤렘은 서원으로 드린다기보다 형벌로서 진멸하는 경우다. 예를 들면 여호와 외에 다른 신에게 제사를 드리는 경우 헤렘이 되어 죽이게 된다.출22:20 또 다른 예는 다른 신을 섬긴 사실이 있는 성읍 전체를 진멸하는 경우다.신13:12–18 이와 비슷한 현상은 소위 “거룩한 전쟁”holy war에서 찾아볼 수 있다.[9] 즉 전쟁에서 승리하면 전리품을 획득하는데 헤렘으로 모든 것을 여호와께 바치면 승자가 전리품을 가질 수 없다. 짐승은 물론이고 사람의 경우도 모두 죽여야 하며 물건을 모두 불태우게 된다. 그러나 이 헤렘의 명령을 어기면 오히려 헤렘의 대상이 되어, 죄 없는 가족과 가축까지 함께 처벌을 받는다. 이 법을 어길 경우 가장 큰 벌을 받게 되는데, 돌에 맞아 죽은 아간의 경우가 바로 그런 벌을 받은 경우다.수7:1–26

9) Cf. Gerhard von Rad, Holy in Ancient Israel (Engene OR; Wipf and Stock Publishers), 2000.

3. 십일조27:30-33

이것은 서원과 관계없이 십일조에 대한 별도의 규정이다. 땅의 십분의 일 곧 땅의 곡식이나 나무의 과실이나 그 십분의 일은 여호와의 것이다. 여호와의 성물이다. 들에서 나는 소산물과 과실수 열매의 모든 십일조는 여호와께 속한다.신14:22-26 그것은 "여호와께 거룩한 것"으로 분류된다. 그것은 멋대로 처분될 수 없다. 모든 가축도 역시 십일조를 바쳐야 한다. 신명기14:22-29에서는 농산물 십일조만 규정하고 있는데 비해 레위기에는 짐승의 십일조도 명시하고 있다.

누가 바치는 생축의 십분의 일을 꼭 무르고자 하면, 그 무를 것의 값에다 오분의 일배상금, 20%을 더 얹어야 한다. 소나 양의 십분의 일을 바칠 때는 소나 양을 막대기참조. 삼하23:21 아래로 통과하게 하여 열 번째 통과하는 것은 여호와의 거룩한 것이 되도록 하였다. 목자의 막대기는 무기로 사용된 곤봉의 일종이다. 목자가 자신의 양에 장대를 드리웠을 때 양들 한 마리 한 마리가 상해를 입지 않았는지 살피는 동안 우리의 문에서 양의 뒤쪽에 막대기를 걸어 놓았다.[10]

그런데 바치는 자가 아까운 생각에서 열 번째 것을 통과 시킬 때 좋고 나쁨을 보고 교계baqar, 비교해서 고르는 것하거나 바꾸면mur 안 되는데, 바꿔치기 하는 경우가 있다. 만약 그 때 바꾸면 두 마리 다 여호와께 바친 것이 되어 거룩해지기 때문에 무를 수 없게 된다. 이것은 어떤 사람이 성별된 물품이나 짐승을 다른 물품이나 짐승으로 대체한다면 원 품목과 대체 품목은 둘 다 거룩해지는 일반 원리이다.

이 때 구별된 짐승은 표시를 해 두고 다른 짐승과 혼동되는 일이 없도록 해애 한다. 이럴 때 고대에 짐승을 표시하는 한 가지 방법은 짐승의 등을 가로질러 줄무늬가 생기게 하는 염료를 사용하는 것 같다참조. 렘33:13; 겔20:37

10) Harrison, Leviticus, 238,

11). 십일조는 무를 수 있는 가능성은 언급되었지만,31절 대체하는 것은 금지된다는 사실을 명백히 보여 준다.33절 이것은 대체하는 일이 있었음을 말해주는 것이다.

고대 여러 나라에서는 십일조는 윗사람들에게 존경의 표시였다.참조. 창14:20 동시에 신에게 바쳐지는 예물이기도 하다.창28:22 십일조와 관련된 법은 신명기 14:22–29절에 상론된다. 십일조는 바치는 자가 하늘과 땅 그리고 그 안에 모든 것이 하나님의 것God's ownership을 인정하는 표시이다. 민수기 18:21–32절에 따르면 십일조는 레위인에게 속했다. 이어서 그들은 제사장들에게 그들의 몫의 십일조를 바쳐야 할 의무가 있었다.참조. 신26:12–15

교훈과 적용

1. 모든 것이 하나님의 것이지만 특별히 규례를 주어진 것은 사람이 임의로 변경할 수 없다. 비록 그런 행위가 의도적이 아니라 무의식적이거나 무지에서 오는 것이라도 하여도 잘못을 묵인할 수 없다. 생축의 십일조를 드릴 때가 그런 경우다. 인간의 생각으로 골라서 바치면, 원래 순서에 해당하는 생축과 이차적으로 골라서 드린 것 둘 다가 하나님의 것이 된다는 것이다. 이것은 인간의 얕은 계산이지만, 하나님은 그 두 마리를 다 달라고 하시는 것이다. 그래서 우리는 하나님의 것은 어떤 경우라도 드려야 하지, 이것을 다르게 변용하거나 무효화시킬 수 없는 것이다. 그것이 하나님의 소유에 속하게 되면 무엇이든지 그렇다.
2. 하나님께 한 약속은 지켜야 하기 때문에 경솔한 서원은 피해야 한다.잠20:25; 삿11:30 성급한 서원은 진정한 의미에 있어서 어리석은 짓이다.전5:4 사람의 지혜는 하나님의 기준에서 판단해야 한다. 사람 중심으로 하는 판단

11) Hartley, Leviticus, 485.

은 오히려 역효과를 가져 올 수 있다. 그래서 서원하고 갚지 않는 것보다 서원하지 않는 것이 낫다고 말한다. 자기 속에 무엇을 충족하기 위해 서원하는 마음은 우매한 짓이다. 서원을 개인적인 바램으로 하거나 오용해서는 안 될 것이다.

3. 메시야도 역시 서원에 의하여 자신을 속죄 제물로 바쳐야만 했다.[시22:25] 메시야는 하나님에게 참되게 "열납될 수 있는" 유일한 인신 제물이다. 모든 사람은 그들의 서원을 가지고 하나님께 나아올 것이다.[시65:1; 사19:21] 그리스도 외에는 하나님 자신의 어린양이 아닌 다른 그 무엇을 서원 제물로 가져올 수 없다.[요1:29] 그 분만이 유일한 하나님의 서원제물이 된 것은 만물이 그에게 창조되었고, 만물이 다 그로 말미암고, 그를 위하여 창조되었기 때문이다.[골1:16]

C. 결론적 요약[27:34]

이상은 여호와께서 시내산에서 이스라엘 자손을 위하여 모세에게 명령하신[tsavah] 계명[mitsvah]이다. 요약형식문장이다. 봉합 구조의 요약 진술이 이렇게 레위기 26:46절에서 나타나기 때문에, 이 요약 진술은 우선적으로 이 연설을 위한 것이다. 그럼에도 불구하고, 레위기의 마지막 구절로서의 그것의 위치 때문에 그것은 이 책에 대한 최종적 진술로서의 역할을 한다. 이 진술은 이 법들의 권위를 강조한다. 레위기 7:38절에서 시내산을 언급했던 것처럼 레위기 27:34절에서도 시내산을 언급하면서 레위기 전체를 마무리 한다. 레위기를 처음 시작할 때는 여호와께서 "회막"에서 말씀하셨고, 마지막 부분에는 전체적으로 "시내산"에서 말씀하신 것으로 되어 있다.

앞 장인 레위기 26:46절에도 "시내산에서"[behar sinay] 모세를 통해 여호와께서 세우신 규례와 법도와 율법임을 재확인한바 있다. "규례와 법도와 율법"의 삼중 용법 때문에 26:46절은 단순히 레위기 17-26장의 결론일 뿐 아니라 레위기 전체에 대한 요약으로도 볼 수 있었다. 그런데 27장 끝에 "시내산에서"behar sinay 다시 한 번 이와 비슷한 결론이 나온다. 따라서 기록의 순서상 최초에 "시내산에서"behar sinay 모세에게 명하여 이스라엘 자손에게 전하라출34:32는 명령을 확인하는 종결문구가 레위기 26:46절에서 끝났지만, 최종적인 문구는 27:34절이 되었다. 그래서 레위기 27:34절은 최종종결문구로서 출애굽기의 명령을 수행하는 과정이자, 레위기 전체를 끝내는 마침표이기도 하고, 작게는 25-27장의 결론이기도 하다. 즉 "시내산"을 중심으로 볼 때, 출애굽기 34:32절 → 레위기 7:38절 → 26:46절 → (25:1절) → 27:34절을 거쳐 모든 계명책임을 지우는 의미이 하달된 것이다.

레위기의 상황은 그 자체로 끝나는 것이 아니라 민수기 10:10절까지 계속된다. 그 속에서 일들이 다루어지는 시간은 레위기가 한 달이고 민수기 1:1-10:10절은 20일이다. 그래서 레위기의 기록기간은 한 달 20일이 된 것이다. 그런데 민수기 이어지는 10:11-20:21절까지의 내용은 38년 동안 벌어진 사건을 담고 있다. 그리고 내용적으로도 민수기 1:1-10:10절은 그 이후의 민수기의 역사보다 레위기의 법과 더 관계되어 있다. 그리고 그 내용에 있어서도 민수기 1:1-10:10절은 레위기의 규범과 거의 일치한다. 그러므로 우리가 내릴 수 있는 결론은 민수기 1:1-10:10절까지가 레위기의 제사법에 속한 것으로 보아야 한다.